涪城年鉴

2022

（总第27卷）

中共绵阳市涪城区委党史研究室
（绵阳市涪城区地方志办公室）
编

方志出版社

图书在版编目（CIP）数据

涪城年鉴. 2022 / 中共绵阳市涪城区委党史研究室（绵阳市涪城区地方志办公室）编.—北京 ：方志出版社，2022.12
ISBN 978-7-5144-5424-6

Ⅰ. ①涪… Ⅱ. ①中… Ⅲ. ①区(城市)－绵阳－2022－年鉴 Ⅳ. ①Z527.13

中国版本图书馆CIP数据核字(2022)第257438号

责任编辑：张颢
责任校对：刘玉霞
责任印制：梅中英
出 版 者：方志出版社
地　　址：北京市朝阳区潘家园东里9号（国家方志馆4层）
邮　　编：100021
网　　址：http://www.zgfzcb.cn
发　　行：方志出版社图书营销中心（010-67110500）
印　　刷：绵阳文轩阁印务有限责任公司
开　　本：889毫米×1194毫米　1/16
印　　张：32.6
字　　数：1033千字
版　　次：2022年12月第1版
印　　次：2022年12月第1次印刷
定　　价：218.00元

编辑说明

一、《涪城年鉴》编纂工作以马克思列宁主义、毛泽东思想、邓小平理论、“三个代表”重要思想、科学发展观、习近平新时代中国特色社会主义思想为指导，坚持辩证唯物主义和历史唯物主义的立场、观点和方法。

二、《涪城年鉴》是中共绵阳市涪城区委、绵阳市涪城区人民政府组织编纂的地方综合年鉴，按照“区委领导、政府主持、单位供稿、志办总纂”的编辑原则，由中共绵阳市涪城区委党史研究室（绵阳市涪城区地方志办公室）编纂。该书全面、系统地记述绵阳市涪城区经济和社会发展的基本情况，为各级党政机关、研究部门、社会各界和海外人士了解与研究涪城区提供基本资料。

三、《涪城年鉴》1996 年首次出版，每年出版一卷，2022 年卷是第 27 卷。该卷主要记述 2021 年度涪城所发生之事，为保持连续性和完整性，个别事物的记述时间适当上溯或下延。

四、依据绵阳市涪城区行政区划及市政府划定的涪城区本级与辖区内各园区行政管辖权，《涪城年鉴》2022 年卷记述的地域范围为断限期内区本级及所属青义、吴家、丰谷、杨家、新皂 5 个镇，城郊、石塘、城厢、工区 4 个街道，金家林总部经济试验区。如无明确说明，均不含设置于涪城行政辖区内的绵阳高新区及其代管的永兴镇与普明街道，绵阳经济技术开发区及其代管的塘汛街道，绵阳科技城新区及其代管的创业园区街道。

五、本年鉴采用分类编辑法编纂，以涪城区自然经济社会为标准设计结构，加以标引形成框架，按类目、分目、条目三个层次体例编辑，以条目为基本记述单位和检索单位，条目均加“【】”表示。

六、《涪城年鉴》2022 年卷进行适度调整，设有特载、大事记、区情概览、中国共产党绵阳市涪城区委员会、绵阳市涪城区人民代表大会、绵阳市涪城区人民政府、中国人民政治协商会议绵阳市涪城区委员会、中国共产党绵阳市涪城区纪律检查委员会 绵阳市涪城区监察委员会、民主党派、群众团体、法治、军事、经济综合管理、农业农村、工业、园区、交通、城乡建设与管理、商贸、财税金融、科学技术、教育 体育、文化、旅游、卫生健康、综合监督、社会生活、镇、街道、附录、索引共 31 个部分。

七、本年鉴使用记叙文、说明文等文体，语言文字严格使用国家规范的简化汉字，以现代书面语为表现方式，称谓一律用第三人称，时间用年、月、日表示，计量用数字表示，非计量和非统计数字用汉语表示，计量单位用国家标准的公制单位，保留部分地方习惯性非法定计量单位“亩”。

八、本年鉴主要内容由区级各部门、各镇、各街道及相关企事业单位指定专人撰稿并经单位负责人审核后提供，由涪城年鉴编辑部整理编辑，经编委会审查，出版社审定，具有权威性和资料性。

九、本年鉴图片和文字资料主要由全区各单位提供，综合性数据由涪城区统计局提供。正文中的数据经各级领导和统计部门审核，但少数数据，由于部门之间统计口径不尽一致，数值也不尽相同。除年度之间的对比和注明不变价计算者外，一般以现行价格计算。本年鉴中增、减比例或绝对数除注明比较年份外，其他省略比较年份的均为与 2020 年度相比较。

《涪城年鉴（2022）》编纂委员会

顾　问　邓　辉　区委书记
　　　　　顾　建　区人大常委会主任
　　　　　杜正茂　区政协主席
主　任　张虚怀　区委副书记、区政府区长
副主任　秦亚辉　区委常委、区政府常务副区长
　　　　　曾胜利　区委常委、组织部部长
成　员　谢　欣　区委办主任
　　　　　丁　凯　区人大办主任
　　　　　彭三高　区政府办主任
　　　　　蒋纯泉　区政协秘书长
　　　　　郑　茜　区财政局局长
　　　　　王　芳　区统计局局长
　　　　　王　东　区委党史研究室主任

《涪城年鉴（2022）》编辑部

主　　编　曾胜利　区委常委、组织部部长
执行主编　王　东　区委党史研究室主任
　　　　　　杨　剑　区委组织部部务委员
执行副主编　刘雪梅　区委党史研究室编研股股长
　　　　　　岳　骥　区委组织部四级主任科员
编　　辑　刘雪梅　区委党史研究室编研股股长
　　　　　　岳　骥　区委组织部四级主任科员

涪城年鉴编辑部
地址：绵阳市涪城区红星街38号
邮编：621000
电话：0816-2226571

部分组织机构简称、全称对照表

机构简称	机构全称
市委	中国共产党绵阳市委员会
市政府	绵阳市人民政府
区委	中国共产党绵阳市涪城区委员会
区人大常委会	绵阳市涪城区人民代表大会常务委员会
区政府	绵阳市涪城区人民政府
区政协	中国人民政治协商会议绵阳市涪城区委员会
区纪委监委	中国共产党绵阳市涪城区纪律检查委员会（绵阳市涪城区监察委员会）
区人武部	中国人民解放军四川省绵阳市涪城区人民武装部
区委办	中国共产党绵阳市涪城区委员会办公室
区政府办	绵阳市涪城区人民政府办公室
区委组织部	中国共产党绵阳市涪城区委员会组织部
区委宣传部	中国共产党绵阳市涪城区委员会宣传部
区委政法委	中国共产党绵阳市涪城区委员会政法委员会
区委统战部	中国共产党绵阳市涪城区委员会统一战线工作部
区委巡察办	中国共产党绵阳市涪城区委巡察办公室
区委目标绩效办	中国共产党绵阳市涪城区委员会目标绩效管理办公室
区委编办	中国共产党绵阳市涪城区委员会机构编制委员会办公室
区委党校	中国共产党绵阳市涪城区委员会党校
区法院	绵阳市涪城区人民法院
区检察院	绵阳市涪城区人民检察院
区总工会	绵阳市涪城区总工会
团区委	中国共产主义青年团绵阳市涪城区委员会
区妇联	绵阳市涪城区妇女联合会
区工商联	绵阳市涪城区工商业联合会
区科协	绵阳市涪城区科学技术协会
区残联	绵阳市涪城区残疾人联合会
区发改局	绵阳市涪城区发展和改革局
区工信局	绵阳市涪城区工业和信息化局
区教体局	绵阳市涪城区教育和体育局
区科技局	绵阳市涪城区科学技术局
区公安分局	绵阳市公安局涪城区分局
区民政局	绵阳市涪城区民政局
区司法局	绵阳市涪城区司法局
区财政局	绵阳市涪城区财政局
区人社局	绵阳市涪城区人力资源和社会保障局
区自然资源局	绵阳市涪城区自然资源局
涪城生态环境局	绵阳市涪城生态环境局
区住建局	绵阳市涪城区住房和城乡建设局

续表

机构简称	机构全称
区交通运输局	绵阳市涪城区交通运输局
区农业农村局	绵阳市涪城区农业农村局
区商务局	绵阳市涪城区商务局
区文广旅局	绵阳市涪城区文化广播电视和旅游局
区卫健局	绵阳市涪城区卫生健康局
区信访局	绵阳市涪城区信访局
区审计局	绵阳市涪城区审计局
区市场监管局	绵阳市涪城区市场监督管理局
区应急管理局	绵阳市涪城区应急管理局
区统计局	绵阳市涪城区统计局
区综合执法局	绵阳市涪城区综合行政执法局
区退役局	绵阳市涪城区退役军人事务局
区医保局	绵阳市涪城区医疗保障局
区行政审批局	绵阳市涪城区行政审批局
区经合局	绵阳市涪城区经济合作局
区供销联社	绵阳市涪城区供销合作社联合社
区乡村振兴服务中心	绵阳市涪城区乡村振兴服务中心
区机关事务服务中心	绵阳市涪城区机关事务服务中心
区创新改革研究中心	绵阳市涪城区创新改革研究中心
区档案馆	绵阳市涪城区档案馆
区委老干局	中国共产党绵阳市涪城区委员会老干部局
区委党研室（区方志办）	中国共产党绵阳市涪城区委员会党史研究室（绵阳市涪城区地方志办公室）
区社科联	绵阳市涪城区社会科学界联合会
区文联	绵阳市涪城区文学艺术届联合会
区金融办	绵阳市涪城区人民政府金融办公室
区文明实践服务中心	绵阳市涪城区文明实践服务中心
区民宗局	绵阳市涪城区民族宗教事务局
区城乡社会救助服务中心	绵阳市涪城区城乡社会救助服务中心
区国资监督办	绵阳市涪城区国有资产监督委员会办公室
区农能中心	绵阳市涪城区农村人居环境和能源发展中心
区社保服务中心	绵阳市涪城区社会保险服务中心
区就业服务中心	绵阳市涪城区就业服务中心
区红会	绵阳市涪城区红十字会
区征地拆迁与旧城改造中心	绵阳市涪城区征地拆迁与旧城改造服务中心
区融媒体中心	绵阳市涪城区融媒体中心
涪城调查队	国家统计局涪城调查队
区消防救援大队	绵阳市涪城区消防救援大队

FUCHENGYEARBOOK

栏 目

2021年6月28日，在涪城区庆祝中国共产党成立100周年表彰大会暨“永远跟党走”群众歌咏晚会上，新党员集体宣誓 (涪城区融媒体中心)

2021年6月28日，在涪城区庆祝中国共产党成立100周年表彰大会暨“永远跟党走”群众歌咏晚会上，市委副书记刘光强（中）为“光荣在党50年”纪念章获得者代表颁发纪念章 (涪城区融媒体中心)

2021 年 6 月 28 日，涪城区庆祝中国共产党成立 100 周年表彰大会暨“永远跟党走”群众歌咏晚会举行
（涪城区融媒体中心）

2021 年 4 月 22 日，涪城区庆祝中国共产党成立 100 周年暨“我为群众办实事”系列活动启动仪式举行
（涪城区融媒体中心）

2021年3月1日，涪城区党史学习教育动员暨领导干部大会召开　　（涪城区融媒体中心）

2021年11月25日，涪城区“全民阅读·我爱读党史——恰百年风华 谱盛世华章”党史学习教育知识竞赛总决赛在区文化馆举行　　（涪城区委宣传部）

2021 年 5 月 8 日，涪城区“颂歌献给党·文艺轻骑兵进基层”广场音乐会在万达广场举行

(涪城区融媒体中心)

2021 年 5 月 16 日，涪城区青少年儿童现场书写革命诗句活动举行 (涪城区融媒体中心)

2021 年 1 月 9 日，惠科显示模组生产线项目投资协议签约仪式举行　（涪城区融媒体中心）

2021 年 1 月 15 日，华润万象生活九洲城市综合体项目签约仪式举行　（涪城区融媒体中心）

2021 年 4 月 7 日，中南高科·涪城智能电子产业园项目签约仪式举行　（涪城区融媒体中心）

2021 年 4 月 8 日，创业黑马西部（绵阳）科创基地项目签约仪式举行　（涪城区融媒体中心）

2021年6月22日，长虹科技园（研发总部）基地项目签约仪式举行　（涪城区融媒体中心）

2021年9月17日，绵阳·中关村信息谷创新中心招引项目集中签约仪式举行　（金家林总部经济试验区）

2021 年 9 月 26 日，涪城区科技创新产业项目集中签约仪式在绵阳·中关村信息谷创新中心举行

（涪城区融媒体中心）

2021 年 12 月 2 日，涪城区第 12 季银企“鹊桥会”签约仪式举行

（涪城区融媒体中心）

2021 年涪城区华拓光通信基于 5G 数据中心 200/400G 光模块研发及产业化项目竣工投产

（涪城区工信局）

2021 年 7 月 8 日，四川振通检测股份有限公司新三板挂牌同时进入创新层仪式在北京举行

（涪城区融媒体中心）

2021 年 12 月 22 日，四川裕农新域商贸物流城项目奠基仪式举行 （涪城区融媒体中心）

2021 年 12 月 31 日，涪城区举行 2021 年重大项目集中竣工投用仪式，康宁玻璃基板等 77 个重大项目集中竣工投用 （涪城区融媒体中心）

2021 年 1 月，康宁玻璃基板项目开工建设　　(涪城区工信局)

2021 年 7 月，联东 U 谷·绵阳国际企业港开工建设　　(涪城区工信局)

2021 年 4 月 30 日，中南高科·涪城智能电子产业园开工建设　　(涪城区工信局)

2021 年涪城区产业龙头富临精工三期项目第一条减速器生产线投产 （涪城区工信局）

2021 年 1 月 9 日，惠科显示模组签约，6 月 28 日开工建设 （涪城区工信局）

2021年位于杨家镇鲜家坝村的涪城区有机农业示范园 (涪城区农业农村局)

2021年位于丰谷镇水塘村的涪城区“蔬香绿野”芦笋大健康农业主题公园主导产业提质扩面 (涪城区农业农村局)

2021年涪城区丰谷镇齐心村蚕桑标准化生产基地 （涪城区农业农村局）

2021年位于杨家镇回龙寺村的涪城蚕茧交易中心 （汪　丽）

2021 年 4 月 30 日，“千鹤桑田”蚕桑文化农业主题公园开园运营 （涪城区文联）

2021 年 4 月 30 日，“千鹤桑田”蚕桑文化农业主题公园特色农产品展示区的部分产品 （涪城区文联）

2021年涪城区蚕茧丰收 （涪城区农业农村局）

2021年9月25日，涪城区丰收节在杨家镇有机水稻种植基地举行 （涪城区文联）

绵阳农资批发市场
吉峰农机

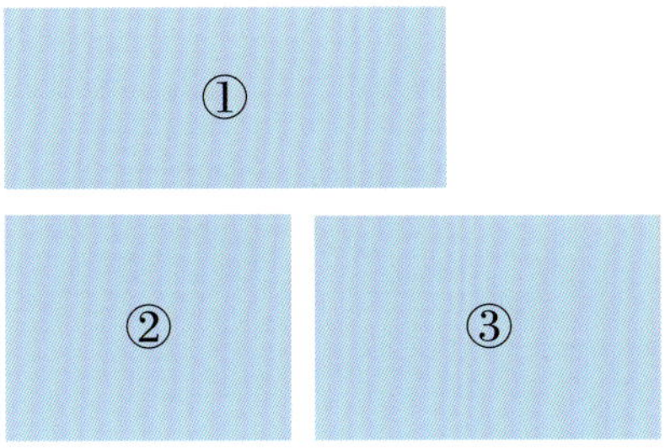

① 2021 年涪城区杨家镇瑞丰竹庐牧歌田园综合体 **(涪城区文联)**

② 2021 年涪城区龙门镇农资批发市场 **(涪城区文联)**

③ 2021 年燕儿河水库 **(涪城区农业农村局)**

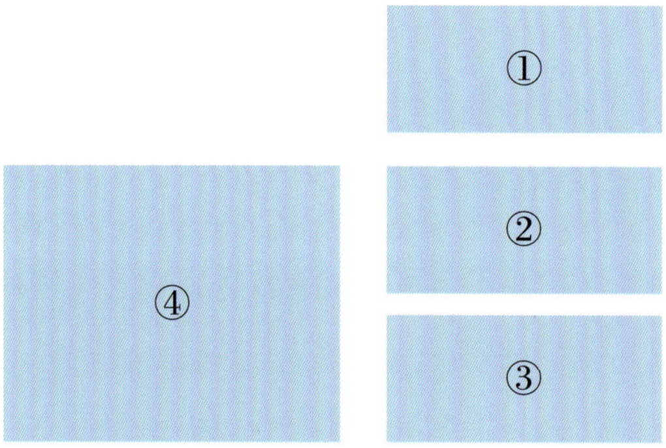

① 2021 年涪城千亿电商产业区

(涪城区商务局)

② 2021 年花开会仙“特色街区

(涪城区商务局)

③ 2021 年 9 月 30 日，MICHAEL KORS 全国地级市首店在涪城开业

(涪城区融媒体中心)

④ 2021 年九洲跃进路 16 号

(涪城区商务局)

绵阳中小企业融资服务中心
涪城·千亿电商产业集聚区
天泰集团

凯德广场

MICHAEL KORS

2021 年 10 月 6 日，涪城区宜家美蜗居城开业 （涪城区融媒体中心）

2021 年涪城万达广场（涪城区商务局）

2021年涪城区万达广场商业步行街　　(涪城区商务局)

2021年涪城区中大财富广场　　(涪城区商务局)

2021年涪城路1-11号　　(涪城区住建局)

2021年11月，绵阳三桥桥头口袋公园建成

2021年吴家污水处理厂　　(涪城区住建局)

（涪城区住建局）

2021 年富乐北路 （涪城区住建局）

2021 年 7 月 27 日，涪城区被交通运输部评为“城乡交通运输一体化示范县”，图为绵中路

（涪城区交通运输局）

2021 年建设中的科技城大道二期工程 (汇鑫公司)

2021 年 12 月，绵江公路人行天桥项目建成 (汇鑫公司)

2021 年惠科路 (涪城区文联)

2021 年绵安大道　　(涪城区文联)

2021 年丰谷渡改桥主体修建　　(涪城区交通运输局)

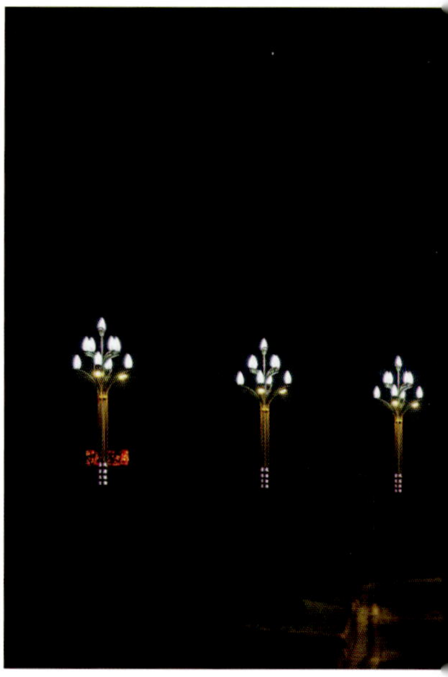

2021 年裕都大道路灯升级改造项

2021 年裕都大道路面改造项目　　(汇鑫公司)

(汇鑫公司)

2021年7月，裕都大道环境提升项目建成 (汇鑫公司)

2021年涪城区吴家镇三清观入户路与旅游路 (涪城区交通运输局)

2021年3月25日，中国（绵阳）科技城“科技赋能·智造未来”高峰论坛暨中科（绵阳）创新园开园仪式在中科（绵阳）创新园举行 （涪城区融媒体中心）

2021年7月23日，创业黑马西部（绵阳）科创基地启动仪式举行 （涪城区融媒体中心）

2021 年涪城区产业创新平台天仪卫星研究院 （金家林总部经济试验区）

2021 年涪城区天府科技云科普服务人数居全省第一 （涪城区科技局）

2021年9月10日，涪城区教育事业振兴行动计划基础设施建设项目集中落成典礼在绵阳实验中学南河校区举行 (涪城区融媒体中心)

2021年9月10日，在涪城区庆祝第37个教师节颁奖盛典上，区委书记邓辉为首批荣登“涪城名师堂”的卓越校长和功勋教师授牌献花 (涪城区融媒体中心)

2021 年涪城区特教校陶艺课被中央电视台《朝闻天下》栏目报道 （涪城区教体局）

2021 年涪城区全省首创教育访谈类节目《教育大家谈》 （涪城区教体局）

2021年9月10日，四川省首届乡村文化振兴魅力乡镇竞演绵阳地区决赛在涪城区杨家镇天虹现代蚕业体验园内举行

（涪城区文联）

2021 年涪城区打造 10 个少儿、艺术、企业等主题特色图书馆分馆，图为打造后的涪城区图书馆行政服务中心分馆 （涪城区文广旅局）

2021 年 7 月 13 日，涪城区创建四川省第二批现代公共文化服务体系示范县工作汇报会召开 （涪城区文广旅局）

2021 年 4 月 30 日，“千鹤桑田”蚕桑文化农业主题公园开园运营 （涪城区融媒体中心）

2021 年涪城区丰谷镇特色民宿木言花竹居　　(涪城区文联)

2021 年涪城区乡村文化“金峰雄狮”　　(涪城区文广旅局)

2021 年“湖光山色”稻渔亲水湿地农业主题公园“十里荷塘”　　（杨　红）

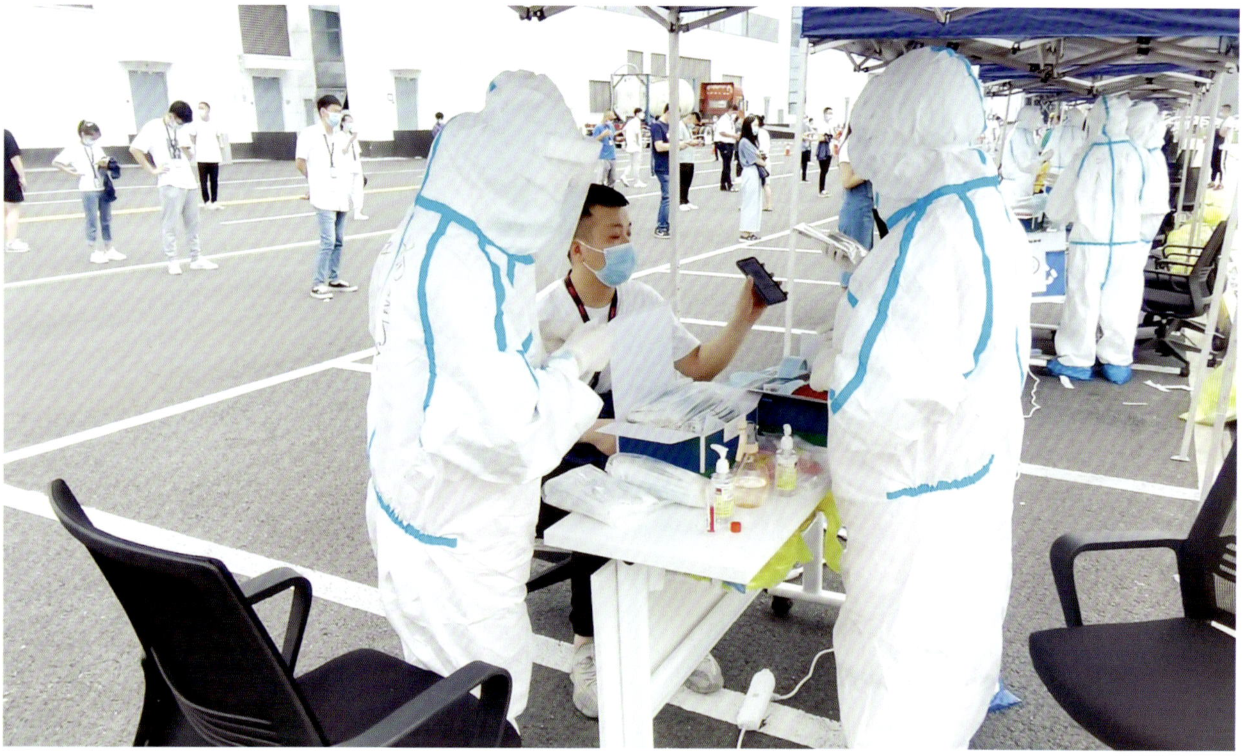

2021 年 7 月 23 日，涪城区新冠肺炎疫情防控核酸检测现场　　(涪城区卫健局)

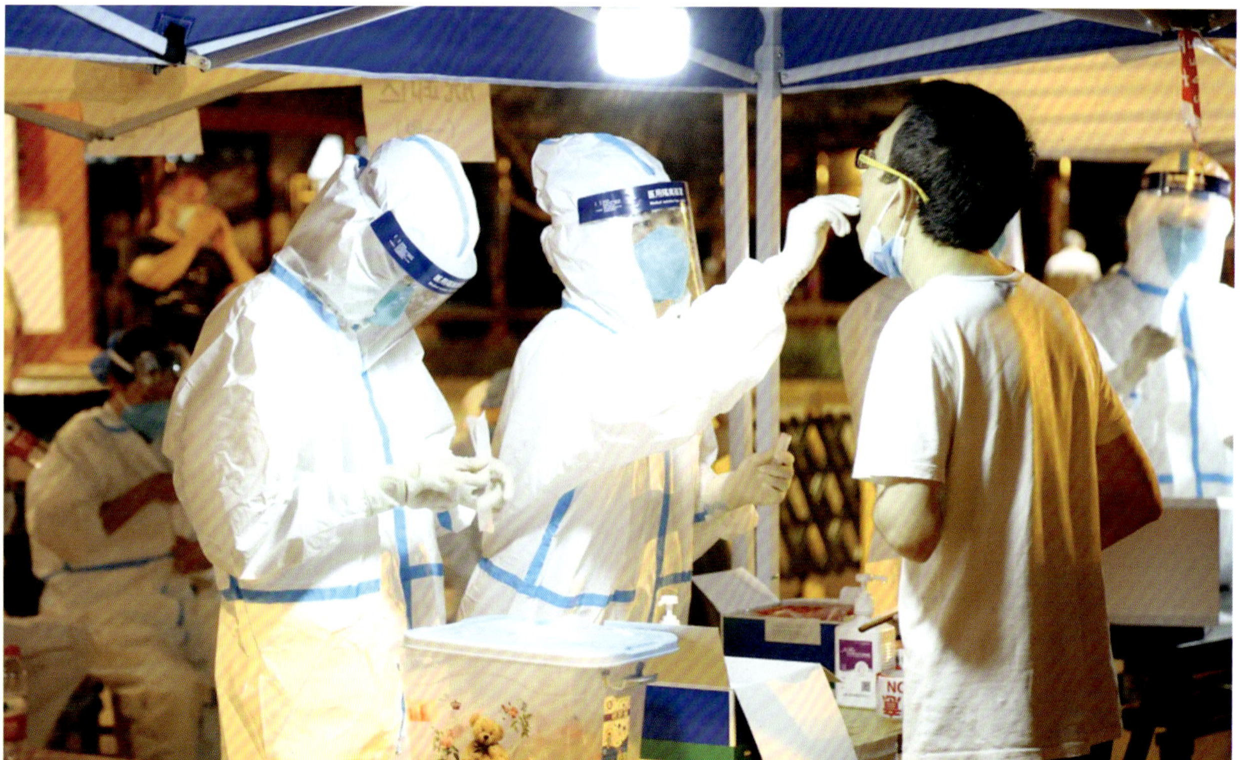

2021 年涪城区新冠肺炎疫情防控核酸检测现场　　(涪城区卫健局)

2021年4月17日，“百名专家涪城行”川渝融合创新论坛在涪城区科技智谷举行 （涪城区融媒体中心）

2021年9月8日，“全球青年学者论坛”绵阳科技城专场暨“绵州金英荟”涪城专场活动举行

（涪城区委组织部）

2021年7月8日，涪城区“智慧绵州·才聚涪城”2021年“直播带岗”专场人才招聘活动举行

（涪城区人社局）

2021年涪城区“职”在民企“就”有未来现场招聘会举行　（涪城区人社局）

2021年6月2日，中国（绵阳）国际康养小镇开工仪式举行　　(涪城区融媒体中心)

2021年涪城区未成年人保护中心提供综合关爱服务　　(涪城区民政局)

2021年城郊派出所率先打造全市公安派出所规范化建设示范所　　(涪城区委政法委)

2021年涪城区人民法院打造智慧诉讼服务　　(涪城区委政法委)

2021 年改造提升前的涪城区政务服务中心　(涪城区行政审批局)

2021 年改造提升后的涪城区政务服务中心　(涪城区行政审批局)

2021 年涪城区污染防治攻坚抑尘现场 （涪城生态环境局）

2021 年 10 月 18 日，绵阳工业固废处置中心项目点火仪式在绵阳东江环保科技有限公司焚烧区举行 （涪城生态环境局）

目 录

特 载

大事记

区情概览

中国共产党绵阳市涪城区委员会

绵阳市涪城区人民代表大会

绵阳市涪城区人民政府

中国人民政治协商会议绵阳市涪城区委员会

中国共产党绵阳市涪城区纪律检查委员会
绵阳市涪城区监察委员会

民主党派

群众团体

农业农村

工 业

园 区

交　通

城乡建设与管理

商　贸

财税金融

科学技术

教育　体育

文　化

旅　游

卫生健康

综合监督

社会生活

街　道

附　录

索　引

在区委七届二次全会上的讲话

中共绵阳市涪城区委书记　邓　辉

（2021 年 12 月 30 日）

在第一次全体会议上的讲话

这次全会，是在我区步入全面小康社会、“十四五”实现良好开局、向着全面建设西部现代化强区新征程迈进的关键时期，召开的一次十分重要的会议。会议的主要任务是：坚持以习近平新时代中国特色社会主义思想为指导，全面贯彻党的十九届六中全会、省委十一届十次全会、市第八次党代会、市委八届二次全会、区第七次党代会和中央、省委、市委经济工作会议精神，审议通过《中共绵阳市涪城区委关于深入学习贯彻党的十九届六中全会精神巩固党史学习教育成果的决定》和《中共绵阳市涪城区委关于奋力当好“五个排头兵”全面建设西部现代化强区的决定》，报告区委常委会 2021 年工作，安排部署 2022 年工作，进一步动员全区上下，对标当好“五个排头兵”，深入实施“三千工程”，加快建设“四个强区”，为全面建设西部现代化强区而努力奋斗！

下面，受区委常委会委托，我向全会报告一年来的工作，并就 2022 年全区工作讲几点意见。

2021 年区委常委会工作

区委六届十一次全会以来，面对错综复杂的经济形势和新冠肺炎疫情的冲击影响，面对开局“十四五”、开启新征程的繁重任务，区委坚定以习近平新时代中国特色社会主义思想为指导，全面落实党中央大政方针和省委、市委决策部署，紧紧围绕立足新发展阶段、贯彻新发展理念、融入新发展格局、推动高质量发展，坚持系统观念，统筹推进疫情防控和经济社会发展，团结带领全区广大干部群众克难奋进、苦干实干，全面建成小康社会，开启全面建设西部现代化强区新征程，各项事业取得新的进展。

一年来，区委坚持观大势、谋大局，在全面推进各项工作的同时，集中精力抓了七件大事。

一是认真学习宣传贯彻上级重大会议精神。坚持把科学谋划“十四五”发展作为贯彻党的十九届五中全会的重要任务，高质量编制《涪城区国民经济和社会发展第十四个五年规划和二〇三五年远景目标纲要》和专项规划、行业规划。及时学习传达党的十九届六中全会、省委十一届十次全会、市第八次党代会、市委八届二次全会精神，分层分类组织宣传宣讲和学习培训，研究形成提交这次全会审议的决定稿，迅速掀起学习贯彻热潮。

二是精心组织开展庆祝建党100周年活动。坚持党史学习教育和庆祝建党100周年活动一体推进，学党史、悟思想和办实事、开新局相互贯通，全区党史学习教育进展有序、扎实有效。认真学习贯彻习近平总书记“七一”重要讲话精神，隆重举办庆祝中国共产党成立100周年表彰大会暨“永远跟党走”群众歌咏晚会等系列庆祝活动，成功发布“一馆一书一歌一片”，凝聚了奋进新时代、启航新征程的磅礴力量。

三是扎实做好区镇村领导班子换届工作。坚持把党的领导贯穿始终，认真落实新时代好干部标准，以最坚决的态度严肃换届纪律，区镇村三级换届工作全过程零信访、零事故、零舆情，选出了好干部、配出了好班子、树立了好导向、形成了好气象。胜利召开区第七次党代会，成功召开区“两会”，系统形成涪城今后五年经济社会高质量发展的路线图和施工表，吹响了全面建设西部现代化强区的响亮号角。

四是系统谋划推动县域经济高质量发展。全面贯彻市委“当好排头兵、展现新作为”的重要指示，创新制定《大抓县域经济高质量发展18条措施》1套总体措施，落实大抓工业经济、大抓城市经济、大抓科技创新3个年度方案，细化N张责任清单、任务清单、项目清单，构建形成县域经济高质量发展“1+3+N”体系，地区生产总值、增速等经济指标继续领跑全市，全国百强区排名跨越升级6位、居第68位，展现了绵阳第一大经济体的责任担当。

五是持续完善营商环境“三度服务”体系。始终把营商环境作为塑造核心竞争力的关键，召开产业高质量发展大会，系统出台《支持产业高质量发展86条措施》《关心关爱企业家10条措施》《支持企业发展26条措施》等政策，全新上线“涪企多多”企业宣传平台，深入落实联系服务企业四大常态机制，形成了服务企业全生命周期的工作闭环。

六是成功应对突发输入性新冠肺炎疫情。坚定扛起守护129.85万涪城人民生命安全和身体健康的政治责任，科学、精准、高效处置“7·23”突发输入性新冠肺炎疫情，持续深化“152”防控体系，创新构建“六个一”机制，3天完成两轮67.9万人次核酸检测，14天全域转为低风险地区，成功实现疫情不扩散、发展不断档、夺取双胜利，赢得了持续推进高质量发展的战略主动。

七是积极探索西部地区共同富裕的涪城路径。深入践行以人民为中心的发展思想，召开民生事业高质量发展大会，出台《关于加快推动民生事业高质量发展的实施意见》，创新实施教育提质放心、扶弱救助暖心等“十心行动”，在全省率先开展城镇困难群众精准帮扶。涪城区首次跻身全国幸福百强区、居第53位，实现了幸福指数和发展指数同步提升。12月28日，《中国改革2021年度地方全面深化改革典型案例》名单发布，在20多个省（直辖市、自治区）近200个地级市1500多个改革案例中遴选113个典型案例，涪城区“民生改革‘十心行动’促进共同富裕”案例脱颖而出、成功入选，四川仅6例，县（市、区）仅涪城区和金牛区上榜。

一年来，区委始终保持专注发展定力，系统谋划和推动涪城各项事业取得新的重要进展。2021年，全区预计实现地区生产总值600亿元、同比增长11.1%以上（预计数，下同）；全社会固定资产投资244.5亿元，地方一般公共预算收入增长26%，城乡居民人均可支配收入分别增长8.9%、9.6%。

一是聚力科技创新赢先机，高质量发展动能进一步增强。坚持创新驱动发展，全面塑造发展新优势，科教强区建设全面起势。科创产业加速集聚，科大讯飞、硅基智能、天仪星谷等8个项目建成投用，长虹科技园、数字经济创新中心等92个项目签约落地，中科（绵阳）创新园、中关村信息谷等13个专业平台集聚科创项目220个，中关村信息谷创新中心一次性集中签约项目55个。创新主体持续壮大，振通检测新三板挂牌、进入创新层，龙华薄膜被认定为国家专精特新“小巨人”企业，全年新认定高新技术企业12家、新增科技型中小企业88家。创新生态加快构建，创业黑马西部科创基地正式开园，科技智谷科普教育展示基地建成投用，成功举办全球青年学者论坛、川渝融合创新论坛等高端人才活动50余场次。教育事业协同发展，教育振兴三年行动计划圆满收官，智慧教育示范区建设全面启动，投资6.8亿元的15个新建、改（扩）建学校项目加快推进，绵阳实验中学南河校区、高水九年一贯制学校等4所学校建成投用，新增校舍4.6万平方米、学位2590个。

二是聚力城乡融合促联动，高质量发展基础进一步巩固。坚持区域协调发展，推动四大主体功能区协同联动，全域强区建设全面推进。城乡产业共兴共荣，绵阳文创产业园、蓝城国际康养小镇、科技物流园等项目有序实施，皂角铺铁路物流基地建设全面提速。交通网络持续完善，科技城大道二期、东西第二干道等骨干道路加快建设，获评全国“城乡交通运输一体化示范县”。城市品质稳步提升，改造老旧小区 69 个，打通断头路 5 条，整治背街小巷 17 条，建成“口袋公园”7 个；中心城镇做大做强，青义镇成功创建全国千强镇、居第 192 位、四川省第 1 位，吴家镇、杨家镇成功入库全省百强中心镇培育。资源配置持续优化，镇级、村级片区划分相关工作基本完成，乡村国土空间规划全面铺开，以城带乡“集团化”办学、医共体建设深入推进。

三是聚力产业发展优结构，高质量发展支撑进一步夯实。坚持绿色低碳发展，加快构建现代产业体系，产业强区建设全面提速。工业经济强势增长，惠科光电产值突破 120 亿元，成为全市第 4 家、全区首家百亿级企业；联东 U 谷、中南高科、惠科模组等重大项目加快建设，东江环保、九华光子等项目竣工投产，全年实现规模以上工业总产值 302 亿元、增长 46%，增加值增长 30%以上。现代服务业提质增效，“绵州记忆”入选第一批国家级夜间文化和旅游消费集聚区，王府井购物中心、华润万象生活等城市综合体建设加快推进，APM 绵阳首店、MK 全国三线城市首店、京东电器绵阳城市旗舰店等相继开业，全年实现服务业增加值 400 亿元。现代农业稳步发展，大力实施乡村振兴战略，推进乡村产业、人才、文化、生态、组织全面振兴；“千鹤桑田”蚕桑文化农业主题公园正式开园，成功举办首届田园自行车公开赛；“湖光山色”稻渔亲水湿地农业主题公园建设全面启动，新发展综合种养 1000 亩；“蔬香绿野”芦笋大健康农业主题公园扩展芦笋种植面积 1750 亩。

四是聚力改革开放求突破，高质量发展活力进一步释放。坚持用改革的办法破解难题，以开放的胸怀合作共赢，开放强区建设全面发力。开放合作深化拓展，与川发展达成投资 321.7 亿元的“1+6”合作协议，与 7 家重点金融机构合作全面深化、获得 1650 亿元信贷支持，延链招引投资 5 亿元以上的项目 12 个，全年实际到位国内省外资金 135 亿元、外资 6300 万美元；“五个一”城市宣传品牌叫响擦亮，涪城知名度、美誉度显著提升；获评 2021 年赛迪投资竞争力百强区、居第 45 位，居全国同类城市第 1 位。重点改革扎实推进，两项改革“后半篇”文章持续走深走实，“党群暖心驿站”建设经验、乡镇机构编制“扁平化”管理模式全省推广，区属国有企业改革取得实质突破，企业家“早餐汇”入选全省营商环境指标提升行动经验做法，民生事业高质量发展“十心行动”入选中国改革 2021 年度典型案例。对上争取成效明显，绵阳工业园调位稳步推进，全年对上争取资金 36.5 亿元、同口径增长 16.05%。

五是聚力民生改善增福祉，高质量发展成果进一步共享。坚持共享发展，深入实施“十心行动”，人民群众获得感、幸福感、安全感不断增强。民生实事全面落实，累计投入资金 8.6 亿元，58 个省、市、区级民生实事项目全部完成；巩固拓展脱贫攻坚成果和乡村振兴工作有效衔接，2307 名城镇困难群众得到精准帮扶。社会事业全面发展，“152”疫情常态防控措施全面落实，区中医医院、区妇女儿童医院等重点项目加快建设；公共文化服务体系更加健全，惠科图书共享馆、天虹丝绸文献馆建成投用；城市 28 栋 D 级危房涉及 694 户住户全部搬离，农村 C、D 级危房应急处置全面完成。文明机关建设成效明显。生态环境持续向好，顺利迎接第二轮中央生态环保督察，木龙河黑臭水体整治全面完成，大气、水、土壤环境有效改善。治理效能稳步提升，法治涪城、平安涪城、文明涪城建设协调推进，资源调度体系持续完善，社区分类治理创新开展，“平安建设小单元认领”入围全国社会治理创新案例。

六是聚力党的建设强引领，高质量发展保障进一步强化。坚持把党的政治建设摆在首位，系统实施五大行动，以高质量党建引领高质量发展。聚焦党建“铸魂行动”，切实抓好上级重大决策部署贯彻落实，党史学习教育、政法队伍教育整顿取得实效；意识形态工作责任制全面落实，党员干部理想信念更加坚定。聚焦党建“筑基行动”，“一镇街一特色”基层党建格局加快构建，8 个功能型党组织创新组建，青义镇组团党建、工区街道小区党建等亮点纷呈。聚焦党建“提能行动”，突出实干实绩，15 名“90 后”年轻干部得到提拔重用，17 个区级领导助理工作组高效运转；“周周听汇报、月月晒进度、季季搞拉练、年年评成效”相关机制全面推行，目标考核、容错纠错、基层减负等机制有效落实。聚焦党建“清风行动”，全年立案审查调查 146 件，给予党纪政务处分 127 人；“听音问廉”解决群众反映强烈问题 1626 个，省委巡视反馈问题整改率达到 88.4%。聚焦党建“聚力行动”，全力支持人大、政府、政协依法依章履行职能，切实发挥人武、工会、共青团、妇联等各方面作用，充分调动全区上下、党内党外力量，凝聚起全区干事创业的强大合力。

以上报告的是2021年区委常委会的主要工作，请同志们提出意见建议。这些工作的推进和各项成绩的取得，离不开习近平新时代中国特色社会主义思想的科学指引，离不开市委的坚强领导、亲切关怀，离不开全区上下的和衷共济、拼搏实干，离不开社会各界的广泛参与、鼎力支持。在此，我代表区委，向所有关心、支持、参与涪城高质量发展的同志们、朋友们，表示衷心感谢并致以崇高敬意！

2022年工作安排

2022年，是涪城系统落实党的十九届六中全会和省、市、区党代会，以及中央、省委、市委经济工作会议精神，对标当好“五个排头兵”、全面建设西部现代化强区夯基蓄势之年；也是区镇村领导班子换届后，新班子全面接棒履职的起始之年。新征程要有新气象，新班子要有新作为。我们必须笃定争先进位之志，铆足拼搏实干之劲，保持昂扬奋进之姿，奋力推动涪城在全面建设西部现代化强区的新征程中乘风破浪、行稳致远。

2022年全区工作总体思路是：坚定以习近平新时代中国特色社会主义思想为指导，全面贯彻党中央大政方针和省委、市委决策部署，弘扬伟大建党精神，立足新发展阶段、贯彻新发展理念、融入新发展格局，坚持稳中求进工作总基调，坚持高质量发展主题，坚持系统观念，坚持以人民为中心的发展思想，对标当好“五个排头兵”，深入实施“三千工程”，加快建设“四个强区”，着力办好“十件大事”，推动西部现代化强区建设迈出更加坚实步伐，为全面建设中国科技城和社会主义现代化绵阳做出新的更大贡献，以优异成绩献礼党的二十大。

2022年全区经济社会发展主要预期目标是：区属地区生产总值突破700亿元大关，规模以上工业增加值增长20%，全社会固定资产投资总量保持全市第一，社会消费品零售总额增长11%，地方一般公共预算收入增长13%，城乡居民人均可支配收入分别增长8%、9%；科技城新区涪城片区、临港经济发展区产值突破700亿元；“四上”企业突破900户。

围绕上述思路和目标，我们必须始终坚持发展第一要务，坚持稳中求进，着力推进目标进、区域进、项目进、产业进、开放进、民生进，满怀激情谋发展，心无旁骛抓发展，真抓实干促发展，不断巩固拓展良好发展态势，奋力夺取新时代涪城高质量发展的新胜利。

第一，对标当好“科技创新排头兵”，加快建设“科教强区”，为绵阳建设国家科技创新先行示范区多作贡献。始终坚持以创新为第一动力，主动融入成渝绵“创新金三角”，推动科技智谷和环西科大两大组团加速突破，着力培育经济增长新动能。集聚科创产业。拓展产业载体空间，建成投运西部土壤、数字经济创新中心等载体，新增载体5万平方米。聚焦5G、人工智能、北斗卫星等主导产业，强化科大讯飞、硅基智能、绵阳天仪、北斗未来等龙头引领，推动中关村信息谷、中科钛领等平台高效运营，新签约项目100个、新入驻企业50家。壮大科创主体。建强创新支点，支持惠科光电申报省级企业技术中心，新增市级以上重点实验室1家、市级以上工程技术中心2家，培育国家级专精特新“小巨人”企业1户。优化科创生态。持续深化“1+X”科技服务体系建设，创新5G、中关村科技园等专业园区建设运营模式，提高服务专业度、精准度。联动西南科技大学等优势资源，全力争取重大科技基础设施布局建设，加快推动国家大学科技园全面运营。用好科普教育展示基地等资源，营造科技创新浓厚氛围。促进科教融合。聚焦打造西部智慧教育示范区，推进教育信息化发展，构建智慧教学模式和学习环境。深化与区内外知名科研院所、工科类高校合作，探索建立科技研发、创新孵化、成果转化等功能性平台，促进协同创新，推动更多科技成果转化为现实生产力。

第二，对标当好“产业发展排头兵”，加快建设“产业强区、开放强区”，为绵阳率先建成全省经济副中心多作贡献。坚持把产业作为经济的命脉、发展的根基，全力以赴推动能级壮大、结构转型、层次提升，促进产业基础高级化、产业链现代化，加快构建现代产业新体系。做大先进制造业。加速存量扩张，全力支持惠科光电、龙华薄膜、富临精工等企业扩产提能，全年规模以上工业总产值达到420亿元。强化增量招引，力争引进三大先进制造业配套项目6个。狠抓项目建设，加快推进联东U谷、惠科背光模组、富临精工三期等在建项目，力争中南高科等10个项目年内竣工投产。加快工业互联网、人工智能、大数据等数字经济发展，有序推动产业数字化、数字产业化。做优现代服务业。巩固提升商业贸易业，持续推动五大商圈提档升级。大力发展科技服务业，推动技术推广、技术孵化、信息交流等产业发展，探索发展虚拟数字人直播等新业态。大力发展现代金融业，加快建设临园路金融集聚区。大力发展现代物流业，持续推进科技物流园片区开发，加快建设裕农新城商贸物流城。推动电子商务、文化创意、旅游康养产业加快发展，加快文创产业园、蓝城国际康养小镇等重点项目建设。力争全年服务业增加值突破460亿元。做精现代农业。持续壮大精品蚕桑、优质果蔬主导产业，稳步推动标准化蚕桑基地、优质蔬菜种植面积扩容增量。围绕农业产业化、产业园区化、园区公园化，高效建设运营农业主题公园，推动“千鹤桑田”蚕桑文化农业主题公园高品质升级，推进“蔬香绿野”芦笋大健康农业主题公园提质主导产业、完善基础配套。支持新皂镇建设“古道雄狮”林蔬农业主题公园。扩大对外开放合作。深化“三化招商”，新签约5亿元以上重大招商项目13个。持续拓展友城合作，新增友好城市1个。深化与省市国有企业、重点金融机构务实合作，推动与川发展合作事项落地落实。深度宣传“五个一”城市品牌，持续鲜明“涪聚三江?城纳四海”的城市标识。加大对上争取力度。聚焦国家、省、市重点支持领域和方向，做好重大项目策划包装，争取更多项目纳入“大盘子”。优化对上争取专班“前端、中端、后端”运行，加大项目、资金、政策争取力度，力争全年对上争取资金突破42亿元。深化重点领域改革。加强区属国有企业改革，聚焦布局科学化、管理现代化、经营市场化、监管制度化、队伍专业化，实施重组整合，加快实现由功能型向功能型与竞争型兼容转变。加快园区改革步伐，探索建立管理高效、运营顺畅、活力激发的园区体制机制。做深做实两项改革“后半篇”文章，扎实推进以片区为单元编制乡村国土空间规划工作，引导市场要素优化配置、公共服务精准投放。

第三，对标当好“城市建设排头兵”，加快建设“全域强区”，为绵阳优化经济地理、增强发展协调性多做贡献。坚持以现代公园城市理念为指导，以城乡融合发展为方向，统筹推进城市建设运营和乡村振兴，形成城乡融合发展新格局。推进城市有机更新。实施城市微治理，集中打造红星街、警钟街片区，建设“口袋公园”和“美丽街角”7处，提升改造背街小巷26条。推进城市片区开发，加快推进御营坝-浸水、青义老场镇、广电中心等16个项目建设，稳步推动新皂老场镇等片区改造。抓好城市点状更新，加快推进凯跃华庭、九腾1街区等项目全面复工，完成老旧小区改造项目69个。繁荣发展城市经济。加强城市综合体建设运营，推进华润万象生活建设，推动王府井购物中心建成投运。加快核心商圈提档升级，着力打造跃进路历史文化、“绵州记忆”等特色街区。强化专业楼宇建设，推动中大财富广场、万达南北塔等亿元楼宇提质增量，有效盘活科技大楼、长虹121等闲置楼宇。优化专业市场建设运营，切实提升毅德商贸、天泰食品等专业市场品质。大力发展首店经济、首发经济，促进消费升级。推进乡村全面振兴。扎实做好巩固拓展脱贫攻坚成果同乡村振兴有效衔接。推动产业振兴，以三大农业主题公园为牵引，助推农科文旅商“五态融合”发展，加快发展农业生产性服务业，促进农民持续稳定增收。推动人才振兴，抓实优秀农民工回引培养，大力培育新型职业农民，用好用活“田专家”“土秀才”等乡村人才资源。推动文化振兴，打造金峰雄狮小镇、丰谷西部历史文化名镇等特色文化小镇，办好丰谷“非遗”集市等乡村特色文旅主题活动，扩大优质公共文化服务覆盖面。推动生态振兴，严守生态保护红线，持续整治农村人居环境。推动组织振兴，建强做实用好农业主题公园联合党委，规范有序推进农村集体经济组织合并，全面消除村级集体经济薄弱村。促进城乡融合发展。统筹城市经济发展和市域社会治理，持续增强中心城区辐射带动能力；推动镇域经济社会高质量发展，助力青义镇在全国千强镇排位中晋升2位以上、争取纳入全国百强镇培育，支持吴家镇争创省级百强中心镇，加快新皂镇先进制造业与现代物流业深度融合发展，推动杨家镇在乡村振兴示范引领上取得新突破，加快丰谷镇历史文化资源深度挖掘与保护性开发。加强城乡道路基础设施建设，新（改）建道路53千米，完成丰谷渡口改公路桥建设项目。

第四，对标当好“改善民生排头兵”，加快推进民生事业高质量发展，为绵阳民生福祉大幅提升多作贡献。坚持以共享发展为根本目的，深入实施“十心行动”，增进民生福祉，推进共同富裕。全力发展民生事业。扎实推进各级民生实事项目，民生领域投入占公共财政支出比重继续保持70%以上。深化教育综合改革，严格落实“双减”要求，推动教师跨校、跨学区流动，优化调整校点布局，深化“集团化”办学，统筹推进各类教育协调发展。优化布局医疗卫生资源，加快市公共卫生医疗中心建设，推动区中医医院、区妇女儿童医院项目主体完工，推进区域医疗服务共同体建设，完善疾病预防控制体系，毫不松懈做好新冠疫情防控。全面落实就业创业扶持政策，加强高校毕业生、农民工等重点群体就业保障，规划建设人力资源服务产业园。健全完善覆盖城乡的社会保障体系和社会救助体系。健全公共文化服务体系，完善四级公共文化服务网络，推进微型图书馆建设，试点打造研学旅游精品线路。大力发展居家和社区养老服务。持续提升人居环境。实行最严格的生态环境保护制度，扎实做好第二轮中央环保督察反馈问题整改。加强大气联防联控联治，大力整治大气污染突出问题。全面落实河（湖）长制，巩固提升木龙河等重点流域治理成果。扎实推进净土保卫战，强化农业面源污染防治，抓好农村垃圾集中收集处理。推进乡村建设，统筹抓好污水治理、“厕所革命”、村容村貌整治。加强社会治理创新。坚持共建共治共享，持续深化“城市学迎宾、农村学刘家坪”，推动资源整合、制度创新、力量下沉。持续推进便民服务机构标准化建设。积极探索党建引领城市基层治理新路径，强化城市社区、小区分类治理，全面完成全省第二批城乡社区治理试点项目。统筹发展与安全，切实抓好安全生产、社会稳定、食品药品安全等工作，妥善处置涉地涉房涉资等领域历史遗留问题，有效防范化解各类风险挑战。

第五，对标当好“党的建设排头兵”，擦亮“五力领航”党建品牌，为绵阳党建质量大幅提升多作贡献。坚持以党的建设为引领，全面落实新时代党的建设总要求，围绕发展抓党建、抓好党建促发展，为西部现代化强区建设提供坚强组织保障。凝聚理想信念的精神力。坚定以习近平新时代中国特色社会主义思想为指导，深入学习宣传贯彻中央、省、市重要会议精神，牢牢把准涪城发展前进方向。深化拓展党史学习教育成果，着力加强党的百年奋斗重大成就和历史经验学习。持续推进思想解放，办好“涪城视界”。严格落实意识形态工作责任制，加强宗教、教育、网络等重点领域风险防控。夯实强基固本的组织力。聚焦区第七次党代会确立的各镇街党建主题定位精准发力，加快构建“一镇街一特色”党建工作格局。有序实施基层党的组织全覆盖计划，重点推动两新组织“两个覆盖”提质增效。加强基层党组织规范化建设，切实推动党员教育管理、党内组织生活标准化、规范化，持续整顿软弱涣散党组织，推动基层党组织全面进步、全面过硬，打通决策落地“最后一米”。强化狠抓落实的执行力。落实新时代好干部标准，持续优化配置干部资源，统筹做好培养选拔年轻干部、女干部、党外干部工作。扎实做好区镇换届后领导班子综合研判。强化干部提能，聚焦“四个强区”建设，统筹推进“新时代治蜀兴川执政骨干递进培养计划”落地落实，有序实施村（社区）、村（居）民小组、小区党组织和非公经济党组织负责人全覆盖教育培训，常态开展村（社区）党组织书记“早餐汇”。严格落实干部关心关爱各项政策措施，用好用活职级职数，旗帜鲜明为敢于担当干部撑腰鼓劲。深化落实柔性引才机制，做优人才服务保障，争创全省人才工作先行区。增强自我革命的免疫力。强化政治监督，全面延伸区级部门、镇街、村社巡察监督链条，务实开展“听音问廉”，围绕年度重点工作加强监督检查，全力保障政令畅通、工作落实。强化作风建设，锲而不舍落实中央八项规定精神，持续纠治“四风”顽疾，扎实做好精文减会、规范督查检查考核工作，全面推进基层减负增效。强化惩贪治腐，深入推进国有企业等重点领域系统治理，持续整治基层“微腐败”。抓好省委巡视反馈问题整改工作。提升改革发展的领导力。充分发挥区委统揽全局、协调各方领导核心作用，支持“一府一委两院”依法依规履行职责，支持区人大、区政协依法依章行使职权，坚定落实党管武装制度，认真做好党外知识分子、新阶人士等各领域统战工作，充分发挥工会、共青团、妇联、科协、工商联、残联、红十字会等桥梁纽带作用。持续深化落实工作推进机制，常态开展“周听、月晒、季练、年评”，确保各项工作落地落实、见行见效。

同志们，以上是区委对2022年全区面上工作的主要谋划和安排。在此基础上，区委坚持抓重点、重点抓的工作思路，系统思考、精准聚焦，确定了2022年度“十件大事”，作为当好“五个排头兵”的支撑点和突破口，以此推动全区各方面工作高质量发展。希望全区上下深刻领会区委决策意图，严格对标对表，认真抓好贯彻落实。

一是抓好重大会议精神学习宣传贯彻工作。学习宣传贯彻党的十九届六中全会、省第十二次党代会、市第八次党代会、区第七次党代会等重要会议精神，是全区当前和今后一个时期的重大政治任务。要强化政治引领，坚持系统学习、深刻领会、融会贯通、一体落实，进一步夯实当好“五个排头兵”的思想根基，以更高站位思考、谋划和推动涪城高质量发展，确保党中央大政方针和省委、市委、区委决策部署在涪城落地生根、开花结果。

二是推动科技城新区涪城片区突破发展。科技城新区涪城片区是引领全区高质量发展的动力源和增长极。要聚焦打造创新新引擎，建成投运国家大学科技园双创基地，启动科技智谷孵化中心建设；要聚焦打造产业新高地，加快引进航天三院遥感卫星、月星环球港等重点项目，发布“绵阳一号”卫星星座计划；要聚焦打造城市新空间，完善青义龙门片区支路网，完成环西科大组团环境节点打造，开工建设青义滨江公园，推动片区建设取得实质突破，为当好“科技创新排头兵”提供有力支撑。

三是擦亮新时代涪城教育的“金字招牌”。教育是国之大计、党之大计，也是涪城核心竞争力和城市软实力的生动体现。要以人民满意为目标，巩固教育振兴行动成果，完成绵阳职业技术学校产教融合实训中心、公园路幼儿园东顺分园二期等项目建设，启动成绵路滨江小学、御景名城小学等6个项目建设；加快建设西部智慧教育示范区，全面完成一期项目建设，持续释放教育红利，助力经济社会高质量发展。

四是顺利完成省级工业园区挂牌工作。省级开发区是推动县域经济高质量发展的重要平台。要积极加强与省、市相关部门对接争取，严格按照时间节点、任务要求，挂图作战、对标推进，确保完成绵阳工业园调位并顺利挂牌，为千亿产业园区建设全面起势、当好“产业发展排头兵”奠定坚实基础。

五是建成投用“绵州记忆”特色街区。建设特色街区是发展城市经济、提升城市品位、展示城市形象的有效途径。要发挥规划引领作用，抓好系统实施，强化宣传推介，注重高效运营，全面完成翠花街、铁牛街和马家巷三大片区27条街巷改造提升工程，把“绵州记忆”特色街区建设成为激活绵阳商业活力、展示创意科技魅力、彰显绵州文化实力的城市封面地标和旅游体验窗口。

六是“湖光山色”农业主题公园开园。建设农业主题公园是全面推进乡村振兴、加快农业农村现代化的关键抓手。要以十里荷塘为核心区，坚持规划引领，推动产业发展、综合交通、文化旅游等多规合一。要坚持龙头带动，持续做大产业规模；要通过市场化手段，促进各类市场主体和资本参与建设，确保“湖光山色”稻渔亲水湿地农业主题公园2022年6月成功开园，打造城乡融合发展新节点、绵阳城市“后花园”。

七是高效服务保障绵阳高铁南站建设。高铁南站建设对全区产业发展、城市建设、道路基础设施建设等具有重大引擎作用。要坚持系统思维、全局观念，统筹做好现状管控、国土规划、产业布局、拆迁安置等工作。要配合做好现有绵阳火车站站前广场改造提升服务保障工作，系统谋划高铁商务区空间布局和发展规划，科学规划建设周边区域交通路网，进一步打开产业南进、城市南进的新空间。

八是扎实做好城镇困难群众精准帮扶。保障和改善民生，是高质量发展的出发点和落脚点。要围绕“提标扩面”目标，在保持现有帮扶政策平稳运行的基础上，持续加大财政投入，进一步提高救助标准、扩大帮扶覆盖面。要设立专项资金，鼓励引导社会力量参与，聚焦重慢性疾病、高龄、残疾等原因致贫开展精准帮扶，不断提高群众幸福指数，让城市发展更有温度。

九是创新城市基层治理。城市基层治理是实现国家治理现代化的基础工程。要坚持党建引领，统筹综治、综合执法、应急、公安等行业领域资源和力量，实现资源整合、力量融合、功能聚合、手段综合。要建设一体化、多功能城市运营管理综合服务平台，持续深化“全科网格化”服务管理，推动实现城市基层治理“一屏统筹、一网统管”，巩固全省城市基层治理示范区成果。

十是筹办建区三十周年庆祝活动。2022年涪城将迎来建区30周年，这是全区政治、经济、文化生活中的一件大事。要系统谋划建区30周年系列庆祝活动，集中展现30年来涪城在经济建设、政治建设、文化建设、社会建设、生态文明建设及党的建设等方面的辉煌成就。要突出“1992—2022”发展变化，组织各级各类媒体以生动直观、喜闻乐见的形式，全方位宣传展示建区30年来的巨大成就，激发全区人民当好“五个排头兵”的豪情壮志。

同志们，风正时济，自当破浪扬帆；任重道远，更需砥砺奋进。让我们更加紧密地团结在以习近平同志为核心的党中央周围，凝心聚力开新局，奋发有为谱新篇，为全面建设中国科技城和社会主义现代化绵阳做出新的更大贡献，以优异成绩迎接党的二十大和省第十二次党代会胜利召开！

在第二次全体会议上的讲话

在大家的共同努力下，区委七届二次全会圆满完成了各项议程，即将胜利闭幕。会议期间，与会同志以饱满的政治热情、强烈的使命担当，围绕全会主题开展深入讨论，达到了统一思想、凝聚力量、坚定信心、推动落实的目的。大家在讨论中充分肯定了区委六届十一次全会以来区委常委会的工作，进一步增添了奋进新时代、启航新征程的信心和决心。大家一致感到，这次会议既精准把握、全面贯彻党中央大政方针和省委、市委决策部署，又高度契合、充分顺应涪城发展实际和群众殷切期盼，是一次高举旗帜、凝心聚力的学习贯彻会。大家一致认为，会议在继续坚定深入实施“三千工程”，加快建设“四个强区”，全面建设西部现代化强区战略部署的基础上，审议通过了《决定》，全面吹响了奋力当好“五个排头兵”的集结号，是一次主动担当、砥砺奋进的动员誓师会。大家一致表示，会议坚持系统观念，远近结合、点面结合、条块结合，深刻阐明了涪城2022年“干什么”“怎么干”“干成什么样”等重大问题，是一次求真务实、加油鼓劲的安排部署会。

下面，我就贯彻全会精神，围绕抓落实讲几点意见。

第一，关于为什么抓落实

*抓落实是一个老生常谈，而又常谈常新的话题。*我在多个不同场合讲过抓落实，之所以反复讲，是因为抓落实极端重要。在迈向全面建设西部现代化强区新征程的关键节点，我们必须再次从思想上深化对抓落实的认识，切实增强抓落实的责任感、使命感和紧迫感。

*抓落实是讲政治的根本体现。*抓落实是马克思主义的理论品格和本质特征，是我们党的优良传统和一贯要求。毛泽东同志指出：什么东西只有抓得很紧，毫不放松，才能抓住；抓而不紧，等于不抓。邓小平同志要求：少说空话、多干实事，凡事都要落在实处。习近平总书记强调，抓落实是党的政治路线、思想路线、群众路线的根本要求，也是衡量领导干部党性和政绩观的重要标志。因此，判断一个党员干部是不是讲政治、党性强不强，最根本的一条，就是看是不是坚决落实组织决策部署，不走样、不变形地真抓落实；而是否抓落实，以及抓落实的力度和成效，更直接反映出党员干部对党忠诚的成色。对大家而言，讲政治最直接的体现就是要坚决贯彻区委决策部署，对标当好“五个排头兵”，紧扣“三千工程”和“四个强区”一抓到底、抓出成效，始终与区委在思想上同心、目标上同向、行动上同行。

*抓落实是成事业的重要法宝。*空谈误国，实干兴邦。纵观党的百年历程，正是一代代中国共产党人艰辛探索、躬耕实践，引领全国各族人民在革命、建设、改革各个历史时期持续奋斗，才使得中华民族迎来了从站起来到富起来再到强起来的伟大飞跃。回顾涪城建区30年发展，正是一批批涪城人真抓实干、拼搏奋进、励精图治，才取得今天的发展硕果。特别是近年来，在区委的团结带领下，广大党员干部群众凝心聚力谋发展、不折不扣抓落实，用实干的作风、过硬的担当，推动一个又一个重大项目落地建设，推进一个又一个矛盾问题突破化解，超越一个又一个竞争对手晋级升位，让涪城高质量发展站在了全新起点。这些生动实践启迪我们，所有发展成效，都是抓落实干出来的。在全面建设西部现代化强区新征程中，全区上下唯有继续保持发展定力，实干担当、攻坚克难、狠抓落实，才能续写涪城高质量发展新的辉煌。

*抓落实是除积弊的现实要求。*抓落实确实很难，前期我们下大力气重点整治了面从腹诽“不落实”、消极怠工“慢落实”、浅尝辄止“假落实”、不温不火“冷落实”、用心不够“差落实”、业务不精“难落实”六类典型问题，取得了明显成效，但一些沉疴积弊在少数干部身上仍然不同程度存在，甚至有新的隐形变异。比如，对区委决策部署缺乏敬畏，没有放在心上，更不要说落实到行动上；我行我素搞自己的一套，对区委的安排应付了事、粗放落实；抓工作浅尝辄止、避重就轻，不从根本上查找原因、解决问题；习惯当老好人，遇事总是和稀泥，不敢坚持原则、攻坚克难；等等。诸如此类问题，区委态度是鲜明的、坚决的和一贯的，必将追根溯源、持续用力、彻底整治。

第二，关于如何抓落实

2022年，是涪城大开发、大建设、大发展之年，也是区委确定的重大项目攻坚年、重点改革突破年、营商环境提升年、基层治理创新年、干部作风建设年。要确保全年各项任务圆满完成，归根结底要靠抓落实，核心在于准确把握如何抓落实。

*一要把准方向抓落实。*方向正确是事业成功的先决条件，更是抓落实、出实效的基本前提。如果工作方向出现偏差，抓落实必然就会南辕北辙、背道而驰。要把准政治方向。始终坚持党对一切工作的领导，把旗帜鲜明讲政治的要求全面融入抓落实全过程、各方面，树牢“四个意识”，坚定“四个自信”，践行“两个维护”，不断提升政治判断力、政治领悟力、政治执行力，始终做到政治上坚定清醒、思想上同心同向、行动上不偏不倚，自觉与党中央保持高度一致。要把准发展方向。始终坚持发展第一要务，完整准确全面贯彻新发展理念，围绕当好“五个排头兵”新定位新使命，聚焦全面建设西部现代化强区，深入实施“三千工程”，加快建设“四个强区”，一件接着一件办，一年接着一年干，脚踏实地把“施工图”转变为“实景图”。要把准为民方向。始终践行以人民为中心的发展思想，把提高人民群众幸福指数作为我们抓落实的重点，深入群众了解所思所想

所盼，用心用情解决热点难点痛点，精准精细落实利民惠民政策，不断满足人民群众对美好生活的新期待。

二要提升本领抓落实。抓落实能力水平，直接影响政策的贯通，关乎人民群众的切身利益。如果干部本领不足，抓落实就会就会走样变形、流产落空。要持续解放思想。深化运用解放思想系列活动成果，坚持以开放的胸怀拥抱世界，以全球视野观察大势，把工作的着力点放在研究解决工作中遇到的新矛盾、新问题上来，因时而变、因地制宜、因势利导，提高工作前瞻性和预见性，增强抓落实的主动性和实效性。要提升专业能力。聚焦高质量发展和履职尽责的现实需要，努力学习新理论、新技术、新模式，全面提升专业水平、专业能力、专业精神，特别是领导干部要做到干一行、爱一行、钻一行，及时提能增智、充电加油，做到“在外行面前做内行，在内行面前不做外行”。要注重调查研究。坚持原则性与灵活性相结合，把眼睛向下看、身子往下沉，加强调查研究，掌握一线实情，将上情与下情结合起来，将政策与民意衔接起来，对症下药、精准施策，坚决杜绝闭门造车、“拍脑袋”决策，真正将各项工作落到实处。

三要雷厉风行抓落实。雷厉风行是一种良好的精神状态，上级有指示，下级有响应。如果在重大决策和关键节点上行动迟缓，就会错失机遇、陷入被动。要紧盯目标。始终聚焦“三千工程”“四个强区”不动摇，围绕上级考核指标、年度“十件大事”和单位重点工作排兵布阵、谋划施策，寻找最优方案、谋求最快途径，努力把谋划的项目落实好、既定的目标实现好、遇到的难题解决好。要立说立行。对区委的决策部署、工作安排，不等不靠、不拖不推，坚持“说了就办、定了就干、干就干好”，对照作战图、时间表，把工作往前做，把进度往前赶，按下“快进键”、跑出“加速度”，确保迅速见行动、出效果。要不折不扣。坚持保质保量，不打折扣、不搞变通，杜绝口头上一套、行动上一套，咬定目标任务盯住抓、反复抓、抓到底，做到落实目标不走样、落实力度不衰减、落实任务不缩水。

四要创新巧干抓落实。凡事皆有法。方法得当如顺水推舟，方法不当如逆水行舟。如果工作中只顾蛮干、不讲方法，必然就会费力不讨好、成效打折扣。要抓住重点关键。注重“十个指头弹钢琴”，防止“眉毛胡子一把抓”，在统揽全局中找到重点关键，在工作落实中找准主要矛盾，紧抓“十件大事”和年度重点工作不放，以重点带动全局、以关键激活全盘，实现“一子落”而“全局活”。要敢于改革创新。当前，经济社会发展新情况新问题新矛盾不断涌现，绝对不能墨守成规、刻舟求剑，必须不断创新理念思路和工作方法，用创新思维、改革办法、市场手段抓落实，才能突破瓶颈制约，打开工作局面。要善于借势借力。涪城发展基础好、资源条件优，特别是市委要求当好“五个排头兵”，既是压力更是机遇。要最大化利用涪城各方面的资源优势和发展机遇，善于把发展优势、发展机遇转化为发展势能，借势借力推动涪城高质量发展。

五要务实作风抓落实。求真务实是我们党的性质和宗旨要求，也是我们党的一贯态度和作风。如果工作不求实务实落实，美好蓝图永远只是水中月、镜中花。价值取向要“求实”。始终把实干当作一种精神追求、一种政治责任、一种工作态度，树立正确政绩观，不贪一时之功，不图一时之名，既要有“功成不必在我”的境界，又要有“建功必定有我”的担当，不说不得行、多说怎么行。方法举措要“务实”。强化“抓与不抓不一样，虚抓和实抓不一样，抓半截和抓到底不一样”的观念，从具体环节抓起、从具体问题抓起，察实情、出实招、办实事、求实效，用实干赢得实绩、用实绩标注担当、用担当推动发展。工作推进要“落实”。言必行、行必果，少喊口号、多干实事，少说空话、多解难题，少做虚功、多抓落实，真正把心思和精力用在干工作、抓落实上，踏踏实实把每一件实事办好、好事办实。

六要只争一流抓落实。只争一流是新时代干事创业应有的精气神，也是当好排头兵、做出新贡献的必然要求。如果缺乏只争一流的精神，工作必然会流于一般化。要追求一流质量。坚持高标准、高要求、高品质，自觉做到“接手的事使出自己最大力气，出手的事达到自己最高水平”，确保“成”有特色、“成”有品牌、“成”有口碑。要追求一流效率。切实增强等不得、拖不得、慢不得的紧迫感，对作出的决策、部署的工作、定下的事情，以时不我待、只争朝夕的精神抓落实，做到先人一步、快人一拍。要追求一流业绩。牢固树立领先、争先、率先意识，敢于向高处攀、和强者比、与能者赛，力争有更多工作能够在全市领跑、全省领先、全国竞争，努力创造无愧于历史、无愧于时代、无愧于人民的业绩。

第三，关于如何保障抓落实

抓落实必须坚持系统观念和“三精标准”，建立健全保障机制，让抓落实的过程成为干部和群众双向互动的过程，成为上级和下级合力推进的过程，成为政策在实践中不断完善的过程。去年以来，我们创新建立并常态落实工作推进保障机制，取得了明显成效，必须坚定不移地深化和落实下去。

一要坚持系统观念。系统观念是“十四五”时期我国经济社会发展必须遵循的五项原则之一，是具有基础性的思想和工作方法。要树立大局意识。善于把本辖区本部门的工作放到大局中进行思考和定位，将中央和省、市、区决策部署同自身实际有机结合，特别是和实施“三千工程”、建设“四个强区”的大局结合起来，坚持全区一盘棋，正确认识大局，自觉服从大局，坚决维护大局。要强化统筹兼顾。坚持从全局出发，统筹好资源力量，把握好宏观战略、中观路径、微观措施的密切关系，兼顾好上与下、点与面、条与块、重点与一般，对工作做到前瞻性思考、全局性谋划、战略性布局和整体性推进，确保工作各环节有效对接、紧密协同、相互促进。要践行项目思维。坚持工作项目化、项目清单化、清单责任化，把工作任务转化为一个个项目，每个项目都实行清单化管理，使每个任务都有具体项目作支撑，每个清单都有具体人员去落实，形成有部署、有检查、有落实、有成效的闭环式工作链条，确保每项工作能够按时保质完成。

二要坚持三精标准。有什么样的工作标准就会有什么样的落实质效。对涪城的干部而言，要当好“五个排头兵”，不能仅仅满足于把事情干成，更要把事情干好干出彩。要坚持工作精细化。树立“落实在细节、出彩在细节、成败在细节”的理念，摒弃“大概可以了”“差不多就行”的惯性思维，务实严谨、一丝不苟，认真负责把好每一道关口、尽心竭力抓好每一个细节，把绣花功夫的精细落实到工作的方方面面。要坚持工作精致化。秉承追求卓越、精益求精的精神，以专业的素养、勤勉的态度、科学的方法、扎实的作风，努力把每一项工作做到尽善尽美、完美极致，杜绝粗心大意、粗枝大叶、粗制滥造。要坚持工作精品化。树立品牌意识，把每一项工作、每一件事情都当作自己的作品，形成“只要是涪城区干部干的工作，就一定会是精品”的良好口碑，塑造抓落实响当当的“涪城品牌”。

三要坚持科学考核。绩效考核是检验工作实绩的“试金石”、引领改革发展的“风向标”。要运用科学方法。持续鲜明“二八”原则，紧扣重点工作、中心任务科学设置考核指标，优化指标模块，合理确定分值权重，推进类别化、差异化考核，让承担发展重任、注重工作实绩、勇于争先创优的单位和个人得到应有激励。这次全会我们印发了新修订的目标绩效管理办法，就是要深化落实“二八”原则，更好实现优劳优得、多劳多得、少劳少得、不劳不得。要严格逗硬考核。坚定落实全区目标绩效管理办法，严格对照执行加扣分标准，该加分的要一分不少地坚决加分，该扣分的要一分不少地坚决扣分，确保考真、考实、考准。各级各部门要严格对标对表，在内部管理中参照执行、逗硬落实。要强化结果运用。充分发挥考核的激励导向作用，把目标绩效考核结果运用到党政领导班子和领导干部评先评优、选拔任用、职级晋升、问效问责等各个方面，真正实现干与不干不一样、干多干少不一样、干好干坏不一样。

四要坚持团结协作。涪城的事业是我们共同的责任，涪城的发展是我们肩负的使命。各级各部门必须增强合作意识、团队意识、责任意识，持续深化工作运行机制，形成既各司其职又相互协同的抓落实工作合力。要处理好“统与分”的关系。区委总揽全局、协调各方，区人大、区政府、区政协要依法依章履职，完成区委安排部署的工作任务。区委常委要对负责统筹的工作，及时召集有关方面研究，侧重抓好指导督促；区政府副区长要按照分工具体抓、抓具体，并与负责统筹的区委常委保持常态沟通，确保信息对称、步调一致。要处理好“主与从”的关系。针对区委作出的工作安排，牵头领导和单位要主动牵头、担当履职，发挥好统筹协调、综合调度作用；配合领导和单位要积极参与、主动协同，全力支持推动，严禁推诿扯皮，造成工作受阻。要处理好“条与块”的关系。块状上，各镇街要落实属地主体责任，按照职责权限大胆工作、敢于担当、主动作为。条状上，区级单位要落实行业主管责任，主动争取、统筹、协调各类资源要素，加大对镇街的指导服务力度，不能简单以“属地管理”名义把责任层层下移，搞“降格落实”“悬空落实”。

下面，我就近期六项重点工作再作一强调。

一要抓好常态化疫情防控。结合中央、省、市最新要求和疫情防控最新形势，坚决克服麻痹思想、厌战情绪、松劲心态，严格落实“四方责任”，毫不放松抓好“外防输入、内防反弹”各项措施。特别是要抓好春运、春节等重点节点的防控工作，以及境外来人来物、中高风险地区来(返)涪人员等重点对象的跟踪管理，坚决守住来之不易的疫情防控成果。

二要抓好安全生产。严格落实安全生产责任制，压紧压实属地管理责任、部门监管责任、企业主体责任，严格落实各项安全防范措施，突出抓好重点区域、重点领域安全隐患整治，坚决杜绝重特大事故发生，坚决守住安全生产底线。

三要抓好值班值守。严格落实各项值班工作制度，带班领导和值班人员要做到 24 小时坚守岗位，加强督促检查、压实值班责任、强化值班调度，严格信息报送、保持信息畅通，确保节日期间值班值守常备不懈、规范有序、运转高效。

四要抓好信访维稳。落实“属地管理、分级负责”和“谁主管、谁负责”原则，强化涉地涉房、涉军涉教、投融资等重点领域矛盾纠纷排查化解，强化涉稳涉访重点群体教育疏导，加大情报信息收集研判力度，密切掌握各类利益诉求群体动向，确保社会大局和谐稳定。

五要抓好走访慰问。统筹做好困难党员、老党员、老干部走访慰问和城镇困难群众精准帮扶工作，全面准确掌握他们的基本情况，了解他们的思想动态和诉求，有针对性地帮助解决实际困难，大力营造喜庆安康、欢乐祥和的节日氛围。

六要抓好廉洁过节。严格落实中央、省、市、区作风建设规定及其实施细则精神，严明廉洁过节各项纪律要求，紧盯节日期间易发多发的“四风”问题，精准监督、靶向发力，加强专项监督检查，确保节日期间风清气正。

同志们，没有等出来的辉煌，只有干出来的精彩。我们要高举习近平新时代中国特色社会主义思想伟大旗帜，以奋力当好“五个排头兵”为引领，一张蓝图干到底，一以贯之抓落实，以优异成绩向党的二十大献礼！

关于《中共绵阳市涪城区委关于深入学习贯彻党的十九届六中全会精神巩固党史学习教育成果的决定》的说明

受区委常委会委托，现就《中共绵阳市涪城区委关于深入学习贯彻党的十九届六中全会精神巩固党史学习教育成果的决定》（以下简称《决定》）起草情况，向全会作说明。

党的十九届六中全会是在我们党成立一百周年之际，党领导人民实现第一个百年奋斗目标、向着实现第二个百年奋斗目标迈进的重大历史关头召开的一次重要会议。全会通过的《中共中央关于党的百年奋斗重大成就和历史经验的决议》，回顾党走过的百年历程，总结党的百年奋斗重大成就和历史经验，着重阐释党的十八大以来党和国家事业取得的历史性成就、发生的历史性变革，对实现第二个百年奋斗目标提出明确要求，是一篇马克思主义的纲领性文献，是新时代中国共产党人牢记初心使命、坚持和发展中国特色社会主义的政治宣言，是以史为鉴、开创未来、实现中华民族伟大复兴的行动指南。习近平总书记的重要讲话，对深刻领会把握党的百年奋斗重大成就和历史经验作出深刻阐述，对从党的奋斗历程中汲取智慧和力量提出重要要求，高瞻远瞩、思想深刻、内涵丰富，为我们以史为鉴、开创未来，迈步新征程、建功新时代提供了方向指引和根本遵循。

当前，全区上下正深入学习贯彻党的十九届六中全会精神，迈入全面建设西部现代化强区的新征程。在这个重要节点，区委重点研究以学习党的十九届六中全会精神为重点、巩固党史学习教育成果，主要目的是深入贯彻落实习近平总书记重要指示精神，持续引导全区广大党员干部准确把握党的历史发展的主题主线、主流本质，在学史明理、学史增信、学史崇德、学史力行上持续取得新进展，为对标当好“五个排头兵”，深入实施“三千工程”，加快建设“四个强区”，全面建设西部现代化强区，展现新担当、做出新贡献。

为做好《决定》稿的起草工作，12 月上旬，区委成立了文稿起草组，在区委常委会的直接领导下开展工作。起草组认真学习领会习近平新时代中国特色社会主义思想、习近平总书记关于党史学习教育的系列重要论述和中央、省委、市委全会精神，在深入研究的基础上，于 12 月中旬形成了《决定》初稿，并征求了组织、宣传等部门意见建议，12 月 21 日至

22日，又全覆盖征求了区级领导和全区各级各部门意见建议，在此基础上对《决定》稿进行了修改完善。12月24日，区委常委会会议对《决定》稿进行了深入研究讨论，同意提交这次区委全会审议。

《决定》稿坚定以习近平新时代中国特色社会主义思想为指导，把学习贯彻党的十九届六中全会精神作为主题主线贯穿全篇，与学习贯彻习近平总书记关于党的历史的重要论述和“七一”重要讲话精神贯通起来，与总结运用我区党史学习教育经验做法结合起来，紧扣换届后领导班子思想政治建设、纵深推进全面从严治党，对我区巩固党史学习教育成果作出安排部署。起草过程中，一是聚焦坚定历史自信，准确把握党的百年奋斗的重大成就、历史意义和历史经验，特别是中国特色社会主义新时代的原创性思想、变革性实践、突破性进展、标志性成果，教育引导党员干部坚持正确党史观、树立大历史观，传承红色基因、赓续红色血脉；二是突出思想政治建设，把深刻把握“两个确立”作为巩固党史学习教育成果的核心内容，提出一系列重大举措，教育引导党员干部做“两个确立”的坚决拥护者和“两个维护”的坚定践行者，用马克思主义中国化最新成果武装头脑、统一思想、凝聚力量；三是鲜明实干担当导向，紧紧围绕以史为鉴、开创未来的重要要求，聚焦深入实施“三千工程”、加快建设“四个强区”，教育引导党员干部在全面建设西部现代化强区新征程上奋发有为、攻坚克难、砥砺前行，不断书写涪城高质量发展新的优异答卷；四是发扬自我革命精神，着眼加强换届后领导班子思想政治建设，坚持刀刃向内，教育引导党员干部始终居安思危、保持清醒头脑，增强全面从严治党永远在路上的政治自觉，不断实现自我净化、自我完善、自我革新、自我提高。

《决定》的架构和内容可以分三个方面来把握。第一个方面，即《决定》的第一部分，主要是深入学习贯彻党的十九届六中全会精神，重点阐释全会的重大意义、主要内容和丰富内涵，并对以学习六中全会精神为重点巩固党史学习教育成果的重要性和总体要求进行阐述。第二个方面，包括《决定》的第二至第五部分，主要贯彻党的十九届六中全会精神特别是习近平总书记重要讲话精神，紧密结合涪城实际，分别围绕“学史明理、学史增信、学史崇德、学史力行”对巩固党史学习教育成果进行部署。第三个方面，即《决定》的第六部分，重点聚焦保障落地落实，从组织领导、领导带头、氛围营造等方面作出安排、提出要求。

关于《中共绵阳市涪城区委关于奋力当好“五个排头兵”全面建设西部现代化强区的决定》的说明

受区委常委会委托，现就《中共绵阳市涪城区委关于奋力当好“五个排头兵”全面建设西部现代化强区的决定》（以下简称《决定》）起草情况，向全会作说明。

市第八次党代会科学擘画了绵阳新时代发展宏伟蓝图，对涪城提出了在全市发展大局中当好科技创新、产业发展、城市建设、改善民生、党的建设“五个排头兵”的重要要求。市第八次党代会胜利闭幕后，区委立即深入研究、谋划部署，深刻认识到当好“五个排头兵”的重要要求，是市委对涪城工作的总定位，是涪城未来发展的总命题，也是引领各项工作的总纲领，就是要求我们在综合实力稳居全市方阵第一的同时，着力当好五个方面的单项冠军。对此，区委确定七届二次全会要聚焦当好“五个排头兵”、全面建设西部现代化强区，作出专门《决定》，形成指导涪城当前和今后一个时期高质量发展的纲领性文件，回应市委对涪城的殷切期望和关心关怀。

为做好《决定》稿的起草工作，10月中旬，区委即成立了文稿起草组，在区委常委会的直接领导下开展工作。其间，区委围绕当好“五个排头兵”开展了系列专题调研，全面摸清底数情况，广泛听取意见建议，为起草工作提供坚实支撑。起草组多次组织相关单位就《决定》稿的呈现形式、主要内容进行反复斟酌讨论，特别是阐述好当好“五个排头兵”的重要要求与区第七次党代会决策部署的关系，力求让《决定》稿既有战略高度又有落实效度。12月上旬，《决定》稿初稿形成后，区委通过周周听汇报、专题会议等形式，组织各级各相关单位进行深入研究讨论，12月21日至22日，又全覆盖征求了区级领导和全区各级各部门意见建议。起草组充分吸收采纳，对《决定》稿进行了修改完善。12月24日，区委常委会会议认真审议了《决定》稿，同意提交这次区委全会审议。

《决定》主要分为三大部分。第一部分，“提高政治站位，深刻领会当好‘五个排头兵’的重大意义”。主要解决“怎么看”的问题，系统阐述当好“五个排头兵”是贯彻落实中央和省委、市委决策部署的必然要求，是新时代市委赋予涪城发展新的坐标定位，是加快建设西部现代化强区应有的价值追求，为当前和今后一个时期推动涪城高质量发展提供了行动指南与重要遵循。这其中，需要重点把握的是，当好“五个排头兵”的重要要求，与党中央大政方针和省委、市委最新决策部署高度统一、一脉相承，是市委着眼全市大局、针对涪城实际，为涪城量身定制的发展定位。区委深入实施“三千工程”，加快建设“四个强区”，全面建设西部现代化强区的战略谋划，与此方向一致、内涵统一、高度契合。第二部分，“强化使命担当，坚决当好绵阳高质量发展‘五个排头兵’”。主要解决“怎么办”的问题，分别把当好“五个排头兵”的重要要求与“四个强区”、民生事业发展和党的建设相对应、相结合，系统阐述主要目标和方法路径。其中，当好“科技创新排头兵”，必须加快建设科教强区；当好“产业发展排头兵”，必须加快建设产业强区、开放强区；当好“城市建设排头兵”，必须加快建设全域强区；当好“改善民生排头兵”，必须加快推动民生事业高质量发展；当好“党的建设排头兵”，必须聚焦“五力领航”全面加强党的建设。这些安排，紧扣区第七次党代会决策部署，体现了区委一张蓝图干到底的战略定力，让各级各部门能够一以贯之抓好落实。第三部分，“强化工作保障，汇聚形成当好‘五个排头兵’的强大合力”。主要解决“如何保障”的问题，从加强组织领导、健全推进机制、加大投入保障、严格督导考核四个方面作出相应安排，确保各项工作能够落地落实、走深走实、见行见效。

需要特别说明的是，针对当前和今后一个时期的工作，区委始终坚持系统思维，除了从宏观层面作出2个重要《决定》外，还从中观层面研究出台当好“五个排头兵”的2022年度行动计划、从微观层面研究确定各单位年度重点工作，并修订完善目标绩效管理办法，构成了1个管思想把方向的《决定》、1个定战略谋发展的《决定》、5个年度专项行动计划、1个年度重点工作清单和1个配套考核办法的“1152”体系。

绵阳市涪城区人大常委会工作报告

——在绵阳市涪城区第七届人民代表大会第二次会议上

绵阳市涪城区人大常委会主任　顾　建

（2022 年 1 月 18 日）

各位代表：

现在，我受区第七届人民代表大会常务委员会委托，向大会报告工作，请予审议。

2021 年主要工作

过去一年，在区委的坚强领导下，区人大常委会坚持以习近平新时代中国特色社会主义思想为指导，深入学习党的十九大和十九届五中、六中全会精神，全面贯彻习近平总书记关于坚持和完善人民代表大会制度的重要思想和中央人大工作会议精神，坚持党的领导、人民当家做主、依法治国有机统一，认真落实区第七次党代会和区委全会精神，紧紧围绕涪城对标当好“五个排头兵”、深入实施“三千工程”、加快建设“四个强区”，切实履行法定职责。一年来，召集区人民代表大会会议 2 次，召开区人大常委会会议 10 次、主任会议 17 次，听取和审议“一府两院”专项工作报告 24 个，圆满完成了全年各项工作任务。

一、聚焦重点有效监督，倾力服务全区发展大局

推动经济高质量发展。围绕大抓工业经济，组织区人大代表实地查看联东 U 谷、中南高科、惠科模组等重大项目，督促项目加快建设；开展中小工业企业发展情况专题调研，撰写中小工业企业外迁影响调研报告。围绕大抓城市经济，专题调研绵州记忆、跃进路历史文化等特色街区和华润万象生活等城市综合体建设，现场督查城市“微治理”民生实事代表票决项目建设，推动城市建设品质提升。围绕大抓科技创新，听取区人民政府科技智谷组团和环西科大组团建设推进情况报告，视察创业黑马西部科创基地、硅基智能等创新平台建设和企业运营情况，紧扣做强新引擎、做优新高地、做大新空间提出意见建议，促进科技城新区涪城片区成为引领高质量发展的动力源和增长极。听取和审议区人民政府项目投资工作情况报告，组织人大代表调研园区基础设施建设、青义棚户区改造等重大项目建设情况，协调督促解决困难和问题，助推项目加快建设。连续第三年开展优化营商环境工作监督，听取和审议区人民政府优化营商环境工作情况报告，组织政府职能部门现场协调解决问题，有效解决电力优惠政策落实、公交线路调整优化等问题 14 个。加强对四川绵阳工业园调位、区属国有企业经营、重大基础设施建设等工作的监督，推动区域经济高质量发展。

加强财政预决算监督。组织常委会组成人员、区人大代表和镇街人大负责人，开展预算审查监督专题培训，邀请省市人大专家讲授预算法、预算审查监督条例和操作实例，进一步提升预决算审查监督能力。依法审议、审查和批准区人民政府 2020 年区级决算报告草案、2021 年上半年预算执行情况报告、2021 年预算调整报告、2020 年预算执行情况和 2021 年预算草案初步方案报告，向区人民政府提出预决算初步审查意见 43 条，强化预算刚性约束，切实提高财政资金使用绩效。听取和审议区人民政府 2020 年预算执行和其他财政收支审计查出问题整改报告，督促整改落实问题 108 个，整改率达 96.4%，全面加强预算执行监督，规范财经收支行为。听取区人民政府关于 2019—2021 年政府性债券资金争取使用绩效情况报告，督促政府积极争取、高效使用债券资金。

力促民生事业发展。专题听取区人民政府 2021 年区级人大代表票决民生实事项目推进情况报告，组建 9 个项目监督小组全覆盖开展督促检查，努力让民生实事项目真正成为民心工程。扎实开展 2022 年区级民生实事票决项目征集工作，通过人大代表征集、镇街部门征集、社会公众征集三管齐下，征集各类项目134个，精心筛选候选项目12个，真正做到票决项目问需于民。听取和审议区人民政府城镇困难群众精准帮扶工作开展情况报告，聚焦精准识别、精准施策、提标扩面提出审议意见，推动党和政府的帮扶政策更多惠及城镇困难群体。紧扣区委科教强区决策部署，听取和审议区人民政府职业教育发展情况报告，深入走访调研职教院校和企业，围绕强化顶层设计、着力扩容提质、深化校企合作、营造社会氛围等方面提出建议，助推职业教育更好地服务区域经济社会发展。听取和审议区人民政府创新城乡社区治理、推进基层群众自治情况报告，督促政府及有关部门进一步完善工作机制、健全保障体系、形成多元合力，助力社区建设水平和服务能力有效提升。扎实做好人大信访工作，及时转办督办群众来信62件，接待群众来访78人次，依法维护人民群众合法权益。

推进乡村振兴战略。听取和审议区人民政府持续用力巩固脱贫攻坚成果、接续推进乡村振兴工作情况报告，组织开展专题调研7次，查看帮扶成效落实、农业产业发展等情况，提出制定扶持政策、突出产业特色等建议12条，促进脱贫攻坚与乡村振兴有效衔接。通过集中调研、个别走访、座谈交流等方式，深入了解“千鹤桑田”“湖光山色”“蔬香绿野”三大农业主题公园建设情况，专题听取区人民政府相关工作情况报告，督促政府部门做好品牌创建、产业提升、规划编制等重点工作，推动实现农业更强、农村更美、农民更富。

助力生态文明建设。听取和审议区人民政府贯彻实施环境噪声污染防治法工作情况报告，针对宣传引导、噪声监测等工作中存在的问题，督促政府有关部门积极研究解决，切实促进群众生活环境改善。围绕迎接第二轮中央环保督察，听取区人民政府关于绵阳循环经济产业园建设情况报告，视察中央环保督察问题整改情况，现场查看东江环保项目建设、木龙河黑臭水体整治情况，督促项目加快建设、问题整改到位。聚焦农村人居环境治理，视察农村污水一体化处理设施管理使用情况，采取明察和暗访相结合的方式，逐一查看辖区内处理设施运行情况，提出加强管网建设、提高设备运行效率等意见，助推水污染综合治理，守护好涪城的绿水青山。

二、严格依法履行职权，奋力推进民主法治进程

依法行使重大事项决定权。坚持抓大事、议大事、求实效原则，围绕全区改革和发展中的重大事项、人民群众关心的热点难点问题，在深入调研论证的基础上，依法作出决议决定6项。听取和审议区人民政府2021年上半年国民经济和社会发展计划执行情况报告，提出意见建议，支持和推动政府取得更多高质量发展成果。严格落实《区人大常委会审议意见办理办法（试行）》，听取区人民政府关于研究处理禁毒法执法检查报告及审议意见办理情况的报告，开展满意度测评。跟踪监督区人民政府对2020年度国有资产管理情况、2021年上半年国民经济和社会发展计划执行情况审议意见的研究处理情况，进行办理效果评定。切实加大监督力度，督促“一府两院”严格执行区人大常委会决议决定，认真研究处理审议意见。

规范人事任免和任后监督工作。坚持党管干部与人大依法任免有机统一，做好人事任免工作，确保党组织推荐的人选通过法定程序成为国家机关工作人员。全年依法任免国家机关工作人员及人民陪审员101人107职，补选区人大代表8人。认真组织任前法律知识考试、任职发言、颁发任命书和宪法宣誓等工作，切实增强任职人员的法律意识和人大意识。加强对区人大及其常委会选举任命的国家机关工作人员的监督，研究制定监督办法，不断优化监督机制，促进依法行政、公正司法。

切实维护宪法权威。坚持宪法确立的一系列制度、原则、规则，切实保证宪法实施。严格实行国家机关工作人员就任宪法宣誓，进一步规范宣誓人员范围、宣誓流程和组织形式，带头树立宪法意识、维护宪法权威。督促引导相关部门开展宪法学习宣传进机关、进校园、进社区、进农村、进企业、进网络、进军营、进宗教场所等活动，持续扩大宪法宣传渗透力和影响力。创新采用网络形式开展宪法宣传系列活动，17万网友通过“新华社”客户端、“涪城手机台”客户端、“法治涪城”微信公众号等平台收看涪城宪法宣传直播活动，营造了学习宪法、遵守宪法、维护宪法的氛围。

积极促进司法公正。继2019年和2020年开展法院执行难工作监督后，2021年再次听取区人民政府支持配合区人民法院切实解决执行难工作情况报告，推进执行工作长效机制建设。视察区人民检察院司法辅助事务综合配套改革情况，调研法检两院相关工作情况，提出加强干部队伍建设、建立健全管理制度等意见建议，推动实现司法辅助事务剥离和集约化管理，不断提升涪城司法质效。组织人大代表参加区人民检察院刑事案件

审查公开听证4次、区人民法院案件庭审旁听3次，见证执行2次，助推司法公开、促进司法公正，维护社会公平正义，为加快发展提供良好法治保障。

加强规范性文件备案审查。开展规范性文件备案审查工作专题培训，提升备案审查工作能力，增强法律监督实效。调研规范性文件备案审查工作情况，针对问题提出对策建议，推动备案审查工作持续改进。认真执行市人大常委会相关规定，及时上报区人大及其常委会制定的规范性文件，加强对区人民政府和镇人大主席团规范性文件的备案审查，做到“有件必备、有备必审、有错必纠”。全年向市人大常委会报送区人大及其常委会作出的决议10件，审查各镇人代会决议42件，审查区人民政府规范性文件1件，切实维护国家法制统一。

推进立法联系点建设。配合做好上级人大立法调研，充分发挥基层人大、辖区单位、人大代表、专业人士在立法调研中的作用，通过社区法治广场活动、“社区治理大家谈”等形式，广泛收集立法建议。一年来，组织对上级人大交办的野生动物保护法、四川省水资源条例、绵阳市物业管理条例等13部法律法规草案征求意见，提出修改建议50余条；向市人大常委会提出2021—2025年立法选题建议2条，为上级人大立法贡献了涪城智慧。积极对上争取，涪城首次成为省人大立法联系点，全区新增1个镇、共计3个单位成为市人大立法联系点，让涪城在省市立法建议征集工作中，民声传递更高、民意汇集更广。

三、精心优化服务保障，全力发挥代表主体作用

高质量完成代表换届选举。按照“坚持党的领导、充分发扬民主、严格依法办事”的基本原则，以宪法、地方组织法和选举法为基本遵循，扎实做好区镇人大代表换届选举工作。严格落实“十个严禁”纪律要求，坚决把换届风气监督贯穿换届选举各环节。建立常委会领导分片联系区、镇、市区系统的人大换届选举工作机制，精心做好谋划准备、宣传发动、选民登记、初提代表候选人、确定正式代表候选人、组织投票选举等各阶段工作。首次开展选民信息化登记，选民登记率、参选率均居全市高位。严把代表候选人政治关、素质关、结构关，7月依法足额选举产生区人大代表290名、镇人大代表422名，区人大代表中有专业代表68名，本科及以上学历代表214名，较上一届明显增加，代表结构进一步优化，代表素质进一步提升。9月底前，区、镇相继召开新一届人民代表大会第一次会议，换届选举工作取得圆满成功。

强化履职保障。加强代表履职培训，举办新任区七届人大代表履职培训班，邀请省市专家就人民代表大会制度由来和实践、如何履行代表职责、代表履职方法和技巧等作专题辅导，同步指导辖区6个镇人大主席团开展新当选镇人大代表履职培训，提高代表履职意识和能力。坚持邀请人大代表列席区人大常委会会议，参与各类调研视察、执法检查、座谈会议，让代表了解全区工作重点和区人大常委会监督要点，为代表提供知情知政条件。规范经费管理使用办法，落实代表小组活动经费和代表履职补贴，全力保障代表履职活动顺利开展。研究起草《区人大代表履职量化评价制度（试行）》，推动代表履职情况实现量化评价。

搭建履职平台。创建“涪城夜话·代表履职沙龙”，围绕找准代表履职切口、充分发挥代表作用等方面开展研讨交流，每月开展活动2次以上，通过代表“老带新”模式，调动代表履职积极性，提升代表履职能力和水平。各镇街结合实际探索代表履职平台建设，吴家镇规范建好区镇人大代表接待服务群众的“人大代表之家”；永兴镇创新建立“代表履职掌上办、方便群众不用跑”的智慧化人大工作平台；石塘街道用心建设听民声、解民忧的人大代表联系群众“暖心站”，广泛听取群众意见、了解社情民意，密切人大代表与人民群众的联系。

丰富代表活动。创新代表小组组建方式，以行政辖区为单位组建13个区域代表小组，区人大专委会、常委会工委室牵头组建7个专业代表小组，不断丰富活动形式，充分发挥专业代表作用，提升活动实效。广泛利用代表之家、代表工作站、代表工作室等履职阵地开展联系接待选民、代表履职学习交流等活动。深入开展“我为群众办实事”和“双走访”等主题活动，组织辖区各级人大代表走访接待群众1357人、企业900余家，收集企业反映困难问题179个，努力协调推动问题解决，充分展现了人大代表助力经济社会发展的新担当、新作为。

加强建议办理。视察2020年档案法贯彻实施专题视察中代表意见建议研究办理情况，对代表建议落实情况持续回访、跟踪问效。对区六届人大六次会议、区七届人大一次会议代表建议逐件分类整理、及时交办，选取社会关注度高、事关经济社会发展大局的10件代表建议，作为常委会重点督办件，切实加强跟踪督办。听取和审议区人民政府办理代表建议、

批评和意见情况报告，督促区人民政府、三个园区管委会办理完毕22件区六届人大六次会议代表建议，满意率达100%，督促认真办理79件区七届人大一次会议代表建议，全力推动代表建议有效办理落实。

四、切实加强自身建设，大力提升依法履职能力

扎实开展党史教育。坚持突出人大自身特点，精心研究制定机关党史学习教育工作方案。常委会党组充分发挥率带作用，围绕学习“四史”撰写心得体会20余篇，开展研讨发言10次、专题宣讲9次。机关党支部组织党员到德政耕读苑、飞龙山红军纪念馆开展主题活动，举办“学党史、强信仰”专题讲座，邀请老党员、老干部讲党史故事、讲人大历史、传授工作经验，全面发挥传帮带作用。扎实开展“我为群众办实事”活动，常委会班子成员牵头解决了石塘街道瓦店村浸水村征地拆迁群众社保购买、青义镇增设维修路灯、阴山河沿线杨家丰谷两地防汛安全等一批群众期盼解决的实际问题。

加强政治理论学习。坚持以习近平新时代中国特色社会主义思想为指导，不断增强“四个意识”、坚定“四个自信”、做到“两个维护”。定期召开党组会议、主任会议、中心组学习会议等各类会议，全面传达贯彻党的十九届五中、六中全会和中央、省委人大工作会议精神，以及市第八次党代会、区第七次党代会精神，深入学习习近平总书记关于坚持和完善人民代表大会制度的重要思想，强化政治学习，加强理论武装。紧扣区委中心工作，围绕人大常委会监督议题和工作职能，采取会前培训、专题讲座等方式，经常性开展业务理论、法律知识学习，促进人大代表和人大工作者丰富知识储备、优化知识结构，不断提高依法履职水平，提升破解难题、推动工作的能力。

持续强化作风建设。研究制定《涪城区人大常委会组成人员守则》，进一步明确常委会组成人员职责，规范常委会组成人员履职行为。认真落实“三会一课”、民主生活会等各项制度，严格执行党风廉政建设责任制，营造清正廉洁、担当作为的机关氛围。聚焦经济社会发展中的重要事项和人民群众普遍关心的热点难点问题，深入基层、深入群众开展调查研究，撰写各类调研报告15篇。创新开展审议意见质量评比，引导各专委会、工委室做优做精常委会会议审议发言、审议意见草案撰写等业务工作，努力提高审议质量、增强监督实效。扎实做好联系村帮扶工作，坚决防止脱贫户返贫。精心制定对口联系昭觉县人大常委会方案，抓实抓细结对帮扶昭觉工作。严格落实机关各项工作制度，引导机关干部改进工作作风、提升工作质效，培树勤勉务实的人大干部形象。

各位代表，回顾过去一年的工作，我们依法履职、担当尽责，各项工作取得了新的成绩。这些成绩的取得，是区委正确领导的结果，是“一府一委两院”积极支持和大力配合的结果，是全体人大代表、人大常委会组成人员、人大常委会机关工作人员共同努力、辛勤工作的结果，也是全区广大人民群众和社会各界有力支持的结果。在此，我谨代表区人大常委会，向大家表示衷心的感谢并致以崇高的敬意！

在肯定成绩的同时，我们也清醒地认识到，对照宪法和法律赋予的职责、上级人大和区委的要求，以及人民群众和代表的期盼，常委会工作还存在一些不足。主要有：监督工作专业化水平还有待提高，个别常委会组成人员和人大代表的履职意识还有待增强，对镇街人大工作的指导还有待加强。我们将高度重视存在的问题，虚心听取各方面的意见建议，推动常委会工作再上新台阶、取得新成效。

2022年主要工作安排

各位代表，2022年区人大常委会工作的指导思想是：坚定以习近平新时代中国特色社会主义思想为指导，深入贯彻落实中央、省委、市委、区委决策部署，坚持党的领导、人民当家作主、依法治国有机统一，努力践行全过程人民民主，切实担负起宪法法律赋予的各项职责，聚焦经济社会发展的重大事项和人民群众关心的热点难点，紧扣对标当好“五个排头兵”、深入实施“三千工程”、加快建设“四个强区”，依法行权、为民代言，努力为涪城全面建设西部现代化强区贡献人大力量。

第一，突出政治建设，毫不动摇坚持党的领导。坚持把党的领导贯穿到人大工作的各方面、全过程，深入学习贯彻党的二十大、党的十九届六中全会、省第十二次党代会、市第八次党代会、区第七次党代会等重要会议精神。重大问题、重要事项、重要工作向区委及时请示、主动报告，对区委重要会议和重大决策及时传达、迅速贯彻。围绕区委决策部署履职尽责，做到区委工作安排部署到哪里，人大工作就跟进到哪里，力量就汇聚到哪里，作用就发挥到哪里。加强人大常委会党组建设，充分发挥党组把方向、管大局、保落实的领导作用。通过法定程序把区委的主张转变为全区人民的共同意志，做到思路与党委决策合拍、工作与“一府一委两院”合力、决议决定与人民群众合心。

第二，突出融入中心，着力服务全区工作大局。坚持正确监督、有效监督、依法监督，围绕区人民政府重点工作、人民群众普遍关注的事项进行监督，寓支持于监督之中，推动全区各项重点工作有效落实。加强对预决算的全过程审查监督，听取和审议预算编制、预算执行报告，审查批准决算和预算调整方案，听取和审议国有资产管理情况报告、审计查出问题整改情况报告，增强预算刚性约束，保障经济平稳运行。聚焦事关人民群众生活的民生事项开展监督，持续推进民生改善。

第三，突出依法履职，着力推进民主法治建设。充分行使好宪法和法律赋予的监督权，确保法律法规得到有效实施。以宣传和树立宪法权威为重点，认真落实宪法宣誓制度，督促政府加强法治宣传教育，推动全社会遵法、守法、护法，增强全社会的法治意识。听取和审议区人民政府“七五”普法工作情况和“八五”普法工作安排情况的报告，并作出相应决议；强化对审判、检察工作的监督，促进司法公平公正，维护社会和谐稳定。依法有序开展对区监察委员会的工作监督。依法进行人事任免和任后监督，探索任后监督新模式。认真受理人民群众来信来访，切实维护群众合法权益。

第四，突出机制创新，着力发挥代表主体作用。研究制定加强代表工作的意见，统筹谋划区七届人大代表履职培训方案，制定年度代表工作计划，创新培训形式，不断增强代表政治意识和履职意识，提高代表履职能力和水平。结合“三联”“双走访”活动，组织代表小组围绕中心工作及群众普遍关心的热点难点问题，开展调研走访等形式多样的活动，注重专业代表小组作用发挥，努力提高活动实效。创新组织开展代表建议预审，抓好代表建议督办工作，促使办理工作更加规范高效。严格落实区人大代表履职量化评价制度，为代表监督管理提供遵循和操作规范，激发代表履职积极性。

第五，突出提质增效，着力加强人大自身建设。坚持以习近平总书记提出的“成为自觉坚持中国共产党领导的政治机关、保证人民当家做主的国家权力机关、全面担负宪法法律赋予的各项职责的工作机关、始终同人民群众保持密切联系的代表机关”的“四个机关”定位为目标，不断加强自身建设。健全完善区人大常委会议事规则、主任会议议事规则，修订常委会机关制度和委室工作职责等制度规范，规范工作运行、提高工作质效。加强法律法规和业务知识学习，深入开展调查研究，增强改革创新、依法履职本领。做好镇街人大工作指导，促进基层民主法治建设。加强人大理论研究和宣传工作，深挖典型事迹和典型人物，讲好中国民主故事、展示人大工作成效、展现代表履职风采。

各位代表，征程万里风正劲，扬帆起航正当时。让我们更加紧密地团结在以习近平同志为核心的党中央周围，以习近平新时代中国特色社会主义思想为指导，在区委的坚强领导下，凝心聚力、砥砺奋进，为涪城全面建设西部现代化强区做出新的更大贡献！

政府工作报告

——在绵阳市涪城区第七届人民代表大会第二次会议上

绵阳市涪城区人民政府区长 张虚怀

（2022 年 1 月 18 日）

各位代表：

现在，我代表区人民政府，向大会报告工作，请予审议，并请区政协委员提出意见。

2021 年工作回顾

面对复杂多变的外部环境、艰巨繁重的发展任务和新冠肺炎疫情的冲击影响，区人民政府坚持以习近平新时代中国特色社会主义思想为指导，深入贯彻党的十九大和十九届历次全会精神，认真落实党中央国务院、省委省政府、市委市政府和区委决策部署，统筹疫情防控和经济社会发展，统筹发展和安全，坚持稳中求进工作总基调，坚持高质量发展主题，坚持新发展理念，深入实施“三千工程”，加快建设“四个强区”（区委六届十次、十一次全会聚焦深度参与成渝地区双城经济圈建设，以及国民经济和社会发展“十四五”规划和二〇三五年远景目标提出，区第七次党代会再次进行明确。“三千工程”即区属经济总量突破 1000 亿元、建成 1000 亿级产业园区、“四上”企业达到 1000 户，“四个强区”即科教强区、产业强区、全域强区、开放强区。），攻坚克难、务实奋进，较好完成区六届人大六次会议确定的目标任务，顺利实现“十四五”良好开局。

——经济实力再上台阶。聚焦扩总量、提质量，全区经济发展保持强劲态势。区属地区生产总值突破 600 亿元（预计数据，下同）大关。实现一般公共预算收入 28.11 亿元，首次跃升全市第一，增长 28.2%。多项主要经济指标继续领跑全市。全国百强区跨越升级 6 位、居第 68 位，获得省政府表扬奖励。获评全市县域经济发展先进县。

——项目投资卓有成效。聚焦抓项目、促投资，发展动能不断集聚。固定资产投资完成 247.5 亿元，总量连续 7 年位居全市第一。89 个省、市、区重点项目完成投资 175.1 亿元，超出年度计划投资 30%。总投资 181.6 亿元的 77 个项目集中竣工投用。首次入围全国投资竞争力百强区，居第 45 位、全国同类城市首位。

——突发疫情成功处置。聚焦优机制、重统筹，持续深化“152”防控体系（新冠肺炎疫情防控过程中，涪城区创造性提出的织好防控责任体系“一张网”，念好查、控、宣、治、保“五字经”，做到疫情防控和经济社会发展“两手抓两手硬”。），全力打好疫情防控阻击战。面对“7·23”突发输入性疫情，坚持科学调度、果断处置，在全省率先落实“圈层管理”，创新构建“六个一”机制（大规模核酸检测时，每个检测点一名驻点区级领导全面统筹、一名镇街领导属地保障、一名社区干部精准动员、一名卫健干部专业调度、一支执法队伍维护秩序、一支志愿队伍温情服务。），3 天完成两轮大规模核酸检测 67.9 万人次，14 天全域转为低风险地区，疫情防控工作两次在全省调度会上作经验交流。

——民生福祉大幅提升。聚焦办实事、惠民生，不断提高群众获得感幸福感安全感。58 个省、市、区民生实事项目全面完成。《民生改革“十心行动”促进共同富裕》入选“中国改革 2021 年度地方全面深化改革典型案例”。城乡居民人均可支配收入分别达到 45945 元、26037 元，分别增长 8.7%、10.3%。首次跻身全国幸福百强区，居第 53 位。

——发展底线牢牢守住。聚焦抓关键、强治理，切实营造安全稳定发展环境。开展燃气安全专项整治行动，排查隐患 152 个、整改 143 个。城市 28 栋 694 户 D 级危房住户全部搬离。化解信访积案难案 91 件、涉房涉地历史遗留问题 13 个。绵阳工业固废处置中心项目如期建成投运，顺利通过第二轮中央生态环境保护督察。

一年来，我们坚持科技引领、创新驱动，“科教强区”加快建设。创新平台加速构建。优质运营硅基智能等13个创新平台，累计引进传化智联特种物流总部基地等110个科创项目，长虹系列3个创新项目签约落地。创业黑马西部科创基地、西科大双创实验实训大楼建成投用，科创载体空间达到20万平方米。新增省级众创空间1个，省市级工程技术研究中心5个。创新主体不断壮大。新增市级科技型中小企业88家、达到983家，国家科技型中小企业评价入库199家。新增有效高新技术企业12家、达到54家，高新技术产业主营业务收入超过85亿元。新增专利授权2047件。振通检测成功登陆新三板。创新生态加速形成。科技智谷科普教育展示基地建成投用，瑞丰中升生态农场等15家单位获评省级科普惠民共享基地。成功举办全球青年学者论坛、川渝融合创新论坛等高端人才活动50余场次。科教融合持续深化。教育振兴三年行动计划圆满收官，智慧教育示范区建设全面启动。引导职业学校对接各类企业，完成校企合作签约12个，定向培育输送优秀人才2000余名。支持利尔作物等企业与西南大学等高校共建市级工程技术研究中心。

一年来，我们坚持转型升级、协调发展，“产业强区”加快建设。先进制造业集聚发展。实施制造业倍增行动，三大主导产业集群蓄势突破、产值占比63%。规上工业总产值突破300亿元，增加值增长30%以上，跃升至全市第一位，惠科光电成为全区首家百亿级工业企业。围绕新型显示补链延链强链，新签约总投资50亿元惠科模组项目并全面加快建设，康宁玻璃基板项目当年开工、当年投产。九强通信成功申报省级企业技术中心，富临精工荣获中国机械工业科学技术二等奖，龙华薄膜获评国家级专精特新“小巨人”企业（拥有核心技术和拳头产品，产品质量、服务水平达到国内先进水平，在行业具有较强影响力的企业。）。现代服务业稳步发展。实施服务业升级行动，实现服务业增加值400亿元，社会消费品零售总额270亿元。成功引进华润万象城、王府井购物中心等城市综合体项目，京东电器城市旗舰店、宜家美·蜗居馆成功开业，木棉花酒店项目顺利签约。“绵州记忆”入选第一批国家级夜间文化和旅游消费集聚区。临园路金融中心建设有序推进，全区金融机构总数达到132家。皂角铺铁路物流基地建成投用。科技城中央商业贸易集聚区成功创建省级服务业集聚区。现代农业优质发展。“千鹤桑田”蚕桑文化农业主题公园建成开园，成功承办全省蚕桑产业高质量发展现场会。“湖光山色”稻渔亲水湿地农业主题公园初具雏形，“蔬香绿野”芦笋大健康农业主题公园加快建设。新增高标准农田1.5万亩，巩固提升精品蚕桑3.5万亩、优质蔬菜16.8万亩。新培育市级以上示范新型农业经营主体13家。

一年来，我们坚持强基固本、城乡融合，“全域强区”加快建设。空间拓展成效明显。统筹推进四大主体功能区（科技城新区涪城片区、临港经济发展区、中心城区、农旅融合区。）建设，构筑片区联动、竞相发展的良好格局。科技城新区涪城片区“一区两组团”（“一区”指科技城新区涪城片区，“两组团”指科技智谷组团和环西科大组团。）成势突破，建成区面积达20平方千米，固定资产投资占全区近50%；临港经济发展区“一园三组团”（临港经济发展区布局，“一园”指调位后的绵阳工业园；“三组团”分别指以吴家镇、石塘街道部分区域为载体的东区组团，以新皂镇为载体的西区组团，以杨家镇和丰谷镇部分区域为载体的南区组团。）蓄势提能，园区产值达到490亿元。持续优化国土空间布局，科学划分区域片区，石塘控制性详细规划法定化。新增建设用地1956亩。城市建设提质增效。深入推进城建攻坚行动，加快青义老场镇、御营坝—浸水片区改造步伐，新开工花园南街52号等4个共560套棚改旧改项目，完成宝丽园等49个老旧小区改造，打通毅兴街等5条断头路，系统治理荷花北街等27条背街小巷，实施南河大桥智慧夜光跑道等4个“微治理”项目，建成新一环路南段等7处“口袋公园”。乡村振兴全面推进。切实做好巩固拓展脱贫攻坚成果同乡村振兴有效衔接。严格落实农业投入增长机制，投入财政资金5.43亿元，实施农田水利建设等乡村振兴项目，城乡供水一体化项目全面完工，新建供水管网352千米。新改建农村道路21.3千米、危桥4座，成功创建全国城乡交通运输一体化示范县、省“四好农村路”（把农村公路建好、管好、护好、运营好。）示范县。杨家镇轻钢宜居农房建设经验在全省现场会交流推广。创建省、市级乡村振兴先进镇2个、示范村6个。字库村等6个村获评省级乡村治理示范村。城乡一体融合发展。科技城大道二期、东西第二干道等骨干道路加快建设，纵七路、横九路等节点道路全面贯通，内联外畅、城乡一体的交通骨干路网基本形成。青义镇成功创建全国千强镇，吴家镇获评全省百强镇建设行动试点镇，新皂镇获评全省首批魅力乡镇。

一年来，我们坚持深化改革、优化环境，“开放强区”加快建设。重点改革纵深推进。两项改革（乡镇行政区划和村级建制调整改革。）“后半篇”文章141项重点任务有序实施，全面深化改革85项任务有序推进，实施“智汇涪城”柔性引智平台、产教融合发展两项自主改革试点，乡镇机构编制“扁平化”管理模式等改革经验全省推广。深入推进基层扩权赋能，明确镇街法定权力119项、赋权事项39项。成立区企业培育发展中心，推进区属国企市场化改革。营商环境不断优化。持续深化“三度服务”（涪城区系统谋划、创新推出招商引资有“热度”、项目落地有“力度”、服务企业有“温度”的“三度服务”20条措施，为企业提供全生命周期服务，打造全国一流、全省领先的营商环境。），系统出台推进产业高质量发展86条措施、关心关爱企业家10条措施、支持企业发展26条措施等惠企政策，兑现区级产业奖扶资金3100万元，新增减税降费7.44亿元。全面落实联系服务企业四大常态机制（企业家“早餐汇”、银企“鹊桥会”、重点企业全覆盖走访、企业家座谈会。），全年举办企业家“早餐汇”45期，其经验做法入选《四川省优化营商环境指标提升行动》，在全省推广。全覆盖实施“政企连心行动”。推进“一网通办”前提下的“最多跑一次”改革。市场主体突破10万户，民营经济增加值达到340亿元，增长10.5%。开放合作取得实效。坚持精准化、专业化、平台化招商，成功签约5亿元以上重点项目20个，总投资378.4亿元。到位国内省外资金135亿元，实际利用外资6300万美元，均居全市第一。对上争取连年突破，到位资金37.69亿元。创新构建“五个一”城市宣传体系（开展城市宣传“五个一”活动，推出一部涪城片、一首涪城歌、一批涪城造、一桌涪城菜、一套涪城LOGO。），不断提升涪城对外开放新形象。

一年来，我们坚持为民惠民、共享发展，群众获得感不断提升。社会事业全面进步。城镇新增就业1.08万人，城镇登记失业率控制在2.79%。建成实验中学南河校区教学综合楼等项目4个，新增优质学位2590个。顺利通过国家义务教育发展基本均衡县复审。全面贯彻落实“双减”政策（教育部门针对义务教育阶段提出的减负政策，一是减轻作业负担，二是减轻校外培训负担。），规范民办义务教育发展。丰谷中学普职融通改革试点有序开展。“健康涪城”建设深入推进，涪城区中医医院、绵阳市公共卫生医疗中心项目开工建设，建成市级以上重点专科16个。成功创建四川省现代公共文化服务体系示范县。社会保障更加有力。实施全民参保扩面行动，城乡居民基本养老保险覆盖率94%、基本医疗保险参保率98%。发放城乡低保、特困供养、残疾人两项补贴等各类救助补助资金3349万元。创新实施城镇困难群众精准帮扶14类58项政策措施，2307名城镇困难群众得到有效帮扶。生态环境明显改善。PM2.5（大气中空气动力学当量直径小于或等于2.5微米的颗粒物，也称为可入肺颗粒物。）、优良天数率两项指标首次全部完成目标任务，辖区地表水国控断面、省控断面水质优良，木龙河黑臭水体整治全面完成。加快集中饮用水水源地整治，青义、新皂片区实现转供水。完成华丰地块土壤治理修复。治理能力持续提升。法治涪城、平安涪城加快建设，公共法律服务体系运行高效，全区刑事、治安警情同比下降32.8%、18.8%。深入开展市场监管“春雷行动”，食品药品等质量安全有效保障。“平安建设小单元认领”项目入围全国社会治理创新案例，城厢司法所邓启贵作为平安中国建设先进个人的唯一代表在全国表彰大会上交流发言。全区违建整治态势总体平稳。扎实推进防汛减灾、安全生产、森林防灭火等各项工作，未发生较大及以上生产安全事故。

一年来，我们坚持转变作风、务实落实，政府自身建设持续加强。认真开展党史学习教育，完成“我为群众办实事”项目84个，切实把学习教育成果转化为干事创业的强大动力。强化依法决策、依法用权和规范执法，严格执行重大经济事项决策等制度，修订完善《政府投资项目管理办法》。扎实抓好省委第七巡视组巡视反馈意见整改。落实区政府与区人大常委会、区政协工作联系机制，高质量办理区人大代表建议99件、区政协提案113件（分别办理区六届人大六次会议、区七届人大一次会议的人大代表建议33件、66件；分别办理区政协六届六次会议、区政协七届一次会议的政协提案55件、58件。）。高效办理市长热线、网络理政8700余件。加强政府廉政建设，强化土地出让、工程招投标等重点领域监管，推动政府系统全面从严治党向纵深发展。

同时，国防动员、双拥、公共资源交易服务不断加强。民族宗教、外事、侨务、档案和地方志、对台、供销、通信等工作不断进步，妇女儿童、老年人、残疾人、工会、红十字、共青团、工商联、文联、科协等事业健康发展。

各位代表，过去一年涪城经济社会发展取得的成绩来之不易，这是习近平新时代中国特色社会主义思想科学指引的结果，是省委省政府、市委市政府和区委坚强领导的结果，是区人大、区政协和人大代表、政协委员监督支持的结果，是全区广大干部群众拼搏奋进的结果。在此，我代表区人民政府，向全区人民，向人大代表、政协委员和离退休老同志，向各民主党派、工商联、无党派人士和各人民团体，向所有关心支持涪城发展的社会各界人士，向驻军部队、公安干警、消防指战员，表示衷心感谢并致以崇高敬意！

在看到成绩的同时，我们也要清醒认识到，全区经济社会发展仍然存在一些困难和问题。主要表现在：科技创新和成果转化能力不强，先进制造业发展空间不足，龙头企业和专精特新企业不多；民生保障存在短板，教育、卫生等优质公共服务供给尚有差距；社会治理还有弱项，老旧小区改造、涉地涉房历史遗留问题化解压力较大，应对突发公共事件应急能力有待提高；少数干部抓落实的定力还不强，服务意识、专业水平还有待提升。对此，我们一定直面问题，采取有效措施，不断完善解决。

2022年工作安排

2022年，是涪城系统落实党的十九届六中全会和省、市、区党代会，以及中央、省委、市委经济工作会议精神，对标当好“五个排头兵”(市第八次党代会期间，市委书记罗增斌参加涪城区代表团讨论时，对涪城提出：“在全市发展中当好科技创新排头兵、产业发展排头兵、城市建设排头兵、改善民生排头兵、党的建设排头兵，作出涪城新贡献”。)、全面建设西部现代化强区夯基蓄势之年，也是新一届区政府班子全面履职的起始之年。做好今年政府各项工作，责任重大、意义深远。今年政府工作的总体思路是：坚定以习近平新时代中国特色社会主义思想为指导，深入贯彻落实党中央国务院、省委省政府、市委市政府和区委各项决策部署，立足新发展阶段、贯彻新发展理念、融入新发展格局，坚持稳中求进工作总基调，坚持创新驱动发展，坚持高质量发展主题，坚持以人民为中心的发展思想，统筹疫情防控和经济社会发展，对标当好“五个排头兵”，深入实施“三千工程”，加快建设“四个强区”，推动西部现代化强区建设迈出更加坚实的步伐，为全面建设中国科技城和社会主义现代化绵阳做出新的更大贡献，以优异成绩献礼党的二十大。

今年经济社会发展的主要预期目标是：区属地区生产总值增速高于全市1个百分点以上，全社会固定资产投资增长10%，一般公共预算收入同比增长10%，规模以上工业增加值增长15%，社会消费品零售总额增长8.5%，城乡居民人均可支配收入分别增长7.5%、8.3%，城镇登记失业率控制在4%以内，全面完成省市下达的各项目标任务。

围绕2022年目标任务，我们将重点抓好以下工作：

一、以科技创新为引领，培育高质量发展优势动能

加快建设科技城新区。紧扣“创新新引擎、产业新高地、城市新空间”发展定位，实现科技智谷和环西科大两大组团加速突破。创新驱动引领发展，推动科大讯飞等13个平台优质运营，申报四川省“5+1”特色产业园区、省级院士产业园。科创产业集聚突破，建成投用西科数字经济创新中心等项目，长虹研发总部、特发信息港等项目开工建设。城市建设提质上档，全面建成科技城大道二期、环金西湖环境提升工程，加快建设妇女儿童医院、蜀北学校，开工建设青义滨江公园、绵阳科技城医院。加速推进九华府、远大蔚蓝海岸等城市开发项目建设，快速集聚人气商气。

强化创新主体支撑。大力培育科技型中小企业、高新技术企业，新增市级科技型中小企业90家、市级以上重点实验室1家、市级以上工程技术中心2家；有效高新技术企业达70家，高新技术产业主营业务收入突破100亿元。力争培育国家级专精特新“小巨人”企业1家、省级瞪羚企业2家。支持惠科光电申报省级企业技术中心。全年实现转移转化项目20个。

抓实科创平台载体。加速推进科技智谷提档升级，高标准建设科技园区孵化示范中心，新建创新载体20万平方米，创新平台达到15个，力争签约项目突破100个。新增市级以上科技企业孵化机构3家以上，各类科技企业孵化平台总面积在40万平方米以上。加快新型基础设施建设，力争5G基站达到1500个，实现5G专网城镇全覆盖。

二、以产业发展为重点，筑牢高质量发展核心支撑

做大先进制造业。围绕构建“3+1”现代工业体系（新型显示、汽车电子、5G制造三大重点产业和数字经济。），深入实施制造业倍增行动，力争新型显示、汽车电子、5G制造三大产业规模占比提升至70%。全力支持惠科光电扩产提能，推动康宁玻璃基板生产线项目达产满产，惠科模组等重点项目竣工投产，新型显示产业规模超200亿元。联东U谷、中南高科一期建成运营。开展企业梯次培育，确保10亿元以上企业达到5户、4亿元以上企业达到11户。聚焦动力电池、储能电池正极材料等领域，积极发展新能源产业。围绕“ABCD5”(分别指人工智能（AI）、区块链（Blockchain）、云计算（Cloud Computing）、大数据（Big Data）、5G。)等新兴业态，有序推动数字产业化、产业数字化。全力做好1500余亩工业用地征地报批工作，用“熟地”保障重大项目尽快落地，实现“拿地即开工”。

做优现代服务业。围绕构建“1+6”现代服务业体系（商业贸易和科技服务、现代金融、现代物流、电子商务、文化创意、旅游康养六大重点产业。），深入实施服务业升级行动，服务业增加值突破440亿元，社会消费品零售总额突破300亿元。巩固提升商业贸易产业，提档升级五大主题商圈（会仙路“月季浪漫时尚”、大观园“留住绵阳记忆”、跃进路“三线历史文化”、三江片区“城市夜经济”、花园片区“TOD快时尚”。），王府井购物中心建成运营。大力发展科技服务业，推动西部土壤检测中心、振通智慧交通产业园等科技服务项目建设。聚焦现代金融业，提速建设临园路金融中心，金融机构总数达136家。依托皂角铺铁路物流基地，加快现代物流产业集聚发展。推动电子商务、文化创意、旅游康养产业发展，绵阳文创产业园、蓝城国际康养产业园等重点项目加速建设。

做精现代农业。围绕构建“1+2+3”现代农业产业体系（以现代都市农业为发展方向，以精品蚕桑、优质果蔬为主导产业，以“千鹤桑田”蚕桑文化、“湖光山色”稻渔亲水湿地、“蔬香绿野”芦笋大健康三大农业主题公园为平台。），持续推动农业产业化、产业园区化、园区公园化。坚决扛起粮食安全政治责任，落实最严格的耕地保护制度。建成高标准农田2.3万亩，发展优质蔬菜16.9万亩，水果产量突破1.8万吨。新培育农业龙头企业、产业化联合体、家庭农场等经营主体15个。大力推进现代农业园区建设，“千鹤桑田”蚕桑文化农业主题公园创建省四星级现代农业园区，“湖光山色”稻渔亲水湿地农业主题公园实现开园，“蔬香绿野”芦笋大健康农业主题公园初步建成，支持新皂镇建设“古道雄狮”林蔬农业主题公园。

三、以城乡融合为基础，优化高质量发展区域格局

推动区域协调发展。完成“三区三线”(“三区”指生态、农业、城镇三类空间；“三线”是指根据生态空间、农业空间、城镇空间划定的生态保护红线、永久基本农田和城镇开发边界三条控制线。)划定，推动以片区为单元编制镇级国土空间规划，优化调整中心城区重要片区控规。完成绵阳工业园区调位挂牌，启动省级高新技术产业园区申建工作。高效服务保障绵阳高铁南站建设，做好高铁商务区空间布局和发展规划，打开产业南进、城市南进新空间。深化与四川发展战略合作，加快推进科技物流园开发建设，尽快锁定片区规划和政策支持，启动两业融合示范园、成品油集中仓库、铁路专用线等项目建设。支持青义镇全国千强镇晋位升级、吴家镇创建省级百强中心镇、丰谷镇纳入全省十大酒镇培育计划。

提升城市功能品质。有序推动片区开发，加快推进青义老场镇、御营坝—浸水等8个棚改旧改项目建设，启动广电中心等3个项目拆迁，策划编制老市委党校及周边等4个更新单元改造方案。稳步推动点状更新，完成安昌苑等69个老旧小区改造，全面开工外贸小区等135个老旧小区改造。强力推动化解影响企业和民生的历史遗留问题。持续实施城市“微治理”，加快建设南山中路延伸段等5条市政道路，重点整治解放街等26条背街小巷，实施宇虹路桥头等“口袋公园”“美丽街角”7处。建成“绵州记忆”特色街区，启动跃进路历史文化特色街区打造，擦亮城市建设“涪城名片”，打造科技之城都市旅游目的地。

深入推进乡村振兴。持续推进巩固拓展脱贫攻坚成果同乡村振兴有效衔接，扎实做好对口帮扶昭觉县工作。坚持产业振兴，推动农科文旅商“五态融合”发展。丰谷渡改桥建成通车，有序改造提升农村公路53千米，启动全国“四好农村路”示范区创建。坚持人才振兴，壮大新型职业农民队伍，用好用活“土专家”“田秀才”等乡村人才资源。坚持文化振兴，推动“金峰雄狮”等“非遗”文化传承发展，办好丰谷“非遗”集市等乡村特色文旅主题活动。坚持生态振兴，全面开展农村人居环境整治提升五年行动。坚持组织振兴，强化村党组织全面领导村级治理，消除集体经济薄弱村。争创省级乡村振兴先进镇1个、示范村3个。

四、以深化改革为关键，注入高质量发展动力活力

不断深化重点改革。持续做好两

项改革"后半篇"文章。推动土地要素市场化配置，探索工业用地标准地改革。全面推行预算管理一体化系统，强化预算绩效评价分析利用。实施园区改革，构建管理高效、运营顺畅、活力激发的园区体制机制。推动国有企业市场化经营转型，完成资源整合和组织构架优化。深化农业农村重点改革，完成农村"房地一体"确权颁证工作。

持续扩大对外开放。深入实施"三化"招商，推动延链补链强链，力争新签约5亿元以上项目13个，其中50亿元项目2个。实现国内省外到位资金125亿元，到位外资5000万美元。加大对上争取力度，聚焦国家、省、市重点支持领域和方向，做好重大项目策划包装，争取更多项目纳入"大盘子"。坚持"月调度""月通报"，不断优化对上争取专班"前端、中端、后端"运行，争取更多项目、资金、政策、试点、荣誉落地涪城，力争对上争取资金突破42亿元。深度参与成渝地区双城经济圈建设，深化对外区域合作。创新市区联动机制，汇聚各类优秀人才，为城市发展注入新活力。积极争取中欧班列组货基地，加快G5成绵高速扩容项目建设，打通对外开放新通道。加强对外经济贸易交流，积极参加进博会、科博会等重大活动。

全面优化营商环境。以"三度服务"为统领，不折不扣落实系列惠企政策，坚持联系服务企业四大常态机制，问题化解率达到80%以上。支持存量企业发展，鼓励投资建设新项目。加强重点企业、院所、高校、单位联系服务，用好"涪企掌上议事厅"(分制造业、服务业、建筑业等8大领域建立微信交流群，区委区政府主要领导、分管领导，部门负责人、企业家等共同加入，实现政企常态化、零距离交流，确保企业诉求第一时间回复，企业困难第一时间解决。)交流平台，打造"涪企汇·涪企多多"企业宣传品牌。持续深化三级便民服务体系规范化、标准化、便利化建设，探索建立园区政务服务体系，加快"一网通办"向基层延伸。坚定不移发展壮大民营经济，企业突破3万家、个体工商户达到8万户。

五、以改善民生为根本，彰显高质量发展价值追求

办好人民满意教育。不断优化中心城区校点布局，实施成绵路小学滨江校区改扩建工程；拓展城市新区教育发展空间，启动青义学校、空港中学等新建项目；成绵路小学教学综合楼等3个项目全面投入使用，新增优质学位3140个。加快实施"智慧教育"项目，提升教育信息化水平。持续落实"双减"政策，进一步规范民办义务教育发展和各类培训机构办学行为。健全产教融合创新机制，鼓励社会资本参与职业教育，推动职教园区取得实质性进展。全面推行"区管校聘"，积极探索"大学区"制，推动教师跨校、跨学区流动，促进义务教育优质均衡发展。

加快建设健康涪城。强化公共卫生综合应急能力建设，常态化抓好新冠肺炎疫情防控，持续做好新冠疫苗接种工作。统筹布局医疗卫生资源，加快建设区中医医院、临港经济发展区医疗基础设施建设等5个卫生项目，支持绵阳市人民医院创建三级甲等医院。深化区域"医共体"(即医疗共同体，指以区级医院为龙头，整合区、镇（街道）两级医疗卫生资源，形成一个医疗体系，最大化发挥资源优势和技术优势，逐步提升区域医疗卫生服务质量，构建分级诊疗、合理诊治、有序就医新秩序。)建设，提升优质医疗资源覆盖面。支持专科医院特色化发展，社区卫生服务中心标准化建设，镇卫生院探索发展医养结合等特色项目。强化中医药人才队伍和特色优势专科建设，深入实施中医"治未病"(运用中医防止疾病的发生发展，做到未病先防和既病防变。)工程。推动异地就医"一单制结算"。

提高民生服务质量。加大民生投入，深入实施"十心行动"(教育提质放心行动、卫生健康安心行动、精神文化润心行动、就业支持贴心行动、扶弱救助暖心行动、多样便民省心行动、人居环境称心行动、生态惠民舒心行动、安全保障稳心行动、社会治理顺心行动。)。加强高校毕业生、农民工、退役军人等重点群体就业创业支持，规划建设人力资源服务产业园。持续推动社保数字化转型，深入推进医保制度改革，进一步提升医保参保面。围绕"提标扩面"目标，做深做细城镇困难群众精准帮扶工作。积极应对人口老龄化，探索解决"一老一小"问题。挖掘全区历史文化旅游资源，构建"科技赋能·乐学涪城"研学产品体系。持续建设四级公共文化服务网络。加强全民健身路径等体育基础设施建设，打造田园自行车公开赛等特色体育赛事品牌。

六、以统筹安全为底线，强化高质量发展基础保障

守牢公共安全底线。扎实开展安全生产专项整治三年行动，坚决防范和遏制重特大安全事故。深化安全生产清单制管理，把责任落实到最小单元。加强道路交通安全和老旧小区消防安全隐患整治，完成餐饮经营场所燃气安全整治。涪江右岸绵阳丰谷段防洪治理主体工程完工，有效化解赵家脊江心岛水患问题。坚决遏制新增隐性债务，稳妥化解债务存量。健全综合应急体系，推进第一次全国自然灾害综合风险普查。

推动绿色低碳发展。紧扣碳达峰、碳中和目标（“碳达峰”目标是指在2030年前，二氧化碳的排放不再增长，达到峰值之后再慢慢减下去；“碳中和”目标是指到2060年，针对排放的二氧化碳，要采取植树、节能减排等各种方式全部抵消，实现二氧化碳“零排放”。），严格执行能源消费强度和总量“双控”制度，确保单位GDP能耗、二氧化碳排放完成目标任务。强力推进PM2.5和臭氧协同治理，实施空气网格化监测管控，力争完成空气质量各项指标任务。严格落实河（湖）长制，全面推行林长制。扎实开展入河排污口排查整治专项行动，国控省控考核断面优良水体比例达到100%。加强土壤风险管控，持续推进清废行动和危险废物规范化环境管理评估。扎实做好第二轮中央生态环境保护督察反馈意见整改。

提升社会治理能力。深入开展“城市学迎宾、农村学刘家坪”示范创建活动。全面完成全省第二批城乡社区治理试点项目，创建一批全省基层治理示范街道、示范社区。实施城市治理“一屏统筹”(通过搭建城市综合运行智慧平台，整合城市管理和安全运行相关部门（单位）的管理类资源，如110报警、119火警、120急救、“12345”市民热线等，按照“多种平台合一，多项任务切换”的原则，实现平急结合、综合管理、运转高效。)，加快形成“多网合一、多元参与、高效运行”现代城市治理体系。持续深化“全科网格化”服务管理（将基层社会治理人、财、物等要素划入相应网格，整合部门职能和社会资源，建立一支全科网格员队伍，承担党建、宣传、综治、公安、民政、司法行政、环保、住建、市场监管、应急管理、综合执法、消防等部门的基层网格管理工作，实现“一网运行、全域覆盖”“多元合一、一格多能、一员多用”。）。深入实施“八五”普法，优化公共法律服务供给，推进刑事法律援助全覆盖。常态化开展扫黑除恶，扎实推进禁毒人民战争，依法打击电信网络诈骗等各类违法犯罪活动。争创一批全国示范型村级退役军人服务站。

各位代表，新时代呼唤新担当，新征程需要新作为，我们将始终坚持党的领导，不断增强“四个意识”，坚定“四个自信”，做到“两个维护”，继承和发扬伟大建党精神，走好新时代赶考路，努力建设务实、高效、服务型政府。不忘为民初心。始终把群众是否满意作为衡量政府工作的重要标尺，用心用情用力解决群众急难愁盼问题。优化完善便民服务体系，切实提高政务服务效能。高质量办理人大代表建议和政协提案。秉持行政公心。始终把依法行政作为政府工作的基本要求，严格执行“三重一大”(重大事项决策、重要干部任免、重大项目安排和大额资金使用。)制度，系统推进法治政府建设，依法接受人大及其常委会监督，自觉接受政协民主监督，主动接受社会和舆论监督，确保决策遵从法律法规、顺应社情民意。永葆廉洁本心。始终把落实全面从严治党贯穿到政府工作的全过程、各领域，扎实推进党风廉政建设和反腐败工作，持之以恒纠治“四风”，严控“三公”经费支出，全面构建亲清新型政商关系。

各位代表，实干成就梦想，奋斗赢得未来。让我们更加紧密团结在以习近平同志为核心的党中央周围，在省委省政府、市委市政府和区委的坚强领导下，在区人大及其常委会和区政协的监督支持下，对标当好“五个排头兵”，深入实施“三千工程”，加快建设“四个强区”，踔厉奋发、笃行不怠，为全面建设西部现代化强区努力奋斗，以优异成绩迎接党的二十大和省第十二次党代会胜利召开！

中国人民政治协商会议
绵阳市涪城区第七届委员会常务委员会工作报告

——在政协绵阳市涪城区第七届委员会第二次会议上

绵阳市涪城区政协主席　杜正茂

（2022年1月17日）

我受区政协常务委员会的委托，向大会报告工作，请各位委员审议，请同志们提出意见。

2021年工作回顾

2021年，在中共绵阳市涪城区委的坚强领导和市政协的有力指导下，区政协高举习近平新时代中国特色社会主义思想伟大旗帜，全面贯彻党的十九届五中、六中全会精神，坚持发扬民主和增进团结相互贯通、建言资政与凝聚共识双向发力，围绕中心、服务大局、履职尽责、担当作为，对标当好"五个排头兵"（市委书记罗增斌同志在参加市第八次党代会涪城区代表团讨论时指出，涪城区要在全市发展中，当好科技创新排头兵、产业发展排头兵、城市建设排头兵、改善民生排头兵和党的建设排头兵。）新要求，全力助推涪城深入实施"三千工程"（到2025年，涪城区属实现经济总量突破1000亿元，建成1000亿级产业园区，培育1000户"四上"企业。）、加快建设"四个强区"（科教强区、产业强区、开放强区、全域强区。），为全面建设西部现代化强区作出了积极贡献。

2021年9月，我们胜利召开七届区政协一次会议，选举产生了新一届区政协常务委员会和主席会议成员，优化了政协委员结构，确定了新一届政协委员会未来五年的工作思路。上周，区委召开了政协工作会议，学习贯彻习近平总书记关于人民政协事业长远发展的系列重要论述，为新一届区政协工作提出了新要求，指明了新方向。政协各项工作实现了在继承中发展、在发展中创新。过去一年：

我们坚持党的领导，以高标准政治站位把牢正确方向

深入学习伟大建党精神推进党史学习教育走深走实。专题学习习近平总书记在庆祝中国共产党成立100周年大会上的重要讲话精神和伟大建党精神，区政协党组和主席会议成员开展专题研讨8次，组织开展"人人讲党史"微党课19期。党员领导干部深入联系镇、街道以及民主党派宣讲中共党史，通过"数字政协"、《政协通讯》推出党史学习相关报道40余期，推动政协各界从百年党史中汲取干事创业的宏大力量。

深入学习贯彻落实党的十九届六中全会精神。召开党组中心组学习、常委会议和机关例会，专题学习党的十九届六中全会精神，并以"学习贯彻党的十九届六中全会精神，提升委员履职能力"为主题，举办七届区政协第一期委员培训班。抓实党风廉政建设和意识形态相关工作，引导全体政协委员、政协各参加单位坚定拥护"两个确立"，进一步增强"四个意识"、坚定"四个自信"、做到"两个维护"。

深入贯彻落实省委、市委、区委全会精神。及时学习传达省委十一届九次、十次全会精神，市第八次党代会、市委八届二次全会精神和区第七次党代会、区委七届二次全会精神，通过委员走访、委员小组活动等深入宣讲区委重大决策部署，引导政协各界踊跃投身涪城新一轮大开发、大建设、大发展的生动实践，为全区经济社会高质量发展凝聚新的更大的正能量。

我们坚持主责主业，以高质量协商建言贡献政协智慧

助力产业提档升级。聚焦服务业重点项目建设，助力总投资115亿元的蓝城国际康养小镇实现开工；推动科技物流园片区策划、拆迁、招商和基础设施建设等工作取得重要突破。聚焦特色工业园区建设，组织委员企业开展食品产业园规划专题协商，推动园区设计方案不断完善。聚焦科技创新产业，走访中物院、西南科技大学、龙华薄膜等科研院所、企业20余家，深度调研科研人才引进、服务和科研成果转化工作，提出构建立体用人体系、完善科技成果转化平台等建议10余条，助力汇聚创新发展新动能。

助力实施乡村振兴。专题视察“湖光山色”稻渔亲水湿地公园项目，从规划引领、产业基础、要素保障等方面，为加快推进农业主题公园建设建言献策。专题视察农村人居环境整治推进情况，从集中补齐短板、加大资金筹措、完善管护机制等方面提出工作建议，助力农村人居环境有效提升。大力开展政协系统“双助”活动（“助力巩固脱贫，助推乡村振兴”专项活动。），参与委员300余人次，购销特色农副产品139万元，为乡村群众办实事100余件，在巩固拓展脱贫攻坚成果同乡村振兴有效衔接上发挥了重要作用。

助力城市有机更新。区政协常委会议专题协商“绵州记忆”特色街区提升改造项目，分管副主席和相关政协委员应邀加入工作专班，共同为项目建设出谋划策。专题视察华润万象生活九洲城市综合体项目推进情况，围绕项目设计提出建议。聚焦城市更新行动，开展旧城改造和城市功能提升专题调研，在市政协常委会上作“创新旧城更新机制，挖掘城市发展动力”主题发言，积极反映涪城诉求，争取市级关注和支持。

我们坚持服务民生，以高境界为民情怀厚植群众获得感

为提升民生福祉积极履职。围绕老旧小区改造、儿童青少年近视防控等民生热点开展各类协商活动7次，推动迎宾社区翻胎厂家属区和商储公司家属区纳入2021年老旧小区改造项目，促成区政府14亿教育投资计划加速实施，有关工作受到《人民政协报》等媒体报道。积极协助“7·23”突发输入新冠肺炎疫情处置，区政协领导班子成员驻守核酸检测点和隔离点一线，政协委员捐赠物资60余万元，为全区打赢疫情防控歼灭战作出了积极贡献。

为落实民生政策开展监督。专题视察三级便民服务体系建设，形成专题视察报告，从规范建设、力量配备等5个方面提出工作建议。七届区政协以来办理提案58件，其中民生类提案28件，占提案总数的48.3%，涉及规范校外托管机构、农村公共区域改厨改厕等多个方面，助推诸多关系群众切身利益的问题得到解决。推荐12名委员在医疗保障基金使用等领域担任特约监督员，为推动民生政策落地落实贡献力量。

为反映社情民意拓展渠道。健全社情民意收集网络，组建5个社情民意信息工作小组，围绕群众思想“困惑点”和社会矛盾“易发点”，引导和鼓励委员积极为民发声。收集上报《关于取消中小学教师职称评审过程中民主测评环节的建议》《关于明确城乡配送适用增值税税率的建议》等各类社情民意信息69篇，被市政协采用37篇、省政协采用5篇，以立论建言体现委员担当，以实际行动展现委员作为。

我们坚持初心使命，以高水平凝聚共识画好最大同心圆

深化系统协同联动。积极开展对上争取，到省、市政协专题汇报工作50余次，争取上级政协对涪城工作的大力支持。围绕发展现代物流体系等专题，配合市政协开展协商调研7次。积极参与省、市政协理论研究工作，被省、市政协采用理论研究文章6篇。进一步加强与外地政协的友好交流，全年接待外地政协来涪考察调研11次，出访外地政协考察5次，有力推动政协工作相互促进。

拓展文化文史交流。积极参与谭德政烈士纪念园、跃进路“三线记忆馆”建设布展，为历史文化点位打造献计出力。组织专家学者开展“涪王”吴玠史料研究，到简阳等地开展文史外调，挖掘吴玠与涪城历史渊源。编辑出版《涪城文史（2021年卷）》，召开区政协文化文史工作会议，安排部署未来五年文化文史工作。加强“书香政协”建设，打造“涪畔书屋”品牌，积极开展“云上阅读、致敬书香涪城”“委员荐书”等活动，委员共荐书目900余册。

服务委员企业发展。以领导干部联系重点企业、院所、高校、单位为契机，全覆盖走访150户委员企业。深入宣讲“三度服务”（招商引资有“热度”，项目落地有“力度”，服务企业有“温度”。）20条措施和优化营商环境推动产业高质量发展相关政策，发放《涪城区支持企业发展26条措施》《涪城区关心关爱企业家10条措施》等优化营商环境政策文件300余册。收集整理企业发展难题40余件，协调解决困难问题25件，为持续优化全区营商环境，推动产业高质量发展添砖加瓦。

我们坚持委员主体，以高品质服务管理强化使命担当

胜利完成换届工作。开展换届纪律培训，强化学习教育，筑牢思想防线，确保换届工作风清气正。抓好政协委员协商提名，协商推荐区政协委员282名。顺利召开七届区政协一次会议，全体政协委员以强烈的政治责任感和使命感，广泛协商议政，踊跃建言献策，彰显了人民政协制度的独特优势。

突出委员服务管理。双月刊发《政协通讯》，常态化推送区委、区政府重要决策部署和阶段性重点工作，帮助委员知情明政。完善委员“5+1”考核模式（提交提案、反映社情民意信息、参加调研视察考察等活动、办实事好事、承担专门任务和参加政协会议考核。），激发委员参与提案督办、调研视察、专题协商等活动的积极性。“数字政协”功能不断优化，实现线上线下良性互动，协商的开放度和时效性得到增强。充分发挥“委员工作室”的作用，引导政协委员立足本职工作，用好自身优势，发挥界别特色，实现联系群众、服务社会的重要价值。启动建设以镇、街道为基础的基层委员联络站，政协委员与基层的联系更加密切。

提升机关保障能力。不断转变机关作风，致力打造“学习型、服务型、创新型、务实型”政协机关。进一步优化工作流程、规范工作程序、提高工作效率，修订完善常委会议、调研视察等14项制度，机关服务质量不断提升，为政协委员履职提供了有力保障。

各位委员、同志们，一年来的工作成绩，是区委坚强领导的结果，是区人大常委会、区政府大力支持的结果，是区政协各参加单位和广大委员团结奋斗的结果，是全区各部门、各单位以及社会各界积极配合的结果，同时也是老领导老同志关心支持的结果。在此，我代表区政协常委会向大家表示衷心的感谢，并致以崇高的敬意！

回顾一年来的工作，我们也清醒认识到工作中的不足，如履职平台建设的特色还不突出，联系委员不够密切，服务委员工作不够系统化，协商建言的针对性、实效性有待进一步提高等等。真诚希望广大政协委员提出批评建议，区政协常委会将认真研究，积极探索实践，切实加以改进。

2022年工作任务

2022年是涪城建区30周年，区委七届二次全会立足新发展阶段、贯彻新发展理念、融入新发展格局，系统思考、精准聚焦，确定了全区2022年度的工作目标和“十件大事”（重大会议精神学习宣传贯彻工作、推动科技城新区涪城片区突破发展、擦亮新时代涪城教育的“金字招牌”、顺利完成省级工业园区挂牌工作、建成投用“绵州记忆”特色街区、“湖光山色”农业主题公园开园、高效服务保障绵阳高铁南站建设、扎实做好城镇困难群众精准帮扶、创新城市基层治理、筹办建区三十周年庆祝活动。）。目标越宏大，任务越艰巨，就越需要凝聚人心和共识、汇聚智慧和力量。新的一年，区政协要坚持团结和民主两大主题，不断提高政治协商、民主监督、参政议政水平，更好凝聚共识，努力成为坚持和加强党对各项工作领导的重要阵地、用党的创新理论团结教育引导各族各界代表人士的重要平台、在共同思想政治基础上化解矛盾和凝聚共识的重要渠道，对标当好“五个排头兵”，助力深入实施“三千工程”，加快建设“四个强区”，为全面建设西部现代化强区贡献政协智慧和力量。

一、以重大会议精神为引领，信念如铁，在维护核心中达到新高度

把深入学习宣传贯彻党的十九届六中全会、省第十二次党代会、市第八次党代会、区第七次党代会等重要会议精神，体现在政协工作全过程、各方面，切实彰显政治属性、忠实履行政治使命。

健全完善以党组理论学习中心组为引领，主席会议专题学习、常委会议集中学习、委员学习培训相配套的学习制度体系，推动学习贯彻往深里走、往实里走、往心里走，以理论大学习、思想大武装促进政协工作质量大提升。充分发挥《政协通讯》、“数字政协”等的重要宣传平台作用，广泛宣传党的重要决策部署，不断增进社会各界对中国共产党和中国特色社会主义的政治认同、思想认同、理论认同、情感认同，凝聚各党派团体、各族各界人士心往一处想、劲往一处使的强大正能量。更好发挥政协党组在政协工作中把方向、管大局、保落实的领导作用，持续完善党组成员同党外委员谈心交流等机制，高质量做好意识形态、党风廉政建设、建言资政、汇聚力量各项工作，不断推动政协事业创新发展。

二、以对标当好“五个排头兵”为使命，奋勇担当，在服务中心中展现新作为

紧扣贯彻落实党政重要决策部署，倾政协之力、展政协之长、尽政协之责，当好党委政府科学决策的人才库、智囊团。

围绕创新主体培育及创新平台建设，对创业黑马、中科（绵阳）创新园等科技创新平台运行，以及“1+X”科技服务体系（“1”即“一个中心”，试验区投资服务中心牵头成立科技智谷服务中心，靠前为各大平台和各类科技创新企业提供企业开办、项目建设、要素保障等方面的统筹协调服务。“X”即“多窗口服务”，各科技园区结合自身建设发展和运营的实际情况建立服务窗口，为企业提供政务服务、市场服务、要素保障服务、配套服务、政策服务5大类别、16个细分子项的全方位多角度精准服务。）建设开展调研视察和民主监督，协力营造良好创新生态。围绕科技物流产业园片区开发建设、“湖光山色”稻渔亲水湿地农业主题公园等项目建言献策，推动重大产业项目加快建设。围绕推动产业高质量发展相关政策措施落地落实开展民主监督，推动营商环境进一步优化。围绕省级工业园区挂牌，通过专题报告、反映社情民意信息等方式积极做好对上争取。建立委员企业集成平台，推动辖区部门服务委员企业的质效提升、委员单位支持委员企业的动能提升、委员企业互助共赢的能力提升，助力持续做优经济存量和做大经济总量。紧扣新就业形态群体权益保障等热点问题开展调研，就儿童青少年近视防控等民生实事开展视察，就御景名城小学等新建教育振兴建设项目开展民主监督，就创新城市基层治理广泛开展协商，引导委员积极参与城镇困难群众精准帮扶，推动“十心行动”(教育提质放心行动、卫生健康安心行动、精神文化润心行动、就业支持贴心行动、扶弱救助暖心行动、多样便民省心行动、人居环境称心行动、生态惠民舒心行动、安全保障稳心行动、社会治理顺心行动。)32条措施落地落实。持续开展好“双助”活动，团结带领广大委员紧盯脱贫群众最关心、最直接、最现实的问题，开展调研协商、视察监督、反映社情民意，促进全区人民更大程度共享高质量发展成果。跟踪调研“绵州记忆”等特色街区建设，发挥政协优势，挖掘文化文史资源，提升特色街区文化品位。开展老旧小区功能提升治理、闲置工业厂区焕发生机等专题调研，助力城市有机更新。围绕高铁南站等重大基础设施建设，在政策争取、土地规划等方面为涪城发声建言。

三、以践行协商民主新要求为遵循，真心协作，在高效履职中实现新发展

深刻把握协商民主广泛多层制度化发展的新要求，培育协商精神、建强协商平台、完善协商机制，不断探索完善协商民主在涪城的新实践。

新建1个“政协委员之家”，常态化组织委员开展履职交流、专题研讨和读书活动。新建2个以上委员工作室，组建工作室专家队伍，进一步增强政协协商在教育、文化等领域发挥作用。建强9个基层委员联络站，在推进基层社会治理体系和治理能力现代化建设中更好发挥政协作用。完善“有事来协商（1+2+4+N（每年举行1次全体会议、召开2次专题议政性常委会会议、举办4次以上由主席会议成员牵头组织的专题协商活动和在“有事来协商”平台开展由各专委会牵头组织的N次（每年不少于4次）基层群众有序参与，形式灵活多样的“小微协商”。))”体系建设，以做优协商成果为导向，精心制定年度协商计划，抓实各类协商活动。突出“小微协商”短平快的优势，让政协协商这种参政议政方式，在助推经济发展、促进社会和谐中遍地开花。发挥委员在协商中的主体作用，支持和引导委员选好协商议题，做好调查研究，提出真知灼见。以集体提案为龙头，继续加强提案培育，深化提案办理协商，推动提案成果转化，共同唱好提案协商重头戏。精心编撰《涪城文史（2022年卷）》，将建区30周年作为重要板块，通过史料记录、展示30年来区政协在助力涪城改革发展中的重要履职成果。

四、以提升政协履职能力为主线，改革创新，在自身建设中展现新形象

深入贯彻落实中共中央办公厅《关于加强和改进新时代市县政协工作的意见》和区委政协工作会议精神，按照“懂政协、会协商、善议政，守纪律、讲规矩、重品行”要求，主动顺应政协事业发展新形势，更新履职理念，推动履职创新，激发履职活力。

加强“书香政协”建设，推动委员将读书与履职相结合，建言献策与凝聚共识并重，将学习所得同火热的社会实践、同生动的履职实践结合起来，促进履职能力的共同提升和思想上的共同进步。深化“数字政协”在委员履职全过程的融合应用，推动降低沟通成本、提高履职效能。加强委员培训和服务管理，建立常委提交履职报告制度，健全履职评价和激励约束机制，提高委员政治把握能力、调查研究能力、联系群众能力和合作共事能力，形成愿进政协门、乐做政协人、善干政协事的良好局面。常态化开展主席会议成员走访看望委员，健全联系党外知识分子、非公有制经济人士、新的社会阶层人士、少数民族人士、宗教界人士等机制，畅通诉求表达渠道，提高团结联谊工作质量。加强界别建设，丰富活动形式，持续做好专委会联系界别委员工作，加强委员与界别群众沟通交流，发挥好界别的优势和作用。深化宣传报道，更好展示政协履职成果和委员风采。以建设模范机关为目标，从严教育、从严要求、从严管理、从严监督，打造过硬的政协机关干部队伍，提升机关服务工作的保障水平。

海阔潮涌千帆竞，乘风破浪启新程。各位委员、同志们，新时代领航新征程，新使命呼唤新作为，让我们更加紧密地团结在以习近平同志为核心的中共中央周围，在区委的坚强领导下，凝心聚力、锐意进取，奋力谱写人民政协事业发展新篇章，为全面建设西部现代化强区献计出力，以优异成绩迎接党的二十大胜利召开！

奋力推进纪检监察工作高质量发展 为全面建设西部现代化强区提供坚强保障

——在中国共产党绵阳市涪城区第七届纪律检查委员会第二次全体会议上的工作报告

中共绵阳市涪城区委常委、纪委书记、监委主任　张　伟

(2022年2月11日)

我代表中共绵阳市涪城区第七届纪律检查委员会常务委员会向大会作工作报告，请予审议。

2021年工作回顾

2021年是我们党成立100周年，也是“十四五”开局起步之年。在市委的坚强领导下，区委坚持以习近平新时代中国特色社会主义思想为指导，一以贯之推进全面从严治党向纵深发展，涪城风清气正的政治生态持续巩固。在市纪委监委和区委的坚强领导下，全区各级纪检监察组织自觉从党的百年奋斗历程中汲取智慧经验，深刻领会“两个确立”的决定性意义，增强“四个意识”、坚定“四个自信”、做到“两个维护”，充分发挥监督保障执行、促进完善发展作用，服务中心大局，忠诚担当作为，正风肃纪反腐，为全区经济社会高质量发展提供了坚强保障。

一、强化政治监督，坚决做到“两个维护”

把学习贯彻习近平新时代中国特色社会主义思想作为首要政治任务，围绕贯彻党的十九届六中全会精神、党史学习教育等集中学习15次，不断提高政治判断力、政治领悟力、政治执行力。紧盯中央和省、市、区委统筹疫情防控和经济社会发展、“三大攻坚战”、实施“三千工程”、建设“四个强区”等重大决策部署开展监督检查，督促整改问题493个，约谈诫勉18人，通报批评党组织3个。特别是“7·23”新冠疫情发生后，迅速组成4个专项督查组跟进监督、嵌入监督、蹲点监督，督促整改问题110个，为疫情有效防控提供坚强的纪律保障。紧盯换届风气督导，“点对点”派驻5个专项督查组，围绕15项监督任务，提出问题整改意见29条，稳妥审慎出具党风廉政意见6166人次，叫停、暂缓任用10人，实现镇、村换届零信访、零事故、零舆情。

二、注重标本兼治，一体推进不敢腐不能腐不想腐

保持“严”的主基调，全年受理信访举报215件，党纪政务立案146件，党纪政务处分127人，其中留置8人，移送审查起诉5人。严肃查处了富诚集团原董事长龙武贪污受贿、南河社区一组组长黄科吉挪用公款、市妇幼保健院采供科科长谢兰祥受贿等严重违纪违法案件。协同抓好政法队伍教育整顿，立案12件，处分11人，组织处理7人。开展领导干部、公职人员持有多个身份证和违规获得外籍身份专项整治，清查党员干部、监察对象2.4万余人。深化“以案促改”，发出纪律检查和监察建议书19份，召开重大案件案发单位专题民主（组织）生活会5次，摄制《董事长的“黄粱一梦”》警示教育片，在区属国有企业全覆盖开展警示教育，做好审查调查“后半篇文章”。开展“清廉涪城·幸福家园”家风家规系列活动，制作《匠心守正 笔笔生辉》《初心不忘 守望一生》微视频、创作《画说换届纪律》系列动漫，编印《涪城家庭家教家风研究》集刊，进一步厚植廉洁土壤。

三、持之以恒正风肃纪，不断巩固深化作风建设成果

对“四风”问题扭住不放、寸步不让，查处执行上级重大决策部署做选择、打折扣、搞变通、落实差等形式主义、官僚主义问题61件61人。紧盯重要时间节点，把监督节约粮食、制止餐饮浪费作为重点，严肃查处违规吃喝等享乐主义、奢靡之风问题4件4人。开展严肃财经纪律及财务管理风险排查，乱发滥发奖金、津补贴和绩效奖专项整治，“小金库”专项治理，闲置封存物资清理处置，

“吃公函”专项整治等工作，发现并督促整改问题90个。向31个单位“点对点”反馈作风建设社会评价、市纪委集中监督检查问题建议271条，并督促整改落实。开展贯彻落实中央八项规定精神制度建设“回头看”，推动完善相关制度16项。深化清风护航专项行动，查处破坏营商环境案6件6人，通报曝光2件2人，亲而有度、清而有为的发展环境更加浓厚。

四、坚持以人民为中心，突出整治群众身边腐败和不正之风

围绕落实区委重大决策部署，以护航发展为导向，务实高效开展“听音问廉·三进三强”（“三进”即走进基层、走进群众、走进心坎，“三强”即强纪律、强作风、强担当。）专项行动，突出市场主体这一走访对象，将听音问廉与“早餐汇”、银企“鹊桥会”、企业家座谈会、重点企业全覆盖走访深度结合，全区各级走访干部群众、市场主体28.41万人次，收集并推动解决问题1604个，答复意见建议559条。聚焦食品安全、教育医疗、生态环保、行政审批、集体“三资”管理等方面，查处群众身边腐败和不正之风问题84件95人，形成有力震慑。开展巩固拓展脱贫攻坚成果同乡村振兴有效衔接专项监督，督促完成315个扶贫项目清产核资。扎实推进粮食购销领域腐败问题专项整治，组建工作专班，发现并推动整改问题12个，立案11件11人，移送审查起诉1人，整治成效得到省市纪委充分肯定。深入开展发改、工信、卫健、人社4个系统突出问题专项治理，发现并责成整改问题486个，党纪政务处分23人，组织处理45人，移送审查起诉2人，追缴退赔137万余元。

五、加强上下联动，提升巡察质量

配合省委、市委巡视巡察组，对疫情防控巡视“回头看”和粮食购销领域开展3轮联动巡察，发现问题54个，移送问题线索3条。对24个单位开展巡察回访，同时对换届风气以及政令不畅、抓不落实等形式主义官僚主义问题开展监督检查，发现问题67个，移送问题线索1条。统筹谋划七届区委巡察工作，将72个区委管理的党组织和113个村（社区）纳入新一届区委巡察全覆盖范围，及时启动七届区委第一轮常规巡察，对承担“三千工程”“四个强区”重点任务较多的12个村（社区）开展直接巡察，发现问题34个，移送问题线索19条。针对六届区委第十一轮常规巡察及第六轮专项巡察发现涉及有关单位的120个问题，发挥派驻监督优势，定向派出整改督办单7份，针对书记专题会点出重点人重点事约谈“一把手”3人，推动巡察整改走深走实。

六、抓细日常监督，推动各类监督贯通融合

扭住主体责任“牛鼻子”，协助区委制定班子成员责任清单190条，2名区委常委、3名区级单位负责人向区纪委全会述责述廉，推动各级党组织开展政治生态分析，形成报告61份。以抓住“关键少数”管住绝大多数，压实各级党委（党组）的主体责任，严肃问责党组织3个、党员领导干部26人。深化运用“4433”日常监督工作法（4类重点（政治监督、作风监督、民生监督、权力运行监督）；4种方式（常态、派单、专项、联动监督）；3项机制（统筹协调、指导协作、信息共享）；3篇文章（问题整改、分析研判、标本兼治）。），紧盯“关键少数”、关键岗位强化监督检查，发现并督促整改问题1108个，让党员干部感受到纪检监察就在身边。坚持区负责、镇（街）主抓、村（社区）执行思路，推动区镇村三级监督贯通联动，镇村监督一体化运行，“1233微权e监督”（1张网络（织密“村级纪检监督+村务监督委员会监督+项目专项监督+群众监督”网络）；2个平台（阳光惠农监管平台、惠民惠农财政补助资金“一卡通”监管平台）；3大事项（重点项目建设、农村集体“三资”、惠民政策落实）；3个环节（事前、事中、事后）。）模式在全市村级监督现场会上推广。健全镇、村纪检监察组织，配齐配强人员，开展提能培训，印发履职手册，优化整合监督力量，切实推动监督下沉。村级监督相关事例被中国纪检监察报报道，经验做法被省委改革办采用，并入选高质量推进两项改革“后半篇文章”的“绵阳实践”。

七、加强队伍建设，锻造纪检监察铁军

扎实开展党史学习教育，引导全区纪检监察干部在感悟党的百年伟业中坚定信仰、担当作为。高质量做好区、镇纪委换届工作，选出了新班子，换出了新气象。开展“正气、学习、活力”机关建设，建立周安排、月例会、季点评、年考核工作机制，开展“主题党日”铸魂、“清风讲堂”提能、“品味书香”养心、“快乐运动”健身四大活动，开展学习培训9期356人次，抽调到上级纪委监委、巡察机构“跟案锻炼”50人次，选派2名干部参加对上争取，干部综合能力不断增强。常态化开展安全、保密检查，不断筑牢保密安全防线。坚持严管厚爱，推荐并获评省、市、区先进个人11人、先进集体3个，处置纪检监察干部问题线索3件，谈话函询2人，处理2人。

在充分肯定成绩的同时，我们也应当冷静清醒看到，党风廉政建设和反腐败斗争形势依然严峻复杂，全面从严治党依然任重道远，制约纪检监察工作高质量发展的短板依然存在，全区纪检监察工作也还存在一些突出问题：有的对政治监督内涵要求把握不准，存在监督泛化、虚化倾向，保障服务中心大局还不到位；有的主责主业不聚焦，对高质量发展目标任务、思路举措的认识和把握还不到位；有的缺乏系统思维，“三不”一体推进、各类监督一体发力、“风”“腐”一体纠治还有断点堵点；有的能力素质还不适应新形势新任务，个别纪检监察干部政治学习不够、专业能力不足、斗争精神不强。针对这些问题，我们必须高度重视、采取措施并切实加以解决。

2022年主要任务

2022年是党的第二十次全国代表大会和省第十二次党代会召开之年，也是落实市第八次党代会、区第七次党代会部署的关键之年，做好今年纪检监察工作意义重大。总体要求是：以习近平新时代中国特色社会主义思想为指导，全面落实习近平总书记对四川工作系列重要指示精神特别是对绵阳工作重要指示精神，深入贯彻党的十九大和十九届历次全会精神，深刻认识“两个确立”的决定性意义，增强“四个意识”、坚定“四个自信”、做到“两个维护”，按照中央、省、市纪委全会和区委决策部署，坚持稳中求进工作总基调，立足新发展阶段，完整、准确、全面贯彻新发展理念，融入新发展格局，自觉运用党的百年奋斗历史经验，永葆自我革命精神，坚持全面从严治党战略方针，坚定不移将反腐败斗争进行到底。以“高质量发展提升年”为主题，深入实施“利剑护航、培土育林、新风扬帆、贯通协同、人民阅卷、铸魂固本”六大行动，更好发挥监督保障执行、促进完善发展作用，奋力谱写涪城纪检监察工作守正创新、与时俱进高质量发展新篇章，为深入实施“三千工程”、加快建设“四个强区”，全面建设西部现代化强区提供坚强纪律保障，以优异成绩迎接党的二十大胜利召开。

一、增强“两个维护”的自觉性坚定性，在推动政治监督具体化常态化上彰显新担当

*加强思想政治引领。*深入学习领悟习近平新时代中国特色社会主义思想，深入贯彻党的十九届六中全会精神，巩固拓展党史学习教育成果，准确把握“十个明确”丰富内涵，坚决捍卫“两个确立”，始终在政治立场、政治方向、政治原则、政治道路上同以习近平同志为核心的党中央保持高度一致。学深悟透习近平总书记关于全面从严治党、党风廉政建设和反腐败斗争“六个必须”“九个坚持”“四个任重道远”新思想新部署新要求，不断提高政治判断力、政治领悟力、政治执行力。

*推动政治监督具体化常态化。*紧紧围绕贯彻落实习近平总书记重要指示批示精神和“十四五”规划实施、深度参与成渝地区双城经济圈建设、国家科技创新先行示范区建设、科技城新区建设、深入实施“三千工程”、加快建设“四个强区”等党中央、省、市、区重大决策部署，健全督查问责机制，全力保障政令畅通、步调一致。把推动绿色低碳优势产业高质量发展纳入政治监督重要内容，严肃纠治搞“两高一剩”等违背新发展理念问题。持续开展优化营商环境专项监督，保护市场主体活力，助推形成全国一流、全省领先的营商环境。紧盯“关键少数”，探索建立“一把手”谈心谈话制度，加强对“一把手”和领导班子落实全面从严治党主体责任、执行民主集中制、依规依法履职用权等情况的监督。开展庸俗腐朽政治文化专项整治，聚焦“七个有之”问题，严肃查处对党不忠诚不老实的两面派、两面人，推动“两个维护”在涪城落地落实。

二、坚定不移深化反腐败斗争，在一体推进“三不”机制上展现新作为

*坚持以办案为引领。*清醒认识依然严峻复杂的反腐败斗争形势，始终保持高压态势，聚焦政策支持力度大、投资密集、资源集中的重点领域和关键环节，坚决查处基础设施建设、公共资源交易、招投标、医疗卫生等方面的腐败问题。严格财经纪律，促进防范和化解政府隐性债务风险。巩固国企、政法等领域反腐败成果，深化粮食购销领域腐败问题专项整治，适时推进国有企业亏损公司、亏损项目违纪违法问题专项治理。聚焦“五类重点”加大行贿受贿一起查力度，推动形成联合惩戒机制。

*提升办案质效。*加强信访举报分析研判，深化重复举报治理，强化对实名举报反馈的监督检查。健全线索处置、案件办理跟踪督办机制，推动线索处置定期办结、动态清零，提高办案效率。构建案件质量责任共同体，实行主审人负责制，建立分层分级的审理模式，深化案件质量评查，开展优质案件评选、典型案件评析。加强法法衔接，健全完善与检察机关、审判机关会商讨论机制。转变执

纪执法理念，深化运用同志式谈心谈话，精准处置党员干部一般性问题线索。依法依规、精准审慎使用审查调查措施，既查清问题，又保护党员干部、企业经营者合法权益。进一步规范和加强涉案财物管理。

深化以案促改。从审查调查一开始就树立“促改”的意识，注重收集情况、分析根源症结，提高纪检监察建议水平。推行案件主办人到案发单位作剖析报告制度，强化对重大典型案件以案促改工作的督促指导和监督检查。认真落实市纪委监委“清廉+”工程，提档升级“谭德政烈士纪念园”，打造市级廉洁文化教育基地。加强对国企职工和村（社区）干部纪律教育力度，做实分级分类精准警示教育。对年轻干部从严教育管理监督，提高拒腐防变免疫力。

三、驰而不息纠“四风”树新风，在深化作风建设上呈现新气象

坚持不懈匡正风气。深刻把握由“风”变“腐”、“风”“腐”一体内在关联性，既对作风问题抓早抓小，又深挖彻查可能存在的腐败问题。紧盯“四风”新表现新变种，密切关注苗头性、倾向性、潜在性问题，坚决纠治影响党中央决策部署贯彻落实、漠视侵害群众利益、加重基层负担的形式主义、官僚主义，深入整治损害党的形象、群众反映强烈的享乐主义、奢靡之风。进一步精文简会，推动践行“一线工作法”。巩固“六个不抓落实”整治成果，坚决纠治应付了事、粗放落实、浅尝辄止、避重就轻、不敢坚持原则等问题，坚决查处不尊重规律、不尊重客观实际和群众需求的乱作为问题，以及推诿扯皮、玩忽职守、不思进取的不作为问题。深挖隐形变异，专项整治违规发放津补贴、公务接待中“吃公函”、以培训为名公款旅游等问题。坚持党风党纪一起抓，把纪律挺在前面，对顶风违纪的严肃惩治、决不手软。

弘扬时代新风。坚持边查处问题、边完善制度，深入开展理想信念教育、纪法教育，举办“好风传家”系列活动，引导党员干部从内心深处清除错误思想、摒弃陈规陋习，把好风气培育起来。落实“三个区分开来”（要把干部在推进改革中因缺乏经验、先行先试出现的失误和错误，同明知故犯的违纪违法行为区分开来；把上级尚无明确限制的探索性试验中的失误和错误，同上级明令禁止后依然我行我素的违纪违法行为区分开来；把为推动发展的无意过失，同为谋取私利的违纪违法行为区分开来。），建立正向激励、容错纠错综合研判制度，完善被诬告干部澄清正名制度，严肃查处并通报曝光诬告陷害行为，旗帜鲜明为担当者担当，为负责者负责。扎实开展全覆盖个性化“暖心回访”，激发干部干事创业活力。

四、坚决整治群众身边腐败和不正之风，在维护公平正义上取得新成效

全力整治突出问题。持续深入开展“听音问廉·三进三强”专项行动，创新“五加”走访方式（“上门访+院坝访”“单独访+结合访”“问卷访+家常访”“一般访+重点访”“干部访+评估访”。），切实解决一批群众的揪心事、烦心事，推动和保障“十心行动”高质量落地落实。推进乡村振兴专项监督，深度整合区镇村三级纪检监察力量，加强对乡村振兴项目建设、资金使用等情况的监督检查，从严查处违规决策导致国有（集体）资产流失、“暗箱”操作、权钱交易等问题。巩固深化扫黑除恶专项斗争、政法队伍教育整顿成果，推动“打伞破网”常态化。深化重点行业领域突出问题系统治理，着力提升群众获得感幸福感安全感。

夯实基层监督基础。加强基层纪检组织的标准化、规范化建设，全面落实镇（街）纪（工）委“两专三兼”人员配备要求，严禁专职干部兼任其他职务，加大基层纪检监察干部培训力度，确保聚焦主责主业。落实“区负责、镇（街）主抓、村（社区）执行”的村级监督责任体系，建立健全区镇村三级联动、镇村监督一体化运行、片区协作、多种监督贯通融合的工作机制，务实有效加强村级监督，从源头上遏制群众身边的腐败和不正之风。持续推进村（社区）集体“三资”提级监督，深化村级公开专项监督，积极创建村级监督示范村。探索大数据监督，建立智慧纪检监督平台，通过科技赋能，让基层监督更加精准有效。

五、发挥巡察利剑作用，在推进巡察工作高质量发展上实现新突破

强化巡察监督。全面落实政治监督越到基层越具体、越实在的要求，聚焦“两个维护”根本任务，紧扣履行党的领导职能责任，重点检查贯彻落实习近平总书记重要指示批示精神和党中央、省委、市委、区委决策部署情况，督促各级党组织和党员领导干部忠诚担当履职。紧紧围绕“三个聚焦”（聚焦基层贯彻落实党的路线方针政策和党中央决策部署情况；聚焦群众身边腐败问题和不正之风；聚焦基层党组织软弱涣散、组织力欠缺问题。），通过以镇（街）带村（社区）、直接巡村（社区）等方式开展2轮巡察，把巡察利剑直插基层。把对村（社区）巡察作为延伸巡察重点，探索对重点村、一般村分类巡察的简洁务实模式，推行发现问题、反馈问题、整改问题“清单化”，强化边巡边改，以巡察监督助推乡村振兴和基层治理，让群众真正感受到党的关怀就在身边，全面从严治党就在身边。

提升监督质效。深入贯彻落实巡视巡察上下联动要求，健全与市委巡察机构工作会商、沟通研判、成果运用等工作机制，推动系统性、行业性、领域性问题专项整治。完善整改责任、督促、评估“三项机制”，压实党组（党委）整改主体责任，发挥纪检监察机关、组织部门、派驻机构、巡察机构在整改中的职能作用，强化日常监督和专项督促检查。深化巡察结果运用，梳理研判巡察发现的普遍性、倾向性问题，督促主管部门有效解决，实现巡察监督、整改、治理有机贯通。有效发挥巡察监督制度优势和纽带功能，进一步健全完善巡察监督与其他监督统筹衔接、协调协作、共享共用机制。完善巡察人才库及选派干部质量考评制度，加强巡察过程质量管控，全面运用巡视巡察信息网络平台和巡察单机系统，持续提升巡察标准化规范化信息化水平，深入创建巡察品牌。

六、稳妥推进纪检监察体制改革，在健全协同高效监督体系上体现新效能

落实改革任务。按照省、市纪委监委部署要求，有序推进国有企事业单位、垂直管理单位和部分以上级管理为主单位纪检监察体制改革。研究制定派驻机构运行规则，强化派驻机构职能作用发挥。推进区直部门机关纪委规范化建设，加强派驻机构对驻在部门机关纪委的业务指导和监督检查。认真执行监察官法，稳妥有序组织开展监察官等级确定工作。

优化工作机制。完善请示报告制度，持续深化周安排、月例会、季点评、年考核工作机制，加强对下级纪检监察组织、派驻机构的领导。健全“室组”联动监督、“室组地”联合办案机制。发挥纪检监察监督在党内监督的主干作用，做实专责监督，推动党内监督与人大监督、民主监督、行政监督、司法监督等各类监督贯通。坚持集体研究、集体决策，精准运用“四种形态”（经常开展批评和自我批评、约谈函询，让“红红脸、出出汗”成为常态；党纪轻处分、组织调整成为违纪处理的大多数；党纪重处分、重大职务调整的成为少数；严重违纪涉嫌违法立案审查的成为极少数。）。

七、强化自身建设，在锻造政治过硬、本领高强的纪检监察铁军上再上新台阶

提升素质能力。深入推进区纪委常委会自身建设，带头学习贯彻《中国共产党纪律检查委员会工作条例》，严格落实民主集中制。严格落实双重领导和重大事项请示报告制度，既报告结果，也报告过程。开展向纪检监察系统先进集体和先进工作者学习活动，引导干部汲取榜样力量。深化全员培训，系统学习并严格执行监察法、监察官法、监察法实施条例等法律法规，持续提升规范化、法治化、正规化水平。畅通机关内部、机关与派驻、上下级纪检监察组织干部轮岗交流渠道，通过多岗位历练，培养一专多能的复合型人才。深入开展“主题党日”铸魂、“清风讲堂”提能、“品味书香”养心、“快乐运动”健身四大活动，关心爱护基层纪检监察干部，全面建设“正气、学习、活力”的纪检监察机关。

坚持严管严治。压实系统内“两个责任”，聚焦关键岗位、关键环节，推进干监与信访、案管、审理等部门联动协同，常态化开展警示教育，引导纪检监察干部保持谦抑品格。制定审查调查专案组管理办法、借调人员管理规定，探索发挥审查调查组、巡察组临时党支部作用的有效措施。严格落实办案安全制度，及时发现和解决安全隐患。在市监委的指导下，依法依规、稳妥有序向区人大常委会报告专项工作。探索纪委监委权力公开运行机制，选聘新一届特约监察员，主动接受外部监督。坚持“刀刃向内”，认真核查反映纪检监察干部的问题线索，对不适合在纪检监察机关工作的坚决调整，坚决查处执纪违纪、执法违法、失职失责行为。

同志们，新征程承载新梦想，新使命召唤新担当。让我们更加紧密地团结在以习近平同志为核心的党中央周围，在市纪委监委和区委的坚强领导下，纵深推进全面从严治党、党风廉政建设和反腐败斗争，踔厉奋进、笃行不怠，为深入实施“三千工程”，加快建设“四个强区”，全面建设西部现代化强区做出新的更大贡献，以优异成绩迎接党的二十大胜利召开！

绵阳市涪城区人民法院工作报告

——在绵阳市涪城区第七届人民代表大会第二次会议上

绵阳市涪城区人民法院院长　杨小平

(2022 年 1 月 18 日)

各位代表:

我代表区人民法院向大会报告工作,请予审议,并请区政协委员提出意见。

2021 年主要工作

2021 年,在区委的坚强领导下,区人大及其常委会的依法监督、区政府的大力支持、区政协的民主监督和上级法院的科学指导下,区法院坚定以习近平新时代中国特色社会主义思想为指导,大力弘扬伟大建党精神,全面贯彻落实党中央和省委、市委、区委各项决策部署,坚持服务大局、司法为民、公正司法,忠实履行宪法法律赋予的职责。全年受理各类案件 17980 件,审(执)结 16570 件,收结案数均居全市第一、居全省基层法院第十三。员额法官人均收案 346 件、人均结案 319 件。

一年来,我们聚焦从严治党,扎实开展党史学习教育和政法队伍教育整顿,聚力在锻造队伍中激发更强内生动力

筑牢绝对政治忠诚。以党史学习教育和政法队伍教育整顿为契机,深入学习贯彻党的十九大及十九届历次全会精神,大力弘扬伟大建党精神,组织干警参加省、市、区领导讲党课 6 次,邀请市委党校和西科大教授专题讲授党史 4 次,组织干警到“两弹城”“王右木纪念馆”等红色基地实践教学 5 次,院领导严格落实意识形态责任制要求,带头给全体干警和支部党员讲党课 7 次,增强“四个意识”,坚定“四个自信”,做到“两个维护”。全面贯彻落实习近平法治思想,组织拍摄的《诵读法典金句、传递法治力量》视频,荣获四川法院习近平法治思想诵读活动“十佳诵读作品”。

练就过硬司法本领。深入学习贯彻《中华人民共和国民法典》和《刑法修正案(十一)》,选派干警外出参加专题辅导 7 人次,为员额法官购买相关书籍 200 余册,开办审执专家大讲堂 4 期,全力提升干警业务能力水平。完善树立典型、表彰先进常态机制,学习政法英模事迹 8 期,在庆祝“七一”建党 100 周年之际,发放一批“天平奖章”,表彰一批先进集体和个人,激发奋进力量、砥砺实干担当。全年有 8 批次集体、51 批次个人荣获各级党委政府和上级法院表彰,其中,学术调研工作被四川省高级人民法院评为“组织工作先进单位”,刑事审判庭被绵阳市委、市政府评为“扫黑除恶专项斗争先进集体”,王志被民盟中央委员会评为“脱贫攻坚先进个人”,王大双在全省法院司法警察执法知识竞赛中荣获“一等奖”。

涵养高尚清廉品格。扎实开展政法队伍教育整顿,聚焦“6+N”顽瘴痼疾,废改立制度机制 31 个,兑现“自查从宽、被查从严”政策,处理干警 48 人次、处分干警 4 人。持续贯彻落实省委巡视巡察反馈意见,做深做实“回头看”工作。认真履行全面从严治党主体责任,常态化开展警示教育 4 次、学习警示案例 12 起。严格执行防止干预司法“三个规定”和“三非”工作机制,记录报告“三个规定”情况 76 条,逢打听必记录、逢干预必留痕成为工作习惯。

一年来,我们聚焦中心大局,充分发挥审判职能,全力在保障高质量发展中彰显更大司法担当

保障平安涪城建设。常态化开展扫黑除恶斗争,审结涉恶势力犯罪 3 件 21 人,判处罚金 194.3 万元,对原科创区某社区书记邱某福、某村主任吴某兴等“村霸”依法判处有期徒刑十四年六个月至九个月不等。深入开展打击电信网络诈骗等重特大案件专项审理,审结“7·7”电信网络诈骗犯罪等案件 12 件 43 人。守护舌尖上的安全，审结食品药品安全领域犯罪4件11人，对原“杀牛场”火锅店李某、许某强等6人提炼使用“老油”依法判处刑罚。保障市民出行安全，审结危险驾驶、交通肇事等犯罪87件87人。对毒品犯罪“零容忍”，审结毒品犯罪73件98人。维护执法司法权威，审结妨害公务、袭警等犯罪8件8人。严厉打击侵犯群众生命财产安全犯罪，审结故意伤害、盗窃等犯罪248件343人。认真贯彻新修订的未成年人保护法和预防未成年人犯罪法，审结侵犯未成年人权益犯罪18件19人，对原某校校长吴某某侵犯未成人犯罪依法严惩。

服务重大战略部署。持续优化营商环境，审结涉民营企业案件4079件，对胜诉企业实现债权3.38亿元，最大程度保障企业资金回流。建立企业破产处置府院联动机制，审结企业破产案件16件、公司强制清算案件4件，推动5件执行案件移送破产审查。深入贯彻涪城区关心关爱企业家10条措施、支持企业发展26条措施等惠企政策，开展企业走访68场次，落实送法进企业、简化网上立案程序等便企惠企举措20条。防范化解重大风险，审结“博爱颐养中心”等非法吸收公众存款犯罪7件21人，追回并兑付集资案款1401.02万元。服务保障乡村振兴，化解涉农领域民事纠纷9件、审结骗取农业补助资金刑事犯罪1件3人，追回国家损失45.5万元。守护生态环境民生福祉，审结涉环境资源案件4件，对被告人依法判处刑罚的同时，探索修复植补、增殖放流等方式督促被告人积极履行生态环境修复义务。

助推法治政府建设。支持监督依法行政，判决驳回原告诉讼请求95件、裁定驳回起诉20件，裁定准予非诉讼行政执行68件，判决撤销行政行为13件，对行政审判中发现的问题发出司法建议5份，开展案件回访2次。坚持依法审判与服务党委政府中心工作紧密结合，积极参与凯跃华庭、御营广场、九腾1街区、恒大、瑞阳等涉房涉地历史遗留问题处置，加强社会稳定风险评估和法律风险研判，发挥好法律参谋助手作用。注重规范引领，促进司法与行政的良性互动，与市应急管理局、市税务局联合举办法治讲座、模拟庭审等活动5次。助力廉洁政府建设，审结贪污贿赂、渎职等犯罪4件4人，邀请机关干部旁听“原四川省人民医院院长李元峰”职务犯罪等案件庭审接受警示教育200余人次。

一年来，我们聚焦司法获得，坚持以人民为中心，着力在司法为民中诠释更好忠诚奉献

强化司法民生保护。维护群众切身利益，审结相邻纠纷、物业合同、商品房买卖等案件2521件。保障人民健康权益，审结人身损害、医疗赔偿、交通事故等案件395件。保护劳动者合法权益，审结劳动争议、农民工工资、工伤赔偿等案件171件，帮助农民工追回“血汗钱”920.1万元。维护社会诚信，审结金融借款、民间借贷、买卖合同和建设工程施工合同等案件2710件。巩固家事审判改革成果，审结婚姻、抚养、继承等案件629件。护航“双减”政策贯彻落实，审结校外培训机构合同纠纷14件。强化司法人文关怀，认真落实司法救助制度，依法为29名符合条件的困难当事人发放司法救助金33.3万元。

完善诉讼服务机制。全面升级诉讼服务中心功能，实现“调解、立案、流转、保全、鉴定、查询”等诉讼事项“一站式”办理。加大线上智慧平台推广应用，通过“四川微法院”等网上立案5910件，线上立案占比34.1%，通过“e调解平台”远程调处纠纷72件、“云上法庭”网上开庭325件，真正让人民群众足不出户享受到诉讼服务升级便利。依托地方党委领导下的社区基层治理，在工区街道灵通社区积极筹建集“全天候智能自助+社区多元治理”为一体的24小时自助法院，深入推进市域社会治理现代化及“一站式”多元解纷和诉讼服务体系建设。建立物业纠纷、价格纠纷诉前调解机制，推动低成本、高效率的纠纷化解模式逐步深入人心。

加强法治宣传教育。落实“谁执法、谁普法”工作要求，开展《民法典》宣讲进街道、社（村）、企业共6场次，拍摄的《反家暴法》抖音短视频与网民产生共鸣，1700余人留言评论，点击量66.8万。关心关爱未成年人成长，守护校园安全，开展送法进校园、法院开放日等活动6场次，培树青少年从小学法、尊法、守法、用法意识。关心关爱未成年工作被省妇联评为“四川省维护妇女儿童合法权益先进集体”。用好微信公众号、新浪微博、今日头条、抖音视频等新媒体平台，发布以案释法图文信息105条次、普法短视频42条次、典型案例13件，努力提升全民法治素养。

一年来，我们聚焦公平正义，深化司法体制改革，奋力在守正创新中提升更高审判质效

健全司法责任体系。抓住院、庭长关键少数模范作用，院庭长带头办理涉众、涉资、涉稳等重大疑难复杂案件6687件，占全院总数的40.36%。强化审判质效监管，完善类案和关联案件检索、审判流程监管及审限变更管控等制度，开展案件质量评查288件，纳入“四类案件”监管982件，进一步规范审限扣减和促进裁判尺度统一。严格落实季度考核要求，定期通报员额法官办案情况，对办案进度不达预期的，由院庭长一对一指导和督促，促进每月结案均衡。

*深化繁简分流改革。*围绕“轻重分离、快慢分道、提速增效”目标，完善民事、刑事和执行案件繁简分流机制，配套诉前调解、小额速裁、类案专办、简式文书、公证送达及认罪认罚等机制，进一步推动案件办理提速增效。2021年，民事简案团队审结案件6971件，员额法官人均结案581件，最高结案902件，平均审理时间47.08天。刑事速裁团队审结案件306件，平均审理时间22.26天。执行简案团队执结案件4666件，最高结案693件，平均执结时间50.39天。

*优化执行体制机制。*加强执行信息化、规范化建设，推动执行指挥中心实质化运行，执结执行案件8071件，执行到位金额6.09亿元，通过网络查控被执行人银行、证券、保险、车辆、不动产、公积金等信息6054次，发布失信被执行人信息153人次、限制高消费6539人次，在淘宝、京东等平台拍卖处置资产成交额3.08亿元，平均溢价率674.18%。突出执行工作强制性，依法打击规避执行、抗拒执行行为，作出拘留决定18人次，向公安机关移送拒执犯罪线索6件、判处拒执罪1人。加大应缴未缴诉讼费、执行费、罚没款项执行活动力度，上缴国库诉讼费、执行费、罚没款共计6324.04万元。

一年来，我们聚焦司法公开，主动接受各方监督，努力在改进法院工作中推出更实创新举措

始终将法院工作置于区委领导和人大、政协监督之下，加强与代表、委员的联络沟通，通过上门走访、邀请座谈、旁听庭审、见证执行等方式联络代表委员30余人次。虚心接受代表、委员监督，诚恳听取意见建议，办理建议、提案共3件。依法接受诉讼监督，检察机关提出抗诉4件，撤回抗诉3件，二审发回重审1件。加强司法民主建设，选任人民陪审员177人，参审案件1583人次。主动接受社会监督，公开裁判文书10468份，直播案件庭审3868场，推送审判流程信息3.3万条。

各位代表，区法院2021年取得的这些成绩，是区委坚强领导、区人大依法监督、区政府大力支持、区政协民主监督以及社会各界关心、帮助的结果，是人大代表、政协委员监督、支持的结果。在此，我代表区法院全体干警表示衷心的感谢，并致以崇高的敬意！

在总结成绩的同时，我们也清醒地认识到自身还存在一些困难和问题：一是人案矛盾非常突出，多年高强度、超负荷工作，员额法官流失严重。司法改革以来，区法院以全市法院11.5%的人员办理全市19.52%的案件，法官每年人均结案持续在300件以上高位运行，远超全省、全市平均任务。在其他法院争相竞逐的员额法官岗位，在区法院却因压力巨大让人望而却步，61名员额法官编制从未满员，2021年，又新增3名员额法官申请提前退休、2名员额法官申请退出员额序列。二是审判辅助力量不足，编制内法官助理全部被安排在执行局从事执行工作，审判团队中均未配备法官助理，只配备了劳务派遣制书记员，司法改革“一审一助一书”的要求一直未落实。书记员又因在绵阳城区法院中待遇最低，正面临低入职率和高辞职率的困难。三是个别审判质效指标不够理想，服判息诉率和发改案件绝对数等指标距离人民群众对司法工作的期待还有一定差距。四是个别干警履职不好、守纪不严，4名干警受到党纪政务处分，从严队伍管理还需持续用力。针对这些问题，我们将高度重视，采取有力措施加以整改。

2022年工作打算

2022年，区法院工作总体思路是：坚定以习近平新时代中国特色社会主义思想为指导，深入学习贯彻习近平法治思想和党的十九届六中全会精神，全面贯彻中央、省委、市委、区委各项决策部署，立足新发展阶段，贯彻新发展理念，融入新发展格局，围绕涪城当好“五个排头兵”，深入实施“三千工程”，加快建设“四个强区”，突出服务大局，深化改革创新，提高审判质效，践行为民宗旨，锻造过硬队伍，奋力推动新时代人民法院工作高质量发展，为涪城全面建设西部现代化强区提供更加有力的司法保障，以优异成绩向党的二十大献礼。为此，将重点抓好以下工作：

*一是立足新起点，以更高站位确保正确方向。*坚持党对法院工作的绝对领导，坚定不移走中国特色社会主义法治道路，准确把握新时代对法院工作的新要求，深入学习贯彻党的十九届六中全会、省第十二次党代会、市第八次党代会、区第七次党代会等重要会议精神，严格执行重大事项、重要活动、重要改革、重要敏感案（事）件及时向区委请示报告制度，确保法院工作与区委重大决策部署同频共振、精准对接。坚

持"抓党建带队建促审判"，加强人民法院政治属性教育引导，严格意识形态阵地建设和管理，做好重大舆情风险排查、研判和应对，全面提升干警政治判断力、领悟力、执行力，筑牢法院党建新高地，助推司法事业新发展。

二是找准新方向，以更大作为服务发展大局。深入贯彻新发展理念，进一步发挥审判职能，继续做好各类案件的审理，推动扫黑除恶常态化，加快建设更高水平的法治涪城、平安涪城。紧扣"两山"理念，持续推进惩罚性赔偿与修复植补制度在环境污染和生态破坏纠纷案件中的适用，护航涪城绿水青山。既严厉打击非法集资、信用卡诈骗等金融犯罪，做到防微杜渐，又妥善审理因民间借贷、烂尾楼等引发的纠纷，维护金融秩序稳定，助力涉房涉地涉资问题依法化解。主动融入全区发展大局，积极为区委区政府依法决策提供精准法律风险评估意见和咨询建议，全力服务保障绵阳高铁南站等重大项目有序推进。深入贯彻"三度服务"措施，公正审理各类合同案件，为民营企业发展提供更加有力的司法服务和保障。继续完善执行长效机制建设，全力兑现胜诉当事人合法权益，助推社会诚信体系建设，向着"切实解决执行难"阔步前行。

三是回应新期待，以更实举措提升群众获得。树牢为民情怀，严格落实判后答疑、判后释理要求，努力增强案件当事人对裁判文书的认同度、信服感。建成使用"24小时自助法院"，加强网上立案和智能自助诉讼服务宣传，切实让人民群众感受到"家门口"的诉讼便利。推进辅助事务深度剥离，扩大简易程序案件庭审音视频记录替代人工记录应用范围，提高案件办理效率和质量，努力让人民群众在每一个司法案件中感受到公平正义。进一步完善和推广诉讼与非诉讼的有机衔接机制，推动全区矛盾纠纷诉源治理联调中心建设，形成党委领导、多部门协同参与的深层次化解社会矛盾纠纷合力。

四是展现新风貌，以更严标准锻造法院队伍。全面压紧压实管党治党政治责任，定期研判党风廉政建设形势，要求班子成员切实履职尽责，形成齐抓共管工作格局和强大合力。持续巩固政法队伍教育整顿成果，努力营造奋发向上、风清气正的法院环境。严格执行防止干预司法"三个规定"和"三非"工作机制，织密审判权日常监督体系，不断提升干警的廉政自觉和反围猎能力。常态化开展司法规范化建设活动，全方位提升干警司法能力。加快推进法院党建阵地建设，深耕法院文化土壤，切实提升队伍凝聚力和战斗力。

各位代表，百舸争流千帆竞，攻坚克难奋者先。我们将更加紧密地团结在以习近平同志为核心的党中央周围，在区委的领导和上级法院的指导下，认真贯彻落实本次大会决议，砥砺奋进谋发展、笃行致远开新篇，以优异成绩迎接党的二十大胜利召开。

2021年涪城法院与全市周边法院数据对比表

表1

单位名称	人员情况	案件情况（以涪城法院为基数进行对比）							
	中央政法编制数（人）	收案情况		结案情况		法官人均收案情况		法官人均结案情况	
		收案数（件）	对比情况（件）	结案数（件）	对比情况（件）	人均收案（件）	对比情况（件）	人均结案（件）	对比情况（件）
涪城法院	115	17980		16569		346		319	
收案数第二法院	124	11935	+6045	11756	+4813	259	+87	255	+64
收案数第三法院	130	8882	+9098	8566	+8003	240	+106	231	+88

2021 年涪城法院与全省对标法院数据对比表

表 2

单位名称	人员情况	案件情况（以涪城法院为基数进行对比）							
	实际在岗员额法官数（人）	收案情况		结案情况		法官人均收案情况		法官人均结案情况	
		收案数（件）	对比情况（件）	结案数（件）	对比情况（件）	法官人均收案数（件）	对比情况（件）	法官人均结案数（件）	对比情况（件）
涪城法院	52	17980		16569		346		319	
翠屏法院	59	17375	+605	17114	–545	294	+52	290	+29

绵阳市涪城区人民检察院工作报告

——在绵阳市涪城区第七届人民代表大会第二次会议上

绵阳市涪城区人民检察院检察长 肖 伟

（2022年1月18日）

各位代表：

我代表区人民检察院向大会报告工作，请予审议，并请区政协委员提出意见。

2021年工作回顾

2021年，在区委和市检察院的坚强领导下，在区人大及其常委会的有力监督、区政府的大力支持、区政协的民主监督和社会各界的关心支持下，区检察院坚持以习近平新时代中国特色社会主义思想为指导，深入学习贯彻党的十九大及十九届历次全会精神，认真践行习近平法治思想，切实落实《中共中央关于加强新时代检察机关法律监督工作的意见》，围绕深入实施“三千工程”，加快建设“四个强区”，忠实履行法律监督职责，全年批准逮捕各类刑事犯罪272件376人、起诉532件814人，办理各类民事、行政、公益诉讼案件219件，受理和依职权审查司法机关、行政机关各类案件4500余件，成案436件，书面纠正违法和发出检察建议436件，采纳434件，采纳率99%，有力促进了司法公正和依法行政，为全面建设西部现代化强区提供了有力司法保障。

一年来，我们围绕大局，主动作为，服务保障经济社会高质量发展

坚决维护安全稳定。落实总体国家安全观，严惩组织、利用邪教组织破坏法律实施等犯罪，维护政治安全。依法打击交通肇事、危险驾驶等犯罪，起诉162件162人，维护公共安全。严惩涉枪涉爆、故意伤害、绑架、强奸等严重暴力犯罪，起诉58件81人，保障人民群众人身安全。严厉打击聚众斗殴、寻衅滋事及“黄赌毒”等犯罪，起诉214件465人，维护社会治安秩序稳定。常态化开展扫黑除恶专项斗争，批准逮捕敲诈勒索、非法拘禁等九类案件29件48人、起诉42件140人，办理涉黑涉恶案件2件，对受理的黑恶案件做到100%提前介入，被评为“绵阳市扫黑除恶专项斗争先进集体”。

服务经济健康发展。围绕加快建设“产业强区”“开放强区”，把优化营商环境、维护市场经济秩序作为工作重点。着力防范和化解系统性金融风险，坚决打击非法吸收公众存款、集资诈骗、洗钱等危害经济金融安全犯罪，批准逮捕5件6人、起诉15件30人。着力服务“六稳”“六保”和优化营商环境，依法打击合同诈骗、强迫交易等破坏社会主义市场经济秩序犯罪，批准逮捕20件26人、起诉59件102人。加强民营企业司法保护，办理虚开增值税专用发票、串通投标等涉民营企业案件24件28人，对犯罪情节轻微的民营企业重点岗位人员不起诉22件26人。发挥行政争议实质性化解在营造法治化营商环境上的作用，成功化解一起涉民营企业行政处罚非诉执行案件，帮助企业恢复正常经营。

持续推进反腐斗争。完善监察执法与刑事司法衔接机制，不断加强与监察机关办案衔接和配合制约，提前介入监察调查的重大、疑难、复杂案件4件，受理职务犯罪案件6件7人，开展司法谈话2件2人，决定逮捕4件4人，起诉4件5人，涉案金额1700余万元。对职务犯罪案件开展同步警示教育，100余名政法干警观摩本院起诉的谢某某受贿案庭审活动。对办案中发现的国有企业管理问题，向相关企业发出检察建议，督促企业加强管理建制堵漏，提高职务犯罪预防能力。开展对司法工作人员14种罪名案件线索排查，移送具有可查性的司法工作人员职务犯罪线索2件并协助查办。

深度融入社会治理。充分发挥检察建议在推进社会治理中的重要作用，对办案中发现的重要行业、重点领域存在的治理问题，向有关职能部门发出检察意见和检察建议 202 件、已整改回复 200 件。落实“谁执法谁普法”责任制，以禁毒防艾、公益诉讼、《中华人民共和国民法典》等为主题，常态化开展法治宣传教育。组织干警参与核酸检测、文明劝导、城乡卫生整治等志愿服务，主动服务疫情防控和文明典范城市创建。积极参与农民工欠薪问题源头治理，向住建、人社部门发出规范行业治理的检察建议，促使住建部门对违法分包单位和涉案项目负责人处以行政罚款，督促人社部门对全市 34 个在建项目全面开展自查整改，畅通 24 小时投诉渠道，处置欠薪案事件 36 件，涉及民工工资 3019 万元。

一年来，我们践行使命，办好实事，更好满足群众司法需求

*积极维护群众切身利益。*聚焦群众财产安全，起诉“盗抢骗”等多发性侵财犯罪 225 件 301 人。聚焦群众舌尖上的安全，办理制售假药劣药、有毒有害食品审查起诉案件 12 件 34 人，对绵阳城区某火锅店长期生产、销售“地沟油”的 11 名制售人员提起公诉。紧盯农贸市场、学校周边等点位，办理食品安全领域公益诉讼案件 12 件。与区市场监管局建立食品药品安全领域公益诉讼及行政检察监督协作机制，建议区市场监管局向公安机关移送涉药案件 1 件。聚焦电信网络安全，批准逮捕电信诈骗、出租、出售电话卡、银行卡的犯罪 11 件 35 人、起诉 22 件 68 人。成功办理绵阳市“7·7”特大典型网络诈骗案，提起公诉 18 人。聚焦美丽涪城建设，办理危害生态环境安全犯罪 23 件 35 人。聚焦群众脚底下的安全，向主管部门发出检察建议，督促更换井盖 2760 套，修复雨水篦2211 套。

*用心守护未成年人成长。*推进未成年人检察业务统一集中办理，形成全面综合保护格局。严厉打击侵害未成年人刑事犯罪，批准逮捕 17 人、起诉 14 人。依法惩处性质恶劣、后果严重的未成年人犯罪，批准逮捕 15 人、起诉 16 人。最大限度教育感化挽救涉罪未成年人，不批准逮捕 26 人，附条件不起诉 14 人，微罪不起诉 5 人。办理涉未成年人抚养费纠纷支持起诉案件 1 件，办理酒吧等娱乐场所违规接待未成年人公益诉讼案件 3 件。深化未成年人司法保护社会支持体系建设，与区妇联联合设立全市检察机关首家“未成年人保护站”，对涉案未成年人开展心理测评 19 人次，对涉案未成年人家属开展亲职教育 40 余人次。11 名检察官兼任法治副校长，采用“法治进校园”“法治微课堂”等形式，为全区 50 余所学校在校学生开展法治教育，被评为“绵阳市未成年人思想道德建设工作先进单位”。

*精化细化检察为民措施。*构建联系服务群众全覆盖工作机制，统筹做好与乡镇街道、人大代表、政协委员和基层自治组织联络常态化工作。坚持和发展新时代“枫桥经验”，优化“12309”检察服务中心平台运用，做实“群众来信件件有回复”工作，接待群众来信来访 153 件 200 余人次，所有来信来访均在七日内程序回复、三个月内办理过程或结果答复。妥善处置 15 件历年来的信访积案、难案。加强对贫困人员、事实孤儿等弱势群体权益保护，开展司法救助 10 人。全面推行公开听证，回应民意，定分止争，邀请人大代表、政协委员、人民监督员、社区代表等参与，对不起诉、刑事申诉等案件公开听证 12 次。

一年来，我们强化监督，精准发力，进一步彰显公平正义

*精益求精做优刑事检察。*落实少捕慎诉慎押刑事司法政策，对犯罪情节较轻、社会危害性较小的犯罪，不批准逮捕 188 件 349 人、不起诉 187 件 250 人，开展羁押必要性审查后依法变更强制措施 25 人。强化侦查活动监督，监督立案 64 件，监督撤案 34 件，纠正漏捕 27 人，追诉漏犯 37 人，书面纠正侦查活动违法 49 件。对故意杀人、重大毒品犯罪、经济犯罪等案件提前介入引导侦查 97 件。强化刑事审判活动监督，依法提出抗诉 4 件，书面纠正审判活动违法 4 件。对社区矫正、剥夺政治权利、财产刑执行等刑罚执行进行监督，发出《纠正违法通知书》28 份。严格控制退侦率和延期率，“案—件比”优化至 1:1.06。全面落实认罪认罚从宽制度，对犯罪嫌疑人、被告人自愿认罪认罚的，依法适用 907 人，适用率 86.43%；对认罪认罚从宽案件提出量刑建议 563 人，法院采纳率 96.07%。

*提质增效做强民事检察。*聚焦劳动争议、房屋买卖、民间借贷等民生领域，强化精细审查、精准监督，办理各类民事检察案件 137 件，其中提出裁判结果监督再审检察建议和审判程序监督、执行监督检察建议 107 件，均被采纳并及时整改。依法作出不支持监督申请决定和终结审查 11 件，做好服判息诉工作，维护司法权威。深入开展虚假诉讼监督专项活动，依托省、市、区检察机关一体化办案模式，成功办理民间借贷纠纷虚假诉讼检察监督系列案。强化弱势群体权益保护，办理支持起诉案件 19 件，帮助民工追讨薪资 24.82 万元。办理的《支持农民工起诉助力欠薪源头治理系列案》获

评涪城区“以案释法”优秀案例和网络人气案例，《彭某某金融借款合同纠纷类案监督案》入选全省检察机关民事检察优秀案例。

稳中求进做实行政检察。以案结事了政和为目标，充分发挥行政检察“一手托两家”职能，办理行政审判程序监督、行政非诉执行监督、行政争议实质性化解案件17件，提出检察建议14件，均获采纳。积极开展“二次申请”“土地类行政处罚”“知识产权保护”等行政非诉执行专项监督活动，向相关单位提出检察建议12件，既监督公正司法，又促进依法行政。坚持常态化开展行政争议实质性化解工作，充分运用领导包案、调查核实、释法说理、司法救助等方式，化解尚未进入行政诉讼阶段的“潜在之诉”和行政非诉执行“遗落之诉”争议案件，既推进诉源治理，又促使息诉罢访，被评为“全省检察机关行政争议实质性化解优秀组织单位”。

积极稳妥做好公益诉讼检察。切实维护国家利益和社会公共利益，办理公益诉讼案件65件。围绕服务乡村振兴战略，办理食品药品安全、生态环境领域公益诉讼案件35件，发出检察建议29份，对3名涉“地沟油”违法人员提起公益诉讼，督促相关部门对餐饮、生猪屠宰、固体废弃物处理等行业开展专项检查和对相关违法人员予以行政处罚。开展国有财产保护领域公益诉讼，针对服刑人员在服刑期间领取低保金、养老金、民间借贷出借人漏缴国家税收等情形，发出检察建议5份并督促追缴。服务保障长江十年禁渔工作落地落实，办理资源保护领域公益诉讼案件19件。坚持保护公益和修复生态并重，督促13名违法当事人在涪江流域增殖放流鱼苗2万余尾。与区河长制办公室会签《绵阳市涪城区“四长联护+检察监督”河湖管理与保护治理长效机制》，设立河湖检察官工作室和基层河湖检察官，努力提升河湖生态治理与管护水平，助力长江经济带高质量绿色发展。

一年来，我们守住初心，把牢方向，高标准锻造检察队伍

强化政治建检。坚持党对检察工作的绝对领导，始终把政治能力建设放在首位，深刻认识“两个确立”的决定性意义，增强“四个意识”、坚定“四个自信”、做到“两个维护”。深入学习贯彻习近平总书记“七一”重要讲话和党的十九届六中全会精神，扎实开展党史学习教育，引导干警学史明理、学史增信、学史崇德、学史力行。严格落实意识形态工作责任制和重大事项请示报告制度，坚决贯彻《中国共产党政法工作条例》，向区委、市检察院请示报告重大事项15次。

突出能力兴检。强化综合素能培养，组织干警参加各级各类培训2000余人次。坚持以战代训，导师带教，安排年轻干警参与大要案办理、列席检察委员会讨论案件，搭建成长平台。加大年轻干部培养使用力度，选拔任用中层干部9人。完善绩效考评、内部监督制约等规章制度，引导干警争先创优，以“求极致”精神办好案件。全面加强检察人员专业技能培育，1名干警入选全国检察机关行政检察人才库并获评全省检察业务标兵，1名干警被聘为四川省委政法委执法监督专家库成员。

严格正风肃纪。加大从严管党治检力度，全面落实党风廉政建设责任。落实办案流程全过程监督、提醒、定期通报制度，评查案件67件。设立廉政观察员，针对廉政风险点制定相应防范措施。严格落实防止干预司法“三个规定”，记录填报过问或干预、插手检察办案等重大事项22件次。用发生在身边的典型案件做实以案明纪、以案示警、以案促改。全面深化检务督察，对执行规章制度、落实安排部署等情况督察40余次。扎实开展政法队伍教育整顿，坚决清除害群之马、整治顽瘴痼疾，督促干警主动说明整改问题110项，建立健全工作制度16项，促进正风肃纪、规范司法常态化。

自觉接受监督。主动接受人大监督、政协民主监督和社会各界监督，向区人大及其常委会专题报告工作5次，主动向区政协通报检察工作2次。邀请代表委员参与视察调研、案件听证、庭审观摩30余人次，邀请人民监督员监督检察办案16次。深入落实区人大对检察工作的视察意见，加强人大代表走访联络，认真落实代表、委员对检察工作提出的意见建议。依法保障律师执业权利，认真听取律师意见919人次。强化检务公开，举办检察开放日、新闻发布会等公开活动19次，公开法律文书712份、重要案件信息21条、案件程序性信息1103条。构建官网、微信、微博等检察传播矩阵，新媒体作品被省级以上媒体采用64件次。

2021年，区检察院各项工作取得明显成效，院集体获评“2021年度全国检察宣传先进单位”“绵阳市十佳基层政法单位”等市级以上表彰11项，检察干警获得“全省检察机关行政检察业务标兵”“四川政法先锋”“先进个人”等市级以上表彰23人次。这些成绩的取得是区委坚强领导、区人大及其常委会切实监督的结果，是区政府、区政协和社会各界关心支持的结果，是人大代表、政协委员监督支持的结果。在此，我代表区检察院全体干警向大家致以崇高敬意和衷心感谢！

同时，我们也清醒认识到，工作还有一些问题和短板，主要是：检察工作服务保障区委中心工作的针对性、实效性有待增强；历史遗留问题解决推进缓慢，深层次司法改革还未完全落地；专家型、专门型人才数量还不能满足检察业务发展需求，队伍建设仍需持续发力。对这些问题，我们将紧盯不放，切实加以解决。

2022 年主要工作

各位代表，2022 年区检察院工作的总体思路是：以习近平新时代中国特色社会主义思想为指导，领悟、践行习近平法治思想，全面贯彻党中央、省委、市委、区委决策部署，对标当好“五个排头兵”，深入实施“三千工程”，加快建设“四个强区”，以检察工作自身高质量发展服务保障经济社会高质量发展为总体目标，自觉担当作为，不忘初心使命，努力在涪城全面建设西部现代化强区征程中做出新的检察贡献，以优异的成绩向党的二十大献礼。为此，我们将重点抓好以下工作：

*一是更加注重政治建设，在服务发展大局上有新作为。*始终坚持党对检察工作的绝对领导，深入学习贯彻党的十九届六中全会、省第十二次党代会、市第八次党代会、区第七次党代会等重要会议精神，不断提高政治判断力、政治领悟力、政治执行力。聚焦涪城全面建设西部现代化强区目标，找准检察服务的着力点。在服务保障创新驱动发展，加强生态文明司法保护，优化法治化营商环境，巩固拓展脱贫攻坚成果同乡村振兴有效衔接等方面持续发力，为社会提供优质高效的检察产品。

*二是更加注重平安建设，在维护社会稳定上有新担当。*牢固树立总体国家安全观，充分履行打击犯罪职责，突出惩治危害国家安全犯罪、严重暴力犯罪、经济金融犯罪、网络犯罪，促进防范化解各种风险。积极回应民生关切，严厉打击和整治群众反映强烈的黄赌毒、盗抢骗、食药环等突出违法犯罪，守护好群众身边安全。持续用力推进扫黑除恶常态化。切实加强未成年人司法保护，完善专业化和社会化相结合的保护体系，推动未检品牌提档升级。深化落实认罪认罚从宽制度，全面推开检察听证，化解社会矛盾纠纷。

*三是更加注重主责主业，在深耕法律监督上有新成效。*围绕深入落实《中共中央关于加强新时代检察机关法律监督工作的意见》，完善刑事诉讼、民事诉讼、行政检察监督制约机制，提高法律监督能力水平。加强与纪委监委、法院、公安的协作配合，不断增强反腐合力。平等保护各类市场主体，依法督促涉案企业合规管理。深化公益诉讼检察，建立健全公益诉讼检察工作机制，加强食品药品安全、生态环境和资源保护、未成年人权益保护等重点领域公益诉讼工作力度，推动解决人民群众关注关切的公益损害问题，当好公共利益代表，增强监督刚性，维护公平正义。

*四是更加注重自身建设，在铸强履职素能上有新提升。*扛牢全面从严治党、从严治检主体责任，推动党建与业务工作深度融合，持续抓好党史学习教育和成果转化，筑牢政治忠诚。加快历史遗留问题解决，推动深层次司法改革落地，完成县（区）级法院、检察院财物统一管理改革。持续推进能力素质建设，落实人才培养计划。自觉接受监督制约，纵深推进“阳光检务”。落实意识形态工作责任制和重大事项请示报告制度，巩固深化政法队伍教育整顿成果，严格执行“三个规定”，持之以恒正风肃纪，全面提升干警专业素能。

各位代表，新的一年，我们将更加紧密地团结在以习近平同志为核心的党中央周围，在区委和上级检察机关的坚强领导下，主动接受人大监督，认真贯彻落实本次会议精神，依法履职、忠诚尽责，为全面建设西部现代化强区提供更加有力的司法保障，以优异成绩迎接党的二十大胜利召开！

1月

1日起，涪城区应急管理局承接涪城区森林防灭火指挥部办公室日常工作。开展贯穿全年的“创安2021”专项执法，严格按照“全覆盖、零容忍、严执法、重实效”总要求，以危险化学品、烟花爆竹、涉氨制冷等行业和领域为监察重点，开展执法行动。开展节前安全大检查，重点对烟花爆竹安全检查和加油站、危险品生产、储存企业及重大危险源企业安全生产监管，开展压缩气体和涉氨制冷企业液氨使用专项治理。

4日，涪城区委副书记、区长张虚怀一行督导涪城教育振兴行动计划基础设施建设项目推进情况，协调解决项目推进过程中存在的困难问题。

5日，四川省总工会党组书记、副主席胥纯一行到涪城开展送温暖慰问活动，先后慰问工区街道相对建档困难职工王平春、绵阳富临精工机械股份有限公司一线职工（农民工）代表及20名职工代表。市委常委、统战部部长、市总工会主席经大忠，市总工会党组书记、常务副主席彭时荣，区级领导陪同。

5日，绵阳市委副书记刘光强到涪城区宣讲党的十九届五中全会、省委十一届八次全会、市委七届十次全会精神，邓辉主持会议并讲话。市领导田丛荣、刘林建，区级领导张虚怀、顾建、杜正茂、魏有良、张晓丰、陈伟、杜立端、赵越、关键、董静、黄维、马啸啸等参加会议。

5日，六届区委第137次常委会召开，审议《惠科显示模组生产线项目投资合作协议》及补充协议及《九洲?跃进路16号城市商业综合体项目投资合作协议》，听取《绵阳市涪城区人民政府 四川九洲投资控股集团有限公司战略合作协议》有关情况的报告。区委书记邓辉主持，区级领导张虚怀、顾建、杜正茂、魏有良、张晓丰、陈伟、杜立端、赵越、关键、董静、黄维、马啸啸等参加会议。

5日，绵阳市统战部陈福林副部长带队检查辖区宗教开放场所和民间小庙，区委统战部部长董静陪同。

7日，四川省委组织部组织二处处长韩鹏一行到工区街道飞来石社区调研“两委”换届选举工作。

7日，涪城区委财经委员会第七次会议召开，审议《涪城区2020年预算执行情况和2021年预算草案的报告（送审稿）》，安排部署相关工作。区委书记邓辉主持，区级领导张虚怀、魏有良等参加会议。

7日，绵阳市政协党组副书记、副主席胡安虎到城厢街道临园路东段社区宣讲第七届十次全会精神。

8日，涪城区研究省委第七巡视组反馈化解历史遗留问题不力意见整改落实专题会议召开，通报全区在办非法集资、涉房、涉地案件的总体形势、化解情况及下步工作思路。

9日，绵阳市人民政府与惠科股份有限公司签署战略合作协议，涪城区人民政府与惠科股份有限公司签署项目投资合作协议，总投资50亿元的惠科显示模组项目落户涪城区。

12日，涪城区无军籍退休退职职工信访稳定事宜专题会议召开。

13日，涪城区乡级行政区域界线勘定工作在全市率先通过省民政厅审核备案。

13日，四川省妇联党组书记、主席杨娟，省妇联党组成员、副主席张怀青一行到城厢街道临园路东段社区开展“把爱带回家”2021寒假儿童关爱服务“四送”活动，涪城区妇联主席路春玲陪同参加。

14 日，涪城区人民政府与涪城区政协委员会工作联席会议召开，区委副书记、区人民政府区长张虚怀带领区政府班子成员到区政协沟通交流工作，通报全区经济社会运行情况，听取区政协意见建议。区政协党组书记、主席杜正茂主持会议，通报区政协工作。有关委员围绕优化营商环境、服务业发展、文化品牌打造等提出意见建议。

15 日，华润万象生活九洲城市综合体项目签约仪式在绵阳举行。涪城区与九洲千城置业有限责任公司、华润万象商业（深圳）有限公司成都分公司签署《华润万象生活九洲城市综合体项目投资合作协议》，与四川九洲投资控股集团有限公司签署战略合作协议。

15 日，六届区委第十一次全体会议在科技城软件产业园召开。全会审议通过区委《关于制定涪城区国民经济和社会发展第十四个五年规划和二〇三五年远景目标的建议》，总结 2020 年区委常委会工作，对 2021 年工作进行安排部署，区委书记邓辉代表区委常委会作工作报告并讲话，区级领导张虚怀、魏有良、唐磊、陈伟、杜立端、赵越、卢勇、马啸啸、关键、董静、黄维等出席会议。

15 日，涪城区 2020 年度“一报告两评议”及县级领导班子和县级领导干部年度考核测评会在金家林软件产业园召开。区委书记邓辉主持会议并代表六届区委作 2020 年度干部选拔任用工作专题报告。

17 日，涪城区人民法院组织全体干警旁听职务犯罪庭审，开展警示教育。

18 日，涪城区人大常委会与涪城区人民政府工作联席会议召开。会议听取涪城区 2020 年经济社会发展情况、2021 年预算编制情况及“十四五”规划编制情况。

20 日，涪城区委第 143 次常委会议召开，传达学习习近平总书记在省部级主要领导干部学习贯彻党的十九届五中全会精神专题研讨班开班式上的重要讲话精神，省委应对新冠肺炎疫情工作领导小组会议和 1 月 8 日省委常委会会议精神等，研究全区村（居）委会换届工作。邓辉主持会议并讲话。区级领导张虚怀、顾建、杜正茂、魏有良、唐磊、陈伟、赵越、卢勇、马啸啸、关键、董静、黄维、张晓丰、周雪霖参加会议。

20 日，绵阳市召开涪城区重点区域大气污染防治现场会，市政府副市长罗蒙出席并讲话。罗蒙一行先后到二环路宝龙立交桥、飞龙路、西科大附属小学等地进行现场办公，详细了解西科大国控点周边道路清扫保洁及洒水降尘工作、西科大周边餐饮油烟整治工作以及二环路青义段道路抛洒滴漏整治等工作落实情况，并对大气污染防治方面存在的问题进行安排部署。区委常委、副区长黄维参加现场会。

20 日，涪城区以 113.44 分的高分顺利通过国家知识产权强县工程示范县复核验收。

21 日，通过申报认定绵阳市牧歌田园农业产业化联合体、绵阳沃丰优质粮油农业产业化联合体为绵阳市涪城区农业产业化联合体（潮丰粮油有限公司）。

22 日，新皂镇召开辖区企业新春座谈会，区工商联和新皂镇政府、商会、信用社以及辖区 27 家重点企业相关负责人参会。

22 日，省委统战部副部长徐君一行到涪城区工区街道子云亭社区露德圣母堂等地调研检查宗教领域安全工作，听取负责人对疫情防控及安全工作的情况介绍，并看望慰问宗教代表人士。

25 日，全市最大的涪城区进口冷链食品集中监管仓运营，全年累计入仓货物 1132 批次、14855 吨。

25 日，中国人民政治协商会议绵阳市涪城区第六届委员会第六次会议在绵阳市委党校开幕。大会执行主席是杜正茂、秦纯、沈勇明、肖兴亮、邓刚、杨清勇。区委书记邓辉，区委副书记、区长张虚怀，区人大常委会主任顾建，区委常委、区人大常委会副主任、区政府副区长、区政协历届老领导以及区人民法院、区人民检察院、人武部、区决咨委、金家林总部经济试验区领导和其他区级领导，六届区政协常委出席开幕大会。

26 日，绵阳市涪城区第六届人民代表大会第六次会议在绵阳市委党校知行堂主会议厅开幕。大会由执行主席邓辉主持。听取区人民政府区长张虚怀作的政府工作报告，区人民法院院长唐光荣作的区人民法院工作报告，区人民检察院检察长王智君作的区人民检察院工作报告，区人民政府关于 2020 年区级民生实事票决项目实施情况及 2021 年区级民生实事票决候选项目情况的报告。书面审查涪城区 2020 年国民经济和社会发展计划执行情况及 2021 年国民经济和社会发展计划草案报告，涪城区 2020 年预算执行情况和 2021 年预算草案报告，涪城区国民经济和社会发展“十四五”规划和二〇三五年远景目标纲要草案。

27 日，绵阳市政协党组副书记、副主席胡安虎到城厢街道临园路东段社区慰问辖区 3 名困难群众。

27—29日，涪城区人民法院开展为期3天的“六稳六保”暨“司法大拜年”专项执行集中统一行动。以3个月以上未结案件、涉民生案件、涉金融债权案件等九类案件为重点，集中行动，突击执行，出动干警180人次，警车18辆，执行案件85件。

28日，绵阳市涪城区第六届人民代表大会第六次会议举行第三次全体会议。大会常务主席、执行主席邓辉主持会议。会议选举林勇为绵阳市涪城区人大常委会副主任，选举胡峪涛为绵阳市涪城区人民政府副区长；表决通过关于绵阳市涪城区人民政府工作报告的决议、关于绵阳市涪城区人大常委会工作报告的决议、关于绵阳市涪城区人民法院工作报告的决议、关于绵阳市涪城区人民检察院工作报告的决议、关于绵阳市涪城区2020年国民经济和社会发展计划执行情况及2021年国民经济和社会发展计划的决议、关于绵阳市涪城区2020年预算执行情况和2021年预算的决议、关于绵阳市涪城区国民经济和社会发展“十四五”规划和二〇三五年远景目标纲要的决议。

29日，涪城区工商联（总商会）六届十次主席（会长）会议召开。

29日，涪城区无军籍职工代表座谈会召开。

31日，涪城区举行第十一届村（居）民委员会换届选举。邓辉统筹调度全区村（居）民委员会换届选举工作，深入部分村（社区）进行现场督导、看望慰问工作人员。区级领导赵越、胡峪涛参加。

2月

2日，市委常委、政法委书记荣全、绵阳国安局局长白秉元、市委政法委专委欧阳锋一行到涪城区石塘街道古井社区实地考察调研人民防线工作。

2日，涪城区开展2020年度工作“大拉练”，区级领导邓辉、张虚怀、顾建、杜正茂带队，区级领导魏有良、陈伟、杜立端、赵越、卢勇、董静、黄维、刘世成、胡峪涛等参加活动。

4日，绵阳市委常委、副市长吕剑，市民宗局安局长，涪城区委统战部部长董静等一行到白衣庵检查。

4日，涪城区委书记邓辉带队到涪城万达广场、富安百货、天泰剑南国际食品城，调研服务业发展、市场供应工作。区级领导董静、陈洪芳、胡峪涛参加调研。

7日，四川炳林文化传播有限公司获评“第二批全国残疾人文化创意产业基地”。此次获评机构全国共102家，四川省仅5家。

7日，涪城区委应对新冠肺炎疫情工作领导小组第二十四次会议召开，贯彻落实绵阳市委专题会议精神，听取全区疫情防控工作情况汇报，结合当前新形势新任务新要求，安排部署涪城区疫情防控工作。区委书记、区应对新冠肺炎疫情工作领导小组组长邓辉主持，区级领导魏有良、陈伟、杜立端、关键、林勇、秦亚辉等参加会议。

7日，涪城区在吴家镇凤凰山村开展森林火灾扑救应急演练，按照“先期处置、应急响应、火灾扑救、后续处置”科目开展，11个部门（单位）80余名人员参演。

8—13日，在省委、市委开展新冠肺炎疫情防控巡视“回头看”期间，区委组建1个联动巡察组同步对涪城区疫情防控工作开展联动巡察。

9日，涪城区应对新型冠状病毒感染肺炎应急指挥部第34次会议召开。

23日，陕西省宁强县到杨家镇杨家社区调研乡村振兴和党建工作。

25日，绵阳市委书记罗增斌调研全市项目投资情况，到科技城大道二期（涪城段）了解项目建设情况。

25日，涪城区人社局和涪城区农民工服务中心开展“春风行动”，实施“点对点、一站式”的直达运输服务，安排免费专车护送7名农民工到成都双流机场搭乘省委、省政府组织的免费专机到宁波返岗务工，确保农民工节后安全、顺利返岗复工。

26日，涪城区信访联席会议2021年第1次会议召开。传达2月24日全市信访工作会议暨信访工作联席会议全体（扩大）会议精神，通报涪城区信访“三率”工作开展情况，安排部署涪城区全国“两会”期间信访稳定工作及2021年治理重复信访化解信访积案专项工作、2021年信访“三率”相关工作。

27日，绵阳5G产业功能区纳入省“5+1”重点特色园区。

3月

1日，涪城区党史学习教育暨领导干部会议召开，传达学习习近平总书记在党史学习教育动员大会上发表的重要讲话精神、全省党史学习教育动员会精神、市委书记罗增斌调研涪城区经济社会发展时的指示精神，安排部署相关工作。区委书记邓辉主持，区级领导张虚怀、顾建、魏有良、唐磊参加会议。

2日，涪城区镇（街）地区生产总值核算、固定资产投资统计工作专题培训会召开，区级领导、区级部门、各镇（街）及区统计局专业骨干共计100余人参加。

3 日，涪城区春风送岗位暨返岗复岗吴家专场招聘会在吴家镇成功举行。现场共有 20 余家企业参加招聘，涵盖装备制造、电子信息商务服务等行业，招聘岗位从车间一线普通操作工、技术岗到中高级管理岗位达 1000 余个就业岗位，招聘会到场求职者达 500 余人次，发放就业政策宣传资料 1000 余份，现场达成求职意向 70 余人。

3 日，涪城区人社部门协同团区委、涪城青创联在 126 文化创意园举办以“创业第一课”为主题的创业沙龙活动，涪城区 80 余名优秀创业青年、创业企业家参加。

5 日，四川省委组织部副部长易林一行到涪城区杨家镇、石塘街道等地实地调研村（社区）“两委”换届选举工作开展情况、乡镇领导班子换届选举准备情况及两项改革“后半篇”文章工作开展情况，涪城区委书记邓辉，涪城区委常委、政法委书记杜立端等陪同调研。

6 日，绵阳市 2021 年春季征兵“万名大学生欢送新兵”仪式在四川文化艺术学院举行，欢送该校同学携笔从戎奔赴军营。绵阳市人民政府、绵阳军分区主办，涪城区人民武装部、四川文化艺术学院承办，市委常委、军分区司令员参加仪式。

8 日，涪城区纪念“三八”国际妇女节 111 周年庆祝大会召开。区委书记邓辉出席庆祝大会并致辞。绵阳市妇联副主席蒋明霞，区级领导顾建、杜正茂、董静出席庆祝大会。表扬区级三八红旗集体 20 个，三八红旗手 40 名，创新创业带头人 20 名。举办“涪城区关爱女干部健康知识讲座”。

8 日，涪城区政法队伍教育整顿领导小组第一次会议召开，学习贯彻全国、全省政法队伍教育整顿动员部署会议精神，安排部署涪城政法队伍教育整顿具体工作。

9 日，绵阳市人大常委会副主任黄正良带队到涪城调研贯彻落实省委人大工作会议精神和《中共四川省委关于加强新时代人大工作和建设的意见》精神情况，并调研人大代表联络站城厢街道临园路东段社区工作运行情况，涪城区人大常委会党组书记、主任顾建陪同调研。

9 日，中华全国总工会基层工作部副部长、一级巡视员李忠运一行到涪城区调研基层工会组织建设工作。四川省总工会二级巡视员陈黎，绵阳市总工会党组书记、常务副主席彭时荣出席现场会。

9 日，绵阳市统战部长会议暨统一战线读书班现场观摩活动在涪城区举行。与会人员先后实地参观圣水寺中国化示范场所建设，了解迎宾社区挖掘和汇聚基层治理中的统战要素，创新实践自治、共治、法治“三治协同”，构建出“充分自治”和“多元共治”的动力机制。

9 日，重庆市人大常委会委员、市人大教科文卫委主任委员皮晓青、市人大教科文卫工委办公室主任吴凯、市人大教科文卫工委办公室干部邓青波一行到杨家镇考察学习乡村振兴和农业科技园区建设工作。

10 日，四川省司法厅法治调研处处长严军一行调研法治社区建设，绵阳市、涪城区司法局相关领导陪同调研。

10 日，中国共产党绵阳市涪城区第六届纪律检查委员会第六次全体会议召开，区委书记邓辉出席会议并讲话。区纪委副书记、区监委副主任孟霞代表区纪委常委会作工作报告。

11 日，省农业农村厅总畜牧师赵勇督导调研涪城区村集体经济融合发展试点工作。

11 日，位于涪城区新皂镇的皂角铺铁路物流基地项目开通。

12 日，中央第十巡视指导督导组组长徐良仙一行在富乐山大酒店召开市县巡察工作调研座谈会。市委书记罗增斌出席会议。涪城区古井社区党委书记肖隆军作为全市唯一村（社区）书记代表作交流发言。

15 日，四川省城市民族工作调研活动在绵阳开展。省民宗委副主任刘向鸿率城市散居处、监督检查处有关负责人以及成都、德阳、自贡、广元、雅安、攀枝花 6 个市的民宗部门负责人参加调研。刘向鸿一行在涪城区南山社区详细调研绵阳市城市社区“三制度一办法”运行情况及民族群众工作生活情况。

16 日，四川省政法队伍教育整顿第六指导组吴宗权组长一行到涪城区督导涪城区教育整顿工作开展情况。省第六督导组组长吴宗权从站位高远、领导重视、精心组织、迅速部署、氛围浓厚五方面给予肯定，从“一个突出、两个坚持、三个强化”六个方面对涪城下一步工作提出要求。

16 日，省民族宗教委党组成员、副主任刘向鸿一行到石塘街道南山社区调研城市民族工作。

16 日，涪城区产业高质量发展大会召开。会议总结 2020 年全区产业发展工作，播放相关专题片，发布涪城人才柔性引进平台——智汇涪城，发布《涪城区推动产业高质量发展若干政策（试行)》，表彰 2020 年度建设“四个强区”突出贡献先进集体和先进个人，安排部署 2021 年产业发展重点工作。区委书记邓辉出席会议并讲话。区委常委、区人大常委会主任、区政协主席参加会议。

17日，涪城区石塘街道范家村出现一只体长90厘米左右，体重约30千克的国家保护动物二级保护动物毛冠鹿。

17日，涪城区委庆祝中国共产党成立100周年活动暨党史学习教育领导小组第一次会议召开，贯彻落实中央、省委、市委关于党史学习教育的决策部署，听取全区党史学习教育筹备情况汇报，研究审议有关文件，安排部署下一步工作。区委书记、领导小组组长邓辉主持会议并讲话。区委副书记、区长、领导小组副组长张虚怀，区委副书记、领导小组副组长魏有良、唐磊出席会议。

17日，四川省生环厅处长于伟安一行调研东江固废、中科医废项目。

18日，涪城区政协法联委牵头开展“推进老旧小区（基础类）改造，提升群众获得感幸福感”小微协商，组织政协委员、居民代表、区级有关部门、工区街道、迎宾社区等，围绕迎宾社区老旧小区（基础类）改造工作进行协商交流，推动工区街道迎宾社区3个小区、224户，近710人的老旧小区基础设施纳入全区老旧小区改造项目。

18日，绵阳市副市长、市公安局局长、市政法队伍教育整顿领导小组副组长周述调研指导涪城区检察院政法队伍教育整顿工作。涪城区委常委、政法委书记杜立端，涪城区副区长、区公安分局局长刘世成陪同调研。

19日，涪城区“体彩杯”青少年篮球比赛在涪城区体育产业园篮球馆拉开帷幕，全区近100支小学、初中、高中篮球代表队，近1000名运动员参赛。

19日，涪城区教育和体育局在绵阳市职业技术学校召开2021年涪城区民办教育工作会。组织学习区教体局《关于进一步规范民办学校办学行为的通知》《关于进一步规范使用普惠性民办幼儿园奖补资金的通知》，部署2021年民办学校和培训机构工作。涪城区教育和体育局同民办中职学校、民办培训机构、民办幼儿园代表签订《规范办学行为责任书》，对2020年涪城区民办教育工作先进单位和个人进行表扬、颁奖。

22日，全国工商联副主席谢经荣带队到涪城区调研民企参与乡村振兴工作。

22日，市区统筹乡科级领导干部进修班异地党性教育开班仪式在深圳举行，涪城区学员集体参加。

22日，涪城区农业农村局联合绵阳市御营小学开展水法、节水知识进校园活动，宣传全国水资源现状及节约用水知识，增强师生节水意识。

23日，涪城区建设全域强区暨乡村振兴大会召开，贯彻落实中央、省委、市委、区委全会及农村工作会议精神，安排部署建设“全域强区”和乡村振兴相关工作。区委书记邓辉出席会议并讲话，区级领导魏有良、顾建、杜正茂、唐磊、杜立端、赵越、卢勇等参加会议。区委副书记魏有良，区委常委、副区长卢勇分别就《关于全面推进乡村振兴加快涪城农业农村现代化的实施意见》《关于建设全域强区的实施意见》作说明，区委组织部、区农业农村局、区住建局、吴家镇作表态发言。

24日，涪城区第十季银企“鹊桥会”暨银政企战略合作集中签约仪式在富临大都会酒店成功举行。市委副书记、市长元方通过视频致辞，市金融工作局局长王健出席活动，区委书记邓辉出席活动并致辞，区委副书记、区长张虚怀主持活动。张虚怀代表涪城区政府与农业发展银行绵阳分行行长杜文、工商银行绵阳分行行长彭浪、农业银行绵阳分行行长彭松、中国银行绵阳分行行长陈诗国、建设银行绵阳分行行长张德茂、绵阳商业银行董事长何苗、四川省农村信用社联合社绵阳办事处主任覃才荣签订战略合作协议。根据协议，7家金融机构将在产业发展、重大项目建设、乡村振兴等方面，共计向涪城区属企业提供不低于1650亿元信贷支持。区领导卢勇、董静、陈洪芳、徐永平参加活动。

25日，中国（绵阳）科技城“科技赋能，智造未来”高峰论坛暨中科（绵阳）创新园开园仪式举行。活动现场，举行中科（绵阳）创新园启动仪式、中科（绵阳）创新园企业服务生态链供应商签约仪式、中科（绵阳）创新园落地企业项目签约仪式。中科数字经济创新（绵阳）中心、科服集团“科服管家”（绵阳）服务工作站落户涪城。区长张虚怀参加。

26日，绵阳市政府副市长罗蒙到中科绵投垃圾渗滤液处理站督导园区渗滤液收集及处置情况。通过实地查看、听取汇报等形式，详细了解项目存在的困难，并就下一步如何优化提出要求。绵阳市政府副秘书长衡国钰，市生态环境局、市住建委、区政府分管领导参加督导。

26日，绵阳市副市长罗蒙到杨家镇调研中科绵投渗漏液处理站。

26日，六届区委第150次常委会召开，传达学习近期中央、省、市有关会议精神，研究涪城区贯彻落实措施。审议《中南高科·涪城智能电子产业园项目投资协议》及其补充协议。区委书记邓辉主持，区级领导张虚怀、魏有良、唐磊、杜立端、赵越、卢勇、马啸啸、关键、董静、黄维参加会议。

26日，涪城区区镇领导班子换届工作暨严肃换届纪律专题谈心谈话会议召开。区委书记邓辉出席会议并讲话。区级领导顾建、魏有良、唐磊参加会议。

29日，涪城区生态环境保护工作会议召开，组织观看生态环境突出问题警示片，集体学习2020年绵阳市臭氧和颗粒物源解析报告。听取全区生态环境保护方面存在的突出问题及下一步工作计划。区委副书记、区长张虚怀出席会议并讲话。

3月29日至4月30日，区委派出4个巡察组开展六届区委第三轮巡察回访，重点回访第七轮至十一轮常规巡察的24个单位整改工作落实情况。

30日，全省两项改革“后半篇”文章绵阳现场推进会议召开，省委副书记、省两项改革“后半篇”文章专项工作领导小组组长邓小刚带队，现场观摩涪城区在资源整合、乡村规划、便民服务、综合执法等方面取得的经验，区级领导邓辉、魏有良等参加。

4月

1日起，当事人到涪城区人民法院申请该院裁判文书执行立案时，均免予提交法律文书生效证明材料，由立案窗口对申请执行的裁判文书是否生效作出核查，在7个工作日内通过电话和短信告知申请人是否立案，并将立案告知书或不予立案材料按照送达确认地址邮寄当事人，真正让当事人到法院办事“只跑一次”。

1日，涪城区人民检察院依法以涉嫌袭警罪批准逮捕犯罪嫌疑人肖某某，该案系袭警罪入刑以来，涪城区人民检察院批准逮捕的全区首例涉嫌袭警罪案件。

1日，涪城区第一宗土地征收成片开发方案（《新皂镇双汇工业园成片开发方案》）获得省政府批准，并获得省自然资源厅批复，批复面积达0.9279平方千米，为新《土地管理法》和绵阳市过渡期征地报批办法实施后涪城区第一批土地征收组卷成功项目。

2日，省卫生健康委正式发文通知，绵阳万江眼科医院通过国家三级甲等眼科医院评审，是四川省首批获评“三甲”的眼科医院。

6日，涪城区新一届村（社区）党组织书记培训班开班。区委书记邓辉以“把握发展大势，勇担职责使命，奋力争做推动涪城城乡基层高质量发展领头雁”为主题，为培训班学员讲授专题党课。

7日，区政协文化文史和学习委与区文广旅局有关负责人到简阳市调研“涪王”吴玠（南宋时期抗金名将，官至四川宣抚使，病逝后追赠少师，谥号“武安”，追封“涪王”）有关文史资料。调研组在简阳市政协协助下，寻找到吴玠后裔吴仲贤老人，并与其进行座谈交流，互相分享吴氏史料研究成果，发掘“涪王”吴玠与绵阳相关史料。

7日，市政协副主席赵黎、区政协主席杜正茂、副主席秦纯一行到九洲社区调研“王铁蓉委员工作室”。

7—8日，中南高科·涪城智能电子产业园项目、创业黑马西部（绵阳）科创基地项目签约仪式先后在上海市举行。市委书记罗增斌，市委常委、秘书长、宣传部部长张学民，市委常委、科技城党工委副书记、管委会常务副主任、市国资委党委书记罗宗志，市政府副市长廖雪梅，市经信局局长韩晓清，市经济合作局局长周福兰，区委书记邓辉，区政府副区长陈洪芳参加签约仪式。涪城区人民政府与中南高科公司、创业黑马公司分别签署《中南高科·涪城智能电子产业园项目投资协议》《创业黑马西部（绵阳）科创基地项目合作协议》。

8日，涪城区富乐北路（1958至跃红路段）市政道路建设项目开工。北接九洲1958，南临长虹国际城，道路全长575米，宽度30米，为双向四车道，道路建设分两个阶段实施，全段路面均采用沥青砼路面。建设内容包括道路工程、排水工程、照明及其他附属设施工程。

9日，四川省政法队伍教育整顿第六督导组一行到涪城开展学习教育环节验收评估。

12日，涪城区纪委监委组织开展党史学习教育暨学习周永开先进典型主题演讲比赛。

13日，四川省委政法委正厅职干部王萍一行到涪城区法院，实地考察调研涪城区政法队伍教育整顿开展情况。

15日，涪城区纪委监委联合高新区纪工委，举办村（社区）纪检干部履职能力提升培训班，两个区153名村（社区）纪委书记、纪检委员全部参加培训。

15日，绵阳市人大常委会副主任周涛一行到涪城区就物业管理条例修订开展立法调研。

16日，全国政法队伍教育整顿中央第十四督导组四川小组副组长刘岱一行到涪城区法院、涪城公安分局和城郊派出所督导政法队伍教育整顿工作。省政法队伍教育整顿第六指导组副组长刘欣，副市长、市公安局局长、市政法队伍教育整顿领导小组副组长周述，市中级法院院长、市政法队伍教育整顿领导小组副组长李勤，市委政法委副书记赵显福，区委书记、区政法队伍教育整顿领导小组组长邓辉参加督导。

16日，涪城区人民法院举行“法院诉讼服务站”授牌仪式，为杨家镇、新皂镇授牌，区委政法委、区司法局及杨家镇、新皂镇相关领导参加授牌仪式。

17日，涪城区工商联组织涪城区朝阳商会开展“共庆百年韶华 奋进时代征程”主题活动。

17日，绵阳市委常委、秘书长、宣传部部长张学民到城厢街道文昌社区，了解基层宣传、“党史”学习教育等开展情况，听取党史学习教育推进情况。

17日，由涪城区委、区政府、西南科技大学、成渝地区双城经济圈科技创新联盟主办的“百名专家涪城行”川渝融合创新论坛在科技智谷卫星应用科技园路演大厅举行，川渝两地高校、科研院所120余名专家参加。市委组织部四级调研员肖强解读绵阳人才支持政策。金家林总部经济试验区管委会与四川省科技青年联合会签订战略合作框架协议，四川省军民融合研究院与重庆高新技术产业研究院签订川渝创新平台战略合作协议，西南科技大学、中科院成都生物研究所、西南大学、四川大学分别与四川核保科技有限责任公司、四川众商高科科技有限公司、四川利尔作物科学有限公司、重庆宇飞特科技有限公司签订技术攻关合作协议。

19日，涪城区精神文明建设委员会2021年第一次会议召开，安排部署全区精神文明建设相关工作。区委书记邓辉主持，区级领导张虚怀、魏有良等参加会议。

19日，涪城区委庆祝中国共产党成立100周年活动暨党史学习教育领导小组第二次会议召开，审议《区委党史学习教育巡回指导组工作方案》《全区党史学习教育宣讲工作方案》等，安排部署相关工作。邓辉主持会议并讲话。张虚怀、魏有良、唐磊、杜立端、赵越、卢勇、关键等参加会议。

19日，涪城区委城乡基层治理委员会第三次全体会议召开，审议《关于建立城乡基层治理制度创新和能力建设示范体系的工作方案（试行）》《区委城乡基层治理委员会2021年工作要点》《涪城区巩固全省城市基层治理示范区创建成果工作方案》，安排部署全区城乡基层治理工作。区委书记邓辉主持，区级领导赵越、秦亚辉、陈洪芳、胡峪涛参加会议。

19日，涪城区委审计委员会2021年第一次会议召开，传达学习全国、全省、全市审计工作会议精神，听取2020年审计工作情况和2021年工作重点汇报，审议《绵阳市涪城区2021年度审计项目计划方案》。区委书记、区委审计委员会主任邓辉主持。

20日，试验区党工委副书记、镇（街道）党（工）委书记月度重点工作点评会和研究重点企业全覆盖走访等工作专题会召开，安排部署相关工作。区委书记邓辉主持，区级领导张虚怀、杜正茂、魏有良、唐磊、杜立端、赵越、卢勇、马啸啸、董静、黄维等参加会议。

20日，由绵阳市妇联主办、涪城区妇联承办，城郊街道平政社区协办的2021年“巾帼维权大讲堂”公益讲座在平政社区召开，绵阳市律师协会女律师工作委员会主任现场讲授《民法典》《未成年人保护法》等法律知识。辖区基层妇联干部、社区妇女代表共计40余人参加讲座。

21日，四川省公安厅副厅长袁刚调研“平安建设小单元认领微治理”，涪城区副区长、区公安局局长刘世成陪同。

22日，绵阳市委常委、科技城党工委副书记、管委会常务副主任、市国资委党委书记罗宗志一行调研涪城区重点项目推进工作。

23日，四川省生态环境厅党组成员、副厅长李银昌，省生态环境厅固体废物与化学品处处长于伟安，省生态环境厅固体废物与化学品管理中心主任周军，省生态环境厅固体废物与化学品处干部刘林一行到涪城区杨家镇督导东江环保危险废物集中处置项目。市政府副市长罗蒙、市生态环境局局长冯中兵、市生态环境局副局长柴立民、市生态环境局土壤与固废化学品科科长赵勋、市生态环境局涪城生态环境局局长李雄、市机动车及固管中心副主任龙菲、涪城区政府区长张虚怀全程陪同。

23日，绵阳市博物馆到涪城区杨家镇文物发现地现场勘察。

23日，由绵阳市涪城区教育和体育局主办，绵阳市涪城区体育馆承办的“体彩杯”涪城区第三十届排球运动会在涪城区体育馆开赛，来自绵阳市近250支代表队，3000余名运动员参赛。

25日，山西省晋城市阳城县蚕桑产业发展考察团一行到涪城区杨家镇学习考察蚕桑现代农业园区建设及蚕桑产业文化发展。区委副书记魏有良，区委办副主任冯凯波，区委农办主任、区农业农村局党组书记、局长牟满涛，区农业农村局副局长、区水利局局长屈辉全程陪同。

26日，省财政厅资产管理处副处长任彩霞一行到涪城区检查闲置封存物资清理处置工作。

26日，涪城区委财经委员会第八次会议暨2021年一季度经济形势分析会召开，传达学习中央财经委员会第九次会议、省委财经委员会第九次会议精神，听取2021年一季度经济运行情况及上半年经济形势研判情况汇报，分析当前经济运行形势，安排部署下阶段工作。区委书记、区委财经委员会主任邓辉主持。

27日，2020年度区级预算执行和相关财政收支审计见面会在涪城区财政局召开。区审计组全体成员、区财政局班子成员及业务股室中层干部参加会议。

27—28日，涪城区开展防止返贫致贫第一次集中排查。印发涪城区《关于开展防止返贫致贫集中排查工作的函》，组织镇（街道）干部、帮扶干部、相关行业部门工作人员等50余人对脱贫户、边缘易致贫户和脱贫不稳定户的风险点、帮扶措施落实、生活保障等情况进行“回头看”。“两不愁三保障”及生活用水均无问题不存在风险点不准确，帮扶措施不精准的情况，帮扶措施全部落实到位，风险已消除。加强与就业、住建、卫健等部门的信息共享，对年人均纯收入6000元以下的农村家庭认真开展排查，无新识别的监测对象。

28日，四川省博物馆、绵阳市文广旅局到杨家镇文物现场实地勘察。

28日，自贡市大安区蚕桑现代农业园区考察团到涪城区考察学习蚕桑产业发展。

28日，四川省生态环境厅到杨家镇建国漆业检查安全环保工作。

29日，涪城区民生事业高质量发展大会召开，总结近年涪城区民生事业发展成效，安排部署“十四五”时期全区民生保障和改善工作。区委书记邓辉出席会议并讲话。区级领导张虚怀、顾建、杜正茂、魏有良等参加会议。

29日，四川省副省长罗强到铁牛街社区调研社区文化建设。

29日，涪城区农村集体经济融合发展座谈会在杨家镇召开。

29日，四川省科技扶贫基金会联合绵阳市爱心志愿者，到涪城区玉皇镇、杨家镇开展“筑梦困境学生一帮一”“温暖山区困境老人”项目走访。基金会副理事长兼秘书长李嘉辉、专项基金负责人代作曦、致公党绵阳市工委办公室主任白明、办公室三级主任科员章文超参与活动。

29日，涪城区纪念五四运动102周年活动在区文化馆活动中心举行。团市委副书记马敬出席活动并致辞，区委常委、统战部部长、总工会主席董静出席活动并讲话。

30日，“千鹤桑田”蚕桑文化农业主题公园开园暨绵阳涪城·田园自行车公开赛开赛仪式举行。公园核心区位于杨家镇，涉及9个村，规划面积3673公顷。将特色农产品生产、农产品加工、农业休闲等一、二、三产业整合，实现农科文旅商融合。涪城区委书记邓辉出席并致辞，绵阳市农业农村局副局长严元宝、市教育和体育局副局长张登才、市文广旅局总规划师邓世红出席，区委副书记魏有良主持，天虹丝绸有限公司总经理助理兼营销总监薛忆发言。区级领导关键、李里、秦亚辉、肖兴亮参加活动。

30日，绵阳市委副书记、市长元方带领市发改、生态环境、住建等部门负责人现场督导绵阳工业固废处置中心项目推进工作。副市长罗蒙、市政府秘书长柳江参加督导和检查。

5月

7日，涪城区涉黑涉恶线索倒查工作推进会召开，明确涉黑涉恶线索的分工分组，要求各工作专班及时梳理汇总线索倒查情况并形成倒查总体报告。

8日，涪城区夏季粮食产量实测现场培训会在杨家镇玉皇社区召开。

12日，涪城区应急管理局协同绵阳市应急管理局组织市、区相关部门在涪城区铁牛广场举办“全国防灾减灾日”宣传教育活动，现场向群众展示宣传展板、发放防灾避灾宣传资料、讲解应急逃生知识。

12日，绵阳市人大常委会副主任、党组成员带队调研社区基层组织情况，区人大相关领导陪同调研。

12日，涪城区住建局组织7支防汛抢险队伍100余人在经开区新龙舟码头举行防洪防汛应急演练。

12日，涪城区召开学习贯彻《绵阳市文明行为促进条例》宣讲会。

12日，涪城区审计工作会议召开，听取2020年全区审计工作汇报，安排部署2021年审计工作任务。区委副书记、区长张虚怀主持。

13日，历时13天，富诚集团完成中南高科·涪城智能电子产业园场平工程建设任务。

14日，四川省生态环境厅副厅长李银昌带队到涪城区督导绵阳工业固废处置中心项目建设进度。区委副书记、区长张虚怀陪同督导，区领导胡峪涛、肖兴亮陪同。察看项目填埋区、焚烧区建设进度，并听取相关情况介绍。绵阳工业固废处置中心项目包含焚烧处置厂和安全填埋厂两个工程，项目总投资3.7亿元，处置规模为2.5万吨/年，主要服务范围为绵阳市及省内其他区域。李银昌对市区两级政府和东江环保公司强化措施、加快推进项目建设予以充分肯定，指出全力以赴推动项目建设。项目于6月底建成，10月18日，绵阳工业固废处置中心项目点火仪式在绵阳东江环保科技有限公司焚烧区举行。

14日，由绵阳市残疾人联合会主办，涪城区残疾人联合会承办的，绵阳市第七届残疾人就业专场招聘会在铁牛广场举行。绵阳市42家企业为残疾人提供文员、销售、业务员、会计等1000个合适的工作岗位。

16日，四川省水利厅到杨家镇对水库（新民水库）安全防汛工作进行督查。

18日，四川省委政法委基层社会治理处处长陈朝辉一行到工区街道迎宾社区调研社区治理。

18日，涪城区2021年大气污染防治工作会议召开。区委副书记、区长张虚怀出席会议并讲话。会议听取近期大气环境质量相关汇报，有关镇（街）就大气污染防治等工作进行发言。

19日，绵阳市涪城区对口帮扶凉山州昭觉县工作联席会暨援彝干部人才送任会议在昭觉县会议中心召开。涪城区委书记邓辉出席会议并讲话。昭觉县人大常委会主任许世蓉出席会议。昭觉县委副书记孙子史则主持会议。涪城区委副书记，昭觉县委常委、县政府副县长，涪城区对口帮扶昭觉县前线指挥部指挥长魏有良参加会议。昭觉县委常委、县政府常务副县长范洪春参加会议并讲话。

21日，涪城区六届区委第十二次全体会议召开，区委常委、组织部部长赵越就《中共绵阳市涪城区第六届委员会第十二次全体会议关于召开中国共产党绵阳市涪城区第七次代表大会的决议（草案）》向全会作说明。区委书记邓辉主持会议并讲话。

21日，四川省装配式建筑现场会在杨家镇玉皇社区召开。

21日，四川省组织部调研党建“两新”组织，绵阳市、涪城区组织部相关领导陪同调研。

21日，四川省宜居型农房示范建设推进会在绵阳市召开。涪城区杨家镇玉皇社区新型轻钢农房建设试点项目为现场参观点位之一。

24日，江苏省苏州市相城区人大常委会党组成员、副主任李彩男，相城区人大常委会财经工委主任金国强一行到涪城区杨家镇考察调研学习“千鹤桑田”蚕桑文化主题公园、瑞丰中升，区人大常委会党组副书记、副主任张琼林，区人大财经委主任委员滕华，区人大常委会农业农村工委主任孟合江，区人大常委会预算工委副主任黄荣，区人大常委会农业农村工委副主任苟林陪同调研。

24日，平安中国建设协调小组社会治安组铁路护路联防第五调研组北京市委平安铁路专项组办公室主任刘会平一行4人到涪城区调研铁路护路联防工作。实地调研涪城区新皂镇梅家沟村铁路护路工作站和涪城区铁路护路培训中心并听取涪城区护路办汇报涪城铁路护路联防工作情况。

25日，由省畜牧总站丁俊仁副站长刘星月，省饲料总站廖峰科长等领导组成的四川省农业农村厅调研组一行到杨家镇回龙寺村调研村集体经济融合发展试点工作。

25日，涪城区生态环境保护委员会2021年第一次全体会议暨生态环境保护督察工作领导小组第一次会议召开，安排部署相关工作。区委书记邓辉主持，区级领导张虚怀、魏有良、杜立端、赵越、卢勇、黄维等参加会议。

26日，绵阳市人大常委会副主任代顺兴带队到涪城区智慧铁塔生产基地及通信产业研发基地项目、高铁大道PPP项目、金家林安置房二期建设工程、青义老场镇危旧房棚户区改造项目，实地调研涪城区项目投资工作。

27日，“重庆四川共建具有全国影响力的科技创新中心2021年重大项目集中开工仪式科技城分会场”活动在涪城区石塘街道范家村惠科模组项目现场举行，中国（绵阳）科技城开工项目9个，总投资105亿元。绵阳市政府市长元方、市委常委梁磊出席开工仪式，区委书记邓辉、区长张虚怀参加此次活动。

27日，四川省厅巡回指导组到杨家镇指导两项改革“后半篇”文章工作。

27日，绵阳新创享居民服务社会企业有限公司在涪城区完成登记注册，标志着全市首家社区社会企业成立。

28日，绵阳“非遗”烟花节在杨家镇原香·国际香草园举行。

28日，由涪城区承办的2021年绵阳市粮食和物资储备科技活动周启动仪式在五一广场举行。区委常委、副区长卢勇参加启动仪式并致辞。

31日，涪城区杨家镇援助昭觉县四开镇社区首次集中开展“清洁家园”志愿服务活动。

6月

1日，中国残联就业服务指导中心主任赖伟一行到涪城区调研残疾人就业工作。赖伟先后到何氏职业培训学校、牧云轩残疾人实训基地等处实地调研，并为何氏职业培训学校荣获“全国残疾人培训基地”现场授牌。

1日起，涪城区实施结婚登记与

离婚登记跨省及全市通办试点，期限为2年，自2021年6月1日至2023年5月31日止。

2日，中国（绵阳）国际康养小镇开工仪式在杨家镇万和村举行。小镇整体规模约4.05平方千米，建设用地约1.2平方千米，总投资115亿元。项目结合绵阳城市特色，以“山、水、田、乡”为理念，集休闲度假、健康养老、医养文旅、研学教育等功能于一体，涵盖精品酒店、康养住宅、研学基地等多种业态。标志着一座代表绵阳未来人居的示范新城即将拔地而起，承载着涪城人民对美好生活无限期想的典范小镇已蓄势待发，必将为涪城乡村振兴注入新的强大动能。区委书记邓辉，蓝城桃李春风建设集团有限公司董事长傅林江出席活动并致辞。区委副书记、区长张虚怀，区政协主席杜正茂，上海叁陆伍投资管理有限公司董事长王仲辉出席活动。区领导秦亚辉、陈洪芳参加活动。开工仪式后，召开中国（绵阳）国际康养小镇项目规划设计汇报会。

2日，涪城区“全民阅读·我爱读党史——恰百年风华 谱盛世华章”党史学习教育知识竞赛初赛在市委党校举行，采取电脑答题方式进行，全区97支队伍共291名党员干部报名参赛。

2日 杨家镇组织开展“学党史 忆初心 担使命 建新功”宣讲活动。

2日，涪城区委常委、宣传部部长，昭觉县委常委、副县长（挂职），昭觉县对口帮扶工作队领队关键带队到涪昭产业园，调研指导涪昭产业园种养循环基地、火普村红油菜头及蓝莓种植基地、三岔河村产业基地的规划建设，并到中央循环产业基地指导产业发展。

2日，涪城区重点行业领域突出问题系统治理工作协调推进会议暨纠正“不抓落实，抓不落实”问题工作联席会议召开，会议通报省、市重点行业领域突出问题系统治理工作会议精神，总结全区2020年以来重点行业领域突出问题系统治理工作开展情况。

4日，杨家镇在各村（社区）召开镇第八届党代表选举大会。

4—25日，涪城区开展防止返贫动态监测第二次集中排查工作。印发涪城区《关于开展防止返贫动态监测集中排查工作的通知》，组织7个镇（涉农街道）212人次参与此次排查工作，排查5.4万户15.7万人，通过各渠道收集返贫致贫风险农户信息1300余条。根据风险信息情况，组织村“两委”干部、镇（街道）联系村干部、区级联系部门对有返贫致贫风险的农户集中会商，一户一户进行研判。按程序新增监测对象8户14人，已纳入帮扶范围，有针对性地采取帮扶措施。

7日，涪城区生态环境保护专题会召开，通报中央、省生态环境保护督察及“回头看”、省生态环境保护专项督察反馈问题整改情况，近期省、市移交涪城区生态环境突出问题整改情况，安排部署相关工作。区委书记邓辉主持，区级领导魏有良、杜立端、赵越、卢勇等参加会议。

7日，试验区党工委副书记、镇（街道）党（工）委书记月度重点工作点评会和研究企业家“早餐汇”企业反映问题解决等工作专题会召开。区委书记邓辉主持，张虚怀、顾建、杜正茂、卢勇、董静等参加会议。

7—8日，涪城区开展高考市容环境保障专项行动。

8日，六届区委160次常委会召开，审议区、镇两级人民代表大会换届选举工作相关事宜、及《长虹科技园（研发总部）基地项目投资协议及补充协议》。区委书记邓辉主持，区级领导张虚怀、顾建、杜正茂、魏有良、杜立端、赵越、卢勇、董静参加会议。

8日，涪城区乡村振兴局和涪城区乡村振兴服务中心挂牌成立。区委副书记魏有良出席挂牌仪式。

9日，绵阳市委党史研究室（市地方志编纂中心）主任余正道应邀到新皂镇皂角铺社区做党史学习教育宣讲。新皂镇100余名党员干部到会学习。

9日，涪城区档案馆组织观看国家档案局“6·9”国际档案日2021年专题讲座视频会，全区各机关、镇街共计60余名档案工作人员参会。

10日起，涪城区应急管理局承接涪城区防汛抗旱指挥部办公室日常工作。

10日，涪城区人力资源和社会保障局、西南科技大学经济管理学院和绵阳惠科光电科技有限公司签订政校企人才培训合作框架协议，标志着以政府为纽带、以市场需求为导向、以校企合作为抓手的“政校企”三方合作的新模式开启。

11日，新兴旺葡萄种植专业合作社通过国家级合作社称号。

11日，绵阳市财政局组织召开“绵阳市2021年预算绩效管理改革推进会”，通报2020年度各县（市、区）预算绩效管理工作考核结果，涪城区预算绩效管理工作获评“优秀”等次，受到市财政局通报表扬。

11日，绵阳市教育整顿第五督查组到涪城区开展查纠整改环节督查评估工作。

15日，涪城区委全面深化改革

委员会第八次会议、区两项改革“后半篇”文章工作领导小组（扩大）会议、区委党建领导小组会议召开，安排部署相关工作。邓辉主持会议并讲话。区级领导张虚怀、魏有良、杜立端、赵越、卢勇、董静等参加会议。

16日，四川省自然资源科学研创新创业中心到涪城区考察调研，通过召开座谈会、走访企业等方式初步了解涪城创新发展情况，双方就科技项目达成合作协议。

16日，涪城区工商联（总商会）六届七次执委（扩大）会议召开。

16日，涪城区第三届残疾人文化艺术节暨优秀作品评比活动在绵阳市老年大学举行。区委常委、统战部部长、区总工会主席董静出席活动。分为艺术作品展览和优秀文艺节目会演两部分，共评选出金、银、铜三类奖项，其中，展示类作品陶艺《童年》、摄影《川西风光》荣获金奖；展演类作品舞蹈《羌舞声声》、微电影《再见你》荣获金奖。

16—18日，涪城区开展中考市容环境保障专项行动。

17日，涪城区首届“幸福涪城”群众文化节——“涪城星光秀”总决赛在铁牛广场举办，选出一等奖1名，二等奖2名，三等奖3名，优秀奖7名。

17日，涪城区农业农村局组织“涪城芦笋”“涪城蚕茧”参加在眉山市举办的2021年四川省绿色食品宣传月活动启动仪式。

18日，涪城区委理论学习中心组党史学习教育专题学习会召开，绵阳市委党史学习教育第一巡回指导组组长、二级巡视员敬永杰列席交流研讨并讲话。区委书记邓辉主持交流研讨会并讲话。区级领导顾建、杜正茂、赵越、卢勇、黄维、张晓丰、周雪霖等参加会议。会议分为集中学习和交流研讨两个阶段，绵阳师范学院马克思主义学院副院长韩晓娟应邀作专题辅导，系统阐述我国改革开放史，重温共产党员的初心使命和历史担当。

18日，四川省委常委、秘书长王一宏到涪城区杨家镇杨家社区调研党史学习教育开展情况。

18—20日，由绵阳市教育和体育局、绵阳市涪城区人民政府、绵阳市体育总会联合主办的“中国体育彩票·绵阳市第二届欧阳修棋类全民健身公开赛暨绵碚棋类交流赛”在涪城区金五环体育馆举行。

21日，涪城区人民法院法官应邀到绵阳东辰聚星国际学校参加法治副校长聘任仪式，推进法治校园建设，为广大青少年健康成长保驾护航。

22日，四川省总工会副主席周键一行到工区街道跃北社区走访慰问“四川省劳动模范”廖光显。

22日，长虹科技园（研发总部）基地项目签约仪式举行，基地项目落户涪城。四川长虹电子控股集团有限公司党委书记、董事长赵勇，区委书记邓辉出席签约仪式并致辞。长虹电子控股公司党委副书记谭明献、副总经理胡嘉出席签约仪式并见证签约。长虹电子控股公司副总经理杨军出席并代表长虹电子控股公司签约，区委副书记、区长张虚怀主持签约仪式并代表区政府签约。长虹电子控股公司副总经理潘晓勇，区政协主席杜正茂，区委副书记魏有良出席并见证签约。

22日，四川省财政厅、省委统战部、省民宗委和省税务局组成联合调研组，到涪城区调研督导宗教活动场所财务税收管理工作开展情况。

22—23日，中国财贸轻纺烟草工会主席王倩一行到涪城四川忠盛仁联科技公司调研家政服务员建会入会情况等企业工会工作情况。绵阳市委常委、统战部部长、市总工会主席经大忠，四川省财贸轻化纺工会主席鄢怀民，绵阳市总工会党组书记、常务副主席刘春涛陪同调研。

24日，涪城区工商联举办“致富思源感党恩，富而思进跟党走”庆祝中国共产党建党100周年文艺会演。全区基层（行业）商（协）会会员代表、民营企业家600余人观看和参加会演。区委常委、统战部部长、总工会主席董静出席活动并致辞。

25日，青义镇第八次党代会召开，全镇145名党代表出席大会。会议以无记名投票的方式差额选举产生中共绵阳市涪城区青义镇第八届委员会委员9名、中共绵阳市涪城区青义镇第八届纪律检查委员会委员5名，选举产生新皂镇出席区第七次党代会代表15名。

25日，中共杨家镇第八次代表大会召开，听取并审议中共杨家镇第七届委员会工作报告和中共杨家镇第七届纪律检查委员会工作报告，选举产生新一届党委委员和纪委委员，以及杨家镇出席涪城区第七次党代会代表。

25日，涪城区人民法院与涪城区税务局联合开展一场模拟庭审活动，推进政法队伍教育整顿，开展“我为群众办实事”实践活动，加强普法宣传。

25日，涪城区生态环境保护专题工作会召开。会议通报省生态环境厅第三次暗访绵阳反馈涪城区相关问题情况，部署整改工作。区委副书记、区长张虚怀主持，区级领导卢勇、黄维、胡峪涛、衡敏参加会议。

25日，新皂镇第七次党代会召开，全镇134名党代表出席大会。会议以无记名投票的方式差额选举产生中共绵阳市涪城区新皂镇第七届委员会委员 9 名、中共绵阳市涪城区新皂镇第七届纪律检查委员会委员 5 名，选举产生新皂镇出席区第七次党代会代表12 名。

26 日，涪城区委理论学习中心组党史学习教育专题学习会暨区级领导干部专题读书班举行。会议分为集中学习和集中研讨两个阶段。邓辉主持会议并作专题辅导报告。区级领导张虚怀、顾建、杜正茂、魏有良，区级有关部门主要（常务）负责人，各镇（街道）党（工）委、政府（办事处）主要负责人等参加会议。

26 日，涪城区委召开第 162 次常委会会议，传达学习省委十一届九次全会精神，通报绵阳市党政代表团到南充市、宜宾市考察学习情况，研究涪城区贯彻落实措施。邓辉主持会议并讲话。张虚怀、顾建、杜正茂、魏有良、杜立端、赵越、卢勇、关键、董静、黄维等参加会议。

28 日，涪城区举行庆祝中国共产党成立 100 周年表彰大会暨“永远跟党走”群众歌咏晚会，“谭德政纪念园”VR 数字馆、《中国共产党涪城历史 1921—2021》（新时代卷）发布，“光荣在党 50 年”纪念章颁发，涪城区先进基层组织、优秀党务工作者、优秀共产党员受到表彰。刘光强、邓辉、张虚怀、顾建、杜正茂等参加活动。

28 日，四川省发展改革委党组成员、副主任陶剑锋一行到绵阳市调研上半年经济形势，现场查看涪城区惠科显示模组生产线项目，并与富临精工代表开展座谈。

28 日，四川省委党史学习教育指导组一行到杨家镇杨家社区调研。

28 日，涪城区首个党史党性教育基地“谭德政纪念园”室内布展提升建成，整个纪念园占地近 6000 平方米，室内面积近 400 平方米，形成“两室一厅一堂”，两室即谭德政烈士事迹陈列室和纪念作品陈列室，一厅即涪城党史展厅，一堂即德政讲堂。被命名为“绵阳市中共党史教育基地”。

28 日，涪城区在全省率先编印地方党史新时代专著《中国共产党涪城历史 1921—2021（新时代卷）》。

30 日，区纪委监委机关举行庆祝中国共产党成立 100 周年表彰大会暨“红心向党”主题党日活动，喜迎党的百年华诞，歌颂党的百年伟业。区纪委监委机关、区委巡察办共计 80 余名党员参加活动。

30 日，青义镇举行庆祝中国共产党成立 100 周年“七一”表彰大会暨文艺会演活动。

30 日，在市公共资源交易服务中心的统筹协调和大力支持下，涪城区公共资源交易服务中心首次实现远程异地评标。两地专家通过电子屏幕互动，同时开展评标工作，实现“线下不见面、线上面对面”远程“同框”评标。

30 日，杨家镇召开庆祝中国共产党成立 100 周年暨“两优一先”表扬大会，通报全镇获得省市区“两优一先”表彰的先进组织和个人，宣读镇 2020 年度“两优一先”表扬决定。全镇共评选出优秀党务工作者和优秀共产党员 50 名、先进基层党组织 9 个。

是月，涪城区作为国家农业科技园（核心）区迎接科技部综合评估及视频答辩。

7 月

1 日，涪城区档案馆庆祝建党 100 周年活动，馆长沈飞为退休干部敬世初颁发“光荣在党 50 年纪念章”。

2 日，绵阳市涪城区文化广播电视和旅游局加挂绵阳市涪城区文物局牌子。

2 日，涪城区农业财贸金融系统人大代表换届选举工作推进会在涪城区财政局 13 楼会议室召开，听取前期工作汇报，并安排部署下阶段工作，区财政局党组书记陈永康主持会议并讲话。

3 日，六届区委第十三次全体会议召开，开展民主测评和民主评议，开展全额定向民主推荐。邓辉主持召开会议。区委委员、候补委员参加会议。

5 日，财政部条法司司长贾荣鄂一行到四川开展“深入推进财政领域‘放管服’改革，完善事中事后监管”工作调研。省财政厅党组成员副厅长黎家远、绵阳市涪城区与达州市大竹县进行工作汇报。省财政厅相关职能处室负责人，绵阳市、达州市及涪城区、大竹县相关人员参与调研会。

5 日，中国共产党绵阳市涪城区第六届纪律检查委员会第七次全体会议召开，对第六届区纪委班子和现任区纪委领导班子成员进行民主评议、民主测评，全额定向推荐新一届区纪委领导班子成员人选。

6 日，涪城区镇（街道）党（工）委书记月度重点工作点评会和研究培育壮大农村集体经济、环西科大商圈建设专题会召开，安排部署相关工作。区委书记邓辉主持，杜立端、赵越、黄维、罗泽斌、秦亚辉、秦纯参加会议。

7 日，布拖县委常委、政法委书记王海一行到涪城区学习交流政法工作。

8 日，国家粮食和物资储备局执法督查局二级巡视员杨卫辰一行到涪城区调研2021年“12325”全国粮食和物资储备监管热线运行情况，绵阳市人民政府副秘书长龙佳林陪同。

9日，四川省副省长陈炜带领省人社厅、省民政厅等领导调研中央环保督察“回头看”反馈问题整改任务绵阳工业固废处置中心项目整改完成情况和杨家镇、城厢街道安昌社区党群暖心驿站退役军人服务、城乡社区治理、人社等工作，绵阳市委书记罗增斌、市长元方参与调研。

13日，四川省文旅厅二级巡视员谢海银带领专家组到涪城区开展四川省第二批公共文化服务体系示范县终期评估验收，市委宣传部副部长温芬、市文广旅局局长代宏、市文广旅局副局长凌开业、市文广旅局政策法规科科长戴大鹏、市文化馆馆长邱兰、市图书馆馆长冯小平等市级领导应邀参加绵阳市涪城区创建四川省现代公共文化服务体系示范县实地评估迎检工作汇报会，区委书记邓辉出席会议，区政府副区长秦亚辉汇报示范县创建工作开展情况，区创建领导小组成员单位主要负责人参加会议。7月14日晚，区政府副区长秦亚辉在绵阳市涪城区创建四川省现代公共文化服务体系示范县检查反馈会上作表态发言。

13日，绵阳市人大常委会副主任李川萍带队到涪城区城郊派出所调研涪城区城市民族工作开展情况。

13日，绵阳市涪城区人民政府、西昌民族幼儿师范高等专科学校、凉山州昭觉县人民政府校地战略合作签约暨对口帮扶物资捐赠仪式在涪城区委一楼会议室举行。西昌民族幼儿师范高等专科学校党委副书记、校长赵波，昭觉县副县长吉色方森，涪城区委常委、常务副区长卢勇作为三方代表签署《校地战略合作协议》，涪城区委书记邓辉，西昌民族幼儿师范高等专科学校党委副书记、工会主席王玉萍，西昌民族幼儿师范高等专科学校党委委员、副校长王晓东，涪城区委副书记、区长张虚怀等见证签约。

14日，绵阳市政协副主席李京平带队到涪城区城厢街道得月楼社区调研网格化服务管理工作。

14日，涪城区政府召开全区重大活动保障市容整治专题会议，安排部署市容整治工作，制发《全区重大活动保障市容整治类专项行动方案》。专项行动组织区级各部门参与联合集中整治60余次，清理市容秩序问题1万余个。

15日，四川省农业农村厅二级巡视员张熙到新皂镇检查国本农业科技有限公司对省级督查环保问题的整改情况。

16日，涪城区庆祝建党100周年活动总结会召开。会议深入学习贯彻习近平总书记在庆祝中国共产党成立100周年大会上的重要讲话和在中央政治局常委会会议听取庆祝活动总结报告时的重要讲话精神，总结涪城区庆祝中国共产党成立100周年表彰大会暨“永远跟党走”群众歌咏晚会的成功经验，全面深化拓展庆祝活动成果。邓辉、顾建、杜正茂等参加会议。

16日，国台办交流局副局长李京文、省台办副主任袁明、省台办交流处处长邹青到工区街道灵通社区调研跃进路三线记忆馆。

20日，四川省人大常委会副主任王菲调研成绵苍巴高速现场工作会。

21日，绵阳市委常委、市政府副市长吕剑带队到涪城区清真寺调研，并就清真寺维修改造工作现场办公。

21日，由涪城区政府与创业黑马共建的“黑马绵阳产业加速器”启动一期加速服务。本期活动共加速服务企业45家，均为通过联合选拔的本地代表型企业，重点覆盖新一代信息技术、高端装备制造等相关领域。

22日，2021年上半年经济社会发展工作总结现场会暨重点项目大拉练举行，区委书记邓辉，区委副书记、区长张虚怀，区人大常委会主任顾建，区政协主席杜正茂带队到试验区和9个镇（街道）重点项目现场，看进度、比实绩，找差距、学经验，增压力、添干劲，激发干事创业热情，营造“龙腾虎跃”氛围，动员全区上下“大干下半年、冲刺全年红”，确保涪城“十四五”开好局、起好步。

22日，绵阳市副市长罗蒙到城厢街道铁牛街社区等地调研涪城区背街小巷整治工作开展情况。

23日，涪城区积极应对处置绵阳惠科光电科技有限公司1例核酸初筛、复核，临床诊断为阳性的新冠肺炎确诊病例（轻型）突发新冠肺炎疫情防控工作。

23日，创业黑马西部（绵阳）科创基地启动仪式举行，市委常委、组织部部长王华蓉出席启动仪式，区委书记邓辉出席启动仪式并致辞，创业黑马科技集团股份有限公司总裁黄玕出席启动仪式并介绍相关情况。区委副书记、区长张虚怀主持启动仪式。区委副书记魏有良出席启动仪式。王华蓉、黄玕为黑马绵阳产业加速器揭牌，邓辉为创业黑马导师授牌，王华蓉、邓辉、黄玕等领导共同启动创业黑马西部（绵阳）科创基地。

26日，涪城区“听音问廉”行动启动，通过与群众面对面交流，实地查看问题，及时反馈督办，化解群众的揪心事、烦心事。

27日，交通运输部公布第一批全国城乡交通运输一体化示范县名单，绵阳市涪城区等全国41个县（市、区）被命名为城乡交通运输一体化示范县，涪城区为四川省唯一入选的区（市、县）。

27日，在涪城区人民法院2021年第15次审委会上，两名在院开展暑期实践活动的清华大学法学博士生魏宁、杨勇作为专家学者受邀列席，是区法院邀请专家学者列席审判委员会的首度尝试。

29日，中小城市研究院院长、中国社会科学院城市发展与环境研究所一行到青义镇开展全国千强镇实地考研调查工作。

29日，绵阳市县域经济发展暨重点项目建设现场会召开，市委书记罗增斌出席并讲话。王华蓉、张学民、罗宗志、荣全、梁磊、代顺兴、廖雪梅、刘海昌、邓辉等参加。青义镇作为现场参观点位之一。

31日，涪城区区、镇两级人大代表换届选举的130个区代表选区和162个镇代表选区，顺利完成投票选举，共选举出区七届人大代表290名，镇人大代表422名。290名区代表中，党员代表188名，占比64.83%；非党代表102名，占比35.17%；妇女代表88名，占比30.34%。422名镇代表中，党员代表265名，占比62.80%；非党代表157名，占比37.20%；妇女代表147名，占比34.83%。

8月

4日，涪城区生态环境保护委员会2021年第二次全体会议暨生态环境保护督察工作领导小组第二次会议、2021年第一次总河长全体会议召开，传达学习上级有关会议精神，安排部署相关工作。区委书记邓辉主持会议并讲话，区委副书记魏有良参加会议。

4日，涪城区召开研究“凯跃华庭”项目历史遗留问题化解处置专题会。

5日，四川省环保厅固管中心负责人周军带队到涪城区丰谷镇检查污水处理厂疫情防控工作运行及维护情况并给予肯定。

5日，四川省生态环境厅检查中科绵投医废处置情况。

6日，由绵阳市二级巡视员敬永杰等3人组成的绵阳市委党史学习教育第一巡回指导组到城厢街道临园路东段社区实地巡回指导党史学习教育工作，涪城区委书记邓辉等4人陪同。

10日，绵阳市人大常委会主任付康带队到涪城区调研工业经济发展、优化营商环境及人大工作。

11日，涪城区“清廉涪城?幸福家园”活动举行，通过梳家规家风名录、讲家规家风故事、绘家规家风文化墙等，立家规、严家教、正家风。

12日，绵阳市档案局档案科科长曹淑婷、科员魏琳琳到涪城区档案馆督导检查全区脱贫攻坚档案和新冠疫情档案接收入馆情况，并对脱贫攻坚档案和新冠疫情档案的整理、接收提出具体要求。

13日，涪城区人大常委会与涪城区人民政府工作联席会议召开。会议听取2021年上半年经济社会发展情况、区人大代表建议办理情况、区人大代表票决民生实事项目推进情况以及近期发现省外输入病例处置情况。与会人员围绕应急预案机制完善、涉房历史遗留问题处置、职业教育发展等作发言，并针对《政府工作报告（征求意见稿）》提出修改意见建议。

13日，邓辉主持召开六届区委第171次常委会会议暨区委应对新冠肺炎疫情工作领导小组第29次会议，传达学习近期中央、省、市有关会议精神，安排部署相关工作。张虚怀、魏有良、顾建、杜正茂、赵越、卢勇、董静、黄维等参加会议。

16日，绵阳市市长元方督导丰谷镇赵家脊防汛减灾、地质灾害防治和河长制推进工作。

16日，涪城区完成预算管理一体化系统预算执行模块用款计划申报及终审、会计核算模块的测试工作。

17日，赛迪顾问城市经济研究中心发布2021赛迪百强区，涪城区再度上榜，位居第68位，较2020年上升6位。

17日，涪城区四家农机合作社作为理事会成员单位，联合成立涪城区农机社会化服务联盟。农机联盟机构共计整合联合收割机、耕整机、拖拉机等机具210余台（套）、7100余千瓦。

17—18日，新皂镇第八届人民代表大会召开，全体镇人大代表出席会议。大会听取镇人民政府工作报告和镇人大主席团工作报告；书面听取镇人民政府关于2020年预算执行情况和2021年预算（草案）情况的报告、2020年度民生实事票决项目实施情况及2021年度民生实事票决候选项目情况的报告和镇七届人大二次会议代表所提建议、批评和意见办理情况的报告。票决产生新皂镇2021年度民生实事项目5个；依法选举产生新皂镇人大主席1名、镇人民政府镇长1名、副镇长5名。

18日，涪江洪水流量接近2500立方米/秒并呈上涨趋势，丰谷镇党委政府按照赵家脊片区防汛应急方案响应条件，截至中午12时，转移全部在岛174人至安全地带。

20日，涪城区迎接第二轮中央生态环境保护督察工作推进会议召开，区委副书记、区长张虚怀出席会议并讲话。会议通报近期省市迎检工作会议精神，部分参会部门、镇街就做好迎检工作发言。区领导胡峪涛主持会议。

20日，绵阳市人大第四调研组调研涪城区推进巩固拓展脱贫攻坚成果同乡村振兴有效衔接相关情况。调研组一行到杨家镇罗汉寺村，入户调研巩固脱贫攻坚成果情况和农村人居环境整治情况；到“千鹤桑田”农业主题公园，调研巩固脱贫攻坚成果同乡村振兴有效衔接情况。

26日，涪城区召开迎接第二轮中央生态环境保护督察工作动员会，安排部署相关工作。区委书记邓辉主持会议并讲话。区委副书记、区长张虚怀，区人大常委会主任顾建，区政协主席杜正茂参加会议。

26日，青义镇第九届人民代表大会第一次会议召开，27日闭幕，会议听取并审议《青义镇政府工作报告》《青义镇人大主席团工作报告》，表决通过“2个报告”决议（草案）。共收到代表所提意见、建议30余条，依法选举产生镇人大主席1名、人大副主席1名、镇人民政府镇长1名、副镇长6名，并由镇党委书记为新当选同志颁发当选证书，新当选镇人大主席带领新当选干部向《宪法》庄严宣誓。

26日，涪城区委召开第172次常委会会议，传达学习中央财经委员会第十次会议精神，通报到乐山市考察学习情况，安排部署相关工作。审议绵阳市涪城区与四川发展（控股）有限责任公司“1+6”合作协议。邓辉主持会议并讲话。张虚怀、顾建、杜正茂、魏有良、杜立端、赵越、董静、黄维等出席会议。

27日，绵阳市委常委、安昌河市级河长罗宗志带队督导中央生态环境保护督察首个信访件安昌河城区段水质污染信访件办理工作。绵阳市河长办、市住建委、市水利局、市生态环境局、区人民政府等单位参加。

27日，绵阳市涪城区与四川发展（控股）有限责任公司“1+6”系列重点项目集中签约。市委书记罗增斌，四川发展（控股）有限责任公司党委书记、董事长李文清出席签约仪式并讲话，市委副书记、市长元方主持签约仪式。四川发展与涪城区“1+6”系列重点项目合作内容包括科技创新、联合招商、产业投资、产业园区、产城融合、基础设施及其他领域七大板块内容，预计总投资321.7亿元。标志着双方合作进入新阶段，将成为政企合作的成功范例。

28日，绵阳市高级检察官研讨班暨全市基层院现场会召开，绵阳市检察院领导班子成员、检委会专职委员，内设机构负责人，各基层院检察长、办公室主任，部分人大代表、政协委员、人民监督员，参观涪城区检察院档案数字化建设，听取民事、行政检察工作情况介绍。

31日，四川省应急厅二级巡视员王林带领由四川省应急、气象、地震、消防四部门组成的创建全国综合减灾示范社区现场核查组到涪城区城厢街道得月楼社区核查创建工作。核查组先后到中大财富广场、沿江西街26号小区、市肛肠医院等小区、单位现场查看。

9月

1日，涪城区中医医院新建项目在项目建设现场举行开工仪式。区人大常委会副主任李里参加开工仪式。

1日，涵予家庭农场、弥云家庭农场、五心家庭农场通过申报获得市级家庭农场。

1日，科发集团纪委书记向阳、工程部部长刘凌到新皂镇督查拆迁进度。

1日，四川省妇联党组成员、副主席胡秀琴一行到涪城区调研乡村振兴巾帼行动。市妇联、区妇联相关负责人陪同调研。在省级妇女居家灵活就业基地——绵阳天虹丝绸杨家绣房，调研组了解天虹公司依托“公司+妇联+家庭农场+农户”的产业联合体发展模式，带动周边妇女参与桑蚕种植养殖、茧丝加工、蜀绣传承、蚕桑文化推广、开发蚕桑衍生产品等工作开展情况；以及当地妇联组织动员广大妇女群众充分发挥“两个独特”作用，弘扬中华民族传统美德，参与乡村振兴、美丽家乡建设等方面工作开展情况。

2日，绵阳市人大常委会副主任李川萍调研四〇四项目。

3日，涪城区建筑行业协会筹备大会在涪城区文化中心召开。

7日，绵阳市新时代文明实践中心建设试点推进会在涪城区召开，涪城区吴家镇新时代文明实践所、杨家镇杨家社区新时代文明实践站作为现场参观点位。

8日，“全球青年学者论坛”绵阳科技城专场暨“绵州金英荟”涪城区专场活动举行。

9日，涪城区迎接中央第二轮环保督察。

9日，以达州市司法局党委委员、副局长杨忠为组长等组成的5人四川省复核组到城厢街道临园路东段社区复核“全国民主法治示范社区”工作，绵阳市司法局、涪城区司法局相关负责人陪同复核。

9日，涪城区联合打击拒执犯罪协调会召开，会议由区委政法委牵头，区法院、区检察院、区公安分局相关负责人参加会议，共同研究协调公检法联合打击拒执犯罪有关问题。

10日，涪城区教育事业振兴行动计划基础设施建设项目集中落成典礼在绵阳实验中学南河校区举行，区委书记邓辉出席仪式。区委副书记、区长张虚怀出席仪式并致辞。区人大常委会主任顾建，区政协主席杜正茂，市教体局党组成员、副局长古奇，市教体局党组成员、机关党委书记王琳玲出席仪式。邓辉、张虚怀、顾建、杜正茂、古奇共同启用涪城区教育事业振兴行动计划基础设施建设落成项目。

14日，涪城区纪检监察系统干部大会召开，区委常委、区纪委书记张伟出席会议并讲话。

14日，涪城区创建全国文明典范城市专题工作会议召开，对全国文明典范城市创建工作进行安排部署。邓辉出席会议并讲话。张虚怀、顾建、杜正茂、胡友谊、卢勇、张伟、李东、黄维、曾胜利、李大年等参加会议。

14日，涪城区家庭农场联盟在区乡村振兴社会化服务中心挂牌。

15日，绵阳市首个知识产权保护工作站在涪城区毅德商贸城挂牌成立。毅德商贸城作为国家级知识产权保护规范化市场，成为全市设立首批30个知识产权保护工作站中第一个授牌成立的专业化市场知识产权保护工作站。

16日，四川省退役军人事务厅副厅长陈发清一行到涪城区石塘街道古井社区、杨家镇杨家社区调研退役军人参与基层治理及“兵支书”工作。市退役军人事务局党组书记、局长苏杰，市退役军人事务局党组成员、副局长胡璐，市退役军人事务局思政党建科副科长（主持工作）陈思竹，市退役军人事务局思政党建科工作人员马天行，区退役军人事务局党组书记、局长何海成，区退役军人事务局党组成员、服务中心主任陈顺军，区退役军人事务局党组成员、机关党委书记毛蓓蓓，区退役军人事务局办公室主任杨胜鹏陪同。

17日，科技城新区涪城片区科技企业招商推介会暨绵阳·中关村信息谷创新中心招引项目集中签约仪式在科技城新区涪城片区中关村科技园举行。市委常委、市政府常务副市长、科技城新区党工委书记梁磊出席仪式并讲话。北京中关村信息谷资产管理有限责任公司董事石七林，区委书记邓辉出席仪式并致辞。市经济合作局局长董正红出席仪式。区委副书记、区长张虚怀主持仪式。区委副书记胡友谊出席仪式。梁磊、石七林、涪城区委书记邓辉、董正红共同见证绵阳中关村信息谷科技服务有限责任公司与航天宏图信息技术股份有限公司、葫芦科技有限公司、广州鹏凯环境科技股份有限公司、四川颐实企业管理有限公司、涪瑞成节能科技有限公司、成都行必果光电科技有限公司、大庆艺管家科技有限公司、四川新凯腾科技有限公司签约，见证“一中心、八平台”合作企业签约。2021年5月开园，截至2021年9月，中心已入驻科技创新企业171家。

17日，科技城新区涪城片区科技企业招商推介会暨绵阳·中关村信息谷创新中心招引项目集中签约仪式在科技城新区涪城片区中关村科技园举行。梁磊副市长出席仪式并讲话。北京中关村信息谷资产管理有限责任公司董事石七林，邓辉出席仪式并致辞。张虚怀、胡友谊、黄维、陈洪芳等参加仪式。

17日，绵阳市政府李南希副市长调研百盛购物中心（大都会店）、西城农贸市场、西部冷都等地食品安全工作。

17日，涪城区2021年台胞台属、归侨侨眷代表人士座谈会召开。

18日，六届区委第十四次全体会议召开，讨论研究区第七次党代会有关事项。全会审议通过《六届区委工作报告（审议稿）》《六届区纪委工作报告（审议稿）》等事项。全会决定，中国共产党绵阳市涪城区第七次代表大会于9月22—25日召开。邓辉主持会议并讲话。

18日，涪城区委任命肖伟担任涪城区检察院党组书记。

22日，中国共产党绵阳市涪城区第七次代表大会预备会议召开。邓辉参加会议并主持。张虚怀、顾建、杜正茂、胡友谊、张伟、关键、李东、董静、黄维、秦亚辉、曾胜利、李大年等出席会议。

22日，绵阳市发改委铁机科查看皂角铺铁路物流基地投运前扫尾工作推进情况。

23日，中国共产党绵阳市涪城区第七次代表大会在市委党校开幕。区委书记邓辉代表六届区委向大会作题为《奋进新时代 启航新征程 为全面建设西部现代化强区努力奋斗》的报告。在主席台前排就座的主席团常务委员会成员还有张虚怀、顾建、杜正茂、胡友谊、张伟、关键、李东、董静、黄维、秦亚辉、曾胜利、李大年。涪城区第七次党代会应到会代表308人，因事因病请假8人，实到代表300人，超过应到代表的半数，符合有关规定。大会书面听取中共绵阳市涪城区第六届纪律检查委员会工作报告。

23—26 日，国家爱卫委督察组到绵进行全国卫生城市复审检查。

25 日，中国共产党绵阳市涪城区第七次代表大会圆满完成各项议程，选举出新一届区委、区纪委和区出席市第八次党代会代表，通过关于六届区委报告的决议、关于六届区纪委工作报告的决议后，在市委党校知行楼主会议厅闭幕。邓辉主持第二次全体会议。大会主席团常务委员会成员邓辉、张虚怀、顾建、杜正茂、胡友谊、张伟、关键、李东、董静、黄维、秦亚辉、曾胜利、李大年在主席台前排就座。选举出七届区委委员35 名、候补委员 7 名，七届区纪委委员 19 名和涪城区出席市第八次党代会代表 36 名。

25 日，中共绵阳市涪城区第七届委员会第一次全体会议在市委党校举行，选举产生新一届区委领导班子，通过区纪委七届一次全会选举结果。邓辉受区第七次党代会主席团委托主持会议并讲话。张虚怀、顾建、杜正茂、胡友谊等参加会议。

25 日，中国共产党绵阳市涪城区第七届纪律检查委员会举行第一次全体会议，会议选举中共绵阳市涪城区纪律检查委员会常务委员会委员和书记、副书记。张伟当选为中共绵阳市涪城区纪律检查委员会书记，路春玲、梁志勋当选为副书记，李建、周伟、赵栋辉、刘永红当选为常务委员会委员。

25 日，海南省文明城市创建工作骨干培训班近 60 人调研临东文明城市创建工作。市委宣传部副部长、市文明办主任韩贵钧等 8 人、涪城区委副书记胡友谊等 7 人陪同调研。

26 日，中国人民政治协商会议绵阳市涪城区第七届委员会第一次会议在绵阳市西山文化中心开幕。邓辉、张虚怀、顾建、杜正茂等出席会议。杜正茂受政协绵阳市涪城区第六届委员会常务委员会委托，向大会报告工作。肖兴亮代表政协绵阳市涪城区第六届委员会常务委员会作关于提案工作情况的报告。28 日闭幕，选举产生区政协新一届领导班子，杜正茂当选为政协绵阳市涪城区七届委员会主席；秦纯、肖兴亮、于晓燕、刘正西当选为副主席；蒋纯泉当选为秘书长；会议选举梁俊、魏子秦等 43 名同志为政协绵阳市涪城区七届委员会常务委员。审议通过《区政协七届一次会议提案审查情况的报告》《区政协七届一次会议决议》。

26 日，涪城区科技创新产业项目集中签约仪式在绵阳·中关村信息谷创新中心举行。市委副书记王华蓉出席仪式并致辞，副市长刘海昌主持仪式。四川长虹电子控股集团有限公司副总经理杨军，涪城区委书记邓辉出席仪式并致辞。科技城新区党工委副书记、管委会主任申泽，绵阳市委军民融合办常务副主任李建国，市经济合作局副局长邓安，市科技局副局长熊仪江出席仪式。张虚怀代表涪城区政府分别与四川长虹电子控股集团有限公司、四川传化智联科技有限公司、合肥讯飞数码科技有限公司签署合作协议。此次集中签约项目 55 个，主要包括长虹智能控制 MCU 芯片、传化智联特种物流总部基地、合肥讯飞数码军民协同西南总部等重点项目4 个，中科（绵阳）创新园、创业黑马西部科创基地等平台招引入驻的5G、人工智能、科技服务等领域科技创新企业 51 个。

27 日，绵阳市涪城区第七届人民代表大会第一次会议在市委党校开幕。会议由大会主席团常务主席、执行主席邓辉主持。听取张虚怀代表区人民政府作的《政府工作报告》、顾建代表区六届人大常委会作的《人大常委会工作报告》、区人民法院副院长杨小平作的法院工作报告、区人民检察院副检察长肖伟作的检察院工作报告，通过大会选举办法、设立人大专门委员会的决定、人大专门委员会组成人员人选的办法。

27 日，四川省科协党组成员、副主席经戈一行到涪城区调研指导天府科技云全员“保姆式”服务及科普工作，市科协党组成员、副主席何勇，区科协党组书记、主席郭美蓉陪同调研。

28 日，四川省社科院到涪城区杨家镇回龙寺村天虹丝绸调研。

28 日，四川省委统战部副部长、省侨办主任文甦一行到清真寺施工现场调研检查。

28 日，中国人民政治协商会议绵阳市涪城区第七届委员会第一次会议在绵阳市西山文化中心闭幕。邓辉出席闭幕大会并讲话。张虚怀、顾建、胡友谊等出席会议。

28 日，涪城区青义镇创建为全国千强镇。中国中小城市发展指数研究课题组、国信中小城市指数研究院联合发布 2021 年中国中小城市高质量发展指数研究成果，青义镇在21045 个建制镇中位列 192 位，是涪城区第一个成功创建的千强镇，更是四川唯一一个挺进 200 强的建制镇。

28 日—11 月 10 日，按照中央、省委、市委统一部署，区委联动巡察组对区发改局、区市场监督管理局开展粮食购销领域专项联动巡察，并接受市委巡回指导督导组现场指导督导。

29 日，绵阳市涪城区第七届人民代表大会第一次会议举行第二次全体会议，完成各项议程后，区七届人大一次会议在市委党校闭幕。大会选举产生新一届区人大常委会主任、副主任、委员，区人民政府区长、副区长，区监察委员会主任，区人民法院院长，区人民检察院检察长，绵阳市第八届人民代表大会代表。顾建当选区人大常委会主任，李里、林勇、罗泽斌、李永钢当选区人大常委会副主任，丁凯、王斌等 30 名同志当选为区人大常委会委员。张虚怀当选区人民政府区长，秦亚辉、黄维、陈洪芳、喻焰斌、胡峪涛、刘琳、王宇当选区人民政府副区长。张伟当选区监察委员会主任。杨小平当选区人民法院院长。肖伟当选区人民检察院检察长。刁锐敏、王华蓉等 60 名同志当选市第八届人民代表大会代表。通过区人大专门委员会组成人员名单。表决通过《关于绵阳市涪城区人大常委会工作报告的决议》《关于绵阳市涪城区人民政府工作报告的决议》《关于绵阳市涪城区人民法院工作报告的决议》《关于绵阳市涪城区人民检察院工作报告的决议》。

30 日，燕儿河村米家大院获得涪城区 2020 年度农村人居环境质量评价表扬“最美院落”，戴家林村获得涪城区 2020 年度农村人居环境质量评价表扬“最美村”。

10 月

1—7 日，国庆假日期间，涪城区道路旅客运输日均投放客运车辆 705 辆，共计开行 6693 班次，运送旅客 9.5 万次，同比 2020 年增加 1.9%。

4 日，区委常委、区纪委书记、区监委主任张伟到各镇（街道）检查节日值班值守情况，现场督导丰谷镇赵家脊防汛救灾工作，指导群众转移。

5 日，区委书记邓辉到杨家镇督导防汛减灾工作。

10 日，丰谷镇团结村赵家脊河堤建设工程开始放线实施，打下定界第一桩。

14 日，涪城区举行老干部重阳节茶话会，邀请离退休老干部、老同志齐聚一堂，共度佳节、共叙情谊、共话发展。区委书记邓辉出席会议并讲话。区委副书记、区长张虚怀主持会议。秦亚辉、曾胜利参加会议。

19 日，涪城区委书记邓辉主持召开专题会，研究部署区级领导联系服务重点企业、院所、高校、单位工作。顾建、杜正茂、胡友谊、张伟、秦亚辉、曾胜利、卢勇、喻焰斌、刘琳、王宇、黄梦瑶、于晓燕等参加会议。

19 日，四川省纪委粮食系统专项治理座谈会召开，涪城区委常委、区纪委书记、区监委主任张伟参加并作交流发言。

20 日，河南省南阳市两项改革调研组张绍铎（南阳市住房和城乡建设局）副局长一行到杨家镇杨家社区交流学习。

20 日，四川省委政研室调研一处副处长、三级调研员彭珂一行调研杨家镇乡村振兴发展。

20 日，绵阳市第七届人大常委会第四十七次会议批准任命肖伟为绵阳市涪城区人民检察院检察长。

20 日，涪城区粮食购销领域腐败问题专项整治工作推进会召开，对专项整治工作再安排、再部署、再强调。

20 日，绵阳市副市长袁明到新皂镇调研皂角铺物流基地相关事宜，涪城区委常委黄维陪同。

20 日，涪城区对口帮扶昭觉县工作联席会召开，双方签订《绵阳市涪城区对口帮扶昭觉县决策咨询框架协议》。

20 日，在第五届四川“村长”论坛暨首届乡村振兴县委书记峰会上，吴家镇三清观村被授予“四川省改革创新名村”荣誉称号，成为绵阳市首个获此殊荣的建制村。

20 日，由区委组织部、区人社局主办的“智慧绵州·才聚涪城”2021 年校园招聘会（西南大学专场）在西南大学顺利举行。招聘活动期间，共有 150 余名学子参加求职，60 余人现场达成就业意向。

21 日，涪城区人民政府印发《绵阳市涪城区森林火灾应急预案》，完善体制机制，确保依法有力有序有效处置森林火灾。

22 日，绵阳市副市长李栋调研科技物流园，涪城区副区长刘琳陪同。

22 日，绵阳市县级党校分类改革第三督查组到涪城区委党校督促检查党校分类改革初评反馈意见整改落实情况。

22 日，涪城区选送诵读作品《千秋伟业 百年风华》代表绵阳市参加四川省第二届职工诵读比赛决赛，并荣获“中国梦·劳动美——永远跟党走 奋进新征程”全省第二届职工诵读比赛决赛银奖。

23 日，绵阳市肿瘤医院与重庆大学附属肿瘤医院共建“肿瘤规范化诊疗”基地签约挂牌。区政府副区长王宇、川渝各地学界专家教授参加活动。

25 日，青义镇到凉山州昭觉县古里镇、哈甘乡、日哈乡开展全域结对帮扶。

26 日，涪城区通过“四川省农产品质量安全监管示范县”资格复审技术核查。

26 日，四川省文化和旅游厅、省财政厅《关于命名第二批四川省现代公共文化服务体系示范县名单的通知》（川文旅发〔2021〕66号），确定将绵阳市涪城区等全省的7县（区）命名为四川省现代公共文化服务体系示范县，历时3年，涪城区在终期评估验收中获得“优秀”等次，是绵阳市唯一获此荣誉的区（县）。

26日，市发改委新型城镇化科科长李智一行到涪城区考核“省级百强中心镇”。

27日，昭觉县第十三次党代会召开，涪城区组织四川玺睿慧智企业管理咨询有限公司、涪城区发改局、区财政到昭觉协同攻关专项债券等对上争取的重大项目。

27日，按照四川省农业农村厅《关于开展国家和省级农产品质量安全监管示范县动态管理的通知》（N〔2021〕—2349号）要求，10月25日至27日，泸州市农业农村局第3复审组代表省农业农村厅到涪城区开展“四川省农产品质量安全监管示范县”资格复审技术核查工作，涪城区通过资格复审技术核查。

10月，涪城辖区企业绵阳天仪空间科技有限公司晋级第十届中国创新创业大赛全国赛，是晋级全国赛的唯一一家绵阳市企业。其作为全省6家初创组企业之一，最终获得全国优秀奖。

11月

1日，四川省委编办副主任钟建发调研石塘街道综合行政执法改革工作。

3日，涪城区委全面深化改革委员会第九次会议、区委七届二次全会筹备会议和研究园区体制机制改革、区属国有企业改革会议召开，安排部署相关工作，研究审议相关事项。邓辉主持会议并讲话。张虚怀、胡友谊、张伟、李东、董静、秦亚辉、黄维、曾胜利、卢勇、张琼林等参加会议。

4日，涪城区2021年第三季度聚焦民生事业高质量发展大拉练开展，区委书记邓辉，区委副书记、区长张虚怀，区人大常委会主任顾建，区政协主席杜正茂带队到区妇女儿童医院、教工幼儿园御营分园等地，现场检验民生事业高质量发展成效。

5日，绵阳市委常委黄朝阳调研科技物流园。

5日，稻渔综合种养现代农业园区通过申报被认定为五星农业园区。

5日，《关于公布第一批国家级夜间文化和旅游消费集聚区名单的通知》（文旅产业发〔2021〕112号），确定北京市东城区前门大街等120个项目为第一批国家级夜间文化和旅游消费集聚区。其中，四川省共有6地拟入选，涪城区申报的“绵阳市绵州记忆”为绵阳市唯一入选项目。

7日，区委常委、区纪委书记、区监委主任张伟带队到丰谷镇开展疫情防控检查。

10日，涪城区医疗卫生机构工作会召开，部署疫情防控工作。

10日，绵阳市人大常委会副主任代顺兴一行到涪城区调研农村产权流转交易服务工作。

11日，绵阳市政法委书记荣全一行到石塘街道古井社区指导国家安全、人民防线阵地建设。

12日，区委常委、宣传部部长关键带队到涪昭现代农业园区召开项目交流座谈会，并出席涪城区第三批对口帮扶工作队与涪昭现代农业产业园签订战略咨询协议签订仪式。

12日，涪城区教育工作专题会议召开，研究加快教育基础设施项目建设、推进“大班额”问题化解及“十四五”教育基础设施项目规划工作。区委副书记、区长张虚怀主持，区领导秦亚辉、王宇参加会议。

16日，绵阳市委副书记、市委宗教工作领导小组组长王华蓉带队调研涪城宗教工作。

18日，涪城区示范型基层“微党校”授牌仪式暨基层党校工作推进会召开，区委常委、组织部部长、党校校长曾胜利为铁牛街社区、飞来石社区、杨家社区三个示范性基层“微党校”授牌并讲话。

18日，涪城区共享单车规范专题会议召开，印发《涪城区互联网租赁自行车规范管理实施方案》，安排共享单车实行减量、上牌、定点停放等工作任务。

19日，文化和旅游部官网公布120个第一批国家级夜间文化和旅游消费集聚区名单。绵阳市绵州记忆作为四川省6个集聚区之一入围。

22日，圣水北街市政道路建设工程项目全面完工，帮助解决福星上江城小区和圣水六组600余户还建房小区出行难问题。

23日，四川省委常委、政法委书记邓勇一行到涪城区石塘街道古井社区检查指导国家安全人民防线工作站，区委政法委书记李东陪同。

24日，涪城区2021年高标准农田及灾毁农田修复项目开工建设。

24日，绵阳市人大常委会副主席李作虎一行到杨家镇东江环保调研。

24日，绵阳环保世纪行组委会带领由中央、省、市媒体组成的宣传组到涪城区平政河、木龙河和绵阳工业固废处置中心等地，就涪城区水环境治理、环保问题整改等情况进行集中采访。市人大常委会副主任李作虎陪同。

26日，四川省环保厅核总工程师董晓辉到新皂镇督察纵七路施工现场。

29日，位于南河大桥下河堤的涪城区首条互动智慧夜光跑道启用。

29日，绵阳市委常委、副市长梁磊带队到涪城区新皂镇督察纵七路施工现场工作和皂角铺物流基础配套道路建设工地在建工地大气污染防治落实情况。

29日，绵阳市机构编制系统“扁平化”管理拉练比拼现场会在涪城区青义镇举行，以“点位观摩+经验交流座谈”的方式进行，观摩创业黑马西部（绵阳）科创基地现场。

30日，绵阳市委副书记王华蓉一行到石塘街道南山社区调研社区妇联工作。

30日，《绵阳市涪城区突发事件总体应急预案（试行）》（绵涪府发〔2021〕22号）经区七届政府第四次常务会议审议通过。

是月，涪城区全覆盖组建镇（街道）应急队、村（社区）应急分队等基层应急救援队伍122支，形成“一主两辅”的基层应急力量体系。

11—12月，开展巩固脱贫攻坚成果“回头看”工作，印发涪城区《关于开展巩固脱贫攻坚成果“回头看”工作的通知》，组织7个镇（涉农街道）、相关行业部门415人次参与此次排查工作，对脱贫户、监测户收入变化和“六有”有无弱项、“四个不摘”有无落实、防止返贫动态监测有无“漏测失帮”、信息资料有无更新完善开展“回头看”。建立行业部门推送农户返贫致贫风险线索的机制，收集返贫致贫风险农户信息200余条，组织镇（街道）、村“两委”逐户逐条研判。按程序新增监测对象3户3人，纳入帮扶范围，采取针对性的帮扶措施，化解返贫致贫风险，巩固提升脱贫成果。

12月

1日，涪城区被中国信息通信研究院评为“2021年中国工业百强区”，涪城区位居第72位，比2019年第97位上升25位。

4日，由涪城区民政局和丰谷镇党委政府主办，涪城区阳光社会服务中心承办的“百镇千村·助爱牵手”困境儿童和留守儿童关爱项目在丰谷镇复兴少年宫启动。

6日，2021年第8次试验区党工委副书记、镇（街道）党（工）委书记月度重点工作点评会暨涪城区服务保障绵阳高铁南站建设指挥部第2次会议召开，安排部署相关工作。区委书记邓辉主持，张虚怀、胡友谊、张伟、董静、秦亚辉、黄维、曾胜利、卢勇等参加会议。

7日，涪城区对口帮扶西昌民族幼专物资捐赠仪式在西昌民族幼儿师范高等专科学校举行。涪城区捐赠教学设备，推动西昌民族幼专、涪城区人民政府、昭觉县人民政府三方共建的“昭觉县教师能力提升培训基地”项目建设进程。

7日，经涪城区委编委2021年度第3次全体会议审定，设立绵阳市涪城区政务服务中心，是绵阳市涪城区行政审批局管理的公益一类股级事业单位，核定事业编制15名。

8日，涪城区委落实中央、省委巡视和市委巡察反馈意见整改工作领导小组会议召开。邓辉主持会议并讲话。张虚怀、顾建、杜正茂、胡友谊、张伟、董静、秦亚辉、黄维、曾胜利参加会议。

8日，四川省委国家安全督查考核组到古井社区督查调研村社人民防线建设相关工作，市、区、街道相关领导陪同。

8日，涪城区迎接省级2021年度巩固脱贫成果后评估工作动员会召开，安排部署2021年度巩固脱贫成果后评估工作。会议由区委书记邓辉主持，区领导张虚怀，顾建，杜正茂，胡友谊、张伟、秦亚辉、曾胜利、林勇、肖兴亮参加会议。

8日，涪城区建设产业强区工作会召开。会上，通报1—11月产业强区目标任务推进情况和“产业排头兵”意见起草情况，并进行讨论。

8日，全省退役军人公共法律服务工作现场会在涪城区召开。省退役军人事务厅党组成员、副厅长余远友带领21个市州退役军人事务部门相关领导及科室负责人共计120余人，到涪城区调研指导退役军人公共法律服务工作，对涪城区探索创新的退役军人公共法律服务“3214”工作法给予充分肯定。

9日，四川省供销社系统两项改革“后半篇”文章现场观摩交流会在绵阳市召开，观摩组一行先后到涪城区青义镇社会化服务中心、丰谷镇和平村供销社进行现场观摩考察，四川省供销合作社副主任杨武秀对涪城供销工作予以充分肯定。

9日，涪城区国库集中支付电子化系统联调测试工作实现全区159个预算单位、10家代理商业银行、人民银行三方联调测试，标志着涪城区国库集中支付电子化改革工作取得重要突破。

9日，青义镇龙峰村社会化服务中心开业，服务项目包括日常生活用品、种子、农药、肥料、农机等商品的代租、代购、代销、技术服务、信息收集与共享。

9日，2021—2022赛季四川省第二届“贡嘎杯”青少年初中校园篮球分区赛圆满落幕，绵阳市实验中学男子篮球队荣获冠军。

10日，四川省规划专项调研督导组傅晓军一行到涪城区调研督导中长期青年发展规划省级试点工作，团绵阳市委副书记左春艳，区委常委、统战部部长、区总工会主席、区规划联席会议召集人董静陪同。

10日，绵阳市委书记罗增斌一行8人调研涪城区社区新时代文明实践建设，涪城区委书记邓辉陪同调研。

10日，涪城区无党派知识分子联谊会换届大会暨二届一次理事会召开。会议听取区无党派知识分子联谊会第一届理事会工作报告，选举产生区无党派知识分子联谊会第二届理事会领导班子，蒋洁当选为涪城区第二届无党派知识分子联谊会会长；万静、张伟、张鹏程、宋坤、党瑞、罗松、赵峻伶当选为副会长；肖鹏当选为秘书长；万静、文雯、刘琴、张伟、张王丽、张鹏程、李冬梅、宋坤、吴娟、肖鹏、罗浚铭、罗松、欧阳曼娘、赵峻伶、党瑞、董衡、蒋洁当选为常务理事。

13日，涪城区迎接省级2021年度巩固脱贫成果后评估情况交流会召开，向考核组汇报涪城区巩固脱贫成果工作开展情况。区领导邓辉、顾建、杜正茂、胡友谊、刘琳参加会议。

13日，绵阳市人大常委会副主任李作虎带队到涪城区开展《绵阳市历史建筑和历史文化街区保护条例》执法检查工作。

13日，由四川省政府政务服务和公共资源交易服务中心党委委员、副主任刘强华同志带队，对涪城区交易中心开展标准化规范化建设创建活动工作进行实地考核验收。经过省政务服务和公共资源交易服务中心研究决定，涪城区交易中心被授予全省“示范交易中心”荣誉称号。

13日，涪城区政协提案第三方评价组到涪城区法院就区政协七届一次会议第15号提案办理情况进行评价。

13—18日，龙马潭交叉考核组一行21人到涪城区开展2021年省级巩固脱贫成果后评估，涪城区吴家镇石洞河村、凤凰山村、长福村，杨家镇新堰村、鲜家坝村、玉皇社区，丰谷镇致富村、清水村作为样本村进行2021年省级巩固脱贫成果评估。抽样304户样本，其中脱贫户222户、监测户19户、一般农户63户。共查看项目资料10份，实地走访项目10个（其中产业类6个、基础设施类3个、民生保障类1个），反馈疑似问题三类4个（其中佐证类1个、整改类3个），均已佐证、整改，及时销号。

14日，绵阳市委常委、统战部部长姚永红一行到石塘街道南山社区调研基层统战工作，涪城区委常委、统战部部长董静陪同。

14日，绵阳市委常委、政法委书记荣全到城厢街道解放街社区调研“小单元认领”志愿服务项目，涪城区委常委、政法委书记李东陪同。

15日，首届科创中国·天府科技云服务大会在成都开幕，涪城区组织38个高科技项目参展参会。

15日，涪城区环卫技能大比武活动在吴家镇开展，来自全区6家环卫作业公司的100余名环卫工人代表参加比赛。共设垃圾分类废物箱管理、道路普扫、高压冲洗、机械化洗扫等4个项目。

15日，绵阳市委农村工作领导小组到杨家镇开展巩固脱贫攻坚“回头看”工作督导检查。

17日，涪城区委2021年度理论学习中心组（扩大）学习会议召开，会议分为集中学习和交流研讨两个阶段。四川省社会主义学院教研室主任、副教授颜旭解读《中国共产党统一战线工作条例》，与会人员围绕学习党的十九届六中全会、省委十一届十次全会、市委八届二次全会精神和《中华人民共和国简史》等三部《简史》，开展交流研讨。邓辉、顾建、杜正茂等参加会议。

17日，涪城区通过科技部验收，被评为国家农业科技园区。

20日，在第八届全国公共资源交易年会暨2021年度全国公共资源交易奖颁奖盛典上，涪城区公共资源交易服务中心被授予“2021年度全国创新创优服务先进单位”荣誉称号并作视频交流发言。

21日，绵阳市纪委工作现场办公会在涪城区杨家镇杨家社区召开，绵阳市纪委常务副书记陈伟一行参加。

21日，涪城区迎接2021年度全省乡村振兴先进县“回头看”。

22日，四川省环保厅核总工程师董晓辉一行到新皂镇对纵七路道路施工扬尘问题开展“回头看”。

22日，绵阳市人大常委会副主任李作虎一行调研城厢街道临园路东段社区。涪城区人大领导陪同调研。

24日，涪城区首个“老年幸福餐桌”授牌仪式在城厢街道临园路东段社区爱心食堂举行，中共绵阳市委老干部局局长赵婵娟、绵阳市民政局副局长朱章元、绵阳市民政局养老福利科科长严印等人出席启动仪式，区民政局相关负责人陪同参加。

24日，中国（绵阳）科技城大型科普展览启动仪式在科技智谷服务中心举办，由绵阳市科技局、涪城区人民政府主办，涪城区科技局具体承办，绵阳市首批重点实验室和工程技术研究中心授牌。

27日，涪城区举行2021年经济社会发展工作总结现场会暨改革创新大拉练，区委书记邓辉，区委副书记、区长张虚怀，区人大常委会主任顾建，区政协主席杜正茂带队到试验区和9个镇（街道），看特色亮点工作、评全年发展成效、谋2022年工作打算。

28日，中国经济体制改革杂志社发布“2021年度地方全面深化改革典型案例”名单，涪城区《民生改革“十心行动”促进共同富裕》入选。四川省仅六例，区县仅涪城区和成都金牛区。

29日，绵阳市政府副市长袁明带队到青义镇龙门高速口对重污染天气车辆远端分流进行暗访暗查。

29日，涪城区2021年度实施乡村振兴战略和市星级现代农业园区考评工作汇报会召开。会议观看涪城区实施乡村振兴战略专题片，听取涪城区2021年度关于实施乡村振兴战略工作的情况汇报。市考评工作组组长、市农业农村局党组成员、市委农办专职副主任唐以胜对涪城区乡村振兴战略重点工作给予肯定。

30日，涪城七届区委第二次全体会议召开。审议通过《中共绵阳市涪城区委关于深入学习贯彻党的十九届六中全会精神巩固党史学习教育成果的决定》和《中共绵阳市涪城区委关于奋力当好“五个排头兵”全面建设西部现代化强区的决定》。邓辉代表区委常委会作工作报告并讲话，就两个《决定（讨论稿）》向全会作说明。区委委员、候补委员参加会议。

31日，涪城区举行2021年重大项目集中竣工投用仪式，集中竣工投用项目77个，总投资181亿元，项目涵盖科技创新、产业发展、基础设施、社会民生等领域。市委常委、副市长梁磊出席并讲话。

31日，涪城区吴家镇凤凰山村、五龙村便民服务室改造提升项目验收通过并投入使用。

是月，惠科光电产值突破120亿元，成为全市第4家、全区首家百亿级企业。

是月，推进第一次全国自然灾害综合风险普查。完成全区应急系统普查对象清查，指导教体、文化、商务、民宗等部门核实填报全区承灾体清查数348个、减灾能力清查总数180个，累计完成普查数据录入系统1957条，数据质检通过率达到100%。

政区沿革

【建置沿革】涪城政区建置见诸文献记载始于汉代。绵阳市涪城区境夏、商时属梁州之域。周朝时，四川分巴、蜀两个奴隶制王国，区境属蜀国辖地。战国时，周慎靓王五年（前316），秦灭巴、蜀，区境属蜀侯国。周赧王三十年（前285），秦改蜀侯国为蜀郡，区境属蜀郡，至秦末。汉高祖六年（前201）设涪县，因治地近涪水（涪江）而得名，属广汉郡，县政区建置自此开始。西汉末，王莽篡汉建立新朝，改涪县为统睦县，寓统一和睦之意，故得名，属就都郡。王莽政权灭亡后，公孙述割据四川，自立国号“成家”，统睦县属子同郡。东汉建武十三年（37）灭成家，复置涪县，属广汉郡。东汉末年，自建安二十二年（217）至三国蜀汉灭亡，涪县属梓潼郡。西晋末年，李雄据蜀，建立“成汉”，西晋永嘉元年（307），梓潼郡由梓潼迁至涪县，县城同为郡、县治地。东晋永和三年（347）灭成汉，又将巴西郡寄治于涪县，县城为实郡梓潼和侨郡巴西两郡治地，涪县仍属梓潼郡。宁康元年至太元八年（373—383），涪县一度为前秦占领，但其政区建置未变。后晋军收复其地，孝武帝将梓潼郡治迁回梓潼县，涪县仅为侨郡巴西郡治地，仍属梓潼郡。南北朝时期，刘宋将梓潼郡治复迁涪县，再次成为巴西、梓潼两郡治地。南齐时，涪县仍为巴西、梓潼两郡治地。梁改巴西、梓潼两郡为巴西梓潼郡，并新建潼州，涪县为州、郡、县三级治地。西魏废帝二年（553）改涪县为巴中县，因巴中地处巴西郡所领昌隆、魏城、益昌之中部，故得名；同时又将梓潼郡治迁回梓潼县，巴西郡由侨郡改为实郡，潼州与巴西郡仍治巴中县。北周承袭西魏建置，政区未变。隋开皇元年（581）改巴中县为巴西县，因县治地曾为巴西郡治地，故得名。开皇三年（583）全国政区实行州、县二级制，废除巴西郡，巴西县属潼州。开皇五年（585）改潼州为绵州。大业三年（607）全国改行郡、县二级制，绵州改为金山郡，巴西县属金山郡。隋代潼州、绵州、金山郡皆以巴西县城为治地。唐武德元年（618）仍置巴西县，复改金山郡为绵州，巴西县属绵州。天宝元年（742）又改绵州为巴西郡，巴西县亦改属巴西郡。乾元元年（758）复改巴西郡为绵州，巴西县复属绵州，后至五代后蜀灭亡，政区建置未变。宋代州、郡互称，巴西县属绵州，故绵州又称巴西郡。元初，巴西县属绵州。元至元二十年（1283）实行“省县入州”制，州治所在地不再设县，以州代县。于是巴西县撤销，原县境域为绵州直辖（通称“本州”）。明洪武十年（1377），降绵州为绵县。洪武十三年（1380），又升绵县为绵州。清雍正五年（1727）升绵州为直隶州，除直辖本州地域外，还领辖梓潼、安县、彰明、罗江、德阳和绵竹6县。民国2年（1913）绵州裁撤，以绵州本州地域建置绵阳县，因县城位于绵山之南，按“山南水北为阳”的古义，故名“绵阳”。同年，实行省、道、县三级制。绵阳县隶川西道（治今成都市），民国3年（1914）改川西道为西川道。民国7年（1918）四川实行军阀割据的“防区制”，在其后长达17年的时间里，绵阳县成为川军“防区”。其间，道辖县的政区体制已名存实亡，县的一切政务皆属“防区”

驻军统辖。民国19年（1930）西川道裁撤，绵阳县改隶四川省。民国24年（1935）川政统一，以绵阳县为治地建立四川省第十三行政督察区，绵阳县隶属督察区，直至1949年12月21日绵阳县解放。1950年1月20日以绵阳县为治地建立绵阳专区，绵阳县隶属绵阳专区。1968年7月8日绵阳专区改称绵阳地区，绵阳县隶属绵阳地区。1976年2月4日，经国务院批准，将绵阳城关改建绵阳市（县级），辖城关镇和城郊、开元、园艺、五一4个公社，绵阳市归绵阳地区领导。1978年4月25日，经国务院批准，将绵阳县全部划归绵阳市，撤销绵阳县建制，绵阳市归绵阳地区领导。至此，县建制结束。1978年5月1日，绵阳市政权机构设立，绵阳市人民政府驻绵阳文庙街8号。1985年2月8日，经国务院批准，撤销绵阳地区，建立绵阳市（地级），设立市中区，以原绵阳市的行政区域为绵阳市市中区的行政区域。绵阳市市中区隶属地级绵阳市。1985年5月，绵阳市市中区政权机构设立，政府驻原绵阳市驻地。1992年10月30日，经国务院批准，撤销绵阳市市中区，其辖区以涪江主航道中心线为界分设绵阳市涪城区、游仙区。涪城区位于涪江以西，以原涪县治地而得名。

绵阳县境曾置魏城、盐泉两县。魏城县自西魏建县至元初裁撤，历时730年。西魏废帝二年（553）分涪县地置魏城县，因是西魏所建之县，故名“魏城”，其治地在今绵阳市游仙区玉河镇，属巴西郡，隋开皇三年（583）属潼州，开皇五年（585）属绵州，大业三年（607）属金山郡。大业十年（614），县治地从今绵阳市游仙区玉河镇迁至今绵阳市游仙区魏城镇。唐至宋代属绵州（巴西郡）。元至元二十年（1283）魏城县撤销，所辖地域并入绵州本州。盐泉县自唐初建县至元初裁撤，历时663年。唐武德三年（620）分魏城县地置盐泉县，因县境多盐井，故名“盐泉”，其治地在今绵阳市游仙区玉河镇，属绵州，宋代仍属绵州（巴西郡），元至元二十年（1283）盐泉县裁撤，所辖地域大部并入绵州本州。

绵阳市涪城区（县、市）政区建置沿革一览表

表3

公元纪年	历史时期		隶属	政区名称
前2070—前1046	夏、商		梁州之域	
前1046—前316	周		蜀国	
前316—前285	春秋、战国	周慎靓王至战国末	蜀侯国	
前285—前201	秦	周赧王三十年至秦末	蜀郡	
前201—8	西汉	汉高祖六年至孺子婴初始元年	广汉郡	涪县
9—23		新（王莽）	就都郡	统睦县
23—25		更始帝	就都郡	统睦县
25—26		成家（公孙述）	子同郡	统睦县
37—220	东汉		广汉郡	涪县
221—263	三国	蜀汉	梓潼郡	涪县
265—307	西晋	西晋初至光熙元年	梓潼郡	涪县
307—420	东晋	永嘉元年至东晋末	梓潼郡	涪县
420—479	南北朝	刘宋	梓潼郡	涪县
479—502		南齐	梓潼郡	涪县
502—553		梁	巴西梓潼郡	涪县

续表 3

公元纪年	历史时期		隶属	政区名称
553—557		西魏	巴西郡	巴中县
557—581		北周	巴西郡	巴中县
581—582	隋	开皇元年至二年	巴西郡	巴西县
583—584		开皇三年至四年	潼州	巴西县
585—606		开皇五年至大业二年	绵州	巴西县
607—618		大业三年至隋末	金山郡	巴西县
618—741	唐	武德元年至开元二十九年	绵州	巴西县
742—757		天宝元年至德二年	巴西郡	巴西县
758—907		乾元元年至唐末	绵州	巴西县
907—965	五代	前后蜀	绵州	巴西县
965—1279	宋	乾德三年至祥兴二年	绵州（巴西郡）	巴西县
1279—1282	元	元初至元十九年	绵州	巴西县
1283—1368		元世祖至元二十年至元末	绵州	绵州（本州）
1368—1376	明	洪武元年至九年	绵州	绵州（本州）
1377—1380		洪武十年至十三年	成都府	绵县
1380—1644		洪武十三年至明末	绵州	绵州（本州）
1644—1726	清	清初至雍正四年	绵州	绵州（本州）
1727—1911		雍正五年至清末	直隶绵州	直隶绵州（本州）
1912	民国	民国元年	直隶绵州	直隶绵州（本州）
1913		民国 2 年	川西道	绵阳县
1914—1929		民国 3 年至民国 18 年	四川省	绵阳县
1930—1934		民国 19 年至民国 23 年	四川省	绵阳县
1935—1949		民国 24 年至民国 38 年	四川省第十三行政督察区	绵阳县
1950—1967	中华人民共和国		绵阳专区	绵阳县
1968—1975			绵阳地区	绵阳县
1976—1977			绵阳地区	绵阳市
1978—1985			绵阳地区	绵阳市
1985—1992			绵阳市	绵阳市市中区
1992—			绵阳市	绵阳市涪城区

（王爱民　郭　维）

【行政区划】2021年，涪城区辖青义、新皂、吴家、杨家、丰谷、永兴6个镇，普明、城郊、创业园、城厢、工区、石塘、塘汛7个街道。161个村（社区），其中96个社区、65个村，具体为：青义镇3个社区、12个村，丰谷镇3个社区、10个村，吴家镇2个社区、9个村，杨家镇2个社区、8个村，新皂镇2个社区、8个村，永兴镇5个社区、11个村；普明街道11个社区，城郊街道11个社区、2个村，创业园街道9个社区，城厢街道13个社区，工区街道15个社区，石塘街道10个社区、4个村，塘汛街道10个社区、1个村。

2021年，绵阳市人民政府印发《关于绵阳城区部分道路、桥梁、隧道命（更）名的通知》（绵府发〔2021〕19号），共命（更）名涪城区道路、桥梁91个，其中：命名道路84个、桥梁3个、人行天桥1个，更名道路3个。

2021年绵阳市涪城区区本级所属镇、街道基本情况一览表

表4

序号	镇（街道）名称	行政区划代码	政府驻地信息	社区		村	
1	普明街道	510703007	普明寺社区普明北路东段566号	11	石桥铺社区、古泉社区、菩提寺社区、普明北路东段社区、普明寺社区、双碑社区、火炬东街社区、虹苑路社区、黄家祠社区、凝祥寺社区、普明北路西段社区		
2	城郊街道	510703010	城郊社区高水中街19号	11	平政社区、高水社区、三里社区、圣水社区、沿江社区、南河社区、花园第一社区、花园第二社区、牌坊社区、新庙社区、城郊社区	2	白土村、下龙溪村
3	创业园街道	510703009	阳光社区元通南路7号	9	兴隆社区、八角社区、科园社区、元通社区、上马社区、科虹社区、华奥社区、阳光社区、西园社区		
4	城厢街道	510703001	绵州路中段社区通安巷7号	13	解放街社区、钟鼓楼社区、滨江社区、警钟街社区、得月楼社区、绵兴路社区、会仙社区、文昌社区、铁牛街社区、临园路东段社区、建国门社区、安昌社区、成绵路社区		
5	工区街道	510703003	跃北社区长虹大道北段35号	15	绵州社区、绵江社区、迎宾社区、子云亭社区、西山社区、跃北社区、滨涪社区、灵通社区、华丰社区、九洲社区、朝阳社区、金菊社区、飞来石社区、花园南街社区、临园路西段社区		
6	石塘街道	510703011	瓦店村瓦店南路6号	10	御营社区、红星社区、古井社区、东岳社区、御安社区、御新社区、西河路社区、石塘路社区、小浮桥社区、南山社区	4	浸水村、瓦店村、范家村、蟠龙村

续表 4

序号	街道（乡镇）名称	行政区划代码	政府驻地信息	社区		村	
7	塘汛街道	510703013	涪沿社区塘汛街 192 号	10	中心社区、群丰社区、文跃社区、友谊社区、三元社区、板桥社区、三江社区、滨湖社区、桃园社区、涪沿社区	1	金广村
8	青义镇	510703103	香脊村龙港路 60 号	3	灯塔社区、金家林社区、龙门社区	12	大龙村、青羊村、鼓楼村、大新村、龙峰村、前进村、香脊村、小桥村、戈家庙村、西园村、玉龙村、绵兴村
9	新皂镇	510703110	皂角铺社区新希望街 265 号	2	皂角铺社区、金峰社区	8	八庙子村、五福寺村、莲花池村、石梯子村、邱家庙村、赵家花园村、梅家沟村、刘家坪村
10	吴家镇	510703106	东吴社区源龙街 57 号	2	东吴社区、文景社区	9	广福村、五龙村、凤凰山村、兴涌泉村、长福村、燕儿河村、三清观村、戴家林村、石洞河村
11	杨家镇	510703107	杨家社区兴杨路 27 号	2	杨家社区、玉皇社区	8	罗汉寺村、柏林湾村、回龙寺村、万和村、朵朵树村、新堰村、草堂村、鲜家坝村
12	丰谷镇	510703100	一社区团结路 19 号	3	二社区、三社区、关帝场镇社区	10	团结村、工农村、廻龙沟村、和平村、致富村、兴隆沟村、清水村、水塘村、齐心村、字库村
13	永兴镇	510703113	龙家碾社区兴业南路 2 号	5	永发社区、龙家碾社区、金祥寺社区华裕路社区、飞云社区	11	天和村、永惠村、宝山村、平和村、绵西村、溪河村、金河村、银花湖村、张家营村、狮子山村、茅针寺村
合计				96		65	

2021 年绵阳市涪城区地名命名、更名和撤名基本情况一览表

表 5

序号	名称	基本情况
1	玉泉东街	云泉西路至玉泉北街，东西走向，全长约 350 米，宽约 16 米
2	跃虹街	沿江一巷至跃进路，东西走向，全长约 600 米，宽约 25 米
3	九虹巷	沿江一巷至跃进路，东西走向，全长约 440 米，宽约 10 米
4	跃丰街	跃进东街至跃虹街再向南延伸约 122 米，南北走向，全长约 395 米，宽约 10 米

续表 5

序号	名称	基本情况
5	金桂路	金西湖北路至涪青路，南北走向，全长约 330 米，宽约 18 米
6	展业路	绵安路至金西路，南北走向，全长约 200 米，宽约 10 米
7	绵安南路	科慧大道至科技城大道中段，东南向西北走向，全长约 2230 米，宽约 30 米。原涪兴街注销
8	绵泰北路	科慧大道至科智西路，东南向西北走向，全长约 1700 米，宽约 30 米
9	映月街	绵泰北路至绵安南路，南北走向，全长约 730 米，宽约 30 米
10	金阳街	绵泰北路至绵安路，西南向东北走向，全长约 780 米，宽约 20 米
11	石子梁路	科慧大道至金阳街，东南向西北走向，全长约 520 米，宽约 20 米
12	鼓楼山路	科慧大道至科智路，东西走向，全长约 280 米，宽约 20 米
13	观楼路	科慧大道向西北经科智路再向西南至于敏路西段，东西走向，全长约 810 米，宽约 30 米
14	于敏路东段	兴隆西路与九华路交会处至稼先大道南段，东西走向，全长约 2300 米，宽约 40 米
15	于敏路西段	稼先大道南段向西北经科智西路再向西南至绵宏路南段，东西走向，全长约 2000 米，宽约 40 米
16	淦昌路	顺安路向北经松林山路再向西北至于敏路西段，东南向西北走向，全长约 3500 米，宽约 30 米
17	稼先大道北段	绵泰路至九洲大道，西南向东北走向， 全长约 2030 米，宽约 40 米
18	稼先大道南段	绵宏路南段至绵泰路，南北走向，全长约 2660 米，宽约 40 米
19	清雅路	永怀路至淦昌路，西南向东北走向，全长约 970 米，宽约 20 米
20	奓口庙路	科慧大道至清雅路，东南向西北走向，全长约 590 米，宽约 20 米
21	磨儿梁路	科慧大道至清雅路，东南向西北走向，全长约 430 米，宽约 20 米
22	鱼龙寺路	永怀路至磨儿梁路，西南向东北走向，全长约 900 米，宽约 20 米
23	永怀路	科慧大道至绵宏路南段，南北走向，全长约 2308 米，宽约 30 米
24	大堰路	永怀路至于敏路西段，西南向东北走向，全长约 1100 米，宽约 20 米
25	顺安路	二环路西段向西经科教大道再向东北至九根松路，南北走向，全长约 4000 米，宽约 30 米
26	联合堰路	普明北路西段至稼先大道北段，南北走向，全长约 3800 米，宽约 20 米
27	新观寺路	绵泰路至稼先大道北段，东南向西北走向，全长约 1470 米，宽约 24 米
28	九根松路	科教大道至稼先大道北段，南北走向，全长约 1170 米，宽约 16 米
29	大包梁路	绵泰路与兴隆东路交汇处至绵安路，南北走向，全长约 2280 米，宽约 40 米
30	松林山路	淦昌路向西经顺安路再向北至淦昌路，东南向西北走向，全长约 1010 米，宽约 24 米
31	观梁环东路	联合堰路向东转北经融创路再向西至联合堰路，南北走向，全长约 1503 米，宽约 30 米
32	观梁环西路	联合堰路向西转北经融创路再向东至联合堰路，南北走向，全长约 1583 米，宽约 30 米
33	融创路	观梁环东路至稼先大道南段，东西走向，全长约 1762 米，宽约 24 米
34	萃园路	观梁环东路至观梁环西路，东西走向，全长约 678 米，宽约 24 米

续表 5

序号	名称	基本情况
35	臻美路	观梁环东路至观梁环西路，东西走向，全长约 535 米，宽约 16 米
36	杏林街	融创路至九根松路，南北走向，全长约 1192 米，宽约 20 米
37	新荣路	科教大道至稼先大道南段，东南向西北走向，全长约 780 米，宽约 24 米
38	惠通路	于敏路东段至新荣路，南北走向，全长约 270 米，宽约 16 米
39	柒一环路	位于九洲大道和绵安路之间，起于九洲大道天生桥下经稼先大道北段止于九洲大道天生桥下，环形闭合走向，全长约 8000 米，宽约 15 米
40	研习路	教育南路至教育中路，西南向东北走向，全长约 700 米，宽约 10 米
41	庠序路	教育南路至教育中路，东西走向，全长约 700 米，宽约 10 米
42	启智路	教育南路至教育中路，西南向东北走向，全长约 700 米，宽约 10 米
43	普永路	顺安路至于敏路东段，南北走向，全长约 844 米，宽约 20 米
44	长滩西路	青龙大道北段至科技城大道北段，东南向西北走向，全长约 1360 米，宽约 7 米
45	长文街	长滩西路至文景街，东西走向，全长约 170 米，宽约 10 米
46	谢家巷	滨河北路中段至普明北路西段，南北走向，全长约 1350 米，宽约 5 米
47	三河堰路	虹苑路至绵兴东路，南北走向，全长约 1500 米，宽约 12 米
48	白鹤堰路	虹苑路至绵兴东路，南北走向，全长约 3000 米，宽约 12 米
49	滨枫路	滨河北路中段至火炬西街南段，南北走向，全长约 275 米，宽约 20 米
50	吉瑞街	绵兴东路至普明南路东段，南北走向，全长约 1000 米，宽约 20 米
51	宇发巷	普明中路至普明北路东段，南北走向，全长约 300 米，宽约 8 米
52	桃李北巷	文武西路至文跃路，东西走向，全长约 600 米，宽约 10 米
53	桃李路	文武西路至文跃路再向西延伸约 450 米，东西走向，全长约 1000 米，宽约 40 米
54	傍山路	绵州大道南段至李家桥村，东南向西北走向， 全长约 1500 米，宽约 6 米
55	诸葛巷	财元路向北转西北经上马南街再向东北至鸣凤巷，南北走向，全长约 630 米，宽约 7 米
56	鸣凤巷	园兴东街至上马北街再向东南延伸约 180 米，西北向东南走向，全长约 400 米，宽约 7 米
57	涪沿路	塘汛街至塘汛北街，南北走向，全长约 100 米，宽约 30 米
58	御锦路	滨河南路东段至长虹大道南段，东西走向，全长约 300 米，宽约 12 米
59	文创路	长虹大道南段向西南约 1680 米，东北向西南走向，全长约 1680 米，宽约 8 米
60	泰和路	长虹大道南段向东南转南至四川中医药高等专科学校家属区，西北向东南走向，全长约 1000 米，宽约 4 米
61	清南路	长虹大道南段至城南春天小区正大门，南北走向，全长约 500 米，宽约 6 米
62	永惠路南段	边堆山路至飞云大道西段与飞云大道中段交汇处，南北走向，全长约 550 米，宽约 10 米
63	金祥南路中段	边堆山路至飞云大道中段，南北走向，全长约 1000 米，宽约 40 米

续表 5

序号	名称	基本情况
64	铁港大道	边堆山路向南跨宝成铁路、成绵乐城际铁路至草堰路再向东南延伸约 220 米，西北向东南走向，全长约 4800 米，宽约 50 米
65	白马寺街	新铺街向东北经古驿街再向西北至科技物流大道，南北走向，全长约 900 米，宽约 20 米
66	新铺街	白马寺街至洗墨池路，东南向西北走向，全长约 1232 米，宽约 20 米
67	双合街	白马寺街至洗墨池路，东南向西北走向，全长约 1084 米，宽约 30 米
68	古驿街	白马寺街至洗墨池路，东南向西北走向，全长约 954 米，宽约 20 米
69	洗墨池路	科技物流大道向西北经玉屏路再向西南至铁港大道，东西走向，全长约 2809 米，宽约 40 米
70	玉屏路	洗墨池路至铁港大道，东北向西南走向，全长约 987 米，宽约 20 米
71	科技物流大道	二环路西段至铁港大道，东北向西南走向，全长约 2100 米，宽约 50 米
72	草堰路	古驿街至铁港大道，东北向西南走向，全长约 828 米，宽约 20 米
73	望塔西路	望马街至涪西路，南北走向，全长约 220 米， 宽约 59 米
74	望马街	望塔路至青龙大道中段，东西走向，全长约 350 米，宽约 30 米
75	富阳巷	长虹大道南段向东北 80 米折向西北 90 米，南北走向，全长约 170 米，宽约 4 米
76	滨飞巷	飞云南路至滨河南路中段，西南向东北走向，全长约 300 米，宽约 8 米
77	圣高路	高虹街至圣水南街，南北走向，全长约 720 米， 宽约 10 米
78	胡家城路	永怀路至科技城大道中段，东南向西北走向，全长约 1550 米，宽约 24 米
79	磨坊街	绵盛路南段至胡家城路，南北走向，全长约 740 米，宽约 24 米
80	泉安路	磨坊街至科技城大道中段，东西走向，全长约 100 米，宽约 10 米
81	城南街（延伸段）	将原城南街向西延伸经王家山隧道至机场西路，东西走向，长约 2900 米，宽约 50 米
82	金家林东街（延伸段）	将原金家林东街向南延伸至绵安南路，南北走向，长约 260 米，宽约 30 米
83	火炬南路（延伸段）	将原火炬南路向西延伸至虹阳街，东西走向，长约 520 米，宽约 14 米
84	教育南路（延伸段）	将原教育南路向西延伸至研习路再向西北延伸约 800 米，东南向西北走向，长约 1900 米，宽约 30 米
85	科智路（更名道路）	将原涪金路（永怀路至涪青路）更名为科智路，南北走向，全长约 5500 米，宽约 40 米
86	科智西路（更名道路）	将原涪金西路（于敏路西段至涪青路）更名为科智西路，南北走向，全长约 3000 米，宽约 24 米
87	群兴街（更名道路）	将原群文街（塘汛中街至友谊街）更名为群兴街，东西走向，全长约 200 米，宽约 10 米
88	三元桥	高水路跨平政河的桥梁，南北走向，全长约 50 米，宽约 25 米
89	玉女桥	玉女路跨平政河的桥梁，南北走向，全长约 50 米，宽约 25 米
90	延平观天桥	跨涪滨路北段连接延平观街的人行桥，东西走向，全长约 38 米，宽约 5 米，高约 5 米
91	石燕子大桥	科慧大道跨安昌河的桥梁，东西走向，全长约 376 米，宽约 40 米

（王爱民　郭　维）

地理环境

【地理位置】涪城区位于四川盆地西北部，绵阳市中部偏西，地处涪江西岸。东与绵阳市游仙区隔江相望，南与绵阳市三台县、德阳市中江县接壤，西与德阳市罗江区、绵阳市安州区相连，北与绵阳市江油市毗邻，距省会成都98千米。地理坐标介于北纬31°15′~31°36′，东经104°30′~104°48′。

【地形地貌】境内丘陵起伏，沟谷纵横，地势西北高，东南低，最高海拔639米，最低海拔426.2米。丘陵地带较为平缓，呈条状分布，一般相对高差不超过50米，且以浅丘面积较大。以涪江、安昌河及其支流冲积河谷平坝为主要地貌类型，占辖区面积的62.71%；地貌由河漫滩和一级阶地组成。丘状台地由涪江、安昌河沿岸的二、三、四级阶地组成，占辖区面积的16.49%。地势由西北丘陵区向东南河谷平坝区倾斜，海拔450~600米，最高点在磨家镇破庙子，海拔639米，最低点在丰谷镇团结村1组、游仙区松垭镇普照寺村2组与三台县永明镇烂田坝村1组的交界处，海拔426.2米。区境大地构造单元属扬子准地台四川台拗的川西台陷和川北台陷结合部。地质构造简单，褶皱开阔平缓，没有大规模的断裂构造，但与构造有关的裂隙比较发育。出露地层单一，只有中生界白垩系下统的七曲寺组，以及新生界第四系地层。由于构造变形不强烈，区境内出现平行开阔排列的平缓背、向斜褶皱构造。阶地形成较早，大部被切割成丘包，在木龙河以东与宝成铁路梅家沟至皂角铺段以南为浑圆低丘地貌。丘体低矮，起伏不大，沟谷发育。

（龚　欢　朱绪顺）

自然资源

【国土资源】涪城区面积554.47平方千米，占全省的2.7%。有耕地12241.84公顷，林地8319公顷，城镇村及工矿用地13613.33公顷，交通运输用地4316.87公顷，水域及水利设施用地4870.47公顷，其他土地1358.69公顷。

【矿产资源】涪城已发现页岩矿12处和矿泉水1处，主要分布在青义镇、石塘街道、吴家镇、丰谷镇、杨家镇和新皂镇。

【林业资源】森林面积12381公顷，新增森林面积63.8公顷，林地保有量8319公顷，森林蓄积55.16万立方米，新增森林蓄积2.94万立方米，森林覆盖率22.33%。2021年全区严格落实森林采伐限额制度，批准采伐林木5745立方米，使用林地面积86.75公顷，共计31宗。其中：长期占用76.90公顷，临时占用9.42公顷。

（龚　欢　朱绪顺）

水资源

【概况】2021年，涪城区境内当年水资源总量35300万立方米，其中地表水总量35300万立方米，地下水总量7900万立方米（为重复计算量）。全区2021年平均降雨量1086.1毫米，汛期总体降雨情况前期降雨少，进入主汛期后降雨量开始明显增多。全区汛期累计雨量平均为978.5毫米（占全年总降雨量的90%），汛期月平均雨量162.9毫米（其中主汛期8月全月平均降雨量达278.6毫米，9月全月平均降雨量达226.2毫米，8、9两月雨量占整个汛期总雨量的61.9%，较为罕见的是在2021年汛期延长期10月5日还出现了一次强降雨，10月上半月的平均降雨量达到150.6毫米），稍多于多年平均水平，为丰水年份。

境内有8条河流，分别为涪江、安昌河、草溪河、方水河、麻柳河、木龙河、平政河、阴山河。其中，涪江和安昌河为主要河流。涪江是长江支流嘉陵江右岸最大支流，发源于松潘县黄龙乡岷山雪宝顶峰西北之雪山梁子。从江油市龙凤镇进入涪城区青义镇，在涪城区境内河长36.82千米，流经青义镇、城郊街道、工区街道、城厢街道、塘汛街道、丰谷镇。天然落差76.5米，枯水流量为67立方米每秒，多年平均流量为93.4亿立方米每年，境内流域集水面积约574.79平方米，出境流域集水面积约13627平方米。境内主要支流上游至下游依次为方水河、平政河、安昌河、木龙河、麻柳河。安昌河为涪江右岸的一级支流，其上源分为两支，右支茶坪河为主流，发源于北川县境内天麻山南麓，由西北向东南流，在北川安昌镇与左支苏宝河汇合后，始称安昌河。多年平均流量21.47立方米每秒，最大洪峰流量1510立方米每秒，最枯流量3.5立方米每秒，经安县黄土镇、穿过花荄镇、界牌镇、经绵阳市永兴镇、高新区后进入涪城区，于南塔嘴汇入涪江。

2021年全区用水总量2.21251亿立方米，其中：农业用水量0.76663亿立方米，工业用水量0.27195亿立方米，生活用水量1.01876亿立方米，人工生态环境补水量0.15517亿立方米，总用水量低于下达的2.93亿立方米的控制指标。2021年度万元国内生产总值用水量降幅目标值较2020年实际下降28.4%；2021年度万元工业增加值用水量降幅目标值较2020年实际下降74.67%；农田灌溉有效利用系数为0.579。

【节水型社会建设】2021年涪城区作为代表四川省迎接水利部检查的单位之一，在省、市水行政主管部门指导下，完成水利部的监督检查工作。12月29日，省水利厅确认涪城区完成了县域节水型社会达标建设任务，拟向水利部推荐为全国县域节水型社会建设达标县。

【监测体系建设】按照规模以上（地表水年取水量20万立方米、地下水年取水5万立方米以上）非农取水户取水计量设施在线接入要求，涪城区应当接入在线计量的取水户均已在2021年底安装完成在线计量设施，并成功接入四川省水资源管理与调配系统，接入比例达100%。

（禹　珍　文圣春）

环境质量

【大气环境质量】2021年，涪城区空气质量优良天数率为87.1%，同比下降0.1个百分点；PM2.5年均浓度为35.4微克每立方米，同比下降0.3%；PM10年均浓度为57.7微克每立方米，同比上升0.2%。全年空气质量优良天数率和PM2.5年均浓度两项指标首次同时完成目标任务，且未出现重度污染天气情况。

【水环境质量】2021年，涪江铁桥城市饮用水水源地水质达标率100%，乡镇集中式饮用水水源地水质达标率为100%；辖区丰谷国控考核断面水质稳定达到Ⅲ类，水质优良率达到100%，部分时段水质甚至达到Ⅰ类；安昌江饮马桥省控断面水质达到或优于Ⅲ类达标率100%。全区57个行政村中55个农村生活污水已得到有效治理，治理率96.5%；全区17个600人以上农村居民聚集点（区）生活污水均得到有效治理，治理率100%。

【土壤环境质量】涪城区国控、省控土壤环境质量监测均为国家和省级事权。2021年，启动新一轮土壤污染隐患排查整改、自行监测、有毒有害物质使用排放情况等“三联动”工作。开展华丰地块、中亚化工地块和金峰化工地块土壤环境调查、风险评估、治理修复、成效评估等工作，全区土壤环境质量稳定可控。

【声环境质量】2021年，城区及镇（街道）声环境质量整体稳定，1类、2类、3类功能区昼间、夜间噪声与2020年同期相比无明显变化，达标率均为100%；AAAA类（道路）出现部分超标的现象。

（梁小梅　何莹莹）

中国共产党绵阳市涪城区委员会

概　述

【概况】2021年，涪城区委落实党中央大政方针和省委、市委决策部署，全面建成小康社会，开启全面建设西部现代化强区的新征程。2021年，全区实现地区生产总值611.9亿元，同比增长9.6%；全社会固定资产投资247.5亿元，占全市总量的14.8%；规模以上工业增加值增长36.7%，服务业增加值首次突破400亿元大关，达到412.7亿元，增长9.5%；地方一般公共预算收入28.11亿元，增长28.2%；城乡居民人均可支配收入分别增长8.8%、10.4%。23项主要经济指标中，14项排名全市(县市区、园区)第一，另有5项排名前三。推进党史学习教育和庆祝建党100周年活动，学党史、悟思想和办实事、开新局相互贯通，全区党史学习教育进展有效。学习贯彻习近平总书记“七一”重要讲话精神，举办庆祝中国共产党成立100周年表彰大会暨“永远跟党走”群众歌咏晚会等系列庆祝活动，发布“一馆一书一歌一片”。

【区镇村领导班子换届】2021年，涪城区坚持把党的领导贯穿始终，落实新时代好干部标准，严肃换届纪律，完成区镇村领导班子换届，区镇村三级换届工作全过程零信访、零事故、零舆情，选出了好干部、配出了好班子、树立了好导向、形成了好气象。召开区第七次党代会、区“两会”，形成涪城今后五年经济社会高质量发展的路线图和施工表。

【县域经济发展体系健全】2021年，涪城区委贯彻市委“当好排头兵·展现新作为”的重要指示，制定《大抓县域经济高质量发展18条措施》一套总体措施，落实大抓工业经济、大抓城市经济、大抓科技创新3个年度方案，细化N张责任清单、任务清单、项目清单，构建县域经济高质量发展“1+3+N”体系，地区生产总值、增速等经济指标继续领跑全市，全国百强区排名跨越升级6位，居第68位。

【科技创新】2021年，涪城区科大讯飞、硅基智能、天仪星谷等8个重点项目建成投用，中科（绵阳）创新园、中关村信息谷等13个专业平台累计集聚科创项目220个，推动科创产业发展从“单棵植树”到“成片造林”。振通检测新三板挂牌、进入创新层，中久防务获评“瞪羚”企业，垚磊科技、核保科技成为行业领军企业，全年新认定高新技术企业12家、新增科技型中小企业88家。创业黑马西部科创基地开园，科技智谷科普教育展示基地建成投用，举办川渝融合创新论坛等高端人才活动50余场次。完成教育振兴三年行动计划，启动智慧教育示范区建设，推进投资6.8亿元的15个新建、改（扩）建学校项目。

【城乡融合】2021年，涪城区投资200亿元的绵阳文创产业园、投资105亿元的蓝城国际康养小镇等项目有序实施，西部地区重要铁路物流节点皂角铺铁路物流基地建设提速。城乡道路互联互通，科技城大道二期、东西第二干道等骨干道路加快建设，获评全国“城乡交通运输一体化示范县”。改造老旧小区69个，整治背街小巷17条，建成“口袋公园”7个；中心城镇做大做强，青义镇创建为全国千强镇，居第192位、全省首位，吴家镇、杨家镇入库全省百强中心镇培育。

镇级、村级片区划分相关工作完成，乡村国土空间规划铺开，推进以城带乡“集团化”办学、医共体建设。

【产业发展】2021 年，涪城区惠科光电产值突破 120 亿元，成为全市第 4 家、全区首家百亿级企业；联东 U 谷、中南高科等专业平台和惠科模组、龙华薄膜二期等重大项目加快建设，康宁玻璃基板、九华光子等项目竣工投产，全年实现规模以上工业总产值 303.4 亿元，增长 46.8%。“绵州记忆”入选第一批国家级夜间文化和旅游消费集聚区，推进王府井购物中心、华润万象生活等城市综合体建设，MK 全国三线城市首店、京东电器绵阳城市旗舰店等开业，国际国内一线品牌入驻累计达 26 个。以三大农业主题公园助推现代农业发展，“千鹤桑田”蚕桑文化主题公园正式开园，“湖光山色”稻渔亲水湿地、“蔬香绿野”芦笋大健康主题公园加快建设。

【改革开放】2021 年，涪城区与川发展达成投资 321.7 亿元的“1+6”合作协议；获得 7 家重点金融机构 1650 亿元信贷支持；延链招引投资 5 亿元以上的项目 12 个，国内省外到位资金 135 亿元、外商投资到位资金 6300 万美元。持续完善营商环境“三度服务”体系，出台《支持产业高质量发展 86 条措施》《关心关爱企业家 10 条措施》《支持企业发展 26 条措施》等政策，上线“涪企多多”企业宣传平台，落实联系服务企业四大常态机制，形成服务企业全生命周期的工作闭环。两项改革“后半篇”文章持续走深走实，“党群暖心驿站”建设经验全省推广，区属国有企业改革取得实质突破，企业家“早餐汇”入选全省营商环境指标提升行动经验做法，民生事业高质量发展“十心行动”入选中国改革 2021 年度典型案例。推进绵阳工业园调位，全年向上争取资金 37.69 亿元，增长 7.2%。

【民生事业改善】2021 年，涪城区出台《关于加快推动民生事业高质量发展的实施意见》，创新实施教育提质放心、扶弱救助暖心等“十心行动”，在全省率先开展城镇困难群众精准帮扶。涪城区首次跻身全国幸福百强区、居第 53 位，实现幸福指数和发展指数同步提升。“民生改革‘十心行动’促进共同富裕”入选中国改革 2021 年度典型案例。累计投入资金 8.6 亿元，58 个省、市、区级民生实事项目全部完成；巩固拓展脱贫攻坚成果和乡村振兴工作有效衔接，2307 名城镇困难群众得到精准帮扶。成功应对“7·23”突发输入性疫情，14 天全域转为低风险地区；公共文化服务和社会保障体系更加健全；文明机关建设成效明显。顺利迎接第二轮中央生态环保督察，木龙河黑臭水体整治完成。法治涪城、平安涪城、文明涪城建设协调推进，社区分类治理创新开展，“平安建设小单元认领”入围全国社会治理创新案例。

【党建根基夯实】2021 年，涪城区党史学习教育、政法队伍教育整顿取得实效，意识形态工作责任制全面落实。构建“一镇街一特色”基层党建格局，组建 8 个功能型党组织，青义镇组团党建、工区街道小区党建等亮点纷呈。突出实干实绩，提拔重用 15 名“90 后”年轻干部，17 个区级领导助理工作组高效运转；推行“周周听汇报、月月晒进度、季季搞拉练、年年评成效”相关机制，落实目标考核、容错纠错、基层减负等机制。“听音问廉”解决群众反映强烈问题 1626 个，省委巡视反馈问题整改率达 88.4%。调动全区上下、党内党外力量，凝聚起四大班子和衷共济、干部群众齐心担当干事创业合力。

区委委员、候补委员名单

区委委员（35 人，以姓氏笔画为序）

王　宇　王定强　邓　辉　刘　琳
关　键　杜　军　杜正茂　李　东
李　华　李大年　李济东　杨小平
杨世伟　肖　伟　余　华　张　伟
张虚怀　张琦伟　胡友谊　胡峪涛
胡高勇　秦亚辉　顾　建　顾雪邦
陶　波　黄　维　崔　平　彭　辉
彭三高　董　静　喻焰斌　曾胜利
谢　欣　熊　燚　衡　敏

候补委员（7 人，以姓氏笔画为序）

王　红　付　霞　张晓军　唐　娟
傅　鹏　谢世军　谢东恒

2021 年中共绵阳市涪城区委重要会议一览表

表 6

序号	时间	会议名称	主要内容
1	1 月 5 日	六届区委第 137 次常委会	审议《惠科显示模组生产线项目投资合作协议》及补充协议及《九洲·跃进路 16 号城市商业综合体项目投资合作协议》，听取《绵阳市涪城区人民政府 四川九洲投资控股集团有限公司战略合作协议》有关情况的报告

续表6

序号	时间	会议名称	主要内容
2	1月15日	六届区委第十一次全体会议	全会审议通过区委《关于制定涪城区国民经济和社会发展第十四个五年规划和二〇三五年远景目标的建议》，总结2020年区委常委会工作，对2021年工作进行安排部署
3	3月16日	涪城区产业高质量发展大会	会议总结2020年全区产业发展工作，播放相关专题片，发布涪城人才柔性引进平台——智汇涪城，发布《涪城区推动产业高质量发展若干政策（试行)》，表彰2020年度建设“四个强区”突出贡献先进集体和先进个人，安排部署2021年产业发展重点工作
4	3月17日	区委庆祝中国共产党成立100周年活动暨党史学习教育领导小组第一次会议	深入贯彻落实中央、省委、市委关于党史学习教育的决策部署，听取全区党史学习教育筹备情况汇报，研究审议有关文件，安排部署下一步工作
5	3月23日	涪城区建设全域强区暨乡村振兴大会	全面贯彻落实中央、省委、市委全会和农村工作会议精神，安排部署建设“全域强区”和乡村振兴相关工作
6	3月26日	全区政法干警讲教育整顿主题党课	区委书记、区政法队伍教育整顿领导小组组长邓辉以“筑牢政治忠诚，坚持执法为民，打造党和人民信得过、靠得住、能放心的新时代政法铁军”为主题，为全区政法干警讲党课
7	3月26日	六届区委第150次常委会	传达学习近期中央、省、市有关会议精神，研究涪城区贯彻落实措施。审议《中南高科·涪城智能电子产业园项目投资协议》及其补充协议
8	3月30日	全省两项改革“后半篇”文章绵阳现场推进会议	省委副书记、省两项改革“后半篇”文章专项工作领导小组组长邓小刚带队，现场观摩涪城区在资源整合、乡村规划、便民服务、综合执法等方面取得的经验
9	4月2日	“传承革命薪火·永葆奋斗初心”党史党性教育活动	在梓潼县中国“两弹城”“两弹一星”干部学院学习中心，区委书记邓辉以“学习百年党史、汲取奋进力量，在高质量发展新征程中展现新作为、实现新担当”为主题，讲授了一堂党史教育专题党课，与大家共同回顾我们党走过的百年光辉历程和涪城党史
10	4月6日	涪城区新一届村（社区）党组织书记培训班	区委书记邓辉以“把握发展大势，勇担职责使命，奋力争做推动涪城城乡基层高质量发展领头雁”为主题，为培训班学员讲授专题党课
11	4月29日	涪城区民生事业高质量发展大会	总结近年涪城区民生事业发展成效，安排部署“十四五”时期全区民生保障和改善工作
12	4月30日	“千鹤桑田”蚕桑文化农业主题公园开园暨绵阳涪城·田园自行车公开赛	区委书记邓辉出席并致辞，市农业农村局副局长严元宝、市教育和体育局副局长张登才、市文广旅局总规划师邓世红出席，区委副书记魏有良主持，天虹丝绸有限公司总经理助理兼营销总监薛忆发言。随后，绵阳涪城·田园自行车公开赛启动仪式举行
13	5月21日	六届区委第十二次全体会议	区委书记邓辉主持会议并讲话。区委常委、组织部部长赵越就《中共绵阳市涪城区第六届委员会第十二次全体会议关于召开中国共产党绵阳市涪城区第七次代表大会的决议(草案)》向全会作了说明

续表 6

序号	时间	会议名称	主要内容
14	6 月 8 日	六届区委 160 次常委会	审议区、镇两级人民代表大会换届选举工作相关事宜，及《长虹科技园（研发总部）基地项目投资协议及补充协议》
15	6 月 28 日	涪城区举行庆祝中国共产党成立 100 周年表彰大会暨“永远跟党走”群众歌咏晚会	活动回顾党的百年征程，庆祝党的光辉节日，为“光荣在党 50 年”纪念章获得者代表颁发纪念章，表彰各条战线涌现出的优秀共产党员、优秀党务工作者和先进基层党组织，激励全区上下奋进新时代，逐梦新征程，深入实施“三千工程”、加快建设“四个强区”，全面建设西部现代化强区，以优异成绩庆祝中国共产党成立 100 周年
16	7 月 3 日	六届区委第十三次全体会议	开展民主测评和民主评议，开展全额定向民主推荐
17	7 月 29 日	全市县域经济发展暨重点项目建设现场会	会议期间，罗增斌、元方分别率队前往涪城区重点项目建设现场观摩
18	8 月 26 日	六届区委第 172 次常委会会议	传达学习中央财经委员会第十次会议精神，通报到乐山市考察学习情况，安排部署相关工作。审议绵阳市涪城区与四川发展（控股）有限责任公司“1+6”合作协议
19	9 月 18 日	六届区委第十四次全体会议召开	讨论研究区第七次党代会有关事项。全会审议通过《六届区委工作报告（审议稿）》《六届区纪委工作报告（审议稿）》等事项。全会决定，中国共产党绵阳市涪城区第七次代表大会于 9 月 22 日至 25 日召开
20	9 月 23 日	中国共产党绵阳市涪城区第七次代表大会开幕	邓辉代表六届区委向大会作题为《奋进新时代 启航新征程 为全面建设西部现代化强区努力奋斗》的报告
21	9 月 25 日	中国共产党绵阳市涪城区第七次代表大会闭幕	选举出新一届区委、区纪委和涪城区出席市第八次党代会代表，通过关于六届区委报告的决议、关于六届区纪委工作报告的决议
22	9 月 25 日	中共绵阳市涪城区第七届委员会第一次全体会议	选举产生了新一届区委领导班子，通过了区纪委七届一次全会选举结果
23	9 月 30 日	七届区委第 1 次常委（扩大）会议	传达学习区第七次党代会精神，安排部署相关工作
24	12 月 30 日	七届区委第二次全体会议	全会审议通过了《中共绵阳市涪城区委关于深入学习贯彻党的十九届六中全会精神巩固党史学习教育成果的决定》和《中共绵阳市涪城区委关于奋力当好“五个排头兵”全面建设西部现代化强区的决定》。邓辉代表区委常委会作工作报告并讲话，就两个《决定（讨论稿）》向全会作了说明

区委办工作

【概况】2021 年，涪城区委办践行“五个坚持”和“三个更好，一个加强”要求，推进机关全面精细化管理，提高“三服务”工作水平和能力，推动区委各项决策部署落地见效。落实“六个一”工作机制和“152”防控体系，参与“7·23”突发输入性新冠肺炎疫情防控工作，参与完成全区 20 余个点位，67.9 万人核酸检测工作。聚焦推进“四个强区”建设开展调查研究，提交 8 篇专题报告及 4 篇专项建议。为市委、区委科学决策、指导工作提供信息服务。全年向市委报送信息 300 余条，超额完成市委办下达的目标任务，编印《涪城要情》24 期。

【决策服务】2021 年，涪城区撰写调

研报告 20 余篇，为区委决策提供有价值的意见建议 30 余条，服务决策的能力和水平得到显著提升。参与并完成区委六届十一次、七届二次全会、区第七次党代会报告等重要文稿起草任务，全年共起草各类文稿 200 余篇，完成区委和区委主要领导文稿服务。

【督查督办】2021 年，涪城区发挥督查“利剑”作用，做好庆祝建党 100 周年活动、区镇村领导班子换届、新冠肺炎疫情防控、县域经济高质量发展等重点工作，发现问题、分析问题、反映问题，倒逼工作落实，确保区委各项决策部署落实。

【制度机制管理】2021 年，涪城区制订年度发文计划，明确发文标准，倡导“短、实、新”文风，把关发文必要性，改进文风。管理会议计划，完善建立全区性会议每周会商机制，按照“能并则并、能简则简”的原则，集中统筹全区性重大会议。印发实施《关于实行“无会日”制度的通知》，2021 年区委办发文数量同比 2020 年减少 13%。围绕办文办会、请示报告、党内法规、调研信息等工作，完善制定基层减负、进一步规范办文办会办事等 10 余项管理制度，牵头制定明确每个环节处理的步骤程序和办结时限，完善文件闭环管理流程，确保办文办会各个环节紧密衔接、高效运转,各项工作有据可依、有章可循。

【积分制管理】2021 年，涪城区继续推进干部“积分制”管理，以积分数据体现工作质量、作风优劣，作为年终奖分配、评先选优、职务晋升、约谈提醒等方面的重要依据，构建起以积分为核心的奖优罚劣鲜明导向。

（何青松）

组织与党建

【概况】2021 年，涪城区委组织部贯彻党中央和省委、市委、区委决策部署，做好区镇领导班子换届，抓好党建促基层治理、促乡村振兴，建设政治过硬、具备领导现代化建设能力的干部队伍，培养引进用好人才，提高全区组织工作质量，为推动涪城加快建设西部现代化强区提供坚强组织保障。

全区有基层党组织 1260 个，分类型，有党委 127 个、党总支 48 个、党支部 1085 个；分领域，有乡镇党组织 266 个、街道党组织 574 个、机关事业单位党组织 225 个、两新党组织 172 个，其他党组织 684 个。有中共党员 29477 人，其中，城市社区党员 14003 人，镇、村党员 6373 人；少数民族党员 297 人，女党员 9146 人；大学以上学历党员 13896 人，占比 47%。有在职公务员（参公人员）1978 人（行政 1530 人，参公 448 人）。获评“全省首批人才工作先行区（建设对象）”“绵阳市扫黑除恶专项斗争先进集体”等。

【区镇集中换届完成】2021 年，涪城区围绕“绘出好蓝图、选出好干部、配出好班子、树立好导向、形成好气象”目标，完成区镇集中换届工作。成立换届工作领导小组，分类组建 7 个工作组，逐级明确职责抓实工作。严肃换届工作纪律，加强换届风气监督，先后制发《换届纪律及有关要求明白卡》3500 余份，开展谈心谈话 3700 余人次，签订承诺书 2541 份，会同区纪委开展督查督导 4 轮，组织召开区镇严肃换届纪律专题民主生活会。换届后，各镇均配备 1 名 30 岁以下干部和 1 名五方面人员，镇领导班子平均年龄 37.5 岁，较换届前减小近 2 岁。大学本科学历 61 人，占比达 96.8%。

【中国共产党成立 100 周年庆祝活动】2021 年，涪城区举办庆祝中国共产党成立 100 周年表彰大会暨“永远跟党走”群众歌咏活动，现场表彰表扬 100 名区级“两优一先”、10 名党龄 50 年以上老党员代表。推荐省市“两优一先”人选，累计 13 名先进个人、9 个先进党组织获省市表彰。开展“七一”前夕走访慰问，配合省市领导来涪走访慰问，争取市级党费慰问资金 22 万元、匹配区级党费 46.9 万元，走访慰问老党员、老干部、生活困难党员、烈士遗属和因公殉职党员干部家属、获得党内荣誉功勋表彰党员 1600 余人。

【党建固本强基】2021 年，涪城区集中开展两新组织“两个覆盖”双百集中攻坚，全覆盖摸排走访“两新”组织 2.1 万余家，通过单建和联建方式组建两新党组织 268 个，指派党建指导员 105 名，实现 620 个两新组织和 3387 名党员有形有效覆盖。集中开展农村发展党员违规违纪问题排查整顿攻坚，组建 90 余个工作专班，全面排查 1319 名党员，排查发现严重违反入党程序等违规违纪问题 188 个。集中推进党群服务中心亲民化改造，全年完成改造项目 14 个，新增社区综合服务阵地 3000 余平方米。集中开展党支部联系点攻坚，推动科级及以上干部联系党支部 580 余个。集中开展党员全覆盖教育培训攻坚，用好各类基层党校资源，分层分类开展各类教育培训 500 余场次，抓实 2.9 万余名党员全覆盖教育。做好国有企业退休人员社会化管理工作，2021年，累计发展党员400名，转接党员2218人次。

【两项改革】2021年，涪城区完成村（社区）“两委”换届，实现村（社区）书记、主任“一肩挑”比例达95.61%，开展“导师帮带制”试点工作，全覆盖培训886名村（社区）干部。健全村（社区）干部薪资待遇、活动和服务运行经费保障体系，在全市率先落实484名村常职干部基本报酬，一体调整优化251名社区专职工作者薪资待遇，村（社区）干部收入人均增幅达1000元。对准村集体经济收入低于10万元以下的薄弱村，选派10名“集体经济薄弱村”第一书记，探索土地股份合作、村企合作联营、飞地物业经营等方式，推动10个村集体经济“薄弱村”全面消薄。对上争取240万村级集体经济扶持资金，推动丰谷镇清水村等3个村级集体经济扶持项目实施，吴家镇三清观村等7个村顺利完成新集体经济组织融合，53个村集体经济实现收入8000余万元。

【党建示范引领】2021年，涪城区实施党建“五大行动”，聚焦党建“筑基”行动，打破地域、条块、行业界限，创新组建科技创新聚合型、商圈楼宇集合型、农业公园联合型等功能型党组织8个，“功能党建”引领发展实现新突破。开展“一镇街一特色”党建示范创建，做实青义镇组团党建、工区街道小区党建等工作，推动全域党建引领全域发展。创新建设“党群暖心驿站”等经验被省两改办推广。配合做好全省两项改革“后半篇”文章绵阳现场推进会迎检工作。发挥党员先锋模范作用，动员2.5万余名党员迅速响应、精准防控，沉着应对2020年7月突发的新冠疫情，逗硬落实疫情防控党员责任制，14天实现中风险地区“清零”，夺取疫情防控和经济社会事业发展“双胜利”。推荐省市“两优一先”人选，累计13名先进个人、9个先进党组织获省市表彰，颁发3993名党员“光荣在党50年”纪念章。对标“五力领航”党建品牌，开设“当好‘五个排头兵’·党建‘五力领航’”专栏，累计刊发全区各类党建经验40余篇，不断唱响涪城基层党建“好声音”。

【优化领导干部队伍结构】2021年，涪城区以镇领导班子换届为契机，联动调优区直各部门、街道领导干部队伍。在落实镇领导班子换届政策的基础上，加强对年轻干部、女干部、党外干部的培养使用力度，提拔重用35岁以下年轻干部21名、女干部12名、党外干部3名。调整37名干部在镇、街道、部门之间交流任职，充实人大、政协、巡察组工作力量，干部队伍梯次结构进一步优化。联动实施“四个一批”职级晋升，坚持“注重实绩，好中选优”的工作导向，对突出贡献群体适当予以政策倾斜。“四个一批”启动以来，全区244名干部得到晋升，35岁及以下占晋升总人数的15.8%，35岁至45岁占晋升总人数的39.1%。

【优化退岗干部管理】2021年，涪城区出台《涪城区退出科级领导岗位干部管理暂行办法》，成立区级领导牵头的16个退岗干部专员工作组。围绕优化定岗机制、理顺管理关系、精准关怀激励工作目标，采取区级领导“点将”、退岗干部“选组”的方式，确定146名退岗干部任区级领导专员。完善退岗干部服务保障、分类考核、日常监督等工作机制，组织召开全区退岗干部集体谈心谈话会议，推动退岗干部管理服务更科学、激励措施更精准，激发退岗干部干事创业动能。

【巡视反馈问题整改】2021年，涪城区聚焦巡视反馈选人用人专项整改任务，逐项梳理问题根源，细化整改措施，压实整改责任，分别从完善制度、规范操作、学习培训等方面针对性制定整改措施105项，逐项明确整改要求。截至年底，27项限期整改的事项中，25项已整改到位，2项正有序推进。强化年轻干部、女干部、少数民族干部和党外干部培养使用力度。全区科级以上领导干部中，女干部达到189名，党外干部达到15名，3名30岁左右的干部担任部门“一把手”，85后正科级领导干部、90后副科级领导干部总数较2019年底增加13名。

【规范公务员队伍管理】2021年，涪城区完善试用期人员管理、公务员选调、转任、登记、工资变动调整、辞职等各项业务工作流程，全年共办理公务员（参公人员）登记35人，完成调任、转任3人，转正定级8人。规范公务员考调管理，修订完善《涪城区机关事业单位人员流动管理制度》，细化人员流动操作程序，全年共开展区内考察流入12人、定向招录2人、流出区外6人。常态开展公务员平时考核，分3批次对63个公务员（参公）单位开展公务员平时考核工作进行督查检查，加强公务员平时考核结果运用，提升公务员管理规范化水平。

【干部培训提能】2021年，涪城区制定年度培训计划，登记备案各类干部培训班次44个，涉及参训学员1500余人。建立干部教育培训台账、需求台账，详细记录干部参训情况及参训需求，并实行动态更新，避免长期不训和反复调训。采取“课堂教学+现场教学+驻点实训”的教学模式，以及“大部队+小分队”的组织形式，创新干部教育培训方式，提升干部教育培训的针对性和实效性。全年先后举办军民融合、应急管理、纪检监察等专题培训20个，培训学员1050人，选送31名县级、科级领导干部参加现代财税、科技创新、深化改革等市级调训，提升领导干部综合素质和业务能力。

【干部日常管理监督】2021年，涪城区开展领导干部因公、因私出国（境）管理工作自查自纠，细化全区领导干部因私出国（境）审批流程，完善区管干部出国（境）证件借还登记台账。2021年，结合领导干部个人有关事项报告、经济责任审计、档案专审等工作，针对性地开展提醒谈话2人，函询1人，诫勉2人。结合省委巡视反馈，清理整顿公职人员违规兼（任）职情况，全区24名在企业兼职公职人员全部完成整改。做好信访举报工作，安排专人落实24小时值班值守制，全年共受理信访举报13件，办结12件。

【人才引进】2021年，涪城区坚持招商引资与招才引智并举，深化“人才+团队+项目”模式协同引才，吸聚长沙天仪研究院、南京硅基智能等高端人才团队113个，打造科技城新区创新人才集聚高地。举办川渝融合创新论坛，邀请153名川、渝两地专家、教授到涪城区考察交流，与省科青联、重庆高新产业研究院建立人才交流机制，促成人才合作项目6个，聚才规模、层次、成效持续突破。联合市委组织部举办全球青年学者论坛科技城专场，与川渝博士联合会建立常态联络机制。开展百企高校行系列活动，开展直播带岗线上人才招聘，促成企业招揽青年人才243人。被纳入全省首批人才工作先行区建设对象。

【人才政策体系】2021年，涪城区聚焦构建具有核心竞争力的现代产业支撑体系，出台推动产业高质量发展政策措施86条，重点支持先进制造、创新创业、人才引培等九大领域发展，在柔性引才、研发创新、成果转化等关键环节实现系统精准支持。每年单列人才奖扶资金5000万元，政策涵盖面、系统性和资金量均为近年之最。首批拟兑现产业政策资金1479.01万元。出台优秀人才“绿卡”制度，对入选区级以上领军人才，连续两年给予人才服务资金和租房补贴，首批拟发放涪城优秀人才绿卡56张。

【人才服务保障】2021年，涪城区服务在绵国防高校院所发展，建立联系服务西科大常态长效机制，落实路灯安装等需求事项7项，转移转化科技成果11项，其中5项通过“科技城人才计划”现场答辩，促成西科大与惠科签订人才培育合作协议，首个“惠科班”正式开班，《四大机制构筑校地合作新高地》被四川组工网推介。落实优化营商环境“三度服务”，制定关心关爱企业家10条措施，协调解决人才子女入学等“关键小事”15项。加强优秀人才政治吸纳，推荐116名优秀企业家为“两代表一委员”人选，高规格表彰领军人才团队20个、个人50名，发放人才奖励资金190万元。

【完善基层三级治理体系】2021年，涪城区在全市率先出台《关于建立城乡基层治理示范体系的实施方案》，明确省、市、区三级示范创建五年目标任务，区财政每年预算100万元资金支持创建工作。创新探索建立城乡基层治理三级资源调度体系，相关案例被《2021年四川社会发展报告》（蓝皮书）收录，西部地区基层治理样板区创建基层基础持续夯实。

【城市治理“八大示范”行动】2021年，涪城区在城市深入实施街道管理体制改革、全科网格化治理等“八大示范”行动。整合各类资金1.1亿元，创新实施“微治理·群众有感”行动等城市基层治理特色项目41个。培育社区经济试点7个，完成5个，占全市试点近50%。社区分类治理等30余项经验做法被民政部《社区》杂志、“学习强国”、《四川党的建设》等平台刊载推广。城厢街道，解放街社区等5个社区入选全省城乡社区治理试点单位。

【乡村善治“四大行动”】2021年，涪城区结合“千鹤桑田”“湖光山色”“蔬香绿野”三大农业主题公园联合党委建设，在农村开展集体经济“消薄”、新乡贤“献智”、宜居乡村“添绿”、三治融合“促善”四大行动，推动乡村振兴。涪城区获评全省实施乡村振兴战略示范区，新皂镇刘家坪村等3个村获评“省级乡村治理示范村”，吴家镇三清观村获评“四川创新改革名村”，丰谷镇清水村产业、文化“两翼齐飞”经验做法被省农业农村厅全省推广。

【城乡接合部治理专项行动】2021年，涪城区接合城乡接合部新型社区专项整治，对城郊街道高水社区等2个省级挂牌社区、石塘街道御营社区等3个市级挂牌社区“一社区一策”制定专项整治方案，坚持“区级领导驻点、市区部门联动、街道责任主体”推进整治工作。深化“组织覆盖、发展领航、治理聚心”三大攻坚行动，相关做法被市委组织部刊载推广。城郊街道试点“五长”网格联动治理模式被《中国经济时报》、四川党建网等媒体刊载推广。城郊街道三里社区“131”社区经济发展模式被市委组织部全市推广。

宣传工作

【概况】2021年，涪城区委宣传部组织开展区委中心组学习研讨9次，区委书记作专题辅导2次，邀请专家授课3次，征订2021年度时政刊物6种70余套。编发《涪城区意识形态工作手册》，举办宣传思想文化系统专题培训班1期，开展意识形态工作专项督查1次。开展“我为群众办实事志愿服务”等主题志愿服务活动1000余场次，覆盖群体达10万余人。纳入统计的规上文化企业32家，较2020年底新增7家，新增数量和总量全市第一。放映农村公益电影780场，全区农家书屋总共开放约13万小时，受理市、区两级平台群众来信622件，办结610件，按时办结率100%，满意率95%。2021年5月，涪城区被中央文明办列为全国乡村“复兴少年宫”建设试点县（市、区）。

【党史学习教育】2021年，涪城区成立领导小组和4个专项工作组，召开领导小组会议4次、办公室（扩大）会议6次，构建“1+10+N”党史学习教育工作体系。区四大班子带头到王右木纪念园、“两弹城”开展党史党性现场教育。全区各级党委（党组）开展理论学习中心组专题学习500余场次、主题宣传400余场次。编撰出版《中国共产党涪城历史1921—2021（新时代卷）》，线上线下同步建设谭德政烈士纪念园。开展党史党性现场教学、专题展览、主题征文和知识竞赛等活动500余场次，召开党史学习教育研讨会推进学习教育。将为群众办实事、解难题贯穿学习教育始终，实施“十心行动”，让群众感受到新变化新气象。涪城区“我为群众办实事”实践活动情况率先在全市第三次领导小组会上作交流发言。6月18日，时任省委常委、秘书长王一宏到涪城调研时对全区党史学习教育工作给予肯定。

2021年6月26日，涪城区委理论学习中心组党史学习教育专题学习会暨区级领导干部专题读书班举行（曹博轩）

【庆祝中国共产党成立100周年】2021年6月28日，涪城区庆祝中国共产党成立100周年表彰大会暨“永远跟党走”群众歌咏晚会在涪城体育馆举行。为“光荣在党50年”纪念章获得者代表颁发纪念章，表彰各条战线涌现出的优秀共产党员、优秀党务工作者和先进基层党组织。大会进行集体宣誓，举行谭德政纪念园VR数字馆上线仪式，发布《中国共产党涪城历史1921—2021》(新时代卷)。表彰大会结束后进行“永远跟党走”群众歌咏晚会。市委副书记刘光强，市人大常委会原主任、原绵阳市市中区区委书记蒋仁富，曾任涪城区委书记的领导，曾任涪城区“四大班子”领导职务、已离任涪城的领导和在涪城退休的领导应邀出席活动。“光荣在党50年”纪念章获得者代表参加活动。区委书记邓辉出席活动并讲话。区委副书记、区长张虚怀主持表彰大会。区人大常委会主任顾建，区政协主席杜正茂，区委副书记魏有良

2021年10月27—28日，涪城区2021年"涪城视界"大讲堂活动在区委一楼会议室举行 （吴岱熹）

参加活动。区级领导，区级部门主要（常务）负责人，各镇（街道）党（工）委、政府（办事处）、人大主要负责人，优秀共产党员、优秀党务工作者、先进基层党组织代表，政法队伍代表、新党员代表、共青团员代表、卫健系统代表、教体系统代表、各镇党员干部群众代表、产业人才队伍代表、区级部门党员干部代表、全体演职人员等1000余人参加活动。

【"涪城视界"大讲堂】2021年，涪城区搭建"涪城视界"学习交流平台，印发《"涪城视界"大讲堂活动实施方案》《关于开展2021年"涪城视界"大讲堂活动的通知》。聚焦"学党史 悟初心""学党史 担使命""学党史 抓服务""学党史 开新局"主题，集中组织开展4期"涪城视界"大讲堂，全区各级各部门选派68人参与研学、导学、比学、展学，通过宣讲、互动评比，展现理论宣讲的吸引力和感染力，引导广大党员干部增强历史自觉和政治自觉，学习了解工作对象，为全面建设西部现代化强区凝聚智慧和力量。各级各部门结合岗位职责开展"涪城视界"微讲堂，围绕"怎么看、怎么办、怎么干"等问题开展互动交流研讨，对标高质量发展要求开阔眼界思维，看到短板差距，坚定发展信心，推动工作服务质效提升。

【"五个一"城市品牌宣传】2021年，涪城区以"一桌涪城菜""一批涪城造""一部涪城片""一首涪城歌""一套涪城标识（LOGO）"为抓手，开展"五个一"城市品牌宣传推介行动。汇聚"一桌涪城菜"，围绕"一镇一品"理念，甄选涪城传统菜肴7大类59种，打造"涪城菜单"，应用于商务接待和大型餐厅，推广涪城饮食文化。喊响"一批涪城造，收集一批涪城制造的智能制造产品、文创产品、农产品、地理标志产品等6大类26种产品，打响"涪城制造"品牌。拍摄"一部涪城片"，邀请国内知名导演拍摄制作涪城城市宣传片《涪城·福城》，在官方媒体、门户网站、大型会议等进行推介，强化涪城视觉记忆，打造涪城视觉名片。创作"一首涪城歌"，结合涪城历史文化，创作发布涪城城市主题曲《涪城·天地远》，打造涪城律动记忆。推广"一套涪城标识（LOGO）"，发布涪城核心关键词——"涪聚三江 城纳四海"，设置以此为主题的大型城市景观7处，在双流机场展示城市海报，制作宣传视频在城区重要节点进行推广，展示涪城开放包容的城市形象。

（罗燕玲 向旭平）

统一战线工作

【概况】2021年，涪城区委统战部推动形成区委统一领导、统战牵头协调、有关方面各负其责的涪城区大统战工作格局。把统战工作纳入全区党建目标考核范畴，纳入各级党委（党组）中心组的重要学习内容，纳入党政领导干部年终考评等次的重要考核内容，坚持把统一战线理论、政策和知识纳入干部教育和党校培训教育内容，巩固全区统一战线助力高质量发展的共同思想政治基础。夯实涪城区委统一战线工作领导小组力量，制定《区委统一战线工作领导小组成员单位工作职责》，建立区级领导与无党派人士、非公经济代表人士联谊交友、统战职能职责运行等10余项制度，并建立与组织、宣传、公安局等部门的动态协调机制，增强统战系统内外联系联动。加强统战队伍建设。注重统战民宗干部理论武装、党性教育和能力培训，引导统一战线成员参与全区疫情防控、乡村振兴、生态环保等重点工作，打造一支“政治坚定、业务精通、作风过硬”的统战干部队伍。做好各领域统战工作，推动统战工作取得新成效。涪城区统战工作位列全市统战考评第一梯队，五年蝉联“全省统战系统先进集体”称号。

【民主党派参政议政】2021年，涪城区委统战部制订《年度政党协商（会议协商）年度计划》，组织民主党派开展调研，提升民主党派协商建言质量和效果。2021年市、区两会期间共提交人大代表建议25篇，政协提案37篇，社情民意10条；贯彻落实《民主党派代表人士队伍建设规划（2018—2027）》，协助民主党派制定年度发展规划、健全组织发展工作流程、加强内部制度建设；按政策落实民主党派基层组织建设要求，把好成员发展入口关、布局关、特色关，做好民主党派各级组织负责人的培养，搭建成长台阶；将班子成员政治立场、综合素质、年龄结构、体制内外配备合理等因素贯穿民主党派班子搭建全过程，完成6个民主党派集中换届工作（民建2018年已提前换届）。

【党外和新阶人士共建】2021年，涪城区委统战部围绕关于加强和改进新时代党外和新阶人士思想政治工作相关要求，夯实全区统一战线助力高质量发展的共同思想政治基础；建立涪城区党外知识分子联谊会制度、新的社会阶层人士统战工作联席会议制度，搭建意见建议收集反馈直通车平台，促进为党外和新阶人士参政议政、联谊交友、知情明政、建言献策、服务社会；学习贯彻全省新媒体和网络人士座谈会议精神，加快建设涪城区新媒体、自媒体以及党外网络评论员和网络宣传骨干队伍。

【促进非公经济健康发展】2021年，涪城区委统战部开展“弘扬企业家精神、加强思想政治引领”等理想信念教育活动，带领基层执委、企业家代表到井冈山、重庆歌乐山红色教育基地，踏寻红色足迹、夯实信仰之基；搭建教育培训平台，组织辖区非公企业开展法律维权、财务、金融等专业知识培训及到国内知名高校进行专题讲座10余次，参训人员达500余人次；组织会员企业参加区委区政府“聚智双城，聚力涪城”民营企业家专题座谈会、“早餐汇”、“银企鹊桥会”等活动，与商会会员企业共同探讨发展良策，参与涪城经济建设；结合涪城“开放强区”战略，组织优秀民营企业家代表到发达国家及地区考察学习，先后与北京市海淀区中关村街道商会、重庆市北碚区工商联、宜宾市翠屏区工商联缔结友好关系，异地友好商会达到28个；指导全区基层商会开展“百企联盟”“共筑创业梦”“投资沙龙”等活动，实现商会会员内部项目、资金和资源的精准对接。涪城区中小企业商会作为绵阳唯一一个基层（行业）商会代表，被全国工商联评为全国“四好”商会。

【探索宗教领域中国化路径】2021年，区委统战部以爱国宗教团体“三大提升”“和谐寺观教堂”“分类升级创六好”等创建活动为契机，贯彻落实坚持我国宗教中国化方向的系列指示精神，引导宗教与社会主义社会相适应，并以圣水寺为宗教中国化方向建设及规范化管理的示范典型，以点带面在全区范围内压茬推进宗教中国化路径，提升全区场所规范化管理水平和品质；聚焦中央宗教工作督查反馈问题，做好罗汉寺大型露天宗教造像治理收尾工作，推进阿式清真寺中国化工作。

【铸牢中华民族共同体意识】2021年，涪城区委统战部开展城市民族治理工作，在辖区34个城市社区建立民族工作站（窗口），为少数民族流动人口提供劳动就业、法律援助、权益保障等“一站式”服务。探索创新“21字”民族人口管理服务工作法，完善城市民族工作服务体系建设；开展民族团结进步主题宣传教育活动，增强“五个认同”，促进各民族交往交流交融。全年累计发放便民服务卡和服务登记表4000余份，帮助少数民族群众就业60余人，申请法律援助8起，化解各类纠纷11起。

【促进港澳台思想认同】2021年，涪城区委统战部服务中央对台工作大局，结合省委、市委提出的开放合作战略，贯彻落实好国台办“31条惠台政策”和四川省“川台70条具体措施”，让广大台胞台商在涪城区享受创新创业、投资发展、学习生活的同等待遇；加强与港澳爱国社团、重要商协会的联系，建立完善常态化联谊服务机制，深化交流培育，促进与港澳群众的交流互动，发展壮大爱国力量；加强对台联会的领导、管理和指导，强化中国台湾各界知名人士和代表人士联络工作，凝聚促进两岸关系和平发展和推进祖国完全统一进程的台湾民众思想共识；加强涪城区与高雄“尚义里”交流，弘扬传承文化，增强两岸同胞文化认同和民族认同。

【多元力量共建共治】2021年，涪城区委统战部以南山社区、迎宾社区作为迎接全省基层统战工作提升年现场会观摩示范基地为契机，创建创艺南山、和谐迎宾、智慧临东、创新飞来等本土特色的社区统战品牌，推进全区基层统战创新发展。迎宾社区基层统战实践经验先后被《人民日报》《光明日报》《中国组织人事报》和人民网、共产党员网、凤凰网等宣传报道，并获得“全国最美志愿服务社区”成为实践多元共治的典范；南山社区也于被评为“省级民族团结进步创建示范社区”。

【宗教服务社会治理】2021年，涪城区委统战部依托宗教场所清净、庄严、肃穆氛围优势和宗教界能人异士心灵抚慰、心理疏导经验能力，在辖区圣水寺、白衣庵等地探索建设“心灵工坊”，开展以宗教经典、社会科学等理论研究和书画、禅茶等实践为主要内容的心理疏导类慈善公益活动，疏解信众心中郁结，引导树立积极、正面健康心理，最大限度发挥宗教在参与服务基层社会治理中的作用，促进社会和谐稳定。截至年底，“心灵工坊”累计接待信教群众650余人次，开展心理疏导320余人次；化解家庭及邻里等矛盾纠纷25件，面向大众开展“生活智慧大讲堂”15场次，其统战实践经验办法，获得省委常委、统战部部长田向利肯定性批示。

【新阶人才服务基层发展】2021年，涪城区委统战部聚焦新的社会阶层人士统战工作，依托新阶人士统战实践创新基地建设为契机，先后打造市级实践创新基地2个、县级实践创新基地3个，推进新的社会阶层人士统战工作实体化、实战化。“126新阶人士实践创新基地”，是绵阳市建设全国新的社会阶层人士统战工作创新推广城市“五新联盟·智汇绵州”示范体系的重要支撑，培育文创企业130余家，每年完成产值近1.5亿元、税收近1000万元，形成川西北独具特色和影响力的文化创意产业基地，被评为“省级文化产业示范园区”“省级众创空间”“四川省第三批新的社会阶层人士统战工作实践创新示范基地”。

（李　鹏　陈溪溪）

涉台事务

【概况】2021年，涪城区加强与在涪台胞台属代表人士、台企的联络，做好防疫宣传教育工作，帮助台胞及时了解疫情动态，掌握防控知识，协调接种新冠疫苗。指导宣传台企疫情后复工复产政策，帮助符合规定的台企享受相关政策。协调3名台胞适龄子女入学就读。

【服务对台工作大局】2021年，涪城区贯彻落实中央《关于加强新时代海外统战工作的意见》系列文件精神，结合省委、市委提出的开放合作战略，围绕成渝双城经济圈和高质量发展样板区建设，宣传落实国台办“31条惠台政策”和四川省“川台70条具体措施”，让广大台胞台商在涪城区享受创新创业、投资发展、学习生活的同等待遇。

【联络联谊长效机制】2021年，涪城区发挥地缘、血缘、亲缘、业缘优势，突出做好台湾代表人士联络联谊工作，召开台商协会、台胞台属联谊会等座谈会4次。落实“四必访”要求，中秋节、端午节、重阳节、春节等传统节日必访，台胞台属生病住院、家庭发生重大变故必访，坚持施行老归侨“一对一”联系服务机制，2021年上门慰问台胞台属6次，走访调研台资企业10次。

【台胞台属困难帮扶】2021年，涪城区建立统战部、镇（街道）、村（社区）三级网络联系机制，织密对台统战工作网。帮助协调处理涉台矛盾纠纷2起，帮助协调3名台胞适龄子女入学就读。

（崔　媛　陈溪溪）

涉侨事务

【概况】2021年，涪城区联系侨界代表人士，融合海内外同胞关系，增进民族认同感、凝聚力。做好疫情防控期间侨胞侨眷、侨资企业的联系服务工作。在工区街道飞来石社区打造“侨胞之家”工作阵地，帮包5家重点侨资企业，向困难侨眷发放生活补贴、慰问金5万余元。

【平台阵地建设】2021年，涪城区打造工区街道飞来石社区“侨胞之家”。以“侨胞之家”为工作阵地团结和服务基层涉侨群众100余人次，打通为侨服务“最后一公里”。接待来访侨胞侨眷84人次，宣传涪城文化、介绍涪城发展变化及建设成就，鼓励侨胞侨眷到涪城区投资兴业，发挥侨胞侨眷的重要作用。

【侨资企业服务】2021年，涪城区建立区级领导干部联系企业制度，对5家重点侨资企业实行“一对一”帮包。区委书记邓辉，区委常委、区委统战部部长董静带头对侨资代表企业进行定期走访，向企业宣传区委区政府优化营商环境的重要举措，征求企业对涪城区经济社会发展和践行优化营商环境“三度服务”措施情况的意见和建议，聚焦企业反映的问题，建立“一问题一专员”的沟通服务“绿色通道”直至问题解决，获得侨资企业的点赞好评。

【服务归侨侨眷】2021 年，涪城区定期走访慰问重点归侨侨眷，赠送慰问品，每月向老归侨发放生活补助，每年向生活困难侨眷发放慰问金，2021 年全年发放生活补贴、慰问金 5 万余元。开展归侨侨眷代表人士中秋座谈会，加强与归侨侨眷的联系，发挥“以侨为桥”作用，增强统战工作亲和力。

（崔　媛　陈溪溪）

机制编制管理

【概况】2021 年，涪城区委编办加快创新管理体制机制，优化机构编制资源配置，为建设西部现代化强区提供体制机制保障。以《中国共产党机构编制工作条例》为框架，制定《绵阳市涪城区区级议事协调机构管理办法》《绵阳市涪城区镇街职责准入制度（试行）》《绵阳市涪城区乡镇（街道）行政权力事项清单管理办法（试行）》等制度。10 余篇改革经验获省市政研室及市委、区委等主流媒体刊发推广，《涪城区探索“三活三力”岗编分离模式构建简约高效机构编制“扁平化”管理新路径》，被省委政研室《调查与决策》第 10 期、市委政研室《绵阳改革与发展》第 9 期及市委两改办《改革信息》第 41 期全文刊载。

【乡镇两项改革“后半篇”文章工作】2021 年，涪城区委编办推动 2020 年 8 月启动的乡镇两项改革“后半篇”文章工作，梳理权责事项，厘清职责边界，建立“法定权力清单、赋权清单、委托下放权力清单、属地责任清单”四张清单，明确各镇法定权力 118 项，赋权事项 39 项、委托下放权力 74 项；明确街道法定权力 37 项、赋权事项 23 项，以及区级部门和镇街 109 项日常管理事项的主次责任，出台镇街职责准入制度。推行镇（街）权责清单标准化建设，组织镇（街）制定行政权力事项操作指南，梳理行政权力事项运行流程、基本要素和办事指南。同区委组织部等五部门联合印发《绵阳市涪城区部门派出（驻）镇街机构管理办法（试行）》，在全区范围内实行派出（驻）机构双重管理体制。以青义镇为试点，开展机构编制“扁平化”管理工作，统筹党政办事机构、直属事业单位、区直部门派出（驻）机构工作力量。

【街道管理体制改革】2021 年，涪城区明确并强化街道加强党的建设、统筹社区发展等 10 项行政职能，重点突出城郊街道、石塘街道两个涉农街道在产城融合、经济转型及稳定居（村）民收入等职能，推动街道履职重心从抓招商、抓项目向抓党建、抓治理、抓服务、转变；按照“城区一类、二类街道领导班子职数不超过 11 名”“涉农街道领导班子职数不超过 11 名”原则，重新明确各街道领导职数，核定后各镇街领导职数均为 11 名；按照市级规定党政综合办事机构限额“一类街道不超过 9 个，二类街道不超过 8 个”，明确区内各街道党政综合办事机构设置限额，允许街道按“3+1+X”模式在机构限额内因地制宜自主设置；明确各街道直属事业机构不超过 4 个，统一设置便民服务中心（挂党群服务中心牌子）、网格治理中心，允许街道在剩余限额内依据情况自主增设特色事业单位。

【事业单位改革】2021 年，涪城区结合公益类事业单位改革，优化重点领域机构职能设置，2021 年撤销区经合局事业单位 1 个，更名经合领域事业单位 2 个，设立股级事业单位 1 个，调整区投资促进中心、区投资服务中心、绵阳市金家林总部经济试验区园区服务中心 3 个事业单位主要职责；开展“统一社会信用代码证”“事业单位法人证书”新（换）领工作，办理登记服务事项共 72 件，办结率 100%；完成 242 家事业单位2020 年度事业单位法人年度报告公示工作，年报公示率 100%；开展事业单位法人公示信息抽查，抽查区环卫绿化中心等 7 家事业单位，抽查率 3%。

【机构编制管理工作】2021 年，涪城区委编办根据《涪城区大抓县域经济高质量发展 18 条措施》，向区级经济部门和其他重点领域增编 13 名，对职责弱化的单位收编 5 名，增设区级部门科级领导职数 1 名，统筹 1 名乡科级领导职数用于支持杨家镇发展使用；调整区乡村振兴局、区乡村振兴服务中心机构设置，明确在区农业农村局加挂绵阳市涪城区乡村振兴局，增设区委农办专职副主任 1 名（副科级）；调整卫健系统机构设置，将血防站整合到区疾控中心，整合事业编制 61 名，坚持用编计划优先向基层医疗卫生领域倾斜，预先审核、提前下达卫健系统 2021 年用编计划 59

名；支持教体系统满编运行，预先下达2021年公费师范生和硕士研究生招聘计划45名，保障特岗教师用编45名；按照市委、区委关于四川绵阳工业园区从科创区调位至吴家镇、新皂镇的工作部署，上报调位后园区管理机构设置预案，取得省委编办对工业园区机构管理机构设置审查意见的书面复函。2021年共计办理上下编983人次，其中上编502人，下编481人，同意用编103名。

（赵进涵　田莉梅）

目标督查

【概况】2021年，涪城区委目标绩效办做好目标绩效管理、督查督办、民生统筹、建议提案办理、巡视巡察整改和整治形式主义为基层减负等工作，修订《涪城区目标绩效管理办法》，出台《2021年涪城区督查检查考核计划》，完成省委巡视反馈意见整改244条，印发《关于规范移动互联网应用程序整治指尖上的形式主义的通知》，完成省、市、区下达的工作任务，推动全区各项决策部署落地落实。

【目标绩效管理办法修订】2021年，涪城区坚持“聚焦主业、突出重点，简明易行、注重过程，高效提质、考准实绩”的原则，对现行的目标绩效管理体系运行情况进行研究思考，对镇、街道、部门开展调研，学习借鉴区外好的经验做法，修订《涪城区目标绩效管理办法》。强化目标日常监测，坚持上下联动、条块结合，突出重点、兼顾全面，结合全区经济运行监测预警工作机制落实，实行“周周听汇报、月月晒进度、季季搞拉练、年年评成效”。发挥目标绩效管理“指挥棒”作用，以重点工作为导向，把分值权重向重点任务、重大项目和重要事项倾斜，推动区委、区政府决策部署落地落实。

【督查督办方式改进】2021年，涪城区继续开展督查检查考核专项清理整顿工作，出台《2021年涪城区督查检查考核计划》，列出44项计划，抓好督查审批调度，精简督查检查考核频率和次数。紧盯重点问题、关键环节，通过分类梳理“编号”、开单督办“分号”、限期整改“销号”，对当前能解决的问题，限时整改，对需较长时间解决的问题，限时制定时间表、作战图，分阶段、分步骤推动问题解决。该制度实施后，问题分解细化、全程跟踪、督查整改都确定了时限要求，问题解决更加及时有效。

【办理工作】2021年，涪城区委目标绩效办牵头，会同区人大人代工委、区政协提案委，从传统的“先交办后调整”改为“先征求后交办”，即采取先征求代表、委员和拟承办单位意见，待达成一致后，再召开交办会，提高交办工作精准率。对照建议、提案原件和《办理情况征询意见表》，对承办单位抄送的答复文件文本格式、办理落实情况和代表、委员满意度等方面进行初审，并报区人大、区政协相关委室同意后，按照“ABC三类办结制”分类标准，对办理结果类型进行再认定，提高办理回复质量和办理工作成效。

【省委巡视反馈问题整改】2021年，涪城区对照省委巡视反馈问题，全区各级各部门树立“抓好整改是本职，不抓整改是失职，整改不力是渎职”的理念，坚持问题导向，推动反馈意见整改落实，完成集中整改年的年度目标任务。落实省委巡视涪城反馈意见的276条具体整改措施，累计完成整改244条，整改完成率88.4%。

【形式主义整治】2021年，涪城区落实整治形式主义为基层减负工作要求，把整治指尖上的形式主义作为2021年整治形式主义工作的重中之重，印发《关于规范移动互联网应用程序整治指尖上的形式主义的通知》（绵涪专项机制〔2021〕1号），要求全区各级各部门对“僵尸类”、“空壳类”、多头重复等移动互联网应用程序、网络工作群进行清理，对功能单一、重复、相近的进行整合，建立清单目录，实现规范化制度化管理，经审核，注销解散涉及基层网络工作群96个、其他网络工作群38个，减少39.3%。

（邱钰峰　王艳）

巡察工作

【概况】2021年，涪城区召开区委常委会5次、巡察工作领导小组会3次、巡察工作书记专题会3次、巡察工作动员部署会2次。开展新冠肺炎疫情防控、粮食购销领域专项联动巡察2轮次、对24个单位开展巡察回访1轮次、对青义镇龙峰村等12个村（社区）直接开展常规巡察1轮次，共发现问题142个，其中，立行力改问题28个，问题线索23条，对15个党组织主要负责人开展巡察约谈，向区级分管联系领导移送巡察情况报告30份，向区级主管部门移交巡察发现共性问题32个，提出意见建议20条。

1月18日，区委书记、区委巡察工作领导小组组长邓辉（中）主持召开区委巡察工作领导小组2021年第1次会议　　**（区委巡察办）**

【六届区委巡察工作总结】 2021年，涪城区委巡察办对六届区委巡察工作开展情况进行复盘，形成《六届区委巡察工作总结》及“四汇编一报告”，梳理六届区委64个常规巡察对象和114个延伸巡察对象，确保全覆盖无盲区、零遗漏。总结六届区委巡察整体工作成效，分析存在的问题，梳理33个制度、49项流程、2个成果、4个典型案例、3个巡察微故事。谋划新一届区委巡察工作五年规划，将72个区委管理的党组织和113个村（社区）纳入新一届区委巡察全覆盖范围，把延伸巡察镇（街）基层单位、村（社区）等党组织纳入巡察整体规划。

【巡察专业队伍建设】 2021年，涪城区委为巡察机构增加行政、事业编制各1名，增配副科级巡察专员4名，提拔4名干部担任巡察办主任、巡察组组长、副组长，交流调整巡察干部14名，配齐配强巡察力量。举办“巡察讲堂”12期，提升巡察干部的政治理论水平和业务实战能力，抽调21名干部参加巡视巡察工作，选派13名干部到浙江大学等高校提升能力素质。

【区委巡察工作领导小组2021年第1次会议】 2021年1月18日，涪城区委巡察工作领导小组2021年第1次会议召开，区委书记、区委巡察工作领导小组组长邓辉出席并讲话。会议传达学习十一届四川省委第七轮巡视工作动员部署会精神，审议六届区委第十一轮常规巡察各组情况汇报、第六轮专项巡察情况汇报，安排部署相关工作。会议强调，要突出高质量要求，提升区委巡察实效。要拓展巡察覆盖范围，推进巡察工作向村民小组延伸，拓展基层巡察的深度和广度。要创新巡察工作方式，推动巡察监督与纪检监察、组织、宣传、政法、财政、审计等行业监督贯通融合。要建强巡察干部队伍，加强巡察干部政治建设、能力建设和作风建设，打造政治过硬、本领高强的巡察队伍。区委常委、区纪委书记、区监委主任、区委巡察工作领导小组常务副组长陈伟，区委常委、区委组织部部长、区委巡察工作领导小组副组长赵越，区委巡察工作领导小组成员及巡察办副主任、巡察组组长、副组长参加会议。

【区委巡察工作领导小组2021年第2次会议】 2021年5月21日，涪城区委书记、区委巡察工作领导小组组长邓辉在区委常委会议室主持召开区委巡察工作领导小组会议，听取并审议六届区委第三轮巡察回访分组情况报

2021年9月30日，区委常委、区纪委书记、区监委主任、区委巡察工作领导小组常务副组长张伟（中）出席粮食购销领域专项联动巡察工作动员部署会并讲话　　**（区委巡察办）**

2021年11月12日，七届区委第一轮常规巡察工作动员部署会召开

（区委巡察办）

告。会议指出，区委第三轮巡察回访工作紧紧围绕全区中心工作，发现新情况新问题，取得新经验新成绩，巡察利剑震慑作用持续显现。会议要求，区委巡察机构要聚焦巡察政治责任，发现和纠正政治偏差问题。各级各部门要担负起巡察整改主体责任，扎实抓好整改。区委常委、区委组织部部长、区委巡察工作领导小组副组长赵越，区委巡察工作领导小组成员及巡察办副主任、巡察组组长、副组长参加会议。

【涪城区粮食购销领域专项联动巡察工作动员部署会】2021年9月30日，涪城区召开粮食购销领域专项联动巡察工作动员部署会，传达学习习近平总书记关于国家粮食安全的系列重要讲话精神，省、市专项巡视巡察工作部署会精神，安排部署全区粮食购销领域专项联动巡察工作。区委常委、区纪委书记、区监委主任、区委巡察工作领导小组常务副组长张伟出席动员部署会议并讲话。会议强调，要提高政治站位，从事关国家粮食安全、事关全面从严治党成效、事关巩固党的执政基础战略高度，认识开展粮食购销领域专项巡察的重要意义。要突出总体要求，紧盯粮食购销领域的关键环节和关键点位，把握“五个深入了解”监督重点，将政治监督要求贯穿工作始终。要坚持同题共答，完成本次专项巡察工作任务，巡察办要做好统筹协调、指导督导、服务保障工作，巡察组要根据巡察工作方案依规依纪依法开展巡察，被巡察单位要配合支持巡察组开展工作。会上，区发改局、区市场监管局主要负责人作表态发言。

【七届区委第一轮常规巡察工作动员部署会议】2021年11月12日，七届区委第一轮常规巡察工作动员部署会召开，市委第五巡察组组长王兵到会指导，区委常委、区纪委书记、区监委主任、区委巡察工作领导小组常务副组长张伟出席会议并讲话。会议指出，未来五年，涪城区要突出“上台阶、创一流”工作理念和“巩固、深化、发展”工作思路，把握巡察政治方向，突出市县巡察上下联动，夯实发展基础，推动涪城巡察工作再上新台阶。会议强调，本轮巡察最鲜明的特征是直接开展对村（社区）巡察，要认识对村（社区）巡察的重要意义、特点规律和基本要求，坚持以人民为中心的价值取向，突出监督重点，优化巡察方式，找准村（社区）突出问题，解决群众急难愁盼问题。

（谢　波　魏坤蓉）

党校管理

【概况】2021年，涪城区委党校聚焦党性抓培训，坚持把党的理论教育、党性党纪教育和执政能力教育作为主体班培训的主要内容，结合基础理论与党的新精神、新政策，辅导学员，提升理论水平和党性修养，党的理论教育和党性教育课程比重达总课时的70%。开发新课程7堂，其中《信仰铸就基层共产党员的精神高地》入选市委党校精品课，经市委党校推荐作为“好课程”报送至省委组织部；学校3名专兼职教师参加全市党校系统首届微课竞赛，2门获三等奖，1门获优秀奖。规范办学设置，全年举办各类培训班15期次，累计培训125天，培训学员1208人次，所有班次均按照《县级党校主体班班次办学规范》（川组训〔2020〕30号）设置。市区统筹办班6期次，市区统筹办学后，主体班课程安排优质化、教学管理规范化、教学资源共享化、学员交流扩大化等优势明显。试点推进3个社区“微党校”建设。

围绕乡村振兴、基层治理、两项改革“后半篇”文章等领域开展课题研究，被省委党校课题立项2项（其中1项优秀结项），市社科联项目立项4项，市委政研室课题立项1项，市委党校决策咨询课题立项2项（重点课题1项）。编辑《党校咨政参考》5期，获区委书记肯定性签批意见并采纳3篇，获区长肯定性签批意见并采纳3篇。发挥党校哲学社会科学红色阵地作用，参加理论征文，10篇文章入选省级理论研讨会；2篇文章入选全市党校系统理论研讨会，获得一等奖、二等奖；4篇文章在涪城区举办的“初心使命百年路 奋进启航新征程”征文竞赛中获奖，其中1篇获特等奖；7篇理论文章在《四川党校报》《绵阳日报》和学习强国公开发表。参与市委党校重点课题联合攻关，3名教师参与市委党校和“两弹一星”干部学院组织的《国家使命》书稿编撰，2名教师参与省委党校立项的重点课题“红军长征在绵阳数据库建设项目”。区委党校3名专兼职教师参与《中国共产党涪城历史（1921—2021）新时代卷》的组稿编辑修改工作。

【红色课堂宣讲】2021年，涪城区委党校组建由校委班子、学科带头人、骨干教师组成的党史学习教育专家宣讲队，根据团队内教师个人专长，合理分工宣讲任务与宣讲内容。坚持领导干部带头讲、专家学者辅导讲、青年教师创新讲，推动党校教师在党史学习教育中作示范。重点围绕新民主主义革命、社会主义革命和建设、改革开放、党的十八大以来4个历史时期，按照“切口小、站位高、讲解深、说理透”的原则，通过专题学习、集体备课、众人打磨、校内试讲，推出党史学习教育专题精品课程7门，其中2门获评全市党校系统优质课程。开展推进党史专题知识宣讲进机关、进农村、进社区、进校园、进企业活动，通过短视频宣讲、直播宣讲等数字化载体宣传党的百年历史、创新理论和伟大实践。2021年，开展基层宣讲29场次，宣讲人数1910人次。

2021年10月19日，涪城区委党校副校长王琪为市区统筹新任党组织书记培训班和基层党员干部示范轮训班学员讲授《用信仰铸就基层共产党员的精神高地》

（涪城区委党校）

【调研报告】2021年，涪城区委党校由常务副校长黄桂林牵头，游仙区委党校、涪城区委党校科研骨干组成的联合攻关课题组，历时半年多，对涪城区、游仙区11个乡镇（街道）两项改革情况进行专题调研，发放调查问卷80余份，撰写《关于做深做实两项改革“后半篇”文章的建议》调研报告。调研内容主要围绕乡镇区划调整和村级建制调整后，运行机制、经济社会发展、基层治理、服务群众等方面的变化，推进“后半篇”文章存在的主要问题，以及对做好两项改革“后半篇”文章，推动优化资源配置、提升发展质量、增强服务能力、提高治理效能的思考和建议。针对调研发现的问题和“后半篇”文章重点任务，提出对策建议：加强宣传引导，转变思想观念；加强人才规培，建强骨干队伍；优化区域布局，推动产业发展；理顺管理体制，提升服务效能；完善治理体系，夯实发展基础。2021年，该课题被市政研立项为一般课题立项，被市委党校列为决策咨询重点课题并优秀结项。

（李　懿　邓含松）

创新改革研究

【概况】2021年涪城区召开3次全面深化改革委员会会议，审议专项改革文件15个，九个领域85项改革任务全面完成。

【民生事业改革】2021年，涪城区出台《加快推动民生事业高质量发展的实施意见》，实施教育提质放心、卫生健康安心等“十心行动”，明确年度特色项目17项，开展城镇困难群众帮扶，以“小切口”推动“大民生”，实现经济社会发展与民生改善相辅相成、同频共振，入选赛迪顾问“2021 中国幸福百强区”，民生改革“十心行动”促进共同富裕入选中国改革 2021 年度典型案例。

【经济体制改革与科技城建设】2021 年，涪城区创新构建加快县域经济高质量发展“1+3+N”工作体系，抓县域经济，地区生产总值、增速等经济指标全市领先。2021 年赛迪百强区排名跃升 6 位，居 68 位，入围《赛迪投资竞争力百强区（2021）》，排名 45 名。建立企业家“早餐汇”制度，区委区政府主要领导定期与涪城的企业家们通过早餐叙，聊发展、破难题，相关经验被《四川改革专报》（第 24 期）刊载。以平台思维助推科技创新产业，通过搭建承载、产业、运营、服务和保障“五大平台”，打造新经济增长极，引进创业黑马、硅基智能、科大讯飞等龙头企业。

【农业农村改革】2021 年，涪城区推进三大农业主题公园建设，“千鹤桑田”蚕桑文化农业主题公园开园运行，承办全省蚕桑产业高质量发展现场会。在全市首创“互联网+清产核资”模式，完成农村集体资产清产核资。推进职业农民试点，实施“四个一批”精准培育，培育成效明显，完成遴选深化职业农民制度试点人员 90 人。加快重构农村水利服务体系，完成农村小型水利工程划界确权，涪城区被省水利厅评为第一批省级深化小型水库管理体制改革示范县。推动乡村文化振兴，杨家镇、丰谷镇二社区被命名为首批市级乡村文化振兴样板镇村，新皂镇上榜全省首批 100 个魅力乡镇。

【文化教育卫生体制改革】2021 年，涪城区“绵州记忆”入选第一批全国级夜间文化和旅游消费集聚区，成功创建四川省现代公共文化服务体系示范县。推进城乡教育“集团化”，建立学前教育、义务教育、职业教育 3 类 9 个城乡教育集团，实施管理互融、师资互派等5 项举措，促使优质教育资源城乡共享。推进产教融合发展试点，探索职业教育“订单式”人才培养，探究共同招生、教学、实训和就业安置等一体化合作模式，打造中职学校实训基地，实现“招生即招工，毕业即就业”。

【社会体制改革】2021 年，涪城区推进两项改革“后半篇”文章，遴选 2 个镇 2 个街道、6 个村 4 个社区，成功创建市级“后半篇”文章先进镇村，吴家镇三清观村被评为四川省改革创新名村。成功创建全国城乡交通一体化示范县、省四好农村路示范县；杨家镇轻钢房建设经验在全省现场会交流推广。探索实施“小单元认领微治理”做法入围全国“2021 年社会治理创新案例”，城厢司法所邓启贵作为平安中国建设先进个人的唯一代表在全国表彰大会上交流发言。

【党的建设和纪检检查体制改革】2021 年，涪城区基层治理更加高效，杨家镇杨家社区、鲜家坝村，新皂镇刘家坪村 3 个村成功创建省级乡村治理示范村。勇拓洋楼等 5 个小区成功创建省级基层治理示范小区。城厢街道、铁牛街社区等“1 街道 5 社区”被列为全省第二批城乡社区治理试点单位。《城市基层治理体系中的资源配置体系构建》入选《四川社会发展报告（2021）城乡基层治理蓝皮书》。推动监督向基层延伸下沉。探索完善“1233”微权 e 监督模式，编制村级小微权力清单，相关经验被省委改革办《调查与决策》刊载。

【《民生改革“十心行动”促进共同富裕》入选全国典型案例】2021 年 12 月 31 日，《民生改革“十心行动”促进共同富裕》入选“中国改革 2021 年度地方全面深化改革典型案例”。2021 年，涪城区出台《关于加快推动民生事业高质量发展的实施意见》，创新谋划教育提质放心、卫生

2021 年 6 月 15 日，涪城区委全面深化改革委员会第八次会议暨区两项改革“后半篇”文章领导小组（扩大）会议召开 （张钰菁）

健康安心、精神文化润心、就业支持贴心、扶弱救助暖心、多样便民省心、生态惠民舒心、人居环境称心、安全保障稳心、社会治理顺心“十心行动”，民生工作从零散化、碎片化、分割化向系统化、集成化、联动化转变；出台《关于建设全域强区的实施意见》，围绕城乡融合发展、城乡基础设施建设、优质公共服务供给、缩小城乡差距等方面，解决发展不平衡不充分问题，推动城市和乡村共富共美；率先探索开展城镇困难群众精准帮扶工作，构建“1+2+2+6”城镇困难群众精准帮扶工作体系，梳理涉及救助帮扶政策14类58项，精准识别城镇困难群众2307人。

【“平安建设小单元认领”项目入围全国创新案例】2021年10月18日，全国“2021年社会治理创新案例”在《法制日报》公示，“涪城区平安建设小单元认领”项目入围。2021年，涪城区建立健全联系群众走访问需机制，发动党员干部群众1200余人次，深入辖区54个小区、4所学校、200余家商户和1个农贸市场，全覆盖开展走访摸排居民群众需求200余条，分类建立需求台账，全域划定支援治安宣传、校园周边观察应急、重点人员盯控、反扒、小偷出没观察等治理“小单元”27个；成立以社区党委为领导核心的社区“小单元”联合党委，推行“现有专职委员+轮值兼职委员”制，发动500余居民群众认领“重点人员监控”“出租房及居住人员登记”等项目80余项，动态解决矛盾纠纷、小区隐患观察等群众身边事1000余件；利用社区闲置阵地60余平方米，争取政府购买服务资金40万元，引进涪城区阳光社会工作服务中心，孵化培育“手拉手”等社会组织13家，参与社区矫正、社区体育及儿童青少年保护等治理单元，制定“治安重点人动态观察”等治理单元，解决违法建设整治等事件10余件。

【深化改革委员会第八次会议】2021年6月15日，涪城区委书记、区委全面深化改革委员会主任邓辉在区委一楼会议室主持召开中共绵阳市涪城区委全面深化改革委员会第八次会议。会议审议《中共绵阳市涪城区委全面深化改革委员会2021年工作要点》《中共绵阳市涪城区委全面深化改革委员会2021年度改革落实台账》《关于建立健全诉源治理机制推进城乡基层社会治理能力现代化的实施意见》《涪城区省级百强中心镇培育工作方案》《绵阳市涪城区以管资本为主推进职能转变方案》《关于促进中医药传承创新发展的实施意见》。会议要求，要突出重点，聚焦目标抓改革，完成全年改革任务要创新谋划，把握涪城发展面临的新形势、新任务、新挑战，立足当前、着眼长远，统筹谋划一批重大改革事项要压实责任。

【深化改革委员会第九次会议】2021年11月3日，涪城区委书记、区委全面深化改革委员会主任邓辉主持召开区委全面深化改革委员会第九次会议。传达学习中央全面深化改革委员会第二十次、二十一次，省委全面深化改革委员会第十四次，市委全面深化改革委员会第十次、第十一次会议精神。会议审议，《关于健全专项小组运行机制的意见》《涪城区促进先进制造业和现代服务业融合发展方案》《涪城区强化知识产权保护实施方案》《涪城区深化新时代教育督导体制机制改革的实施意见》《涪城区红十字会改革方案》。会议要求，要把准改革方向。把握改革重点任务，把改革着力点放到加强系统集成、协同高效上来，推动改革和发展深度融合、高效联动。要推进改革落实，确保完成市上下达年度改革目标任务。要加强改革政策统筹、进度统筹、效果统筹，发挥改革整体效应，推动各项改革任务协同高效落实。要擦亮改革品牌。变试点为亮点，形成一批具有涪城特色、原创性、可推广的改革成果，打造更多“涪城改革品牌”。

【深化改革委员会第十次会议】2021年12月17日，涪城区委书记、区委全面深化改革委员会主任邓辉主持召开区委全面深化改革委员会第十次会议。传达学习中央全面深化改革委员会第二十二次会议精神。会议审议《涪城区加快农业保险高质量发展的实施方案》《涪城区国有企业改革三年行动方案（2020—2022年）》《涪城区全科网格化服务管理实施意见》。会议要求，要紧盯目标，打好全面深化改革收官战。区委改革办、各改革专项小组，要发挥统筹协调，综合调度作用，紧盯目标任务、重要事项和关键环节，系统做好各项改革任务分析评估。系统科学谋划2022年改革工作，聚焦大事要事，科学确立改革切入点，着力在两项改革“后半篇”文章、园区体制机制改革、优化营商环境、区属国企改革、医疗卫生事业发展等方面推陈出新，办成一批可知可感的改革事项。创新方法，构建齐抓共促大格局，系统集成抓改革，在加快重点领域改革突破的同时，增强改革的系统系、整体性、协同性，更好发挥改革的综合效能，推动更多改革任务纳入国家、省级、市级“大盘子”。

（张钰菁　尹　莉）

档案管理

【概况】2021年，涪城区档案馆通过电话咨询、预约查档、来信来函查档、延时服务、开通绿色通道、异地查档跨馆服务等多种服务方式，实现立查立取，为群众提供方便快捷的档案利用服务。通过查阅档案，为规范干部人事档案、退休工龄认定、享受政策、办理贷款、解决纠纷、维护稳定、案件调查、村级建制调整改革、疫情防控提供档案凭据。全年共接待档案利用12713人次，提供利用档案15610件，复印23000页，完成异地查档495件。按照档案管理的“九防”、“七无”要求，加强档案安全工作，建立安全工作领导小组，落实档案安全工作职责，制定档案保密制度和档案馆安全突发事件应急预案，开展消防安全培训和消防应急演练，坚持24小时值班，实行职工节假日轮流值班值守制度，馆领导和相关人员定期开展安全检查，确保档案实体安全和信息的安全。

【特色档案移交进馆】2021年5月，涪城区档案馆将全区具有代表性的青义卫生院的全部档案作为特色档案资源进行征集整理后接收进馆，并进行数字化处理。

【档案资源开发】2021年9月，涪城区档案馆到四川省档案馆拷贝40年前原保存于涪城区档案馆的清代档案数字副本，共计15卷。

【常规档案移交进馆】2021年10月，涪城区档案馆接收区统计局、工商联等2个单位档案进馆，共计文书档案1233件；11月，完成脱贫攻坚档案资料“双套制”移交进馆工作；12月，指导全区相关单位2020年抗击新冠肺炎疫情工作档案资料归集整理并接收进馆；12月，接收区财政局民国档案50卷，合计4000页。

【《涪城历史沿革》编纂】2021年12月，围绕建党100周年，利用档案史料梳理涪城建制、区划调整以来的变迁，历时1年《涪城历史沿革》编纂完成。

【数字档案馆基础建设】截至2021年底，历时9年，涪城区全部非涉密馆藏档案数字化扫描工作完成，建立案卷级、文件级电子目录，全部纳入档案目录数据库管理。累计完成数字化扫描146861卷、425418件，近2000万页，条目著录48.9万条（含民国档案24300条）。

（余龙海　沈　飞）

党史工作

【概况】2021年，涪城区在全省率先编印地方党史新时代专著《中国共产党涪城历史1921—2021（新时代卷）》，完成《中国共产党涪城执政实录（2020）》编纂出版，完成《中国共产党绵阳历史大事记略（1921—2021）》《中国共产党绵阳执政实录（2020）》和绵阳市庆祝中国共产党成立100周年活动图片展图文组稿。勘校重印涪城党史第一卷、第二卷和党史口袋读本《革命英烈谭德政》。完成“谭德政纪念园”室内展陈提升并同步上线“谭德政纪念园VR数字馆”，填补涪城区党史党性教育基地空白，被授予“绵阳市中共党史教育基地”。开展“史志宣教示范插旗”行动，指导勇拓洋楼小区等7个单位创建并命名为“涪城区第二批中共党史宣传教育示范点”。挖掘三线建设红色资源，指导跃进路“三线记忆馆”改造提升取得阶段性成果。开展全区红色遗址普查近60个，收集抗美援朝资料400余份。牵头撰写完成区委书记邓辉为科级干部讲党史的授课提纲，联系专家为区委中心组学习授课并审核课件。率先完成党史信息市级目标考核，在四川党史文献网、四川省情网等网站刊载信息近30条。向全区各单位赠送各类党史书籍万余册。获评全省党史部门网络宣传工作信息报送先进单位、全市史志宣传教育（信息）工作先进集体、全市庆祝中国共产党成立100周年活动单项工作做出突出贡献的单位、全市史志宣传教育工作先进单位、党史编研工作先进单位和涪城区庆祝中国共产党成立100周年系列活动“先进集体”。

【全省率先出版地方党史新时代专著】为庆祝建党100周年献礼，按照区委安排部署，4月，由涪城区委党史研究室牵头，统筹相关部门及专家力量，编撰地方党史新时代专著《中国共产党涪城历史1921—2021（新时代卷）》，6月28日，在涪城区举行庆祝中国共产党成立100周年表彰大会暨“永远跟党走”群众歌咏晚会正式发布，率先在全省全市编撰出版发行。全书约20万字，除设序言、中共涪城历史综述和结语外，共设“科学谋划、现代产业、科教强区、改革开放、城乡融合、民生事业、党的建设”等7章21节，并精选收录100幅图片。高度概述了中共百年党史的涪城印记，重点全面客观地记录了党的十八大以后涪城区委团结带领全区人民攻坚克难、开拓进取，推动经济社会高质量发展的奋斗历程、生动实践以及取得的辉煌成就。本书作为涪城区党史学习教育选学读本，发放到涪城区各基层党组织和党员领导干部学习，并面向全国党史系统交流互鉴。

【《中国共产党涪城执政实录（2020）》出版】 3月5日，制发《涪城执政实录（2020）》编纂通知文件，收集、整理组稿材料，梳理存在的问题与不足，召开全区编纂工作业务培训会，12月完成《涪城执政实录（2020）》出版发行。全书设置区委工作综述、决策与部署、贯彻与实践、创新发展的涪城经验、大事记、附录六个部分18章，共90余万字，并精选收录36幅重要图片。同时，突出涪城实际和年度特点，新增全面决战决胜脱贫攻坚和新冠肺炎防控复工复产专栏，设置涪城亮点工作综述。全面、客观、真实地记录了2020年度中共绵阳市涪城区委在经济、政治、文化、社会及生态文明等各领域改革发展的工作历程以及带领全区人民砥砺奋进取得的重大成就。该书的出版，有利于发挥党史“存史、资政、育人”的作用，为全区实施“三千工程”建设“四个强区”全面建设西部现代化强区提供决策依据和借鉴，为广大读者了解和研究涪城提供信息和资料。

2021年6月28日，涪城区首个党史党性教育基地“谭德政纪念园”室内布展提升完成 （涪城区委党史研究室）

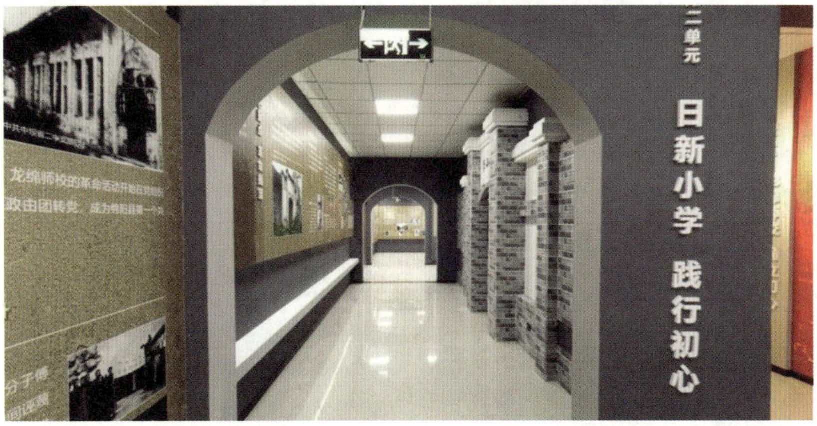

“谭德政纪念园”室内谭德政烈士事迹陈列室 （涪城区委党史研究室）

【涪城区首个党史党性教育基地建成】 为纪念原绵阳县第一个共产党员谭德政烈士，2021年4月，由涪城区委党史研究室牵头，收集整理史料，梳理、编排、完善大纲，6月28日，高质量完成“谭德政纪念园”室内布展提升工作并同步上线“VR数字馆”，建成涪城区首个党史党性教育基地，形成“两室一厅一堂”，两室即谭德政烈士事迹陈列室和纪念作品陈列室，一厅即涪城党史展厅，一堂即德政讲堂。整个纪念园占地近6000平方米，室内面积近400平方米。整个纪念园在展陈设计上，主要以初心为主题、主线，展示伟大建党精神、中共党史和绵阳党史，室内以谭德政初心为主线、展示谭德政事迹和涪城党史。纪念园成功提升布展受到省、市级业务主管部门的高度肯定与评价，被命名为“绵阳市中共党史教育基地”。2021年，各级各地累积参观学习50余次，在提升广大党员干部党性修养方面发挥了重要作用。

【“跃进路·三线记忆馆”提升布展】 2021年，涪城区挖掘跃进路“三线建设”历史文化资源，利用灵通社区相关阵地资源，拓展“跃进路·三线记忆馆”建设，展示本土工业发展基础、保护三线遗产、研究三线历史、传承三线文化、弘扬“三线精神”，区委党研室先后组织召开2次提升布展研讨会，对接市委党校、市委党史研究室、市三线建设博物馆建设等方面专家和市区史志专家，为展馆建设献计献策，指导督促灵通社区推进“三线记忆馆”布展提升工作。截至年底，完成布展大纲设计，指导提升布展工作取得阶段性成果。

【史志宣教示范插旗行动】2021 年，涪城区开展“史志宣教示范插旗”行动，指导全区各级各部门分批次创建区级党史宣教示范点。“七一”前，按照“成熟一个、授牌一个”的原则，通过验收评比，丰谷镇清水村、城厢街道勇拓洋楼小区等 7 个单位被命名为“涪城区第二批中共党史宣传教育示范点”并授牌。涪城史志宣教呈现“以点带面、多点开花、全面发展”的良好态势。

【红色资源普查】2021 年，按照中共四川省委宣传部等部门《关于印发全省红色资源普查和保护利用实施方案的通知》（川宣发〔2021〕8 号）文件精神和全省红色资源普查工作培训会议安排部署，区委党研室开展区域内红色资源专项普查，搜寻并实地考察，详细填报红色资源近 60 个，超量完成普查任务。

【抗美援朝资料收集】2021 年，涪城区委党史研究室按照省市文件《中共绵阳市委党史研究室关于征集抗美援朝运动相关资料的通知》要求，完成抗美援朝涪城区综述内容，梳理涪城区抗美援朝参战情况以及战士的相关档案信息；完成抗美援朝时期，工作部署、推进和总结、运动概况、新闻报道、英模人物的生平事迹、口述史等资料的收集，共计 500 余份近 1200 页。

2021 年涪城区委书记邓辉（左）走访慰问区人大常委会原主任朱定国（右）

（涪城区委老干局）

2021 年 5 月 20 日，涪城区四大班子退休干部到江油王右木纪念园开展党史学习教育

（涪城区委老干局）

【“百年党史周周学·涪城党史”宣教平台开办】2021 年，结合党史学习教育，涪城区委党史研究室对接区融媒体中心，开设“百年党史周周学·涪城党史”栏目，在涪城手机台上刊载 10 余期，为全区干部群众了解涪城党史大事记开辟平台。

（杨惟　杨剑）

老干部管理

【概况】2021 年，涪城区老干部局开展离退休干部党史学习教育，组织引导广大老干部发挥优势作用参与基层治理。在春节、“七一”、重阳节等重要节点走访慰问全区老干部，开展老干部重阳节茶话会、“我为城乡基层治理出份力”等各类老干部活动 5 场次。

落实老干部医疗门诊报销、新中国成立初参加革命工作的部分退休干部困难补助和适当医疗照顾工作。审核发放新中国成立初参加革命工作的部分退休人员住院和门诊补助费用

15.5万元，审核报销离退休干部住院及门诊医疗补助共160.7万元。对有特殊困难的12名副县级以上离退休干部、离休干部遗孀予以帮扶。全年接待来电来访老干部28人次。

【重大节日走访慰问】2021年春节、“七一”等重大节日和重要时间节点，涪城区委书记邓辉率四大班子主要领导走访慰问离退休老干部，向他们送去节日祝福和慰问。邓辉询问老干部身体状况和生活情况，听取他们对涪城工作的意见建议，希望各位领导一如既往地关心支持区委、区政府工作，发挥自己独特的政治优势、经验优势和威望优势，多提宝贵意见建议，为涪城经济社会高质量发展凝聚更加广泛的合力。

【涪城区离退休干部茶话会召开】2021年10月14日，涪城区离退休干部重阳节茶话会在区委一楼组织召开。全区副县级以上离退休老干部40余人参会，区委书记邓辉出席会议并讲话，区委常委、常务副区长秦亚辉通报全区2021年上半年经济社会发展情况。

（罗玉琼）

精神文明建设

【概况】2021年，涪城区以全国文明典范城市创建、乡村“复兴少年宫”建设试点、深化拓展新时代文明实践中心建设三大重点工作为抓手，推进精神文明建设各项工作，通过全国文明典范城市创建年度迎检，入围乡村“复兴少年宫”建设全国试点县。先后接待海南省、四川眉山市、遂宁市等省内外到涪城区学习考察文明城市创建工作10余次。9个单位（村镇）被市委、市政府表彰为绵阳市文明单位（村镇）。

【全国文明典范城市创建】2021年，涪城区印发《涪城区2021年全国文明城市实地测评点位任务分工及测评标准》，拟定文明村城市创建责任清单、任务清单、问题清单，明确各方责任，全区形成28名区级领导下沉一线，包片督导9个镇街；15个行业主管部门包干负责249个迎检点位分解到；57个部门对口联系113个村（社区），550名基层干部包小区、包楼栋、包院落的工作责任体系，逐人落实包片区域、岗位职责。先后组织召开3次专题调度会，通报当前存在问题，安排下阶段相关工作。对全区9个镇、街新时代文明实践所及部分村、社区示范文明实践站进行督导。在2021年9月中央文明办对绵阳的文明城市年度测评以及12月文明城市测评“回头看”中，涪城区承担实地测评和入户问卷调查两项工作，负责实地测评示范点位249个（全市770多个），占总点位的1/3；抽取7个社区（全市12个）入户问卷调查居民175户，占全市总户数的60%，涪城区再次完成文明城市迎检主力军的重要工作任务，为绵阳争创全国文明典范城市贡献力量、奠定基础。

【乡村“复兴少年宫”建设试点】2021年5月，涪城区被列入全国50个县（市、区）试点之一（全省仅有5个试点县、全市仅有涪城被纳入试点）。这是涪城区继2019年全国新时代文明实践中心建设试点后，承担的又一项全国试点任务。涪城区调研、会商，形成试点工作实施意见，区委书记邓辉先后在区委常委会、“周周听汇报”专题会上对此项工作进行安排部署，要求充分盘活各类资源，把乡村“复兴少年宫”建设与农家书屋、农村中小学建设等统筹结合。把乡村“复兴少年宫”建设与新时代文明实践中心各项工作、各类活动有机结合起来，组织少年宫辅导员、学生及家长参与文明实践活动。2021年9月23日，省委宣传部、市委宣传部调研组到涪城区调研时指出，涪城区复兴少年宫建设领导重视、行动迅速，为试点工作带好了头、起好了步。

【文明实践志愿服务】截至2021年底，涪城区建成新时代文明实践中心1个、文明实践所9个、文明实践站113个。根据各地的资源禀赋、文化

2021年9月7日，绵阳市新时代文明实践中心建设现场会在涪城杨家镇召开

（周雍吉）

基因、产业特色、未来发展等自身优势，量体裁衣规划建设定位和建设目标，青义镇围绕“服务科技城集中发展区（涪城区属）建设”、杨家镇围绕“农科文旅”互动融合发展、吴家镇围绕“临港经济发展圈”等空间布局和资源配置，明确文明实践建设区域主题，9个镇（街道）文明实践所（站）建设“保持底色、擦亮本色、彰显特色”，形成“一所一品、一站一景”涪城特色的文明实践新格局。2021年9月7日，涪城区承办全市新的文明实践中心建设现场会，展示涪城区新时代文明实践工作的成绩。结合庆祝建党100周年活动，组织开展“永远跟党走宣讲志愿服务”“不忘初心、牢记使命党员志愿服务”“我为群众办实事志愿服务”等主题志愿服务活动1000余场次，覆盖群体达10万余人，探索在西蜀网开通“文明涪城”专栏，扩大文明实践覆盖面、参与度、知晓率，推动服务群众多维化、精准化、高效率，线上线下相互促进、相映生辉。7月24日突发外地输入新冠肺炎疫情后，各镇、街，教体等行业共组织1000余名志愿者上岗开展核酸检测、防疫排查等志愿服务活动。通过大规模集中性的志愿服务活动，锤炼志愿者队伍。

（李海岗　党燕萍）

对口帮扶凉山州昭觉县

【概况】2021年，中央决定从脱贫之日起设立巩固拓展脱贫攻坚成果5年过渡期，在过渡期内，继续实行“四个不摘”“扶上马、送一程”的对口帮扶原则。涪城区贯彻落实中央和省委、市委对新一轮对口帮扶工作作出的安排部署，服务昭觉县社会经济发展大局。健全“主要领导亲自抓、分管领导具体抓、部门领导分头抓、干部职工各司其职、社会群众广泛参与、前线帮扶工作队集中攻坚”的领导体制和工作机制，全年党政主要领导互访对接、召开联席座谈会议2次，区委、区政府2次召开常委会、常务会专题研究对口帮扶工作，审议确定《绵阳市涪城区对口帮扶凉山州昭觉县五年规划（2021—2025）》《绵阳市涪城区对口帮扶昭觉县巩固拓展脱贫攻坚成果全面推进乡村振兴2021年度实施方案》等重要文件，并将对口帮扶工作纳入全区目标考核体系，细化量化考核内容，与全区重点工作同研究、同部署、同考核。突出资金、项目、人才支持“三位一体”，以高出省级对口帮扶资金投入要求的标准，落实对口帮扶财政专项资金1400万元、前线帮扶保障资金500万元，筹集各类社会帮扶资金（含折资）220余万元，撬动社会投资3000余万元；启动实施防止规模性返贫、乡村特色产业、低收入人口就业和本土人才培育、教育医疗、党建及基层治理等5大类9个具体帮扶项目；本着“好中选优、优中选强”的选派原则，于2021年5月18日向昭觉县派出由30名干部人才组成的第三批对口帮扶工作队，到昭觉县18个县级机关、6个乡镇开展挂职工作。昭觉县巩固脱贫攻坚成果与乡村振兴有效衔接。

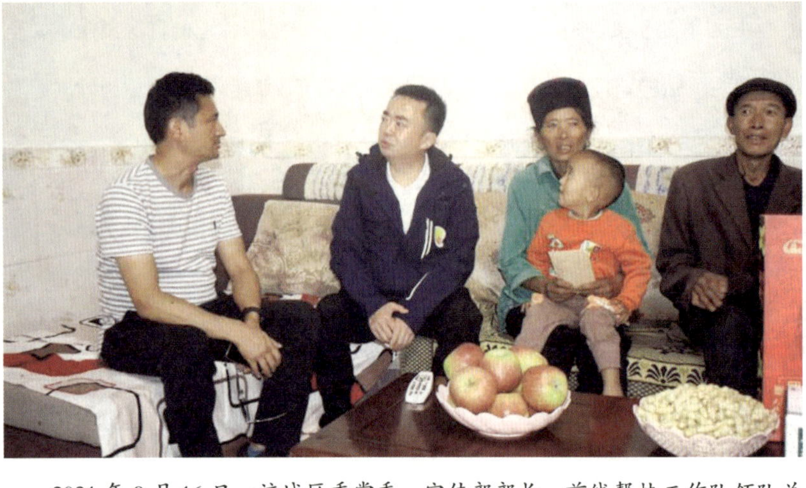

2021年9月16日，涪城区委常委、宣传部部长、前线帮扶工作队领队关键（左二）走访慰问彝族人家　（曾　志）

【智力帮扶】2021年，涪城区围绕对口帮扶总体要求，坚持“一茬接着一茬干，一张蓝图绘到底”，通过走访调研、精心策划、广泛征求意见，率先完成《对口帮扶五年规划》编制，并结合昭觉现实需求，科学确立“咬定一个目标、按照两个融入、确保三个衔接、突出三个着力帮扶、开展五大行动”的“一二三三五”对口帮扶工作措施。建立“涪城区决策咨询委员会+昭觉县县直部门”“涪城区对口帮扶工作队+昭觉县农业龙头企业”的决策咨询和会商机制，为昭觉县委、县政府重大决策的制定和实施，以及企业发展提供咨询服务和技术指导，协助昭觉谋划包装债券项目6个，总投资17.1亿元。成立涪城援昭志愿服务队，以“法律七进”活动为载体，开展校园学法、建立乡村法律明白人、社区普法等志愿活动7场，直接服务彝族群众600余人次。

2021年11月12日，涪城区对口帮扶工作队同涪昭农业产业园签订战略合作协议 （曾　志）

为昭觉县早日实现“脱贫攻坚主战场”变为“乡村振兴示范区”提供智力支撑。

【产业帮扶】2021年，涪城区投资310万元对涪昭现代农业园区基础设施进行改造提升，助力“国家级现代农业产业园区”和“省级五星级现代农业园区”创建；投资130万元在地莫镇瓦古村建设食用菌林下种植产业园，通过前期投产见效的现代产业园反哺传统农业，发展集体经济；投资60万元在解放沟镇建立集民宿旅游、彝族历史文化展示、特色农产品展销和农耕文化体验为一体的“农、旅、商”融合发展的彝族特色文旅产业示范点，助力昭觉县打造攀西地区休闲旅游后花园；动员涪城区达冠园、宝龙建材等4家企业、石塘街道东岳村等8个集体经济实力较强的村组织到昭觉县考察项目。

【教育帮扶】2021年，涪城区实施“校联体”建设，共计向昭觉县派出教师3批50余人次，开展教育交流和支教活动60余次，系统培训昭觉县骨干教师30余人，派出19人在昭觉县民族中学南校区、东方红小学等学校开展一线教学工作。深化学生代培机制，绵阳市实验中学、绵阳中学等学校新增异地培养昭觉县50名优秀小学毕业生、20名优秀初中毕业生。首期“涪城昭觉班”在昭觉县民族中学南校区开班，帮助昭觉学生实现在家门口享受涪城优质教育的美好愿望。单列财政资金100万元，依托西昌民族幼专教学资源打造“昭觉县教师能力提升培训基地”，完成昭觉教师实训2批次78人。引入“东辰模式”打造3所示范基地学校，助力昭觉县提升教育能力水平。投入财政帮扶资金110万元，实施四开镇寄宿制中心学校淋浴提升工程、昭觉县民族中学南校区教育基础设施完善和校园文化提升工程、昭觉县东方红小学教学教育能力提升三大项目建设，助力昭觉建设少数民族地区教育强县。

【医疗帮扶】2021年，涪城区实施“医联体”建设，选派10名涉及7个专业的优秀医务人员到昭觉县开展定点对口帮扶工作，持续性开展医疗卫生“传、帮、接、带”工作。全年共举办业务培训72次、教学查房71次、病案讨论60次、手术或操作带教231次，协助新建临床专科4个、开展新技术新项目157个、开展远程医疗75例、医院管理制度及医院文化建设11次，帮助带教徒弟考取执照5人、培养科室主任3名，为昭觉医疗系统捐赠价值4.2万元的药品等物资。投入财政帮扶资金110万元，在昭觉县疾控中心打造提升防治艾滋病实验室，在绿色家园戒毒康复社区打造卫生服务中心，提升昭觉县禁毒防艾能力。从人员、资金、技术等方面给予支持，昭觉群众感受“病有所医”到“病有良医”的变化。

【就业帮扶】2021年，组织涪城区18家企业到昭觉县沐恩邸社区举办涪昭劳务专场招聘会，提供就业岗位信息1800余条，达成就业意向登记335人。建立涪昭劳务信息对接平台，推送用工信息2次，提供用工信息2000余条。加强涪昭现代农业产业园的就业带动能力，累计吸纳周边农村劳动力就近就业680余人，人均年收入增长近3万元。协同昭觉县就业局开展厨师职业技能培训，组织4名昭觉籍群众到涪城区参加居家就业培训，提升当地群众劳动能力素质和就业内生动力。

【基层治理帮扶】2021年，推广借鉴涪城区“社区治理34法”等成功工作经验，协助昭觉县探索出可复制、有针对性的基层治理举措，特别是在易地扶贫搬迁集中安置点和城乡接合部新型社区等重要点位，在基层政权治理、群众自治、法治德治建设、智

2021 年 6 月 28 日，援昭志愿服务队在沐恩邸社区幼儿园举行首期与法同行情满昭觉志愿服务活动 （曾 志）

慧化建设等方面，探索出一批高效治理经验，协助提升基层治理水平。推动沐恩邸社区、南坪社区分别与涪城区基层治理工作获评省级先进的迎宾社区、铁牛社区建立全面共建帮扶关系。投入财政资金 150 万元，用于低收入群众住房保障及居住环境改善，助力宜居乡村建设。投入财政资金 50 万元，建立妇女家庭家风培训基地，建立老人、妇女、儿童等留守人员关心关爱服务保障机制，为基层组织购买社会化服务，健全社区综合保障体系。

【全域结对帮扶】2021 年，涪城区统筹区内 118 个部门单位分别与昭觉县的 62 个部门、20 个乡镇、50 所中小学、49 所医疗卫生机构形成全域结对，签订帮扶协议 130 余份，形成“新皂镇刘家坪村+解放沟镇博什瓦黑村、杨家镇回龙寺村+四开镇洛且博村”等村与村在集体经济发展、基层治理等方面全面结对；涪昭双方组织部门开展人才全域结对培育项目，组织 15 名昭觉人才到涪城区开展为期 6 个月的顶岗锻炼；双方商务部门共同建立在涪城农批市场、商场专柜等地销售昭觉县农特产品的以销促产模式；涪城区工区街道帮助受扶街道宣传当地农特产品，组织辖区企业开展消费帮扶等典型帮扶实例。

【社会力量帮扶】2021 年，涪城区开展“爱满昭觉 情系彝区”消费帮扶主题活动，全区 130 家单位、个人通过集中采购和自主采购相结合的方式，完成73 类近 500 万元昭觉县特色农产品的采购，直接惠及当地彝族农户 3000 余人。开展“暖冬行动在昭觉”活动，全区各机关、企事业单位和爱心团体捐赠各类御寒物资 20 余万元；通过区慈善总会向昭觉的困难家庭老人、小孩、以及孤残等群体提供 70 万元的资金捐赠。对接绵阳“两弹一星”文化发展有限公司等爱心企业开展捐资助学活动，向昭觉县 52 名困难学生捐赠 14.3 万元助学金。对接绵阳五金协会及行业相关企业，向昭觉县城北镇瓦曲村捐建价值 20 万元的太阳能路灯，惠及村民 143 户 574 人。

（曾 志 江冰祥）

概　述

【概况】2021年，涪城区人大坚持以习近平新时代中国特色社会主义思想为指导，学习党的十九大和十九届五中、六中全会精神，贯彻习近平总书记关于坚持和完善人民代表大会制度的重要思想和中央人大工作会议精神，坚持党的领导、人民当家作主、依法治国有机统一，落实区第七次党代会和区委全会精神，围绕涪城对标当好“五个排头兵”、实施“三千工程”、加快建设“四个强区”，履行法定职责。1月26—28日召开涪城区第六届人民代表大会第六次会议；9月26—29日召开涪城区第七届人民代表大会第一次会议。全年举行人大常委会会议10次、主任会议17次，听取和审议“一府一委两院”专项工作报告24个。

【服务中心大局】2021年，涪城区人大常委会实地查看联东U谷、中南高科、惠科模组等重大项目，督促项目建设；开展中小工业企业发展情况专题调研，撰写中小工业企业外迁影响调研报告。专题调研绵州记忆、跃进路历史文化等特色街区和华润万象生活等城市综合体建设，现场督查城市“微治理”民生实事代表票决项目建设。听取区人民政府科技智谷组团和环西科大组团建设推进情况报告，视察创业黑马西部科创基地、硅基智能等创新平台建设和企业运营情况，围绕做强新引擎、做优新高地、做大新空间提出意见建议。听取和审议区人民政府巩固脱贫攻坚成果、推进乡村振兴工作情况报告，组织开展专题调研7次，提出制定扶持政策、突出产业特色等建议12条。了解“千鹤桑田”“湖光山色”“蔬香绿野”三大农业主题公园建设情况，专题听取区人民政府相关工作情况报告，督促政府部门做好品牌创建、产业提升、规划编制等重点工作。听取和审议区人民政府项目投资工作情况报告，调研园区基础设施建设、青义棚户区改造等重大项目建设情况，协调督促解决困难和问题。连续第三年开展优化营商环境工作监督，听取和审议区人民政府优化营商环境工作情况报告，组织政府职能部门现场协调解决问题，解决电力优惠政策落实、公交线路调整优化等问题14个。对四川绵阳工业园调位、区属国有企业经营、重大基础设施建设等工作开展监督。开展预算审查监督专题培训，邀请省、市人大专家讲授预算法、预算审查监督条例和操作实例，提升预决算审查监督能力。审议、审查和批准区人民政府2020年区级决算报告草案、2021年上半年预算执行情况报告、2021年预算调整报告、2020年预算执行情况和2021年预算草案初步方案报告，向区人民政府提出预决算初步审查意见43条。听取和审议区人民政府2020年预算执行和其他财政收支审计查出问题整改报告，督促整改落实问题108个，整改率96.4%。听取区人民政府关于2019—2021年政府性债券资金争取使用绩效情况报告。

【民生事业发展】2021年，涪城区人大常委会专题听取区人民政府2021年区级人大代表票决民生实事项目推进情况报告，组建9个项目监督小组全覆盖开展督促检查。开展2022年区级民生实事票决项目征集工作，通过人大代表征集、镇街部门征集、社会公众征集三管齐下，征集各类项目

134个，筛选候选项目12个，由区七届人大二次会议票决产生10个民生实事项目。听取和审议区人民政府城镇困难群众精准帮扶工作开展情况报告，聚焦精准识别、精准施策、提标扩面提出审议意见。听取和审议区人民政府职业教育发展情况报告，走访调研职教院校和企业，围绕顶层设计、扩容提质、校企合作、营造氛围等方面提出建议。听取和审议区人民政府创新城乡社区治理、推进基层群众自治情况报告，督促政府及有关部门完善工作机制、健全保障体系、形成多元合力。及时转办督办群众来信62件，接待群众来访78人次。听取和审议区人民政府贯彻实施环境噪声污染防治法工作情况报告，针对宣传引导、噪声监测等工作中存在的问题，督促政府有关部门研究解决。听取区人民政府关于绵阳循环经济产业园建设情况报告，视察中央环保督察问题整改情况，现场查看东江环保项目建设、木龙河黑臭水体整治情况。视察农村污水一体化处理设施管理使用情况，采取明察和暗访相结合的方式，逐一查看辖区内处理设施运行情况，提出加强管网建设、提高设备运行效率等意见。

【依法履职行权】2021年，涪城区人大常委会围绕全区改革和发展中的重大事项、人民群众关心的热点难点问题，在调研论证的基础上，依法作出决议决定6项。听取和审议区人民政府2021年上半年国民经济和社会发展计划执行情况报告。听取区人民政府关于研究处理禁毒法执法检查报告及审议意见办理情况的报告，开展满意度测评。跟踪监督区人民政府对2020年度国有资产管理情况、2020年上半年国民经济和社会发展计划执行情况审议意见的研究处理情况，进行办理效果评定。任免国家机关工作人员及人民陪审员101人107职，补选区人大代表8人；组织任前法律知识考试、任职发言、颁发任命书和宪法宣誓等工作，研究制定国家机关工作人员监督办法。督促引导相关部门开展宪法学习宣传“七进”，采用网络形式开展宪法宣传，17万网友通过新华社客户端、“涪城手机台”客户端、“法治涪城”微信公众号等平台收看涪城宪法宣传直播活动。听取区人民政府支持配合区人民法院解决执行难工作情况报告。视察区人民检察院司法辅助事务综合配套改革情况，调研法检两院相关工作情况，提出加强干部队伍建设、建立健全管理制度等意见建议。组织人大代表参加区人民检察院刑事案件审查公开听证4次、区人民法院案件庭审旁听3次，见证执行2次。开展规范性文件备案审查工作专题培训，调研规范性文件备案审查工作情况，针对问题提出对策建议。全年向市人大常委会报送区人大及其常委会作出的决议10件，审查各镇人代会决议42件，审查区人民政府规范性文件1件。组织对上级人大交办的野生动物保护法、四川省水资源条例、绵阳市物业管理条例等13部法律法规草案征求意见，提出修改建议50余条；向市人大常委会提出2021—2025年立法选题建议2条。涪城首次成为省人大立法联系点，全区新增1个镇，共计3个单位成为市人大立法联系点。

【人大代表工作】2021年，涪城区人大首次开展选民信息化登记，7月依法足额选举产生区人大代表290名、镇人大代表422名，区人大代表中有专业代表68名，本科及以上学历代表214名；9月召开涪城区第七届人民代表大会第一次会议。举办新任涪城区第七届人大代表履职培训班，邀请省市专家专题辅导，同步指导辖区6个镇人大主席团开展新当选镇人大代表履职培训。研究起草《区人大代表履职量化评价制度（试行）》。创建“涪城夜话·代表履职沙龙”，围绕找准代表履职切口、充分发挥代表作用等方面开展研讨交流，每月开展活动2次以上。各镇街结合实际探索代表

2021年9月27—29日，绵阳市涪城区第七届人民代表大会第一次会议代表表决

（涪城区融媒体中心）

履职平台建设，吴家镇建成区镇人大代表接待服务群众的“人大代表之家”；永兴镇建立“代表履职掌上办、方便群众不用跑”的智慧化人大工作平台；石塘街道建成听民声、解民忧的人大代表联系群众“暖心站”。以行政辖区为单位组建13个区域代表小组，涪城区人大专委会、常委会工委室牵头组建7个专业代表小组。开展“我为群众办实事”和“双走访”等主题活动，组织辖区各级人大代表走访接待群众1357人、企业900余家，收集企业反映的困难问题179个。视察2020年档案法贯彻实施专题视察中代表意见建议研究办理情况。选取涪城区六届人大六次会议、七届人大一次会议代表建议中社会关注度高、事关经济社会发展大局的10件代表建议，作为常委会重点督办件。听取和审议区人民政府办理代表建议、批评和意见情况报告，督促区人民政府、三个园区管委会办理完毕22件涪城区六届人大六次会议代表建议，满意率达100%；督促办理79件区七届人大一次会议代表建议。

绵阳市涪城区第六届人大常委会组成人员名单

（2021年1月1—29日，共计29人）

顾　建　张琼林　李　里　庞　飞
罗泽斌　王　静　兰明路　刘良旭
刘　国　刘顺龙　刘德龙　安忠瑶
李天蓉　李忠友　何　娟　陈　竹
范少国　林国平　周　玲　胥兴军
凌　云　高红刚　彭庆祝　蒋义奇
释昌果　曾　红　熊华龙　滕　华
魏晓岚

绵阳市涪城区第六届人大常委会组成人员名单

（2021年1月29日至7月27日，共计29人）

顾　建　张琼林　李　里　林　勇
罗泽斌　王　静　兰明路　刘良旭
刘　国　刘顺龙　刘德龙　安忠瑶
李天蓉　李忠友　何　娟　陈　竹
范少国　林国平　周　玲　胥兴军
凌　云　高红刚　彭庆祝　蒋义奇
释昌果　曾　红　熊华龙　滕　华
魏晓岚

绵阳市涪城区第六届人大常委会组成人员名单

（2021年7月27日至9月29日，共计28人）

顾　建　张琼林　李　里　林　勇
罗泽斌　王　静　兰明路　刘良旭
刘　国　刘顺龙　刘德龙　安忠瑶
李天蓉　李忠友　何　娟　范少国
林国平　周　玲　胥兴军　凌　云
高红刚　彭庆祝　蒋义奇　释昌果
曾　红　熊华龙　滕　华　魏晓岚

绵阳市涪城区第七届人大常委会组成人员名单

（2021年9月29日至12月31日，共计35人）

顾　建　林　勇　李　里　罗泽斌
李永钢　丁　凯　王　斌　王震波
邓启贵　冯兴刚　冯丽玲　冯清春
向　婧　刘　国　杜立君　李　荐
肖兴斌　张　杨　张　英　张　林
张晓琴　苟兴权　范少国　范金燕
林　辉　孟合江　赵永生　胡胜龙
胥兴军　黄富敏　释常明　谢从玉
雷文英　鲜跃辉　潘　智

2021年绵阳市涪城区人大常委会会议一览表

表7

时间	会议名称	主要内容
1月7日	区六届人大常委会第四十四次会议	1.听取和审议区六届人大常委会代表资格审查委员会关于终止区六届人大代表曾建军代表资格的报告； 2.听取和审议区六届人大常委会主任会议关于决定补选区六届人大代表选举日、程序、公告的发布等事项的议案，并作出相应决定
1月20日	区六届人大常委会第四十五次会议	1.人事事项； 2.听取和审议《绵阳市涪城区人民政府关于绵阳市涪城区2020年预算执行情况和2021年预算草案初步方案的报告》，提出初步审查意见； 3.听取和审议区六届人大常委会代表资格审查委员会关于第1、2选区补选的区六届人民代表大会代表的资格审查报告（草案）； 4.听取和审议区六届人大常委会代表资格审查委员会关于代表资格审查和清理情况的报告（草案）； 5.审议区六届人大六次会议相关材料（草案），作出关于召开区六届人大六次会议的决定
3月31日	区六届人大常委会第四十六次会议	1.通报2020年度镇街人大工作考评结果，颁发奖牌； 2.人事事项； 3.审议通过关于确定新一届镇人民代表大会代表名额的决定草案； 4.审议通过区人大常委会2021年工作要点草案

续表 7

时间	会议名称	主要内容
5月31日	区六届人大常委会第四十七次会议	1.人事事项； 2.听取区人民政府支持配合区人民法院切实解决执行难工作情况的报告； 3.听取区人民政府关于推进三大农业主题公园、建设现代农业园区发展情况的报告； 4.听取和审议区人民政府关于项目投资工作情况的报告； 5.听取和审议区人民政府关于加强和创新城乡社区治理、推进基层群众自治的报告； 6.审议通过关于调整区六届人大常委会代表资格审查委员会主任委员的决定草案
6月10日	区六届人大常委会第四十八次会议	1.人事事项； 2.审议通过关于涪城区区、镇两级人民代表大会代表选举日的决定草案； 3.审议通过关于设立区、镇选举委员会的决定草案； 4.审议区、镇人大代表同步换届选举日程安排
7月27日	区六届人大常委会第四十九次会议	1.人事事项； 2.审议通过关于接受正式代表候选人辞去区、镇选举委员会职务的报告； 3.审议通过关于补充任命部分镇选举委员会组成人员的决定草案； 4.听取区人大常委会石塘街道工委工作情况的报告； 5.听取区人民政府关于绵阳循环经济产业园建设发展情况的报告； 6.听取区人民政府关于研究处理禁毒法执法检查报告及审议意见办理情况的报告，并进行满意度测评； 7.听取和审议区人民政府关于职业教育发展情况的报告； 8.听取和审议区人民政府关于优化营商环境情况的报告； 9.听取和审议区人民政府关于工业经济发展情况的报告
9月18日	区六届人大常委会第五十次会议	1.人事事项； 2.听取区人民政府关于 2021 年区人大代表票决民生实事项目推进情况的报告； 3.听取和审议区人民政府关于区六届人大六次会议期间代表建议、批评和意见办理情况的报告； 4.听取和审议区人民政府关于国有资产管理情况的综合报告； 5.听取和审议区人民政府关于 2021 年上半年国民经济和社会发展计划执行情况的报告； 6.听取和审议区人民政府 2020 年区级预算执行和其他财政收支审计情况的报告； 7.听取和审议区人民政府 2020 年区级决算报告草案，审查和批准 2020 年区级决算； 8.听取和审议区人民政府 2021 年上半年预算执行情况报告； 9.听取和审议区人民政府关于持续用力巩固脱贫攻坚成果、接续推进乡村振兴情况的报告； 10.听取和审议区六届人大常委会代表资格审查委员会关于绵阳市涪城区第七届人民代表大会代表资格审查报告； 11.审议通过区人大常委会关于设立人大专门委员会的议案； 12.审议区七届人大一次会议相关资料（草案），作出关于召开区七届人大一次会议的决定
11月12日	区七届人大常委会第一次会议	1.人事事项； 1.1 区人民政府关于黄梦瑶任职的议案； 1.2 区人民检察院关于彭平任职的议案； 2.审议关于设立区七届人大常委会代表资格审查委员会的议案及其决定； 3.审议关于接受赵越等人辞去区七届人大代表职务的议案； 4.听取和审议区人民政府关于城镇困难群众精准帮扶工作开展情况的报告； 5.审议区七届人大常委会代表资格审查委员会关于部分代表资格终止的报告； 6.审议关于补选区七届人大代表有关事项的决定； 7.审议《区人大常委会组成人员守则（试行）》
12月7日	区七届人大常委会第二次会议	1.人事事项； 1.1 区人大常委会主任会议关于娜珍免职的议案； 1.2 区人民政府关于彭三高等人任职的议案； 1.3 区监察委员会关于路春玲等人职务任免的议案； 1.4 区人民法院关于韩乾兵免职的议案； 2.审议区七届人大常委会代表资格审查委员会关于部分选区补选区七届人大代表的代表资格审查报告； 3.审议关于接受张丽蓉辞去区七届人大代表职务的议案，并作出相应决定； 4.审议区七届人大常委会代表资格审查委员会关于部分代表资格终止的报告

续表 7

时间	会议名称	主要内容
12 月 31 日	区七届人大常委会第三次会议	1.听取和审议区人大常委会主任会议关于接受张英辞去区七届人大社建委主任委员职务的议案，并作出相应决定； 2.听取和审议区人大常委会主任会议关于提请审议《绵阳市涪城区人大常委会关于补选区七届人大代表有关事项的决定》的议案，并作出相应决定； 3.审议关于组建绵阳市八届人大代表涪城团代表小组和开展小组活动的建议方案； 4.听取区人民政府关于涪城区 2021 年生态环境状况和环境保护目标完成情况的报告； 5.听取和审议区人民政府关于涪城区贯彻实施《中华人民共和国环境噪声污染防治法》工作情况的报告； 6.听取区人民政府关于科技智谷组团和环西科大组团建设情况的报告； 7.听取区人民政府关于 2019-2021 年政府性债券资金争取使用绩效情况的报告； 8.听取和审议区人民政府关于涪城区 2020 年度区级预算执行和其他财政收支审计查出问题整改情况的报告； 9.听取和审议区人民政府 2021 年区本级预算调整的报告，并作出相应决议

重大事项讨论决定

【区六届人大六次会议】2021 年 1 月 26—28 日，绵阳市涪城区第六届人民代表大会第六次会议票决了 2021 年区级民生实事项目；通过了关于绵阳市涪城区人民政府工作报告的决议、关于绵阳市涪城区人大常委会工作报告的决议、关于绵阳市涪城区人民法院工作报告的决议、关于绵阳市涪城区人民检察院工作报告的决议、关于绵阳市涪城区 2020 年国民经济和社会发展计划执行情况及 2021 年国民经济和社会发展计划的决议、关于绵阳市涪城区 2020 年预算执行情况和 2021 年预算的决议、关于绵阳市涪城区国民经济和社会发展“十四五”规划和二〇三五年远景目标纲要的决议。

【区七届人大一次会议】2021 年 9 月 27—29 日，绵阳市涪城区第七届人民代表大会第一次会议通过了区人大专门委员会组成人员名单。大会表决通过了《关于绵阳市涪城区人大常委会工作报告的决议》《关于绵阳市涪城区人民政府工作报告的决议》《关于绵阳市涪城区人民法院工作报告的决议》《关于绵阳市涪城区人民检察院工作报告的决议》。

2021 年 9 月 27—29 日，绵阳市涪城区第七届人民代表大会第一次会议召开

（涪城区融媒体中心）

【区六届人大常委会第四十五次会议】2021 年 1 月 20 日，涪城区第六届人大常委会第四十五次会议表决通过了关于召开绵阳市涪城区第六届人民代表大会第六次会议的决定，决定大会于 2021 年 1 月 25 日至 28 日在绵阳城区召开，会期三天。

【区六届人大常委会第四十六次会议】2021 年 3 月 31 日，涪城区六届人大常委会第四十六次会议审议通过了《关于确定新一届镇人民代表大会代表名额的决定》，确定涪城辖区各镇新一届人大代表名额合计 422 名；审议通过了《区人大常委会 2021 年工作要点》；通报了 2020 年镇街人大工作考评结果。

【区六届人大常委会第四十八次会议】2021 年 6 月 10 日，涪城区六届人大常委会第四十八次会议审议通过了涪城区区、镇两级人民代表大会代表选举日的决定，设立区、镇选举委员会的决定以及区、镇人大代表同步换届选举日程安排。会议决定，绵阳市涪城区区、镇两级人民代表大会代表同步换届的选举日为：2021年7月31日。

【区六届人大常委会第五十次会议】2021年9月18日，涪城区六届人大常委会第五十次会议决定绵阳市涪城区第七届人民代表大会第一次会议于2021年9月26日下午至29日上午在绵阳城区召开。

选举工作

【区六届人大六次会议选举】2021年1月28日，绵阳市涪城区第六届人民代表大会第六次会议选举林勇为绵阳市涪城区人大常委会副主任，选举胡峪涛为绵阳市涪城区人民政府副区长。

【区七届人大一次会议选举】9月29日，绵阳市涪城区第七届人民代表大会第一次会议选举产生了新一届区人大常委会主任、副主任、委员，区人民政府区长、副区长，区监察委员会主任，区人民法院院长，区人民检察院检察长，绵阳市第八届人民代表大会代表。顾建当选区人大常委会主任，李里、林勇、罗泽斌、李永钢当选区人大常委会副主任，丁凯、王斌等30人当选为区人大常委会委员。张虚怀当选区人民政府区长，秦亚辉、黄维、陈洪芳、喻焰斌、胡峪涛、刘琳、王宇当选区人民政府副区长。张伟当选区监察委员会主任。杨小平当选区人民法院院长。肖伟当选区人民检察院检察长。刁锐敏、王华蓉等60人当选市第八届人民代表大会代表。

【区七届人大常委会一次会议选举】11月12日，区七届人大常委会第一次会议选举黄梦瑶为区人民政府副区长、彭平为绵阳市涪城区人民检察院检察员。

【区七届人大常委会二次会议选举】12月7日，区七届人大常委会第二次会议选举彭三高为绵阳市涪城区政府办主任、甘开红为绵阳市涪城区发展和改革局局长、张琦伟为绵阳市涪城区工业和信息化局局长、王定强为绵阳市涪城区教育和体育局局长、谢潜龙为绵阳市涪城区科学技术局局长、喻焰斌为绵阳市涪城区公安分局局长、谢煜淮为绵阳市涪城区民政局局长、冯凯波为绵阳市涪城区司法局局长、郑茜为绵阳市涪城区财政局局长、杨世伟为绵阳市涪城区人力资源和社会保障局局长、余华为绵阳市涪城区住房和城乡建设局局长、沈亮为绵阳市涪城区交通运输局局长、顾雪邦为绵阳市涪城区农业农村局局长、崔平为绵阳市涪城区商务局局长、邓吉为绵阳市涪城区文化广播电视和旅游局局长、李帆为绵阳市涪城区卫生健康局局长、何海成为绵阳市涪城区退役军人事务局局长、张明为绵阳市涪城区应急管理局局长、邓小孟为绵阳市涪城区审计局局长、童小刚为绵阳市涪城区市场监督管理局局长、王芳为绵阳市涪城区统计局局长、刘晓强为绵阳市涪城区信访局局长、文雪为绵阳市涪城区经济合作局局长、陈竹为绵阳市涪城区医疗保障局局长、吴松云为绵阳市涪城区行政审批局局长、王洪球为绵阳市涪城区综合行政执法局局长路春玲为绵阳市涪城区监察委员会副主任、周伟为绵阳市涪城区监察委员会委员、罗勇为绵阳市涪城区监察委员会委员、贾岩为绵阳市涪城区监察委员会委员。

（黄瑞成　丁　凯）

概 述

【概况】2021年，面对复杂多变的外部环境、艰巨繁重的发展任务和新冠肺炎疫情的冲击影响，涪城区人民政府坚持以习近平新时代中国特色社会主义思想为指导，贯彻党的十九大和十九届历次全会精神，落实党中央国务院、省委省政府、市委市政府和区委决策部署，统筹疫情防控和经济社会发展，统筹发展和安全，坚持稳中求进工作总基调，坚持高质量发展主题，坚持新发展理念，深入实施“三千工程”，加快建设“四个强区”，攻坚克难、务实奋进，完成区六届人大六次会议确定的目标任务，实现“十四五”良好开局。

2021年，涪城区属地区生产总值突破600亿元大关，达到611.9亿元，增速9.6%。固定资产投资完成247.5亿元，总量连续7年位居全市第一。规上工业总产值突破300亿元，增加值增长36.7%，跃升至全市第一位。服务业增加值412.7亿元、增长9.5%。实现一般公共预算收入28.11亿元，首次跃升全市第一，增长28.2%。社会消费品零售总额281.21亿元，增长18.7%，城乡居民人均可支配收入分别达到45979元、26065元，增速分别为8.8%、10.4%。全国百强区跨越升级6位、位居第68位，获得省政府表扬奖励。获评全市县域经济发展先进县。首次入围全国投资竞争力百强区，位居第45位、全国同类城市首位。首次跻身全国幸福百强区，位居第53位。

【科技创新】2021年，涪城区运营中科（绵阳）创新园等13个创新平台，长虹科技园等110个科创项目签约落地。创业黑马西部科创基地、西科大双创实验实训大楼建成投用，科创载体空间突破20万平方米。新增省级众创空间1个，省市级工程技术研究中心5个。有效高新技术企业达到54家，高新技术产业主营业务收入超过85亿元。新增专利授权2047件。振通检测成功登陆新三板。龙华薄膜被认定为国家专精特新“小巨人”企业。科技智谷科普教育展示基地建成投用，瑞丰中升生态农场等15家单位获评省级科普惠民共享基地。成功举办全球青年学者论坛、川渝融合创新论坛等高端人才活动50余场次。

【产业发展】2021年，涪城区实施制造业倍增行动，三大主导产业产值占比达到63%。惠科光电年产值突破120亿元，成为全区首家百亿级企业。康宁玻璃基板项目当年开工、当年投产，惠科模组项目、中南高科、联东U谷加快建设。规上工业企业达到110户。实施服务业升级行动，华润万象城、王府井购物中心加快推进，京东五星电器城市旗舰店等成功开业，木棉花酒店顺利签约。“绵州记忆”成功入选第一批国家级夜间文化和旅游消费集聚区。规上服务业企业和限上商贸单位达到450户。现代农业稳步发展，“千鹤桑田”蚕桑文化农业主题公园建成开园，成功承办全省蚕桑产业高质量发展现场会。“湖光山色”稻渔亲水湿地农业主题公园初具雏形，“蔬香绿野”芦笋大健康农业主题公园加快建设。新增高标准农田1000公顷，巩固提升精品蚕桑2333.33公顷、优质蔬菜11200公顷。新培育市级以上示范新型农业经营主体13家。

【城乡协调发展】2021年，涪城区科技城新区发展提速，中关村信息谷（一期）等6个创新载体、北斗未来创新中心等4个创新平台建成投用，全年实施产业项目21个、完成投资32.63亿元。实施科慧大道等基础设施项目11个、裕都大道改造提升等环境提升项目6个、区妇女儿童医院等公共服务配套项目8个、九洲云栖湖等城市开发项目19个。临港经济发展区能级跃升，加快四川绵阳工业园区调位挂牌。占地2515亩、投资453.9亿元的工业项目实现集中连片建设。皂角铺铁路物流基地开通，绵阳工业固废处置中心建成投用，科技物流园加快推进。中心城区提档升级，青义镇大部和新皂镇、吴家镇局部纳入市国土空间规划总体规划中心城区范围。全年实施城建攻坚项目42个，完成投资31.8亿元，占年度计划投资122.6%。农旅融合区加快发展，全面推动乡村振兴，完成精品蚕桑产业带、优质蔬菜产业带、生态鱼（虾）产业带和都市休闲农业聚集区、生产性服务业总部发展区“三带两区”特色农业产业布局。

【改革开放】2021年，涪城区加强重点领域改革，两项改革“后半篇”文章141项重点任务实施，开展“智汇涪城”柔性引智平台、产教融合发展自主改革试点。实施国企深化改革三年行动，成立区企业培育发展中心，推进企业市场化转型。持续优化营商环境，出台推进产业高质量发展86条措施等惠企政策，兑现区级产业奖扶资金3100万元。落实联系服务企业四大常态机制，累计举办企业家“早餐汇”45期，收集问题化解率80%以上。全覆盖实施“政企连心行动”。开放合作取得实效，成功签约惠科模组等5亿元以上重点项目20个、总投资378.4亿元。到位国内省外资金135亿元，实际利用外资6300万美元，均居全市第一。与四川发展集团形成全面战略合作关系。对上争取连年突破，到位资金37.69亿元。

【社会民生】开展民生“十心行动”，完成58个省、市、区民生实事项目，全年民生财政支出达到27.8亿元，《民生改革“十心行动”促进共同富裕》入选“中国改革2021年度地方全面深化改革典型案例”。建成实验中学南河校区教学综合楼等项目4个，新增优质学位2590个。通过国家义务教育发展基本均衡县复审。成功创建四川省现代公共文化服务体系示范县。涪城中医医院、绵阳市公共卫生医疗中心等项目开工建设，建成市级以上重点专科16个。

【安全底线】成功处置“7·23”突发输入性疫情。开展燃气安全专项整治行动，排查隐患152个、整改143个。城市28栋694户D级危房住户全部搬离。化解中央、省级交办信访积案难案91件，完成市级涉房涉地历史遗留问题化解销号工作。通过第二轮中央生态环境保护督察。

2021年绵阳市涪城区人民政府全体会议、常务会议一览表

表8

时间	会议名称	主要内容
1月19日	区政府六届第九次全体会	审议《政府工作报告（送审稿）》《涪城区2020年国民经济和社会发展计划执行情况及2021年计划（草案）的报告（送审稿）》《涪城区2020年财政预算执行情况和2021年财政预算（草案）的报告（送审稿）》《绵阳市涪城区国民经济和社会发展第十四个五年规划和二〇三五年远景目标纲要（送审稿）》，总结2020年工作，安排部署2021年工作
9月16日	区政府六届第十次全体会	审议《政府工作报告（征求意见稿）》，回顾总结过去工作，安排部署下一步工作
1月19日	区政府六届第82次常务会议暨区应对新型冠状病毒感染肺炎疫情应急指挥部第三十一次会议	学习《中华人民共和国政府信息公开条例》、近期国务院常务会议精神；学习贯彻1月18日省委应对新冠肺炎疫情工作领导小组会议、市应对新冠肺炎疫情指挥部第二十二次会议精神，安排部署近期疫情防控重点工作；学习贯彻《绵阳市人民政府2021年森林草原防火命令》、区委六届十一次全会精神；审议《政府工作报告（送审稿）》《绵阳市涪城区国民经济和社会发展第十四个五年规划和二〇三五年远景目标纲要（送审稿）》《绵阳市涪城区2020年国民经济和社会发展计划执行情况与2021年国民经济和社会发展计划（草案）报告（送审稿）》《绵阳市涪城区2020年预算执行情况和2021年预算（草案）报告（送审稿）》、关于2020年政府专职消防员招录工作相关事宜、2021年第二批相关经费安排事宜、人事事项等

续表 8

时间	会议名称	主要内容
2月9日	区政府六届第 83 次常务会议	学习《四川省市县重大经济事项决策规定（试行）》；传达学习中国共产党第十九届中央纪律检查委员会第五次全体会议精神和习近平总书记在会议上的讲话精神及中国共产党四川省第十一届纪律检查委员会第五次全体会议精神和省委彭清华书记在会议上的讲话精神、四川省第十三届人民代表大会第四次会议、中国人民政治协商会议四川省第十二届委员会第四次会议精神、全市领导干部大会精神；听取 2020 年全区行政机关负责人应诉情况汇报、2020 年大气环境质量情况汇报，安排部署相关工作；审议《涪城区乡村振兴及社区微治理规划保障实施办法》（试行）、2021 年第二批相关经费安排事宜
3月8日	区政府六届第 84 次常务会议	传达学习习近平总书记在党史学习教育动员大会上的讲话精神、全省党史学习教育动员大会精神、习近平总书记在全国脱贫攻坚总结表彰大会上的重要讲话精神、省委农村工作会议精神、市委书记罗增斌调研涪城区经济社会发展情况时的重要指示精神、市七届人大七次会议、市政协七届六次会议精神；传达学习《国务院安委会办公室关于近 5 年来重大生产安全事故整改措施落实情况“回头看”工作情况的通报》，安排部署相关工作；听取开展“小金库”专项治理工作推进情况汇报，安排部署相关工作；听取 2020 年度市下达目标任务完成情况汇报，安排部署相关工作；审议建设“四个强区”突出贡献机关事业单位先进个人和先进集体、突出贡献企业和单位、突出贡献领军人才团队及菁英人才拟表彰名单；审议《涪城区推动产业高质量发展若干政策（试行）》、2021 年第三批相关经费安排事宜、人事事项等
3月16日	区政府六届第 85 次常务会议	学习《中华人民共和国退役军人保障法》《川渝司法行政区域合作行政复议典型案例》；传达学习全国“两会”精神、近期国务院常务会精神；传达学习 3 月 2 日省应急指挥部疫情防控工作调度会议精神，安排部署近期疫情防控重点工作；传达学习《关于公职人员带头落实森林草原防灭火要求的规定》，安排部署相关工作；审议《镇（街）地区生产总值统一核算方案（送审稿）》《镇（街）地区生产总值统一核算工作联席会议制度（送审稿）》《支持 10 亿元以上工业企业发展工作专班及年度工作方案》《支持 1 亿元以上重点建筑业企业健康发展工作方案》《服务业行业发展工作专班方案》《中共绵阳市涪城区委　绵阳市涪城区人民政府关于全面推进乡村振兴加快涪城农业农村现代化的实施意见》《中共绵阳市涪城区委　绵阳市涪城区人民政府关于建设全域强区的实施意见》、绵阳市高水九年一贯制学校新建教学综合楼工程工程量变更有关事宜、涪城区教工幼儿园御营分园建设项目工程量变更有关事宜、关于规范涪城区其他事业退休人员年终慰问费建议意见等
3月24日	区政府六届第 86 次常务会议	审议《江苏省南通市启东市　四川省绵阳市涪城区建立友好城区关系协议》《涪城区乡村（社区）规划师队伍组建建议方案》《涪城区乡村（社区）规划师管理办法（试行）》等
3月25日	区政府六届第 87 次常务会议	—
3月31日	区政府六届第 88 次常务会议	—
4月1日	区政府六届第 89 次常务会议	—
4月14日	区政府六届第 90 次常务会议暨区应对新型冠状病毒感染肺炎疫情应急指挥部第三十五次会议	传达学习中央财经委员会第九次会议精神和近期国务院常务会议精神、习近平总书记对革命文物工作重要指示精神、省委书记彭清华、省长黄强到绵阳调研革命文物有关指示精神和全国、全市关于革命文物保护利用工作会议精神；传达学习《国家森林草原防灭火指挥部办公室关于对宁夏回族自治区固原市原州区森林草原火灾的通报》；传达学习 3 月 28 日市应对疫情应急指挥部第二十四次会议精神，安排部署疫情常态化防控和疫苗接种工作；审议《涪城区镇村公有资产盘活利用工作方案（送审稿）》《涪城区关于健全村常职干部待遇体系和加强基层组织活动和公共服务运行经费保障的工作方案》《涪城区关于发放两项改革后离职村干部一次性离职生活补助的工作方案》《涪城区关于提高已享受每月生活补助的离职村干部补助标准的工作方案》《涪城区关于调整社区专职工作者薪资标准和加强基层组织活动和公共服务运行经费保障的工作方案》《关于规范区委管理的区属（含试验区）国有企业负责人劳动关系和薪酬体系的实施方案（送审稿）》《绵阳市涪城区区委管理的区属国有企业负责人经营业绩考核办法（送审稿）》、组建绵阳欣诚建设集团事宜、人事事项

续表8

时间	会议名称	主要内容
4月25日	区政府六届第91次常务会议	学习《政府督查工作条例》；传达学习李克强总理来川考察精神、彭清华书记在四川省脱贫攻坚总结表彰大会上的讲话精神、省委财经委员会第九次会议精神和市生态环境保护委员会第九次全体会议暨市生态环境保护督察工作领导小组第三次会议精神；听取一季度全区经济运行情况汇报，安排部署下一步工作；审议《关于加快推动民生事业高质量发展的实施意见（送审稿）》《涪城区基层医疗卫生服务体系综合改革方案（送审稿）》《涪城区乡镇机关事业单位工作人员实行乡镇工作补贴的实施办法（送审稿）》、免征疫情期间房产税事宜、2021年相关经费安排建议（第四批）相关事宜等
4月30日	区政府六届第92次常务会议	—
5月24日	区政府六届第93次常务会议	传达学习习近平总书记在十九届中共中央政治局第二十九次集体学习时的讲话精神、4月30日中共中央政治局会议精神；传达四川党政代表团前往广东省、浙江省考察学习精神；学习《第二轮第三批中央生态环保督察典型案例情况分析》《中央生态环境保护督察集中通报典型案例》，听取涪城区自查情况汇报；听取2021年区人大代表建议和政协提案办理工作调度情况通报；审议《涪城区关心关爱企业家10条措施（送审稿）》《涪城区支持服务企业发展25条措施（送审稿）》《涪城区大抓县域经济高质量发展18条措施（送审稿）》《绵阳市涪城区乡镇（街道）行政权力事项清单（2021年版）（送审稿）》《涪城区建设全域强区工作任务清单（2021—2022年）》、启动实施绵阳市涪城区中医医院新建项目相关事宜、涪城区空气网格化监测项目建设实施方案相关事宜等
6月8日	区政府六届第94次常务会议	审议区土地管理委员会2021年第3次会议议定事项
6月29日	区政府六届第95次常务会议	学习《中华人民共和国安全生产法》，听取全区安全生产隐患排查整治情况汇报，安排部署相关工作；传达学习近期国务院常务会议精神和《领导干部干预司法活动、插手具体案件处理的记录、通报和责任追究规定》《司法机关内部人员过问案件的记录和责任追究规定》《关于进一步规范司法人员与当事人、律师、特殊关系人、中介组织接触交往行为的若干规定》及省委十一届九次全会精神、省委农村工作领导小组2021年第一次全体会议和省巩固拓展脱贫攻坚成果同乡村振兴有效衔接工作推进会议精神；听取2021年生态环境保护工作汇报，安排部署相关工作；审议《绵阳市涪城区重污染天气应急预案（2021年修订版）（送审稿）》《绵阳市涪城区病死动物及病害动物产品集中无害化处理机制（送审稿）》《临港经济发展区（范家村片区）配套基础设施建设（园区环境优化提升）项目实施方案》、组建绵阳汇鑫集团事宜、2021年提前下达批次新增债券分配方案、2021年第五批相关经费安排事宜、人事事项等
7月12日	区政府六届第96次常务会议	传达学习习近平总书记在庆祝中国共产党成立100周年大会上的讲话精神、近期国务院常务会议精神、市委七届十一次全会精神；听取迎接国卫复审工作情况汇报，安排部署相关工作；听取2021年区人大代表票决民生实事项目推进情况汇报，安排部署相关工作；审议涪城区2021年城建攻坚（旧城区更新改造）重点工程项目计划、《涪城区农村生活污水治理提升改造项目实施方案》、西昌民族幼儿师范高等专科学校 凉山州昭觉县人民政府 绵阳市涪城区人民政府《校地战略合作协议》、2021年第六批相关经费安排事宜
7月30日	区政府六届第97次常务会议	审议区土地管理委员会2021年第4次会议议定事项、人事事项
8月5日	区政府六届第98次常务会议暨区应对新型冠状病毒感染肺炎疫情应急指挥部第46次会议	传达学习7月30日中共中央政治局会议精神、省委财经委员会第十次会议精神、习近平总书记关于耕地保护重要指示批示精神、习近平总书记对防汛救灾工作作出的重要指示精神、《绵阳市安全生产委员会办公室关于全市近期生产安全事故情况的通报》，安排部署相关工作；传达学习近期国务院常务会议精神、中共绵阳市委办公室 绵阳市人民政府办公室关于印发《绵阳市市本级重大经济事项决策规定实施细则（试行）》的通知；听取迎接国卫复审工作情况汇报，安排部署相关工作；审议2021年第七批相关经费安排事宜
8月26日	区政府六届第99次常务会议	审议《绵阳市涪城区 四川发展（控股）有限责任公司“1+6”合作协议》、人事事项等

续表 8

时间	会议名称	主要内容
9 月 2 日	区政府六届第 100 次常务会议	传达学习习近平总书记在全面推动长江经济带发展座谈会上讲话精神、8 月 27 日省委常委会会议精神、8 月 30 日省政府常务会议精神；听取迎接第二轮中央生态环境保护督察工作推进情况汇报，安排部署相关工作；传达学习中央、省关于碳达峰碳中和相关会议精神；听取迎接国务院第八次大督查有关情况汇报，安排部署相关工作；审议《绵阳市涪城区培育壮大村集体经济实施意见》《绵阳市涪城区 2021 年深化职业农业制度试点省级项目实施方案》、区土地管理委员会 2021 年第 5 次会议议定事项
9 月 16 日	区政府六届第 101 次常务会议暨区应对新型冠状病毒感染肺炎疫情应急指挥部第 47 次会议	传达学习近期国务院常务会议精神、9 月 13 日省委理论学习中心组专题学习（扩大）会精神，省委副书记、省长黄强到遂宁市船山区现场督导中央生态环境保护督察曝光问题整改相关指示精神；安排部署近期疫情防控重点工作；审议《政府工作报告（讨论稿）》《绵阳市涪城区对口帮扶凉山州昭觉县五年规划（2021—2025）》、区土地管理委员会 2021 年第 6 次会议议定事项、皂角铺铁路物流基地 10kV 外部电源介入工程立项事宜、御营坝危旧房棚户区改造项目、康居公司直管公房征收补偿政策相关事宜、人事事项等
10 月 21 日	区政府七届第 1 次常务会议	传达学习近期国务院常务会议精神、李克强总理对森林草原防灭火工作的重要批示精神和省市相关会议、文件精神，中国共产党绵阳市第八次代表大会精神和罗增斌书记、王华蓉副书记、人大常委会原主任马华、周涛副主任参加涪城区代表团讨论时的讲话精神，市委八届一次全会精神、市政府涉房历史遗留问题化解处置第四次联席会议精神；听取全区道路交通安全工作督查情况汇报，安排部署相关工作；听取第二轮中央生态环境保护督察组移交涪城区信访件办理情况汇报，安排部署相关工作；审议《涪城区工业标准化厂房产权分割转让办理暂行办法》《涪城区 2021—2022 年路网建设实施方案》《绵阳市涪城区森林火灾应急预案（送审稿）》《绵阳市涪城区人民政府 四川省自然资源科学研究院战略合作协议》、区土地管理委员会 2021 年第 7 次会议议定事项、关于建设涪城智慧教育示范区事宜、2021 年第八批相关经费安排事宜、人事事项等
10 月 25 日	区政府七届第 2 次常务会议暨区应对新型冠状病毒感染肺炎疫情应急指挥部第 48 次会议	审议区土地管理委员会 2021 年第 8 次会议议定事项等
11 月 5 日	区政府七届第 3 次常务会议	学习《中国共产党农村工作条例》《中华人民共和国乡村振兴促进法》《四川省贯彻〈中国共产党农村工作条例〉实施办法》；传达学习绵阳市第八届人民代表大会第一次会议精神、政协绵阳市第八届委员会第一次会议精神；传达学习《习近平总书记关于粮食安全的重要讲话摘录》，通报涪城区粮食购销领域腐败问题专项整治情况；传达学习全市信访工作联席会议全体（扩大）会议精神，安排部署相关工作；审议《绵阳市涪城区土地管理委员会议事规则（修订稿）》、2021 年第九批相关经费安排建议、人事事项等
11 月 30 日	区政府七届第 4 次常务会议暨区应对新型冠状病毒感染肺炎疫情应急指挥部第 50 次会议	传达学习 11 月 5 日全国新冠肺炎疫情防控工作电视电话会会议精神和近期省、市疫情防控会议精神，听取全区近期疫情防控工作开展情况汇报，安排部署全区疫情防控工作；学习《中华人民共和国英雄烈士保护法》；传达学习习近平总书记对禁毒工作的系列重要指示批示精神，听取 2021 年全区禁毒工作汇报，安排部署相关工作；传达学习近期国务院常务会议精神；传达《国务院办公厅关于对国务院第八次大督查发现的典型经验做法给予表扬的通报》《关于国务院第八次大督查发现部分地方和单位贯彻落实党中央、国务院决策部署不到位典型问题的通报》、11 月 18 日省政府常务会议研究部署国务院大督查反馈问题整改工作和 11 月 22 日市政府常务会议传达部署国务院大督查反馈问题整改工作有关精神，安排部署相关工作；传达学习《绵阳市委落实第五巡视组政府采购专项巡视反馈意见整改工作方案》；传达学习《四川省人民政府 2021 年森林防火命令》《四川省森林草原防灭火指挥部关于建立健全群防群治末端发力终端见效工作机制推动森林草原防灭火工作落地落实的通知》《绵阳市森林草原防灭火工作考核办法（试行）》；听取 2021 年市级下达目标任务推进情况汇报，安排部署相关工作；通报 2021 年以来全区环境空气质量情况，安排部署大气污染防治工作；审议《绵阳市涪城区突发事件总体应急预案（试行）（送审稿）》《绵阳市涪城区全面推行林长制实施方案（送审稿）》、2021 年第十批相关经费安排事宜、2021 年二批次新增债券分配方案、表扬涪城区扫黑除恶专项斗争先进集体和先进个人有关事宜、区土地管理委员会 2021 年第 9 次会议议定事项、人事事项等

续表 8

时间	会议名称	主要内容
12 月 10 日	区政府七届第 5 次常务会议	审议区土地管理委员会 2021 年第 10 次会议议定事项、第二批省级城乡社区治理试点补助资金二次分配方案、2021 年第十一批相关经费安排事宜、2020 年度省级服务业强县项目资金分配方案等
12 月 15 日	区政府七届第 6 次常务会议	—
12 月 23 日	区政府七届第 7 次常务会议	审议《绵阳市涪城区县域内片区划分初选方案》、《绵阳市涪城区县域内村级片区划分初选方案》、《关于推进涪城养老服务发展的实施意见（送审稿）》、变更区属国有企业出资人有关事宜、2021 年第十二批相关经费安排事宜、设立长虹社区居民委员会有关事宜、人事事项等
12 月 28 日	区政府七届第 8 次常务会议	通报 2021 年区人大代表建议、政协提案办理情况，安排部署相关工作；审议《绵阳市涪城区食品安全党政同责责任清单（送审稿）》、2021 年第十三批相关经费安排事宜、《绵阳市涪城区 2021 年预算调整方案（送审稿）》

（郤儒恩　彭三高）

政府办工作

【概述】2021 年，涪城区政府办编发政府文件 548 件，政府办文件 119 件，常务会议纪要 27 期，专题会议纪要 270 期。编发《涪城政务信息》23 期，上报政务信息 400 余条，被省《政务工作交流》《市政务要情》以及省、市、区级的疫情防控信息简报累计采用 200 余条。围绕科技创新、社区治理机制、规划国土要素保障机制、创新园区管理体制机制、城乡融合发展、物流经济功能区建设等方面开展专题调研，形成《涪城工业企业外迁情况调研》《加快新皂物流特色镇建设的对策与思考》等重点课题 72 个。

通过自动化办公系统实现非涉密公文办理流向清晰、精准高效，实行节假日收文人员值班制度，确保紧急文件及时接收、传达、办理，全年未出现一起漏传、误传、迟传问题。牵头搭建区政府“会易通”“钉钉”等视频会议系统。严格执行“谁公开、谁审查、谁负责”“先审查、后公开”“一事一审”等规定，开展政府网站普查，加强政府信息公开管理，推动政府门户网站实现“天天更新”。2021 年，政务信息发布总量为 3722 条，其中区级部门发布信息 3022 条，乡镇街道发布信息 700 条。持续统一推进电子政务管理体制，强化电子政务网络安全防护，全面升级改造内外网硬件防火墙、网络版杀毒软件。

【督查督办】2021 年涪城区政府办把政务督办作为推动工作落实重要手段，完善《区政府重大工作事项督办制度》，明确督查工作内容、流程和要求，极大提升工作科学性和指导性。紧紧围绕上级重要会议精神、市区领导重要指示批示精神、区委区政府中心工作、区政府常务会议定事项等开展高效督办。把握转办督查、跟踪督查、协调督查、综合反馈四个环节综合推进，确保件件有结果，事事有回音。2021 年，以区政府办名义发出督办函 10 期，办理市政府办通过钉钉平台发出的督办通知 7 期。实行市长热线办理“黄红黑”三级预警机制，对挂号件进行跟踪督办，全年共办理公开电话交办单 7890 件，办结率 95%，满意率 90%。高质量办理区人大代表建议 99 件、区政协提案 113 件。

（邓志樯　彭三高）

人力资源

【概况】2021 年，涪城区组织 83 家企业携 1226 余个人才岗位参加专场招聘会 5 场；开展人才公益培训 1 场、人才沙龙 1 场；新增见习基地 12 家，共管理见习基地 42 家；推荐高校毕业生参加就业见习 104 人次，落实就业见习补贴 64.6 万元；规范整理档案 1654 人，录入档案信息 809 人，安全转接档案 1405 人，并实现系统分配位置编码上架；实施应届高校毕业生报到“全程网办”，审核高校毕业生网上报到 568 人；建成科技智谷科技园人力资源服务平台。2021 年涪城区开展公开考试招聘、直接考核招聘、公开选聘等 7 次，招聘、选聘事业人员 171 人；代区政府起草提请区人大任命和政府任免文件 11 次，涉及 100 余人次；完成涪城区事业单位岗位设置工作；开展其他管理七级、八级岗位竞聘指导和认定工作，为 43 名事业人员办理竞聘认定手续。

【事业单位人员公开招（选）聘】2021年，涪城区公开招（选）聘事业单位人员7次，招聘、选聘事业单位人员171人。为补充涪城区事业单位工作人员，特别是医疗卫生和教育事业单位人员，全年开展考核招聘卫生专业技术人员1次，招聘卫生专业技术人员10名；开展教师公开考试招聘、考核招聘、公开选调共3次，共招（选）聘教师134名。4月启动教师公招工作，5月29日举行笔试，6月26日举行面试工作，最终招聘教师65名。10月，区人社局、区教体局到西南大学开展教师考核招聘。从教育部直属师范院校2022年毕业的公费师范本科毕业生和全国普通高等教育学校2022年毕业的硕士及以上研究生中考核招聘教师45名。8月，面向全国开展中小学教师选调工作，选调教师9名。

【规范干部流动程序】2021年，涪城区为严把事业单位人员流动关口，坚持竞争择优和公开公正引才原则。按照《涪城区机关事业单位人员流动管理制度》文件精神，规范涪城区干部流动程序，严格办理手续。

【工资福利待遇管理】2021年，涪城区审批岗位变动工资待遇调整1754人次，人均增资342元每月；核准工资转移事项387人次；核定新进人员工资216人，事业单位人员薪级晋升6042人次，人均增资89元每月，机关工勤档次晋升54人次，人均增资142元每月，批复机关工勤年终一次性奖金209人，人均2865元；审批退休中人退休一次性补贴267人，人均31200元，批复事业和机关工勤退休122人，批复连续工龄认定45人，事业人员和机关工勤死亡后丧葬费和抚恤金51人，人均53400元；调整事业单位工作人员和机关工勤人员工资标准6362人，人均增资269元每月。核定义务教育教师平均工资水平，保证全区义务教育教师平均工资水平不低于当地公务员平均工资水平；核定绵阳市骨科医院薪酬动态调整；审核特级教师定额补贴及特殊教育学校教师绩效工资提高部分。

【职称评审】根据绵阳市人力资源和社会保障局《关于进一步规范大中专毕业生初次确定专业技术职务的通知（绵人社发〔2012〕82号）》精神，2021年，涪城区规范办理初级职称1678人次；审核推荐全区企业298名专业技术人员申报工程技术、建筑工程、水利电力工程、档案、新闻、党校教师等系列中级专业技术职务任职资格的评审；审核推荐全区教育、卫生、工程序列共计498名专业技术人员申报中高级专业技术职务任职资格的评审。

【人才招聘】2021年3月30日和7月8日，涪城区分别组织辖区52家企业参加由涪城区委组织部、区人社局主办的“智汇绵州·才聚涪城”——2021年“直播带岗”西南科技大学和科技城5G科技园专场人才招聘活动。两场招聘会共吸引上千名高校毕业生线上应聘洽谈，提供岗位类型670余个、需求人数900余个，现场达成就业意向189人，直播累计点击观看人数达到18万余人次。

2021年10月20日、11月4日和12月8日，区人社局组织长虹、惠科、富临精工、龙华薄膜、华拓光通信、绵阳三力等31家5G领域重点企业到重庆、雅安、成都等地重点高校引才，提供软件工程、工艺工程、行政专员、生产管理等556个岗位，初步达成就业意向136人。

【涪城区高层次人才库更新】2021年，涪城区人社局共收集全区含经营管理人才、创新技术技能人才、医疗卫生人才、社会科学和文化艺术人才以及法律、金融等6大类共309名高层次人才信息，更新涪城区高层次人才库以及人才引进统计库、紧缺人才需求目录。

【科技智谷科技园人力资源服务平台建成】2021年，为推动科技创新产业集聚集群发展，涪城区人社局创建科技智谷科技园人力资源服务平台，并入驻5G科技园，目前在职人数11人。全年共走访卫星应用科技园、软件产业园、中科创新园、军民融合研究院等117家企业，宣传相关政策，为企业提供人才保障。收集见习基地申请意向企业3家，社保参保企业52家，参保人数共729人；收集人才需求信息表56个，岗位需求百余个，为企业推荐人才160人，面试人数149人。举办线上直播带岗专场招聘会、“校地企”协同发展主题沙龙活动、《企业招聘存在的主要问题及对策》专场培训等专场活动三场。

【“政校企”合作新模式探索】2021年，涪城区积极搭建以政府为纽带、以市场需求为导向、以校企合作为抓手的“政校企”合作新模式，三方就人才开发培训、人才精准服务、人才汇聚共享等方面开展深度合作。6月10日，区人社局与西南科技大学经济管理学院和四川龙华光电薄膜股份有限公司、绵阳惠科光电科技有限公司签订政校企人才培训合作框架协议。9月25日，绵阳惠科光电科技有限公司“中高级管理人员培训班”开班。“政校企”合作模式对于学校人才培养、地方经济建设、企业未来发展具有深远影响，有利于形成政校企三方长效合作、深度融合、优势互补、多方共赢的良好局面。

（闵洪英　罗姝怡）

政务服务

【概况】2021年，涪城区共办理各类行政审批事项530806件，实现“最多跑一次”事项占比100%，政务服务事项即办占比72.56%，网上可办率100%，全程网办占比98.90%，承诺提速率97.15%，材料减免率57.51%。

【工程建设项目审批制度改革】2021年，涪城区使用四川省工程建设项目审批管理系统收件、受理、审核和决定。实现政府投资、社会投资等不同规模共四大类建设项目审批时间压减至30~80个工作日以内。同时水电气公用事业服务企业进驻涪城区政务服务大厅，实现水电气报装一体化。全年共在线受理投资项目审批业务492个。

【改革落实“容缺受理+告知承诺+信用审批”】2021年，涪城区制发《关于实行政务服务事项“容缺受理+告知承诺+信用审批”的通知》，梳理出14个主项79个办理项的176个申请材料可实行容缺受理，6个主项18个办理项的31个申请材料可实行告知承诺，解决办事企业因申请材料不齐造成的多跑腿、来回跑、时间长等问题。

【不动产登记】2021年，涪城区推进企业之间存量房非住房转移登记“一窗办理”、0.5个工作日办结，企业不动产抵押登记1个工作日办结；其他不动产转移登记（历史遗留问题登记、非公证继承不动产转移登记除外）办理时间压缩至1个工作日内。推进“互联网+不动产登记”，开展线上线下“全市通办”，连接打通各部门协同平台，实现数据和信息共享；与法院、公安、税务等多部门合作，实现多部门信息透明共享；建立完善自助查询系统，提高查询效率，为企业提供绿色通道，方便企业办理业务。

【商事制度改革】2021年，涪城区实行“‘一站式’小时办零成本”企业登记服务机制，提供企业开办“一件事”主题“一站式”服务，涉及企业开办相关的企业《营业执照》登记、印章刻制、申领发票、社保登记、银行开户等相关事项及各相关部门工作人员全部进驻企业开办服务专区，实现企业登记办理不超过3个小时（受理后3小时办结），总环节控制在一天以内。社会组织（民办非、社会团体）、代理记账许可证办理提速，新设承诺15个工作日办结；变更、注销承诺5个工作日办结；代理记账许可证承诺5个工作日办结；名称核准、证照换发，符合法定形式、提交材料规范的当场办结。全年，共办理各类行政审批事项530806件。

【“审管协同”制度完善】2021年，涪城区针对相对集中行政审批制度改革后“审管分离”的运行模式中，容易出现的审批和监管“审管脱节”“标准不一”“权责不清”等问题，起草行政审批与监管协调会商制度、行政审批与监管信息互通制度、行政审批分类审查制度、行政审批与监管联络员制度、行政审批专家评审制度5个制度，从议事协调、信息互通、责权划分、工作协同等方面进行明确，保障区行政审批局与行业主管部门在审批与监管方面的有效衔接，确保审批与监管全程联动不脱节，形成区行政审批局与行业主管部门之间各负其责、密切合作的审管联动新机制，构建起审批权、监管权既相互分离又相互协调的运行体系。

【“好差评”制度推进】2021年，涪城区在本级政务服务大厅和区级部门办事大厅，投放“四川省政务服务网”和“好差评”工作宣传单，并利用网站、公众号等线上媒体进行宣传，实现线上线下宣传全覆盖。出台《关于进一步规范政务服务“好差评”评价工作的通知》，形成反馈、整改、监督全流程闭环工作机制，对企业群众办事中的差评和堵点痛点问题及时处理整改并反馈，进一步提升政务服务质量。全年办件“好差评”主动评价率95.15%，评价“满意率”100%，差评按期整改率100%。

【便民服务体系站点布局】2021年，涪城区完善以区政务服务中心为主体、镇街便民服务中心为基础、村社便民服务站点为延伸的便民服务体系，构建布局合理、上下联动、功能齐全、运行高效的便民服务网络。推进实施2021年涪城区人大票决民生实事项目，区财政投入350万元加强对区、镇、村三级便民服务阵地改造提升，便民服务场所更亲民，群众办事获得感增强。全区重点打造区、镇、村三级便民服务示范点28个，创建为省级“示范便民服务室”3个、市级“示范便民服务中心”1个、市级“示范便民服务室”2个。通过示范点带动全区便民服务“三化”建设推进。

【基层便民服务能力提升】2021年，涪城区出台《2021年镇（街道）村（社区）便民服务体系建设责任清单》，推行“八个一”，从功能定位、事项承接、窗口设置、服务创新等方面提出具体要求，梳理并公布镇街便民服务中心办理（代办）事项清单、村（社区）代办服务高频事项清单、涪城区镇、村便民服务体系建设指导手册、便民服务事项办事指南和涪城区镇（街道）“一件事一次办”目录等。实现区级政务服务大厅可办事项759项，镇街便民服务(分)中心可(代)办事项126项，村（社区）代办服务高频事项12项。

【特色便民服务品牌打造】2021年，涪城区切实打通服务群众“最后一公里”，所有涉及便民服务的单位均精准对接群众需求，通过开展“预约办”“延时办”“上门办”“高效办”等方式，进一步拓展服务内容，打造特色服务品牌。石塘街道建立“113N”便民服务提升工作法，推行“一站式”集成办理、畅通“三个一”快速响应、拓展“N种类”特色服务；杨家镇探索推行“1+12+N”模式，构建“一个委托代办电话、十分钟即可响应”的全覆盖代办网络，让代办服务“无缝隙”、群众诉求“全响应”。创新建设“党群暖心驿站”13个（城厢街道6个，工区街道7个），搭建“亲民化、零距离、全天候、跨区域”服务平台，构建起城市社区“十分钟便民服务圈”，解决基层群众办事“路远楼高”难题。全年覆盖人群20余万人，累计服务群众2万余人次，代办各类政务服务事项3万余项。

（杨　彬　王　勇）

公共资源交易

【概况】2021年，涪城区交易中心实施政府采购项目共计113次，完成采购预算1.13亿元，实际采购规模为1.09亿元，同比增长147%；节约资金379.94万元，节约率3.35%。完成国有土地使用权出让5宗，成交金额4.22亿元；收取土地出让服务费422.16万元，均全部按时足额上交区财政。

【首次异地评标】2021年6月30日，涪城区首次实现公共资源交易远程异地评标。本次远程异地评标项目为《绵阳市安州区调元实验小学项目设计标段》，由市、区两地联动，两地专家通过电子屏幕互动，同时开展评标工作，实现“线下不见面、线上面对面”远程“同框”评标，提高评标质量，提升评标效率，降低招投标成本，有利于激发市场竞争活力，优化营商环境。

（蒋威权）

民政工作

【概况】2021年，涪城区民政局审批发放高龄津贴548.39万元；投入资金401.24万元，为13375名失能和高龄老人提供政府购买居家养老服务；发放残疾人两项补贴501.82万元；发放低保资金1792.1万元，特困人员基本生活费和照料护理费855.03万元，临时救助金129万元，孤儿基本生活费用17.86万元；减免基本殡葬费用132.44万元；安置流浪乞讨人员7人。

【城镇困难群众精准帮扶】2021年，涪城区开展城镇困难群众精准帮扶工作，构建“1226”工作体系，出台《涪城区城镇困难群众精准帮扶办法（试行）》1个总体指导意见，制定城镇困难群众精准帮扶任务清单和责任清单2张清单，建立城镇困难群众精准帮扶联系机制和资金保障机制2个机制，落实2021年度基本生活保障、健康帮扶、教育资助帮扶、住房保障帮扶、就业创业帮扶、文化惠民帮扶6个专项帮扶方案，形成推动精准帮扶工作落地落实的闭环体系。全年识别认定低保、特困供养人员、孤儿、低保边缘人口等城镇困难群众2307人，累计向低保、特困、孤儿等困难群众发放各类救助帮扶资金1530.8万元。

【换届选举】2021年1月31日，涪城区完成第十一届村（居）民委员换届选举，全区无推迟选举的村（社区），一次性选举成功率达100%。除2个村、3个社区被批准暂不推行“一肩挑”之外，其余109个村（社区）按照预定规划，全部实现书记、主任“一肩挑”，占比95.61%。全区登记选民185441人，实际参加选举170710人，参选比例92.06%。通过本次换届选举，选出620名村（居）民委员会班子成员，其中，村（社区）“两委”交叉任职356人，占比57.42%；女性成员327人，占比52.74%；少数民族成员5人，占比0.8%。

【“扶弱救助”调研工作部署会】2021年3月24日，涪城区党史学习教育“我为群众办实事”扶弱救助类调研工作部署会在涪城区民政局召开。会议聚焦基本生活保障、基本居住条件、水电气等基本生活设施、提升养老服务能力、实施城乡困难群众救助、城乡困难群众医疗救助、城乡居民基本医疗保险、残疾人补助补贴帮扶、城乡公办养老、居家养老服务等方面对“我为群众办实事”扶弱救助类走访调研、项目收集、审定等工作进行安排部署，明确各相关部门职责和目标任务。

【全域结对帮扶】2021年10月28—30日，涪城区民政局到昭觉县开展全域结对帮扶工作。结对帮扶工作组与昭觉县民政局相关领导及工作人员进行座谈，了解昭觉县民政工作开展情况及面临的困难，并签订《全域结对帮扶协议》，就未来五年全域结对帮扶工作框架内容达成共识，向昭觉县民政局捐赠1.9万元帮扶资金。

【未成年人关爱保护】2021年5月，涪城区成立未成年人保护工作领导小组，组织开展“六一”儿童节慰问活动，为18名困境儿童发放慰问金1.08万。2021年6月，投入15万元在杨家镇实施并完成“百镇千村·助爱牵手”儿童关爱项目，建立儿童服务中心1个、儿童关爱服务站1个。落实孤儿医疗康复明天计划和孤儿助学工程，推动实施“爱助事实孤儿”项目，协助发放爱助资金1.32万元，孤儿助学金3万元。

【乡级行政区域界线勘定】2020年5月，涪城区启动乡级行政区域界线勘定工作，制发《涪城区2020年乡镇行政区域勘界工作实施方案》，明确13个镇街26条乡级行政区域界线整条勘定的工作任务和勘界范围。2020年12月5日通过四川省测绘产品质量监督检验站检验，2021年1月5日通过绵阳市民政局初审，2021年1月13日在全市率先通过四川省民政厅审核备案。

【敬老院公建民营】2021年12月21日，涪城区民政局印发《关于丰谷敬老院和关帝敬老院实行“公建民营”运营的批复》，指导丰谷镇人民政府采取委托管理、合作经营等方式，引进专业养老企业或者社会组织，对丰谷敬老院、关帝敬老院进行运营和管理。

【流浪乞讨人员救助】2021年10月13日，涪城区民政局对吴家镇社会事务办送入区救助站的流浪乞讨人员赵嗣云进行身份信息核实，经过多方验证，确定赵嗣云为四川省遂宁市蓬溪县鸣凤镇兴隆村9组人，于2021年10月19日将赵嗣云送返蓬溪县救助管理站。

（王爱民　郭　维）

地方志工作

【概况】2021年，涪城区完成《涪城年鉴（2021）》编纂出版，完成《丰谷镇志》《龙门镇志》《丰谷镇二社区志》3部名镇名村志初稿编纂，制发《涪城区镇（街道）志、村（社区）志编纂工作规划》，完成《四川年鉴》《绵阳市传统村落志》等4部省市地方志书籍图文组稿。挖掘三线建设历史文化资源，指导跃进路“三线记忆馆”改造提升取得阶段性成果。率先完成地方志信息市级目标考核，在四川省情网等网站刊载信息近30条。向全区各单位赠送各类地方志书籍万余册。获评全市史志宣传教育（信息）工作先进集体、全市庆祝中国共产党成立100周年活动单项工作做出突出贡献的单位、全市史志宣传教育工作先进单位、名镇志名村志编纂工作先进单位。

【《涪城年鉴（2021）》公开出版】2021年3月5日，涪城区地方志办公室制发《涪城年鉴（2021）》编纂通知文件，收集、整理组稿材料，梳理存在的问题与不足，召开全区编纂工作业务培训会，9月完成《涪城年鉴（2021）》组稿编纂排版并移交四川科学技术出版社有限公司进行审核校对，12月正式公开出版。

《涪城年鉴（2021）》为第26卷，彩页设涪城城市概览、历史文化、新冠肺炎疫情防控、产业强区、科教强区、开放强区、全域强区、社会民生

2021年8月6日，《丰谷镇志》《丰谷镇二社区志》初稿审读会召开

（涪城区委党史研究室）

2021年1月20日，涪城区跃进路“三线记忆馆”建设布展提升工作研讨会召开

（涪城区委党史研究室）

等8个图片专栏共66幅，直观展现全区2021年各方面重要事件与重大成就。全书设特载、大事记、区情概况、经济环境等30个类目、180余个分目、1000余个条目、9篇文章、170余张图表，共84万字。全面、系统、翔实地载录了2020年涪城区的自然、政治、经济、文化和社会等方面基本情况、重大事件及主要发展变化成就。是涪城区权威的年度资料性文献和多功能工具书，在服务涪城区经济社会发展和对外交流中发挥着重要作用。

【名镇名村志编纂】2021年，涪城区地方志办公室督促青义镇、丰谷镇落实《龙门镇志》《丰谷镇志》《丰谷镇二社区志》编修团队，区方志办组织召开编纂工作推进会，指导完善编纂纲目，推进各类资料收集、整理和初稿撰写工作，12月完成3部名镇名村志初稿编纂，其中《丰谷镇志》16万字、《龙门镇志》15万字、《丰谷镇二社区志》12万字。

【涪城区镇（街道）志村（社区）志编纂启动】2021年，涪城区开展镇（街道）志、村（社区）志编纂调研摸底，制定总体编纂规划，报市地方志编纂中心批准，12月3日，区政府办制发《涪城区镇（街道）志、村（社区）志编纂工作规划》，全区镇（街道）、村（社区）志编纂工作启动。全区9个镇（街道）和32个重点村(社区）纳入编纂规划，2025年底前完成编纂。

【“跃进路·三线记忆馆”提升布展】见第96页该条目内容。

（刘雪梅　杨　剑）

应急管理与防灾减灾

【概况】2021年，涪城区应急管理局统筹发展与安全两件大事，推动应急管理和防灾减灾救灾责任落实，推动形成统一指挥、专常兼备、反应灵敏、上下联动、平战结合的应急管理体制。贯彻省委、省政府统一部署，于2021年1月1日起承接涪城区森林防灭火指挥部办公室日常工作，6月10日起承接涪城区防汛抗旱指挥部办公室日常工作。

【应急能力提升】2021年，涪城区提升应急管理和防灾减灾工作能力，制定应急队伍建设标准、职责任务、训练演练、管理保障、考核奖惩“五张清单”，全覆盖组建镇（街道）应急队、村（社区）应急分队等各类应急救援队伍122支，形成“一主两辅”的基层应急力量体系。争取84万元专项资金采购应急照明、天通一号卫星通信、救援无人机、动力冲锋舟等应急救援装备，投入13.5万元采购集群数字手持对讲机、集群数字车载台27台配发镇（街）、部门，投入79.5万元为森林防火扑火队配备防护装备及器材。开展全区新形势下突发事件处置与应急管理能力提升培训等各类培训10期500人次。

组织编制、修订《涪城区突发事件总体预案》《绵阳市涪城区防汛抗旱总体应急预案》《绵阳市涪城区森林火灾应急预案》《涪城区丰谷镇赵家脊洪水围困紧急救援预案》等专项应急预案36个。开展涪城区森林火灾扑救应急演练、防洪防汛应急演练和地震疏散应急演练等演练117场，总参演人数10610人，提升应急救援快速反应能力。完成指挥大厅视频终端升级改造，依靠科技信息化提升应急基础信息资源汇聚、现场信息获取、灾情研判和应急救援等能力。

【第一次全国自然灾害综合风险普查】2021年，涪城区完成全区应急系统普查对象清查，指导教体、文化、商务、民宗等部门核实填报全区承灾体清查数348个、减灾能力清查总数180个，累计完成普查数据录入系统1957条，数据质检通过率100%。

【防汛抗旱】2021年，涪城区落实44座水库、25个山洪灾害危险区和66处地质灾害隐患点防汛责任人员。完成储备编织袋、救生衣、照

2021年2月7日，涪城区举行森林火灾扑救应急演练　（涪城区应急管理局）

明设备等防汛物资2万余件，落实抢险车辆、机械设备等1400余台。定期对全区各镇（街道）开展防汛安全全隐患检查、督查，累计排查出隐患点位155个，全部完成整改和落实防控措施。强化防汛值班值守和水雨情监测，累计发送水雨情信息5万余条，重要天气过程开展区级会商调度15次，发布蓝色、黄色、橙色预警21次，应对6次洪涝灾害天气过程。对上争取2020年度因灾紧急转移生活补助资金21.84万元、冬令春荒救助项目资金96万元，惠及受灾群众4700余人。

【城乡火灾防控】2021年，涪城区督导开展消防安全重点领域、重点部位、重点环节监管检查，检查单位场所862家，发现并整改火灾隐患291处，下发《行政处罚决定书》70份，责令“三停”6家。到桃园路210号小区、公路局家属楼、粮食分局宿舍等17个老旧小区开展消防安全宣传并制作张贴电动车消防安全知识海报5000余份。启动青义城市一级普通消防站建设。四川同润资产经营管理有限公司（卓信迎宾路综合市场）被列为重大火灾隐患单位并由区政府挂牌督办，2021年9月28日重大火灾隐患单位科技大楼隐患整改销案。

【森林防灭火】2021年，涪城区落实群防群治末端发力终端见效工作机制，7名区级领导、66名镇（街）领导干部和480名村（社）干部层层落实包干责任、签订承诺书，将森林防灭火责任逐级分解压实到最小工作单元。指导区消防救援大队完成20名地方专业扑火队人员招录，按照准现役、准军事化的标准管理和训练。吴家森林消防直升机起降点和取水点项目开工建设。在清明、“五一”、“5·12”等节假日和重点时段，统筹督促防火巡护、火源管控、宣传教育、应急处置等，下发提醒敦促函8份、整改通知书8份，实现森林“零火灾”目标。

（彭　滔　周　正）

信访与群众工作

【概况】2021年，涪城区信访总量1233件（批）次。其中，各级走访806批2319人次；网上信访信息系统转送件427件。信访件按时受理率99.5%、按期办结率99.5%、群众满意率88.3%。区委、区政府召开25次专题会议研究信访工作，区委、区政府领导在区信访接待中心接访40余次，召集相关单位联合接访20余次，开展历史遗留问题化解专题研判16次。对全区信访件分类建立台账，逐案逐人抓好化解。2020年中央、省共下达全区重复信访治理件91件（中央重复信访件69件、省级重复信访件22件），已全部化解，化解率100%。2021年11月，中央信联办交办第二批“治重化积”信访件18件。2021年度区信访局被省信访局评为省级信访工作先进集体。

【信访工作保障】2021年，涪城区把信访工作列入党政议事日程。区委常委会议和区政府常务会议多次听取信访工作汇报，专题研究信访稳定工作。全年，区委、区政府召开25次全区信访稳定工作会议；区信访联席会议召开18次，研究加强信访工作的措施及重点信访案件的化解方案，促进突出信访问题及时有效地化解。区委、区政府主要领导先后18次批示重要信访问题处理，协调处理重大信访问题。区委、区政府其他领导同志主动参与重要信访问题的处理。2021年，区委、区政府领导坚持每周三轮流到区群众接待中心接待来访群众，共接待来访群众53批296人次，解决48件次。执行信访工作目标管理责任制，信访工作列入年度工作目标管理考核内容。

【矛盾纠纷排查】2021年，涪城区建立动态式信访矛盾问题台账。分门别类制定化解方案。落实责任、采取有针对性的措施，能化解的全力化解，不能化解的，采取做思想疏导、缓解情绪工作，防止矛盾激化；时刻关注舆情动态，分析网民关注的热点问题；对群众来访尤其是集体访，梳理当前热点难点问题，分析可能产生的情况，由主要领导阅示，为领导决策提供依据。

【领导接访】2021年，涪城区信访局制定《关于2021年区级领导定期接待群众来访的通知》《区委、区政府领导接待群众来访基本程序及要求》，统一工作要求，规范接访流程，做到“三个到位”（领导到位：明确区委、区政府班子全体成员为“大接访”主体，亲自带班接访，相关部门及镇（街道）领导全程参与；责任到位：按照“谁接访、谁负责”的原则，推行“首办责任制”、“接待领导包案制”和“责任倒查制”，促使领导干部亲自包案、亲自研究分析、亲自化解疏导、亲自协调落实，直至“案结事了”；工作到位：坚持坐班接访和重点约访相结合、带案下访与基层走访相结合，面对面接待群众来访，听取群众诉求。）约访、下访重大、疑难信访事项。逐人逐案登记领导干部接访事项，指定牵头单位限期化解。明确联络人员，了解信访事项办理进展情况。2021年，领导共接待群众53批296人次，解决信访事项48件次。区群众来访接待中心每天安排一名区级主要领导干部接访，包括节假日。通过适当方式向社会公布接访领导、接访时间和接访地点。各部门领导每周在本机关轮流接待上访群众，主动化解本部门本系统的信访疑难问题；各镇党委书记、镇长每个逢场日接待群众，其他镇（街道）领导带领干部进村入户，解决群众诉求，约谈上访群众，倾听群众呼声。全区各级干部帮助群众化解矛盾、理顺情绪、转变思想观念，形成干部大接访工作格局。

【积难案化解】2021年，涪城区信访局（区信联办）牵头召集相关单位联合接访20余次，开展历史遗留问题化解专题研判16次，利用多种资源化解信访矛盾，排查化解村级建制调整改革后涉农、涉公共服务等信访案件14件，推动积案化解“减存降增”。2020年中央、省共下达全区重复信访治理件91件（中央重复信访件69件、省级重复信访件22件），已全部化解，化解率100%。2021年11月，中央信联办交办第二批“治重化积”信访件18件，截至2月底已完成化解14件。

【积案实包化解】2021年，涪城区83件信访积案由33名区级领导包片包案。包片领导负责指导、协调所包区域内的矛盾纠纷、不稳定因素的排查化解工作，包案领导严格落实“五个一”（一名包案领导、一个工作班子、一套化解方案、一份会办纪要、一套稳控措施）的化解责任。对突出信访问题集中梳理，彻底“清仓查库”，逐案汇总建立台账，全区重新整理出的56件突出信访问题由领导包案。截至12月中旬，化解16件、司法救助32件。再次筛查全区信访突出问题，40件由区级领导包案。8月30日上午召开区委常委会专题研究领导包案工作。完成特殊疑难信访案件化解工作，确保信访人息诉息访或依法按程序终结备案，杜绝出现重复访和到市集访，严防发生恶性信访事件。实行定期报告制度，各责任单位每月向包片领导汇报辖区内矛盾纠纷及不稳定因素动态情况，每季度向包案领导报告特殊疑难信访案件化解工作动态。该项工作纳入年终目标考核，区目标绩效办和区信访联席办将定期督查工作情况，定期通报工作进展情况，定期指导工作开展。化解一大批“骨头案”“钉子案”。

【队伍建设】2021年，涪城区建立健全信访机构。各镇（街道）设立信访和群众工作办公室，与平安和谐工作中心合署办公，落实1~2人从事信访和群众工作；在信访工作任务相对较重的区级部门设立信访工作办公室，其余部门在内设股室增设信访工作办公室，落实专（兼）职信访工作人员负责本部门的信访工作；在村组、社区设立信访工作站，并落实信访工作信息员；下一步要在镇（街道）成立信访联席会议办公室，有效地开展群众工作，有效地化解矛盾问题。

（阮绍东　王　军）

机关事务管理

【概况】2021年，涪城区机关事务服务中心参与会场服务630余次，开展接待工作120余次，接待来宾1400余人；全年累计派车9532车次，保障公务出行安全行驶累计90余万平方米。完成第九届中国（绵阳）科技城国际科技博览会、涪城区中国共产党成立100周年庆祝大会、区委六届十一次全体会议等重大活动的会务、办公物资、接待、车辆保障等后勤保障工作。

审批处置国有资产32件,合计818.18815万元（其中报废22件，原始价值695.7535万元；报损6件，原始价值122.4328万元；调拨4件）。发挥公物仓资产调剂功能，保障区委统战部等8个单位临时工作及大型会议的办公物资，涉及资产原始价值共计35万余元。

2021年8月19日，涪城区召开公务用车安全管理专项教育整顿驾驶员培训会议 (陈继红)

统筹使用办公用房2180平方米，改善12个单位（部门），232名在编人员办公条件。完成杨家镇等9个单位办公用房维修项目的审查。

【内部招标采购】2021年，涪城区机关事务服务中心按照“业务股室申报、综合股室统筹、党组研究决议”的模式，实施《绵阳市涪城区机关事务服务中心招标采购内部控制管理办法（试行）》，建立组织优化、权责清晰、流程规范、运作高效的内部招标采购模式。

【公务用车管理】2021年，涪城区落实公务用车“三定点”管理，规范公务用车维护修理、保险和加油。全面梳理公车车载定位终端、标识化管理、信息化调度使用等管理制度，编制完成普通公务用车管理标准化操作手册。

【食堂管理】2021年，涪城区完善《机关食堂管理制度》和《食堂考核管理办法》，加强对食堂承包商的监督管理，严把食品安全关，建立健全督察台账和留样管理机制，确保机关食堂用餐安全。

【镇村公有资产盘活】2021年，涪城区按照“统一调配、整体运作；科学合理、分类施策；依法依规，严格管理”的原则，盘活资产114宗，总面积5.78万平方米。

【群团组织集中办公】2021年，涪城区机关事务服务中心按照“集中、集群、集约”的原则，集合总工会、科协、工商联等5个群团在御苑巷12号集中办公，统筹使用办公用房面积1290平方米（其中办公室面积812平方米，共享共用房源面积478平方米），解决群团组织47名在编人员办公场地问题。

【办公用房维修】2021年，涪城区机关事务服务中心按程序组织实施区政府机关等6处办公用房维修，投资总金额635万元，维修建筑面积6350平方米。

【租金减免】2021年，涪城区机关事务服务中心对接富达公司等产权单位，累计减免承租的绵阳市安监局等8处市级房产租金210万元。

【疫情防控】2021年，涪城区机关事务服务中心为全区疫情防控工作提供办公设备20余件，选派21名驾驶员在21个核酸检测点位待命。在集中办公区域设立检测点及废弃口罩等特殊有害垃圾收集点，排查防疫隐患。建立公务用车消毒登记台账，做好公务用车消毒。每日对机关食堂操作间、供餐场所等区域消毒。

【特色公务服务】2021年，涪城区“涪城印象”特色公务服务逐步标准化。完成“一桌涪城菜”菜品甄选、推广渠道建设等前期准备工作。完成第一期“一桌涪城菜”12个微视频拍摄。建立“一盒涪城造”资源库，形成“涪城造产品清单”。经两轮评选，确定三家供应商开展“涪城造”品牌战略推广试运营。

【公车安全教育整顿】2021年12月，涪城区清理35个行政事业单位123个公车编制的使用，无超编制、超标准配备车辆。清查车龄、违章违法和交通事故等车况，处理违章记录7条。督促及时养护有安全隐患车辆。摸排驾驶员政治思想、遵纪守法、健康状况等10个方面情况，确保不存在有违法犯罪记录的驾驶员。

【绿色食堂打造】2021年，涪城区推行“光盘行动”，提出供餐补餐“科学化”，菜谱设置“合理化”，餐余垃圾“减量化”管理，推进绿色、健康、节约机关事业单位食堂建设。

【降耗减排示范创建】2021年，涪城区完成13家省级节约型和2家节水型单位国家级复检工作，深化各项节能节水技术改造，拓宽不同类型单位创建新渠道。

（左容文　杜　婉）

中国人民政治协商会议绵阳市涪城区委员会

概　述

【概况】2021年，涪城区政协学习贯彻习近平新时代中国特色社会主义思想和习近平总书记在中国共产党成立100周年大会上的重要讲话精神，党的十九届五中、六中全会，省委十一届九次、十次全会，市第八次党代会、市委八届二次全会和区第七次党代会、区委七届二次全会精神，坚持团结、民主两大主题，履行政治协商、民主监督、参政议政职能，团结引导区政协委员、各参加单位紧扣深入实施“三千工程”、加快建设“四个强区”、当好“五个排头兵”建言资政、凝聚共识，助力总投资115亿元的蓝城国际康养小镇开工，促成涪城区千鹤桑田园自行车公开赛开幕，购销特色农副产品139万元，为乡村群众办实事100余件，协助企业解决困难问题25件，提案立案443件，收集社情民意信息65篇，编撰《涪城文史（2021年卷）》20万字。为涪城全面建设西部现代化强区贡献了政协力量。

【助推经济发展】2021年，涪城区政协聚焦服务业重点项目建设，助力总投资115亿元的蓝城国际康养小镇开工；推动科技物流园片区策划、拆迁、招商和基础设施建设等工作取得突破。聚焦特色工业园区建设，组织委员企业开展食品产业园规划专题协商，推动完善园区设计方案。聚焦科技创新产业，走访中物院、西南科技大学、龙华薄膜等科研院所、企业20余家，调研科研人才引进、服务和科研成果转化工作，提出构建立体用人体系、完善科技成果转化平台等建议10余条，助力汇聚创新发展新动能。

【助推乡村振兴】2021年，涪城区政协按照区委“三年三园三步走”的决策部署，专题视察“湖光山色”稻渔亲水湿地公园项目，从规划引领、产业基础、要素保障等方面，为加快推进农业主题公园建设建言献策。视察农村人居环境整治推进情况，从集中补齐短板、加大资金筹措、完善管护机制等方面提出工作建议，助力农村人居环境提升。跟进现代农业园区建设、乡村骑游品牌赛事打造等推进进程，巩固专题调研成果，促成涪城区千鹤桑田·蚕桑文化农业主题公园暨涪城田园自行车公开赛在杨家镇盛大开幕。开展政协系统“双助”活动，参与委员300余人次，购销特色农副产品139万元，为乡村群众办实事100余件，在巩固拓展脱贫攻坚成果同乡村振兴有效衔接上发挥重要作用。

【民生福祉改善】2021年，涪城区政协助推两项改革“后半篇”文章便民服务体系建设，围绕“三级便民服务体系”建设开展专题视察，形成专题协商报告，提出5个方面工作建议。开展“儿童青少年近视防控”小微协商，组织专业医疗团队采取系统分层抽样调查的方式，对1707名学生进行视力检测，对1863位学生（含家长）进行问卷调查，抽样班级教室采光照明、课桌椅匹配度，召开“儿童青少年近视防控工作”小微协商会议，达成改造学生教室、提升课桌椅匹配度等重要共识，《人民政协报》等媒体宣传报道。协助“7·23”突发输入新冠肺炎疫情处置，区政协领导班子成员驻守核酸检测点和隔离点一线，政协委员捐赠物资60余万元。

【联系镇街和重大项目工作】2021年，涪城区政协领导班子成员通过走访调研、现场办公、召开专题协调会等方式，联系镇（街道）督促指导工作70余次，督促各镇、街道抓好领导班子换届、疫情防控和经济发展各项工作。以领导干部联系重点企业、院所、高校、单位为契机，全覆盖走访150户委员企业。宣讲“三度服务”20条措施和优化营商环境推动产业高质量发展相关政策，发放《涪城区支持企业发展26条措施》《涪城区关心关爱企业家10条措施》等优化营商环境政策文件300余册。收集整理企业发展难题40余件，协调解决困难问题25件。

【提案办理】2021年，六届区政协委员、各参加单位以提案形式提出意见建议共529件，立案443件。截至年底，除4件因条件限制或某些特殊原因无法解决外，均已解决落实或被采纳列入计划解决，满意率99.77%。评选出《关于加快推进农村不动产确权登记办证工作的建议》等6件优秀提案，区委组织部、农业农村局、税务局、交通局、教体局、司法局6家单位为“提案办理工作先进单位”。七届区政协一次全会期间收到提案69件，经审查立案58件，重点提案4件。

【社情民意信息工作】2021年，涪城区政协健全社情民意信息培育制度，紧扣社会关切的热点难点问题建言资政。突出民主党派、工商联等主体作用，发挥层次高、视野宽、敏感性强的优势，组织党派成员立足行业、专业反映社情民意信息，将工作中、行业中发现的问题和亟须解决的短板及时予以反映。收集上报《关于取消中小学教师职称评审过程中民主测评环节的建议》《关于明确城乡配送适用增值税税率的建议》等各类社情民意信息65篇，被市政协采用37篇、省政协采用5篇。

【“有事来协商”平台建设】2021年，涪城区政协研究制定“有事来协商”平台工作职责、议题确定办法、调查研究制度、议事规则、协商流程图等制度，形成从议题产生到协商成果转化的全链条工作流程。打造“有事来协商”标准化阵地，在城区、农村确定5个点位，作为区政协“有事来协商”首批规范化阵地，推动政协协商与基层协商有效衔接。努力做到既延伸政协的履职触角，又解决作为基层政协“两个薄弱”问题，有序引导了政协委员、基层干部、群众、有关单位互动交流，增强群众的协商意识，培育协商民主精神。

【对上协作】2021年，涪城区政协开展对上争取，到省、市政协专题汇报工作50余次，争取上级政协对涪城工作的支持。围绕发展现代物流体系等专题，配合市政协开展协商调研7次。积极参与省、市政协理论研究工作，被省、市政协采用理论研究文章6篇。开展习近平总书记关于加强和改进人民政协工作的重要思想四川省政协研究基地绵阳市政协分基地理论研究，上报理论研究文章2篇，均被市政协采用。进一步加强与外地政协的友好交流，全年接待外地政协来涪考察调研11次，出访外地考察5次，推动政协工作交流。

【文化文史交流】2021年，涪城区政协推进文史编撰工作，《涪城文史（2021年卷）》稿件已完成征集并通过初审，编辑文字20万。与区委组织部、区委党史研究室（方志办）联合举行涪城区谭德政烈士纪念园建设布展及史料研编研讨会、跃进路“三线记忆馆”建设布展提升工作研讨会。会同区文广旅局组成“涪王”吴玠史料调研组，到简阳市开展吴玠文史外调工作。加快“书香政协”建设，打造“涪畔书屋”品牌，开展“云上阅读、致敬书香涪城”“委员荐书”等活动，委员共荐书目900个。

【对外宣传工作】2021年，涪城区政协投送并刊登信息33条，《初中学生近视率达90.7%！委员专家疾呼“‘小眼镜’不能再增加了!”》被《中国政协报》（网络）专刊采用，《开展小微协商 为民办实事好事》被省政协网采编。通过“数字政协”平台、专报专刊等方式，编发工作简报16期，政协通讯4期，被省政协评为报刊发行先进单位，被市政协评为新闻宣传工作先进单位。

【委员服务与管理】2021年，涪城区政协组织并动员政协委员参与提案线索收集和提案调研及撰写、“十四五”规划意见征求、党史学习教育、全区产业发展大会等活动。开展市政协委员涪城小组委员活动，完成履职考核并上报，组织集体提案调研和撰写，在市政协七届六次全会上涪城小组提交集体提案14篇，在市政协八届一次全会上涪城小组提交个人提案16篇、集体提案6篇，得到市政协的表扬和肯定。

【七届一次会议】2021年11月3日，涪城区政协七届一次会议召开，会议选举产生七届区政协主席会议成员和常务委员会组成人员，政协委员围绕深入实施“三千工程”、加快建设“四个强区”，聚焦涪城全面建设西部现代化强区，以及新时代人民政协事业发展中的重大问题，进行协商议政、踊跃建言献策。

政协绵阳市涪城区第七届委员会常务委员会组成人员名单

（按姓氏笔画为序）（49人）

于晓燕　马晓晖　王　蕾　王泷天　王晓川　王铁蓉　牛　欢　邓　勇　龙运锋　白荣其　白晓东　冯　涛　兰　翼　向冬梅　刘正西　许小君　杜正茂　李　贵　李　勇　李江川　李剑生　杨　婷　肖兴亮　吴　蕾　何显兵　宋政杰　张　茜　张安珂　罗　松　赵友章　赵贤政　秦　纯　钱建苹　徐　弘　徐洪波　高　敏　高广泰　康翠兰　梁　俊　蒋　洁　蒋纯泉　释昌果　谢佳琦　蒲　佳　甄丽蓉　熊　敏　黎　挺　薛　雷　魏子秦

2021年绵阳市涪城区政协常委会会议一览表

表9

时间	会议名称	主要内容
1月18日	区政协六届第二十五次常委会会议	1.传达学习市委七届十次全会、区委六届十一次全会暨全区经济工作会议精神。 2.协商讨论区政府工作报告。 3.协商讨论涪城区国民经济和社会发展第十四个五年规划纲要。 4.协商通过区政协六届常委会工作报告。 5.协商通过区政协六届常委会提案工作报告。 6.协商通过常委、委员调整和有关区政协专委会兼职副主任任免事宜。 7.协商通过区政协六届六次会议议程、日程、召开时间、地点、参加人员、大会秘书长和副秘书长人选、作两个工作报告的人选、委员小组划分及召集人等有关事项。 8.协商通过政协绵阳市涪城区第六届委员会常务委员会关于授权主席会议审议区政协六届第二十五次常委会会议未尽事宜的决定。 9.区政协党组书记、主席杜正茂讲话。
1月27日	区政协六届第二十六次常委会会议	1.协商通过六届六次会议议程。 2.协商通过区政协六届常委会提案工作报告（草案）。 3.协商通过六届六次会议决议（草案）。
5月25日	区政协六届第二十七次常委会会议	1.传达学习涪城区建设全域强区暨乡村振兴大会、民生事业高质量发展大会精神。 2.传达学习全省政协系统“助力巩固脱贫、助推乡村振兴”专项活动部署会精神，安排部署涪城区政协“双助”活动。 3.专题协商“绵州记忆”特色街区提升改造工作。 4.协商通过区政协有关专委会主任、副主任任免事宜。 5.区政协党组书记、主席杜正茂讲话。
9月7日	区政协六届第二十八次常委会会议	1.协商讨论《区政府工作报告（草案）》，通报全区上半年经济运行情况、提案办理情况。 2.协商讨论《区六届政协常务委员会工作报告（草案）》。 3.协商讨论《区六届政协提案工作情况报告（草案）》。 4.协商通过七届政协委员建议人选名单。 5.协商通过《区政协七届一次会议大会委员小组划分、小组召集人建议人选、界别联组划分方案》。 6.协商通过《关于授权主席会议审议区政协六届第二十八次常委会会议未尽事宜的决定（草案）》。

续表 9

时间	会议名称	主要内容
11 月 3 日	区政协七届第一次常委会会议	1.协商决定七届区政协各委室设置方案、各委室主任、副主任（含兼职副主任）建议名单，以及政协委员划分专委会方案。 2.协商决定余明洪辞去政协委员资格、撤销罗加华政协委员资格事项。 3.协商决定七届区政协副秘书长建议名单。 4.通报区政协常委中共党员组成人员联系非中共党员组成人员名单、中共党员委员联系非中共党员委员名单、区政协综合党委书记和委员名单、区政协综合党委各支部书记和委员名单。 5.通报区政协党组及主席会议成员工作分工、区政协各委室联系区级单位和提案、社情民意信息等工作情况。 6.书面听取各专委会未来五年工作计划汇报。 7.区政协党组书记、主席杜正茂讲话。

调研与视察

【青少年近视预防工作调研】2021 年 1 月 21 日，涪城区政协教科卫体委走访南街幼儿园，与区教体局、区卫健局、区疾控中心、万江眼科医院等单位座谈调研青少年近视预防工作。

【农村人居环境整治调研】2021 年 4 月 12—23 日，涪城区政协农业农村委与区农业农村局协商制定全区农村人居环境整治推进情况专题视察方案，组织部分区政协委员到新皂镇、丰谷镇等地开展调研，抓实农村人居环境整治推进情况专题视察前期基础工作。

【“青少年近视预防”小微协商前期调研】2021 年 4 月 19—22 日，涪城区政协教科卫体委组织部分政协委员到南街小学、南街幼儿园、绵阳市实验幼儿园、七中城北校区小学及初中、绵阳市十二中（青义中学）开展青少年近视预防抽样检测及调研，区教体局、区卫健局、区疾控中心、区融媒体中心及万江眼科医院参与本次抽样检测的相关工作，为“青少年近视预防”小微协商提供翔实数据支撑。

【考察浙江省杭州市江干区、绍兴市柯桥区】2021 年 3 月 22—26 日，涪城区政协党组书记、主席杜正茂带队到浙江省杭州市江干区、绍兴市柯桥区学习考察文旅产业融合发展、“有事好商量”协商平台建设和“书香政协”建设的先进工作经验做法。考察组先后到江干区“钱潮书吧——乾嘉书房”“有事好商量”协商区级总平台，柯桥区安昌古镇、柯桥古镇等进行考察，分别与江干区政协、柯桥区政协及当地相关单位、文创企业开展多角度的考察调研和座谈交流，了解先进经验做法。

【涪城区政协党组书记、主席杜正茂走访调研工商联会员企业】2021 年 5 月 31 日，涪城区政协党组书记、主席杜正茂带队走访调研区工商联会员企业，先后走访听取企业发展情况，向企业宣讲涪城区优化营商环境政策措施，与企业家共谋发展思路。

【涪城区政协党组书记、主席杜正茂调研新时代加强和改进人民政协工作】2021 年 5 月 12 日，涪城区政协党组书记、主席杜正茂到全区各镇，调研新时代加强和改进人民政协工作，与各镇党委、政府主要负责人座谈交流政协换届工作、政协委员在基层的作用发挥等，并听取各镇意见建议。

【茂业百货改造提升项目调研】2021 年 6 月 25 日，涪城区政协相关领导到城厢街道调研茂业百货改造提升项目，城厢街道分管负责人陪同调研，听取茂业百货有关负责人关于项目实施情况的介绍及存在的困难，就相关协调工作作出安排。28 日，将调研成果反馈至相关职能部门及社区，征询意见，7 月中旬召集协商会议，保障项目稳步推进。

【中国（绵阳）国际康养产业园项目调研】2021 年 6 月 8 日，涪城区政协相关领导到杨家镇调研中国（绵阳）国际康养产业园项目，为迎接市政协城环资委调研“实施城市更新行动，打造高品质生活宜居城市”工作做准备。

【东江环保项目调研】2021 年 5 月 20 日，涪城区政协相关领导到杨家东江环保工地调研，听取有关情况报告，了解项目进展、督促指导项目推进。

【便民服务体系建设专题视察】2021 年 6 月9 日，涪城区政协法联委组织专委会委员及相关部门和镇（街道）就区、镇、村三级便民服务体系建设进行专题视察，并进行座谈交流，对全区便民服务体系建设建言献策。

【“儿童青少年预防近视”课题调研】 2021年6月9—10日，涪城区政协教科卫体委组织委员就“儿童青少年预防近视”小微协商课题到区教体局、区卫健局等区级相关部门及绵阳市万江眼科医院多次开展调研、交流、座谈，形成调研报告。

【涪城区政协党组书记、主席杜正茂视察“有事来协商”平台建设】 2021年8月3日，涪城区政协党组书记、主席杜正茂视察区体育馆“有事来协商”议事平台建设，听取平台建设情况的报告，对平台打造的风格、工作进度提出意见和要求。

【委员换届工作调研】 2021年7月2日，涪城区政协相关领导带领委工委，会同区委统战部到石塘等街道联合调研政协委员换届工作。

【公共充电桩安装布局调研】 2021年8月24日，涪城区政协相关领导就“新能源汽车公共充电桩安装”小微协商进行调研，探讨协商点位和方式。

【蓝城康养小镇项目部专题视察】 2021年7月21日，涪城区政协相关领导到杨家镇蓝城康养小镇项目部视察，开展工作对接，共商加快项目推进办法。

【铁牛街广场文化品牌打造先期走访】 2021年8月5日，涪城区政协委工委到城厢街道铁牛街社区走访，启动铁牛街广场文化品牌打造小微协商调研活动。

【推进科研成果转化先期调研】 2021年8月25日，涪城区政协教科卫体委就“利用高校（院所），推进科研成果转化”调研课题前期准备工作与区委组织部、区工信局、区科技局、区科协等区级单位进行交流。

（李　波　牛　欢）

概 述

【概况】2021年，涪城区纪检监察组织共受理信访举报215件，立案审查调查146件，给予党纪政务处分127人，其中留置8人，移送审查起诉5人。运用“4433”日常监督工作法，坚持区负责、镇（街）主抓、村（社区）执行思路，推动区镇村三级监督贯通联动，镇村监督一体化运行，“1233微权e监督”模式在全市村级监督现场会上推广。健全镇、村纪检监察组织，村级监督相关事例被《中国纪检监察报》报道，经验做法被省委改革办采用，并入选高质量推进两项改革“后半篇文章”的“绵阳实践”。推进粮食购销领域腐败问题专项整治，整治成效得到省市纪委肯定。

【纪律监督】2021年，涪城区纪委监委围绕中央和省市区委统筹疫情防控和经济社会发展、“三大攻坚战”、实施“三千工程”、建设“四个强区”等重大决策部署开展监督检查，督促整改问题493个，约谈诫勉18人，通报批评党组织3个。特别是“7·23”突发输入新冠疫情后，组成4个专项督查组跟进监督、嵌入监督、蹲点监督，督促整改问题110个，为疫情有效防控提供坚强的纪律保障。紧盯换届风气督导，“点对点”派驻5个专项督查组，围绕15项监督任务，提出问题整改意见29条，稳妥审慎出具党风廉政意见6166人次，叫停、暂缓任用10人，实现镇、村换届零信访、零事故、零舆情。

重要会议

【区纪委六届六次全体会议】2021年3月10日，六届区纪委第六次全体会议在区委一楼会议室举行。区纪委委员15人出席会议，147人列席会议，区委书记邓辉出席会议并讲话。区委常委，区人大常委会、区政府、区政协领导，区法院院长、区检察院检察长出席会议，有关方面负责人参加会议。全会由中共绵阳市涪城区纪律检查委员会常务委员会主持。全会传达学习十九届中央纪委五次全会特别是习近平总书记重要讲话精神，及省纪委十一届五次全会、市纪委七届六次全会精神，审议通过孟霞代表区纪委常委会所作的《推动新时代纪检监察工作高质量发展，为全面建设西部现代化强区提供坚强保障》工作报告。会议强调，全区各级党组织和党员干部要牢记使命担当、忠诚履职尽责，确保党中央、省委、市委、区委决策部署落地到位。各级纪检监察组织要紧扣中心大局发挥监督保障执行、促进完善发展作用，一体推进不敢腐、不能腐、不想腐，为全面建设西部现代化强区和“十四五”开好局、起好步提供坚强保障。新皂镇、区发改局、富诚集团主要负责人向全会述责述廉，接受区纪委委员民主测评。

【重点行业领域突出问题系统治理推进会】2021年6月2日，涪城区纪委监委组织召开全区重点行业领域突出问题系统治理工作协调推进会议暨纠正“不抓落实，抓不落实”问题工作联席会议。会议通报省、市重点行业领域突出问题系统治理工作会议精神，总结全区2020年以来重点行业领域突出问题系统治理工作开展情况。会上，区发改局、区卫健局、区医保局、区人社局、区工信局等单位就牵头负责的工程招投标领域突出问题、医疗卫生行业突出问题等系统治理情况进行专题汇报，明确下一步工作打算。会议强调，各主责部门要加强组织领导，各配合单位要主动参与，坚持“三不”一体推进，坚决克服形式主义、官僚主义，坚决破除长期以来形成的固化利益，推动系统治理取得实实在在成效。

【区纪委六届七次全体会议】2021 年 7 月 5 日，中国共产党绵阳市涪城区第六届纪律检查委员会第七次全体会议召开，对第六届区纪委班子和现任区纪委领导班子成员进行民主评议、民主测评，开展推动纪检监察工作高质量发展实绩评价和领导干部政治素质负面清单评价，全额定向推荐新一届区纪委领导班子成员人选。

【全区纪检监察系统干部大会】2021 年 9 月 14 日，涪城区纪委监委组织召开纪检监察系统干部大会，区委常委、区纪委书记张伟出席会议并讲话。会议强调，要坚定不移讲政治，始终做到心中有党，心中有民，心中有责；要心无旁骛干事业，沉心静气，追求质量，努力成为德才兼备、智勇兼备、既博又专的高素质综合性人才；要团结奋进增活力，开展“主题党日”铸魂、“清风讲堂”提能、“品味书香”养心、“快乐运动”健身四大活动，建设“正气、学习、活力”机关，充分激发干事创业热情；要严于律己作表率，严格落实“六自觉六严禁”，坚决克服自身形式主义、官僚主义、推诿扯皮等问题，自觉抵御不良风气，树立担当意识，时刻保持昂扬斗志，带头履行好工作职责，在新征程中展现新作为。

【区纪委六届八次全体会议】2021 年 9 月 18 日，中国共产党绵阳市涪城区第六届纪律检查委员会第八次全体会议召开，会议讨论通过向中国共产党绵阳市涪城区第七次代表大会所作的工作报告。

【区纪委七届一次全体会议】2021 年 9 月 25 日，中国共产党绵阳市涪城区第七届纪律检查委员会举行第一次全体会议，全会选举出中共绵阳市涪城区纪律检查委员会常务委员会委员和书记、副书记。张伟当选为中共绵阳市涪城区纪律检查委员会书记，路春玲、梁志勋当选为副书记，李建、周伟、赵栋辉、刘永红当选为常务委员会委员。

【粮食购销领域腐败问题专项整治工作推进会】2021 年 10 月 20 日，涪城区纪委监委组织召开全区粮食购销领域腐败问题专项整治工作推进会，对全区专项整治工作再安排、再部署、再强调。会议强调，要严格按照“统一部署、分级负责、对口把关、齐抓共管”原则，坚持主要领导亲自抓、分管领导具体抓，推动工作落实。要坚持部门联动，推动纪检监察、业务主管监管、巡察、审计、执法检查等力量形成合力。要加强工作督促检查，对任何搞形式主义、官僚主义、不担当不作为、推诿扯皮、弄虚作假等失职失责行为，坚决追责问责。

【落实《关于加强巡视巡察上下联动的意见》工作推进会】2021 年 10 月 22 日，涪城区召开深入贯彻落实《关于加强巡视巡察上下联动的意见》工作推进会，传达学习《关于加强巡视巡察上下联动的意见》及全市巡察工作高质量发展研讨座谈会精神，专题研究解决巡察工作中存在的突出问题。区委常委、区纪委书记、区监委主任、区委巡察工作领导小组常务副组长张伟主持会议并讲话。会议强调，要提高政治站位，以高度的政治责任感把加强巡视巡察上下联动的要求落实到位。要坚持问题导向，以有力有效的举措研究解决制约和影响涪城巡察工作的突出问题。在干部抽调方面，要明确工作责任，严格选派条件，做好人才储备，完善工作程序。在监督贯通方面，要与纪检监察监督、部门职能监督相融合，减少重复监督，提高监督质效。在巡察整改方面，要建立健全统筹整改机制、督导整改机制、评估整改机制、整改成果运用机制，推动巡察整改标本兼治。要深入学习贯彻市第八次、区第七次党代会精神，争当全市“排头兵”，为推动涪城巡察工作“上台阶、创一流”而不懈奋斗。

【区属国有平台公司警示教育大会】2021 年 11 月 18 日，涪城区纪委监委在绵阳富诚投资集团有限公司召开警示教育大会，区委常委、区纪委书记、区监委主任张伟，区委常委、常务副区长秦亚辉出席会议。会上，与会人员观看警示教育片《“靠山吃山”的董事长》；通报区属国有企业近年来查处的典型案例；企业主要负责人作了表态发言。张伟以“痛定思痛汲教训，重整行装再出发”为主题，对参会人员进行集体廉政谈话。他强调，要深刻认清当前反腐形势，因势而谋、顺势而为，保持政治定力、纪律定力、道德定力、抵腐定力，思想上和行动上始终做到不放纵、不越轨、不逾矩。要坚决克服侥幸心理，主动加强纪律、法律学习，避免走入歧途。要算好仕途人生“政治账”

"经济账""名誉账""自由账""健康账"，自省自警，真正算好人生的每一笔账。要始终做到正气充盈、拒腐防变。落实好主体责任，真正把抓党风廉政建设作为分内之事、应尽之责，记在心里、抓在手中、扛在肩上，更加自觉地肩负起管党治党的政治重任。要落实好监督责任，强化日常监督，及时查处党员干部违纪违法的行为，坚决以"零容忍"态度惩治腐败。要时刻把"干净做人、清白做事"记在心上，练好内功、提升修养，敢于担当、善于作为，在涪城区深入实施"三千工程"、加快建设"四个强区"、全面建设西部现代化强区的新征程上做出新的贡献！

党风廉政建设

【概况】2021年，涪城区纪委监委协助区委制定班子成员责任清单190条，2名区委常委、3名区级单位负责人向区纪委全会述责述廉，推动各级党组织开展政治生态分析，形成报告61份。围绕中央和省、市、区委统筹疫情防控和经济社会发展、"三大攻坚战"、实施"三千工程"、建设"四个强区"等重大决策部署开展监督检查，督促整改问题493个，约谈诫勉18人，通报批评党组织3个。协同抓好政法队伍教育整顿，立案12件，处分11人，组织处理7人。深化"以案促改"，发出纪律检查和监察建议书19份，召开重大案件案发单位专题民主（组织）生活会5次，摄制《董事长的"黄粱一梦"》警示教育片。开展贯彻落实中央八项规定精神制度建设"回头看"，推动完善相关制度16项。深化清风护航专项行动，查处破坏营商环境案6件6人，通报曝光2件2人。聚焦食品安全、教育医疗、生态环保、行政审批、集体"三资管理"等方面，查处群众身边腐败和不正之风问题84件95人。开展发改、工信、卫健、人社4个系统突出问题专项治理，发现并责成整改问题486个，党纪政务处分23人，组织处理45人，移送审查起诉2人，追缴退赔137万余元。配合省委、市委巡视巡察组，对疫情防控巡视"回头看"和粮食购销领域开展3轮联动巡察，发现问题54个，移送问题线索3条。健全镇、村纪检监察组织，配齐配强人员，开展提能培训，印发履职手册，优化整合监督力量，切实推动监督下沉。坚持严管厚爱，推荐并获评省、市、区先进个人11人、先进集体3个，处置纪检监察干部问题线索3件，谈话函询2人，处理2人。

【换届工作纪律监督】2021年，涪城区纪委监委围绕换届主体责任、监督责任落实。根据换届进程，定期向有关纪检监察组织"点对点"派发监督清单26份，确保监督工作的精准性、实效性。由主要负责人担任督查督导组组长，开展全覆盖走访检查，"面对面"座谈，重点压实镇党委"一把手"责任，现场督导、现场抽问了解工作情况，先后提出问题整改意见11条。适时组织暗察暗访，采取"四不两直"方式，开展突击检查，发现个别村换届氛围不浓、换届纪律要求不熟等问题2个。靶向+跟进，协同聚力。组建5个专项督查组，紧盯重要时间节点下沉各镇巡回督查4轮次，发现村级换届资料不规范、"十严禁"、"四必须"等纪律要求知晓度不高等问题29个，及时反馈镇党委、镇纪委督促落实。各镇纪委跟进监督问题整改落实情况，收集新问题、新情况，进一步核实、分析、研判，保障换届平稳推进。

【"听音问廉·三进三强"专项行动】2021年，涪城区纪委监委走访机关事业单位在职和离退休干部职工6953人，两代表一委员1052人，各类市场主体17993户，基层党员干部群众家庭197029人，收集并推动解决问题1604个，答复意见建议559条。以"三个突出"（突出融入中心、突出实际效果、突出涪城特色）为目标，在全区部署开展"听音问廉·三进三强"专项行动。建立领导干部联系服务重点企业、院所、高校、单位联系制度，466名科级领导服务对接，属地镇街和区级职能部门全面跟进，进一步压实工作责任。以"单独访+结合访""上门访+院坝访""问卷访+家常访""干部访+评估访""一般访+重点访"相结合等开展走访。开展第三方评估访和纪检监察干部专题访，对破坏营商环境、漠视群众利益的"零容忍"，查处推诿扯皮、不作为、慢作为以及吃拿卡要、寻租设租等破坏营商环境案件6件6人，群众身边的不正之风和腐败问题64件72人。

【粮食购销领域腐败问题专项整治】2021年，涪城区纪委监委推动粮食购销领域腐败问题专项整治，成立以区纪委书记任组长，区发改、财政、审计等7个单位主要领导为成员的专项整治工作领导小组，召开全区粮食购销领域腐败问题专项整治工作推进会，督促主管监管部门自查自纠发现问题7个，形成领导靠前指挥、单位推动落实、纪检监督问责的"一盘棋"工作局面。紧盯7个专项整治成员单位、8个区级储备粮存储地，开展走访摸排2次、专项督查2次、“回头看”1次，发现并整改问题9个，及时约谈发改、财政、市场监管3个单位主要负责人明确1个纪检监察室专项牵头，召开问题线索排查会5次，对有关问题线索进行“大起底”，再梳理、再摸排。开展余贵金等腐败案件案例剖析，分析总结粮食领域腐败特点、表现形式和查办要点，促进查办人员尽快由“外行”变“内行”，确保集中精力，快查快处，提升案件查办质效。

【社保资金违规发放专项整治】2021年，涪城区纪委监委在全区范围内开展社保资金违规发放专项整治，查处社保领域“死人吃低保”系列案件。整合纪检监察室、派驻纪检监察组、镇街纪委办案力量，抽调20余名业务骨干，组建攻坚专班，明确人员、责任、措施，案管部门全程跟进、实时督办，上下联动、齐力攻坚，确保审查调查工作稳慎、精准、高效推进。畅通“信、访、网、电、微”举报渠道，优先处置相关问题线索，对违纪违法行为坚持“零容忍”，从严查处。2021年，共立案查处35人，其中党纪处分21人，组织处理12人，清理不符合补贴条件81人，追收违规领取资金21.89万元。开展“以案促改”工作，深入剖析案件特点和案发原因，下发《纪检监察建议书》2份，责令区人社局、区就业服务中心等相关单位举一反三，加强整改，完善内控机制，强化资金监管，堵塞制度漏洞。

【案件质量提升】2021年，涪城区纪委监委实行主审人员制度，建立分层分级的审理模式，做到一案一反馈开列自办案件问题清单、一案一指导提升乡镇纪检组织办案质量、一案一授权实现纪检监察组交叉审理；采取案件质量“问诊”模式，建立问题清单及年度台账反馈机制，以制度机制优化推动案件审理工作规范化。履行审核把关和监督制约职责，运用反腐败协调小组会、案件研讨会、重大复杂问题集体会商等方式加强内部沟通和外部协调机制，把握运用政策策略，畅通纪法、法法衔接，形成工作合力，以打造案件质量共同体推动案件审理工作精准化。坚持“三不”一体推进，发挥案件审理治本功效，强化处分执行和警示教育，突出日常监督和问题整改，抓实回访教育和帮扶激励。2021年先后三次高质量通过省市纪委监委案件质量评查，10月在全市案件审理工作培训会上作经验交流。

【“清风讲堂”提能行动】2021年，涪城区纪委监委开展“清风讲堂”提能行动。把学习融入日常、抓在经常，以“清风讲堂”为载体，采取干部轮流授课、现场教学、交流讨论、专家讲授和跟班锻炼、抽调监督办案、跟案评价等方式，开展学习教育12期500余人次，实践锻炼50余人次，深化全员培训。

【“清廉涪城·幸福家园”活动】2021年，涪城区纪委监委在全区开展“清廉涪城·幸福家园”活动。通过摄制一部家风公益短片、开展一次家风作品征集、组织一次经典家规诵读比赛、听取一场家风模范报告会，推动家规家风建设来到机关干部身边，引导全区党员干部共建廉洁家风。利用思政德育课、班团队活动课、升旗仪式等课堂教学主阵地、主渠道，开展“诵读家训文化”“我有传家宝”演讲比赛和“家风家训”文艺作品征集活动，邀请“五老”、劳模工匠、英雄先进人物进校园开展主题报告等活动，共组织青少年开展主题活动600余场次，参与学生10万余人次。将家规家风建设融入农村公益电影、“三下乡”活动，2021年，播放农村公益电影100余场次，开展“三下乡”10余次，廉政文化、家规家风的覆盖面和吸引力不断扩大。

惩治与预防

【概况】2021年，涪城区纪检监察处理违纪违法党员干部和监察对象253人次，其中批评教育、约谈函询的占比53.3%，党纪轻处分、组织调整的占比35.6%，党纪重处分、重大职务调整的占比2.8%，严重违纪涉嫌违法立案审查的占比8.3%。查处违反政治纪律问题1件1人，结合系统治理、听音问廉等重点工作查处形式主义、官僚主义问题51件51人。协同抓好政法队伍教育整顿，立案12件，处分11人，组织处理7人。推进粮食购销领域腐败问题专项整治，发现并推动整改问题12个，立案11件11人，移送审查起诉1人，整治成效得到省市纪委充分肯定。深化“以案促改”，发出纪律检查和监察建议书19份，召开重大案件案发单位专题民主（组织）生活会5次。摄制《董事长的“黄粱一梦”》警示教育片，开展“清廉涪城·幸福家园”家风家规系列活动，制作《匠心守正　笔笔生辉》《初心不忘　守望一生》微视频，创作《画说换届纪律》系列动漫，编印《涪城家庭家教家风研究》集刊。

【审查调查工作】2021年，涪城区纪委监委保持反腐高压态势，紧盯专项整治、重点领域和关键环节，严把问题线索处置条件、标准和程序，分类建立台账，共处置问题线索215件，其中立案审查调查166件，给予党纪政务处分127人，组织处理63人，留置8人，移送审查起诉5人，违纪违法总金额达1106万元，共挽回经济损失248.72万元。严查群众身边腐败，查处群腐案件64件72人。发出纪律建议书和监察建议书19份，查找堵塞制度漏洞43个，指导富诚集团公司、汇鑫公司等重大案发单位开展以案促改。开展粮食购销领域腐败问题专项整治行动，对2013年以来的粮食购销领域腐败问题线索进行“大起底”，收到问题线索6件，党纪政务处分11件11人，留置2人，立案数全市第一。集中开展2轮审查调查安全工作检查，发现并督促整改问题30余条。

【政法队伍教育整顿】2021年，涪城区纪委监委以政法队伍教育整顿为契机，严惩滥用职权、徇私枉法行为，受理问题线索49件，党纪政务立案12件，处分11人，组织处理7人。

【粮食购销领域腐败问题专项整治】2021年，涪城区纪委监委成立粮食购销领域腐败问题专项整治工作领导小组，召开专项整治工作推进会，督促主管监管部门自查、自纠发现问题7个。紧盯7个专项整治成员单位、8个区级储备粮存储地，开展走访摸排2次、专项督查2次、“回头看”1次，发现并整改问题9个，约谈发改、财政、市场监管3个单位主要负责人，增强对全区粮食系统的监督力度。召开问题线索排查会5次，督促公安、市场监管等单位起底2013年以来刑事（行政执法）处罚案件，督促审计开展粮食安全审计监督，组织信访、案管开展2013年以来受理的涉粮领域信访举报，查办的涉粮相关案件“大起底”，收到问题线索6件，党纪政务立案11件11人，留置2人。

【以案促改】2021年，涪城区纪委监委开展“侯晓春、彭宇行严重违纪违法案‘议案促改’自查自纠”工作，发现并督促整改问题16个。指导富诚集团公司、汇鑫公司等重大案发单位开展以案促改，发出纪律建议书和监察建议书19份，查找堵塞制度漏洞43个。深挖彻查富诚公司原董事长张军贪污受贿案中相关人员违纪违法问题，并对川投幸福置业、富诚、汇鑫3家国有企业9名人员党纪政务立案，其中党纪政务处分5人，组织处理4人，移送审查起诉3人。摄制《董事长的“黄粱一梦”》警示教育片，在区属国有企业全覆盖开展警示教育，做好审查调查“后半篇文章”。

区纪委、区监委委员会名单

中国共产党绵阳市涪城区第六届纪律检查委员会

书　记：陈　伟（2021年2月前）

副书记：孟　霞（女，2021年9月前）
　　　　梁志勋

常务委员会委员：李　建　刘　果（2021年9月前）　王文杰（2021年9月前）

委　员（按姓氏笔画为序）：

丁　凯（2021年9月前）

王文杰（2021年5月前）

王琳玲（女，2021年9月前）

刘　果（2021年9月前）　李　建

张　成（2021年9月前）

张　伟（2021年9月前）

陈　伟（2021年2月前）

陈永康　周　伟

郑美永（2021年9月前）

孟　霞（女，2021年9月前）

赵　红（2021年9月前）

赵栋辉　徐海燕（女）　唐晓棠（女）

黄建新（2021年9月前）　梁志勋

中国共产党绵阳市涪城区第七届纪律检查委员会

书　记：张　伟（2021年9月后）

副书记：路春玲（女，2021年9月后）　梁志勋

常务委员会委员：李　建　周　伟（2021年5月后）

赵栋辉（2021年9月后）

刘永红（女，2021年9月后）

委　员（按姓氏笔画为序）：

邓小孟（女，2021年9月后）

向旭平（2021年9月后）

刘永红（女，2021年9月后）

李　建　杨海泉（2021年9月后）

吴　勇（2021年9月后）

张　伟（2021年9月后）

张金蓉（女，2021年9月后）

陈永康　罗　勇（2021年9月后）

周　刚（2021年9月后）　周　伟

赵栋辉（2021年9月后）

贾　岩（2021年9月后）

徐海燕（女）　梁志勋

路春玲（女，2021年9月后）

樊远平（2021年9月后）

潘　智（2021年9月后）

绵阳市涪城区监察委员会

主　任：张　伟（2021年9月起）

副主任：路春玲（女，2021年12月起）　梁志勋

委　员：李　建　周　伟　罗　勇（2021年12月起）

贾　岩（2021年12月起）

（邱连刚　路春玲）

概　述

【概况】2021 年，涪城区有民主党派基层组织 7 个，其中民盟、民建、民进、农工、致公为基层委员会，民革为总支，九三为支社。有民主党派成员 674 人，其中民革 41 人、民盟 84 人、民建 101 人、民进 203 人、农工党 153 人、致公党 54 人、九三学社 38 人。2021 年，涪城区指导 6 个民主党派（民建于 2018 年已换届）集中换届选优配强领导班子，贯彻落实《民主党派代表人士队伍建设规划（2018—2027 年）》，增加民主党派工作经费 10 万元，协助民主党派制定年度发展规划、健全完善组织发展工作流程、加强内部制度建设。培养民主党派基层组织负责人和成员，推荐 94 名民主党派成员担任区政协委员、37 名民主党派成员担任区人大代表。全区各民主党派成员累计捐赠现金 27 万元，支援疫情防控。

【参政议政】2021 年，涪城区各民主党派人大代表、政协委员提交省、市、区人大建议、政协提案 114 件，其中 12 件被列为重点建议（提案）。5 篇调研报告在区委、区政协的建议献策会上书面或口头向区委报告，受到区委、区政府主要领导肯定。

【民主监督】2021 年，涪城区发挥民主党派民主监督作用，创造宽松和谐的政治环境，正确对待民主党派意见，鼓励各民主党派人士讲真话、出实招，争当中共的良友、净友。对接民盟绵阳市委到涪城区开展营商环境民主监督工作，区内 7 个民主党派基层组织联合对辖区镇（街）开展乡村振兴民主监督，联系活动 20 余次。通过沟通情况、征求意见、联合调研等方式，为民主党派知情知政、履行民主监督职能发挥作用。

【政党协商】2021 年，涪城区召开区委换届人事协商会、政府工作情况通报会，邀请民主党派参加区委班子民主测评会议、区第七次党代会、区委七届二次全会等全区重大会议，制订《年度政党协商（会议协商）计划》，促进民主协商的规范化、制度化和程序化。

各民主党派活动情况

【民革涪城总支】2021 年，民革涪城总支学习《中共中央关于进一步加强中国共产党领导的多党合作和政治协商制度建设的意见》、新时代组织发展工作“三个文件”等重要文件，提升自身理论修养和政策知晓率。召开第三次党员大会，完成支部委员换届选举工作。启动民革党员之家建设，党员干部研究党员之家策划设计方案，12 月进场装修。发展入党积极分子步伐，其中 2 名积极分子通过考察入党。总支钱建苹、梁俊、吴彬等委员先后提交的《关于加快绵阳主城区城市更新发展的建议》《关于治理线上线下的“理财课”“财商课”的建议》《关于加强基层自然灾害救援知识的普及，尽量减少大灾后次生灾害的建议》等提案、建议、社情民意 10 余篇得到市区党委政府高度重视和办理。全年，组织总支党员开展调研活动 5 次，提出高质量意见建议 4 篇，其中《关于在绵阳科技城新区建立“政府首席数据官”制度的建议》《关于老城区特色街区改造提升的建议》得到市委主要领导高度重视。总支党员撰写提案和社情民意的建议共计20余篇，围绕职教资源、母婴照护、防范灾害、校外教育培训监督等方面提出意见建议。在服务社会中彰显民革形象。参与向凉山彝族自治州昭觉县的援彝捐款活动，共计捐款捐物2万余元。新冠疫情防控期间，支部党员投身疫情防控工作，支部多方筹措，为社区干部，总支抗击疫情党员送去慰问物资价值5000余元。

【民盟涪城基层委员会】2021年，民盟涪城基层委员会组织盟员学习贯彻中共中央总书记习近平在庆祝中国共产党成立100周年大会上的重要讲话，传达涪城区第七次党代会精神。开展庆祝中国共产党成立100周年系列活动，举行主题演讲比赛，组织盟员观看庆祝建党100周年电影《杨善洲》等，提升盟员对中国共产党的感情和认识。完成基委换届工作。发挥界别优势，围绕中心建言献策，全年提交提案46件，涪城区重点督办提案2件，盟省委采用6件，报全国政协1件，民盟中央采用1件。对接遂宁市民盟经济支部及遂宁市民盟企业家联谊会的交流考察活动，基层委员会盟员参加各种调研考察交流共计18次。40余名盟员到一线参与疫情防控，为高温一线的环卫工人发放“清凉包”，定期到养老服务中心看望慰问老人等。

【民建涪城基层委员会】2021年，民建涪城基层委员会先后组织会员到广元、南充、泸定、梓潼开展党史教育活动，20余名会员陆续参加民建省委市委培训和相关学习交流。基层委组织建设经验由民建省委会采用，作为绵阳“魅力基层组织”代表与民建北碚区委展开交流。《涪城论坛》特色品牌穿花纳锦，基层委与广元利州民建缔结友好，老会员走访慰问活动温暖人心，支部植树、书画体验、走访会员企业等活动凝心聚力，老主委许怀庚开讲涪城论坛，阐释人与环境融合发展。基层委共报送信息32篇，图片79张，理论文章3篇，文史研究3篇，征文4篇。《用爱心照亮昭觉“百家”路》被四川新闻网刊载，《涪城基层委组织慰问核酸检测点工作人员》《会员企业润生众品生态农业公司慰问公交一线职工》在今日头条刊载。调研课题——“建设现代农业园区推动绵阳市脱贫攻坚与乡村振兴有效衔接”取得成果，《关于让乡村文化在乡村振兴战略中发挥更大作用的建议》《关于进一步加强我区农村垃圾治理的建议》等18篇集体和个人提案到采纳。先后投入帮扶资金近4万元，购买地区农产品48.1万元，在迎宾社区和市福利院开展“迎新春送温暖”活动，为公交集团一线职工和劳动模范发放2.3万元防暑礼包，为抗美援朝老兵捐赠1.2万元助听器材，助力0.6万千克原生蜂蜜热销，广大会员奋战抗疫一线，转运密接人员、捐赠电扇、饮用水、充电宝等抗疫物资，用实际行动展现涪城民建的责任担当。

【民进涪城基层委员会】2021年，民进涪城基层委员会组织会员传达学习中共十九届六中全会、市第八次党代会、区第七次党代会、区委七届二次全会等各级重大会议精神。组织20余名会员到杨闇公纪念馆，70余名会员到安州革命烈士纪念馆开展重温红色文化实地教学，邀请区政协党组书记、主席杜正茂为全体会员开展党史学习教育宣讲活动，共同承办由区委统战部主办的庆祝中国共产党成立100周年“翰墨传情·同心同行”书画展活动。开展民主党派基层组织建设，全年组织召开基委会议、参政议政会议、组织生活会等20余次；通过省市会刊、网站、涪城政务等刊发宣传学习活动稿件50余篇次。在教育强区、乡村振兴等领域建言献策，全年提交人大建议、政协提案32份，30余件社情民意被民进省、市采用。涪城区“7·23”突发疫情，基委动员会员70余人次参与抗疫，捐赠物资3万余元。参与涪城区援彝“以购代扶”，代购约5万元，为河南雨灾捐款约2万元，为绵阳特殊学校和吴家小学学生送去爱心书籍1000余册，文具200余套。

【农工党涪城基层委员会】2021年，农工党涪城基层委员会组织基委会委员、各支部开展学习贯彻中共中央总书记习近平“七一”重要讲话等理论学习20余次。9月1日，组织党员参加农工党中央在绵阳开展的学习贯彻习近平总书记“七一”重要讲话专题宣讲报告会。9月30日，组织全体委员专题学习区第七次党代会、区人大七届一次、区政协七届一次会议精神。完成农工党涪城基层委会换届选举工作,通过民主投票，产生新一届领导班子。全年，涪城区基层委员会共发展新党员5名，储备预备党员10名。组织18名农工党员参加涪城区人大七次和政协七届会议。围绕产业发展、医疗卫生、乡村振兴等领域向大会提交《关于通过市场竞争机制降低医疗机构门诊药价的建议》《关于乡镇级国土空间总体规划编制过程中完善基础资料数据收集的建议》等集体提案15件、个人提案13件、人大建议1个。组织40余名农工党员参与涪城区“7·23”疫情防控，农工党涪城基层委会主委牵头负责的时尚天街核酸检测点受到市人民政府副市长蒋丽英的充分肯定，同时联合农工党市委和绵阳科伦医贸到涪城区凯德广场核酸检测点看望慰问疫情防控工作人员。统筹协调组织前进支部、市人民医院一和二支部、中医药支部、医卫支部党员近 40 人开展 2021 年“环境与健康宣传周”活动。

【致公党涪城基层委员会】2021 年，致公党涪城基层委员会学习传达中共十九届六中全会和省市各级重要会议精神，贯彻落实区委第七次党代会会议精神，学习新修订的《中国共产党统一战线工作条例》和参政党建设有关文件精神，加强队伍建设。开展“参政议政务虚会”等专题活动 3 场，选派党员参加致公党绵阳市工委举办的参政议政培训等活动，就“如何正确履职及党员权利义务”“如何做好参政议政”等进行专题学习和培训，强化党员参政议政意识，提高参政议政能力。在省、市、区“两会”中，党员中的人大代表、政协委员履行职责，献计出力，撰写提案、建议、意见等 20 余件。其中，《关于加大大学毕业生留绵政策的建议》被市政协采纳，《关于加强“托管”机构监督管理的建议》提案为区政协重点提案。邀请相关部门联合调研，组织党员到机关、企业，挖掘调研资源，提升调研质量。向市工委、区统战部报送工作信息、简报等 10 余条。参加各类志愿者活动 100 余人次；为弱势群体提供法律援助 6 件，减免律师服务费 16000 元，帮助 2 当事人获得 10 万元赔款；开展助残活动，帮助残疾人就业 10 余人；为困难群众捐赠物资 50 余万元；向石塘街道古井社区第一农业合作社修路捐赠建筑材料合计 30 余万元。面对“7·23”突发输入性新冠疫情，发出倡议，捐款捐物，参加志愿者服务 30 余人次。

【九三学社涪城支社】2021 年，九三学社涪城支社与西科大委员会、游仙支社联合承办“学党史社史，悟初心使命”知识竞赛活动。参加由区委统战部组织筹划的中国共产党史、多党合作史集中学习 1 次，中国共产党党史教育集中学习 2 次。在两会期间，九三学社涪城政协委员撰写提案 9 件，九三学社涪城人大代表撰写建议 6 件。全年累计撰写社情民意 19 篇，其中 18 篇被九三学社绵阳市委采用，社省委采用 14 篇，省政协采用 4 篇。九三学社涪城支社共计撰写新闻宣传稿件 16 篇，被社中央采纳 8 篇，社省委采用 9 篇，绵阳九三微信公众号采用 16 篇。参与抗疫，支社主委鲜跃辉在全民营养周到社区开展“合理膳食，一生健康”的科普讲座；向一线医疗、社区、综合执法人员捐助矿泉水、口罩等物资；到工区社区开展“送清凉”活动；支社委员胥波参与全市大规模核酸检测工作；通过区委统战部向昭觉对口援建部门捐款人民币 4000 元。

2021 年绵阳市涪城区各民主党派基本情况一览表

表 10

党派名称	主委	副主委	委员	支部（个）	成员（人）	成立时间
民革涪城总支	钱建苹	谢　鑫、梁　俊、郑　茜、王魏龙、吴　彬	任　怡、王庆华、李雨嘉、肖左一、谢佩希	3	41	2011 年 8 月
民盟涪城基层委员会	徐洪波	王晓川、李建蓉、黄昌楠	蒲　佳、颜　璐、黄琦峰 高宝宝、龚　璇	4	84	2011 年 9 月
民建涪城基层委员会	廖熠玲	高　敏、唐　智、黎　挺、徐　弘	邵　校、田健华、樊颖雪 颜泽军、李　艳	3	101	1986 年 7 月
民进涪城基层委员会	甄丽蓉	黄富敏、陈凤琼、王　斌、范金燕、李　贵	李钊全、赵　映、张安珂 蒋　琰、屈天霞、谢　丹 刘　元	15	203	2006 年 6 月
农工党涪城基层委员会	肖兴亮	范婷婷、马晓晖、张　泉、桑浩然	文彰益、庞怀书、姜海卿 刘思杞、朱　虹、康翠兰	4	153	2007 年 4 月
致公党涪城基层委员会	于晓燕	宋汶祥、何　朗、闵洪英	刘一平、康　宏、罗可立	3	54	2007 年 7 月
九三学社涪城支社	鲜跃辉	张启伟、李江川	胥　波、薛　雷	1	38	2011 年 8 月

（任　欢　陈溪溪）

绵阳市涪城区总工会

【概述】2021年，全区共有基层工会组织3242个（其中已单独建立新就业形态劳动者企业工会36家、行业工会联合会2家），覆盖企业3880个。其中，企业独立工会组织2477个、外资企业工会组织6个、事业单位工会组织109个、机关单位工会组织61个、园区工会组织1个、镇工会组织5个、街道工会组织4个、社区工会组织54个、村工会组织136个、行业工会组织311个、区域工会组织49个、其他类型工会组织29个。工会会员数157841人（含农民工会员48575人）。

围绕党史学习教育，开展线上知识竞赛2场，开办劳模及工会干部专题党课2场，举办“奋进新时代·逐梦新征程”职工摄影大赛，全区54万余人次职工参与。拍摄《致敬绵阳最美劳动者》宣传片，在线上媒体展播。推选诵读作品《千秋伟业 百年风华》获四川省第二届职工诵读大赛银奖。

对上争取资金600.3万元，完成奋斗目标的104.6%。为88家小微企业返还工会经费65万余元。为惠科、富临精工300名农民工发放返岗补助3万元。推荐表彰省市先进11个，选树表扬区级先进21个。走访慰问劳模等先进代表79人，发放慰问物资9万元。为61名劳模提供免费体检，组织30名劳模参与免费疗休养。举办劳动和技能竞赛，覆盖职工2400余人。

维护职工合法权益，构建和谐劳动关系，签订集体协商合同336份，覆盖企业699家、职工8849人。开展职工维权月行动，普法宣传、维权培训、维权进企业等活动覆盖企业25个、职工7000余人。“四季送”“工会进万家”“六送”等活动慰问困难职工、防疫一线职工、新就业形态劳动者、农民工等职工代表7300余人，发放慰问物资130余万元，提供就业岗位4100个。常态化帮扶困难职工276人次，发放专项救助金

2021年12月29日，涪城区总工会慰问长虹新天地特色商圈工会新就业形态劳动者代表

（涪城区总工会）

2021年1月28日，涪城区总工会关爱保障农民工暨快递小哥八大群体迎春座谈会 （涪城区总工会）

100余万元；免费体检、燃气减免、免费技能培训等项目覆盖困难职工594名。“五折乘公交”“关爱职工，从‘心’开始”等工会服务项目投入资金84.5万元，惠及职工46万余人次。

加强工会基层基础建设，拨付2020年度工会工作专项补助资金和社会化工会工作者补助资金共计205.9万元，争取到2021年社会化工会工作者补助资金80.4万元。扎实开展社会组织及新就业形态劳动者集中建会行动，新建工会组织68个，发展会员1.3万名，全区企业建会率保持在92%以上。坚持“四有四强”规范化阵地建设标准，建成省级模范职工之家5个、市级模范职工之家7个、区级模范职工之家11个。实施干部提能行动，培训基层工会干部60名。坚持“上审一年，下审一级”原则，完成城郊街道总工会、忠盛仁联工会等43个基层工会组织的抽查审计工作，同时对区总工会2020年“新冠肺炎疫情防控”专项资金进行审查审计，经审监督体系进一步完善，经审监督成效明显。

2021年，经区总工会培育推荐，四川忠盛仁联科技有限公司工会被评为“四川省基层工会职工之家阵地建设省级建设项目”，石塘街道总工会、城厢街道钟鼓楼社区工会联合会、黑犬货运代理有限公司工会等6个基层工会被评为市级基层工会“四有四强”规范化建设示范单位；涪城区总工会陈彦君、石塘街道南山社区胡丹丹、万达广场商业管理有限公司刘小霞、涪城区疾病预防控制中心张先德、惠科光电科技有限公司张才5名职工被评为“绵阳市五一劳动奖章”获得者。

【八大群体迎春座谈会召开】 2021年1月28日，涪城区总工会分别在四川忠盛仁联科技有限责任公司、涪城区万达特色商圈联合工会、涪城区青义镇环西科大产业带特色街工会联合会、绵阳毅德城联合工会组织召开保障关爱农民工暨“快递小哥”等八大群体迎春座谈会，向25名涪城区农民工暨八大群体代表发放2.5万元慰问金。

【春节“送温暖”活动】 2021年2月3—4日，涪城区慰问留岗职工、重点企业一线职工（农民工）539人，发放“过年礼包”2780份。

【小微企业工会经费全额返还】 2021年3月16日至6月30日，涪城区总工会启动2021年小微企业工会经费全额返还工作。全年共返还工会经费65万元，促进企业建会88家。

【“五一劳动奖状（章）”“工人先锋号”评选】 2021年3月29日至4月27日，涪城区开展“五一劳动奖状（章）”“工人先锋号”评选。通过推荐、评审、公示等环节，评选出2021年度“涪城区五一劳动奖状”

2021年10月7日，涪城区第二届职工艺校插花班教学 （涪城区总工会）

11个、“涪城区五一劳动奖章”10个、“涪城区工人先锋号”10个。

【第二届职工摄影大赛】2021年3月29日至4月28日，涪城区举办“奋进新时代，追梦新征程”第二届职工摄影大赛。通过征集、投票、评选等环节，征集优秀摄影作品310幅，评选出职工摄影大赛一等奖1名、二等奖3名、三等奖5名、优秀奖41名，分别发放价值800元、600元、300元、100元的奖品若干。

【涪城区总工会六届三次全委（扩大）会】2021年7月15日，涪城区总工会召开六届三次全委会议。会议总结2020年工会工作，安排部署2021年工会工作。区委常委、区总工会主席董静出席并讲话。

【“学党史、工运史、工会知识”有奖知识竞赛】2021年4月13—22日，涪城区“学党史、工运史、工会知识”有奖知识竞赛举行，共计6.3万余人（次），网络访问量达到21万余次。

【职工艺校开班】2021年4月至12月，涪城区总工会主办的“关爱职工，从‘心’开始”职工艺校，在区文化馆群众文化培训中心开班，来自全区各基层工会的180余名职工学员参加。本届艺校共开设瑜伽、插花、舞蹈、书法、女性优雅课堂5个班次，分别授课32课时。

【涪城区总工会六届四次全委会】2021年7月15日，涪城区总工会召开六届四次全委会议。区委常委、政协党组副书记、统战部部长、总工会主席董静出席会议，区总工会党组书记宋政杰当选区总工会第六届委员会常务副主席。

【工会干部能力大提升培训】2021年，涪城区总工会举办工会干部能力大提升培训班2期。8月1—7日，完成第一期培训；12月20—24日，完成第二期培训。来自全区各基层工会的110名工会干部参训。

2021年9月25—29日，涪城区总工会组织劳模先进代表、区“五一劳动奖章”获得者代表、疫情防控一线职工代表等25名职工到西昌市开展免费疗休养活动

（涪城区总工会）

【劳模、先进代表疗休养】2021年9月25—29日，区总工会组织省市级劳模先进代表、区五一劳动奖章获得者代表、疫情防控一线职工代表等25名职工，到西昌市开展免费疗休养活动。

（廖思慧　宋政杰）

中国共产主义青年团绵阳市涪城区委员会

【概况】2021年，涪城区有各级团组织1090个。全年新建城市小区团组织12个，农业园区团组织4个，非公企业团组织97个，四川百强民营企业团组织1个。共有团员12146人，当年新发展1300人。

疫情期间，发布“疫情防控储备青年志愿者招募令”，募集1860名青年志愿者组建成40支青年突击队，到全区50个核酸检测和疫苗接种点开展秩序维持、宣传指导、信息录入等志愿服务工作，累计服务时长8万小时，服务群众50万人次。开展“加油！涪娃夏令营”“涪娃梦想周末营”“学党史·颂党恩·听党话·跟党走”营会等各类关爱活动70余场，服务青少年1500余人。新增城郊街道城郊社区、吴家镇兴涌泉村“童伴之家”2个，常态服务留守儿童、进城务工子女等100名。新增吴家镇兴涌泉村“青年之家”1个，6个“青年之家”全年共开展活动92场，辐射青年1600余人。开展“金秋助学”为7名困难学生发放助学金1.4万元。开展红领巾奖章争章活动，推荐市级红领巾“三星章”集体6个、个人10名，评选区级“二星章”先进集体39个，个人66名。实施“逐梦计划”征集社会实践岗位300余个，惠及100余名大学生，评定优秀实践

2021 年 4 月 29 日，“学党史强信念跟党走”——绵阳市涪城区纪念五四运动 102 周年活动举行 （冉冰清）

基地 6 个。举办创新创业沙龙活动 7 期，培训 250 余人。申报青创计划 9 个，共为 9 个企业争取无息贷款 63 万元。

【绵阳市涪城区纪念五四运动 102 周年活动】2021 年 4 月 29 日，由绵阳市涪城区关心下一代工作委员会、共青团绵阳市涪城区委、绵阳市涪城区教育和体育局主办的“学党史强信念跟党走”——绵阳市涪城区纪念五四运动 102 周年活动在涪城区文化馆活动中心举行。团市委副书记马敬，市教育和体育局二级调研员、市少工委主任胥执东，涪城区委常委、统战部部长、总工会主席董静，涪城区人大常委会副主任张琼林，涪城区人民政府副区长陈洪芳，涪城区政协副主席肖兴亮，涪城区关工委执行主任杨启程出席活动，区级相关部门负责人以及共青团绵阳市涪城区第八届委员会委员、候补委员，各镇、街道、部分学校和企事业单位团组织负责人和各界青年代表共计 400 余人参加活动。董静强调，要把青年干事创业的积极性和创造性引导好、保护好、发挥好，广大团员青年要努力成为堪当民族复兴重任的时代新人，为中国梦的涪城篇章贡献青春力量，以优异的成绩献礼党的百年华诞。

【涪城区青年工作联席会议第三次全体会议暨工作推进会】2021 年 10 月 18 日，涪城区召开青年工作联席会议第三次全体会议暨工作推进会。会议传达省、市中长期青年发展规划实施工作联席会议第三次全体会议暨工作推进会精神，城厢街道、区科技局、区人社局作交流发言，会议审议并通过《涪城区落实〈四川省中长期青年发展规划（2017—2025 年）〉2021 年工作要点》。会议要求，全区各镇街、各有关部门要贯彻落实中央、省、市、区关于青年工作的系列部署，围绕区委中心工作，推动《规划》落实见效，引导全区广大青年为涪城深入实施“三千工程”、加快建设“四个强区”，全面建设西部现代化强区贡献青春力量。

【青创经济人才培训活动暨青年直播“第一课”】2021 年 10 月 26 日，由共青团涪城区委主办的青创经济人才培训活动暨青年直播“第一课”在 51C+创客中心开讲。来自各领域的 50 名经济人才及创客朋友参与本次培训课。课程采用互动交流分享的形式讲授直播带货实操内容。

2021 年 10 月 26 日下午，青创经济人才培训活动暨青年直播“第一课”在 51C+创客中心开讲 （冉冰清）

2021 年 12 月 10 日，省规划专项调研督导组傅晓军一行到涪城调研督导中长期青年发展规划省级试点工作 （冉冰清）

【《四川省中长期青年发展规划（2017—2025 年）》省级试点调研督导专题工作座谈会】2021 年 12 月 10 日，四川省规划专项调研督导组傅晓军一行到涪城调研督导中长期青年发展规划省级试点工作，团绵阳市委副书记左春艳，区委常委、统战部部长、区总工会主席、区规划联席会议召集人董静陪同。调研组一行先后到城厢街道安昌社区、51C+创客中心、中关村信息谷和涪城区蒲公英应急救援队训练基地，调研青年便民服务、青年思想政治引领、青年创业联合会建设、服务青年创新创业和青年志愿服务等领域工作推进情况。

会议认为，《四川省中长期青年发展规划（2017—2025 年）》省级试点工作得到涪城区委、区政府的高度重视，试点工作取得的成效值得肯定。会议强调涪城要在新发展格局中创新协调、串联思考，不断巩固青年工作基础。优化联席会议制度，完善联动机制，进一步加强各部门协同联动。强化服务体系，总结经验、链接资源，有针对性地在引领青年、服务青年上出真招、实招。细化实施路径，把握长远规划和近期目标的关系，推动“十四五”期间青年工作向纵深发展。

【涪城区“请党放心强国有我”团干部专题培训班】2021 年 12 月 27—31 日，由涪城区委组织部、团区委主办的涪城区“请党放心强国有我”团干部专题培训班在区委党校举行，40 余名团干部和青年骨干参与本次培训。培训班采用课堂学习、专题研讨、户外团队拓展、现场参观学习等方式进行，内容包括学习贯彻党的十九届六中全会精神、学习贯彻习近平总书记“七一”重要讲话精神、团史专题学习等多个方面，提升青年干部的政治理论水平与业务能力。

（冉冰清 夏苑桃）

绵阳市涪城区妇女联合会

【概况】2021 年，涪城区有 5 个镇、4 个街道妇联，61 个社区妇联，53 个村级妇联，39 个区级部门妇委会，37 个“四新”组织妇联，1 个团体会员组织。全区区属女性 38.05 万人，儿童 8.91 万人。

2021 年，“涪城女儿家”微信公众号点击量高达近 30 万次，阅读 20 万，粉丝近 2000 人，主条连续多期蝉联省周榜第 1 名；2 篇文章被“学习强国”刊登。开展“百万巾帼大讲堂”近 200 期，覆盖妇女近万人。26 个妇女居家灵活就业基地开展技能培训 11 期，培训妇女 630 人，吸纳上万名妇女实现居家就业。争取省级资金 15 万在 4 个社区开展家政服务进社区示范项目，惠及 528 名妇女，实现就业 49 人。接待好重庆市北碚区女企业家协会调研，为涪城小微女企业家参与发展搭建平台。为市级妇女居家灵活就业基地——牧云轩送去困难帮扶资金 1.5 万元，助力企业复工复产。举办儿童防拐卖等维权讲座 5 期；女性防性侵讲座 5 期，受益 3500 人次；开展街头普法 13 次，发放资料 5.5 万份；接待来信来访 47 起 75 人次。实施“家家幸福安康工程”，线上线下影响 2 万余人次，推评“最美家庭”省级 2 户，市级 8 户，区级 22 户。“幸福建家项目”开展服务 36 期，服务 1053 个家庭。举办家教讲座 10 期，培训家长超 3500 人，针对性开展关爱保护、亲子阅读、假期暖心托管班等活动 253 期，服务儿童 17950 人次。争取各级资金 2.41 万元，慰问贫困妇女儿童 54 人；免费筛查农村“两癌”妇女 8795 人，动员 10591 人参加“关爱女性保障计划”，为 19 人发放理赔款 190 万。为 54 名高中女生发放 6.48 万元 99 公益日“春蕾计划”救助金；募集 2021 年 99 公益日“春蕾女童”助学金 6.2 万元。争取爱心企业为昭觉妇联捐款 4 万。联合多部门举办“相约涪城 缘聚临东”单身交友派对，60 余位城乡单身青年参加此次

2021 年 3 月 8 日，涪城区纪念“三八”国际妇女节 111 周年大会在富临大都会 5 楼会议室召开，区委书记邓辉（左一）参加为“三八红旗集体”颁奖并合影 （敬利萍）

活动。建好省级巾帼志愿阳光站项目，开展志愿服务 21 期，服务 800 人次。9 个镇街道妇联完成换届，选举镇街妇联主席 9 人、副主席 26 人、执委 231 人。新建万达商圈妇联 1 个，新增楼宇和商圈妇女之家 10 个、妇女微家 10 个。124 支巾帼志愿者队伍，活跃在春运、核酸检测、抗洪抢险、文明城市建设一线，开展新冠疫苗接种宣传摸排、动员核酸检测、文明劝导、环境整治等服务 213570 人次。

【寒假儿童关爱活动】2021 年，涪城区妇联组织各级妇联组织开展以“送家风故事、送家教服务、送法治安全、送社会关爱”为主题的“把爱带回家”儿童关爱“四送”活动，搭建关怀贫困妇女和儿童的“暖心桥”。涪城区妇联联合区检察院、绵阳市旗袍协会巾帼志愿者到新皂镇皂角铺社区开展“把爱带回家”2021 寒假儿童关爱“四送”活动，开展“送家风故事”“送法治安全”，并为 10 名困境妇女、10 名留守困境儿童、10 名退职贫困妇联主席发放 3 万余元慰问金和 1 万余元慰问品。2021 年寒假期间，各级妇联组织共开展“送法治安全”“送家风故事”“把爱带回家”——假期暖心托管班，冬令营、亲子观影等“四送”活动 116 期，服务儿童 9750 人次。

【纪念“三八”国际妇女节 111 周年活动】2021 年 3 月 8 日，涪城区妇联在富临大都会 5 楼会议室召开纪念“三八”国际妇女节 111 周年庆祝大会。区委书记邓辉出席庆祝大会并致辞，市妇联副主席蒋明霞，区人大常委会主任顾建，涪城区政协主席杜正茂，涪城区委常委、统战部部长、区总工会主席董静出席庆祝大会。表扬区级三八红旗集体 20 个，三八红旗手 40 名，创新创业带头人 20 名。表扬大会后，举办“涪城区关爱女干部健康知识讲座”。当天，市妇联、区妇女在富临大都会广场举办“三八”维权周暨巾帼志愿服务集中宣传活动启动仪式。市、区两级妇儿工委成员单位、北京盈科律师事务所、人寿保险绵阳分公司、市婚促会、市家促会、市第三人民医院、建行绵阳市分行、绵商行城郊支行、绵阳美新家政公司等共计 22 个单位参与宣传，现场发放宣传资料、围裙、购物袋近万份，开展有奖知识问答，400 余名群众参与，发放香皂、洗发水等小奖品 500 余份，义诊 211 人次。启动仪式

2021 年 6 月 24 日，区妇联在绵阳市职工创客中心开展“巾帼心向党 奋进新征程”拼布主题活动，基层妇女代表在拼布 100 周年图样 （敬利萍）

2021 年 5 月 26 日，涪城区妇联到石塘街道南山社区开展病人护理培训

（敬利萍）

上，组织“我学法·我懂法·我守法”——“建设法治绵阳·巾帼在行动”签名活动，30 名各行各业先进代表庄重的在签名墙上签名。基层各级妇联开展读书分享会、红色故事会、亲子阅读、心理互助等活动166 期，覆盖妇女近万人，凝聚广大妇女向上向善的巾帼正能量。

【村社区妇联换届完成】2021 年 2—3 月，涪城区各村（社区）妇联进行了换届，截至 3 月 10 日，114 个村（社区）换届工作圆满完成。本次换届后，涪城区村（社区）“两委”班子中 100%有女性、村（社区）妇联主席 100%进村（社区）“两委”，村（社区）妇联主席 100%进入村（社区）常设职数；执委总数达到 1741 人，村（社区）妇联主席 114 人、副主席 230 人。

【承办绵阳市“六一”国际儿童节主题活动】2021 年 5 月 28 日，由涪城区妇联、涪城区政府妇儿工委办和区教体局承办的“少年儿童心向党 两弹精神放光芒”——绵阳市“六一”国际儿童节主题活动在人民公园邓稼先广场举行。市委常委、副市长吕剑出席活动并讲话。副市长、市妇儿工委主任蒋丽英出席活动。区委书记邓辉参加活动并致辞。市妇联党组书记、主席任彤玫主持活动。市妇联党组成员、副主席蒋明霞，区委常委、统战部部长、区总工会主席董静，副区长、区妇儿工委主任陈洪芳，市区相关部门、儿童及家长代表共计 300 余人参加活动。安昌路小学的“邓稼先爷爷，我们想要对您说”主题诗朗诵在小学生中引发共鸣。实验小学、成绵路小学、警钟街小学的同学们带来了《足球宝贝》《我心中的河》《和你在一起》《夏日里的滴滴调》等文艺节目，欢庆属于自己的节日。活动现场设置的“机器人及科学小实验体验、消防知识互动式学习、垃圾分类宣传展示、未成年人急救知识讲解及演示、环保旧物改造、交通安全知识互动体验”六大互动体验区，300 余名儿童参与体验。

【拼颗红心献给党拼布主题活动】2021 年 6 月 24 日，涪城区妇联在绵阳市职工创客中心开展“巾帼心向党 奋进新征程”拼布主题活动。全区各镇街、区级部门分管领导、妇联干部、女企业家、巾帼志愿者团队共计 50 余人参与活动。10 名各行业优秀女性讲述 10 件重大党史事件，录制成《拼颗红心献给党》妇女学党史小视频，被“学习强国”刊登。

【99 公益日“春蕾计划”助学金发放仪式】2021 年 7 月 2 日，绵阳市妇联、涪城区妇联在区总工会二楼会议室举行 99 公益日“春蕾计划”助学金集中发放仪式，为 54 名品学兼优的贫困女高中（职高）生代表发放资助金 64800 元。市妇联党组书记、主席任彤玫出席活动并讲话。区委常委、统战部部长、区总工会主席董静，市妇联家儿部部长曹明菊，涪城区教体局党组成员、副局长刘武，贫困女童代表共计 60 余人参加活动。涪城区妇联主席路春玲主持活动。

【“春蕾计划”公益募捐活动】2021 年为推动“我为群众办实事”真正落到实处，巩固脱贫成果，助力乡村振兴，帮助贫困女童完成学业，9 月 7—9 日，涪城区妇联开展了 2021 年度 99 公益日“春蕾计划”公益网络募捐活动。各级妇联组织采取“线上线下齐抓并重”的方式，线上捐款，线下宣传春蕾计划募捐活动。在“一元不嫌少，十元更美好”的宣传声中，巾帼志愿者们走街串巷，现场解读筹款规则，倡导扩大转发分享范围，呼吁大家动员更多力量参与。截至 9 月 9 日下午 6 点，全区共组建爱心公益小分队 23 支，带动社会爱心人士1623 人次捐款，募集到社会公众筹款28511.21元。加上腾讯配捐额度，本次共募集资金6.2万元。

【区妇联六届八次执委会议】2021年9月13日，涪城区妇联在区总工会二楼会议室召开六届八次执委会。涪城区妇联六届执委29人参加会议，区妇联副主席王婧卓主持会议。会议表决替补（增补）4名执委。无记名投票选举产生田永蓉、代玲、杜芙蓉、唐娟等四名同志为执委，唐娟同志当选为第六届妇联常委、主席。

【镇街妇联换届完成】2021年9月，涪城区9个镇街相继召开妇女代表大会，选举新一届镇街妇联。全区共选出镇（街道）妇联主席9人、专（兼）职副主席26人，执委231人。此次换届各镇街配强配齐妇联组织，吸纳一大批政治素养好、工作能力高、热爱妇联工作的女性人才，壮大基层妇联力量，改善妇联组织构架，延伸基层妇联组织的工作手臂，为妇联更好地服务基层妇女儿童提供组织保障。

【家政服务进社区】2021年，涪城区妇联争取省妇联“家政服务进社区试点项目”资金15万，依托绵阳红枫家政公司和绵阳市美新家政服务公司分别在城厢街道临东社区、滨江社区、工区街道飞来石社区、石塘街道南山社区4个社区试点实施。采取社区购买服务+社区自主创新的方式，开展月嫂、育儿嫂、老年人急救与护理、婴幼儿科学喂养等免费技能培训13次，培训528人次，实现困难家庭妇女就业49人。推报涪城知名家政公司参加四川省家政服务品牌建设，涪城两名家政服务从业人员参加全国比赛获得第三名。在两家家政企业中建立妇女之家和女性创新创业基地，为企业提供精准服务。

【万达商圈妇联成立】2021年12月3日，绵阳市涪城区万达商圈妇联成立大会在海上海·铂晶酒店召开。30名商圈妇女代表参会，选举产生涪城区万达商圈妇联第一届领导班子。市妇联主席任彤玫，涪城区妇联主席唐娟，工区街道副主任高丽参会，飞来石社区党委书记张丁月主持会议。区妇联主席唐娟在选举会上致开幕辞并宣读《关于同意成立绵阳市涪城区万达商圈妇女联合会的批复》。会议选举产生绵阳市涪城区万达商圈妇联第一届执委委员，选举张丁月为主席，刘小霞、刘昱彤、黄琴为副主席。

【涪城区基层妇联执委维权及基层治理能力培训班】2021年12月20日，绵阳市涪城区基层妇联执委维权及基层治理能力培训班在四川省妇女干部学校顺利开班。区妇联主席唐娟出席开班仪式并讲话，省妇干校副校长卢蓉在开班仪式上致辞。本次培训历时5天，脱产培训基层妇干50人。参训学员来自区、镇街、村（社区）三级妇联主席、执委。培训班师资强大、内容丰富，涉及党性教育、思想政治理论学习、社区治理现代化、儿童关爱保护、家庭教育、业务培训等，提升新时代下妇联干部素质和能力。

（敬利萍　王婧卓）

绵阳市涪城区科学技术协会

【概况】2021年，涪城区科学技术协会组织永贵电子、华拓光通信、昊宇龙星、龙华薄膜等6家企业申报绵阳市创新驱动助力项目，获得14万元支持资金；推荐瑞丰中升、伊甸园、俊文生态牡丹园3个特色农业基地组织申报市级乡村振兴项目，获得1.5万元的奖补资金；组织溯源儿童科技馆、和署缘科技公司、西山公园等9个科普基地申报四川省科普惠民共享基地；组织工区街道子云亭社区申报绵阳市科普示范社区（村），获得4万元奖补资金。涪城区科协根据“涪城区‘四个强区’突出贡献领军人才团队及菁英人才”表彰方案，经过筛选、考察和征求意见，推荐绵阳天仪空间科技有限公司——商业卫星研制应用团队、绵阳天权时空互联科技有限公司——北斗团队作为表彰对象，并分别获得10万元奖金。推荐四川永贵、绵阳惠科光电和四川梦达申报绵阳市第七批院士（专家）工作站，推荐龙华光薄膜申报四川省第十批院士（专家）工作站。2021年共推荐10位企事业单位科技工作者参选区人大代表，推荐1名科技工作者参选区政协委员。2021年，涪城区科协获评四川省精准服务科技工作者（团队）优秀组织单位、服务创新驱动发展工作优秀单位和精准服务全民科学素质提升工作优秀组织单位；获评绵阳市2021年度县（市、区）科协工作先进集体（一等等次）。8月18日，作为先进县（市、区）代表在四川省天府科技云精准服务科技工作者专题研讨会上作经验交流发言；12月29日，作为四川省县（市、区）唯一代表在四川省智慧科普工作会议上作典型经验交流发言。2021年精准科普服务群众数位居四川省第一，精准科普覆盖率居四川省第二。

【天府科技云】2021年，涪城区进行天府科技云服务中心多功能厅内部改造，多功能厅集中展示涪城天府科技云服务工作成果、重点企事业单位和科技工作者供需情况，演示“天府科技云”使用、监测、查询等多项功能，打造四川省“天府科技云”示范服务中心。2021年走访高新技术企业、规上工业企业、重点科技型企业、高校及科研院所等企事业单位400余家、科技创新平台15个，收集科技供需项目近300个。2021年，平台上涪城区科技工作者注册超1.7万人，发布科技所能所需发布超1.5万个，完成交易433个，精准科普服务群众数7.3万人。7月，在绵阳市科技供需对接大会上，涪城区永贵科技、昊宇龙星等5家企业作为科技成果转化经典案例代表上台进行现场推介(全市10家)，全区61个项目入选绵阳市科技供需成果册（全市68个）。12月，在四川省首届“科创会”上，涪城区38个高科技项目参会亮相，绵阳天仪低成本高性能商业小卫星整体解决方案、西科大高电压瓷料及片式电容加工技术、龙华薄膜高分子功能薄膜材料研究等3个项目作为重大项目在全省主场活动上推介发布（全市6个），富临精工智能CDC减振器系统仿真技术、西科大石墨烯材料制备等35个项目分别在绵阳7个专场推介发布（全市86个），《人民日报》、今日头条、《四川科技报》等新闻媒介均对涪城科创项目做专题报道。以“一人一策”“一单一策”服务标准，开展“天府科技云”全员“保姆式”服务，2021年，走访对接60余家企事业单位和100余名科技工作者，完成供需对接111单。

【“海智计划”涪城站】2021年，涪城区在中科（绵阳）创新园建设中国科协“海智计划”绵阳基地涪城区工作站联络点。联络点布局海智展厅、海智活动室、项目路演室、海智专家VIP会见室、活动展示区等多个功能板块，用于线上线下海智活动的开展、项目路演和展示海智专家、人才风采。建立包括挪威技术科学院院士、美国造船与轮机工程师协会(SNAME)会士白勇博士、*Nature*《自然》杂志审稿专家、副编辑、国际会议委员会成员马建军博士等在内的海外智力高端人才库，入库专家29人。2021年，开展“走进中科院暨海智专家交流活动”等系列活动6次，其中线上对接会2次，线下交流活动4次，分别邀请挪威科学院白勇院士、美国海智专家施巧英、中科院重庆分院郑彬等专家现场主题分享并与企业进行需求对接。

【全民科普】2021年，涪城区分类建设不同主题的特色科普基地，在瑞丰中升打造集农耕体验、研学拓展为一体的智慧科普共享基地；在绵阳天仪星谷打造航空航天“小卫星、大未来”青少年科学实践基地；在子云亭社区建设以弘扬三国文化为主题、推广使用“天府科技云”的科普综合长廊。利用普宣传月、科技活动周、全国科技工作者日等时机，开展主题科普宣传活动。联合区教体局开展“智慧阅读”主题活动，在涪城区51个公办、民办幼儿园、中小学校开展免费配发书籍绘本活动。6月30日，“中国流动科技馆”涪城巡展活动在绵阳毅德商贸城开启，活动历时3个月，区科协协调省、市科协，将此次巡展价值200余万元的60多件科技体验设备无偿捐赠给金家林学校，用于建设涪城区首个“青少年科学馆”。开展“线上科普知识竞赛”活动，采用线上答题方式进行科学普及，全年全区精准科普服务群众数7.3万人、精准科普覆盖率7.6%；精准科普服务量682万次、人均科普服务量7.1次，各项指标均位列全省前列。科普e站延伸基层，11台科普e站（融科普宣传、便民服务为一体的智能终端机）投放到镇街、社区和学校。

【服务中心工作】2021年5月，北斗未来创新中心运营，开展招商引资活动4场次，招引企业18家（其中完成注册15家）；举办北斗产业主题论坛活动2场次。2021年9月“天仪星谷”项目绵阳天仪载体运营。与省、市、区相关部门及企事业单位开展对接活动20余次，申报涪城区军民融合产业化项目1个（200万元）。参加由科技部、财政部、教育部等部委共同指导举办的中国创新创业大赛，成功晋级全国总决赛，是晋级全国赛的唯一一家绵阳市企业。绵阳天仪先后对接浙江环球星云、大连理工大学、四川省农科院遥感所等30余家科研院所、企事业单位，签订合作协议5家，方案正在论证20余家，正在数据测试4家。天仪星座项目已与科发基金、弘科基金、九洲创投、建设银行对接，与建设银行达成合作意向。完成“绵科星谷”“绵科智谷”商标注册，绵阳天仪正在申请注册“天仪星谷”商标。

（梁晓芳　杨　超）

绵阳市涪城区工商业联合会

【概况】2021年，涪城区工商联有会员650个，其中新发展会员65个。新建立友好工商联2个，异地友好工商联（商会）商会累计达30个。组织《建国以来民营经济重要法律法规及政策演变》《企业经营+大风险》《涪城区企业家人大代表政协委员履职培训会》等培训讲座4场次，全区民营企业家代表、基层商会会员等300余人次参训。围绕“开放强区"战略开展对外交流合作，与中关村街道、重庆市北碚区、宜宾市翠屏区等友好工商联开展交流活动4次，与在绵异地商会、绵阳在外异地商会开展交流活动10次。发挥护航中心职能，聘请专兼职法律服务顾问，开展企业维权服务，提供法律讲座、法律免费咨询、维权服务30次。撰写《绵阳市涪城区创新企业家“早餐汇”打通政企沟通新渠道 汇聚高质量发展新合力》经验交流材料，被省工商联授予2021年实践创新奖。

2021年，涪城区工商联迎接省工商联、市工商联调研，服务民企、商会建设、脱贫攻坚等各项工作取得成效，蝉联“全国五好县级工商联”称号。

【涪城区工商联民营企业高级管理人才高校培训班】2021年12月，涪城区工商联举办涪城区2021年度民营企业高级管理人才高校培训班，围绕“三千工程”“四个强区”战略，采取课堂授课、现场参观教学等方式，开展企业转型升级发展对策理论授课与研讨，学习成都市新兴产业、产业园区等方面的经验和成效。授课内容包括《中国共产党统一战线工作条例》《关于加强新时代民营经济统战工作的意见》《房地产及商贸业的涉税风险防控》《宏观经济形势》《中国经济增长的逻辑与中小企业的机遇》等；现场参观教学内容包括：组织参观考察蔚然花海、通威太阳能（成都）有限公司、邦泰集团等，与企业高管现场分享、交流工作经验。区工商联（总商会）主席（会长）、副主席（副会长）、执委委员，区基层（行业）商会会长、会员企业，区民营企业高级管理人才60余人参加培训。

【六届七次执委会】2021年6月16日，涪城区贯彻落实民营经济健康发展大会精神暨区工商联（总商会）六届七次执委（扩大）会议在豪瑞特酒店会议室召开。会议总结通报2020年涪城区工商联（总商会）工作，安排部署涪城区工商联（总商会）2021年工作，表彰2020年先进集体和个人。区领导董静，区工商业联合会（总商会）主席（副主席）、会长（副会长）、执委，各基层、行业商会会长、秘书长、会员企业代表100人参加会议。

【涪城区工商联获评全国“五好”县级工商联】2021年12月27日，中华全国工商业联合会印发《关于确认2020—2021年度全国“五好”县级工商联的通报》，区工商联获评全国“五好”县级工商联。通过自下而上逐级推荐，在各市、省级工商联审核推荐、“互学互促”和全国工商联复核确认的基础上，经全国工商联审核认定，全国确认1760个县级工商联为2020—2021年度全国“五好”县级工商联。

获评全国“五好”县级工商联（全国工商联2014年提出“领导班子好、会员发展好、商会建设好、作用发挥好、工作保障好”的工商联建设标准）。

【庆祝建党100周年文艺会演活动举行】2021年6月24日，涪城区工商联（总商会）系统“致富思源感党恩，富而思进跟党走”庆祝中国共产党建党100周年文艺会演在涪城区文化馆举行。全区基层（行业）商（协）会会员代表、民营企业家约600余人参加。区委常委、统战部部长、总工会主席董静出席活动并致辞。此次文艺会演中，各商会组织及民营企业家代表通过文艺表演的形式，回顾党的百年光辉历程和丰功伟绩，唱响新时代主旋律，凝聚全区民营企业“听党话 感党恩 永远跟党走”的思想和行动共识，呈现当代民营企业中的先进事迹和典型人物的风采，向党和人民展示涪城区民营企业

2021年6月24日，涪城区工商联举办“致富思源感党恩，富而思进跟党走”庆祝中国共产党建党100周年文艺会演 （张　姝）

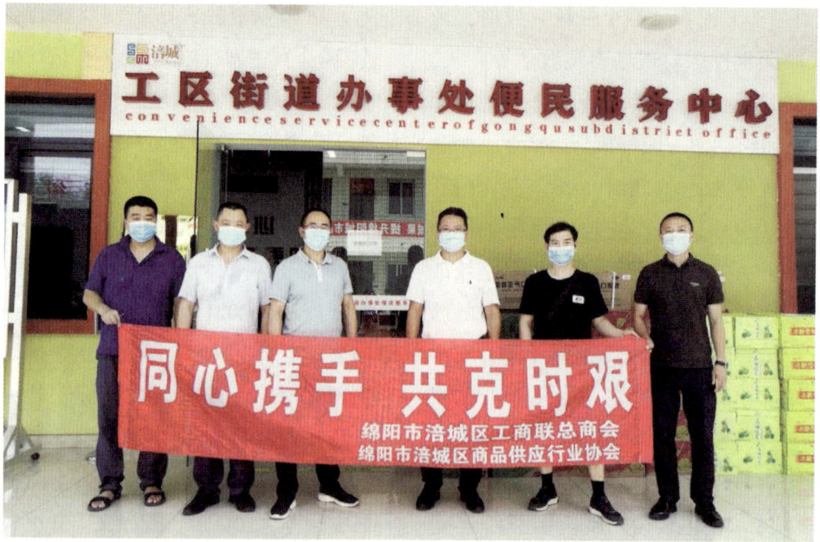

2021年8月2日，涪城区组织爱心民营企业家慰问防疫一线医护人员和志愿工作者

（张 姝）

家攻坚克难、担当作为、创新突破、奋勇前进的时代风貌。

【爱心捐赠活动】2021年7月26日，涪城区工商联组织南山商会、朝阳商会以及天泰集团、百盛集团等企业成立防疫先锋志愿服务队，为防疫一线工作者发放免费午餐、清凉饮品和价值10余万元的解暑药品。8月2日，组织商品供应行业协会、绵阳安康药业连锁有限公司、绵阳羌香经贸有限公司等会员，为城厢街道办事处、工区街道办事处坚守在防疫一线的医护人员和志愿工作者送去矿泉水、清凉饮品和解暑药品等价值1.5万元的慰问物资。10月25—29日，组织朝阳商会、中小企业商会、商品供应行业协会在昭觉县开展义诊活动，捐赠美甘乡中心小学校价值3万余元儿童洗护用品。12月19日，组织南山商会开展支援昭觉县“暖冬行动”活动，捐赠御寒衣物380件、裤子268条、鞋子2双、毛衣168件、帽子围巾5顶（条）。

（徐钰婷 杨志贤）

绵阳市涪城区文学艺术界联合会

【概况】涪城区文联下属9个文艺家协会，分别是：区作家协会、区摄影家协会、区美术家协会、区书法家协会、区舞蹈家协会、区音乐家协会、区电影电视家协会、区民间文艺家协会、区戏剧曲艺家协会。共有国家级会员30人，省级会员92人，市级会员284人，区级会员850人。涪城区文联被市文联评为“2021年出作品、出人才文艺创作工作先进单位”。

【文艺作品创作】2021年，涪城区文联坚持围绕中国共产党成立100周年为中心的创作导向，加强文艺项目的扶持，促进文艺精品创作，为涪城人民提供更多更好的精神食粮，文艺作品硕果满枝。指导文学艺术家协会围绕中国共产党成立100周年为中心，开展文学艺术作品创作，共计60余幅作品。推送优秀作品参加各类展览赛事，在四川省文旅厅主办的“大美四川”美术书法展览中，区美术家协会董福林的作品《微雨牧归》和区书法家协会唐龙的作品《文心雕龙选录》，分别获得中国画、书法最高奖（优秀奖），国画公益班学员崔代荣的《故园新貌》，书法创研班学员梅芮也的《山居秋暝》获得入选奖。“绵阳市第二届美术作品展”评选活动中，涪城区入选作品近20余件，其中获优秀奖5件，入选作品数量居全市首位。涪城区音乐家协会理事朱爽作词、会员王宬蒖、吴应特、赵旷野作曲，共创作庆祝建党100周年、抗击新冠疫情、制止餐饮浪费、涪城企业及学校形象宣传、少儿励志等主题歌曲20余首，共获得国家部委级奖项2项，省级奖项18项。其中，《餐俭》在教育部关工委、新华社、中国音乐家协会主办的“唱响百年”爱国主义歌曲征集活动中获第一名。涪城区文联推荐《餐俭》作为绵阳市唯一音乐作品申报四川省“2021年度精品奖励作品”，并申报为四川省2021年百家“推优工程”。区民间艺术家协会创作的作品“乡愁”，入围中国民间文艺最高奖——“山花奖”，是绵阳市民间工艺类首次进入中国民间文艺最高奖复评。为推进欧阳修文化建设，扩大欧阳修文化影响力，展示涪城的发展，创作涪城城市宣传歌曲《涪城.天地远》，将欧阳修文化元素融入其中。

【文艺项目扶持】2021年，涪城区文联紧印发创作指导文件，经过全区宣传、收集、登记，共收到申报项目26件。经过市级专家评审、对外公示，共确定16件文艺作品和项目纳入区级扶持，扶持金额和项目数量居全市第一。

绵阳市级文艺扶持项目共征集申

报项目 20 项，符合申报条件的申报项目 11 项，申报资料完整的 11 项。其中优秀文艺作品 9 项，品牌文艺活动项目 1 项。通过区级相关部门审核，根据申报项目的政治观点、艺术水准、制作效果、传播影响等方面综合考虑，上报市级扶持项目 11 项。其中两件文艺作品和项目被纳入绵阳市 2021 年文艺扶持项目，争取上级扶持资金 6 万元。

【文艺作品评奖】2021 年，涪城区文联梳理欧阳修文化成效及规划，指导基层公共文化站（所），融入欧阳修文化元素，加强欧阳修文化阵地建设和宣传，启动第五届“涪城欧阳修文艺奖”评奖及颁奖工作。

【文化公益项目】2021 年 1 月 6—8 日，涪城区送文化、科技、卫生“三下乡”系列活动在杨家镇、丰谷镇、青义镇举办，区书法家协会书写春联赠送村民，践行社会主义核心价值观，丰富农村群众精神文化生活，拓展新时代文明实践工作，提升基层群众的获得感、幸福感。开展“千家万福”活动。连续六年组织摄影家协会免费为全区乡镇、街道群众拍摄全家福照片，制作成精美的相框送给老百姓，2021 年惠及全区 600 余户家庭，被四川观察、直播绵阳、《绵阳日报》等媒体报道。开展“非遗”进校园。区民间艺术家协会组织变脸等涪城“非遗”项目走进涪城中小学，建立教学基地，培养传承人，弘扬中华优秀传统文化。4—6 月，组织吹糖人、糖画、草编等项目在城郊小学、实验小学、塘汛小学等学校开展“非遗”进校园活动，3000 余人次参与“非遗”体验。6 月 15 日,炳林毛笔、西蜀木艺等六个项目参加绵阳市文化遗产宣传日活动。

【文化活动】2021 年，涪城区文联围绕庆祝中国共产党成立100 周年主线开展系列文化活动。5 月 16 日，在涪城区文化中心开展“童心向党”青少年儿童现场书写革命诗句活动。6 月 10 日，在涪城区美术馆举办涪城区庆祝中国共产党成立 100 周年美术书法展览。6 月 28 日，在涪城体育馆举行涪城区庆祝中国共产党成立 100 周年表彰大会暨“永远跟党走”群众歌咏晚会。晚会以中国共产党发展历程为主线，以党史学习教育为契机，展示中国共产党百年辉煌发展历程，为所有演员和观众展现一场党史盛宴，展示涪城干部群众良好的精神风貌和团结协作精神。9 月 10 日，在杨家镇天虹现代蚕业体验园承办四川省首届乡村文化振兴魅力乡镇竞演绵阳地区决赛活动，得到省委宣传部、市委宣传部的高度评价，获评全市优秀组织奖，并在 9 月 29 日四川省首届乡村文化振兴魅力乡镇竞演大赛颁奖晚会上获得省委宣传部、省农业农村厅颁发的优秀组织奖（全省只有 2 个区县获得）。9 月 16 日、17 日，在铁牛广场、万达广场举办涪城区文化志愿者开展创建全国文明城市专场文艺演出活动。12 月 7 日，举办《重塑》八人影像展活动。12 月 20 日举办“艺动绵碚”群文美术书法摄影作品展及文艺精品惠民演出活动。

（周　伟　屈　瑛）

绵阳市涪城区残疾人联合会

【概况】2021 年，涪城区残疾人享受更高水平的康复救助服务，为 94 名残疾儿童提供康复训练救助服务，为残疾人适配基本型辅助器具 580 件，为 19 名有特殊需求的残疾人发放辅具自购补贴，为精神障碍患者提供免费服药救助 242 人，住院补贴 58 人。实施免费白内障复明手术 70 例，贫困肢体残疾人假肢装配 9 例，视力残疾人提供盲人定向行走培训 50 人。残疾人自我发展能力提升，建设市级扶残助残就业基地 1 个，帮助 16 名残疾人在基地实现就近就便灵活就业；共为 278 名贫困残疾人发放发展生产专项补贴 13.9 万元；投入资金 35 万元，实施农村残疾人实用技术培训 700 名，组织有就业意愿的残疾人参加招聘会，达成用工意向 200 余名，提供残疾人用工信息 500 余

2021 年 6 月 16 日，涪城区第三届残疾人文化艺术节　（廖克明）

条。为397名居家灵活就业残疾人发放区级就业（创业）直补19.85万元；为202名残疾人申报市级就业（创业）直补，发放就业（创业）直补24.7万元。为359名精神、智力及重度肢体残疾人提供购买式居家托养照料服务。残疾人受教育状况稳步提高，通过随班就读、送教上门和在线教育等措施，适龄残疾儿童和残疾青少年入学率保持100%。通过金秋助学项目资助18名残疾学生和困难残疾人家庭子女进入大学就读。2021年，涪城区为10586名持证残疾人提供量服服务11225项次，人均1.06项次，覆盖率100%。保障残疾合法权益，实施残疾人居家无障碍改造173户，发放燃油补贴117人，为4名符合条件的残疾人发放C5驾照补贴。元旦春节期间，投入资金37.1万元，集中走访慰问贫困残疾人1214名。2021年，涪城区残联在全市残联系统综合工作先进单位中排名第一。“衣旧是宝·文创助残300计划”获评川渝妇女儿童公益大赛决赛一等奖，四川炳林文化传播有限公司获评第二批全国残疾人文化创意产业基地。

【第三代智能残疾人证换发】2021年，涪城区启动第三代智能残疾人证换发，第三代残疾人证内含智能芯片，形似身份证，携带方便，具有身份识别、业务办理、社会应用等各项功能。换发第三代残疾人证后，办事流程优化，为实现残疾人证办理最多跑一次，集成更多智能功能奠定基础，2021年共为441名残疾人办理残疾人证，换发第三代残疾人证459人。

【第三届残疾人文化艺术节】2021年6月16日，涪城区举办第三届残疾人文化艺术节，现场参演的作品21个，参展作品75件，展播微电影作品2部，展示涪城残疾人的特殊文化艺术风采。涪城区选举节目和作品在绵阳市第三届残疾人艺术节上获得1金3银3铜。

【残疾人运动获奖】2021年，涪城籍运动员在全国第十一届残运会暨第八届特奥运动会上，在轮滑、滚球、男子篮球3个大项上，获得4金7银4铜的佳绩，在四川省全民健身运动会残疾人乒乓球赛事获得1金1银的优异成绩。

2021年涪城区“希望之光”教育助残计划的大学生志愿者正在为残疾学生提供帮教服务 （廖克明）

【“希望之光”教育助残计划】2021年，涪城区启动“希望之光”教育助残计划，为残疾人家庭的学生提供课业辅导服务。全年，为90余名残疾人家庭的小学在读子女提供无偿暑期培优、作业辅导、学业提升、素质拓展等帮教服务。区财政投入专项资金34万元购买社会服务，通过政府采购确定大学生志愿者组织，一对一入户辅导孩子学习，为小学阶段残疾人家庭子女及残疾学生帮教服务。

【基层残协规范化建设试点】2021年，涪城区加强村（社区）残协规范化建设，实施一镇（街道）一个试点残协计划，每个镇街确定一个村（社区）残协率先进行试点，在实现“五有”目标（有阵地、有牌子、有人员、有经费、有活动）的基础上，推进规范化建设。

（廖克明　刘黎明）

绵阳市涪城区红十字会

【概况】2021年，涪城区有基层红十字会组织20个、会员163人、志愿者22人。接收社会捐款51万元，开展志愿者活动44次，救助困难群众304名，向上争取红十字社区健康促进项目资金3万元用于社区疫情防控。申报中国红十字基金会小天使基金白血病患儿救助5例，天使阳光基金先天性心脏病救助2例，资助困难学生20名。1030人取得红十字急救员证。采集造血干细胞血样194例，实现遗体捐献9例，眼角膜捐献13例。

【接受疫情防控捐款】2021年，涪城区红十字会接收四川绵阳科伦医药贸易有限公司捐款50万元，定向用于涪城防疫。

【疫情防控资金项目落实】2021年，涪城区向上争取红十字社区健康促进项目资金3万元，用于购买口罩1.2万个、免洗手消毒凝胶600瓶、酒精消毒液600瓶，发放给城厢街道钟鼓楼社区群众。

2021年6月1日，涪城区红十字会开展“六一”儿童节广场活动，向小朋友普及急救常识　（李　烨）

【造血干细胞及人体器官捐献】2021年，涪城区通过开展广场活动和在固定采集点宣传的常态化活动，依托社区、医院、协调员、志愿者等群众身边的机构及人员，宣传造血干细胞及人体器官捐献政策。共发放捐献宣传资料2000份，采集造血干细胞血样194例，115人进行人体器官捐献登记，实现遗体捐献9例，眼角膜捐献13例，向上争取遗体眼角膜捐献困难家庭人道救助22例，发放慰问金2.2万元。

2021年3月17日，涪城区红十字入户慰问社区困难群众　（李　烨）

【红十字人道救助】2021年，涪城区申报中国红十字基金会小天使基金白血病患儿救助5例，共救助17万元；天使阳光基金先天性心脏病救助2例，共救助4万元。资助困难学生20名每人1000元，共计2万元。到社区、村开展“博爱送万家”慰问活动，向低保、残疾、特困等150户困难家庭、154名困难群众发放大米、食用油、面粉等物资，总价值4万元。慰问眼角膜、遗体捐献家属10户，发放慰问金5000元。

【红十字应急救护培训】2021年，涪城区组织开展应急救护普及培训和急救员培训“五进”（进社区、进农村、进学校、进企业、进机关）活动，针对党员干部、社区居民、企业员工、学校师生开展应急救护普及培训25期，培训4673人，急救员培训28期，1030人取得红十字急救员证。
（李　烨　唐余琴）

法 治

政法委及综治

【概况】2021年，涪城区以开展政法队伍教育整顿为契机，组织开展“四项”教育1000余场，专项讨论150余次，撰写心得体会2000余篇。预防和妥善解决一批影响社会稳定的突出问题，维护全区政治稳定和社会治安秩序平稳。健全从严管党治警机制。重视省委巡视反馈近年来政法系统违纪违法较多的问题，制定整改措施，细化整改清单，挂图作战，推进问题整改。印发《涪城区全面从严管党治警15条措施》，修订完善《全区政法系统党风廉政建设联席会议制度》《涪城区政法单位政治督察的实施办法（试行）》等制度机制，加强党对政法工作的绝对领导，构建运行顺畅、富有实效的党领导政法工作运行机制和保障体系。

【平安建设】2021年，涪城区开展反分裂、反渗透、反颠覆斗争。开展反奸防谍斗争。贯彻总体国家安全观，古井社区率先在全省建成国家安全人民防线工作站，形成“1335”国家安全人民防线建设经验，得到省委常委、政法委书记邓勇和市委常委、政法委书记荣全肯定。加强管理服务，掌握动态情况。

【社会治理】2021年，涪城区参与市域社会治理现代化试点。探索加快社会治理体系和治理能力现代化的新路子。在石塘街道建设镇（街）综治中心示范样板，并在全区推广实施。培育治理品牌，坚持打防并举，打造城市商圈“135”快反联动机制，全区刑事、治安警情同比下降32.8%和18.8%。在城郊街道高标准建设智慧派出所，“1958”平安智慧商圈等经验在全市推广。“平安建设小单元认领的探索与实践”入围全国社会治理创新案例。打击治理电信网络诈骗违法犯罪，破电诈案件62起，打击处理犯罪嫌疑人160人，止付金额1.29亿元，冻结1.3亿元，精准劝阻18000余人，缴获作案“两卡”1000余张，挽回经济损失500余万元。健全矛盾纠纷“三项解纠”多元预防调处化解综合机制，培育选树“邓启贵人民调解专家团队”“老谢说法”等基层调解品牌。城厢司法所邓启贵作为平安中国建设先进个人唯一代表在全国表彰大会上交流发言。

【扫黑除恶】2021年，涪城区总结全区三年扫黑除恶专项斗争成绩经验，打击严惩各类黑恶势力违法犯罪，社会治安更加稳定。全年累计接收并核查各级各类线索514条。破获涉黑团伙1个，侦办涉恶犯罪集团8个、涉恶犯罪团伙18个，审结涉黑保护伞案件1件1人、涉恶势力犯罪案件13件152人。累计受理涉黑恶犯罪涉财产部分执行案件132件，执行到位金额726.78万元。全区黑恶犯罪得到遏制，黑恶势力得到铲除，法治权威得到彰显，人民群众的安全感和满意度得到提升。从严从重查处黑恶势力“关系网”“保护伞”，落实“一线双核”“两个一律”“一案三查”，建立完善双向移送、同步核查、定期会商等制度机制，三年来累计受理监察对象涉黑涉恶问题线索66件，立案审查调查35人。其中查处党员干部涉黑涉恶案件15件15人，充当“保护伞”案件12件12人，追责问责3人，给予党纪政纪处分26人，移送审查起诉4件4人，组织处理4人。推动扫黑除恶与基层“拍蝇”、反腐败工作同安排、同部署，通过“打伞破网”、执纪监督，推进全面从严治党向纵深发展，全区政治生态更加风清气正。整顿基层软弱涣散党组织，针对各领域基层党组织分类定级整顿标准，聚焦基层涉黑涉恶涉乱等问题，全覆盖研判村（社区）“两委”班子。执行“四个一”帮扶整治机制，全区23个软弱涣散村党组织整改完成。严肃换届纪律，开展村（社区）换届风险隐患摸排2.5万余人次，排查村霸等黑恶势力、非法宗教势力渗透蔓延等风险隐患140余个，针对可能出现的干扰、影响和破坏换届工作的因素，分类建立风险管理台账62个，明确解决的具体路径和方法，细化具体措施、责任人、时限要求，实行动态销号管理。推进社会治安、乡村治理、金融放贷、工程建设、交通运输、市场流通、资源环保、信息网络、文化旅游、教育卫生等十大行业领域重点行业领域整治工作。完成6批次22个突出乱点乱象的挂牌整治；建立健全刑事司法和行政执法衔接等工作机制，区纪委监委、区检察院、区公安分局以行业乱象、典型案例为切入点，先后发出“三书一函”21份，指导行业主管部门切实履行主体责任，加强干部管理，规范行业管理准入机制，堵塞行业漏洞。

【政法领域改革】2021年，涪城区聚焦农村司法体系建设。推动镇（街）综治中心、矛盾纠纷多元化解中心、网格化管理服务中心一体化、实战化运行。选优配强9个镇（街）政法委员，明确由党委（党工委）副书记兼任。全区14个运行派出所配备民警占全局总警力的49.6%，其中社区民警占派出所总警力的42.7%，城区8所、农村6所配备民警与辅警数的比例达到1:1.5和1:1标准。司法所由18个调整为9个，三人以上司法所占比达到100%，消除“无人所”“一人所”情况。聚焦繁简分流改革。围绕“轻重分离、快慢分道、提速增效”目标，完善民事、刑事和执行案件繁简分流机制，2021年，民事简案团队审结案件6971件，刑事速裁团队审结案件306件，执行简案团队执结案件4666件。聚焦“放管服”改革。成立“涪城区企业家法治护航中心”，办理破坏社会主义市场经济秩序案件59件，为企业发展和维护企业家合法权益保驾护航。出台《助力企业设立集体户及引进人才落户便捷服务措施实施规范》，开辟人才落户“绿色通道”，对高端、实用、紧缺人才提供点对点的“直通车”服务，在惠科等大型企业开通企业集体户、设立警务服务站，职工办理户口、居住证明、护照等更加快捷方便，创优营商环境。推行“全域办”“就近办”“容缺后补”改革举措，办理异地身份证3117件，边境通行证“就近办”已办理351件，“容缺后补”“一次办”办理124件，实现让数据多跑路、让群众少跑腿。

【教育整顿】2021年3月以来，涪城区打造政法队伍开展政治教育、党史教育、警示教育、英模教育，开展习近平法治思想专题讲座6次、政治轮训6次，区委书记与区政法系统各单位主要负责人举办主题党课6次，编印各类学习教育资料3000余份，推出高质量主题征文40余篇，开展党史教育系列活动200余次，开展廉政教育基地现场教学20次，组织观看廉政警示教育片40余次，围绕违纪违法案件开展讨论17次，从思想上解决政治不忠诚、执法不公正、司法不廉洁、遇事不担当、作风不过硬等问题，筑牢政法干警政治忠诚的根基。坚持把查纠整改作为教育整顿的重中之重，采取正面引导与反面警示相结合、督查暗访与问题起底相结合、组织倒逼与专项整治相结合等方式，抓好查纠整改环节各项工作，立案审查调查涉嫌违纪违法干警12人，处理6人，处分12人。整治“六大顽瘴痼疾”问题313个。以党史学习教育为契机，以支部主题党日活动、英模事迹报告会和专题读书班为载体，督导政法系统干警开展个人自学和集体研读，做到学习教育全员参与，学习内容全面覆盖。建立完善服务群众的长效机制，先后制定、完善《区委政法委协管政法领导干部办法（试行）》《公安民警政治轮训实施办法》等61个务实管用的制度机制，形成《涪城区全面从严管党治警15条措施》。开展困难群众帮扶、优化营商环境法治保障、助力乡村振兴等系列活动，制定“我为群众办实事”措施51条，开展各类活动100余次。在全省率先取消“执法立案法律文书生效证明”，将教育整顿的成果转化为为民服务的实效。

（薛伟祥　周　海）

公　安

【概况】2021年，涪城公安分局推

进“维稳提效、打防提质、创新提速、队伍提能”，获评“2021年度全市县级公安工作成效一等奖单位”“2021年全市公安工作基础防范先进单位”“建党100周年安保维稳工作成绩突出集体（荣记集体三等功）”。

涪城公安分局坚持政治安全、首责必担，参与侦破部督邪教案件，查处绵阳首例针对青少年的邪教活动，得到省公安厅和市委市政府领导的充分肯定。坚持挂图作战、销号管理，化解非正常上访事件60起，集中收治24名严重精神障碍患者，完成庆祝中国共产党成立100周年、科博会和市区“三会”等系列安保维稳任务，全区未发生任何不稳定事件和进京扰乱秩序事件。

涪城公安分局保持对黑恶犯罪、电信诈骗、经济毒品犯罪的严打高压态势，开展系列“护旗”专项行动，全年共破刑事案件728件，查处治安行政案件1566件，审结起诉549人，行政处罚3416人，5起现行命案全破，破九类涉恶案件149件，打掉恶势力集团3个、团伙3个；破获电诈案件81件，打处电诈犯罪嫌疑人251人，破毒品案件67件，查处吸毒人员961人，打处涉毒犯罪嫌疑人89人，移送起诉经济案件44件78人。侦破全市首例、涉案2000余万元的骗取进出口退税“黄金票案”，侦破部督“12·22”倒卖文物案，挡获三级以上文物919件，共侦办跨境赌博案24起，全局电诈百县破案会战、省厅“护旗”专项行动、整体破案打击质效全市第一，两次被市局红榜通报表扬。

开展“全警上街进巷、机关下沉基层”社会面整体巡防，全区刑事、治安警情同比下降43.25%和41.16%；开展治安、民爆、消防等公共安全隐患“大排查、大整治”，实现重大安全事故“零发生”的目标，非法营运专项整治经验得到周述副市长批示肯定，电信诈骗犯罪打击治理做法在全市会议推广。

坚持规范执法，分局破获刑事案件1379件，刑事拘留589人，取保候审517人，监视居住197人，逮捕249人，移送起诉449件675人，检察院受理案件431件679人，检察院审结起诉293件470人。办理行政案件1662件，行政处罚2852人，社区戒毒274人，强制隔离戒毒189人，社区康复51人。无被检察机关监督撤案、监督立案或被上级有关部门发现不该立案而立案的、应该立案而未立案的情况，维护社会平安大局，保障人民安居乐业。2021年分局法制工作目标绩效位居全市第一。

制定《绵阳市涪城区应对新冠肺炎疫情流调溯源工作方案》，成立流调溯源工作领导小组，明确职责范围，规范操作流程，充分发挥大数据效能，运用“科技支撑”服务疫情防控工作，实现“数据共享、合成作战、情指引领、扁平指挥、高效协同、快速落查、精准管控”的涉疫人员动态管控工作目标。2021年，持续开展涉疫情线索核查，共接收涉疫核查16737条，涉及核查人数15398人。

【法治公安】2021年，涪城区培养法制人才队伍，发挥专家在涪城的优势，以分局法制专家谢平同志为榜样，通过举办专题讲座、开展法制沙龙、优差案件点评、微讲堂、参加庭审、送法到基层等系列活动，培养选塑一批业务熟悉、能力出众专兼职法制员和办案民警，带动全局执法能力提升。鼓励民警参加国家统一法律职业资格考试和高级执法资格考试，对通过考试人员按照上级精神落实嘉奖和立功奖励，提升全局民警学法热情。落实派出所法制工作的管理考核。细化《分局法制员考核办法》，落实教导员分管法制工作，探索实行法制员派驻制度，解决基层单位分管法制领导和法制员随意变动，基层法制工作参差不齐、执法监督不到位等积弊。法制员由法制大队统一领导，对所在派出所执法活动进行监督、案件合议和案件审核，强化一线执法单位的法制监督管理和组织保障体系。办案场所实现智能化管理。应用警综平台执法办案系统和执法场所可视化监督系统，由案管中心安排专人围绕“警情、案件、场所、财物、卷宗、人员”等执法要素，通过对各执法办案场所远程巡查，实时动态监控案件办理，将执法问题解决于萌芽状态，消除执法风险隐患。

【深化“放管服”】2021年，涪城区简化办事流程。运用信息化手段，推行居民身份证“全域办”业务。实现外来人口在涪城区任何派出所均能办理居民身份证换领、丢失补领、挂失申报、丢失招领。提升服务质量。打造暖心窗口。在全局户政窗口推行“五个一”标准服务窗口建设，在城郊派出所试点投入自助服务终端，实现部分户政和出入境业务“24×7”全天候办理。提供特殊人群订制服务。针对高龄人员、残疾人、孤寡老人等弱势群体提供包括延时预约、上门办证、送证上门在内的订制服务。“推优”营商环境。出台《涪城区公安分局助力企业设立集体户及引进人才落户便捷服务措施实施规范》，开辟人才落户“绿色通道”，对高端、实用、紧缺人才全部提供点对点的“直通车”服务，为“英才卡”人员提供其他合法依规、优质精准的全方位、全流程服务，为辖区企业发展吸引人才提供更多优质条件。

2021 年涪城区科技创新产业项目安保现场 （涪城区公安分局）

【破获“国金宝公司”虚开增值税专用发票案】近年来，不法分子利用“黄金富裕票”实施的虚开增值税发票骗税犯罪较为突出，影响国家黄金战略储备，国家税款严重流失。2020 年底绵阳税务部门向公安机关反映位于绵阳市的四川国金宝实业有限公司生产经营不正常，可能存在骗取出口退税现象。2021 年 1 月，绵阳市公安局成立由经侦支队牵头，涪城公安分局经侦大队组成专案组，进行立案侦查。2021 年 3 月，专案组展开抓捕行动，先后将犯罪嫌疑人蒋某某、周某某、焦某抓捕归案。经过审讯牵出案中案，国金宝公司的上游公司的实际控制人詹某某伙同他人大肆对下游企业开具增值税专用发票，一条涉及多地的虚开增值税发票的犯罪链条浮出水面，詹某某共计为国内 101 家厂商和企业，虚开增值税专用发票 900 份，涉案金额高达 4.7 亿元。专案组民警抓获詹某某、许某某、胡某某、孙某某等犯罪嫌疑人以后，先后辗转广东、广西、山东、浙江等地涉案企业固定证据，督促逃税企业补缴增值税，为国家挽回经济损失 3000 余万元。涪城公安分局经侦大队专案组民警喻琼表现突出，被四川省公安厅、国家税务总局四川省税务局、国家税务总局驻重庆特派员办事处、成都海关、中国人民银行成都分行、国家外汇管理局四川省分局联合表彰为“全省打击虚开骗税违法犯罪两年专项行动”成绩突出个人。

【跨境赌博治理】2021 年，涪城公安分局建立 “122” 机制，制发《涪城区打击治理跨境赌博工作方案》。由出入境支队牵头，多警种共同参与，分工负责、密切协作，稳步推进，涪城公安分局多次召开工作协调会议，出入境与相关警种各司其职，共同推进打击治理跨境赌博专项行动的开展。共侦办跨境赌博案件 24 起，采取强制措施104 人，完成“122”跨境赌博情报调研 6 篇，完成外协工作、线索核查 14 件。

2021 年绵阳市涪城区公安分局派出机构一览表

表 11

派出所	地 址	电话
石塘派出所	四川省绵阳市涪城区瓦店路 9 号	0816-2403110
城北派出所	四川省绵阳市涪城区顺河前街 14 号	0816-2228349
青义派出所	四川省绵阳市涪城区青义镇香社街 1 号	0816-2640110
吴家派出所	四川省绵阳市涪城区吴家镇顺南街东段 16 号	0816-2890110
城郊派出所	四川省绵阳市涪城区高水中街 27 号	0816-2687119

续表 11

派出所	地　址	电话
城厢派出所	四川省绵阳市涪城区一环路南段 236 号	0816-2228413
城西派出所	四川省绵阳市涪城区剑门路东段 11 号附 4 号	0816-2331842
花园派出所	四川省绵阳市涪城区花园西街 9 号	0816-2366987
工区派出所	四川省绵阳市涪城区长虹大道中段 12 号	0816-2331841
小浮桥派出所	四川省绵阳市涪城区绵绢路 6 号附 1 号	0816-2390219
杨家派出所	四川省绵阳市涪城区芳杨路 2 号	0816-2887110
新皂派出所	四川省绵阳市涪城区新皂镇钟阳路 8 号	0816-2565765
丰谷派出所	四川省绵阳市涪城区丰谷镇南街 13 号	0816-2810205
金家林派出所	四川省绵阳市涪城区绵安路 35 号（绵阳市涪城区金家林总部经济试验区软件产业园 A 区）	0816-2197110

（王　一）

检　察

【概况】2021 年，涪城区检察院受理审查逮捕案件 455 件 706 人，批准、决定逮捕 324 件 409 人；受理审查起诉案件 688 件 1042 人，提起公诉 556 件 913 人。落实少捕慎诉慎押刑事司法政策，对犯罪情节较轻、社会危害性较小的犯罪，不批准逮捕 188 件 349 人、不起诉 187 件 250 人，开展羁押必要性审查后依法变更强制措施 25 人。强化侦查活动监督，监督立案 64 件，监督撤案 34 件，纠正漏捕 27 人，追诉漏犯 37 人，书面纠正侦查活动违法 49 件。强化刑事审判活动监督，依法提出抗诉 4 件，书面纠正审判活动违法 4 件。对社区矫正、剥夺政治权利、财产刑执行等刑罚执行进行监督，发出《纠正违法通知书》28 份。控制退侦率和延期率，“案—件比”优化至 1:1.06。落实认罪认罚从宽制度，对犯罪嫌疑人、被告人自愿认罪认罚的，依法适用 907 人，适用率 86.43%；对认罪认罚从宽案件提出量刑建议 563 人，法院采纳率 96.07%。

聚焦劳动争议、房屋买卖、民间借贷等民生领域，办理各类民事检察案件 137 件，其中提出裁判结果监督再审检察建议和审判程序监督、执行监督检察建议 107 件，均被采纳并及时整改。依法作出不支持监督申请决定和终结审查 11 件，做好服判息诉工作，维护司法权威。开展虚假诉讼监督专项活动，依托省、市、区检察机关一体化办案模式，成功办理民间借贷纠纷虚假诉讼检察监督系列案。强化弱势群体权益保护，办理支持起诉案件 19 件，帮助民工追讨薪资 24.82 万元。办理的《支持农民工起诉助力欠薪源头治理系列案》获评涪城区“以案释法”优秀案例和网络人气案例，《彭某某金融借款合同纠纷类案监督案》入选全省检察机关民事检察优秀案例。

以案结事了政和为目标，发挥行政检察“一手托两家”职能，办理行政审判程序监督、行政非诉执行监督、行政争议实质性化解案件 17 件，提出检察建议 14 件，均获采纳。开展“二次申请”“土地类行政处罚”“知识产权保护”等行政非诉执行专项监督活动，向相关单位提出检察建议 12 件，监督公正司法，促进依法行政。常态化开展行政争议实质性化解工作，化解尚未进入行政诉讼阶段的“潜在之诉”和行政非诉执行“遗落之诉”争议案件，推进诉源治理，促使息诉罢访，被评为“全省检察机关行政争议实质性化解优秀组织单位”。

维护国家利益和社会公共利益，办理公益诉讼案件 65 件。围绕服务乡村振兴战略，办理食品药品安全、生态环境领域公益诉讼案件 35 件，发出检察建议 29 份，对 3 名涉“地沟油”违法人员提起公益诉讼，督促相关部门对餐饮、生猪屠宰、固体废弃物处理等行业开展专项检查和对相关违法人员予以行政处罚。开展国有财产保护领域公益诉讼，针对服刑人员在服刑期间领取低保金、养老金、民间借贷出借人漏缴国家税收等情形，发出检察建议5份并督促追缴。服务保障长江十年禁渔工作落地落实，办理资源保护领域公益诉讼案件19件。坚持保护公益和修复生态并重，督促13名违法当事人在涪江流域增殖放流鱼苗2万余尾。与区河长制办公室会签《绵阳市涪城区“四长联护+检察监督”河湖管理与保护治理长效机制》，设立河湖检察官工作室和基层河湖检察官，提升河湖生态治理与管护水平。

院集体获“全省检察机关行政争议实质性化解优秀组织单位”“绵阳市十佳基层政法单位”等市级以上表彰（奖励）11项，检察干警获“全省检察机关行政检察业务标兵”“四川政法先锋”个人等市级以上表彰（奖励）23人次。

【安全稳定维护】2021年，涪城区检察院落实总体国家安全观，严惩组织、利用邪教组织破坏法律实施等犯罪，维护政治安全。依法打击交通肇事、危险驾驶等犯罪，起诉162件162人，维护公共安全。严惩涉枪涉爆、故意伤害、绑架、强奸等严重暴力犯罪，起诉58件81人，保障人民群众人身安全。打击聚众斗殴、寻衅滋事及“黄赌毒”等犯罪，起诉214件465人，维护社会治安秩序稳定。常态化开展扫黑除恶专项斗争，批准逮捕敲诈勒索、非法拘禁等九类案件29件48人、起诉42件140人，办理涉黑涉恶案件2件，对受理的黑恶案件做到100%提前介入，被评为“绵阳市扫黑除恶专项斗争先进集体”。

【服务经济健康发展】2021年，涪城区检察院防范和化解系统性金融风险，打击非法吸收公众存款、集资诈骗、洗钱等危害经济金融安全犯罪，批准逮捕5件6人、起诉15件30人。服务“六稳”“六保”和优化营商环境，依法打击合同诈骗、强迫交易等破坏社会主义市场经济秩序犯罪，批准逮捕20件26人、起诉59件102人。加强民营企业司法保护，办理虚开增值税专用发票、串通投标等涉民营企业案件24件28人，对犯罪情节轻微的民营企业重点岗位人员不起诉22件26人。发挥行政争议实质性化解在营造法治化营商环境上的作用，化解一起涉民营企业行政处罚非诉执行案件，帮助企业恢复正常经营。

【推进反腐斗争】2021年，涪城区检察院继续完善监察执法与刑事司法衔接机制，加强与监察机关办案衔接和配合制约，提前介入监察调查的重大、疑难、复杂案件4件，受理职务犯罪案件6件7人，开展司法谈话2件2人，决定逮捕4件4人，起诉4件5人。对职务犯罪案件开展同步警示教育，100余名政法干警观摩本院起诉的谢某某受贿案庭审活动。对办案中发现的国有企业管理问题，向相关企业发出检察建议，督促企业加强管理建制堵漏，提高职务犯罪预防能力。开展对司法工作人员14种罪名案件线索排查，移送具有可查性的司法工作人员职务犯罪线索2件并协助查办。

【融入社会治理】2021年，涪城区检察院发挥检察建议在推进社会治理中的重要作用，对办案中发现的重要行业、重点领域存在的治理问题，向有关职能部门发出检察意见和检察建议202件。落实“谁执法谁普法”责任制，以禁毒防艾、公益诉讼、民法典等为主题，常态化开展法治宣传教育。组织干警参与核酸检测、文明劝导、城乡卫生整治等志愿服务，服务疫情防控和文明典范城市创建。参与农民工欠薪问题源头治理，向主管部门发出规范行业治理的检察建议，促使主管部门对违法分包单位和涉案项目负责人处以行政罚款，对全市34个在建项目全面开展自查整改，畅通24小时投诉渠道，处置欠薪案事件36件，涉及民工工资3 019万元。

2021年6月5日，涪城区检察院在吴家镇开展防范非法集资法治宣传

（涪城区检察院）

2021年4月5日，涪城区检察院“熊猫未士·心港湾”未成年人检察团队到东辰国际学校，开展“法治进校园”活动 （涪城区检察院）

【维护群众利益】2021年，涪城区检察院聚焦群众财产安全，起诉“盗抢骗”等多发性侵财犯罪225件301人。聚焦群众舌尖上的安全，办理制售假药劣药、有毒有害食品审查起诉案件12件34人，对绵阳城区某火锅店长期生产、销售“地沟油”的11名制售人员提起公诉。紧盯农贸市场、学校周边等点位，办理食品安全领域公益诉讼案件12件。与区市场监管局建立食品药品安全领域公益诉讼及行政检察监督协作机制，建议区市场监管局向公安机关移送涉药案件1件。聚焦电信网络安全，批准逮捕电信诈骗、出租、出售电话卡、银行卡的犯罪11件35人、起诉22件68人。办理绵阳市“7·7”特大典型网络诈骗案，提起公诉18人。聚焦美丽涪城建设，办理危害生态环境安全犯罪23件35人。聚焦群众脚底下的安全，向主管部门发出检察建议，督促更换井盖2 760套，修复雨水篦2 211套。

【守护未成年人成长】2021年，涪城区检察院打击侵害未成年人刑事犯罪，批准逮捕17人、起诉14人。依法惩处性质恶劣、后果严重的未成年人犯罪，批准逮捕15人、起诉16人。最大限度教育感化挽救涉罪未成年人，不批准逮捕26人，附条件不起诉14人，微罪不起诉5人。办理涉未成年人抚养费纠纷支持起诉案件1件，办理酒吧等娱乐场所违规接待未成年人公益诉讼案件3件。深化未成年人司法保护社会支持体系建设，与区妇联联合设立全市检察机关首家“未成年人保护站”，对涉案未成年人开展心理测评19人次，对涉案未成年人家属开展亲职教育40余人次。11名检察官兼任法治副校长，采用“法治进校园”“法治微课堂”等形式，为全区50余所学校在校学生开展法治教育，被评为“绵阳市未成年人思想道德建设工作先进单位”。

【细化检察措施】2021年，涪城区检察院构建联系服务群众全覆盖工作机制，统筹做好与乡镇街道、人大代表、政协委员和基层自治组织联络常态化工作。坚持和发展新时代“枫桥经验”，优化12309检察服务中心平台运用，做实“群众来信件件有回复”工作，接待群众来信来访153件200余人次，所有来信来访均在七日内程序回复、三个月内办理过程或结果答复。妥善处置15件信访积案、难案。加强对贫困人员、事实孤儿等弱势群体权益保护，开展司法救助10人。推行公开听证，邀请人大代表、政协委员、人民监督员、社区代表等参与，对不起诉、刑事申诉等案件公开听证12次。

（李秋琼　黄建新）

法　院

【概况】2021年，涪城区法院受理刑事、民事、行政和执行各类案件17980件，审、执结16570件，结案率92.16%。收案数和结案数均居全省基层法院第十三、全市法院第一，占全市基层人民法院受理数和审结数的23.3%。员额法官人均收案346件、人均结案319件。区法院组织拍摄的习近平法治思想诵读视频，获评四川法院“十佳诵读作品”，调研工作被四川省高级人民法院表彰为“组织工作先进单位”，关心关爱未成年人工作被四川省妇女联合会表彰为“四川省维护妇女儿童合法权益先进集体”，刑事审判工作被绵阳市委、市政府表彰为“扫黑除恶专项斗争先进集体”。区法院系统全年有8批次集体、51批次个人荣获各级党委、政府和上级法院表彰。

【平安涪城建设】2021年，涪城区法院常态化开展扫黑除恶斗争，审结涉恶势力犯罪3件21人，判处罚金194.3万元，对原科创区某社区书记邱某福、某村主任吴某兴等“村霸”依法判处有期徒刑十四年六个月至九个月不等。开展打击电信网络诈骗等重特大案件专项审理，审结“7·7”电信网络诈骗犯罪等案件12件43人。守护舌尖上的安全，审结食品药品安全领域犯罪4件11人，对原“杀牛场”火锅店李某、许某强等6人提炼使用“老油”依法判处刑罚。保障市民出行安全，审结危险驾驶、交通肇事等犯罪87件87人。对毒品犯罪“零容忍”，审结毒品犯罪73件98人。维护执法司法权威，审结妨害公务、袭警等犯罪8件8人。严厉打击侵犯群众生命财产安全犯罪，审结故意伤害、盗窃等犯罪248件343人。贯彻新修订的《中华人民共和国未成年人保护法》和《中华人民共和国预防未成年人犯罪法》，审结侵犯未成年人权益犯罪18件19人，对原某校校长吴某某侵犯未成年人犯罪依法严惩。

【法治涪城建设】2021年，涪城区法院支持监督依法行政，判决驳回原告诉讼请求95件、裁定驳回起诉20件，裁定准予非诉讼行政执行68件，判决撤销行政行为13件，对行政审判中发现的问题发出司法建议5份，开展案件回访2次。坚持依法审判与服务党委、政府中心工作紧密结合，参与凯跃华庭、御营广场、九腾1街区、恒大、瑞阳等涉房涉地历史遗留问题处置，加强社会稳定风险评估和法律风险研判，发挥好法律参谋助手作用。注重规范引领，促进司法与行政的良性互动，与市应急管理局、市税务局联合举办法治讲座、模拟庭审等活动5次。助力廉洁政府建设，审结贪污贿赂、渎职等犯罪4件4人，邀请机关干部旁听“原四川省人民医院院长李元峰职务犯罪”等案件庭审，接受警示教育200余人次。

【保障司法民生】2021年，涪城区法院维护群众切身利益，审结相邻纠纷、物业合同、商品房买卖等案件2521件。保障人民健康权益，审结人身损害、医疗赔偿、交通事故等案件395件。保护劳动者合法权益，审结劳动争议、农民工工资、工伤赔偿等案件171件，帮助农民工追回“血汗钱”920.1万元。维护社会诚信，审结金融借款、民间借贷、买卖合同和建设工程施工合同等案件2710件。巩固家事审判改革成果，审结婚姻、抚养、继承等案件629件。护航“双减”政策贯彻落实，审结校外培训机构合同纠纷14件。强化司法人文关怀，落实司法救助制度，依法为29名符合条件的困难当事人发放司法救助金33.3万元。

【服务重大战略实施】2021年，涪城区法院优化营商环境，审结涉民营企业案件4079件，对胜诉企业实现债权3.38亿元，最大程度保障企业资金回流。建立企业破产处置府院联动机制，审结企业破产案件16件、公司强制清算案件4件，推动5件执行案件移送破产审查。贯彻涪城区关心关爱企业家10条措施、支持企业发展26条措施等惠企政策，开展企业走访68场次，落实送法进企业、简化网上立案程序等便企惠企举措20条。防范化解重大风险，审结“博爱颐养中心”等非法吸收公众存款犯罪7件21人，追回并兑付集资案款1401.02万元。服务保障乡村振兴，化解涉农领域民事纠纷9件、审结骗取农业补助资金刑事犯罪1件3人，追回国家损失45.5万元。守护生态环境民生福祉，审结涉环境资源案件4件，对被告人依法判处刑罚的同时，探索修复植补、增殖放流等方式督促被告人积极履行生态环境修复义务。

【政法队伍教育整顿】2021年，涪城区法院筑牢政治忠诚之基，开展政治教育、党史教育、警示教育和英模教育，组织干警参加省、市、区领导讲党课6次，邀请市委党校和西南科技大学教授专题讲授党史4次，组织干警到“两弹城”“王右木纪念馆”等红色基地实践教学5次。聚焦“6+N”顽瘴痼疾，废改立制度机制31个，兑现“自查从宽、被查从严”政策，处理干警48人次、处分干警4人。履行全面从严治党主体责任，常态化开展警示教育4次、学习警示案例12起。执行防止干预司法“三个规定”和“三非”工作机制，记录报告“三个规定”情况76条，逢打听必记录、逢干预必留痕成为工作习惯。

【法治宣传教育】2021年，涪城区法院落实“谁执法、谁普法”工作要求，开展《中华人民共和国民法典》宣讲进街道、社（村）、企业共6场次，拍摄的《反家暴法》抖音短视频与网民产生共鸣，1700余人留言评论，点击量66.8万。关心关爱未成年人成长，守护校园安全，开展送法进校园、法院开放日等活动6场次，培树青少年从小学法、尊法、守法、用法意识。用好微信公众号、新浪微博、今日头条、抖音视频等新媒体平台，发布以案释法图文信息105条次、普法短视频42条次、典型案例13件，提升全民法治素养。

【司法责任制配套改革】2021年，涪城区法院抓住院庭长关键少数模范

2021年9月9日，涪城区联合打击拒执犯罪协调会在涪城法院召开（敬利萍）

作用，院庭长带头办理涉众、涉资、涉稳等重大疑难复杂案件6687件，占全院总数的40.36%。强化审判质效监管，完善类案和关联案件检索、审判流程监管及审限变更管控等制度，开展案件质量评查288件，纳入“四类案件”监管982件，规范审限扣减和促进裁判尺度统一。落实季度考核要求，定期通报员额法官办案情况，对办案进度不达预期的，由院庭长一对一指导和督促，促进每月结案均衡。

【执行难问题解决】2021年，涪城区法院加强执行信息化、规范化建设，推动执行指挥中心实质化运行，执结执行案件8071件，执行到位金额6.09亿元，通过网络查控被执行人银行、证券、保险、车辆、不动产、公积金等信息6054次，发布失信被执行人信息153人次、限制高消费6539人次，在淘宝、京东等平台拍卖处置资产成交额3.08亿元，平均溢价率674.18%。突出执行工作强制性，依法打击规避执行、抗拒执行行为，作出拘留决定18人次，向公安机关移送拒执犯罪线索6件、判处拒执罪1人。加大应缴未缴诉讼费、执行费、罚没款项执行活动力度，上缴国库诉讼费、执行费、罚没款共计6324.04万元。

【司法监督】2021年，涪城区法院始终将法院工作置于区委领导和人大、政协监督之下，加强与代表、委员的联络沟通，通过上门走访、邀请座谈、旁听庭审、见证执行等方式联络代表、委员30余人次。虚心接受代表、委员监督，诚恳听取意见建议，办理建议、提案共3件。依法接受诉讼监督，检察机关提出抗诉4件，撤回抗诉3件，二审发回重审1件。加强司法民主建设，选任人民陪审员177人，参审案件1 583人次。主动接受社会监督，公开裁判文书10 468份，直播案件庭审3 868场，推送审判流程信息3.3万条。

【行政机关不执行法院生效判决被罚第一案】2021年4月30日，涪城区法院对拒不履行法院生效判决的陕西省某县住房和城乡建设管理局依法作出罚款50000元决定，该县住房和城乡建设管理局按期缴纳了罚款。该案是区法院对行政机关因拒不执行法院生效判决作出的首例罚款决定。2009年，陕西省某县住房和城乡建设管理局与绵阳市某公司订立设备采购合同，该县住房和城乡建设管理局未按约付清款项。在反复索要无果后，该公司2012年向涪城区法院提起诉讼。经审理，涪城区法院判决被告陕西省某县住房和城乡建设管理局在判决生效后5日内支付绵阳市某公司欠款，并承担资金利息至余款付清时止。2013年，绵阳市某公司向涪城区法院申请强制执行，但因种种原因未能执行到位。2021年1月，该案恢复执行。该县住房和城乡建设管理局以各种理由推诿搪塞，不主动履行。2021年4月30日，涪城区法院遂依据《中华人民共和国民事诉讼法》第一百一十五条、第一百一十六条、第二百四十一条，《最高人民法院关于民事执行中财产调查若干问题的规定》第九条之规定，作出前述罚款决定。

【陈某等3人骗取农业补助款获刑案】2021年1月19日，涪城区法院对被告人陈某、赖某某、张某某提供虚假资料骗取国家农业补助资金依法判处刑罚。2015年12月，被告人陈某在了解到可以申报2016年度省级财政扶持项目后，便与被告人赖某某、张某某协商,以某合作社为主体，通过代理公司制作虚假申报资料通过政府验收，收到项目补助资金47.5万元。经法院审理认为，被告人陈某伙同被告人赖某某、张某某虚构事实、隐瞒真相，报送虚假资料骗取国家财政补助资金45.5万元，数额巨大，均构成诈骗罪。遂依法判处被告人陈某有期徒刑四年，并处罚金人民币五万元；被告人赖某某、张某某判处有期徒刑二年，缓刑二年，并处罚金人民币三至二万元不等。

（彭万中 杨小平 宋大军）

司法行政

【概况】2021年，涪城区司法局推进依法治区，狠抓行政执法、刑罚执行和公共法律服务。实施法律援助民生工程，开展刑事辩护全覆盖工作，开展法律援助巡回受理活动4次，开展法律援助专项宣传活动25场次，发放法律宣传资料20 000余份，办理各类法律援助案件473件，提供法律援助咨询服务4 560人次，办理区委区政府等相关领导批示的重大群体性维稳和信访案件6件。全年接收社区矫正人员269人，解除173人，撤销缓刑2人，撤销假释1人，在册社区矫正对象393名；警告处分18人次，训诫36人次，因涉嫌犯罪被取保候审2人、监视居住1人、刑拘5人，接收刑满释放人员492人，在册刑释解矫人员1 508名，开展入矫强化教育4次，完成社会调查评估184件，开展"万案大评查"活动，对历年案件和134件重点案件进行梳理和交叉检查。建成远程视频会见系统，与全省监狱系统实现信息对接，介入待释放人员安置帮教工作，累计实施远程视频会见160余人次。

【依法治区】2021年，涪城区委常委会、区委理论学习中心组、区政府常务会等先后3次专题学习习近平法治思想；利用法治涪城、涪城手机台等平台刊发相关信息50余篇，邀请高校专家为全区开展习近平法治思想网络专题授课。区委主要负责人先后2次在市委依法治市相关会议上作经验交流发言。召开全面依法治区工作会议和委员会第三次会议，审议通过《涪城区党政主要负责人履行推进法治建设第一责任人职责情况列入年终述职内容实施方案》4个文件，组织2个单位主要负责人会议述职。出台《涪城区委全面依法治区委员会2021年工作要点》，修订完善《涪城区2021年全面依法治区工作考核指导办法》，系统推进依法治区工作。印发《2021年全面依法治区工作督察计划》，就示范推动解决法治建设八个具体问题等工作开展专项督察，组织开展2021年度全面依法治区工作考核。推进民主法制专项小组重点工作，牵头负责《关于加强国有资产管理情况监督的决定》《绵阳市人民对外友好协会深化改革方案》《绵阳市贸促会深化改革方案》《绵阳市红十字会改革方案》等4个改革方案，指导督促区委统战部、区商务局、区红十字会按时按要求推进改革任务，上报13篇工作动态，区级采纳1篇。

【法治政府建设】2021年，制定《涪城区2021年会前学法目录》，常态化、制度化推进区委常委会、区政府常务会学法工作；代拟《涪城区人民政府2021年法治政府建设重点工作安排》；组织全区27个责任部门开展以优化营商环境"三度服务"为主题的第二批全国法治政府建设单项示范创建申报工作；落实《法治政府建设与责任落实督察工作规定》，规范报送法治政府建设年度报告，开展法治政府建设专项督察；将推进法治政府建设纳入年度目标绩效考核管理。执行《绵阳市涪城区人民政府行政决策合法性审查实施办法》《绵阳市涪城区人民政府议事决策规则》，对全区经济和社会发展计划及财政预算、重大规划、重大政策措施等191件行政决策实行合法性审查。依法审查涉法性文件127件、涉区政府招商引资等合同20余件。根据《涪城区人民政府法律顾问团管理办法》《涪城区人民政府法律顾问考核办法》，强化政府法律顾问参与"三重一大"事项决策。

【普法宣传】2021年，涪城区开展《中华人民共和国民法典》宣传，承办绵阳市"民法典走进乡村(社区)"主题宣讲活动启动仪式暨首场宣讲会，开展法治讲座100余场，实现《中华人民共和国民法典》法治宣传活动村（社区）全覆盖。推进"法治示范创建"，指导范家村、临东社区通过"全国民主法治示范社区"复核验收，指导成功创建市级法治示范村（社区）5个，指导9个村（社区）完成区级法治示范创建。举办第五届中国（绵阳）科技城法治微电影大赛线上启动仪式，通过"法治+电影"方式开展普法宣传，受众群体达50万人次。开展欧阳修法治文化论坛，论坛针对基层治理中"小区治理难、群众参与弱、多元共治成效不明显"等三类现象进行探讨并提出建设性意见。组织开展"以案释法"典型案例征集评选活动，并对经过专家组评审、网络投票评选出的30个"十佳案例""优秀案例"进行线上普法。举办"12·4"国家宪法宣传日线上宣传活动，全区169 957名网友通过新华社客户端、涪城手机台客户端等平台观看"宪法微访谈""专题讲座"活动。结合重要时间节点开展"1+10"主题法治讲座223场，发放宣传单97 370份，发放宣传用品15 300份，接待法律咨询人数1 383人，法治宣传覆盖人数105 500人。优化"法治涪城"微信公众号功能，累计发布法治动态56期。

【公共法律服务体系建设】2021年，涪城区推行“一窗办多事”，实现“前台统一受理，后台分流转办”，114个村（社）法律顾问参与法治宣传、纠纷调解、法律咨询、村规民约制定等累计500余次，服务群众6 000余人。参与审查劳动用工合同120余份并为120余家企业开展法治体检，提供法律意见30余条，参与村（居）民自治管理活动50余次。采取巡回受理、上门服务等方式，为农民工、老年人、残疾人、军人军属等特殊群体提供法律咨询服务4 560人次，代写法律文书300余份，办理各类案件473件。两项改革后，调整建立区、镇（街道）、村（社区）三级调委会124个，成立价格争议、知识产权等行业性专业性调委会13个，建立边界调委会1个。公调对接、诉调对接和访调对接工作机制运行规范，矛盾纠纷多元化解取得新成效，全区现有派驻公安调解室8个，法院调解室1个，信访调解室1个，全区三级调解组织排查化解各类矛盾纠纷2 352件(不含派驻调解室数据)，涉及金额3 617.82万元，调解成功率99.4%。“邓启贵人民调解专家团队”组织编撰的《交通事故纠纷预防与化解指导手册》被省司法厅在全省推广，“邓启贵调解工作室”被命名为“四川省金牌调解工作室”。

【法律服务管理】2021年，涪城区规范法律服务市场管理，按期完成16家基层法律服务所和74名基层法律服务工作者、11家律师事务所和130名律师、1家公证处和13名公证执业人员的年度考核工作，经考核，2家法律服务所因未完成规范化建设任务被暂缓年度考核。开展法律服务执业专项检查。通过中国裁判文书网全面核查全区主管法律服务机构案件代理信息，重点核查统一收案、统一收费情况，经检查发现违规违法线索4人次，调查核实后给予警告行政处罚2人次，送达限期整改通知书2份。依法妥善处理对法律服务行业的举报投诉，截至12月底，共收到各类投诉举报7件，其中受理5件，不受理2件，受理的5件全部办结。组织开展旁听庭审活动1次，征求法官和当事人对律师、基层法律服务工作者的意见2条，电话征求案件当事人的意见和建议20人次，开展“双随机一公开”监管执法活动2次；落实律师事务所受理涉黑涉恶案件备案制度，全年共收到4家律所7起涉黑涉恶案件的登记备案。开展法律服务行业突出问题专项治理，累计排查出有法院检察院任职经历7人，违法违规兼职13人，排查问题19个，受理投诉举报7件，提醒谈话、个别教育50余人次，行政处罚11人次，均已完成整改。

【政法队伍教育整顿】2021年，涪城区司法局围绕筑牢政治忠诚、清除害群之马、整治顽瘴痼疾、弘扬英模精神“四项任务”，推进学习教育、查纠整改、总结提升“三个环节”，正风肃纪、反腐强警。制定《涪城区司法行政系统队伍教育整顿实施方案》和《律师、公证、基层法律服务行业突出问题专项治理实施方案及安排意见》；印发《区司法行政系统队伍教育整顿学习教育环节实施方案》《区司法行政系统队伍教育整顿学习教育环节计划安排》《“青年干警跟班先进找差距”活动方案》；出台《查纠整改环节工作方案》《顽瘴痼疾专项整治方案》；印发《“我为群众办实事八大工程”实施方案》《“我为群众办实事”重点推进项目实施方案》。分别于3月9日、4月12日召开区司法行政系统队伍教育整顿动员部署会，动员部署学习教育、查纠整改。召开领导小组会21次，专题研究部署教育整顿工作；召开工作推进会8次，调度推进教育整顿工作，安排落实具体任务。采取局党组会、中心组学习会、全局干部职工会等方式，专题学习传达习近平总书记关于加强政法队伍建设重要指示和训词精神，全国、全省政法队伍教育整顿动员部署会议和司法部、省司法厅、市司法局的司法行政系统队伍教育整顿动员部署会及各级教育整顿工作推进会议精神，各级领导相关讲话精神。通过观看数字电影、政法系统英模教育片等方式，学习政法战线英模事迹。通过召开警示教育大会、收看廉政警示教育片、邀请区纪委监委驻区委政法委纪检监察组组长作廉政教育报告等方式，开展司法行政系统违纪违法典型案例警示教育。组织干警旁听职务犯罪案件庭审2次。组织干部职工听取市委书记、市纪委书记、区委书记主题党课，组织干警参加涪城区习近平法治思想专题讲座。举办政法微讲堂5次；开展“忠诚担当、铸魂扬威，永做党和人民的忠诚卫士”主题演讲比赛。3名党员参加全市司法行政系统和全区党史学习教育知识竞赛，获全市司法行政系统团体第二名成绩。召开“自查从宽、被查从严”政策宣讲会5次，开展“三个规定”宣讲2次，6名领导干部签订《严格遵守“三个规定”公开承诺书》。43名干警自查出125个问题。2名干警自查出的1个“社区矫正工作管理不到位”问题，纳入“六大顽瘴痼疾”专项整治。社区矫正案件评查专班对

134 件涉及减刑、假释、暂予监外执行等方面的重点案件进行交叉评查，评查出 110 件合格案件，24 件瑕疵案件。征求人大代表、政协委员、管理服务对象、基层群众意见建议和问题线索共 75 条，全部逐条办理整改并反馈办理情况。

【邓启贵被评为“平安中国建设先进个人”】2021 年 12 月 13 日，涪城区司法局城厢司法所所长邓启贵被评为平安中国建设先进个人；12 月 15 日，邓启贵作为全国先进个人的唯一代表在表彰大会上交流发言，受到党和国家领导人接见。

【行政复议体制改革】2021 年 10 月 13 日，涪城区委依法治区委员会第三次会议审议通过《绵阳市涪城区行政复议体制改革实施方案》，明确从 2021 年 7 月 1 日起，按照“一级政府只保留一个行政复议机关”的要求，由区人民政府统一行使行政复议职能，区司法局作为区人民政府的行政复议机构，依法办理行政复议事项。

【临东社区接受“全国民主法治示范村（社区）”复核检查】2021 年 9 月 9 日，“全国民主法治示范村（社区）”复核工作组一行，对涪城区获得第七批“全国民主法治示范社区”称号的城厢街道临东社区开展复查工作，绵阳市司法局、涪城区司法局等相关领导陪同。复核工作组对照《“全国民主法治示范村（社区）”考核指导标准》，详细查阅工作档案、工作台账，查看临东社区“四色家园”“法治文化长廊”“党群服务中心”等法治阵地建设情况，听取临东社区以党建为引领，以法治创建为抓手，法德并举，实现自治、法治、德治“三治融合”的社区治理体系介绍，了解临东社区在组织保障、社区治理、普法宣传等方面工作的开展情况。复核工作组对临东社区“五心”工作法和特色法治文化阵地建设给予高度评价，对临东社区完善规范的规章制度、透明公开的选举程序、整洁的人居环境、良好的社会风气进行肯定。

2021 年 9 月 9 日，“全国民主法治示范村（社区）”复核工作组一行，对涪城区获得第七批“全国民主法治示范社区”称号的城厢街道临东社区开展复查工作

（涪城区司法局）

【省司法厅调研组到涪城区调研依法治区工作】2021 年 3 月 10 日，四川省司法厅法治调研处一行到涪城区调研指导依法治区工作，绵阳市司法局及涪城区司法局相关领导陪同调研。调研组一行到城厢街道临东社区开展调研，观摩社区党群活动中心以及富临大都会法治文化小区，听取社区以强化自治组织的自治功能，践行“五心”工作法，发挥资源共建优势，坚持“自治、法治、德治”相融合，推进法治保障社区基层治理工作情况汇报。调研组对涪城区基层依法治理工作给予高度评价，指出，涪城区在社区依法治理过程中探索激活民主法治社区治理新模式，坚持统筹多方资源促进和谐善治，融合公益力量实施普法惠民等方面成效显著、亮点纷呈，成立“邓启贵人民调解专家团队”化解辖区疑难矛盾纠纷以及利用法治微电影开展普法宣传等创新做法让基层群众体会到法治便民、法治为民、法治育民、法治惠民的优势，对于基层法治建设工作具有借鉴意义，值得学习和推广。

【省政法队伍教育整顿第六指导组检查督导教育整顿工作】2021 年 4 月 9 日，四川省政法队伍教育整顿第六指导组到涪城区检查督导司法行政队伍教育整顿工作。指导组对区司法行政队伍教育整顿开展情况进行重点询问了解，对活动开展的档案资料、氛围营造等方面进行检查。督导组强调，要在进一步提高认识上下功夫、在进一步压实责任上下功夫、在进一步加强组织领导上下功夫，发挥好领导干部以上率下的带头作用，继续加强氛围营造，落实责任制和清单制，进一步明确工作方向，把教育整顿工作抓细抓实。

【省司法厅交叉评估验收组考评验收涪城区公证行业突出问题专项治理】2021年8月20日，四川省司法厅交叉评估验收组对涪城区公证行业突出问题专项治理排查和“回头看”总体情况进行考评验收。评估前，绵阳市国证公证处负责人、区司法局负责人分别就区公证行业突出问题专项治理排查阶段的工作开展情况和取得的成效、主管司法行政机关对行业专项治理督导指导检查工作做详细汇报。检查组采用查阅档案资料、调研座谈等方式，按照省司法厅《公证和司法鉴定行业突出问题整治深入排查阶段评估验收方案》要求，对公证行业谈心谈话、自查自纠、全面清查、开门治理、排查“回头看”、督导检查、为民服务等七项主要内容的45项指标进行检查评估，并进行现场打分。经考核，涪城区公证行业结果为优秀等次。

【市人大调研涪城区“法律进社区”工作】2021年12月22日，绵阳市人大常委会调研组一行对涪城区“法律进社区”工作情况进行调研，区人大常委会等相关领导陪同调研。调研组一行察看临东社区“法治文化长廊”“法治文化广场”“全屋管家”“党群服务中心”等法治阵地建设情况，听取临东社区以党建为引领，以法治创建为抓手，法德并举，实现自治、法治、德治“三治融合”的社区治理体系介绍，了解临东社区在普法依法治理方面的工作开展情况，调研组对临东社区“五心”工作法给予肯定，并对临东社区把法治融入社区工作，推动社区治理的做法给予高度的评价。调研组要求，要在全市、全区做好临东社区做法的总结推广，在“八五”普法中探索社区普法依法治理路径，激活辖区共建力量，推动社区治理与服务相融互动。

【市司法行政系统队伍教育整顿督查】2021年3月25日，绵阳市司法行政系统队伍教育整顿领导小组一行到涪城区督导检查司法行政系统队伍教育整顿工作。督导组指出，涪城区教育整顿工作开展扎实，氛围浓厚，按照上级关于学习教育阶段的部署要求持续推进，取得成效。督导组强调，教育整顿是一项重要的政治工作和政治任务，要加强学习教育，认清教育整顿的重要意义，从讲政治、对党忠诚的高度，以对党和人民的事业负责的态度，抓好学习教育落地落实。按照中央、省、市要求，把规定动作做深、做细、做实，开展“四项教育”，做到全程留痕，确保工作效果。注重宣传总结，教育整顿工作一直在路上，不是一劳永逸、一蹴而就，要层层传导压力，建立长效机制，持续宣传引导，营造学习教育的浓厚氛围。

2021年8月20日，省司法厅交叉评估验收组对涪城区公证行业突出问题专项治理工作进行考评验收 （涪城区司法局）

【涪城区解决行政执法突出问题专题培训会】2021年12月7日，涪城区召开解决行政执法突出问题暨两项改革“后半篇”文章专题培训会，对全区所有行政执法人员开展专项培训。会上，西南科技大学法学院教授结合新修订的《中华人民共和国行政处罚法》，以“从九龙治水到九水归一”为题，采用新旧对比，案例分析，围绕如何规范执法等热点问题进行详尽讲解。区司法局针对在执法过程中应注意细节和容易出现问题的环节做讲解。

【涪城区2021度人民调解员骨干培训会】2021年9月24日，涪城区司法局联合区退役军人事务局和“邓启贵人民调解专家团队”举办全区人民调解业务骨干培训会。开展“退役军人矛盾纠纷预防与化解”专题讲座和交流研讨，从退役军人矛盾纠纷的类别特点、预防与化解、如何正确处理复退军人优抚对象信访问题以及针对退役军人矛盾纠纷重点难点典型案例进行分析研讨。举办《中华人民共和国法律援助法》专题讲座以及调委会、调解室的规范化建设讲解，调解文书规范运用、调解卷宗规范制作等。各镇（街道）、各村（社区）调委会调解员骨干，各专业性行业性调解员，涪城区调委会特邀调解员，公调对接调解员，退役军人公共法律服务站工作人员以及各司法所所长或负责人、司法助理员 60 余人参加培训。

【农民工维权法律援助巡回受理】2021 年 7 月 6 日，涪城区法律援助中心依托”三下乡”活动，到镇村开展农民工维权法律援助巡回受理和宣传。为广大农村群众以春联、挂历、围裙、环保袋、笔筒等群众喜闻乐见的实用小礼品为载体进行法治宣传。发放和群众切身利益相关的最新法律法规《中华人民共和国民法典》《保障农民工工资支付条例》《法律援助指南》的精选宣传折页。共发放宣传资料 8000 余份，法治春联 600 余对，法治挂历 1000 余张，其他法宣小礼品 500 余件，现场接受法律咨询 15 件次。

2021 年 7 月 6 日，涪城区法律援助中心到镇村开展农民工维权法律援助巡回受理和宣传

（涪城区法律援助中心）

2021 年绵阳市涪城区法律服务机构及法律援助机构一览表

表 12

名称	地址	联系电话	负责人
四川春雷律师事务所	绵阳市涪城区临园路东段 49~51 号时代大厦 9 楼	2229483	顾仕义
四川蜀仁律师事务所	绵阳市涪城区红星街 60 号	2223826	贾道强
四川风行律师事务所	绵阳市科创园区玉泉南路 15 号田森·奥林春天（三期）1 栋 11 层1~16 号	2240581	唐　敏
四川子云律师事务所	绵阳市涪城区安昌路 18 号爱喜嘉年华 A 座 16 楼 14~15	2240868	王　凯
四川仁聚律师事务所	绵阳市涪城区金家林下街 36 号	7017350	敖　岗
四川鹏道律师事务所	绵阳市涪城区御中路 66 号毅德商贸城 1 区 45 幢 2 号	2782285	李雨嘉
四川齐飞律师事务所	绵阳市涪城区油坊街 9 号盛鑫苑小区 1-5-B	2220148	蒲鹏生
四川法奥（绵阳）律师事务所	绵阳市涪城区绵安路 35 号软件产业园 D 区 5 楼	2779799	夏　雨
四川允迪律师事务所	绵州大道 199 号经开万达 21 幢 7 楼	2994288	任仲军
四川盛豪（绵阳）律师事务所	绵阳市经开区绵州大道中段 205 号中玮海润城 13 栋 3 层 128 号	0816-2228557	刘　燕
四川穗诚律师事务所	绵阳市涪城区体运村路 3 号	2296656	唐　兰
涪城法律服务所	绵阳市涪城区常家巷 8 号	13458002893	马　军

续表 12

名称	地址	联系电话	负责人
城郊法律服务所	绵阳市涪城区高水中街 19 号	2680954	胥洪标
城北法律服务所	绵阳市涪城区临园路中段 84 号	13778165388	辛家才
石塘法律服务所	绵阳市涪城区瓦店南路 6 号	2391640	吴　莉
南山法律服务所	绵阳市涪城区红星街 96 号	13881141005	李　青
城厢法律服务所	绵阳市涪城区警钟街 83 号	18048172505	何顺熙
正义法律服务所	绵阳市涪城区泗王庙巷 28 号	13890190599	罗宏亮
丰谷法律服务所	绵阳市涪城区丰谷镇南街 31 号	13981149809	王正胜
吴家法律服务所	绵阳市涪城区吴家镇源龙街 57 号	13689672719	周邦才
青义法律服务所	绵阳市涪城区青义镇宝灯街 94 号	13458307319	杨云洪
龙门法律服务所	绵阳市涪城区青义镇龙香路 4 号	18981100785	刘先国
朝阳法律服务所	绵阳市涪城区临园路西段 1 号	13908112728	张朝明
金锐法律服务所	绵阳市涪城区体运村路 78 号	13198689999	叶金学
新皂法律服务所	绵阳市涪城区新皂镇人民政府院内	13909010928	唐双泉
金峰法律服务所	绵阳市涪城区金峰镇金石街一段 53 号	2880369	黄长安
上智法律服务所	绵阳市涪城区南河路 8 号附 6 号	13281590873	罗　健
涪城区法律援助中心	绵阳市涪城区高平路 2 号（涪城区政务中心四楼）	2211148	李祖勇

（张大伟）

人民武装

【概况】2021年，四川省绵阳市涪城区人民武装部（以下简称区人武部）贯彻落实新时代政治建军、改革强军、科技兴军、依法治军要求，注重打牢基础，坚持真抓实干，改进创新，将思想政治教育向基层民兵预定新兵阵地延伸，组织民兵党务工作者70余人在线学习党务知识，开展预定新兵役前政治教育近400人次，从思想上确保了绝对忠诚、绝对纯洁、绝对可靠。人武部全面建设呈稳定发展良好局面，被省军区表彰为“先进团级党委”“践行强军目标先进人武部”。

【战备训练】2021年，区人武部坚持以备战打仗为导向，落实战备制度、强化战备意识、正规战备秩序、配齐战备物资，提升了战备水平。常态化开展以军事理论学习、课题研究和军事体育为主要内容的首长机关训练，现役和文职人员指挥技能和身体素质得到提升，在年度考核中均获得良好以上成绩。着眼训练质量、训练安全和可能担负的作战任务等重大问题，抓实专武干部、民兵骨干军事训练，组织民兵队伍参与防汛抗洪、抗震救灾、森林（草原）防火、防暴维稳处培训突等科目演练，抢险救灾和应急处置能力得到提高，2名训练尖子入选军分区集训队。发挥学生军训的国防教育功能，拟制错峰军训方案、调配训练教官、规范军训内容，建立健全“校领导查训、班主任（辅导员）跟训、军事机关督训”的军地联合监督机制，完成8所高中阶段学校、5所高校共计3.2万名学生军训任务。

【国防动员】2021年，区人武部坚持以兵员质量为核心，搞好宣传发动、突出征集重点、严把关键环节、择优确定兵员、筑牢廉政底线，完成上级下达的征集任务，大学生征集比例达88.83%，创历史新高。“万名大学生欢送新兵”活动得到中央电视台报道，征兵工作呈现出向上向好的发展势头。按照“科技城编科技兵”的工作思路，协调政府各部门、重点企事业单位，按照就地就近、专业对口、便于领导和指挥的原则编建民兵队

2021年7月11日，涪城区人武部组织涪城民兵开展水上救援训练　（何　刚）

2021年5月24日，涪城区人武部组织工作人员到辖区高校开展征兵宣传
（雷　兵）

伍，组织结构优化，编组布局更加合理，党员、退役军人比例均超过上级明确的指导比例，无人机、网络安全等新质民兵队伍初具雏形。开展国防动员潜力调查，按照“军队提需求，国动委搞协调，政府抓落实”的运行模式，发挥政府主体作用，建立健全潜力调查数据统计长效机制，理顺工作关系、压实工作责任、提升调查质效，确保潜力数据精准可靠。

【双拥共建】2021年，区人武部积极组织民兵参建参治，发挥民兵队伍组织严密、敢打硬仗的优势，出动辖区民兵，参与疫情防控、抢险救灾、维稳处突等急难险重任务，为平安涪城贡献力量。联合区退役军人事务局做好荣誉激励工作，推动“悬挂光荣牌”“立功喜报送家门”“走访慰问边海防官兵家属”等工作，拥军优属社会氛围形成。推动乡村振兴，全年结对帮建党支部1个，投入党建帮扶经费2000余元，常态化资助困难家庭学生4人，帮销农副产品5000余元，一批以羊肚菌、早熟脆李和优质杂柑为特色的果蔬栽培产业初具规模。

（王言凤　杨　里）

国民经济发展

【概况】根据《中华人民共和国各级人民代表大会常务委员会监督法》规定，每年制定国民经济和社会发展计划，经人民代表大会批准后实施。并于年中、年底2次梳理计划执行情况，向人大常委会报告。

【计划管理与宏观调控】2020年12月，涪城区发改局起草《关于绵阳市涪城区2020年国民经济和社会发展计划执行情况及2021年国民经济和社会发展计划（草案）的报告》。结合宏观经济形势和涪城区发展实际，区发改局多次会同区级经济管理部门，对涪城区2021年经济运行状况进行分析研判，提出经济社会发展主要预期目标：区属地区生产总值增长8.3%，全社会固定资产投资完成200亿元，一般公共预算收入同口径增长3%，规模以上工业增加值增长12.2%，服务业增加值增长8.8%，城乡居民人均可支配收入分别增长6.9%、8.4%，城镇登记失业率控制在4.5%以内，完成省市下达的各项目标任务。并于1月向区政府常务会、区委常委会作修改情况报告，1月26日经区六届人大六次会议通过。

构建新发展格局，完成预期目标，综合实力提升。经济发展主要目标完成。23项主要经济指标中有14项主要经济指标排名全市第一。区属地区生产总值首次突破600亿元大关，完成611.9亿元，增长9.6%，总量和增速居全市第一；规模以上工业增加值增长36.7%，居全市第一；一般公共预算收入增长28.2%，居全市第一；社会消费品零售总额完成281.21亿元，总量居全市第一。获评全市县域经济发展先进县。全国百强区跨越升级6位，居第68位，获得省政府表扬奖励。社会民生主要目标完成。城镇居民人均可支配收入45945元，增长8.7%；农村居民人均可支配收入26037元，增长10.3%。城镇新增就业10796人，城镇登记失业率2.79%，均达到或超过预期目标。首次跻身全国幸福百强区，居第53位，实现幸福指数和发展指数同步提升。生态环境主要目标完成。断面地表水达到或优于Ⅲ类水体比例100%，单位工业增加值用水量、单位地区生产总值能耗和化学需氧量、二氧化硫排放、氨氮排放、氮氧化物排放，均达到市级要求。

表13　绵阳市涪城区“十三五”时期经济社会发展主要目标完成情况一览表

类别	序号	指　　标	2021年预期目标		2021年实现		属性
			绝对值	增速（%）	绝对值	增速（%）	
经济发展	1	区属地区生产总值（亿元）		8.5		9.6	预期性
	2	＃服务业增加值（亿元）		8.8		9.5	预期性
	3	＃规模以上工业增加值(亿元)		12.2		36.7	预期性

续表 13

类别	序号	指标	2021 年预期目标		2021 年实现		属性
			绝对值	增速（%）	绝对值	增速（%）	
经济发展	4	产业园区实现产值（亿元）	630		746		预期性
	5	地方一般公共预算收入（亿元）					
	6	社会消费品零售总额（亿元）		7		18.7	预期性
	7	全社会固定资产投资（亿元）					
	8	四上企业数量（户）	787		882		预期性
	9	#规模以上服务业企业（户）					
	10	#限额以上批零住餐单位（户）	286		322		预期性
	11	#规模以上工业企业（户）					
	12	#资质等级建筑业企业和房地产开发企业(户)	263		307		预期性
	13	常住人口城镇化率（%）					
创新发展	14	规上企业研发经费投入增长（%）		4		6.5	预期性
	15	国家高新技术企业有效数量（家）					
	16	数字经济核心产业增加值占地区生产总值比重（%）	达到市要求		达到市要求		预期性
	17	科技型中小企业（家）	2315		2400		
	18	市级以上企业技术中心（家）	22		29		预期性
开放发展	19	外贸进出口总额（亿元）	30		45.7		
	20	国内省外到位资金（亿元）	110		135（预计）		预期性
	21	到位外资（万美元）	5000		7796		
全域发展 民生改善	22	城镇居民人均可支配收入（元）		6.9		8.8	预期性
	23	农村居民人均可支配收入（元）		8.4		10.4	
	24	城镇新增就业（人）	8800		10796		预期性
	25	城镇登记失业率（%）	4.5 以内		2.79		
全域发展 生态环境	26	单位地区生产总值能源消耗降低（%）	达到市要求		达到市要求		约束性
	27	单位地区生产总值二氧化碳排放降低（%）	达到市要求		达到市要求		
	28	空气质量优良天数比例（%）	达到市要求		达到市要求		约束性
	29	地表水质量达到或好于Ⅲ类水体比例（%）	达到市要求		达到市要求		
	30	单位工业增加值用水量（立方米）	达到市要求		达到市要求		约束性

说明：受 2021 年科技部国家高新技术企业认定政策“企业当年申请的知识产权不得计入高企评分”调整影响，导致涪城区前期已申报的 14 户企业无法认定，绵阳市科技局对涪城区目标任务由 58 户调整为 54 户，完成市下达目标任务

【“十四五”规划】2021年，涪城区推进“十四五”规划编制工作，《绵阳市涪城区国民经济和社会发展第十四个五年规划和二〇三五年远景目标纲要》（以下简称《纲要》）经区第六届人民代表大会第六次会议批准，于2021年4月印发实施。14项“十四五”专项规划有序推进。

《纲要》共九篇三十六章。其中第一篇总结“十三五”时期取得的成就，分析“十四五”面临的发展形势，明确指导思想、基本原则、发展目标和功能分区，第二篇至第九篇确定重点任务及规划实施保障机制，包含建设产业强区、建设科教强区、建设开放强区、建设全域强区、坚持绿色发展、增进民生福祉、统筹发展和安全、强化规划保障实施等内容。《纲要》锚定2035年与全国全省全市同步基本实现社会主义现代化，综合考虑国内外环境，客观研判涪城阶段特征，提出以实施“三千工程”为引领推动经济总量大突破，以建设“四个强区”为主攻方向实现发展质量大提升，到2025年区属经济总量突破1000亿元、建成1000亿元级园区、“四上”企业达到1000户，各项事业高质量发展，西部现代化强区建设取得重大进展。

【产业结构】2021年，涪城区完成工业投资50.7亿元、技改投资27.4亿元，规上工业总产值突破300亿元，增加值增长30%以上。出台《2021年大抓工业经济工作方案》《工业产业园平台企业项目招引管理办法》等政策，新增省市级企业技术中心5家。龙华薄膜认定为国家级专精特新“小巨人”企业，惠科光电成为区属首家百亿级工业企业，富临精工荣获中国机械工业科学技术二等奖。入围中国信息通信研究院中国工业百强区，排名第72位，全省第3位。

实现服务业增加值突破400亿元。出台《推动产业高质量发展政策（试行）》服务业篇“十六条”政策措施，制定《2021年大抓城市经济工作方案》。京东电器城市旗舰店、宜家美·蜗居馆等成功开业，建成皂角铺铁路物流基地、智慧物流数据中心一期等重点项目，振通检测成功登陆新三板，振通智慧交通产业园开工建设。全区金融机构总数达132家，举办银企“鹊桥会”3季，临园路金融集聚区建设加快建设。“绵州记忆”入选第一批国家级夜间文化和旅游消费集聚区。

全区粮食产量达8.77万吨，生猪出栏超10万头。整合资金8200余万元实施农田建设、园区提质升星项目15个。“千鹤桑田”蚕桑文化农业主题公园建成开园，“湖光山色”稻渔亲水湿地农业主题公园“十里荷塘”景观打造基本完成。乡村振兴农业产业化贷款全面开展。新培育市级以上示范新型农业经营主体13家，新增农产品认证11个。

【县域经济发展】2021年，涪城区抓县域经济发展，多项主要经济指标领跑全市。

2021年涪城区构建大抓县域经济发展“1+3+N”工作体系。“1”为出台《涪城区大抓县域经济高质量发展18条措施》，激发全区上下大抓县域经济发展的内生动力；“3”为三个年度方案，以大抓工业经济、大抓城市经济、大抓科技创新为主要着力点；“N”为深化工作推进机制、营商环境优化等N项具体工作，“1+3+N”工作体系的建立和高效运转，成为全区县域经济高质量发展的强大“动力源”。

赛迪顾问发布的2021年中国县域经济百强县百强区榜单中，涪城区排名跨越升级到68位，上升6位，为绵阳市唯一入围的地区，获得省政府表扬奖励。其中省内百强区共10个：成都市锦江区、青羊区、金牛区、武侯区、成华区、龙泉驿区、双流区、郫都区，绵阳市涪城区，宜宾市翠屏区。

2021年11月，市委、市政府对全市5个2020年县域经济发展先进县（市、区）予以通报表扬，涪城区名列榜首，荣获2020年县域经济发展先进县。其中城市主城区和重点开发区2个：涪城区、游仙区；农产品主产区2个：三台县、盐亭县；重点生态功能区1个：北川羌族自治县。

（熊丝语　兰春梅　王　超）

国有经济

【概况】2021年，涪城区国有企业累计融资37.5亿元，到位资金34.25亿元，化解存量债务本息29.25亿元。绵阳富诚投资集团有限公司等3家区属国有独资公司（一级），国有企业资产总额合计182.75亿元，净资产31.81亿元，营业收入9.18亿元。

【行政事业性国有资产年报】2021年，涪城区完成行政事业性国有资产年报，截至2021年12月31日，全区行政事业单位资产总额1216596.92万元，负债162374.35万元，净资产1054222.57万元，其中流动资产180143.84万元，固定资产139658.7万元，在建工程36259.64万元，长期股权投资50万元，无形资产22955.2万元，公共基础设施834191.21万元。

【两项改革“后半篇”文章盘活用好镇村公有资产】2021年，涪城区在对涉改的9个镇（街）公有资产进行分级分类全面清查的基础上，根据资产性质、权属关系、实际需求，采取“五个一批”的方式对全区114宗、总面积5.78万平方米闲置资产进行盘活，盘活率100%。

【优化国有资本布局】截至2021年年底，累计向企业调拨资金13.65亿元，划转82宗、面积36788.7平方米资产产权或使用权。截至2021年年底，区属国有企业（含绵阳富诚投资集团有限公司、绵阳欣诚建设集团有限公司、绵阳汇鑫发展集团有限公司）资产总额合计182.75亿元，国有资本权益总额31.81亿元，营业收入总额9.18亿元。区属国有企业通过银行贷款、发行企业债等方式累计融资37.5亿元，到位资金34.25亿元，化解存量债务本息29.25亿元。

（彭洁莹　王　维）

【绵阳富诚投资集团有限公司】2021年富诚集团通过项目贷款、流动资金贷款、融资租赁及对上争取等方式，融资到位资金25.78亿元，为临港经济发展区建设和区内重大招商引资项目落地提供资金保障。为拓展资本市场融资渠道，全面启动8亿元非公开公司债券发行工作。

2021年富诚集团配合惠科股份推进上市工作，推动惠科股份回购富诚集团10.4128亿元股权事宜。出资1亿元认购绵阳市商业银行股份有限公司2000万股股本。开展“处僵治困”工作，推进3家参股企业退出事宜，优化公司投资结构。协助龙华薄膜公司开展融资工作。另与东方嘉富、嘉荣资本等十余家企业对接，推进投资合作事宜。

2021年完成经营性资产租赁收入1781.18万元，通过滚动竞租、推广“富诚资产管理系统”微信小程序等方式，加大空置资产招租力度，增加租赁收入。加强安全巡查，专项检查600余宗国有经营性资产4次，处置安全隐患4处，确保国有资产安全运营。资产投资方面，完成“一屏统筹”公共资源广告点位摸底及测算工作。完成临园路中段189号老旧小区改造、御营东街9号房地产开发测算及青义镇小桥村万和北侧地块房地产开发前期策划、可研报告编制工作。制定涪城区南片区供水业务整合方案，启动收购泉州供水公司工作。分两期投资建设21万平方米的“联东U谷·绵阳国际企业港”标准厂房项目，全年累计开发客户超过2.2万家，接待客户170余家，意向购买客户17家，拟投资金额约23.7亿元，预计年产值约55.5亿元。

2021年实施工程建设项目25个，投资总额约31.84亿元，其中已完工项目7个、在建项目9个，启动前期工作项目9个。完成中国（绵阳）科技城循环经济产业园排洪渠迁改、乡村振兴社会化服务中心改造等工程建设。完成涪城区Y046新天路玉石桥新建工程、涪城区乡村公共厕所修建等民生工程建设。完成涪城乡村道路安保、“千鹤桑田”蚕桑文化农业主题公园基础设施提升改造（一期）等乡村振兴项目建设。推进中国（绵阳）科技城临港经济发展区高端装备制造产业园标准厂房、科技城集中发展区（涪城区属范围）产业配套用房及周边景观提升建设工程等重点项目进度，启动吴家安置房、涪城区河道治理与岸线生态修复建设项目前期工作。

2021年累计为50户企业及个人提供融资借款担保65笔，担保发生额1.85亿元，收取担保费617.84万元。抓好区属中小学食品配送质量安全工作，督促落实疫情防控各项措施，全年累计完成配送额7146.27万元。开展钢材、水泥、混凝土等建材销售，全年累计完成销售收入2.3亿元。

（丁雅灵　补成逊）

【绵阳汇鑫发展集团有限公司】2021年汇鑫集团全面启动公司改革转型，推动人力资源公司、恒昌物业公司成功市场化运营，实现年产值约1600余万元、年利润约100余万元。聚焦临港经济发展区西片区开发建设，发展西部先进制造业和现代物流业等业务板块，兴建先进制造业主体功能区、食品物流产业园、公铁联运货站配套等经营性项目。实现集团公司由功能型向功能型与竞争型兼容转变。

2021年汇鑫集团取得融资授信12.77亿元，到位资金8.11亿元。其中，以青义镇统规统建安置房项目向农发行申请项目贷款8亿元，到位4亿元。争取到位专项债券资金4.35亿元，一般债券资金4.77亿元。获得奖励、补助资金2630万元。包装临港西区公铁联运货车货站、食品物流产业园等10个项目纳入2022年地方政府专项债券储备项目库。

2021年汇鑫集团共承接基础设施建设项目、环境提升改造项目、产业载体项目共13个，合计投资83.81亿元。建成项目9个，实际完成投资8.455亿元。其中东、西、青义龙门片区三个“EPC+融资”建设项目5条道路实现通车，东西第二干道、科技城大道二期两条城市主干道全线贯

2021 年 11 月，绵阳汇鑫发展集团有限公司 （徐菁苹）

通。金西湖环境提升打造、裕都大道路面绿化改造及路灯升级工程、绵江公路人行天桥等 7 个环境提升及配套设施改造项目完工。硅基智能、科技智谷科普教育展示基地、科技智谷服务中心等装修项目按期投用。食品物流产业园、公铁联运货车货站、新皂老场镇旧城改造项目、两业融合示范园等 20 余个产业园项目、环境整治项目、路网建设项目、安置房项目储备入库。

2021 年 5G 科技园建成 5G 应用创新、AI（人工智能）创新、北斗创新、九华光谷、天仪星谷等产业集聚中心，中国移动成都产业研究院、南京硅基、科大讯飞、北斗产业互联网研究院等一批园区重点产业项目落地。运营管理的 5G 科技园和金家林外滩 1 号楼累计入驻企业 17 户，出租面积达 38595.42 平方米，实现国有经营性资产租赁和广告位租赁收入 680 万元。接收国有资产 8 宗，处置国有资产 1 宗。完成裕都大道银杏树木移栽、路灯维修，普金路 1500 平方米沥青路面维修。完成园区约 52 万平方米道路市政维护、绿化养护、清扫保洁及重大调研活动线路保障工作。

（包海燕　谢世军）

【绵阳欣诚建设集团有限公司】2021 年度，欣诚集团到位资金14.23 亿元。其中，银行贷款 7.46 亿元，债券资金 3.2 亿元，对上争取 3.57 亿元。

2021 年度，欣诚集团承担义务教育、棚改及基础设施建设及其他等 25 个项目的建设工作，总投资约 56 亿元；储备项目 7 个。

2021 年度，欣诚集团经营收入 30929 万元。其中，材料销售 10000 万元、供应链业务收入 12000 万元、课后延时服务业务收入 7300 万元、工程收入 1629 万元。

（李　婷　胡　洁）

民营经济

【概况】2021 年，涪城区新增民营经济市场经济主体 1.29 万户，全区民营经济市场主体达 9.98 万户，实现民营经济增加值 366.58 亿元，增加值增速 7.7%，增加值及增速均位居全市第一；民营经济增加值占全区地区生产总值的 59.9%；完成民间投资 129.29 亿元，占全社会固定投资比重为 52.2%。民营经济一、二、三产业分别完成增加值 2.46 亿元、156.1 亿元、208.02 亿元，同比分别增长 6.3%、6.9%、8.2%。

【发展质量提升】2021 年，涪城区新增省级精专特新企业 9 户，国家专精特新“小巨人”1 户，新增“瞪羚企业”2 户，“瞪羚企业”实现零突破。新增省级企业技术中心 1 个，市级企业技术中心 5 个。新认定科技型中小企业 88 家，国家科技型中小企业评价入库有效数达 178 家，全区有效高新技术企业总数达 53 家。“千鹤桑田”农业主题公园建成开园，惠科光电成为全区首家百亿级工业企业、龙华薄膜典型经验入选全国质量

2021 年 11 月，金西湖环境提升项目 （徐菁苹）

标杆、“绵州记忆”入选国家级夜间文化和旅游消费集聚区。

【绵阳天虹丝绸有限责任公司】绵阳天虹丝绸有限责任公司是省级农业产业化龙头企业，主要从事栽桑养蚕、蚕茧收购、生丝生产等业务。公司下设7个蚕茧收购站以及与之相匹配的4个蚕桑基地乡镇，流转土地建标准化桑园基地800公顷，带动农户2333.33公顷桑园，14个蚕桑重点村社、52个村民小组，联结带动9300户养蚕农户，蚕茧年销售产值过亿元。建设有集群化、组合式蚕棚260座，4000平方米的涪城蚕茧交易中心1座，3000平方米的“千鹤丝语”蚕桑文化体验式展厅1处，吸引各级各部门领导、国内外游客竞相参观、考察。以天虹丝绸为龙头的蚕桑产业成为涪城区农村经济发展的优势产业和主导产业，产业规模全省前列，蚕茧质量全国一流。2021年生产鲜蚕茧1953.2吨，生丝194.5吨，蚕桑总产值达5.1亿元。

公司获得“四川省茧丝绸行业十佳企业”“四川省级优秀重点农业产业化龙头企业”“绵阳市十佳龙头企业”“中国优质茧丝生产基地”“四川省现代蚕桑产业示范园区”等称号，“涪城蚕茧”获国家农产品地理标志登记证书、“名特优新”农产品认证，蚕桑产业是绵阳国家级现代农业科技示范园主导产业，涪城蚕桑入选四川省农业供给侧结构性改革十大案例。涪城区蚕桑现代农业园区获评省四星级农业园区。

自2013年以来，公司顺应现代产业发展理念，成片、规模发展桑园，走省力化、工厂化、农场化的养蚕道路，陆续流转土地，建设标准化桑园。通过连片流转土地等形式，全额投资新建规模化、集约化、标准化桑园800公顷，配套建设标准化养蚕大棚30余万平方米，推广应用省力化设备和技术；通过桑园让利返包，培育家庭农场主500余户，带动养蚕农户近万余户；250名基层技术服务人员上门为养蚕户服务；返包1.33公顷以上的专业大户达300余户。同时公司对返包农户进行管理技术培训，联结服务桑园、蚕棚、技物服务，吸引农村青壮年、大学生、返乡农民工成为生产主力军，涪城区蚕业规模化、集约化效应显现。

天虹蚕桑基地生产的“涪城蚕茧”是国内顶级丝绸企业的优质稀缺原料，公司旗下丰谷制丝缫制的“七彩之虹”超6A级雄蚕生丝成为2014年APEC领导人“新中装”和2016年G20峰会丝绸用（礼）品所用生丝主要原料，S58丰谷制丝在欧洲市场名声响亮，成为LV、香奈儿等国际顶级奢侈品牌的指定原料生产基地，为川蚕丝产品在国际高端市场赢得了至高荣誉。公司利用雄蚕双宫茧开发生产高档蚕丝被，到迪拜、欧洲展销，年销售近万床，成为制丝厂新的利润增长点。

【绵阳宜家美实业有限责任公司】绵阳宜家美实业有限责任公司（简称：宜家美）成立于2004年，是一家集商业地产营运、地产开发、科技服务、酒店运营及投资管理于一体的综合性集团公司。

宜家美作为绵阳家居行业领跑者，多年来凭借雄厚资源、强大的市场号召力，利用先进管理理念和创新商业服务管理模式，现商业运营宜家美国际家居（16万平方米）、宜家美三汇精品装饰城（5万平方米）、宜家美家具城（1.8万平方米）、宜家美蜗居馆(1万平方米）等家居建材商场，经营面积共24万平方米，自持物业达13万平方米。合作伙伴2700余家，员工100余人。

其中宜家美三汇精品装饰城、宜家美蜗居馆、宜家美家具城均位于涪城区花园商圈。花园商圈位于绵阳老城区核心位置，因配套设施陈旧，购物环境落后，商圈经济社会效益逐年衰减。宜家美在花园商圈的三店联动，加强花园商圈的商业竞争力，激发花园商圈的商业潜能，带动商圈经济效益和社会效益的双赢。

获评“四川名牌企业”“绵阳家居行业领军企业”“价格诚信示范单位”“和谐家园贡献奖”“明码标价示范单位”“四川省标准化制度化规范化省级示范市场”“最具行业推动力品牌卖场”“消费者维权工作先进单位”“市级众创空间”等。

【四川绵阳三力股份有限公司】四川绵阳三力股份有限公司，成立于1992年，注册资本1120.6万元，公司占地面积0.106平方千米，建筑面积55000平方米，现有员工600余人，拥有各型生产检测设备1000余台（套），是一家长期从事汽车转向系统及其零部件的研发、生产和销售的大中型企业，产品成熟、服务体系完善，在国内汽车转向系统知名度高。市场份额位居行业前列。

公司申请专利共计39项，授权有效专利39项，其中发明专利7项，实用新型专利32项。公司拥有省级企业中心和国家认可的汽车转向系统试验室，作为省、市“高新技术企业”“科技型中小企业”“重点企业”“小巨人企业”“行业领军企业”，公司所研发的方向盘及转向柱多次获得国家级、省级“新产品”称号。

公司主要产品包括轻量化四向调节转向柱总成、电动助力转向系统(宝马5系)、电动调节转向系统(奔驰E级)、四向调节转向柱总成等在内的数十个高端、智能系列,主要为一汽、广汽、长安铃木、丰田、上汽通用五菱、长城、北汽、东风、吉利汽车、神龙、PSA集团、黄海汽车、红旗、理想、零跑科技、JEEP、英伦国际、STELLANTIS集团等国内外一流整车厂提供OEM配套服务,产品技术质量指标处于国内领先水平。

智能制造方面,公司引进德国、日本、意大利、西班牙、韩国等世界先进的专用机器和检测设备,自动化程度和智能化达到国际水平,精密旋锻工艺、精密挤压工艺和冷挤压成型零部件在国内领先,具备年产机械式汽车转向系统150万辆份、可调节汽车转向系统50万套、电动助力汽车转向系统EPS 20万辆份的生产能力。

(顾　容　廖　伟)

个体私营经济

【概况】2021年,涪城区优化营商环境、激发市场经济活力,按照"能简则简、能并则并、能优则优、能快则快"的原则,为市场主体提供最优质的服务,2021年涪城区个体经营市场主体增至73401户,居绵阳市第一。

【优化政务服务】2021年,涪城区推进个体工商户"三证合一"改革,落实个体登记注册小时工作制,全年办理个体注册登记7848户,增速10.56%。优化食品经营许可条件、简化流程、缩短时限,提升食品经营许可工作便利化水平,新办食品经营许可证2080户。推进个体工商户全程电子化办理,办结率及满意率均达100%。个体户注销实施"一表通办",入市容易退市难问题得到根本破解。

【"双随机、一公开"抽查】2021年,涪城区依法对特殊食品企业、工业产品企业、商标代理、教育咨询机构等市场主体开展"双随机、一公开"抽查,对随机抽查对象做到全程留痕,确保责任可追。全年,针对企业公示信息、商标代理机构、工业产品生产许可证获证企业等事项开展不定向和定向抽查15次,检查市场主体1560户,对36户公司信息隐瞒真实情况弄虚作假、8户经营地址未在原址经营的企业进行列异处理。

【信用监管能力建设】2021年,涪城区累计为社会公众查询取证信用记录累计4476条次,依法对542户经营异常企业、4户严重失信企业、180户吊销未注销企业进行信用修复,保障市场主体公平竞争。强化市场主体经营异常名录及严重违法失信企业名单管理,依托平台实施对失信企业的联合惩戒,980户企业被列入经营异常名录,98户企业被列入严重失信企业,1348户企业被依法清吊处。推动部门企业信息互联共享、协同监管,牵头做好涪城区政府部门涉企信息统一归集公示工作,归集公示涉企信息3797条,其中行政许可信息3501条、行政处罚信息296条。

(黄　鹍　井　波)

招商引资

【概况】2021年,涪城区新签约项目127个,签约金额387.1亿元。其中,引进5亿元及以上项目20个(全年目标11个),签约金额278.4亿元。国内省外到位资金预计135亿元,完成全年目标任务,总量居全市第一。外资实际到位资金7796万美元,总量居全市第一。

参与第九届中国(绵阳)科技城国际科技博览会、华润万象生活九州城市综合体、四川发展与涪城区"1+6"系列重点项目、惠科显示模组生产线项目、九洲战略合作协议、长虹智能控制MCU芯片项目签约仪式等重大活动10余次。参加省、市推介活动6场,对外推介涪城一流营商环境;制作产业分析报告,实施专业化精准招商;立足涪城区资源、产业和营商环境,制作"涪聚三江、城纳四海"投资推介幻灯片,形成涪城区投资推介招商画册。

聚焦新型显示、汽车电子、5G制造等主导产业,以及科技创新产业细分领域和现代服务业,围绕产业链上下游、行业龙头企业、重点企业投资趋势等方面开展产业专题研究开展专业研究分析,《新型显示产业招商引资分析报告》《卫星应用产业招商引资分析报告》为精准招商提供了科学依据。2021年,签约投资50亿元的惠科模组项目、投资50亿元的中南高科项目等重点项目18个;引进创业黑马西部(绵阳)科创基地、中国(绵阳)科技城数字经济创新中心等8家专业招商平台,签约智能制造产业研究中心、北斗星利方智能云平台等科技创新产业项目86个。

2021年,服务涪城区已签约落地项目包括惠科显示模组生产线项目、中南高科·涪城智能电子产业园项目、创业黑马西部(绵阳)科创基地项目、联东U谷·绵阳国际企业港项目、绵阳王府井购物中心项目、中国（绵阳）国际康养产业园项目、富临精工新能源汽车产业研发及转化生产基地项目及长虹科技园（研发总部）基地项目等共 11 个，累计对接企业 100 余次，协调解决问题 53 个，编写报送《重点项目专报》十四期。截至年底兑现项目扶持资金共 8,376.639959 万元。

【惠科显示模组生产线项目正式签约】2021 年 1 月 9 日，绵阳市与惠科股份有限公司签署战略合作协议。根据协议，总投资 50 亿元的惠科显示模组项目落户绵阳市。市委书记刘超出席并见证签约。市委副书记、市长元方，惠科股份有限公司董事长、总裁王智勇致辞。签约仪式上，副市长廖雪梅，惠科股份有限公司副总裁、绵阳惠科光电科技有限公司总经理杭井强代表双方签署战略合作协议。涪城区政府与惠科股份有限公司签署《惠科显示模组生产线项目投资协议》。市政府秘书长柳江，以及有关方面负责人参加。此次签约的绵阳惠科项目总投资 240 亿元。项目建设过程中，创造了 1 小时完成公司注册、39 个工作日取得环评批复、提前 1 个月取得能评批复、提前 23 天完成主体厂房封顶等多项行业纪录，并于 2020 年 4 月建成点亮。此次签约的惠科显示模组生产线项目，是绵阳惠科产业链下游重要配套项目，项目投资大、产出高、效益好、带动强，对引进电脑、手机、PAD 等电子终端等项目有重要作用，为绵阳惠科建成全球最大 IT 面板生产基地奠定基础。

【华润万象生活九洲城市综合体项目落户涪城】2021 年 1 月 15 日，华润万象生活九洲城市综合体项目签约仪式在绵阳举行。市委书记刘超，市委副书记、市长元方，华润万象生活有限公司执行董事、总裁喻霖康，四川九洲投资控股集团有限公司党委书记、董事长夏明，市委副书记刘光强，副市长廖雪梅等出席。该项目总投资 30 亿元，是华润万象生活有限公司在全国省会级城市外的首次进驻。华润万象生活有限公司是中国领先的物业管理及商业运营服务供应商，签约仪式上，涪城区与九洲千城置业有限责任公司、华润万象商业（深圳）有限公司成都分公司签署《华润万象生活九洲城市综合体项目投资合作协议》，与四川九洲投资控股集团有限公司签署战略合作协议。

【经合工作机构改革】2021 年，涪城区经合局按照区委、区政府关于全区经济合作工作“一体化”“全程化”的战略布局，于 2021 年 2 月，启动并完成全区经济合作系统机构改革，将原金家林总部经济试验区投资促进中心整合到区经合局统一管理，调整 8 个内设股室分工，形成“1+2+8”的全区经济合作工作新体系。在全市率先推动职能职责向项目落地服务延伸，彻底解决“散乱内卷、主业不清、撒手不管”三大问题，深化一名区级领导、一个责任部门、一名项目专员“三个一”联系服务机制，坚持“一项目一专班”工作制度，实行“定企、定人、定点”服务，从项目公司成立、证照办理、生活服务、政策兑现等方面为企业提供全方位、全流程“保姆式服务”，专班保障中南高科、惠科模组项目实现当年签约、当年开工，康宁玻璃基板实现当年开工、当年投产。全年累计兑现各类项目扶持资金近 2.93 亿元。

【招商专业人才引进】2021 年涪城区针对全区经合队伍存在的专业招商人员培养困难、管理体制单一、专业知识储备不足等短板，打破全区普通聘用人员固有体制，4 月面向社会公开招聘高学历、高素质招商专员 6 名，出台《招商专员管理办法》，打破全区普通临聘人员招引限制、待遇限制、成长限制，制定“日常培训、专业培训、学历教育”三条培养路线和“进体制、到企业、当领导”三条成长路线，全局实际力量由 2020 年同期的 12 人增加到 29 人，平均年龄由 2020 年的 39.8 岁下降到 33.2 岁，聘用的招商专员朝气蓬勃，业务稔熟。

2021 年 1 月 15 日，四川绵阳华润万象生活九洲城市综合体项目签约仪式

（涪城区融媒体中心）

2021 年 6 月 22 日，四川绵阳，长虹科技园（研发总部）基地项目签约仪式

（王敬尧）

【长虹科技园（研发总部）基地项目签约】2021 年 6 月 22 日，长虹科技园（研发总部）基地项目签约仪式举行。四川长虹电子控股集团有限公司党委书记、董事长赵勇，区委书记邓辉出席签约仪式并致辞。长虹电子控股公司党委副书记谭明献、副总经理胡嘉出席。长虹电子控股公司副总经理杨军出席并代表长虹电子控股公司签约，区委副书记、区长张虚怀主持签约仪式并代表区政府签约。长虹电子控股公司副总经理潘晓勇，区政协主席杜正茂，区委副书记魏有良出席并见证签约。长虹科技园（研发总部）基地项目是长虹迈入新的发展阶段，优化产业布局、承载着未来转型升级发展希望的重大战略项目;也是涪城在新的历史时期，深入实施“三千工程”、加快建设“四个强区”的重要支撑。

【绵阳·中关村信息谷创新中心招引项目集中签约】2021 年 9 月 17 日，绵阳·中关村信息谷创新中心招引项目集中签约仪式举行。市委常委、常务副市长、科技城新区党工委书记梁磊出席。绵阳中关村信息谷科技服务公司分别与中国银河证券四川分公司、四川中金税税务师事务所绵阳分公司等 4 家金融服务机构签约，打造科技金融服务平台、财税综合服务平台、企业咨询服务平台、法律服务平台。

【四川发展（控股）有限责任公司“1+6”系列重点项目集中签约】2021 年 8 月 27 日，涪城区与四川发展（控股）有限责任公司“1+6”系列重点项目集中签约。市委书记罗增斌，四川发展（控股）有限责任公司党委书记、董事长李文清出席。四川发展与涪城区“1+6”系列重点项目合作内容包括科技创新、联合招商、产业投资、产业园区、产城融合、基础设施及其他领域七大板块内容，总投资 321.7 亿元。

【涪城区科技创新产业项目集中签约】2021 年 9 月 26 日，涪城区科技创新产业项目集中签约仪式在绵阳·中关村信息谷创新中心举行。市委副书记王华蓉，副市长刘海昌，四川长虹电子控股集团有限公司副总经理杨军，涪城区委书记邓辉出席，科技城新区党工委副书记、管委会主任申泽，绵阳市委军民融合办常务副主任李建国，市经济合作局副局长邓安，市科技局副局长熊仪江等出席。集中签约项目涵盖集成电路、人工智能、科技服务等领域。

涪城区委副书记、区长张虚怀代表涪城区政府分别与四川长虹电子控股集团有限公司、四川传化智联科技有限公司、合肥讯飞数码科技有限公司签署合作协议。绵阳中

2021 年 9 月 17 日，四川绵阳，绵阳·中关村信息谷创新中心招引项目集中签约仪式

（王敬尧）

科钛领科技有限公司分别与四川临维科技有限公司、四川元达航通科技有限公司、深圳市智博信科技有限公司签署项目合作协议。绵阳黑马创启科技有限公司分别与绵阳九恒医疗器械有限公司、四川新智慧网络信息科技有限公司、绵阳童超信息技术有限公司签署项目合作协议。绵阳硅基智能科技有限公司与四川和兴家园科技公司；绵阳摩米创新工场科技有限公司与四川大河云联科技有限公司；四川省军民融合研究院与绵阳涵睿科技有限公司；绵阳天权时空互联科技有限公司与四川进亿北斗利方智能科技有限公司签署项目合作协议。

此次集中签约项目55个，主要包括长虹智能控制MCU芯片、传化智联特种物流总部基地、合肥讯飞数码军民协同西南总部等重点项目4个，中科（绵阳）创新园、创业黑马西部科创基地等平台招引入驻的5G、人工智能、科技服务等领域科技创新企业51个。

2021年8月27日，四川绵阳，四川发展（控股）有限责任公司“1+6”系列重点项目集中签约　（张　军）

2021年绵阳市涪城区招商引资签约项目台账统计表

表14

序号	项目名称	项目内容	签约方（甲方）	签约金额（亿元）	产业类别	产业方向	报送时间	是否履约	签约乙方	备注
1	苏州厚扬（涪城）新能源汽车产业研发及转化生产基地项目	富临精工拟在绵阳市涪城区设立全资子公司，总投资5亿元，新建泵壳项目、七合一电驱动部件项目，对电磁阀、电子水泵、减速器等项目进行产业化生产扩能	苏州厚扬启航投资中心（有限合伙）、北京新华联产业投资有限公司、富临精工机械股份有限公司	5	二产业	先进制造业	1月	是	涪城区	
2	深圳惠科显示模组（绵阳）生产线项目	惠科股份有限公司拟总投资50亿元，用地面积近33.33万平方米，建设惠科显示模组生产线项目。项目厂房面积近40万平方米，建设50条以上全自动化液晶面板后端加工生产线	深圳惠科股份有限公司	50	二产业	电子信息	1月	是	涪城区	
3	华润万象生活九洲城市综合体项目	九洲跃进路16号A地块商业综合体项目总建筑面积15.8万平方米。建成开业时总投资近24.6亿元，其中九洲投资建设开发近15亿元，华润商业及招商企业投资近9.6亿元。预计开业后年营业额近20亿元	华润万象商业有限公司成都分公司、九洲千城置业有限公司	30	三产业	商贸流通	1月	是	涪城区	

续表 14

序号	项目名称	项目内容	签约方（甲方）	签约金额（亿元）	产业类别	产业方向	报送时间	是否履约	签约乙方	备注
4	四川贝克哈德（绵阳）核技术应用中心项目	为核安全与和环保产业提供工程、工艺、工装、产品、科研、技术咨询及放射性物品运输等全方位立体化服务。为核电、核工业、军方及核技术应用行业提供技术支持与服务，具体包括先进的环保工艺（自主产权）、核化工工艺设备（自主产权）、核安全保障设备（自主产权）及自动与智能化设备（合作开发）等，提升行业智能核安全与保障，产品技术或填补国际/国内核行业空白，或处于国际/国内核行业领先地位，符合行业“废物最小化原则”，大大降低放射性废物处理与处置费用	四川贝克哈德科技有限公司	0.3	三产业	核技术应用	3月	是	涪城区	
5	四川联医通（绵阳）智慧医疗项目	四川联医通科技有限公司作为医疗物联网解决方案供应商，是一家集科研、生产、服务于一体的高新技术企业。聚焦医疗健康行业，以物联网开放平台为核心，为医疗健康各场景提供从终端到应用的物联网产品及服务	四川联医通科技有限公司	0.5	三产业	新一代信息技术	3月	是	涪城区	
6	浙江蓝城（绵阳）国际康养产业园项目	该项目规划总用地面积近 4.05 平方千米，其中规划建设用地面积近 1.06 平方千米。拟打造生态为底、文化为魂、科技引领、功能复合的国际康养小镇。通过构建涪乐田园、文化旅游、国际康养、小镇生活四大体系，将项目打造成四川田园综合体的标杆、西南特色小镇的典范、国家乡村振兴战略的示范	蓝城桃李春风建设集团有限公司、绵阳市普华田园综合体开发有限责任公司	70	三产业	健康养老	3月	是	涪城区	
7	上海创业黑马西部（绵阳）科创基地	项目共分为二期，一期依托科大广场产业园区运营，总体面积近 10000 平方米，计划投资 1 亿元；二期建设黑马科创产业园，计划投资 10 亿元。建设内容包括：黑马科创服务展示区、黑马绵阳·科创实验室、创新产业总部集群、环西科大创客中心、成立产业基金和黑马科创产业园	创业黑马科技集团股份有限公司	11	三产业	科技服务	4月	是	涪城区	
8	上海中南高科（绵阳）产业园项目	中南高科拟选址建设中南高科产业园项目，包括产业园区的建设、项目招引和运营发展等工作。拟推荐地块为临港经济发展区科伦医贸附近近 0.1 平方千米地块	上海中南高科产业集团	50	二产业	先进制造业	4月	是	涪城区	
9	北京王府井（涪城）商业综合体项目	该项目拟投资 15 亿元，建设 9 万平方米商业综合体，项目位于南河路	北京王府井集团股份有限公司	15	三产业	服务业	5月	是	涪城区	
10	成都朗升（涪城）商业综合体项目	该项目拟投资 14.7 亿元在科技智谷建设 22 万平方米的商业综合体	成都市朗升房地产开发有限公司	14.7	三产业	服务业	5月	是	涪城区	
11	四川宜宾（绵阳）树高商业综合体项目	该项目拟投资 14 亿元在绵安路以南、九洲大道以西建设 21 万平方米的商业综合体	四川宜宾树高房地产开发有限公司	14	三产业	服务业	5月	是	涪城区	

续表 14

序号	项目名称	项目内容	签约方（甲方）	签约金额（亿元）	产业类别	产业方向	报送时间	是否履约	签约乙方	备注
12	四川航遥（绵阳）遥感数据生产研发中心项目	项目介绍：该项目拟建设数据应用公共服务中心和遥感大数据公共实验室及研发平台，依托国家遥感中心绵阳科技城分部，以“西南科技大学地理信息系统与遥感应用科研团队”为主体，进行遥感数据生产与研发	四川航遥智测科技有限公司	0.05	三产业	科技服务	6月	是	涪城区	
13	四川长虹科技园（研发总部）基地项目	企业拟在科技城集中发展区科技智谷A区投资建设集研发园区、行政办公、形象展厅等为一体的集团新总部基地	上海客商、四川长虹电器股份有限公司	11	三产业	总部经济	7月	是	涪城区	
14	深圳智博信科技（绵阳）医疗设备项目	公司联合开发了多种医疗智能产品（智能医疗耗材管理设备、医疗转运机器人、医疗信息化、智慧护理等产品）并提供端到端的整体解决方	深圳智博信科技有限公司	0.2	三产业	科技服务	7月	是	涪城区	
15	四川磊鼎优正网络（绵阳）智慧教育项目	公司始终坚持核心技术自主研发和创新，以大数据为基础，围绕教、学、考、评、管、培全业务流程，利用互联网高效整合区域及校园各级各类应用系统、重构业务流程、打造系统性变革，实现基础数据互联互通、推动区域教育教学模式的创新发展	四川磊鼎优正网络科技有限公司	0.2	三产业	科技服务	7月	是	涪城区	
16	深圳深富安（绵阳）长虹智能控制MCU芯片项目	项目的核心是芯片设计、算法和软件研发，定位为智控产业集成电路（半导体规划、设计）和系统集成企业（算法、软件高科技企业），其核心业务范围为：智能控制集成电路的规划、研发；集成电路芯片及产品销售；各类智能控制器、变频控制器、电器零部件研发、销售；电机及其控制系统研发；智能控制系统集成；电力电子元器件销售；软件开发；软件销售；信息技术咨询服务；智能控制、变频控制相关的电子元器件、产品、技术和系统方案的进出口及销售。公司规划未来五年内实现销售规模达到10亿元及以上	四川长虹电子控股集团有限公司	5	二产业	电子信息	9月	是	涪城区	
17	深圳特发信息（涪城）华拓信息港项目	项目预计总投资近5亿元。企业在科技城新区涪城片区科技智谷A区金家林东街2号新建项目载体共计近64000平方米，建设5G、电子信息等现代产业园区。其中：标准厂房近15800平方米、研发生产办公用房近43400平方米，配套综合楼约4800平方米	四川华拓光通信股份有限公司	5	二产业	5G制造	9月	是	涪城区	
18	上海驰商（涪城）普华田园综合体项目	该拟投资28亿元，围绕投资70亿元，规划总用地面积近4.05平方千米，其中规划建设用地面积近1.06平方千米在蓝城国际康养产业园项目，针对康养产业园项目因土地成本、环境打造成本等原因，进行再投资	蓝城桃李春风建设集团有限公司、绵阳市普华田园综合体开发有限责任公司	28	三产业	健康养老	12月	是	涪城区	新增

续表 14

序号	项目名称	项 目 内 容	签约方（甲方）	签约金额（亿元）	产业类别	产业方向	报送时间	是否履约	签约乙方	备注
19	深圳润悦（涪城）木棉花酒店项目	该项目位于涪城区工区街道，将建设成为拥有全日制餐厅、酒吧、高级商务会餐厅的星级酒店	绵阳市畅泰实业有限公司、深圳市润悦酒店管理有限公司	5	三产业	酒店业	12月	是	涪城区	新增
20	成都东长睿（涪城）东原启城商业综合体项目	该项目拟在绵阳市涪城区青义镇投资5亿元建设商业综合体项目，该项目分为两期建设，建设面积11.2万平方米	绵阳创图商贸有限公司、成都东长睿置业有限公司	5	三产业	服务业	12月	是	涪城区	新增
21	深圳惠科（绵阳）第8.6代薄膜晶体管液晶显示器件160K技改扩建项目	前期第8.6代薄膜晶体管液晶显示器件项目已建成，为适应订单需求，在原项目基础上建设第8.6代薄膜晶体管液晶显示器件160K技改扩建项目	深圳惠科股份有限公司	15	二产业	新型显示	12月	是	涪城区	新增
22	上海客商（涪城）中央华府商业综合体项目	该项目拟在绵阳市涪城区工区街道剑南市场旁投资9.7亿元建设商业综合体项目，分两期建设，一期投资3.2亿元，主要建设商业及相应的配套设施等	华青投资有限公司	9.7	三产业	服务业	12月	是	涪城区	新增
23	成都创鸿（涪城）原香国际香草园二期项目	该项目拟投资5亿元，目前“原香国际香草园”项目产业形态落后，配套设施陈旧，已无法满足该区域产业发展规划的需求，为加快项目升级，提升区域发展形象，在原香国际香草园基础上进行提升改造	成都创鸿商流科技公司	5	二产业	农业旅游	12月	是	涪城区	新增
24	山西辰兴（涪城）长兴金湖庭院商业综合体项目	该项目拟在科技城新区金家林总部经济试验区投资20亿元建设酒店、商业等“一站式”的商业中心项目，建设面积28.5万平方米，建设时间为3年	辰兴房地产发展有限公司	20	三产业	服务业	12月	是	涪城区	新增
25	川发展（涪城）产业发展股权投资基金项目	根据绵阳市涪城区的整体产业定位和区域发展重点，基金重点投向以新型显示、汽车电子、5G制造为支柱和数字经济为引领的先进制造业；以商业贸易为支撑的科技服务、现代物流、现代金融、电子商务、文化创意、旅游康养现代服务业；以都市休闲农业为方向，以精品蚕桑、优质蔬菜为主导产业和现代农业种业、装备、烘干冷链物流为支撑的现代农业以及其他科技创新类优质产业、优质项目	四川发展产业引导股权投资基金管理有限责任公司	10	三产业	金融	8月	是	涪城区	新增

说明：涪城区报市局1—12月签约项目25个，签约金额是379.65亿元，其中5亿元及以上项目20个，金额378.4亿元

2021 年科技城新区涪城片区签约项目情况表

表 15

序号	承载地	招引平台	项目名称	产业方向	项目内容	投资方	签约金额（亿元）
1	青义镇碧玉明珠宸酒店		中国（绵阳）科技城数字经济创新中心	科技服务	项目计划投资 1 亿元，依托碧玉明珠宸酒店式公寓楼近 7205 平方米为载体，项目围绕大数据、云计算、物联网、人工智能、5G、卫星遥感等数字经济核心领域，构建以西南科技大学院士工作站、四川省科技协同创新平台绵阳中心、国家遥感中心绵阳科技城分部、四川省自主可控人工智能工程技术研究中心、高分中心绵阳分中心、西南科大-华为 ICT 学院等“六大平台”为基础的数字经济创新中心	绵阳西南科技大学国家大学科技园有限公司	1
2			长虹保密项目	科技服务	无	四川长虹电子控股集团有限公司	
3	创业黑马西部（绵阳）科创基地	创业黑马	医疗设备研发、销售	医疗卫生	公司主要从事医疗卫生产业及相关领域的投资、医院专科建设，专科技术人才引进、经营管理、医疗设备和耗材的销售。致力于投身崇高的人类健康事业，以尊重人的生命价值为己任，以可量化的规范服务和高品质医疗质量为准则，服务于全市人民	绵阳东顺医院管理有限公司	
4			研发、生产智能咖啡机	研发、生产智能咖啡机	咖啡猎人从原材料到加工程序全面保障了咖啡的品质，最多人，并且在投放的省都有设立售后维修团队，效率能达到目前，咖啡猎人自助咖啡机已入住机场、火车站、医院、的市场试点和论证后，咖啡猎人开始着重于打造自己的研发多样化冷热均能做，满足一年四季销售，在投入市场后深受集团等进行合作	四川莱咖科技有限公司	
5			平台研发及推广销售	平台研发及推广销售	四川绵阳西客电商服务有限责任公司,2021 年 4 月 28 日成立，经营范围包括许可项目：一般项目：技术服务、技术开发、技术咨询、技术交流、技术转让、技术推广；软件开发；市场营销策划；会议及展览服务；品牌管理	四川绵阳西客电商服务有限公司	
6			平台研发及服务	电子信息	技术开发、技术咨询、技术交流、技术转让、技术推广；信息技术咨询服务	绵阳童超信息技术有限公司	
7			网络与信息安全软件开发	电子信息	网络与信息安全软件开发；数据处理服务；数据处理和存储支持服务	四川新智慧网络信息科技有限公司	
8			数字文化创意软件开发	电子信息	人工智能应用软件开发；人工智能基础软件开发；网络与信息安全软件开发；技术服务、技术开发、技术咨询、技术交流、技术转让、技术推广；计算机软硬件及辅助设备零售；会议及展览服务	绵阳讯宏科技有限公司	
9			电子信息及信息技术处理	电子信息	电子信息及信息技术处理、系统集成、通信技术的开发、转让、咨询服务；策划创意服务	四川慧多分科技有限公司	

续表 15

序号	承载地	招引平台	项目名称	产业方向	项目内容	投资方	签约金额（亿元）
10	创业黑马西部（绵阳）科创基地	创业黑马	电子信息及信息技术处理	电子信息	计算机软硬件及网络技术、电子信息及信息技术处理、系统集成、通信技术的开发	四川春台信息科技有限公司	
11			动车设备研发、生产、销售	动车设备研发、生产、销售	工业设计、机械设计、机电一体化、机械自动化生产线、机器人及附属产品、机械设备、轨道交通设备、仪器，集成智能控制系统及设备、仪器的研发、销售及技术服务；通信设备（不含大功率发射装置）、电子元器件、机电产品、电子产品、安防产品的销售；安防工程、网络工程、通信工程、电力工程的设计、施工；铁路轨道车、作业车、机车、铁路机车安全设备、铁路工程工具的维护维修、改造及相关设备加工，定作、制作、安装	四川得森特科技有限公司	
12			机械产品的制造、铸造、加工、生产、销售	机械产品的制造、铸造、加工、生产、销售	机械产品的制造、铸造、加工、生产、销售；免烧砖、瓦的生产、销售；废旧物资的收购、加工、销售；钢材（限专业市场内）的销售；铸造材料、覆膜砂生产、销售；国家允许的进出口贸易	四川盛强机械制造有限公司	
13			软硬件技术开发（网站、APP开发）	电子信息	互联网信息服务；出版物零售；出版物互联网销售。一般项目：工业互联网数据服务；技术服务、技术开发、技术咨询、技术交流、技术转让、技术推广；软件开发；互联网销售（除销售需要许可的商品）；数字文化创意软件开发；物联网设备销售	四川时代欢途文化传播有限公司	
14			实验室仪器研发、生产、销售	新材料		四川菲纳理科技有限公司	
15			游戏软件开发及推广	电子信息		绵阳神东网络科技有限公司	
16			燃气安全托管	现代服务业		四川泽强燃安科技有限公司	
17			网络技术研发	数字经济		绵阳途游网络科技有限公司	
18			新材料	新材料	西南运营中心	四川建腾鸿途环保科技有限公司	
19			平台开发	平台开发	全国总部基地	四川国新商服电子商务有限公司	
20			短视屏运营	人工智能视频创作	西南运营中心	深圳大头兄弟科技有限公司	

续表 15

序号	承载地	招引平台	项目名称	产业方向	项目内容	投资方	签约金额（亿元）
21	创业黑马西部(绵阳)科创基地	创业黑马	节能环保	环保科技	做中信集团下面的智能充电桩业务	四川西则领科技有限公司	
22			生物医疗	现代农业	农业技术研发、生产、销售	四川蓝天禹森农业有限公司	
23			节能环保	环保科技	再生资源回收利用	四川佰信环保科技有限公司	
24			现代服务	现代服务	非事故救援、智能开发车险识别等	四川骏澜汽车服务有限公司	
25	5G科技园	浙大生态研究院	数字渠道创新中心	数字经济	数字化运营平台，现代服务业数字化改造	陈塘关科技（重庆）有限公司	0.1
26			废水资源化利用	智慧环保	生化废水处理、电解锰渣资源化利用	四川飞楼环保科技有限公司	0.1
27			乡村振兴创新中心	乡村振兴农业	乡村振兴顶层设计、策划、运营、数字农业	四川傲百城文化传媒有限公司	0.05
28			数字园区打造	数字经济	通过软件与智能办公硬件组合，实现智慧办公、园区智慧运营、园区智慧配套服务和园区智慧社交，并最终做到园区上云，企业上云，资产可视化，业务线上化，会员社群化，服务平台化，空间智能化	绵阳飞天云科技有限公司	0.01
29			医共体智慧医疗	智慧医疗	构建会诊中心、远程影像采集工作站、PACS系统（影像存储），实现医疗机构的影像设备互联互通，以硬件设备+软件系统结合打造智慧医共体	四川鑫隆科技有限公司	0.01
30		硅基智能	四川九牧念合科技有限公司	新一代信息技术	四川九牧念和科技有限公司是基于社会公共安全为核心应用的视频物联网解决方案整体提供商，深度利用视频融合技术和AI（人工智能）前端应用技术为社会治安和平安城市服务的科技创新型企业。业务涉及“公检法、金融、交通、楼宇”等行业，致力在智能化变革浪潮中给公共安全领域的发展肯变革带来全新的力量	四川九牧念合科技有限公司	0.01
31			邦晨科技有限公司	互联网自媒体	公司主要短视频拍摄制作发布；游戏设计制作；动漫及衍生产品设计服务；数字动漫制作；信息系统设计服务；产品设备安装服务；销售计算机耗材；销售通讯设备；销售电子产品；会议、展览及相关服务；摄影服务；电信业务经营；移动电信服务	绵阳市邦晨科技有限公司	0.02
32			绵阳万物尚品科技有限公司	新一代信息技术	公司依托硅基智能AI（人工智能）数字技术研究院的强大研发的能力，成为其唯一民用领域应用的服务商，平台催生各方能动：开发商的经纪人；物业方的代理人；供应商的合伙人；解放重复性劳动力	绵阳万物尚品科技有限公司	0.01

续表 15

序号	承载地	招引平台	项目名称	产业方向	项目内容	投资方	签约金额（亿元）
33	5G 科技园	硅基智能	绵阳皓胜咨询有限公司	新一代信息技术	绵阳皓胜法律咨询有限公司是基于社会公共安全为核心，应用开发 APP、软件等为客户提供线上线下法律普及及法律援助工作，公司还涉及交通、医疗、金融、建筑等行业，致力于在智能变化的改革浪潮中为公共安全领域的发展带来新的力量	绵阳皓胜咨询有限公司	0.01
34			四川和兴家园科技有限公司	打造精装智慧节能楼宇、社区	一是赋能房地产开发商，植入智能智控、智能安防、智能客服，打造精装智慧节能楼宇，提供统规精装、定制精装和拎包入住等个性化服务；二是赋能物业管理和城市社区，实现物联网、人工智能、虚拟数字人、机器人等运用场景的落地，提供打造智慧社区的综合解决方案；三是赋能金融保险、文化旅游、教育培训、政务服务等行业，以数字虚拟人、机器人为载体，提供公众服务的智慧解决方案	和兴房宝数智平台	0.01
35			智慧城市、医疗、教育、园区；智慧展览、数字经济等项目建设运营	新一代信息技术	智慧校园建设：推进教育信息化建设，建设教育大数据云中心、多媒体远程教学设备、云课堂及云办公、校园网络改造、校园安全建设等内容； 智慧医疗建设：建立远程医疗服务网络，逐步实现远程门诊初诊、复诊模式及远程影像诊断、远程心电诊断、远程临床会诊等模式，促进医疗资源纵向流动和合理分布，增强基层医疗服务能力； 智慧园区建设：基于物联网、云计算等新一代信息技术，使得园区各类要素互通与协同，形成技术集成、综合应用、高端发展的现代化、网络化、信息化园区；建设更加有深度的集数字化、网络化、智能化于一体的生态、高效、和谐与幸福的园区	四川中久和讯科技有限公司	
36			面对智慧医院的智能输液监控系统项目	智慧医疗服务	智能输液监控系统：通过智慧医院的智能化和信息化一体设计、分布实施的方式，强化医院在建设过程中的总体协调，为医院建设管理过程中各个子系统的对接工作量，节省实施时间和总成本，促进医院整体管理水平的提升，提高医院的投资收益	四川蓝色港湾科技有限公司	
37			数字经营时代	新一代信息技术	为商户提供智慧经营系统：实现数字化门店管理、员工管理、会员管理、会员营销等，同时实现智能化点餐、外卖、场地预定、支付、发票开具等。 为商户提供智慧数据分析系统：利用经营数据查找问题，实时调整改善自身经营模式	绵阳汇克利科技有限公司	
38			远距离警示和拒止系统	新一代信息技术	主要通过雷达探测、远程强声、高能激光、图像识别等技术集成，能够有效侦测和防范非法入侵人员、船只、车辆、无人机、飞艇等对机场、军事基地、禁飞区、边防哨所等敏感地区的干扰、侦察与破坏并给出报警,远距离识别、判断、警示、拒止不明身份和非法意图的相关人员，同时警示、提醒相关部门和人员及时处置	四川卫士激光有限公司	

续表 15

序号	承载地	招引平台	项目名称	产业方向	项目内容	投资方	签约金额（亿元）
39	卫星科技园	北斗互联网研究院（天权时空）	搭建北斗电商交易平台	科技服务	立足于北斗 B2B 商城智能系统，搭建北斗电商交易智能平台，以企业智能安全管理为己任，给用户提供全方位云平台服务。公司产品涉及交通、政务、服务大厅等领域	绵阳月弧网络科技有限公司	
40			北斗应用服务	科技服务	计算机科技、信息技术、网络科技领域内的技术开发、技术咨询、技术服务、技术转让，通信设备、计算机、软件及辅助设备的销售	四川中科智与科技有限公司	
41			无人机、无人船研发	科技服务	面向巡检、搜救、靶机等领域，提供基于“无人飞行器、无人船”等多种运动平台的深度定制化解决方案	绵阳优思智能装备有限公司	
42			5G＋北斗应用集成配套	科技服务	软件开发、通信工程勘察设计、消防工程设计、通信设备工程施工、5G、智能化安装工程服务、北斗应用集成配套、信息系统集成服务	四川和署缘科技有限公司	
43			北斗星利方智能云平台	科技服务	立足于北斗定位智能科技系统，搭建北斗星利方智能云平台，以企业智能安全管理为己任，给用户提供全方位云平台服务。公司产品涉及交通、政务、服务大厅等领域	四川进亿北斗利方智能科技有限公司	
44			软件开发和无线设备制造研发中心	科技服务	与四川中砺雷行文化创意发展有限公司（成都分公司）联合开发软件，无线设备发射机研发与制造。公司产品涉及医院、文化广播电视和旅游局、融媒体中心等领域	四川中恒砺峰文化科技有限公司	
45			搭建北斗与5G通信领域市场渠道发展	科技服务	与联通、中科两大国企合作 5G 通信领域业务的市场开发、搭建线上交易电商平台，利用软件智能化服务，拓展线下社区连锁新模式	四川掌沃通信息科技集团有限公司	
46			北斗智慧桥梁监测系统	科技服务	北斗桥梁形变监测预警系统，根据桥梁实际情况结合高精度北斗形变监测技术、计算机技术，网络、物联网通信技术实现对桥梁沉降、位移、倾斜、挠度等变形的自动化在线监测预警，一旦变形量指标超标，监控中心声光报警，同时短信通知给相关负责人桥梁形变危险状况，提前做相应处理，避免大桥灾难性事故的发生，指导预防式维修管理	四川国励智能科技有限公司	
47			北斗 3 代智能无人控制系统	科技服务	智能化、无人化是未来先进技术发展的热门方向，也是富国强军的重要途径，将对人民生产生活方式、生活水平产生深远的影响和本质的变革。本项目在充分利用我国北斗三号在定位、授时、短报文方面的技术优势，依托项目团同介队十余年从事无人控制系统研发的技术积累，面向军 民两用应用场景和发展需求，在较短时间研发高性能、低成本的智能无人控制系统，以北斗、5G、智能化为抓手，为无人车、无人船、无人机提供核心控制组件、设备与系统解决方案	四川云图极创智能科技有限公司	

续表 15

序号	承载地	招引平台	项目名称	产业方向	项目内容	投资方	签约金额（亿元）
48	卫星科技园	北斗互联网研究院（天权时空）	两客一危平台	科技服务	主动安全报警及预警，预览车辆定位、实时视频、视频回放、轨迹回放、报警信息推送、以及报警信息分析，微信小程序、微信公众号报警推送	四川道溟科技有限公司	
49			北斗可视化调度平台	科技服务	兼容北斗用户机接口协议数据功能兼容交通部 JT/808 协议针对无公网信号覆盖区域人员和设备的位置、安全及作业状态信息的采集管理，是北斗等常规技术应用无法完全满足的需求	四川码—时代科技有限公司	
50	中科院科技园	（绵阳）创新园（中科钛领）	智能制造产业研究中心	智能制造	天都科技有限公司在成都设立生产基地、绵阳设立研发及展示中心，公司 2019 年与联想合作开发人机交互智能终端设备制造与系统设计的一家高科技公司，公司产品涉及税务、社保、银行、服务大厅、商场等领域	绵阳天都科技有限公司	0.5
51			仿真平台+三维 CG	新一代信息技术	公司专注于以“三维 CG 图像”为核心的数字媒体技术手段的发掘，致力于“三维 CG 数字视觉仿真技术研究与应用”、“多领域仿真模拟技术与应用”、“大型机械设备运行原理仿真，用于培训及产品电子样本演示”、“生产线流程仿真，用于技能培训教学和生产线模拟监控”	四川临维科技有限公司	0.02
52			低空无人机管制解决方案	新一代信息技术	公司目前致力于反无人机预警探测拦截反制系统，数据采集、传输、信号处理等产品的研发和制造，以高新技术服务于公共安全与区域经济发展需求。经过多年行业的沉淀，公司能够提供防爆无线电射频干扰设备、无源探测侦测设备、无人机防御系统、GPS 诱骗系统及低空安全防护系统等完善的低空安全保障体系	四川元达航通科技有限公司	0.06
53			机载北斗导航终端设备及航空北斗飞行动态信息服务平台”项目联合实验室	北斗应用	由中国民航飞行学院绵阳分院、北京航空航天大学电子信息工程学院与四川今朝智谷科技有限公司共同组建成立的生产制造型科技企业，旨在机载北斗导航终端设备及北斗飞行动态信息服务平台的开发研制、实验验证、科技攻关、科学研究、生产推广等方面进行强强联合，共同推进北斗系统应用	四川今朝宇航科技有限公司	0.1
54			新形态吸波材料研发实验室	新材料	四川厚德航通联合南京大学新材料学院共同开发基于超临界发泡工艺的研发技术应用于飞机及高频设备	四川厚德航通科技有限公司	0.08
55			中科企业加速服务平台	现代服务业	成都企业之家是一家以创业更简单为宗旨的“一站式”服务平台、公司落地于成都，已服务了近万家中小企业；在成都企业之家成立初期，企业之家董事长李首龙表示，势必以最专业的态度要求自己，实实在在地为客户解决企业方面相关问题，实现“让创业更简单，让企业服务互联网化；让财税服务智能化”的企业目标	成都企业之家企业服务集团有限公司	0.02

续表 15

序号	承载地	招引平台	项目名称	产业方向	项目内容	投资方	签约金额（亿元）
56	中科院科技园	（绵阳）创新园（中科钛领）	石墨烯应用研究	新材料	2020年，恒安集团成立佛山市南建生物科技有限公司联合佛山大学开发石墨烯在酒店及日常生活用品的研究以及与澳门政府合作开展社区小型垃圾焚烧项目的研究	香港恒安集团	0.8
57			分子筛膜及分离设备、气体净化设备与工程	节能环保	成都中科凯特科技有限公司（简称中科凯特）是根据中国科学院成都有机化学有限公司战略规划，以原从事分子筛膜、工业催化剂和清洁催化反应过程研究与开发的技术团队公司具有高级职称科技人员6人，其中研究员3人，博士生导师2人，员工中具有博士学位和硕士学位科技人员达8名，中国科学院“西部之光”人才5人，目前与绵阳园区在环保工程及仪器检测方面进行合作落地	成都中科凯特科技有限公司	0.05
58			医疗设备信息化	新一代信息技术	四川仁甫医疗，是一家从事医疗设备信息化和物联化的公司，主要产品无创呼吸机	四川仁甫医疗科技有限公司	0.1
59			核环保自动化设备研发中心	先进制造	公司主要为核环保装置研发及配套自动化配件	甘肃盛华机械制造有限公司	0.1
60			水泥行业工业制动化	新一代信息技术	公司主要为水泥行业提供自动化设备的研发及系统研发，为水泥行业提供自动装载、煤粉制备站、水泥磨控制站等自动化控制设备	绵阳翔兴聚旺科技有限公司	0.01
61			建筑智能化工程施工	新一代信息技术	公司以智能化可视化建筑运维管理为核心，通过物联网，云计算，大数据，移动互联、可视化等技术手段，对建筑进行精细化智能管理，全面提高业主和用户的工作和生活体验	四川泰丰辰科技有限公司	0.01
62	总部城基金小镇	高能致远	羚羊资本	金融服务	羚羊财富，在每个海湾合作委员会国家有独立实体、团队和资本，在各独立实体中有王室成员合伙人，230亿美元的内部资本。拟在绵阳基金小镇设立管理规模不超过50亿美元的美元母基金项目	羚羊财富	
63			SW1		SW1金融咨询公司2004年成立于英国，是一家独立的“精品”投资银行，为客户提供投行、公司金融咨询、并购、证券经纪等各类服务，为中小型企业及高增长企业提供专业的融资顾问服务。帮助客户进入伦敦资本市场以获得更多的海外投资及发展机会	SW1	
64			科达顺生物工程技术投资研究院		深圳市科达顺生物技术有限公司是由多名留学海外的博士和专家创办的生物医药高科技企业，公司总部位于深圳市。核心科研团队由多位从事生物医药产品及生物技术开发的海外资深专家组成，专业从事创新药物的开发与生产。目前在研项目共五个，包括治疗前列腺癌、靶向抗癌药物、免疫抑制剂等。拟在绵阳基金小镇与高能致远公司合作设立生物工程技术投资研究院	深圳市科达顺生物技术有限公司	

续表 15

序号	承载地	招引平台	项目名称	产业方向	项目内容	投资方	签约金额（亿元）
65	总部城基金小镇	高能致远	前海滕华基金	金融服务	深圳前海腾华基金管理有限公司成立于 2015 年，受托管理股权投资基金；股权投资；创业投资；投资咨询；投资管理；受托资产管理。拟在绵阳设立公司开展业务	深圳前海滕华基金管理有限公司	
66			阳光大道投资基金		深圳阳光大道投资基金合伙企业（有限合伙）成立于 2014 年，受托管理股权投资基金；投资兴办实业；投资旅游文化产业；资产管理；投资咨询等，拟在绵阳设立公司开展业务	深圳阳光大道投资基金合伙企业（有限合伙）	
67			藏巴拉鼎盛基金		深圳市藏巴拉鼎盛投资管理有限公司成立于 2015 年，主要从事投资管理、投资咨询；受托资产管理；受托管理股权投资基金等业务。拟在绵阳设立公司开展业务	深圳市藏巴拉鼎盛投资管理有限公司	
68			京道基金		厦门京道产业投资基金管理有限公司成立于 2011 年，注册资本 1.1 亿。管理人民币股权投资基金以及政府产业引导基金等共 30 余只，累计管理资产规模近百亿元。拟在绵阳开展业务	京道基金	
69			前海金驰基金		深圳前海金驰基金管理有限公司成立于 2015 年，公司经营范围包括受托管理股权投资基金；受托资产管理理。主要做二级市场基金管理，目前总部设立在绵阳，希望在绵阳注册，入驻基金小镇	深圳前海金驰基金管理有限公司	
70			深圳正易道科技有限公司	金融服务	深圳正易道科技有限公司成立于 2019 年，主要从事金融服务，服务于基金公司，拟在绵阳设立公司开展业务	深圳正易道科技有限公司	
71			深圳市涟水投资有限公司		深圳市涟水投资有限公司 2019 年成立，从事企业管理咨询、信息咨询、商务信息咨询、财务管理咨询；投资兴办实业；项目投资策划；国内贸易、从事货物及技术进出口业务等，拟在绵阳设立公司开展业务	深圳市涟水投资有限公司	
72	绵阳·中关村信息谷创新中心	中关村	土木工程勘察设计		工程勘察活动；工程勘察设计；公路工程建筑；公路路基工程；市政公用工程；桥梁工程；工程和技术研究和试验发展；工程管理服务；智能工程的开发、运用、咨询服务，智能化管理系统开发应用；建筑劳务分包；测绘服务；测绘地理信息服务	四川路博士土木工程勘察设计有限公司	
73			环保科技		技术服务；环保咨询服务；普通货物仓储服务（不含危险化学品等需许可审批的项目）；机械设备租赁；信息系统集成服务；数据处理和存储支持服务；许可项目：道路货物运输（不含危险货物）；城市生活垃圾经营性服务	绵阳创思特环保科技有限公司	

续表 15

序号	承载地	招引平台	项目名称	产业方向	项目内容	投资方	签约金额（亿元）
74	绵阳·中关村信息谷创新中心	中关村	现代商贸		汽车新车销售；汽车零配件批发，汽车零配件零售；第一类医疗器械销售；第二类医疗器械销售，汽车租赁；汽车旧车销售	四川卫骁科技发展有限公司	
75			科技推广及应用服务		软件开发；互联网安全服务；人工智能应用软件开发；网络与信息安全软件开发；信息咨询服务；工业自动控制系统装置销售；生态环境监测及检测仪器仪表销售；工业机器人销售；环境保护专用设备销售；特种设备销售；安防设备销售	四川省仁德科技有限公司	
76			企业管理		企业管理咨询；信息咨询服务（不含许可类信息咨询服务）；人工智能公共服务平台技术咨询服务；信息技术咨询服务；社会经济咨询服务；教育咨询服务	四川无相橘子企业管理有限公司	
77			商务信息咨询		法律咨询（不包括律师事务所业务）；税务服务；社会经济咨询服务；企业管理咨询；市场营销策划；市场调查（不含涉外调查）；社会调查（不含涉外调查）；信息技术咨询服务；信息咨询服务（不含许可类信息咨询服务）	四川子之亥商务信息咨询服务有限责任公司	
78			环保科技		环保技术推广服务、节能环保设备的研发；环保材料、环保设备的销售	绵阳弘尚宸环保科技有限公司	
79			环保科技		工程和技术研究和试验发展；新材料技术推广服务；环保咨询服务；资源再生利用技术研发；农林废物资源化无害化利用技术研发；非常规水源利用技术研发；资源循环利用服务技术咨询；废旧沥青再生技术研发；建筑废弃物再生技术研发；物联网技术研发；物联网应用服务；环境监测专用仪器仪表销售；专用设备制造（不含许可类专业设备制造）；新材料技术研发；环境保护专用设备制造；环境保护专用设备销售；智能无人飞行器销售；物联网设备销售	四川三兴通达环保科技有限公司	
80			科技服务			四川鹏尧智运科技有限公司	
81			科技服务		充电桩销售；机动车充电销售；新材料技术推广服务	四川鑫辉智汇科技有限公司	
82			电子科技		机械设备研发；电子产品销售；计算机软硬件及辅助设备批发；办公设备销售；机械设备销售；安全技术防范系统设计施工服务；电线、电缆经营	四川华捷电子科技有限公司	
83			企业管理		企业管理机构服务；新材料技术推广服务；信息技术管理咨询服务；企业管理咨询服务（不含金融、投资类咨询及服务）；市场调查（不得侵犯被调查人的隐私）；知识产权代理服务	四川中久联创企业管理合伙企业（有限合伙）	

续表 15

序号	承载地	招引平台	项目名称	产业方向	项目内容	投资方	签约金额（亿元）
84	绵阳·中关村信息谷创新中心	中关村	跨境电商		互联网零售；互联网销售服装；互联网零售日用品；互联网销售电子产品；互联网零售文化用品；互联网零售体育用品；互联网零售文化器材；互联网零售纺织品；互联网零售五金；互联网零售家具；互联网零售体育器材；互联网零售家用电器；互联网零售室内装饰材料（不含危险化学品）	四川博流电子商务有限责任公司	
85			跨境电商		网络互联技术服务；信息系统集成服务；信息系统设计和运行维护服务；信息系统设计服务；信息系统运行维护服务；通信技术服务；人工智能基础资源与技术平台；专业用计算机系统服务；信息系统集成；网络系统集成；存储系统集成；网络安全技术服务；多媒体应用技术服务；互联网纺织、服装及日用品零售；互联网文化、体育用品及器材零售；互联网家用电器及电子产品零售；互联网五金、家具及室内装饰材料零售；互联网广告服务	四川博量网络科技有限责任公司	
86			跨境电商		基础软件开发；新型网络化基础软件开发；通用基础软件开发；搜索引擎开发；互联网纺织、服装及日用品零售；互联网文化、体育用品及器材零售；互联网家用电器及电子产品零售；互联网五金、家具及室内装饰材料零售；互联网广告服务；广告设计服务；广告代理服务；广告制作服务；广告发布服务；数字广告开发制作	四川维变科技有限责任公司	
87			互联网产业	跨境电商推广	深耕全球移动互联网营销领域，用丰富的经验、资源、和数据助力您移动出海盈利的每一环节	四川维特网络科技有限公司	
88			互联网产业	环保科技	互联网信息服务	四川新凯腾科技有限公司	
89			企业信息平台服务	网络科技	互联网信息平台服务	四川凹与凸科技有限公司	
90			企业管理	企业管理	企业管理咨询、企业服务等	四川德月城科技有限公司	
91			智能家居	商务信息咨询	智能科技	四川舒宜思智能家居有限公司	
合计							3.18

说明：2121 年涪城区共签约项目 116 个，签约金额 382.83 亿元

（向跃辉　向云川）

项目投资管理

【概况】2021 年，涪城区聚焦项目招引、储备、开工、建设、竣工五个节点，建立“五个一批”项目建设机制，重点针对项目谋划以及前期工作，进一步压紧行业分管领导和行业部门责任，提升考核权重。建立“谁辖区、谁项目、谁负责”的区域管理机制，明确辖区项目协调、服务、推进的属地责任。坚持“周周听汇报、月月晒进度、季季搞拉练、年年评成效”机制，实施项目集中拉练观摩，对新开工、在建和滞后项目逐个“看问查评”。

【全社会固定资产投资】2021年，涪城区固定资产投资完成247.5亿元，总量连续7年位居全市第一。从投资分类情况来看，民间投资完成127.3亿元，同比下降37.7%。技术改造投资完成27.6亿元，同比增长31.4%。房地产投资完成117.5亿元，同比增长61%。从投资构成情况来看，建筑及安装工程完成162.9亿元，同比下降18%。设备工器具购置投资完成32.6亿元，同比下降58%。从产业投资情况来看，第一产业完成1.2亿元，同比增长22%，占全年投资0.5%。第二产业完成50.7亿元，同比增长1.4%，占全年投资20.5%。第三产业完成193.6亿元，同比增长33%，占全年投资78.2%。

【重点项目】2021年，涪城区89个省市区重点项目完成投资175.43亿元，超出年度计划投资30%。从项目层级看，省重点项目完成投资38.5亿元，完成年度计划投资的130.9%；市重点项目完成投资106.41亿元，完成年度计划投资的126.28%；区重点项目完成投资30.22亿元，完成年度计划投资的144.27%。从建设批次上看，58个续建项目完成投资109.45亿元，完成年度计划投资的127.97%。31个新开工项目已开工31个，开工率100%,完成投资66.68亿元，完成新开工项目年度计划投资的133.95%。从行业领域看，产业项目完成投资58.30亿元，完成年度计划投资的131.26%；基础设施项目完成投资36.28亿元，完成年度计划投资的124.70%；社会事业项目完成29.34亿元，完成年度计划投资的178.39%；房地产项目完成投资53亿元，完成年度计划投资的117.69%。

【投资体制】2021年，涪城区制定《涪城区大抓县域经济高质量发展18条措施》《涪城区推动产业高质量发展若干政策（试行）》等政策措施，建立健全《涪城区政府投资项目管理办法》《涪城区地方政府新增债券管理办法》《项目投资工作月通报》等管理制度，完善“五个一”项目建设推进机制，强化项目责任和管理。

（余长伟　李益柱）

经济体制改革

【概况】2021年经济体制改革专项小组共承担改革任务36项，年度改革进度符合预期，总体进度达97.22%。

【12项方案制定类改革事项】2021年，涪城区省级百强中心镇培育工作、促进先进制造业和现代服务业融合发展、国有企业改革三年行动实施方案等6个文件制定出台，深化园区管理体制机制改革加快制定，除市上暂未出台方案1个外，其余4个方案均贯彻落实市上方案，不需另行出台方案。

【20项推进类改革事项】“1+X”科技园区服务平台建设、统计管理体制机制改革、政务诚信建设、建筑业高质量发展、服务业高质量发展、国有企业法人治理结构等7个改革事项完成年度任务并按要求销账。

【4项试点示范类改革事项】2021年，涪城区公积金资金资源支持县域经济发展、镇村便民服务标准化规范化便利化建设、机构编制“扁平化”管理3个试点改革事项完成年度任务并按要求销账。

（王　超　纪垠炜）

工业产业结构

【概况】2021年，涪城区有食品加工、汽车零部件、电子信息、新材料、高端装备制造、节能环保等产业。全区97户规模工业企业实现产值303.4亿元，同比增长43.0%。

表16　2021年绵阳市涪城区工业经济主要产业结构一览表

产业类别	1—12月产值累计（亿元）	同比增长（%）	占规模工业产值比重（%）
食品加工	41.36	−2.41	13.72
汽车零部件	32.32	−8.68	10.65
新材料	15.69	−0.58	5.17
电子信息	139.16	365.05	45.87
节能环保	8.52	−29.73	2.81
高端装备制造	18.57	−10.42	6.12
其他（含建材）	47.79	−13.23	15.75

【先进制造业】2021年，涪城区实施制造业倍增行动，三大主导产业集群蓄势突破、产值占比63%。规上工业总产值突破300亿元，增加值增长30%以上、跃升至全市第一位，惠科光电成为全区首家百亿级工业企业。围绕新型显示补链延链强链，新签约总投资50亿元惠科模组项目并全面加快建设，康宁玻璃基板项目当年开工、当年投产。九强通信成功申报省级企业技术中心，富临精工荣获中国机械工业科学技术二等奖，龙华薄膜获评国家级专精特新“小巨人”企业。

2021年龙华薄膜生产线　　(涪城区工信局)

【产业园区建设】2021年，涪城区高标准建设33万平方米标准厂房（联东U谷21万平方米、中南高科一期12万平方米），为引进企业“筑巢搭窝”，园区基础设施建设进一步提升。改造提升园区基础设施，5G、工业互联网、物联网等智慧园区新基建项目全面启动，交通骨架路网基本成形。

【产业可持续发展】2021年，涪城区学习研究中央、省、市关于生态文明建设和环境保护决策部署和有关文件精神，研究生态建设和保护的部署要求，衔接环保等部门，围绕发展先进制造业、建设生态文明，改善生态环境，明确工业领域生态建设和生态保护思路目标、任务措施和重点工作，增强干部职工环保意识。注重举一反三，巩固整改成果，按行业实行分类整治，实现整治力度不减，问题不反弹的监管长效机制，严防已关停或已搬迁的“散乱污”企业死灰复燃或回迁。

(顾　容　廖　伟)

农业农村

概述

【概况】2021年，涪城区第一产业增加值308693万元，增速7.1%，全区农村居民人均可支配收入26065元，增速10.4%。全区农作物播种面积3.13万公顷，同比增长1.04%，粮食作物面积1.268万公顷，同比增长0.46%，粮食作物总产79688.12吨，同比增长1.86%，油料作物面积0.72万公顷，同比增长0.7%，油料作物总产21170吨，同比增长2.49%，蔬菜面积1.12万公顷，同比增长1.92%，蔬菜总产418505吨，同比增长4.34%。生猪年出栏11.4万头，期末存栏7.36万头；水产品产量1.3977万吨（除农作物相关数据为区属数据外，其余均为辖区数据）。对上争取2.45亿元。全年新增农产品认证11个，全区有效认证绿色、有机和地理标志农产品总数达20个。“千鹤桑田”蚕桑文化农业主题公园建成开园；“湖光山色”稻渔亲水湿地农业主题公园完成“十里荷塘”打造、人居环境改造提升、稻虾扩面66.67公顷和46.67公顷精品水果土地平整和栽种；“蔬香绿野”芦笋大健康农业主题公园完成新建芦笋专家大院和特色农产品展示厅、芦笋美食研发及菜谱系列。完成2020年高标准农田建设项目，新建高标准农田1000公顷（其中高效节水153.33公顷）。新培育市级以上示范新型农业经营主体15家（其中，国家级专业合作示范社1个、省级专业合作示范社1个；省级家庭农场示范场1个、市级家庭农场示范场11个；市级农业龙头企业1个）；全区正常运行的农民专业合作社总数130家，其中，国家级示范社3家、省级示范社10家、市级示范社11家；登记注册家庭农场总数186家，省级示范场11家，市级示范场16家。完成省级、市级调训和区级高素质农民培育83人。建立健全农村集体经济组织，登记赋码366个。所有合并村均完成集体经济融合赋码登记，全部实现集体经济组织融合。开展村级集体经济“消薄”两年行动，所有村集体经济收入10万元以上。推进合并村闲置阵地盘活利用，通过“四个一批”模式已盘活48宗，盘活率100%。区乡村振兴社会化服务中心实现运营提升，“智农云涪”平台上线并推广，组建成立涪城区家庭农场联盟、农机联盟。丰谷镇字库村、吴家镇戴家林村、青义镇小桥村被评为省级乡村振兴示范村，吴家镇被评为市级乡村振兴先进镇，吴家镇戴家林村、五龙村、新皂镇八庙子村、杨家镇柏林湾村、万和村被评为市级乡村振兴示范村。

【农业园区晋级提档】2021年11月29日，涪城区蚕桑现代农业园区接受省星级现代农业园区考评检查组实地检查，晋级省四星级现代农业园区。

【“千鹤桑田”蚕桑文化农业主题公园建成开园】“千鹤桑田”蚕桑文化主题公园核心区位于涪城区杨家镇，涉及9个村，规划面积3673公顷。公园将特色农产品生产、农产品加工、农业休闲等一、二、三产业整合，实现农科文旅商深度融合。2021年4月30日，“千鹤桑田”蚕桑文化农业主题公园开园暨绵阳涪城·田园自行车公开赛开赛仪式举行，“千鹤桑田”蚕桑文化农业主题公园开园运营。公园建成“千鹤丝语”丝绸小院、“躲”文创基地、智能共育中

2021年4月30日，“千鹤桑田”蚕桑文化农业主题公园举办开园仪式暨涪城·田园自行车公开赛 (涪城区融媒体中心)

心、特色餐饮中心、高端民宿、蚕桑景观带，4—5月桑果采摘节举办，9月25日第四届丰收节举办，全年吸引游客8万余人，旅游收益1179万元。

【西科农业集团股份有限公司】西科农业集团股份有限公司（以下简称“西科集团”）前身是四川西科种业股份有限公司，2001年12月成立于四川省绵阳市，是具有全国农作物种子经营许可及进出口资质的种业育繁推一体化企业。西科集团2015年在新三板挂牌，成为西南区域首家在新三板挂牌的“育繁推一体化”种子企业。西科集团是一家以生物育种为主及产业化运作为核心基础产业的农业高科技企业，中华农业科技创新一等奖获奖单位、四川省农业产业化龙头企业、四川省企业技术中心、四川省高新技术企业、四川省农作物种子优势企业、国家知识产权运用试点单位、四川省水稻商业化育种攻关项目专题主持单位。公司在四川、甘肃、福建、江西、江苏等国家级制种生产基地建立了稳定的种子生产基地，销售网络覆盖南方稻区及越南、老挝等东南亚市场。公司探索产业链的延伸及商业模式的创新，由传统种子企业向现代化农业集团企业转型升级发展。联合四川轻化工大学（中国白酒学院）、五粮液组建四川省酿酒专用粮工程技术研究中心，在优质白酒所需酿酒专用粮的研发及生产管理上处于国内领先水平。2021年，公司年销售收入16641.19万元，同比增长23.42%；年利税总额3725.63万元，同比增长40.91%；出口创汇122.28万美元；辐射带动农户1200余户，为农民创商品收入6812万元。

（李蔓君 文圣春）

种植业

【概况】2021年，涪城区农作物播种面积3.13万公顷，同比增长1.04%，粮食作物面积1.268万公顷，同比增长0.46%，粮食作物总产79688.12吨，同比增长1.86%，油料作物面积0.72万公顷，同比增长0.7%，油料作物总产21170吨，同比增长2.49%，蔬菜面积1.12万公顷，同比增长1.92%，蔬菜总产418505吨，同比增长4.34%（均为区属数据）。全区77家生产主体进入国家农产品质量安全追溯平台，全年新增农产品认证11个，全区有效认证绿色、有机和地理标志农产品总数20个。“涪城芦笋”“涪城蚕茧”两个品牌参展四川省绿色食品宣传月启动仪式。实施“涪城蚕茧”2021年地理标志农产品保护和发展项目。涪城区蚕桑现代农业园区、“猪+菜”生态循环现代农业园区、稻渔综合种养现代农业园区三大现代农业园区均建成院士（专家）工作站、专家大院等农业科技创新转化平台；与西南大学、省农业科学院等科研院所建立产学研合作平台；建成涪城农业大数据服务中心、农业园区物联网管理平台等5个“互联网+”平台；园区有效灌溉率均在95%以上，应用无人机统防统治、病虫害远程测报等新装备20余项。园区基础建设完善，4G网络、电话全覆盖，宽带光纤进村率100%，数字电视信号覆盖率100%；生产、生活用电100%有保证，公共交通覆盖率100%。

新培育市级及以上示范新型农业经营主体15家（其中，国家级专业合作示范社1个、省级专业合作示范社1个；省级家庭农场示范场1个、市级家庭农场示范场11个；市级农业龙头企业1个）。区级示范场39个，区级示范社1个；建立1个联农带农新机制。依托乡村振兴社会化服务中心，在7个镇（涉农街道）建设服务站、52个村建设服务点，初步形成区、镇、村三级联动的线下服务网络。结合农技巡回服务小组、科技“三下乡”定期和不定期开展现场培训会、田间指导等多种形式的技术指导和服务，开展技术培训15次，发放宣传资料1.1万余份。

2021年6月17日，在四川省绿色食品宣传月活动启动仪式上，省农业农村厅副厅长陈孟坤（前中）到涪城展台参观指导 （涪城区农业农村局）

开展草地贪夜蛾等重大病虫害的监测预警和防控工作，病虫害防治面积占应防面积的95%以上，病虫害损失率控制在2%以下。统防统治面积5700公顷，专业化统防统治率45.67%以上；绿色防控面积10034公顷，绿色防控率47.5%。开展植物检疫法律法规宣传、做好红火蚁、草地贪夜蛾等外来有害生物监测与防控工作，有效控制红火蚁蔓延扩散。开展植物产地检疫和调运检疫工作，对绵阳市绵蔬种业科技有限公司等21家公司、经营部的小麦、水稻、油菜、蔬菜、水果种子种苗繁育的118个品种计379个批次实施产地检疫，全年为绵蔬种业科技有限公司等127家次公司、经营部签发种子种苗调运植物检疫证书723份，累计调出到省内（外）种子30.3344万千克、种苗0.5万株。全面实施“一控两减三基本”，持续开展化肥农药零增长行动，推进秸秆综合利用，科学回收利用农膜残膜以及农药废弃包装物，化肥农药使用量保持负增长趋势，废弃农膜回收率97.9%，农药包装废弃物回收处置率90.5%，秸秆综合利用率98.26%。

【蚕桑产业】2021年，涪城区以南部农旅融合区4镇、14村为支撑，建设蚕桑现代农业园区，现有高标准蚕桑基地766公顷，20千米现代蚕桑产业长廊，配套建设养蚕大棚260个，建有集中共育中心1个，交易中心1个。年均开展新型经营主体从业人员培训5次，引进优质蚕种、桑树品种10余个，园区良种覆盖率100%。累计自主开发获得国家专利15项，开发实用新技术41项。推广果桑生产、仪评收茧、雄蚕饲育等先进实用技术7项，推广应用率100%。2021年园区蚕茧、精品生丝产量分别达到2220吨、201吨。全区蚕茧产量3426吨，同比增长7.3%。

【“1+2+3”现代农业产业体系构建】2021年1月28日，涪城区第六届人大六次会议中指出，要发展现代农业，构建以现代都市农业为发展方向，以精品蚕桑、优质果蔬为主导产业，以“千鹤桑田”蚕桑文化、“湖光山色”稻渔亲水湿地、“蔬香绿野”芦笋大健康三大农业主题公园为平台的“1+2+3”现代农业产业体系，建设精品蚕桑产业带、优质蔬菜

2021年涪城区蚕桑现代农业园区小蚕共育中心 （涪城区农业农村局）

产业带、生态鱼（虾）产业带和都市休闲农业聚集区、生产性服务业总部发展区，形成“三带两区”空间布局。2021年12月30日，区委七届二次全会通过《中共绵阳市涪城区委关于奋力当好“五个排头兵”全面建设西部现代化强区的决定》，会议要求系统谋划推动产业高质量发展，加快发展产业强区，实现农业主题公园开园。

（古 靖 曾 国）

林 业

【概况】2021年，涪城区森林面积12381公顷，新增森林面积63.8公顷，林地保有量8319公顷，森林蓄积55.16万立方米，新增森林蓄积2.94万立方米，森林覆盖率22.33%。全年完成森林抚育面积279.99公顷、天保工程管护面积599.99公顷，矿山生态修复面积0.035公顷。全区补助未到期的退耕还林生态林54.91公顷，补助资金10.3万元，拨付率100%，补助退耕还生态林抚育面积959.99公顷，补助资金28.88万元，拨付率99.99%。发放森林生态效益补偿金13.29万元，拨付率100%。

【绿化绵州行动】2021年，涪城区按照保护优先、科学恢复、合理利用和持续发展的原则，开展森林精准质量提升、天保工程管护和矿山生态修复等工作，完成规划任务。全年完成森林抚育面积279.99公顷、天保工程管护面积599.99公顷，矿山生态修复面积0.035公顷。开展古树名木管护，古树名木挂牌保护率100%

【义务植树活动】2021年，涪城区农业农村局承担区绿化委员会相关职能职责，督促和指导全区各单位开展全民义务植树活动，结合乡村振兴和农村人居环境整治行动，在河旁湖旁、渠边路边、贫困户房前屋后、零星地块进行植树活动，建设坚固的生态屏障。组织和指导辖区各单位开展全民义务植树活动，全区义务植树尽责率85%以上。

（龚 欢 朱绪顺）

森林资源保护

【概况】2021年，涪城区印发《绵阳市涪城区全面推行林长制实施方案》，推进林长制规范化运行。落实森林资源保护发展目标责任制，执行林地用途管制和分类管理制度，规范征占用林地审批，2021年，使用林地面积86.75公顷，共计31宗。科学实施国土绿化，拓展绿色城乡空间，完成森林抚育面积279.99公顷。细化实化各项防控措施，推动森林防火责任落实，全年森林草原火灾受害率控制在0.1‰以下。

【森林资源管理】2021年，涪城区加大林地征占用管理力度，执行林地用途管制制度，规范征占用林地审批，执行国家、省相关法律法规，坚持“不占或者少占林地”原则。2021年，使用林地面积86.75公顷，共计31宗。其中：长期占用21宗，占用面积76.90公顷；临时占用7宗，占用面积9.42公顷；直接占用3宗，占用面积0.43公顷。2021年全区严格落实森林采伐限额制度，批准采伐林木5745立方米，使用林地面积86.75公顷，共计31宗。其中：长期占用76.90公顷；临时占用9.42公顷。

【森林安全建设工程】2021年，涪城区建立林长制组织体系。印发《绵阳市涪城区全面推行林长制实施方案》，并明确区委书记、区长任林长，并落实区委7名常委、区政府2名分管副区长为各自联系镇街的区级副林长。镇街、村将林长分管区域明确到人头，建立组织体系和考核体系，明确联席会议制度等。保护管理森林草原资源。坚持“不占或者少占林地”原则开展林地征收占用工作，落实森林采伐限额制度，执行凭证采伐，凭证采伐率95%以上。保护公益林，管护合同签订率100%，按要求发放省级公益林森林生态效益补偿。维护森林草原资源安全。落实森林防火责任，未发生较大及以上森林草原火灾，未发生人员伤亡事故，全年森林草原火灾受害率控制在0.1‰以下。开展林业有害生物监测、防治和检疫工作，全年主要林业有害生物成灾率控制在2.9‰以下。

【生态补偿】2021年，涪城区通过惠民惠农财政补贴资金社会保障卡“一卡通”平台足额兑付2021年补助面积553.78公顷（含经开区），标准为每0.06公顷16元，共计兑付森林生态效益补偿资金13.29万元。发放到期退耕还生态林森林抚育面积9626.66公顷（含高新区、经开区），发放标准每0.06公顷20元，发放补助资金28.88万元。

【林地一张图】2021年，国家林业和草原局、四川省林业和草原局下发森林督查判读图斑共计101个，总面积61.3705公顷。经现地核实涪城区2021年森林督查成果涉嫌违规违法共计21个细班，其中违法违规使用林地18个细班，涉及项目8个，面积4.1754公顷，违法违规采伐林木3个细班，涉及3个伐区，面积0.7351公顷。

【野生动物保护】2021年，涪城区自然资源局采取措施强化野生动物保护，开展陆生野生动物疫情防控工作。开展病危和受伤野生动物的救护工作。加大巡查力度，强化对候鸟迁徙通道的巡护值守，严防乱捕滥猎违法活动。

（龚 欢 朱绪顺）

水产业

【概况】2021年，涪城区水产品总产量1.359万吨，渔业经济总产值7.641亿元。

【生态渔业】2021年，涪城区在吴家镇新发展稻渔综合种养面积66.67公顷。到2021年年底，以吴家镇，杨家镇，新皂镇，丰谷镇为主的水产生态养殖（无公害、健康养殖示范场）总面积达到1033.33公顷左右，占全区水产品养殖面积72%。

【长江禁捕退捕】建立智慧渔政可视化监控系统，购置长江流域非法捕捞执法设备，提升渔政执法能力建设，委托劳务公司购买劳务服务组建涪城区渔政协助巡护队伍，制作禁捕宣传广告、固定禁捕告示牌。2021年，出动执法人员700余人次（不含高新区、经开区），开展联合执法行动8次，媒体宣传22次，清理违规网具数量35张，办理非法捕捞案件5起，移送司法机关1起，罚款5000元。

（彭 鑫 刘 炜）

畜牧业

【概况】2021年，全区生猪出栏11.4万头，家禽出栏778.96万羽。开展非洲猪瘟、禽流感等重大动物疫病防控春秋季行动，共计注射猪口蹄疫、猪瘟疫苗各11.889万头次，牛口蹄疫疫苗0.54万头次，羊口蹄疫疫苗0.37万头次，小反刍兽疫活疫苗0.36万头次，禽流感472.78万羽次。规范兽用投入品使用，开展兽用抗菌药专项整治1次、瘦肉精拉网式检测2次。

【“非洲猪瘟”等重大动物疫病防控】2021年，在全区4个高速路口设立临时动物卫生监督检查点，全年查处3起违规调运生猪行为，罚款9.6862万元。畅通“点对点”调运，全年审批跨省（大区内）调运屠宰用生猪700余车次共10万余头，保障猪肉市场供应。实行生猪贩运车辆备案制度，全年共备案车辆284辆，未备案车辆一律不予出证。按照“分片监管、分级负责、无缝对接、全面覆盖、职责到人”的原则，建立“3+1”网格化生猪监管体系（即：养殖环节三级网格管理+屠宰环节网格管理体系），对养殖、屠宰环节生猪生产经营状况进行实时动态监管，防范非法调运生猪、“炒猪”、“洗猪”等行为发生。开展疫情排查监测，组织畜牧兽医站每日开展常态化排查监测工作，日均排查点位12处，排查生猪4200余头次；开展非洲猪瘟检测工作，实验室检测样品399份；组织专业技术人员组成技术指导小组，在全区范围分乡镇开展疫病防控技术巡回讲座，并开展相关技术指导服务。

【生猪稳产保供】贯彻落实中央、省、市的各项扶持政策，向各镇、涉农各街道分解下达2021年生猪生产目标，截至2021年末，辖区内生猪存栏7.36万头，生猪出栏11.4万头，下达任务完成率排名全市第一。推进生猪生产方面奖补政策的落地落实，完成对10个养殖场和634户养殖户的奖补，共发放奖补资金271.69万余元，促进生猪生产发展，减轻养殖户亏损。持续开展生猪标准化示范场创建，加快生猪标准化养殖步伐，推动传统生猪产业向现代标准化规模养殖转型升级，2021年创建省级示范场2个，市级示范场5个。加强病死动物的无害化处理监督，出台《绵阳市涪城区病死动物及病害动物产品集中无害化处理机制》，初步建成覆盖动物饲养、屠宰、经营、野生动物以及动物产品等全过程的病死动物及病害动物产品集中无害化收集处理体系。合理安排畜禽养殖空间布局，优化畜牧产业结构，全区规模养殖场粪污处理设施装备配套率达到100%，大型规模养殖场粪污处理设施装备配套率达到100%。

（付兴盛 刘 炜 胡志斌）

农业机械

【概况】2021年，全区机耕面积1.25万公顷，其中水稻机耕0.55万公顷，玉米机耕0.41万公顷，小麦机耕0.21万公顷，油菜机耕0.72万公顷；机播（机插）面积1.13万公顷，其中水稻机插0.38万公顷，玉米机播0.17万公顷，小麦机播0.14万公顷，油菜机播0.44万公顷；机收面积1.63万公顷，其中水稻机收0.55万公顷，玉米机收0.18万公顷，小麦机收0.21万公顷，油菜机收0.69万公顷，全区主要农作物耕种收综合机械化水平达76.88%。发放跨区作业证15个。提灌机械出勤462台次、完成提水量2013万立方米、提灌保栽面积0.422万公顷、新建提灌站3座100千瓦。

【农机补贴】2021年10月14日，涪城区农业农村局、涪城区财政局联合印发《绵阳市涪城区2021—2023年农业购置补贴项目实施方案》，明确了补贴农机具的种类和资质，补贴对象和标准以及操作流程。全年受理农机补贴申请87份，补贴机具87台套，发放补贴资金131.69万元，补贴资金结算率100%，受益农户63户。全年发放农机作业补贴15.87万元，补贴作业面积共计352.63公顷。

【高标准农田建设】完成2020年高标准农田建设项目，项目于2020年10月中旬开工建设，2021年6月基本完工。项目在都江堰人民渠灌区的新皂镇梅家沟村、刘家坪村，杨家镇高山寺、石塘街道楼房村等村新建高标准农田1000公顷（其中高效节水153.33公顷）。10月，2021年高标准农田建设项目开工建设，计划在涪城区新皂镇八庙子村、刘家坪村、赵家花园村，青义镇前进村，丰谷镇和平村、猫林村、致富村、三联村、清水村建设高标准农田1533.33公顷，同步发展高效节水灌溉206.67公顷。

（李　智　尚　琳）

水利水保

【概况】2021年，实施病险水库除险加固4座、维修养护43座，恢复、改善灌溉面积173.33公顷。完成2020年“8·11”洪涝灾害灾后恢复重建水利项目建设12处，修复水毁干支渠道5.57千米、堤防0.32千米、水闸0.32千米。治理水土流失面积100公顷，开展水土保持监督检查120次，审批水土保持方案72个，征收水土保持补偿费222.99万元。完成城乡供水一体化项目一期工程建设，新建供水管网351千米，惠及农村居民9万余人，全区农村自来水普及率达91.37%。完成杨家镇3个村4000人的农村饮水历史遗留问题处置。完成水美新村建设2个。争取到位水利专项投入6639万元，其中：中央财政资金818万元，省财政资金321万元，地方政府专项债券资金5500万元。

【饮用水水源地整治】为解决因城镇化进程加快，导致涪城区饮用水水源地周边环境风险日益凸显的问题，2021年4月23日，区政府安排（绵涪府〔2021〕75号）由区农业农村局牵头统筹做好新皂镇泉洲供水公司水厂饮用水水源地整治工作。5月底，完成互联互通管网工程建设并试压、试通水，6月28日实现新皂片区正式转供水。根据区委专题会议纪要2021年第12次（7月12日）会议精神，由区农业农村局、青义镇牵头，继续做好水源地整治青义片区转供水及青义水厂、吴池公司香社水厂、小桥水厂收购相关工作。7月底，完成3座水厂第二次资产预评估，完成碰管工程、加压站和减压设施等建设，基本实现转供水。

（章　文　刘武林）

燕儿河水库

【概况】燕儿河水库位于绵阳市涪城区吴家镇高桥村，距绵阳城中心15千米，库容2070万立方米，最大坝高50米，控灌面积3340公顷。燕儿河水库以灌溉为主，兼顾城镇供水、生态建设、旅游开发等综合利用功能，是涪城区建区以来投资最多、规模最大的水利工程。水库工程包括枢纽工程、8千米长的左干渠和6.6千米长的右干渠。2021年，燕儿河水库前3季度三大支渠共计从人民渠六期干渠调水1677.1万立方米，保障都江堰涪城灌区农作物生长用水需求；全年总计向木龙河补水约343万立方米，并完成木龙河每日生态补水下泄流量的下泄、计量、台账及影像资料的记录整理归档工作。全年计收水费193.0298万元。区燕儿河水库管理站（以下简称“区燕管站”）组织人员对大坝内、外坡3.2万平方米的区域进行除草清理养护，并对大坝内坡做了砌体开槽勾缝，安装渗漏管。全年开展燕儿河水库大坝巡查700多次，每周对大坝量水堰进行一次测量，全年测量48次，委托专业机构对高水位运行下大坝的沉降位移进行了测量记录2次，全年无安全生产事故发生。区燕管站各站所成立防汛抗旱减灾领导小组，编制工作预案，落实抢险物资和抢险队员，严格执行24小时带班值班制度，不定期检查灌区水库、塘堰的蓄水量及水位线，保持安全库容，检查泄洪设备，确保闸门启闭灵活，泄洪道畅通，编制《燕儿河水库防洪度汛方案》《水库抢险应急预案》《水库运行调度方案》《燕儿河水库大坝安全管理预案》《燕儿河水库危险源安全评估报告》，汛前组织镇村社人员开展应急演练1次，与商家签订代储供货协议储备各类防汛抢险物资，保障抢险物资随要随到。完成燕儿河水库工程档案286盒2978件67290页数字化处理工作。

【水毁工程及岁修工作】2021年，完成2020年“8·11”水毁抢险工程项目，总投资94.40万元，整治干渠200米，放水洞7处，人工清理渠道排障19.9千米。完成2020年水利救灾资金

（抗旱救灾资金）项目工程，工程投资5.5万元，闸室整治4处。

【全区水利领域机构整合】2021年，涪城区燕管站按照区委编委《关于整合全区水利领域机构的通知》（绵涪编委发〔2021〕32号），组织涪翁堰、普明堰等6个涉改水管单位召开了机构整合座谈会，听取了站所职工对本轮机构整合的意见和建议，安排部署整合工作计划和完成时限，做好全区水利领域机构整合工作。

【工程建设管理】2021年9月，涪城区农业农村局将涪江右岸绵阳丰谷段防洪治理工程（一期）项目移交至区燕管站建设。区燕管站于11月确定监理和施工单位并签订合同，完成土地征用、检测单位招标、环境协调等施工前期准备工作。2021年9月，涪城区农业农村局将涪城区七一等4座病险水库除险加固工程项目移交至区燕管站建设，截至2021年年底，完成大坝白蚁整治、水库灌浆等建设任务，完成工程建设投资约200万元。2021年10月，涪城区农业农村局将涪城区2021年小型水库维修养护项目、涪城区裤裆垱项目移交至区燕管站建设。

【强化自然生态和水源环境保护】2021年，涪城区农业农村局发放防火水源保护宣传资料1000余份，发放《节水知识手册》《水资源150问》《河长制湖长制宣传手册》等资料200余份。联合区富诚投资公司开展燕儿河水库水面和库区约3平方千米水库管护范围的环境卫生日常巡查整治，全年巡查1000人次，排查管护区内环境问题3个，整改到位3个；开展燕儿河水库库区环境和水源保护联合专项检查13次，督促水面环境管理单位对发现问题和薄弱环节立行立改。常态化开展水库约1平方千米水面漂浮物的打捞和陆岸白色垃圾清理，全年投入人力约300余人次，打捞清理各类垃圾建筑物10余吨。清理违规垂钓和游泳等人员，劝退清钓150余人次，收缴渔具设备20余套。持续关注污染源排查、监控与治理，协助各镇做好生态水源的补充，协助区河湖长制办公室做好农村河道水行政部门技术服务，特别是草溪河、冯家河的排污口巡查与监控工作，保护灌区河道生态环境。每季度定期将水库水抽样送环保部门检测。

（范　剑　凌章杰）

2021年燕儿河水源环境保护　（涪城区农业农村局）

防汛抗旱

【概况】2021年5月1日，涪城区按照省防汛部门的统一部署启动防汛值班工作，至10月15日结束，汛期168天。2021年平均降雨量1086.1毫米，汛期总体降雨情况前期降雨少，进入主汛期后降雨量开始明显增多。

入汛以来，涪城区共经历6轮强降雨过程，全区汛期累积雨量平均为978.5毫米（占全年总降雨量的90%），全区汛期月平均雨量162.9毫米（其中主汛期8月全月平均降雨量达278.6毫米，9月全月平均降雨量达226.2毫米，8月、9月两月雨量占整个汛期总雨量的61.9%，在汛期延长期，10月5日出现一次强降雨，10月上半月平均降雨量150.6毫米，稍多于多年平均水平，为丰水年份。涪江发生洪水2次，8月18日出现第一次洪水洪峰，8月18日12:45，涪江桥水文站实测洪峰水位462.03米，相应最大流量3610立方米每秒。第二次洪水洪峰出现在10月5日，涪江桥水文站10月5日04:25时实测洪峰水位462.57米，相应最大流量4860立方米每秒，为2021年最大洪峰。2021年10月5日，涪城区经历多年少有秋汛强降雨天气过程（简称“10·5”强降雨），全区普降暴雨（局部大暴雨），短时间内连续经受持续时间长、降雨范围广、强度较高的强降雨过程，至河道水位上涨，形成2021年涪江最大洪水过程。

涪城区落实区乡村组四级联防工作责任体系，实行24小时值守制度和灾情速报制度。全区所有水库、山洪危险区、辖区河道防洪等防汛重点均落实行政责任人、巡查监测责任人、安全转移责任人。利用省水文局水情信息服务平台、市气象局公共气象服务平台和涪城区山洪灾害预警系统平台，全天候监测雨情、水情情况。区山洪灾害预警系统 2021 年共生成预警 8 条，汇集雨情 46280 条，汇集水情 58520 条，发布气象预警、雨情水情、避险预警等信息 32580 条，覆盖群众 40 万余人次，未出现因灾人员伤亡。在全区范围持续开展防汛及地质灾害隐患排查，建立安全隐患巡查台账，对排查出的 155 处隐患设立警戒线、警示标志，制定整改措施，立行立改，消除安全隐患。开展防汛减灾督查工作，指导、督促各镇、街道对 44 座水库、25 处山洪危险区、辖区河道防洪等防汛重点进行专项排查，逐一建立台账，督促问题整改落实。修订完善防洪抢险应急预案，开展山洪灾害防御、水库应急转移、村民避险转移等应急演练 20 次，制作发放应急避险明白卡、汛期安全知识卡等资料 5000 余份。区农业农村局、区应急管理局、区自然资源局等相关单位发放山洪灾害防御、地质灾害防范等各类避险宣传资料 1219 份。各镇、街道对各自山洪灾害危险区制作山洪灾害危险区“两张图”（转移预警流程图、组织责任体系图）、危险区警示牌、转移路线指示牌等警示标示牌，对危险区每户住户发放山洪灾害防御明白卡，提高危险区内群众防灾避险意识和自救互救能力。同时以“安全生产月”为契机，利用广场宣传、LED 屏展示等方式开展安全防灾避险知识宣传。

【“8·18”洪水】2021 年 8 月 17 日 8 时至 8 月 18 日 8 时，涪城区出现一次暴雨的强降雨过程，全区普降暴雨，局部大暴雨。本次强降雨过程累计雨量超过 100 毫米以上站点 2 站，50 毫米以上站点 8 站。其中累计雨量最大为城区万达广场测站 120.9 毫米，其次为原青义场镇测站 115.2 毫米；全区平均降雨量达 52.8 毫米。

受强降雨影响涪江、安昌河河道水位上涨，8 月 18 日 12:45 涪江桥水文站实测洪峰水位 462.03 米，相应最大流量 3610 立方米每秒。

【“10·5”洪水】2021 年 10 月 4 日 8 时至 10 月 5 日 8 时，涪城区出现一次暴雨的强降雨过程，全区普降暴雨，局部大暴雨。本次强降雨过程累计雨量超过 100 毫米以上站点 3 站（均集中在青义、龙门片区），50 毫米以上站点 11 站。其中累计雨量最大为青义镇中脊村测站 117.4 毫米，其次为原青义场镇测站 111.5 毫米；再次为原龙门场镇 101.7 毫米，全区平均降雨量达 69.7 毫米。

10 月 4 日 8 时至 10 月 5 日 8 时，受强降雨影响涪江、安昌河河道水位快速上涨，涪江桥水文站 10 月 5 日 04:25 时实测洪峰水位 462.57 米，相应最大流量 4860 立方米每秒，为 2021 年最大洪峰。

【灾情】2021 年，涪城区“8·18”“10·5”洪水两次强降雨过程受灾人口达 3620 人，转移人口 545 人（其中集中安置 185 人，分散安置 360 人）；农作物受灾面积 207.3 公顷，其中成灾 231.5 公顷，绝收 35.1 公顷。全区因灾造成直接经济损失 1492.79 万元。其中农林牧渔损失 608.88 万元、房屋及家庭财产损失 18.35 万元、基础设施损失 862.56 万元，其他损失 3 万元。

【洪汛应对处置】2021 年，涪城区收到市气象台发布的暴雨预警后，按照《绵阳市涪城区防汛总体预案》，分管副区长组织区应急局、区农业农村局、区自然资源局、区住建局、区交通运输局等区防指成员单位，通过视频连线全区各镇、街道，召开全区防

6 月 11 日，2021 年涪城区防汛应急演练在丰谷镇团结村赵家脊联合开展

（涪城区农业农村局）

2021年10月木龙河广福段堤防 （涪城区农业农村局）

汛减灾会商调度会，贯彻落实省委、省政府，市委、市政府有关防汛减灾工作部署要求，研究部署调度安排全区防范应对强降雨各项工作。

调度会后，区防汛抗旱指挥部各成员单位，各镇、街道立即进行动员，加强值班值守工作；区防汛抗旱指挥部办公室联系市级水文、气象部门，掌握天气变化趋势和雨水情变化情况，发布预警预报，接收到市上发布的暴雨气象消息、防汛指令等信息后，运用区山洪灾害监测预警平台、防汛工作QQ群、电话等形式，将暴雨预警信息通知到区委、区政府，各镇、街道以及区防指成员单位相关责任人，同时通过省水情平台、市气象平台、区山洪灾害监测预警平台等全时段密切关注监测河道水情变化，实时向各级领导及各镇、街道通报水雨情信息，为指挥度汛提供依据。

各镇、各街道加大巡河巡查力度，对辖区内的防汛重点部位进行巡查。新皂镇抓好重点部位防控，对各安置点、村民小组、水产养殖场、草溪河、冯家河、木龙河沿线进行全面监测，严防死守，提前将金峰社区六组居民2户5人受山洪威胁的群众转移到穿山洞村村委会安置，主动避险。城郊街道加强对辖区巡查，发现龙溪沟、牌坊沟两条沟渠，洪水淹没宝成铁路桥下公路，道路中断，车辆、行人无法通行，街道、村（社区）组织30余人，采取拉上警戒线，禁止行人、车辆通行等措施，维护道路安全。城厢街道、工区街道、石塘街道针对市区内各小区老旧房屋、地下车库、地质灾害隐患点、河道、堤防等重点部位加强巡查，提醒、劝导市民注意防备洪涝灾害威胁，落实雨前排查、雨中巡查、雨后核查，掌握第一手情况。

由于降雨量大、持续时间长，城区部分路段出现不同程度的内涝积水现象。其中，8月18日长虹培训中心铁路桥下（母猪湾）由于河水倒灌近1米积水，致使道路中断，造成车辆、行人无法通行，城郊街道在巡查中发现后，立即组织30余人，采取拉警戒线，禁止行人、车辆通行等措施并立即上报，区住建局接报后立即组织区市政工程维护中心派出3支队伍20余人，8台抽水泵、8台发电机共16台设备进行应急抢险排水，于当日12:00前抢通。城郊街道闽商酒店桥下有一私家车因雨情被冲入平政河中，市交警队、区应急管理局、区消防救援大队、城郊街道共23人参与抢险，无人员伤亡。城郊街道白土村3个地质灾害点位，牌坊社区1个地质灾害点位，因强降雨提前避险转移51人，无人员伤亡。据统计，区住建局、区市政工程维护中心、交通运输局及城区各街道办事处等出动防汛抢险车辆30余台次、防汛抢险人员180余人次，投入防汛沙袋350袋，移动抽水设备16台、大流量排水车1辆，疏通车1辆，装载机1

2021年杨家镇鲜家坝村公厕 （涪城区农业农村局）

台，8台抽水泵、8台发电机等设备参与抢险排水，共抽排积水12000余立方米，清掏淤堵杂物2300余立方米、设置警示标志35处、启闭雨水井盖和雨水箅200处。通过全区上下的共同努力，涪城区在本轮强降雨过程中未发生人员因灾伤亡，也未出现大的洪涝灾害损失。

受上游强降雨影响，涪江水位上涨，丰谷镇党委政府按照防御预案转移响应条件，启动防汛重点涪江河心洲坝赵家脊片区防汛应急全员转移预案，镇党委书记带领值班组立即赶往赵家脊实地查看情况，撤离疏散组、医疗救治组、安置保障组等按照预案迅速就位紧急行动，按照责任分工，各司其职，组织指挥群众全员转移，将岛上174名群众及时劝离、转移并妥善安置（同时撤离在岛上进行道桥建设的施工企业人员56人）。

【防汛应急演练】2021年6月11日，涪城区应急管理局、农业农村（水利）局、丰谷镇人民政府在丰谷镇团结村赵家脊联合开展2021年防汛应急演练，近320人参加演练。险情模拟涪江赵家脊段由于上游降雨将导致水位上涨，超过警戒水位，赵家脊岛上群众需撤离至安全地带，并予妥善安置，直至预警解除。通过演练进一步总结经验，完善应急预案操作规程。2021年，全区各镇各街道共计开展防汛应急演练20余次，增强对突发性灾害的应变能力、协调能力，锻炼防汛抢险队伍，提升民众避险逃生自救技能，最大限度地降低洪水灾害造成的损失，维护人民群众的生命财产安全。

【堤防工程建设】2021年7月，涪城区完成木龙河吴家镇广福段防洪治理工程，新建30年一遇标准堤防1.86千米，项目投资1758.23万元。涪江右岸丰谷段防洪治理工程（一期）取得初设批复，争取中央预算内资金6400余万元，完成水保、环评、土地等专项报审和清单编制、财评等相关工作，2021年11月开工建设。

（李 涛 文圣春）

农村能源建设

【概况】2021年，涪城区完成农村“厕所革命”整村推进1个村，改造农村户用厕所527户，占计划的100.6%。完成农村公共卫生厕所建设4座，占计划的100%。完成聚居点新建大型三格式化粪池4座，总容积210立方米，全区农村户用卫生厕所普及率98.77%，农村无害化卫生厕所占比97.02%，农村公共卫生厕所村占100%。

【农村能源安全生产工作】2021年，涪城区召开安全工作会议、沼气安全培训等2次，落实安全责任。组织人员参加科技“三下乡”活动，发放沼气安全使用管理须知日历挂图6000份。制作大中型沼气工程和新村集中供气安全告知书和安全责任清单44块，发放给业主，告知其安全责任，并协助规范上墙，常态化开展沼气安全宣传工作。开展全区沼气安全检查10次，抽查户用沼气池107户，大中型沼气工程9处，新村集中供气项目18处，沼气抽渣车7辆，对检查中发现的安全隐患，及时督促相关业主和农户进行整改，杜绝沼气安全事故的发生。

【“三沼”综合利用】2021年，涪城区结合生态循环农业建设与农村人居环境整治、畜禽粪污资源化利用，优化农村能源消费结构，促进畜禽养殖废物资源化利用，防止土地面源污染，改善农村生态面貌。坚持新村集中供气项目和大型沼气工程项目必须开展沼渣沼液的综合利用，使全区新村集中供气项目和大型沼气工程项目“三沼”综合利用率100%；引导农户开展户用沼气池的沼渣沼液利用，

11月29日，涪城区2021年新型职业农民培训班在成都市格林农场参观学习

（涪城区农业农村局）

采取提污泵抽取或沼气专用抽渣车等途径，将沼渣沼液运走农田做肥料，户用沼气池的沼渣沼液利用率达95%左右；沼渣沼液综合利用推广面积达到1200公顷以上。

（吴松涛）

农村经济合作

【概况】2021年，涪城区农村承包耕地确权登记面积12235.22公顷，土地流转面积5161公顷，土地流转率达到42.18%。全区正常运行的农民专业合作社总数130家，其中，国家级示范社3家、省级示范社10家、市级示范社11家；登记注册家庭农场总数186家，省级示范场11家，市级示范场16家。对上争取农民合作社、家庭农场项目补助资金260万元。建立健全农村集体经济组织，指导农村集体经济组织到农业农村局进行登记赋码，共登记赋码367个，其中村级集体经济组织65个，组级集体经济组织302个。扶持壮大新型农村集体经济，全区5个镇，2个涉农街道有农村集体资产的村（社区）共71个（52个村、19个涉农社区），2021年底实现集体经济收入1.1亿元。

【扶持壮大新型农村集体经济】2021年，涪城区研究出台《绵阳市涪城区培育壮大村级集体经济实施意见》《绵阳市涪城区村级集体经济“消薄”二年行动计划（2021—2022年）》《关于开展合并村集体经济融合发展工作的通知》，探索出政策引导型、产业带动型、生产服务型、租赁经营型、入股分红型、共建联营型6种模式的集体经济发展路径。村集体经济组织“三会分设”治理机制更加健全，全区集体经济收入60万元以上的集体经济组织达44个，41个合并村均完成集体经济融合赋码登记，100%实现集体经济组织融合。开展村级集体经济“消薄”二年行动计划，2021年底已消除年收入10万元以下的集体经济薄弱村10个，完成率达100%。稳妥推进合并村闲置阵地盘活利用，通过“四个一批”模式已盘活48宗，盘活率达100%。

【现代农业生产社会化服务体系建设】2021年，涪城区完成区级乡村振兴社会化服务中心运营提升，“智农云涪”平台上线并全面推广；2021年，共培育农业生产社会化服务主体13家，其中财政补助农机、农技等社会化服务主体8家，新成立农业生产服务主体5家。全完成新皂镇莲花池村和吴家镇三清观村容量共600吨冻库建设，增强青花椒产业受市场价格波动的影响，进一步完善冷链物流“最初一公里”产业链。成立涪城区农机联盟，鼓励农机合作社购买先进适用的农业机械，发放农机购置二次补贴和农机合作社总动力补贴资金63万元，推动农机社会化服务提档升级。

【深化职业农民制度试点】2021年，涪城区完成遴选深化职业农民制度试点人员40人，现全区共90名试点人员，实现10%以上的村民小组至少有1名家庭农场主纳入深化职业农民制度试点，同时按照1:5的比例为试点人员配备了家庭农场辅导员。建立了新型职业农民农业生产项目资金扶持机制，支持其购买或建设农业生产经营设施设备；对其在家庭农场培育示范、农机购置补贴、畜禽粪污资源化利用、社会化服务等项目上优先予以安排。共扶持23名试点人员的家庭农场实施各类生产扶持项目，享受扶持资金210余万元。持续深化校地合作，由西科大、市农研院等20名专家组建的科技服务团，向全区新型职业农民提供辅导、新技术等服务，共推广种养殖新技术30余项，柔性聘用农科专家12名，资助人才项目资金19万元。创新农业技术2项，转化农业科技成果4项，实施农业科技项目2项。

【乡村振兴社会化服务中心】2021年，涪城区围绕服务中心发展需求，汇聚政府、企业、高校、科研院所等多方优势资源，形成“一主多元”覆盖全产业链的社会化服务平台，同时兼具会议举办、展览展销、文化创意等多种综合服务能力，聚合农业主体资源，优化完善创新创业环境，提升服务水平。

开展“共耕耘、齐收获”涪城乡村振兴社会化服务中心2021交流沙龙、举办涪城区第11季银企“鹊桥会”，发布由服务中心与区金融办共同打造的“福村贷”金融平台，并向农村新型经营主体及致富带头人代表发放贷款共计2060万元、举办涪城区乡村振兴秋收仪式暨涪城农机社会化服务联盟授牌仪式、举办涪城区2021年深化职业农民制度试点工作推进会暨家庭农场联盟成立大会、举办绵阳市做好两项改革“后半篇”文章加强通信基础设施建设拉练比拼活动等各类主题活动共计8场。

搭建“智农云涪”、“乡约涪城”两个服务平台，促进业务沉淀，资源整合，利益共享，提升县域为农公共服务能力。2021年，“智农云涪”发布各类供需信息80余条，采集1000组乡村资产、人才、农文旅资源等数据、信息，入驻各类农业社会化服务机构21家。“乡约涪城”平

2021 年涪城乡村振兴社会化服务中心 （涪城区农业农村局）

台实现涪城区辖区内 45 个特色农文旅主体的线上展示、预定预约、全景 VR 的建设。

服务中心牵头，与涪城农机服务主体共同成立涪城农机社会化服务联盟，合力扩大农机社会化服务范围，创建一条以农业机械化发展和现代农业建设相适应的现代农机社会化服务发展之路。联合涪城区 79 家家庭农场，共同成立涪城区家庭农场联盟，服务中心作为联盟秘书处，并作为联盟常驻办公场地负责联盟日常行政工作，助推农业主体发展、资源共享、互助共赢。

与区供销合作社联合社共同打造的涪城农文旅线下营销体验店。直销店以为农服务根本宗旨，以打造涪城的农文旅体验中心、农文旅营销中心、农文旅商品集散中心为目标，实现田间到餐桌的直销供应模式，为农产品上行提供渠道支撑，助力乡村振兴。

2021 年 3 月 4 日，省交通厅、区交通局到涪城区乡村振兴社会化服务中心参观学习。6 月 24 日，绵阳市政协党组副书记、副主席胡安虎一行到涪城乡村振兴服务中心参观考察。8 月 20 日，市人大常委会副主席代顺兴一行到涪城乡村振兴服务中心参观考察。9 月 18 日，省农田建设管理处、省农机监理总站、省农田建设发展中心全体党员干部职工25人参观考察。9 月 18 日，绵阳市政法委李东书记一行到涪城乡村振兴社会化服务中心参观考察。9 月 29 日，乐山市乡村振兴办一行到涪城乡村振兴社会化服务中心参观学习。10 月 7 日，李栋副市长到涪城区调研农口工作，到涪城乡村振兴社会化服务中心参观。10 月 11 日，市农业局一行到涪城乡村振兴社会化服务中心参观。10 月 20 日，四川省委政研办公室到涪城乡村振兴社会化服务中心参观考察。10 月 21 日，省农业农村厅一行到涪城乡村振兴社会化服务中心参观考察。10 月 28 日，省农业农村厅一行到涪城乡村振兴社会化服务中心参观考察。11 月 24 日，迎接市委第 4 期铸魂班一行到涪调研乡村振兴。12 月 22 日，2021 年度全省乡村振兴先进县“回头看”现场检查组到涪城考察。

（何　苗　曾　国）

工业

概述

【概况】2021年，涪城区贯彻市第八次党代会精神，实施工业强市战略，实施“三千工程”、建设“四个强区”工作，将工业发展放在最优先、最重要、最根本的位置，制定《大抓工业经济工作方案》，促进工作力量、资源要素向工业经济聚集，依托现有基础，做实链条、做强产业，加快先进制造产业功能区建设，打造新型显示、汽车电子、5G制造三大产业集群。2021年，全区规模工业总产值突破300亿元大关，达到303.4亿元，同比增长43%；规模工业增加值增速36.7%，首次跃居全市第一；战略性新兴产业企业产值增速达到124%。技改投资增速46.9%，增速排名全市第二；民营经济增加值达到366.58亿元，增速达到7.7%，两项指标均列全市第一。

2021年，涪城区荣获“2021年度省川烟培育成效突出县（市、区）”“2020年度市工业和信息化发展先进集体一等奖”，涪城区工信局荣获“省经信厅工业强县（市、区）培育先进单位”、市经济和信息化局“2020年度工业化信息化发展先进单位”一等奖、2021年度稳增长突出贡献、企业培育、企业技术中心创建三个单项工作先进单位和全市推进工业和信息化高质量发展表现突出单位。

【新型显示产业集群】2021年，涪城区产业龙头惠科光电12条生产线投产；龙华薄膜全球第一条2.5米宽幅PMMA偏光片基膜实现量产；世界500强康宁玻璃基板项目当年开工、当年投产，总投资50亿元的惠科模组项目签约落地；产业平台联东U谷已意向签约10家新型显示企业，认购厂房4万平方米。新型显示产业规模达到139亿元。

【汽车电子产业集群】2021年，涪城区产业龙头富临精工二期项目竣工投产，三期项目完成运营平台EPR系统搭建，一条减速器生产线竣工投产，变速箱电磁阀和CDC电磁阀生产线调试中；产业平台中南高科已意向签约3家汽车电子企业，认购厂房8300平方米。汽车电子产业规模已达到44.5亿元。

【5G制造产业集群】2021年，华拓光通信光模块光器件扩能项目正加快办理项目开工手续，九华光子高速光模块产业化项目竣工投产，恒盛智慧铁塔生产基地项目正加快厂房建设。5G制造产业规模达到65.3亿元。

【常态化疫情防控】2021年，涪城区落实“外防输入、内防反弹”各项工作部署，坚持问题导向、效果导向，印发《绵阳市涪城区工业企业疫情处置应急预案》《关于进一步加强工业企业疫情常态化防控工作的通知》等文件，明确防疫任务，压实防疫职责。做好惠科疫情防控工作。按照疫情防控指挥部安排，协助做好惠科完成人员隔离、转移、核酸检测等工作，积极采买口罩、洗手液、棉被、帐篷等应急物资，协调双汇随时准备为惠科提供肉食品保障，指导惠科制定解除封闭管理后7天管控方案和常态化疫情防控方案，为全区取得抗疫胜利贡献力量。开展常态化疫情防控督导检查。根据疫情形势和时间节点，会同镇街定期、不定期开展疫情防控督查检查，指导企业制定完善常态化疫情防控方案、签订《疫情防控主体责任

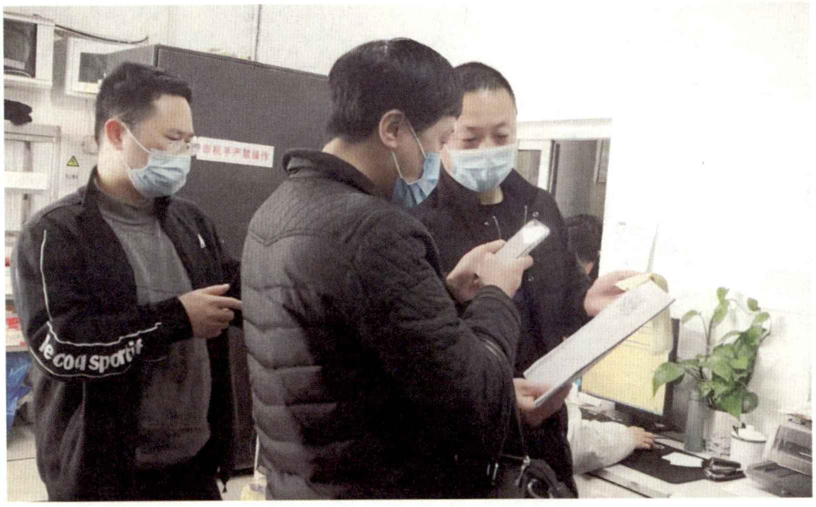

2021 年 2 月 2 日，涪城区工信局干部到企业开展疫情防控检查 （顾容）

书》、落实各项疫情防控措施、储备防疫物资等，严防疫情在企业内发生。全年已开展规上企业疫情防控全覆盖督查指导 2 次，抽查 10 余次。督促企业做好员工疫苗接种。全区规模以上工业企业员工除因特殊情况不能接种外，基本做到应种尽种，接种率达到 95%以上。切实履行库长责任制。针对双汇食品、明峰农业、海辉食品、米小福等涉及冷链物流的食品加工企业，按照区冷链物流疫情防控工作方案，对相关货物进行追溯管理、人员管理、核酸证明等方面的检查和查验，指导企业对进口冷链食品进入集中监管仓进行管理，专用通道进货、专区存放，切断疫情传播途径。

【产业园区建设】2021 年，科技城新区涪城片区“一区两组团”成势突破，建成区面积达 20 平方千米，固定资产投资占全区近 50%；临港经济发展区“一园三组团”蓄势提能，园区产值达到 490 亿元。

【项目建设】2021 年，涪城区康宁玻璃基板、东江环保工业固废处置、九华光子高速光模块项目、永贵科技第五代新能源车载高压动力系列连接器研发及产业化项目等 11 个项目竣工投产；惠科模组、联东.U 谷国际企业港、中南高科智能电子产业园项目、富临精工新能源汽车产业研发及转化生产基地等 13 项目正加快建设；永贵科技高速高密连接器、龙华第二条 2.5 米超大宽幅偏光片生产线、华拓光收发模块研发及产业化 3 个项目正做好开工准备工作。

【企业梯次培育】2021 年，涪城区强化工业企业梯次培育。做强龙头引领。以惠科光电、富临精工、龙华薄膜等一批龙头企业为引领，培育制造业高质量发展的“参天大树”。全区现有 10 亿元以上企业 5 家，惠科光电成为全区首家百亿级企业。做大骨干支撑。精准构建规上企业培育台账，从融资、用工、技改、扩能等方面“一对一”扶持规下企业发展壮大、升规入统，构建制造业高质量发展的“生态绿洲”，2021 年全区新升规工业企业 9 户。坚持创新引领，增强企业核心竞争力，九强通信新增认定为省级企业技术中心，天和机械、信立包装等 6 户企业新增认定为市级企业技术中心；龙华薄膜获评国家级专精特新“小巨人”企业，2.5 米偏光片 PMMA 基膜产线建设经验作为质量标杆在全国范围推广；富临精工先进可变气门正式系统关键技术荣获中国机械工业科学技术二等奖、中国汽车工业科学技术进步三等奖。

【助力民营经济和中小企业健康发展】2020 年，涪城区构建中小企业公共服务体系。新增市级中小企公共服务示范平台 1 家，新增市级小型微型企业创业创新示范基地 2 家，新增省级中小企公共服务示范平台 1 家。51C+创客中心入选省级创业孵化基地。推动市民营办反馈的企业困难问

2021 年 4 月惠科模组形象图 （涪城区工信局）

2021 年富临精工生产线 （龚春利）

题化解，做好困难问题的移交，定期收集推进情况，全年解决问题 31 个。

【优化营商环境】2021 年，涪城区工信局做好困难问题化解。根据上半年“四上企业”全覆盖大走访、企业家“早餐汇”搜集的企业问题，会同相关区级部门、镇街协调解决企业困难问题 130 余个。深入落实涪城区推动产业高质量发展若干政策、“三度服务”20 条措施、促进民营经济健康发展 19 条措施等惠企政策，全面支持企业发展；兑现 2018 年、2019 年、2020 年政策奖励资金 724.33 万元。做好对上争取。到工信部 1 次，到省经信厅汇报工作 10 余次，并与市经信局保持常态化的工作协调。加强对企业申报项目工作指导，组织企业参加专题培训会 5 次，累计完成对上争取资金 9488.547 万元。

【绿色可持续发展】2021 年，涪城区工信局对 150 家台账内企业进行“回头看”。对已关停或自然停产的“散乱污”企业实施“两断三清”，防止死灰复燃；对分类整改恢复生产的“散乱污”企业加强环保设施设备的使用和监督，确保排放达标。督促中科绵投和双汇进行节水型企业创建。有喷漆工艺的工业企业在臭氧污染时段错峰生产安排，有效减少管控时段内 VOCs、NOx 排放。推进节能减排，发展绿色工厂，促进工业经济可持续发展。加强工业企业的节能减排监管力度，减少甚至杜绝资源浪费；淘汰落后产业，减少污染源，宏祥砖厂、盛泰建材厂 2 家砖厂完成技改项目，进一步优化工艺技术。

【绵阳富临精工股份有限公司】公司成立于 1997 年，是国际知名的汽车零部件专业供应商，拥有国家级企业技术中心、四川省新能源汽车驱动系统工程技术研究中心等研发创新平台，先进可变气门正式系统关键技术荣获中国机械工业科学技术二等奖、中国汽车工业科学技术进步三等奖。获评国家国家高新技术企业、国家绿色工厂、国家知识产权优势企业。公司研发人员 300 余人，已有授权专利共计 400 余项，主导产品可变气门正时 VVT、气门挺柱、气门摇臂、电子水泵、自动变速箱电磁阀等产销量在国内同行业排名第一，是大众、通用、上汽、吉利等整车企业的优秀供应商，在细分行业有较高的影响力。2021 年实现工业总产值 22 亿元，实现利润 6.1 亿元，缴纳税收 7914 万元（不含退税）。

【四川龙华光电薄膜股份有限公司】该公司是一家专注于 PC 材料、PMMA 材料及其复合材料等高分子功能性薄膜材料的研发、生产和销售的高新技术企业，从事高分子功能性薄膜材料细分领域 17 年，拥有四川省企业技术中心、四川省光学偏光薄膜材料工程技术研究中心、四川省光学偏光薄膜材料工程实验室等研发平台，获评中国特殊薄膜行业 10 强企业、中国 AAA 级企业信用、国家级绿色

2021 年龙华薄膜生产线 （龚春利）

工厂、国家级知识产权运用试点示范企业、国家专精特新“小巨人”企业，其2.5米偏光片PMMA基膜产线建设经验作为质量标杆在全国范围推广。“龙华薄膜”成为国内外市场具有代表性的特殊薄膜品牌之一，是全球最大的手机背板复合材料厂商，主导产品应用于华为、OPPO、三星、小米等众多知名终端品牌。2021年，公司实现工业总产值13.6亿元，实现利润6600万元，缴纳税收915万元（不含退税）。

2021年绵阳市涪城区主营业务收入亿元以上工业企业一览表

表17

序号	企业名称	序号	企业名称
1	绵阳市水务（集团）有限公司	18	四川绵阳富临建筑材料有限公司
2	绵阳燃气集团有限公司	19	四川九强通信科技有限公司
3	绵阳双汇食品有限责任公司	20	四川华拓光通信股份有限公司
4	四川锦顺兴新材料科技有限公司	21	四川省川西电缆有限责任公司
5	四川德信创新实业有限公司	22	四川海瑞尔重型包装有限公司
6	绵阳市海晖食品有限公司	23	四川绵阳三力股份有限公司
7	四川格来消防电器设备有限公司	24	四川永贵科技有限公司
8	四川英才教学设备有限公司	25	绵阳市驰龙混凝土有限公司
9	宏源地能热泵科技有限公司	26	绵阳惠科光电科技有限公司
10	绵阳富临精工股份有限公司	27	绵阳中科绵投环境服务有限公司
11	绵阳市丰谷制丝有限公司	28	四川沃姆斯科技有限公司
12	绵阳市远达新材料有限公司	29	四川龙泰钢结构工程有限公司
13	四川利尔作物科学有限公司	30	四川龙华光电薄膜股份有限公司
14	绵阳钲强实业有限公司	31	绵阳环阳科技有限公司
15	绵阳新祥亨建材有限公司	32	四川宽窄实业有限责任公司
16	四川国沃生物科技有限公司	33	绵阳建诚恒瑞集团有限公司
17	四川宝龙建材有限责任公司		

工业产业

【概况】2021年，涪城区有食品加工、汽车零部件、电子信息、高端装备制造、新材料、节能环保等产业。全区共有规模工业企业97户，其中食品加工产业企业7户，汽车零部件产业企业12户，电子信息产业企业11户，高端装备制造产业企业11户，新材料产业企业6户，节能环保产业企业6户，其他产业（含建材产业）企业44户。各产业产值比为：13.72:10.65:45.87:6.12:5.17:2.81:15.75。

【食品加工产业】2021年，涪城区有规模以上食品加工企业7户，实现规模工业产值41.36亿元，增长-2.41%，代表企业有绵阳双汇、海晖食品。食品工业总产值占全区规模工业产值的13.72%，产值亿元以上的企业2户。

【汽车零部件产业】2021年，涪城区有规模以上汽车零部件工业企业12户，实现规模工业产值32.32亿元，增长-8.68%，代表企业有富临精工、三力股份。汽车零部件总产值占全区规模工业产值的10.65%,产值亿元以上的企业2户。

【电子信息产业】2021年，涪城区有规模以上电子信息企业11户，实现规模工业产值139.16亿元，增长

365.05%，代表企业有惠科光电、建诚电子。电子信息工业总产值占全区规模工业产值的45.87%，产值亿元以上的企业4户，其中惠科光电产值突破百亿元。

【高端装备制造产业】2021年，涪城区有规模以上高端装备工业企业11户，实现规模工业产值18.57亿元，增长-10.42%。代表企业有永贵科技、九强通信。高端装备工业总产值占全区规模工业产值的6.12%，产值亿元以上企业3户。

【新材料产业】2021年，涪城区有规模以上新材料工业企业6户，实现规模工业产值15.69亿元，增长-0.58%，代表企业有龙华薄膜、远达新材料。新材料工业总产值占全区规模工业产值的5.17%，产值亿元以上企业有2户。

【节能环保产业】2021年，涪城区有规模以上节能环保工业企业6户，实现规模工业产值8.52亿元，增长-29.73%，代表企业有昊宇龙星、沃姆斯科技。节能环保工业总产值占全区规模工业产值的2.81%，产值亿元以上企业有5户。

【其他产业（含建材）】2021年，涪城区有其他产业规模企业44户，实现规模工业产值47.79亿元，增长-13.23%，代表企业有利尔作物、富临建材。工业总产值占全区规模工业产值的15.75%，产值亿元企业有15户。

2021年绵阳市涪城区重点工业项目一览表

表18

序号	企业名称	项目名称	项目属性	开工时间	竣工时间	计划总投资（万元）	年度投资目标（万元）	年度形象进度目标	已完成情况	备注
一	新开工（13个）									
1	绵阳惠科显示科技有限公司	惠科背光模组项目	工业	2021年5月	2022年05月	500000	270000	全面开工建设，完成25万平方米厂房及附属设施建设，完成90%厂房装修工程量，完成动力系统、环保设施工程建设；完成主要设备采购；围绕2022年3月产品实现点亮目标加快推进各项工作	2021年12月28日，项目施工总承包已定标，12月30日，省发改委党已出具项目能评批复；12月31日，项目已取得建设工程规划许可证	二季度开工
2	四川龙华光电薄膜有限公司	三D触控面板复合材料生产线	工业、技改	2021年9月	2023年9月	30000	5000	协调推进企业完成上市工作；完成生产线设备协议洽谈，厂房开工建设	完成厂房建设，正在进行设备安装	三季度开工
3	四川龙华光电薄膜有限公司	第二条2.5米超大宽幅、超薄偏光片生产线	工业、技改	2021年10月	2023年10月	40000	5000	该项目无需新建厂房。完成生产线设备协议洽谈，设备入场	生产线设备洽谈工作已完毕，正在进行设备合同签订工作	四季度开工
4	康宁显示(绵阳）科技有限公司	玻璃基板生产线	工业	2021年1月	2021年12月	60000	40000	完成厂房主体建设及装修工程，完成设备安装调试，竣工试生产	完成设备安装调试，投产	一季度开工，四季度竣工
5	绵阳富诚投资集团有限公司	联东U谷·国际企业港	工业	2021年5月	2022年12月	60157	35000	全面开工建设，完成一批次4万平方米标准厂房主体建设工程，做好企业入驻方案，同步启动厂房租、售工作。做好二批次厂房建设准备	项目一期1#~10#钢结构厂房夹层框架结构封顶6栋、钢结构封顶6栋；22栋多层框架结构首层顶板混凝土浇筑6栋，二层顶板混凝土浇筑2栋，封顶1栋；52#楼桩基施工完成；目前已经完成一期总工程量的38%	二季度开工

续表 18

序号	企业名称	项目名称	项目属性	开工时间	竣工时间	计划总投资（万元）	年度投资目标（万元）	年度形象进度目标	已完成情况	备注
6	绵阳富临精工机械股份有限公司	新能源汽车产业研发及转化生产基地项目	工业、技改	2021 年 1 月	2025 年 12 月	50000	10000	完成运营平台 EPR 系统搭建；电子水泵 VEP4 项目装配测试线建设、减速器壳体检测平台、气密性测试平台建设完成，一条减速器生产线竣工投产	已完成运营平台 EPR 系统搭建工作。一条减速器生产线投产。相应的检验检测平台已建设完成	一季度开工
7	四川华拓光通信股份有限公司	数据中心光收发模块研发及产业化项目	工业、技改	2021 年 10 月	2022 年 12 月	37000	11200	完成设计及工程招投标工作，力争完成厂房地下工程	该项目适应性改造投资购买设备已经完成 3800 万元，研发投入 2600 万。新建厂房设计已经完成，正在进行审图阶段。正加快控股方特发信息的内部审批流程	四季度开工
8	上海中南金石企业管理有限公司	智能电子产业园项目	工业	2021 年 7 月	2024 年 7 月	500000	30000	推进项目拿地办证，完成场平、施工设计等，项目一期全面开工建设，做好企业入驻方案，启动厂房租、售工作，积极做好配套高端产业项目的招引	19 号、25 号、30 号、32 号、33 号楼主体产房已封顶，正在进行 6 栋厂房（17 号、18 号、23 号、24 号、29 号、31 号楼）主体建设	三季度开工
9	绵阳荣耀科技有限公司	西部（绵阳）土壤和水污染监测与修复信息中心一期	工业	2021 年 3 月	2022 年 3 月	8000	5000	完成研发办公楼地下工程及主体建设，做好内外饰装修工程准备；购置完成试验检测中心所需设施设备，做好入场准备；做好监测数据中心搭建工作准备	厂房主体基本建设完成，正在进行内外饰工程	一季度开工
10	绵阳天和机械制造有限公司	基于激光武器装备、航天航空及新能源系列产品的热管理系统的研发项目	工业、技改	2021 年 3 月	2021 年 12 月	1200	600	全面完成项目产业化的前期研发工作，协调生产线建设所需场地，完成设备购置，完成生产线安装调试，竣工投产	该项目 4 加工中心、1 台真空钎焊炉已完成安装调试，并投入生产。目前受生产场地制约，企业在现厂区不再新增投入，待企业搬迁后，再实施完成项目总体计划	一季度开工，四季度竣工
11	四川信立包装有限公司	立体印刷技术能力提升改造项目	工业、技改	2021 年 4	2021 年 12	1000	1000	购置完成生产线技术改造所需设备，并完成设备安装调试，竣工投产	购进印刷机、覆膜机、供墨机、模切机、清废机等设备设施 50 余台（套），完成生产线改造。后期，根据情况，还将持续投入	一季度开工，四季度竣工
12	梯爱司新材料科技（绵阳）有限公司	表面处理生产线改造升级	工业、技改	2021 年 2	2021 年 12	1000	1000	购置完成生产线技术改造所需设备，并完成设备安装调试，竣工投产	项目已投入了 PVD550 涂层设备一台，目前已完成设备安装，并投入生产使用	一季度开工，四季度竣工

续表 18

序号	企业名称	项目名称	项目属性	开工时间	竣工时间	计划总投资（万元）	年度投资目标（万元）	年度形象进度目标	已完成情况	备注
13	奥力达科技有限公司	汽车零部件生产线扩能项目	工业、技改	2021 年 3 月	2021 年 9 月	2000	1000	完成厂房装修改造，购置生产线技术改造所需设备，完成设备安装调试，竣工投产	完成设备安装调试，投产	一季度开工，三季度竣工
二	续　建（14 个）									
14	绵阳惠科光电科技有限公司	绵阳惠科 8K 高透过 IPS 液晶显示面板、智能工厂新模式等项目	工业、技改	2020 年 6 月	2021 年 9 月	50000	50000	项目为惠科液晶面板子项目，在年底前建设完成，竣工达产	该项目为惠科 8.6 代生产线的子项目，目前已实施完成	三季度竣工
15		超高频广视角新型液晶显示面板及关键技术研发项目	工业、技改	2020 年 6 月	2021 年 12 月	5500	3000	已开展研究新的液晶分子排布及转动方式、金属氧化物材料可靠性及薄膜晶体管性能提升	为推进企业占领技术高端，由惠科公司实施的技术研发项目，目前该项目正持续开展之中。为进一步规范企业创新研发行为，已推荐惠科申报了市级企业技术中心	四季度竣工
16	四川龙华光电薄膜有限公司	光学薄膜/片材生产线	工业、技改	2020 年 7 月	2021 年 1 月	30000	20000	完成厂房主体建设及设备安装，竣工试生产	已完了厂房主体建设，正在进行设备安装	四季度竣工
17	四川龙华光电薄膜有限公司	液晶复合光学薄膜材料关键核心技术研发	工业、技改	2020 年 8 月	2021 年 12 月	2500	1000	全面开展核心技术攻关，做好发明、实用新型专利授权申请，进一步提升核心竞争力	该项目为龙华公司技术创新研发项目，目前正在持续开展中	四季度竣工
18	绵阳东江环保有限公司	年处理 2.5 万吨工业固废处置项目	工业	2020 年 8 月	2021 年 12 月	37000	30000	完成厂房主体建设及设备安装调试，试运营，竣工试产	于 2021 年 6 月完成厂房、填埋大坝完成建设，8 月通过危险废物经营许可证专家评审。目前填埋车间已投入使用，焚烧车间即将完成试运行	四季度竣工
19	绵阳恒盛通信网络工程有限公司	智慧铁塔生产基地及通信产业研发基地项目	工业	2020 年 11 月	2021 年 11 月	30000	20000	完成 5 号厂房主体建设，完成设备安装调试，部分投产；推进 4 号、9 号、10 号厂房主体开工建设	项目完成了 4 栋厂房基础施工及钢结构地锚件预埋。5# 钢结构厂房主体、地面硬化等已全部完成建设，第一批设备已完成安装	四季度竣工
20	四川九华光子通信技术九华光子	5G 承载网 100G/400G 高速光模块研发及产业化项目	工业、技改	2020 年 5 月	2021 年 6 月	30000	5000	完成 4 号厂房生产线的调整布局，5 号厂房生产线建设完成，年底前完成设备安装调试，完成产品验证、认证，小批量生产	5G 承载网 100G/400G 高速光模块产业化项目已建成投产。九州集团之前布局在深圳的光器件生产线，搬迁回 4 号厂房，目前生产线已完成安装调试工作，正在进行试生产	二季度竣工

续表 18

序号	企业名称	项目名称	项目属性	开工时间	竣工时间	计划总投资（万元）	年度投资目标（万元）	年度形象进度目标	已完成情况	备注
21	绵阳金富邦数字技术有限公司	基于大数据的数字化监管系统研发与产业化	工业	2020 年5 月	2021 年8 月	10000	5000	完成厂房主体建设及装修工程，完成生产线设备的安装调试，竣工试产	该项目已完成厂房主体建设，并完成厂房的装修工程，生产线已搬迁建设完毕	二季度竣工
22	绵阳富临精工机械股份有限公司	基于工业互联网的汽车动力系统精密零部件数字化工厂建设项目	工业、技改	2019 年7 月	2021 年6 月	3500	3500	按智能制造新模式及工厂数字化、信息化试点示范要求，完成生产车间数据优化。项目实施完成	该项目为富临精工二期项目实施时，为适应现代企业管理需要，同步进行的基于对企业产品开发、生产准备、制造、管理等方面进行的信息化、数字化建设。该项目已实施完毕	二季度竣工
23	绵阳富临精工机械股份有限公司	新能源汽车动力传输系统及智能热管理系统技术研发	工业、技改	2020 年7 月	2021 年12 月	1800	1000	全面开展核心技术攻关，做好发明、实用新型专利授权申请，进一步提升核心竞争力。项目实施完成。年底前兑现高管人才政策	该项目为富临精工公司技术创新研发项目，目前正在持续开展中。该项目已取得一定的技术研发成果，热管理系统产品已试产	四季度竣工
24	绵阳双汇食品有限责任公司	双汇热白条生产线技术改造项目	工业、技改	2020 年12 月	2021 年12 月	9000	9000	完成冻库建设，完成技改生产线建设，竣工投产	该项目生产线技术改造部分已完成；冻库主体结构已建设完成，冻库设备已入场安装	四季度竣工
25	四川永贵科技有限公司	高速高密连接器研制及产业化项目	工业、技改	2020 年1 月	2022 年12 月	5150	2000	依托现有厂房实施该项目建设。完成项目产业化的前期研发工作，完成测试设备购置及磨具设备设计，完成样品试制并交由客户认证。完成项目产业化市场调研论证工作	该项目产品的技术研发工作已完成，完成样品试制及客户认证。正进行产业化所需设备采选工作	跨年度项目
26	四川永贵科技有限公司	第五代新能源车载高压动力系列连接器研发及产业化项目	工业、技改	2020 年5 月	2021 年8 月	1000	1000	全面完成项目产业化的前期研发工作，完成生产线技术改造工作，竣工投产	该项目已实施完成，竣工投产	三季度竣工
27	绵阳普尔环保有限公司	一体化撬装式页岩气压裂返排液环保处理装备研发及产业化项目	工业、技改	2019 年4 月	2021 年6 月	3000	1000	推进项目建设完成。积极开拓产品市场，争取更多合同订单。竣工达产	该项目已实施完成，竣工投产	二季度竣工

（顾 容 廖 伟）

园区

中国（绵阳）科技城金家林总部经济试验区

【概况】中国（绵阳）科技城金家林总部经济试验区（以下简称金家林试验区）成立于2010年4月，规划面积24.5平方千米，位于绵阳市主城区中部偏西，与高新区、安洲区交汇，是绵阳承载成德绵一体化发展的重要区域。2020年12月23日四川省人民政府批复成立科技城新区，科技城新区规划面积396平方千米，包括涪城区、游仙区、安州区所辖9个乡镇（街道）所属行政区域。其中：涪城区属范围涉及青义镇全部行政区域和城郊街道部分行政区域，共83平方千米，包含统筹区70平方千米、直管区13平方千米。金家林试验区全域纳入科技城新区范围，并处于科技城新区核心位置。2021年实现全社会固定资产投资119亿元，全区占比48.7%，同比增长39.4%；实现一般公共预算收入3.3亿元，同比增长37.5%；新增“四上”企业27户。2021年12月，被省四川省经济和信息化厅评为“亩均论英雄”产业园区规上工业企业先进单位。

2021年，金家林试验区新增高新技术企业6家，累计达到24家，其中瞪羚企业2家；新增科技型中小企业19家，累计达到438家，其中国家级专精特新企业1家。四川振通检测公司在新三板上市，成为新三板2019年改革新政后国内首家挂牌、直接进入创新层的企业，片区上市企业累计达到3家。

新增载体面积12万平方米，累计达到20万平方米，新建成投用创新平台4个，13个创新平台优质运营，举办“科技赋能，智造未来”高峰论坛等特色活动近100场次，引进创新人才2000余名、创新团队210个。中关村信息谷创新中心依托中关村雄厚创新资源，汇聚企业近120家。中科（绵阳）创新园利用中科院资源科技优势，招引科创项目30个。省军民融合研究院充分释放西科大科研能力，落地项目20个、入驻科研团队11个。北斗未来创新中心入驻卫星相关领域企业18家。落地建设科创项目21个，中国最具创新力企业科大讯飞、全国首家（合成孔径雷达）遥感卫星运营企业天仪卫星等9个项目建成投用。中关村二期、西部土壤等项目加快建设；长虹科技园、华拓信息港等项目加快前期工作；签约引进长虹智能控制MCU（单片微型计算机）芯片、数字经济创新中心等项目110个。深化“1+X”科技服务体系建设，增强科技创新能力，新增技术中心2个，省级以上实验室累计达到19个；新增成果转化数8个；有效发明专利116个。5G应用、人工智能运用等场景加速形成，科普教育展示基地建成投用，累积接待参观人员超6000人次。

科技智谷组团发展。聚焦人工智能、北斗卫星、5G等科创产业，发挥中国科学院、中关村等渠道资源，构建“科技研发—技术转化—成果应用—业务拓展”的科创产业链。依托南京硅基、科大讯飞等人工智能龙头企业，引领带动人工智能产业发展。依托绵阳天仪、天权时空等卫星产业头部企业，推动卫星产业集聚拓展。依托中国移动（成都）产业研究院绵阳分院、华拓科技等5G领域优质企业，推动5G产业突破发展。推进九华光子与华为的深度合作，协力做强5G产业；环西南科技大学组团发展。

聚焦创新创业，用好西南科技大学、中国工程物理研究院等科创资源，构建“创新创业—技术合作—企业孵化—产业壮大”的双创产业圈，打造创新创业洼地。全国双创服务领域唯一上市公司创业黑马创造签约1月即建成投用的涪城速度，招引企业20家，集聚创新创业人才200余名。国家大学科技园3万平方米新建载体投入使用，与西科大合作的数字经济创新中心启动建设，打造“一中心六平台”产学研用协同创新平台。

实施道路建设项目11个，科慧大道建成通车，科技城大道二期、东西第二干道加快建设，新建成支路网道路7条，片区道路通车里程超过80千米，建成面积达到20平方千米。实施九洲云栖湖、长虹金岭一号等19个城市开发项目，完成投资85.8亿元，建筑面积超过500万平方米。实施公共服务配套、环境提升等项目14个。绵安大道、环金西湖等环境提升项目建设完工；子云幼儿园、金家林二中改扩建工程等学校项目建成投用，蜀北学校启动建设；涪城妇女儿童医院、涪城中医医院等医院项目全面开工。完成长虹科技园、九华府等项目地块拆迁工作，全年拆迁农户805户，企业17家，累计完成拆迁农户4974户，企业131家。筹集社保预存资金2.37亿元，解决社保安置649人。完成金西湖北侧及周边地块0.1333平方千米规划调整，天生桥区域规划调整有序推进。启动龙界路、九华府等32宗1.5726平方千米土地报征工作，完成九华府B地块、长虹项目A地块等10宗0.6979平方千米土地出让。全年争取各类资金共28.26亿元。到位债券资金8.65亿元，银行融资资金5.77亿元，项目前期资金1.55亿元，土地净收益资金1.8亿元，土地成本返还资金10.47亿元。园区科技服务业发展专项资金，已向省、市科技厅申报待拨付，预计到位130万元。

【科技智谷科普教育展示基地】该项目位于5G和卫星应用科技园，建筑面积2200平方米，总投资近3200万元，于2021年7月建成投用。由序厅、涪城掠影、智谷蓝图、产业创新、你好未来五大展区组成，是科技城新区成果展示中心、创新展望中心、科技体验中心和科普教育中心。致力于打造四川尖端、成渝领先、全国一流的科技创新交流平台、科技城新区展示中心、成渝绵“创新金三角”科普教育展示基地。截至2021年底，已接待各级来宾近万人。

【硅基智能（全球）数字科技总部项目】该项目位于5G和卫星应用科技园，建筑面积近2200平方米，2021年7月，建筑面积2400平方米的平台一期建设完工，投入运营。项目承接总部人工智能科技研发、技术转化、成果应用等资源，建设全球（绵阳）科技城AI（人工智能）数字技术研究院、绵阳AI（人工智能）生态链基地、AI（人工智能）数字科技全球（绵阳）运营中心、全球AI（人工智能）大数据中心。邦晨科技有限公司、四川蓝色港湾科技有限公司等7家产业链科创企业入驻，平台稳步运营，向智慧医疗、智慧社区、数字经营等产业链延伸布局。引进产业链企业实现税收90万元。

【绵阳商业卫星产业集群项目】该项目位于科技城新区科技智谷卫星应用科技园，由国内卫星产业顶尖公司——长沙天仪空间科技研究院有限公司投资建设，计划总投资1亿元，建筑面积2600平方米，于2021年7月建成投用。项目主要开展卫星整星研制、星座建设、卫星数据应用服务等业务，带动本地高端智能制造、机电、软件产业的技术提升，打造商业卫星研发、制造、应用以及机械加工制造、信息技术、机电、软件等产业集群。

【科大讯飞中国（绵阳）科技城人工智能研发运营中心项目】该项目位于5G科技园3号楼第1层，总投资1亿元，建筑面积2100平方米，2021年12月建成运营。该中心承接科大讯飞的感知智能、认证智能等领域技术资源，在教育、医疗、军工等方面开展合作。该中心入驻企业8家。

【金西湖环境提升一期工程项目】该项目由汇鑫集团实施建设，总投资2800万元，于2021年12月建成投用。项目包含金西湖湖心岛绿化建设和金西湖周边道路及绿化建设，其中：湖心岛绿化约1.67万平方米、道路1千米；高铁大道与高速间绿化1600米。该项目进一步优化城市视觉效果，改善城市风貌，提升金西湖片区优美人居环境和提高人民群众生活质量，带动片区内经济的发展。

【创业黑马西部（绵阳）科创基地】创业黑马西部（绵阳）科创基地，位于绵阳科技城新区涪城片区青义镇科大广场，由中国创新创业服务领域唯一一家上市公司——创业黑马科技集团股份有限公司投资建设运营，2021年7月23日，在涪城区建成全国首个由双创向科创转型的产业基地，致力于科技要素聚集、科技产业升级、科技项目落地，着力打造西部科创产业生态。项目计划投资11亿元，共分为二期建设。一期依托科大广场产

2021年3月25日，中国（绵阳）科技城“科技赋能，智造未来”高峰论坛暨中科（绵阳）创新园开园仪式在中科（绵阳）创新园举行　（涪城区融媒体中心）

业园区运营，总面积8800平方米，计划投资1亿元，建设黑马科创服务展示区、黑马绵阳·科创实验室、创新产业总部集群、国家大学科技园创客中心、成立产业基金，着力构建融“产业加速+资源链接+资本赋能+园区运营”为一体的科技创新服务生态体系。二期计划投资10亿元，建设黑马科创产业园。目前已签约、入驻项目20家。

【中关村信息谷创新中心项目】该项目是以科技产业组织和服务为主要目标的平台公司，以中关村创新资源、线上平台、科技金融为一体的支撑体系，分绵阳·中关村信息谷创新中心项目（一期）和科技智谷科技园孵化示范中心项目（二期）共两期实施。2020年11月，绵阳·中关村信息谷创新中心项目入驻中国（绵阳）科技城软件产业园运营，运营载体面积4.5万平方米，建成绵阳·中关村信息谷创新协同展示中心、雨林空间路演厅、雨林空间国际孵化器，签约企业194家。二期项目用地位于科技城新区（涪城区属范围）青义镇金家林村2社、4社及新观寺村4社、6社。属省重点项目，由区属国有平台公司汇鑫公司子公司——绵阳智创未来实业有限公司作为业主，采用施工图设计+施工总承包模式进行建设，于2021年10月开工建设。

【中科（绵阳）创新园启动】2021年3月25日，中国（绵阳）科技城“科技赋能，智造未来”高峰论坛暨中科（绵阳）创新园开园仪式在中科（绵阳）创新园举行。中国科学院院士曹春晓，中国科学院科技创新发展中心常务副主任、中科院北京分院常务副院长、党组成员吴建国，副市长廖雪梅，区委副书记、区长张虚怀，副区长陈洪芳等出席。中科（绵阳）创新园启动，举行中科（绵阳）创新园企业服务生态链供应商签约仪式、中科（绵阳）创新园落地企业项目签约仪式。中科数字经济创新（绵阳）中心、科服集团“科服管家”（绵阳）服务工作站落户涪城。中科（绵阳）创新园总建筑面积10000余平方米，是中国（绵阳）科技城科技智谷科技园区规划的八大科技园区之一。园区立足于中科院系统内部的科技创新资源，对接绵阳当地企业需求，搭建科技成果产业化的渠道，重点聚焦新一代信息技术、人工智能、航天航空、核技术应用、5G产业、智能制造等产业方向，依托中科院科研资源，打造中科院科技成果转化示范区。

【创业黑马西部（绵阳）科创基地启用】2021年7月23日，创业黑马西

2021年7月23日，创业黑马西部（绵阳）科创基地启动仪式举行　（涪城区融媒体中心）

2021 年 9 月 17 日，科技城新区涪城片区科技企业招商推介会暨绵阳·中关村信息谷创新中心招引项目集中签约仪式在科技城新区涪城片区中关村科技园举行 **（涪城区融媒体中心）**

部（绵阳）科创基地启动仪式举行。市委常委、组织部部长王华蓉，区委书记邓辉，区委副书记、区长张虚怀，区委副书记魏有良等出席。基地创建于 2021 年 4 月，围绕涪城区主导产业特点，以培育科技型、高新技术、独角兽及上市企业，并帮助涪城区传统企业转型升级为目标，打造集聚招才引智、企业孵化、产业加速的综合服务平台。基地项目共分为两期，一期依托科大广场产业园区运营，总体面积近 8230.75 平方米，计划投资 1 亿元；二期建设黑马科创产业园，计划投资 10 亿元。建设内容包括：黑马科创服务展示区、黑马绵阳·科创实验室、创新产业总部集群、环西科大创客中心、成立产业基金和黑马科创产业园。累计培育企业 90 家，市内 60 家，市外联动 30 家。创新产业总部集群累计引进企业 71 家，独角兽区域总部 2 家，产业独角兽区域总部 5 家，高成长型企业 24 家，科技初创型企业 40 家。启动仪式上，黑马绵阳产业加速器揭牌。

【绵阳·中关村信息谷创新中心签约】 2021 年 9 月 17 日，科技城新区涪城片区科技企业招商推介会暨绵阳·中关村信息谷创新中心招引项目集中签约仪式在科技城新区涪城片区中关村科技园举行。市委常委、市政府常务副市长、科技城新区党工委书记梁磊，北京中关村信息谷资产管理有限责任公司董事石七林，区委书记邓辉出席仪式并致辞。市经济合作局局长董正红出席仪式。区委副书记、区长张虚怀主持仪式。区委副书记胡友谊出席仪式，梁磊、石七林、邓辉、董正红等参加活动。绵阳中关村信息谷科技服务有限责任公司与航天宏图信息技术股份有限公司、葫芦科技有限公司、广州鹏凯环境科技股份有限公司、四川颐实企业管理有限公司、涪瑞成节能科技有限公司、成都行必果光电科技有限公司、大庆艺管家科技有限公司、四川新凯腾科技有限公司签约，“一中心、八平台”合作企业签约。

【四川振通检测股份有限公司新三板挂牌】 2021 年 7 月 8 日，四川振通检测股份有限公司新三板挂牌同时进入创新层仪式在北京举行。区委书记邓辉，四川振通检测股份有限公司董事长、总经理杜义祥，华西证券股份有限公司投资银行部总经理万健，全国中小企业股份转让系统有限责任公司副总经理陈永民，省交通工程质量监督站副站长高艳龙，市金融工作局副局长羊坤，西南科技大学土木工程与建筑学院院长姚勇等出席。四川振通检测股份有限公司是涪城助力科技创新企业发展壮大的典型代表。该公

2021 年 7 月 8 日，四川振通检测股份有限公司新三板挂牌同时进入创新层仪式在北京举行 **（涪城区融媒体中心）**

司2012年落户涪城，在涪城区支持下，经过9年努力，发展成四川省唯一一家集社会服务、人才培养、研发创新为一体的高新技术企业，2021年4月获批在全国股转系统挂牌同时进入创新层，成为新三板2019年改革新政后全国首家挂牌同时定向发行，直接进入创新层的企业。

（向　忠　冯　尹）

中国（绵阳）科技城软件产业园

【概况】中国（绵阳）科技城软件产业园于2013年11月开始筹建，2015年12月29日经绵阳市人民政府正式授牌成立。规划建设面积0.5399平方千米，分三期建设，一期核心启动区，6万平方米于2014年3月建成投用，重点发展支撑军民融合、电子商务、数字家庭、移动互联的软件开发和信息服务等产业，并有效形成了军民融合产业链、信息安全产业链、电商物联网产业链、科技文化产业链。二期集中发展区，规划建设0.1333平方千米用地，重点发展应用软件、通信网络、智能生活、电子商务服务等产业，形成具有省、市影响力的软件产业集中发展区；三期综合配套区，规划建设0.3333平方千米，集聚发展服务外包、人才培训、硬件生产等产业，打造具有全国影响力、服务川渝中心城市、辐射西南片区的软件产业集聚区、园区先后被认定为"国家级科技企业孵化器""省级科技企业孵化器""省级信息安全产业示范园区""省级大学生创新创业园区""省级版权示范园区""省级促进退役军人就业创业产业园（试点）""市级文化产业示范园区""市级电子商务产业园区"。

2021年，园区实现税收突破过亿元，集聚人才3000余人，新增申请专利364件。完成31家科技型中小企业评价。新增认定科技型中小企业12家，累计认定科技型中小企业438家；新增认定高新技术企业7家，累计认定高新技术企业26家；累计认定军民融合企业29家；拥有瞪羚企业1家。

【科技城软件产业园软件学院】成立于2016年8月，由金家林总部经济试验区、绵阳职业技术学院、绵阳市昶信孵化器管理有限公司联合建设，软件学院的建设主要致力于软件园企业研发人才的定制培育，解决园区企业技术人才的缺失问题，同时在大学生中孵化培育创业团队。2021年软件学院开班5期，培训学员180人，16家企业参与办学，毕业学生签约园区企业达80%。

（向　忠　冯　尹）

中国（绵阳）科技城科技物流产业园

【概况】中国（绵阳）科技城科技物流产业园位于涪城区新皂镇，2013年，随着国家二级铁路物流站点——皂角铺铁路物流基地项目的落地，市委、市政府决定依托铁路物流基地新建中国科技城（绵阳）科技物流产业园。2016年1月，根据市政府《关于授权涪城区政府实施中国科技城·绵阳科技物流产业园一级土地整理的批复》（绵府函〔2015〕179号）、市政府绵府纪要〔2015〕66号精神，涪城区通过公开方式确定通富弘业有限责任公司作为产业园启动区0.549平方千米一级土地整理项目投资商。2017年1月3日，涪城区政府下发《关于印发〈中国科技城（绵阳）科技物流产业园管理运营方案〉的通知》（绵涪府办函〔2017〕3号），明确园区的投资、建设、招商和运营主体及政策支持等内容。园区按照"封闭运行、自求平衡"和"政府引导、企业主导、市场化运作"原则，通富弘业有限责任公司于2017正式启动园区建设、招商、运营相关工作。

新皂镇法定控规约6平方千米，2016年，《中国（绵阳）科技城科技物流产业园启动区控制性详细规划》通过绵阳市国土空间规划委员会

2021年12月1日，皂角铺铁路物流基地　（王　勇）

2021 年横九路 （孙 阳）

审议，明确启动区规划面积为 3.16 平方千米（含皂角铺铁路物流基地 0.86 平方千米），剩余约 2.8 平方千米由高新控规覆盖。由市自然资源和规划局编制的《绵阳市国土空间总体规划（2020—2035）》方案，建议科技物流园区规划范围 11.88 平方千米，位于涪城区新皂镇 10.45 平方千米，高新区 1.43 平方千米，截至年底，尚处于编制阶段。

【园区建设机制体制】2021 年初，在相关区级领导的正确指导和相关部门分析研判下，由新皂镇党委牵头，形成以基本情况、建设必要性、存在问题、测算情况、工作建议为主要内容的《关于中国（绵阳）科技城科技物流产业园建设运营有关情况的报告》。5 月 17 日，区委“周周听汇报”专题听取了产业园规划建设和测算情况报告，对整体规划建设科技物流产业园做出进一步安排部署。6 月 4 日，区委、区政府印发《关于成立中国（绵阳）科技城科技物流园片区开发建设指挥部的通知》（绵涪委办字〔2021〕13 号）文件，成立以区委副书记、区政府区长张虚怀为指挥长，区政协党组书记、主席杜正茂为执行指挥长的中国（绵阳）科技城科技物流园片区开发建设指挥部，下设综合协调组、资金统筹组、开发建设组、产业发展组、用地保障组、现状管控组 6 个专项工作组，形成上下联动、合力攻坚、共同推进的工作模式。定期召开园区建设指挥部会议，听取各组工作开展情况汇报，研究解决存在的问题，安排部署相关工作。截至 12 月 31 日，共召开园区建设指挥部会议 3 次。5 月 17 日，区委周周听汇报专题研究科技物流园片区建设，确定“产城一体、两业融合”现代化示范园区的发展定位，为片区建设指明方向，指挥部及各专项工作组开展工作，推动园区大开发、大建设、大发展。6 月 17 日，召开科技物流园片区开发建设指挥部第一次全体会议，议题 7 个，议定事项 2 个；11 月 10 日，召开科技物流园片区开发建设指挥部第二次全体会议，议题 9 个，议定事项 19 个；12 月 23 日，召开科技物流园片区开发建设指挥部第三次全体会议，议题 7 个，议定事项 17 个。

【强化对上争取】2021 年，物流园加强与市里相关方面沟通协调，全力争取园区“封闭运行”政策，得到市委、市政府高度认可和全力支持，园区建设运营模式得到明确。协调科技物流园片区建设空间规划，确保园区 11.88 平方千米规划范围纳入城市开发边界。争取债券资金，富诚公司 6.6 亿元债券包已通过省财政厅复审，汇鑫集团新包装的 8.82 亿元两业融合产业园项目包和 7.89 亿元公铁联运项目包已进入申报环节。市住建委、市交发集团基本同意将飞云大道至 8 号路桥口段纳入整体改造范围实施。

【强化土地保障】2021 年，抓好园区拆迁工作，对需拆迁的共 250 户（其

2021 年纵七路西段建设现场 （新皂镇）

中农户 243 户、企业 7 户），现已拆除农房 120 户，剩下的 123 户农户及 7 户企业，正在按进度计划推进。26.13 万平方千米工业地块、20.99 万平方千米物流地块、7.59 万平方千米两业融合示范园地块成片开发方案已获省政府批复，并会同纵七路林地一并完成报征组卷工作，已报市自然资源局审批。持续推进用地单位办理用地手续，凝晖物流二期用地已成交，正在办理交地手续，环阳科技二期用地供地方案已通过区土委会审定，川汽院新增划拨用地正办理供地手续。摸底老场镇全域拆迁情况，分析研判老场镇入口位置因规划为工业用地暂不具备改造条件、七号路以东区域改造成本过高等问题。

【项目引进】2021 年，由汇鑫集团确定四川物流产业研究院编制片区整体开发方案，形成因地制宜、前景可期的高水平策划文本。片区综合开发项目川发展通过董事会审议，投资 12 亿元的公路物流港项目已通过传化智联集团预审，投资 9 亿元的汇鑫集团“两业”融合食品产业园项目完成设计及招商，海康威视、哈罗单车、宏信建发等重点产业项目持续跟进。

【园区建设】2021 年 3 月 11 日，总投资 7.9 亿元、占地 92.79 万平方千米的皂角铺铁路物流基地经成都铁路局初步验收，于 12 月 1 日开通运行。B02 县道跨宝成线铁路桥、智慧物流信息数据中心一期项目、双汇冷库项目、凝辉仓储物流中心项目、西南油气分公司永兴 1 井钻井项目 5 个重点项目于 2021 年年底前全部竣工；科技物流园骨干道路横九路、纵七路西段建成通车，2021 年年底前基本实现横九路、纵七路东段全面贯通；铁路专用线项目完成火车货站西大门附属道路建设，正在协调安评工作；新油库（绵阳市成品油集中仓库）完成 23.33 万平方千米用地范围内拆迁工作，并完成打围形成“净地”，已有两家企业获得安评。

（孙　阳　周文成）

中国（绵阳）科技城临港经济发展区

【概况】中国（绵阳）科技城临港经济发展区紧邻绵阳机场、皂角铺铁路货运站，是绵阳产业南进的主要承载地，是涪城区建设先进制造业发展高地的核心区，筹建于 2017 年，2018 年 7 月经市委、市政府批复为市级园区，截至 2021 年年底，正在申建省级开发区。园区以建设千亿园区为目标，先期开发建设东区、西区 22 平方千米，后期向南区拓展至 54 平方千米。园区已形成二环路、绵中路、绕城高速、G5 京昆扩容为骨架的快捷路网，水、电、气等各项基础设施日臻完善。2021 年，园区按照“一园三组团”布局，东区规划面积 9.06 平方千米，工业用地 2.64 平方千米，以吴家镇和石塘街道部分区域为载体，重点发展新型显示、汽车电子、5G 制造三大主导产业；西区规划面积 13.24 平方千米，工业用地 2.27 平方千米，以新皂镇为载体，重点发展先进制造和科技物流产业；南区（面积约 32 平方千米）以杨家镇和丰谷镇部分区域为载体，重点发展三大主导产业配套产业、承接中小企业产业转移。2021 年，园区新增规模工业企业 6 户，规模工业企业户数 47 户。实现规模工业产值 239 亿元，同比增长 80.5%，占全区规模工业产值的 78.8%。

【配套设施】2021 年，临港东区绵阳高铁南站建设启动前期工作，完成高铁商务区建设规划策划。西区科技物流园 11.88 平方千米纳入城市国土空间规划并法定化。川发展片区整体开发项目开工建设。皂角铺铁路物流基地投用达能，新油库及铁路专用线全面启动建设。“两业”融合示范园项目开工建设。南区完成 15.39 万平方千米土地出让，建成 15 万平方米标准厂房。G5 京昆高速扩容项目（园区段）20 千米全线基本建成。404 医院项目、九洲汉地项目开工建设。

【龙头企业培育】2021 年，临港经济发展区实施企业梯次培育计划，按照百亿元级、五十亿元级、十亿元级企业进行“一企一策”精准帮扶，促进企业扩产上量、提档升级。百亿元级企业实现零的突破（惠科光电）。五十亿元级企业达到 3 家（双汇食品、富临精工、龙华薄膜）。十亿元级企业净增 2 家，达到 7 家。

【主导产业】2021 年，临港经济发展区打造新型显示、汽车电子、5G 制造三大产业集群。围绕惠科、龙华薄膜，做强 TFT-LCD、白光 LED、显示模组、基膜、功能膜、复合材料等中游产业，招引 PCBA、驱动芯片、玻璃基板、液晶、改性树脂等上游产业和电视、手机、显示器、笔记本、模切厂商、偏光片等下游产业，构建新型显示产业生态，实现全区新型显示产业产值 139 亿元。围绕富临精工、三力汽车，做强电子水泵、直流无刷电机控制器、减速器、热管理控制器、汽车转向柱总成等中游产业，招引精密机械加工、电子元器件、表面处理、塑料件等上游产业，和智能驾驶系统集成商、动力总成集成商等下游产业，构建汽车电子产业生态，实现汽车电子产业产值44.5亿元。围绕华拓光通信、九华光子，做强光模块、光器件等中游产业，招引芯片、TOSA、ROSA器件、壳体机加工等上游产业，和运营商、传输类设备厂商、数据中心等下游产业，构建5G制造产业生态，实现5G制造产业产值65.3亿元。

【项目建设】2021年，临港经济发展区坚持“大抓项目、抓大项目”，落实区级领导联系重点项目制度，推进项目建设。2021年，重点推进总投资170亿元的22个工业项目，新开工惠科背光模组、龙华光电薄膜公司的3D触控面板复合材料生产线和第二条2.5米超大宽幅超薄偏光片生产线、康宁玻璃基板生产线、联东U谷·国际企业港、富临精工的新能源汽车产业研发及转化生产基地项目、中南高科的智能电子产业园项目6个，总投资124亿元。推进惠科超高频广视角新型液晶显示面板、龙华光学薄膜/片材生产线、智慧铁塔生产基地及通信产业研发基地、新能源汽车动力传输系统、双汇热白条生产线技术改造等项目12个，惠科8K高透过IPS液晶显示面板、东江环保的年处理2.5万吨工业固废处置项目，富临精工的汽车动力系统精密零部件数字化工厂建设，世界500强康宁玻璃基板项目当年开工、当年投产。

【政策激励】2021年，临港经济发展区制定落实“一揽子”政策，形成支持产业、支持企业、支持企业家的政策体系和逻辑闭环。制定落实《涪城区推进产业高质量发展若干政策》，围绕三大先进制造业制定10条“硬核”措施，区财政每年安排5000万元专项资金用于政策兑现，设立5亿元产业发展引导基金和5000万元股权投资资金用于支持产业发展。支持企业方面，制定落实《涪城区支持企业发展26条措施》，聚焦解决制约企业发展的堵点和难点问题，支持企业高质量发展。制定落实《关心关爱企业家10条措施》，在政治上爱护、工作上帮助、生活上关心，提升在涪企业家归属感、获得感、荣誉感、使命感、安全感。

（王敬尧　廖　伟）

绵阳科技城新区

【概况】绵阳科技城新区是2020年12月23日由四川省人民政府批复设立的全省第4个省级新区，总体规划面积396平方千米，空间范围包括绵阳市涪城区、游仙区、安州区、高新区、科创区下辖9个乡镇（街道）所属区域，常住人口约80万人，分为统筹区和直管区。由新区党工委、管委会统筹整个新区范围内的政策措施、发展规划、目标管理等，并具体组织领导直管区经济社会发展和开发建设。2021年，新区实现地区生产总值约702.86亿元。

直管区是科技城新区建设发展的主阵地和示范区，管辖面积36.6平方千米，空间范围包括科创区创业园街道全域和涪城区青义镇、安州区界牌镇部分区域，常住人口约19万人。2021年，直管区实现地区生产总值100.48亿元。

【建制沿革】2001年5月9日，市委、市政府以绵委发〔2001〕13号文件正式批准建立绵阳科技城科教创业园区；7月19日，市委、市政府以绵府函〔2001〕127号文件对绵阳科技城科教创业园区行政区划有关问题进行了批复，同意将涪城区城郊乡八角村1社、2社、3社、4社、5社、6社、7社、8社、新庙村5社、上马社区1社、2社、3社、4社、5社、6社、7社、白土村1社、2社、3社、西园村1社、2社划归科教创业园区管辖；8月8日，市委、市政府以绵委〔2001〕52号文件批复科教创业园区和西南科技大学共建西南科技大学国家大学科技园。2002年9月2日，国防科学工业技术委员会、科学技术部以科工技〔2002〕584号文件同意设立绵阳国家军转民科技园。2003年10月16日，科学技术部、教育部以国科发高字〔2003〕336号文件认定第二批国家大学科技园，西南科技大学国家大学科技园通过认定；5月12日，绵阳市机构编制委员会以绵编发〔2003〕37号文件同意设立中共绵阳国家军转民科技园工作委员会和绵阳国家军转民科技园管理委员会，与中共绵阳科技城科教创业园区工作委员会、绵阳科技城科教创业园区管理委员会实行“两块牌子、一套班子”的管理体制。2004年8月18日，省人民政府以川府函〔2004〕187号文件对确定绵阳科教创业园建设范围进行批复，明确指出绵阳科教创业园建设范围10.28平方千米，符合绵阳市城市总体规划（1997—2021年）和绵阳市土地利用总体规划，同意纳入开发区建设范围；7月30日，绵阳市人民政府以绵府函〔2004〕137号文件明确将涪城区城郊乡大包梁村2社和6社整体划归科创区管辖。2006年1月，科创区通过国家发改委审核，成为“绵阳工业园区”，是四川省省级开发区。2011年8月，绵阳市第六次党代会明确“以科创区为主导建设科教创新区”的发展战略，四川省建设绵阳科技城领导小组第十四次会议明确科技城“一核三区多园”布局。在市委六届十次全会《关于全面创新改革推动率先发展的决定》中明确科创区定位为“科技城创业经济承载地”。科创区也是经认定的国家级科技企业孵化器、国家科技创新创业基地、四川省电子商务示范基地、四川省现代服务业科技服务集聚区、四川省大学生创业示范园、四川省知识产权试点园区。2020年12月23日，四川省人民政府以川府函〔2020〕254号文件批复同意设立绵阳科技城新区。2021年市委市政府以绵委发〔2021〕7号文件，明确将科创区全域纳入科技城新区直管区管辖范围。

【科技城新区挂牌成立】2021年3月29日，绵阳科技城新区在科技城创新中心5号楼揭牌，标志着绵阳科技城新区建设进入实质性建设阶段。市委书记罗增斌出席揭牌仪式并讲话。

【科技城新区管理体制出台】2021年5月6日，市委、市政府印发《绵阳科技城新区管理体制的实施方案》(绵委发〔2021〕7号)，明确将科技城新区划分为直管区和统筹区。直管区管辖范围36.94平方千米，包括涪城区青义镇大新村、戈家庙村、鼓楼山村、金家林社区部分区域，共13平方千米；安州区界牌镇西明村、石岭村及龙集村部分组，共10.88平方千米；科创园区全域13.06平方千米。省政府批复的科技城新区规划范围内未纳入直管区的其他区域为统筹区。各片区按照“统分结合、分片运行、统筹管理、上下联动、权责均衡、利益共享”的原则各自运行、互补发展。

同日，市委、市政府印发《支持绵阳科技城新区直管区发展的政策措施（试行）》（绵委发〔2021〕6号），从优化城乡管理机制、优化国土资源管理机制、委托行使项目建设市级管理权限、加大财政支持力度、创新用人机制方面放权赋能。

【科技城新区直管区机构改革方案出台】2021年12月30日，市委编办印发《关于同意绵阳科技城新区党工委（管委会）内设机构优化调整备案的函》（绵编办函〔2021〕17号），同意科技城新区党工委（管委会）内设机构调整方案。调整后，科技城新区党工委（管委会）内设机构限额10个：综合办公室（战略研究局、目标绩效管理办公室）、党群工作部、财政金融局、经济运行局（统计局、商务局）、科技创新局（科技成果转化局）、住房和城乡建设局（自然资源和规划局、生态环境局、城市管理局）、经济合作局、社会治理局（信访局、应急管理局）、公共服务局、纪检监察工委办公室。

【国家知识产权局商标受理窗口落户新区】2021年11月1日，国家知识产权局商标受理窗口落户科技城新区直管区，并正式开展商标注册受理业务，这是全市第一个国家知识产权局商标受理窗口。这个商标受理窗口的设立，对于方便绵阳市企业办理商标申请和咨询，进一步优化营商环境，减轻企业负担、降低企业成本，提升企业商标品牌核心竞争力、推动全市经济高质量发展具有积极意义。

【科技城新区直管区城市设计方案出台】2021年11月24日，《绵阳科技城新区直管区城市设计》正式通过绵阳市政府批复。该设计方案立足“科技创新、品质生活”基本理念，按照“四区、三廊、两轴、一湾”的空间结构进行布局，设计范围约24平方千米，位于科技城新区直管区西片区，处于绵阳十字发展轴（创业大道发展轴与科技城大道发展轴的交汇点和主城区地理中心）。

【中国（绵阳）科技城先进技术研究院成立暨揭牌仪式举行】2021年12月29日，“中国（绵阳）科技城先进技术研究院”在新区揭牌。该研究院由院地协作共同举办，其发展方向是聚焦核技术应用、激光装备、先进材料等优势领域，瞄准“卡脖子”问题和国产替代等关键核心技术，赋能创新产业发展，全面提升科技城创新能级。

【科技城创新中心三期项目】创新中心三期项目位于绵阳市科创园区（园兴街以东、园兴东街以西、九洲大道以南、财元路以北），项目包含10~13号楼，总建筑面积约19.56万平方米，主要功能包含孵化办公约12.65万平方米，数据中心约1.58万平方米，地下室车库等配套设施约5.33万平方米，总投资约8亿元。建设单位为绵阳科技城发展投资（集团）有限公司，施工单位为中铁十七局集团有限公司，监理单位为四川正菱建设监理咨询有限公司，设计单位为中国建筑西南设计研究院有限公司，地勘单位为四川省地质工程勘察院。项目于2017年4月开工，2021年年底已完成主体建设。

【科技城创新基地项目】科技城创新基地项目位于科创区兴隆社区，主要承接创新中心孵化毕业项目和园区招商引资的产业化项目。工程规划总用地面积114253.6平方米，总建筑面积 267145.46 平方米，地上建筑面积 192653 平方米，地下建筑面积 73188.63 平方米。主要包括技术交易中心、孵化中心、办公楼及综合配套设施等。项目估算总投资 12.39 亿元，建安费用约 8.5 亿元。建设单位为绵阳科能建设项目管理有限公司，施工单位为重庆巨能建设（集团）有限公司，监理单位为四川正菱建设监理咨询有限公司，设计单位为信息产业电子第十一设计研究院科技工程股份有限公司，地勘单位为四川正基岩土工程有限公司。项目于 2017 年 4 月开工，于 2021 年 4 月竣工。

【创业大道西延线项目】创业大道西延线（东段）建设用地面积约 0.59 平方千米，全长约 7.1 千米，东接老城区、西接绵宏路（在建），是新区交通路网建设的重要组成部分。项目总投资约29 亿元。建设单位为绵阳新路投资发展有限责任公司，施工单位为四川公路桥梁建设集团有限公司，设计勘察单位为中国电建集团华东勘测设计研究院有限公司。项目于 2021 年 12 月开工，计划 2024 年 12 月竣工。

河北–平武工业园区

【概况】河北—平武工业园坐落于绵阳高新区西南，是汶川大地震后，河北省为产业援建平武县，在绵阳市委、市政府的大力支持下，于绵阳高新区范围内建设的“飞地”性质工业园。园区均为绵阳科技城集中发展区核心区建设范围，总占地面积 3.4736 平方千米［其中，工业用地约 2730 亩、居住用地（净地）约 1040 亩、商业用地（净地）约 337 亩］。2019 年 4 月 8 日，按照市委会议精神，绵阳高新区管委会与绵阳市平武县人民政府签订了《河北—平武工业园委托管理协议》，河北—平武工业园区正式由高新区托管运营，并同时享受高新区和平武县各项优惠政策。

【经济发展情况】历经 11 年多的开发建设，园区初步形成以电子信息、新型显示、新材料、智能制造为主的产业体系。2021 年，全年实现规上工业总产值 14.95 亿元，同比增长 20.27%；完成固定资产投资 13.84 亿元（含高发智能制造产业园项目），同比增长 449.2%；入库各项税费 6126.68 万元，同比增长 43.99%，增收 1871.64 万元；新培育规上企业 6 家，同比增长 500%。

【招商引资情况】面对新冠疫情，创新线上“云招商”模式，确保疫情期间招引力度不减、项目对接不断，全年围绕京东方、长虹、中电科九所等高新区龙头企业举办招商推介会 3 次，外出招商 12 次，跟踪项目 26 个，总投资 56.86 亿元；签约项目 12 个（5 亿元以上 3 个），协议资金 25.01 亿元。

【项目建设】创新项目推进“战队制”，组建项目推进战队 3 支。通过“战队制”“半月报制”的集中攻坚，总投资约 1.5 亿的高发智能制造产业园一期项目（京东方先进模组项目）11 月主体封顶，12 月完成移交；总投资约 12.49 亿的高发智能制造产业园二期项目 12 月底已完成主体总工程量的 25%；总投资 1 亿元的赛特英项目 8 月主体封顶，12 月底已完成室内装修工程，并达到竣工验收条件。

绵阳高新技术产业开发区

【概况】绵阳高新技术产业开发区（下称高新区）位于绵阳城市西区，于 1992 年被国务院批准为首批国家高新区，现辖普明街道和永兴镇，共有 16 个社区和 11 个村，辖区总面积 105 平方千米，总人口近 35 万人，是全国知识产权示范园区、全国科技服务体系试点园区、全国“十佳电子商务园区”。在科技部最新发布的全国 169 个国家高新区综合排位中位列第 44 位，继续在西部非省会城市中排名第一。2021 年，全区 GDP 达到 390.18 亿元，增长 8.8%。

【特色产业】2021 年，绵阳高新区电子信息、汽车及零部件和新材料等 3 大重点工业产业跨越发展，新型显示、5G、智慧家庭、新型功能材料等 4 大创新型产业蓬勃发展，科技服务、电子商务、现代物流、金融服务、商务会展和商贸流通六大生产生活性服务业发展。全区现有“四上”企业 352 家，12 户 4 亿元以上工业企业实现正增长，增长面达 70.6%，其中，京东方实现产值106.3 亿元、增长 212.1%；重汽绵卡整车生产突破 1.6 万辆，增长 150%。

【开放合作】2021 年，绵阳高新区地处科技城集中发展区、科技城新区核心区，正打造全方位、多层次、宽领域对外开放新高地，开展招商引资，先后签约引进理想汽车、京东方模组、杉金光电偏光片、嘉力氮化镓晶圆等 36 个重大工业项目、总投资超 450 亿元，其中 5 亿元及以上项目 14 个，30 亿元及以上项目 7 个。搭建高水平对外开放平台，建有绵阳综合保税区和绵阳跨境电商综合试验区。

【科技产业】2021年，全区拥有各类研发平台58家，孵化载体18家，孵化场地、标准厂房面积超过100万平方米。有效高新技术企业达129家，国家科技型中小企业评价入库418家；企业研发投入达到30.7亿元，获授权专利1599件，有效发明专利2298件，研发投入占地区生产总值比重达8.8%。承办中国创新挑战赛（绵阳）技术融合专题赛，是全国唯一一个连续五届举办中国创新挑战赛分赛的园区。新型显示创新型产业集群被科技部火炬中心批准纳入2021年度创新型产业集群试点（培育）名单。

【产城融合】2021年，“一心两带两片”城市发展新格局形成，会展综合体、会展中心产城融合、永兴旧城改造等项目推进，黑家山火炬公园、双包山创新公园开工建设。教育资源平衡，“火炬”“创新”两大教育品牌已初步建成，全区新增学位2800余个。优质高效便民医疗服务格局正在形成，拥有各级各类医疗卫生机构135个，高新区疾控中心、磨家卫生院新区医院开工建设，绵阳市中心医院高新医院计划开工。持续深化“放管服”改革，高新区政务服务中心标准化建设加快推动，812项区级政务事项全部实现“一网通办”，营商环境更加优化。

绵阳综合保税区

【概况】2020年4月27日，四川绵阳出口加工区整合优化为绵阳综合保税区获国务院批复同意，规划面积0.14平方千米。12月29日通过成都海关牵头组织的验收，2021年1月28日封关运行。区内共建成标准厂房12.2万平方米，注册企业19家，初步形成保税加工、保税研发、保税物流、销售服务协同发展格局。2021年，绵阳综合保税区实现进出口值23.47亿元，同比增长94.4%，增幅居全省综保区第二。在2020年度绩效评估中被评定为B类，在参加评估的全国134个综合保税区中排名第98位，在中西部地区（含东北三省）55个综合保税区中位列第32位。

2021年绵阳综合保税区　　（绵阳综合保税区）

【招商引资】2021年，保税区成立项目工作组并建立“周汇报”制度，将项目招引工作分解到组、落实到人。坚持“走出去，请进来”，先后到长三角、珠三角等地区开展项目招引，全面拓展项目信息来源，2021年以来引进西磁科技、零点自动化、长虹器件等10个项目，项目招引数量创历史新高。

【保税研发新业态】2021年，保税区跨境电商新业态落地见效。抢抓绵阳纳入国家跨境电商进口零售试点城市机遇，推动跨境电商网购保税进口业务，完成跨境电商保税仓和海关监管中心基础设施建设，开通海关系统业务权限，引进悠乐佳等跨境电商企业。首批进口货物于12月21日完成报关手续进入综保区，标志着保税跨境电商业务在绵阳市正式开通，将为绵阳及周边区域的消费者提供质优价廉的跨境商品。首家保税研发企业成功进区。坚持创新驱动，培育区内企业开展研发创新，11月下旬，斯菲提克科学仪器有限公司首票一线进口保税研发耗材顺利入区，综保区保税研发业务实质性开展。

【增值税一般纳税人试点工作】2021年，保税区鼓励企业开拓国际国内两个市场，会同市区相关部门建立一般纳税人试点工作协同推进机制，打通一般纳税人资格试点申报流程。开展政策宣讲，鼓励企业开拓国内市场，激活闲置产能。目前，区内虹锐电工、斯菲提克成为首批一般纳税人资格试点企业，已开具增值税一般纳税人发票400余万元，为企业节约20余万元税费。

【保税物流】2021年，保税区引导惠科、京东方、长虹杰创等龙头企业在综保区内开展保税物流业务，借鉴成都国际铁路港工作经验，引导区内物流公司通过集货模式，促进保税物流业务开展。2021年，保税物流实现进出口总额16.74亿元，同比增长190.1%，保税物流进出口值增幅明显。

【企业困难解决】2021年，围绕营商环境抓服务能力提升，综保区开展集中政策宣讲会4次，开展“我为群众办实事活动”，协调解决企业问题12项；搭建银政企服务平台，与建行绵阳分行、工行绵阳分行战略合作协议完成签署；新建3.6万平方米标准厂房和仓库，园区营商环境得到改善。

绵阳经济技术开发区

【概况】2000年8月成立，2012年2月与绵阳科技城现代农业科技示范区整合（增挂“绵阳科技城现代农业科技示范区”牌子），2012年10月经国务院批准升级为国家级经济技术开发区。绵阳经济技术开发区（以下简称绵阳经开区）管辖面积65平方千米，纳入城市控制性详细规划面积45平方千米、建成区面积26平方千米，人口21万人，辖塘汛街道和松垭镇，是中国（绵阳）科技城“一城三区”发展战略核心区，四川省优秀工业园区、四川省新型工业示范基地、四川省“51025”重点产业园区、四川省生态工业园区建设试点园区。2021年，绵阳经开区在商务部综合考评中，居全国218家国家级经开区的第84位。

2021年，辖区实现地区生产总值581.46亿元，同比增长39.1%；工业总产值2055.91亿元，同比增长44.32%；“四上”企业主营业务收入2418.69亿元，同比增长60.18%。全社会固定资产投资总额136.05亿元，同比增长23.7%；社会消费品零售总额65.27亿元，增速18.4%；地方一般公共预算收入实现10.35亿元，增速13.1%。

绵阳经开区以建设西部先进制造业示范区为奋斗目标，明确了智慧家庭、新型功能材料、智能装备三大主导产业，是市委、市政府设立的智慧家庭产业功能区。辖区有各类企业6915户，其中“四上”企业289户，规上工业企业107户，上市挂牌企业27家。全年重点跟踪促进项目123个，开工项目67个，竣工项目41个、完成投资136.05亿元。全年新增科技创新平台11个、累计51个，净增高新技术企业9家。平台公司发展壮大，经开投控集团主体信用等级为AA，全年实现融资40.1亿元，达坤公司、三江人力资源开发公司业务范围持续拓展。

【中科经永产业园实体化运行】2021年7月13日，绵阳经开区管委会与三台县人民政府共建“经开—三台成渝地区先进制造业产业园”合作协议签约仪式在绵阳经开区举行。绵阳经开区党工委副书记、管委会主任陈鼎和三台县委副书记、代理县长唐顺江代表双方签订协议。8月28日，在绵阳经开区松垭镇松江路8号，绵阳经开区与三台县共同举行中科经永产业园指挥部和四川中科经永投资发展有限公司挂牌仪式，绵阳经开区党工委书记兰劲、三台县委书记吴明禹出席并讲话，共同为中科经永产业园指挥部揭牌，标志着绵阳经开区与三台县合作共建产业园进入实体化运行阶段。中科经永产业园选址三台县永明镇，规划总面积10平方千米，采取“指挥部+运营公司”的模式，由绵阳经开区管委会、三台县人民政府按照8:2的比例共同出资10亿元作为产业园资本金，共同开发建设。

【三江创享广场建成投用】2021年12月6日，三江创享广场正式面向公众开放。该广场位于三江大桥与涪滨路绿化带交叉口西南侧，紧邻城南新天地商业综合体，于2021年4月25日开工建设，投资近2446万元，总建设面积2.9万平方米，共设置科技互动、商业活动、儿童游乐、智慧休闲4个功能区,是一个集科技、生态为一体的休闲广场。2021年，绵阳经开区先后建成公园（广场）4座、“美丽街角”10处，改造市政道路1.2万余米、人行道2.6万余平方米，新增绿化12.18万平方米。

交 通

交通运输

【概况】2021年，涪城区完成交通固定资产投资14.4亿元，完成旅丰谷渡改桥项目桥梁下部构造和引道路基工程，完成桥梁上部构造70%，完成建安工程投资近7000万元；完成建设农村公路13.5千米（含高新区3千米）。全区农村公路总里程达1180.453千米，公路路网密度达244.7千米/百平方千米，通组入户率100%，道路养护率100%。完成乡村客运“金通工程”任务。落实疫情防控，牵头建立“三个一”的工作机制，常态化开展高速卡点和客运场站“入川即检”和“入绵查验”的疫情防控工作，守住“外防输入”交通防线。

组织运输企业和从业人员防疫专题培训12次，800余人次，发放防疫宣传单2000余份，工作提示函20次。建立火车站出站口“三个一”工作机制，采取志愿者加政府购买服务相结合的模式，24小时值守做好体温检测、查码、扫码、信息登记以及48小时核酸检测阴性证明查验等。累计排查出红码人员50名（入境）、黄码人员12名，均按相关处置预案进行移交。督促辖区车站和客运企业做好进站旅客体温检测、健康码筛查、佩戴口罩的“三个100%”和运输站（场）、运输工具通风消毒、“一米线”等防控措施。督促指导开展冷链物流运输的企业落实单证查验和信息登记制度，加强从业人员防护、运输装备消毒。查验进口冷链食品海关报关单据及检验检疫证明，开展对冷链食品采集样本、冷链货物运输车辆及冷链物流从业人员的核酸检测工作。

落实助力农民工返岗就业的“春风行动”，加强与本地劳动者就业的重点企业对接，做好包车运输准备，为复工复产人员提供有针对性的运输保障。1月19日至3月8日，全区共开行北京、深圳、广东、浙江、新疆等多地农民工春风行动直达专车135车次，运送农民工5363人次，2个客运站发车趟次共计30773趟。

【公路桥梁管养】2021年，涪城区投入资金2000余万元，完成罗吴路木龙河桥、丰谷镇李家桥两座病危桥重建，完成梅家沟铁路桥、吴家安家桥整治，完成中环线（关帝至玉皇段）道路、青义镇龙方路、新皂镇新河路、吴家镇吴六路、丰谷镇三齐路等路面维修整治。

投入资金60余万元完成农村公路桥梁信息公示牌和限载标志、县道公路里程碑和百米桩设置。实施路面坑槽和裂缝处治约4500平方米，完成道路预防性养护80余千米。实施乡村公路绿化提升改造，完成石关路绿化景观提升改造3000余平方米，补植绿化树木2800株。

【打击非法营运工作】2021年，涪城区交通运输局调整建制承接市打击非法营运联合执法大队，重构由分管副区长担任组长的打击非法营运工作领导小组，组建起公安交警、交通执法等部门为主的涪城区打击非法营运联合执法大队，负责常态化打击非法营运工作。规范网约车管理，对滴滴、花小猪等网约车企业进行上门约谈，督促其落实管理责任，审核准入车辆，清退不符合运营条件的网约车。规范问题企业4次，督促企业清理不合规车辆400台，查扣未取得经营许

2022 年 2 月 22 日，涪城区联合执法大队执法人员在高速路口执勤 （马健杰）

可违法从事网约车 80 台。开展运输线路整治 9 次，检查车辆 458 台次，查扣涉嫌非法营运车辆 19 台次。联合高速公路交通执法第二支队打击 G5 高速成绵段非法营运车辆 4 次；会同市文广新旅局执法支队对属地旅游包车开展联动检查，检查旅游包车 13 台次，发现违规行为 1 起。2021 年，出动执法人员 21339 人次，检查车辆 27059 台次，查扣黑车 344 台次，对比 2020 年度大幅度增长。

【实现市级“四好农村路”示范镇镇全覆盖】在丰谷镇、杨家镇获得市级“四好农村路”示范镇的基础上，2021 年，滋味成区加强指导、督促和申报，青义镇被市政府命名为“四好农村路”示范镇，实现市级“四好农村路”示范镇全覆盖。

【成功创建省级四好农村路示范县】2021 年 3 月，省政府办公厅公布第四批“四好农村公路”省级示范县名单，涪城成为省级“四好农村路”示范县。涪城区贯彻落实习近平总书记关于“四好农村路”重要论述和“交通建设项目要尽量向进村入户倾斜”重要指示精神，把握“四好农村路”示范县创建机遇，聚焦突出问题、坚持重点突破，始终突出交通“先行官”作用，把农村公路作为经济发展的“大交通”、农民致富的“大民生”，打造深度融合发展品牌，推进“四好农村路”高质量发展。“四好农村路”建设群众满意率连续 3 年保持在 90%以上，一条条农村公路成为民生路、产业路、致富路。坚持与产业发展相融合，建设产业道路 90 千米，串联起 4 个农业园区，带动 48 家农业龙头企业发展壮大。坚持与乡村振兴相融合，服务乡村振兴战略实施，建设通组入户道路 400 余千米，农村路网水平长期位于全省类区县（市、区）前列，2019 年被省委、省政府表彰为全省乡村振兴先进县。坚持与乡村旅游相融合，重点规划“农村公路+文旅”发展模式，推动农村公路由“交通线”向“风景线”转变。“十三五”时期，先后投入资金 2 亿元，精心打造杨关产业带等精品旅游路线 4 条 38 千米，助力美丽乡村建设。

【成功创建全国城乡交通运输一体化示范县】2021 年 7 月 27 日，交通运输部公布第一批全国城乡交通运输一体化示范县名单，绵阳市涪城区等全国 41 个县（市、区）被命名为城乡交通运输一体化示范县，涪城区为四川省唯一入选的区（市、县）。涪城区围绕城乡“一体化”建设目标，实施“三改两建”工程，整合国土、农业、水利等涉农项目资金，采取 EPC、PPP 等融资模式，筹集交通建设资金 17 余亿元，推进实施省道 416 线二环路凤凰立交至中江界改建工程、绵吴路改造工程等重点交通建设项目 24 个，投入资金 1.4 亿元，新建入户道路 400 余千米，在全市率先实现通组入户硬化道路全覆盖；在城乡全面通行公交基础上，推进公共交通数字化、智慧化、便民化服务，更新、增加公交车 120 辆，优化建设农村公交线路停靠站、港湾站 82 个，招呼站 383 个，在全省率先实现公交

2021 年涪城区鲜家坝有机粮油生产基地 （涪城区乡村振兴服务中心）

乘坐全支付，客运枢纽、机场、火车站与城市公交300米内便捷换乘，65个建制村步行距离2千米范围内均有公交站点，所有镇通班车率及公交化改造率均达100%；推动区—镇—村三级物流节点协同打造，构建“以城市为中心、以镇村为节点、以场站为载体、以公路为纽带”的高效现代物流服务体系。有物流寄递企业分支机构81家、末端网点117处，城乡货运节点体系建设全部完成。打通“邮政到镇、电商到村、快递到户”农村物流“最后一公里”，65个建制村全面开通货运物流、邮政、快递等服务，实现建制村农村物流服务全覆盖。

2021年绵阳市涪城区公路基本情况一览表

表19

项目		里程（千米）				
		合计	县道	乡道	专用公路	村道
甲		1	2	3	4	5
总计		1180.453	255.475	257.173	—	667.805
按技术等级分	等级公路	1144.715	255.475	256.974	—	632.266
	其中：高速公路					
	一级公路	17.470	3.018	—	—	14.452
	二级公路	19.235	10.532	0.352	—	8.351
	三级公路	27.211	11.526	6.163	—	9.522
	四级公路	1080.799	230.399	250.459	—	599.941
	等外公路	35.738	—	0.199	—	35.539
按路面等类型分	沥青混凝土路面	70.864	38.741	2.351	—	29.772
	水泥混凝土路面	1016.363	213.423	217.576	—	585.364
	简易铺装路面	47.326	3.311	37.246	—	6.769
	砂石路面	21.544	—	—	—	21.544
	石质路面					
	渣石路面					
	砖铺路面					
	砼预制块					
	无路面	24.356	—	—	—	24.356

2021年绵阳市涪城区客运站基本情况一览表

表20

站名	地址	站级	负责人	线路数量（条）	年发送旅客量（万人）	客服电话
绵阳交发汽车客运（集团）有限责任公司	临园路西段29号	一级站	简　忠	46条	914698	0816-2695343
绵阳市通力汽车运输有限公司平政汽车客运站	一环路北段46号	一级站	刘　军	70余条	633006	0816-2362762

（邓思琪　陈向阳）

航务海事

【概况】根据四川省交通厅航务管理局2020年“四川省内河航道表”，涪城区境内现有航道12千米（东方红大桥至三江枢纽）。在涪城境内经营的水路运输公司1家，四川越王楼文化传播有限公司（公司注册地绵阳市游仙区）。原有半公益性渡口1处（丰谷渡口），已于2021年9月撤渡。

现停放在涪城境内经市地方海事局登记的营运船舶17艘，主要分布在三江库区、丰谷镇、南湖公园境内（其中7艘船舶船籍港为游仙区）。渔船13艘，分布在丰谷镇、城郊镇、吴家镇、杨家镇、青义镇。乡镇自用船舶20艘，分布城厢街道、吴家镇、杨家镇。

【水上交通安全监管】2021年初，涪城区交通运输局组织乡镇和水运企业签订《安全管理目标责任书》，要求乡镇加大打击非法船舶水上运输力度，执行水上法律法规，落实安全管理责任，企业履行主体责任，严禁渔船、农用船、“三无”船舶非法从事客渡运，严禁渡船、采砂船随意停靠，船员无证驾船，渡船、采砂船超载运输、超范围经营、超航区航行和违法夜航，严禁采砂船在禁采期采砂等违法行为，执行船舶最低安全配员和渡船禁航、限航和恶劣天气条件下违规航行等规定。春节前，对区域内船舶进行专项检查，出动动检查组6组，参加人员24人次，未发现有违法作业船舶。

2021年丰谷镇水陆码头　　（丰谷镇）

【水上交通防汛检查】2021年，涪城区交通运输局落实省海事（航务）局、市海事局（航务处）、市交通运输局、区人民政府有关汛期安全的相关文件。督促落实丰谷渡口、越王楼公司、豪威尔、餐饮趸船等船舶完成汛期值班应急方案并检查落实情况。协调建立汛情、水情传递机制，完成2021年度主汛期水情通报工作，发布信息1万余条。配合市海事局及组织完成对三江码头、丰谷渡口各船舶的汛期安全检查，开展督办活动67次。督促豪威尔、越王楼公司完成汛前加固工作，督办豪威尔船舶的在船值守人员、值守记录、值守人员职责等，并协调处理值守中出现的各种问题89次。

（邓思琪　陈向阳）

城乡建设与管理

城乡规划

【概况】2021年，涪城区自然资源局完成《石塘街道控制性详细规划》《西山南路双汇家属区棚改片区控制性详细规划》、杨家片区控规、文创产业园一期等规划调整，保障中南高科等项目落地。组织区级部门和各镇（街）梳理急需实施项目需求，向上争取近2.6666平方千米新增建设用地指标编制近期实施方案和指标落实方案，保障2022年产业发展和基础设施建设用地。

【规划引领要素保障】2021年，涪城区国土空间规划近期实施方案获得省厅批复实施，落实1.3039平方千米新增建设用地指标，指标争取位列全市第一，为重大基础设施建设、招商引资项目落地提供规划保障。主要覆盖物流园区商业地块0.0434平方千米，工业地块0.2891平方千米等10个项目0.4868平方千米的建设用地规模。《石塘街道（原石塘镇镇区）控制性详细规划》《绵阳市西山南路双汇家属区棚改片区控制性详细规划》获得市政府批复实施，为中南高科项目及双汇家属区棚改项目提供的规划保障。完成重点项目规划指标落实方案，包括G5京昆高速扩容丰谷段安置点项目、绵阳市二环路三期项目、九洲大道立交北侧新增连接线道路工程、普洛斯科技物流产业园等建设项目，为项目用地报征提供依据。

【三区三线工作】自2021年6月，自然资源部率先在四川等4个省开展永久基本农田整改核实补足和城镇开发边界划定（“三区三线”）工作以来，涪城区重视全区产业发展空间优化，组织区级相关部门、各镇街多次研判，经过第一轮、第二轮试划、第三轮划定，全区稳定耕地、纳入耕地保护面积、永久基本农田面积、城镇开发边界面积、新增建设用地指标等各项指标均位列全市前列。

【乡村（社区）规划师队伍建设】2021年，涪城区印发《涪城区乡村（社区）规划师管理办法（试行）》，成功组建一支由6名乡村（社区）规划师组成的高水平队伍，为涪城区乡镇、街道规划工作提供技术支撑。

（龚　欢　朱绪顺）

城乡建设

【概况】2021年，涪城区住建局在城建攻坚、市政基础设施建设、环卫绿化养护等方面强短板补弱项，提升城市附加值。全年，全区城建攻坚项目48个，计划完成投资25.92亿元，确保完成投资20.8亿元。截至年底，共完成投资近31.80亿元，占年度完成投资的122.69%，占确保完成投资的152.3%。制定《2021年防汛抢险应急预案》，成立防汛抢险工作领导小组，下设8个工作小组，召开防汛专题会议7次。4月，组织开展为期一个月的汛前清掏，拉网式排查主城区易积水点、泄洪通道等，查出隐患问题123个，清掏排水井10057座、雨水篦子8167座、沟渠994米，清掏淤泥8197.76立方米，疏通管道59600米。采取“以企代储”模式，与固定维护服务企业合作，与12家固定企业合作，确保汛期物资供给。整个汛期，累计出动抢险队伍110次，抢险人员1115人次、车辆280台次，启闭雨水口、雨水箅子4500余个次，抽排水24000余立方米。结合交警、综合执法以及应急管理等部门，强化抢险队伍调配、抢险车辆运作，确保城区平安度汛。抽派大型抽水设备驰援乐山、盐亭等地抢险。推进三推项目（乡镇污水管网建设），全年完成乡镇污水管网支管网建设896万元。完成商品房销售面积1303907平方米，受理房屋预售申请71个，办理预售面积近103.96万平方米。签订预售监管协63份，监管资金总额20.38亿元。完成预售资金支取审核259件，审核资金冲正208件。办理房产解封、备案、合同注销、交易审查、信息补录和房产查询共计23462件。开展市政绿化管护，推进516.1万平方米道路、730万平方米环卫清扫、370万平方米绿化、人行天桥、公厕等市政基础设施和环卫绿化的管理维护。开展社区微治理，截至年底，完成第一批次治理项目施工单位招标，成绵路一巷、桃园路进场施工，会仙路正在进行施工方案调整。实施10个重点项目拆迁工作，其中绵阳南500千伏输变电工程项目、御营—浸水片区旧改安置房建设项目、圣水南街西段道路建设项目、丰谷渡改桥项目、滨河南路综合改造项目（安昌桥至白衣庵）、石桥铺至毅兴街道路建设工程项目等6个项目完成拆迁工作。某部队220千伏变电站扩容工程输电线路项目、G5京昆高速公路扩容项目涪城段工程项目2个项目拆迁工作接近尾声。东西第二干道工程、绵阳南500千伏变电站220千伏配套工程项目2个项目正在推进。完成460户农户、63户企业和集体资产、1处行政单位及7个小区的拆迁工作，向上争取拆迁补偿资金共计30411.124万元。牵头组织科技城集中发展区（涪城区属范围）拆迁监审组、涪城区拆迁监审组按照文件标准、政策对全区范围内启动的项目进行农户随机抽查、企业和集体资产监审，共计完成750户农户抽查、124户企业和集体资产监审工作，确保各项目建设工作推进。严把工程质量关，落实全区优化营商环境“三度服务”20条措施，在加强工程质量监管的同时服务企业，全年开展建设工程项目质量监督68个（其中房建项目21个，建筑面积共计455584.11平方米；工业项目16个，建筑面积共计458465.02平方米；市政项目28个；装修项目3个）。拉紧在建工地疫情防控、安全生产弦，全年组织开展建筑施工安全、消防安全等集中大排查及专项整治三年行动等监督检查300余次、集中专项整治检查8次、综合整治检查4次，发现并消除安全隐患1783处，下发责令整改通知书132份、行政处罚决定书32份、强制培训通知书8份（31人），停止违法建设4份，全区在建项目未发生安全生产事故，整体建筑施工安全形势平稳。成绵路小学改造项目被评为市级安全文明施工标化工地。

2021年4月，涪城区富乐北路（1958至跃红路段）市政道路建设项目开工

（涪城区市政工程建设维护中心）

【城市断头路打通】2021年，涪城区绘制《2021年城建攻坚市政基础设施项目作战图》，梳理《涪城区2021年重要市政道路建设项目计划表》，细化建设内容、明确时间节点和责任部门以及负责人员，对接发改、自然资源等部门，从设计到项目建设，在程序不减的前提下，缩短前期工作时间，由区市政工程建设维护中心牵头并作为业主负责实施跃虹路东段、毅兴街、圣水南街西段、跃进东街等6条重要城市道路建设，全年共打通城市断头道路2344米，为城建攻坚排忧解难，提升主城区交通功能、空间功能和环境功能。

【防洪防汛应急演练】2021年5月12日（国家防灾减灾日），涪城区组织7支防汛抢险队伍100余人在经开区新龙舟码头举行防洪防汛应急演练。演练模拟连续强降雨造成水位暴涨，河道水位上涨，河水倒灌，导致城区内涝严重，急需救援，防汛抢险立即赶到现场进行抢险。通过演练，检验防汛应急救援体制运行的畅通性，提高各抢险队伍之间的协同作战能力，强化应急救援协调联动机制和联合处置机制，增加应急处置的科学性、及时性和有效性，涪城区融媒体中心、绵阳电视台等新闻媒体给予全程、全景的跟踪报道。

【市政交警联动机制建立】2021年，涪城区市政工程建设维护中心与交警支队建立联动机制，实行“月例会”制度，每月定期召开联席会议，负责6个维护片区的市政、交警实现点对点沟通，尽可能地缩短开挖、断道等审批时间，提升应急抢险速度。群众在“12319”“12345”及网络舆情中关于市政方面的诉求同比下降10.2%。建立《涪城市政交警通讯录》，实行24小时值班、领导带班、处突报告制度，一旦发生状况，市政和交警第一时间到达现场处置，确保早晚高峰秩序正常。累计出动机械台班189台次，人员256人次，处理突发情况34个。

【智慧污水处理系统】2021年，涪城区以吴家污水处理厂为试点，建设提高水工业自动化、信息化、可视化水平的智慧污水处理系统。该系统对污水处理企业的进、产、排三个主要环节进行监控，将下属提升泵站和污水处理厂的水量、水位、水质、电耗、药耗、设备状态等信息通过云计算平台进行收集、整合、分析和处理。自该系统投入使用以来，吴家污水处理厂由原来正常运行需40余人减少到15人。该系统具备准确高效的报警系统，对突发事件如火灾、水灾、雷击、有害气体扩散等的应急管理、指挥、救援的完整处理机制，实现对污水处理生产过程的实时控制与精细化管理。

【河道水文水质物联网】2021年，为实时监测木龙河水质情况，从源头阻断水体黑臭污染，从木龙河上游德阳入境（玉皇）到下游涪城区（红岩子大桥）出境，建立水文水质物联网系统，建设点位10个。该系统于2021年12月投入使用，实现通过电脑网址和手机App在线实时监控水文水质情况。不再通过人力巡河，提高对水文水质监控的效率以及精准度，便于后期对河道风险把控、预判等。

2021年9月3日，涪城区建筑行业协会筹备大会在涪城区文化中心召开

（涪城区住建局）

【涪城区建筑行业协会筹备】为规范涪城建筑行业管理，增强建筑企业联系和沟通，并在相互学习和良性竞争中提升企业素质和市场竞争力，促进全区建筑行业健康发展，2021年9月3日，涪城区建筑行业协会成立筹备会在涪城区文化中心举行。涪城区建筑行业协会旨在凝聚注册在涪城区的建筑施工（含各专业承包）、房地产开发、建材、设备租赁、勘察设计、监理等企业共建行业发展的协会大平台，搭建“三个桥梁”，构建“三个平台”，优化“三个环境”，实现“三个共享”，服务会员企业，促进涪城建筑行业高质量健康发展。

（吕玉兰　林彦辉）

违法建设整治

【概况】2021年，涪城区坚持“新增违建零增长、存量违建负增长”原则，以推进省委第七巡视组反馈69宗违法建设案件整改工作为抓手，保持违法建设整治高压态势，开展科技城新区涪城片区、绵遂内铁路涪城段、绵阳高铁南站、高铁商务区及绵阳火车站改造提升片区等重点区域现状管控，全区违法建设防控态势总体平稳，未发生重大或群发性新增违法建设。全年共拆除违法建设116宗，面积18710.73平方米；制止新增违法建设128宗，面积15306平方米；整改完成省委巡视反馈违法建设案件40宗、面积12467.35平方米，整改完成率58%，超额完成2021年整改37宗的目标任务。设计并印制违建防控知识宣传物品（挂历、湿巾纸、购物袋等）3000余份和城市管理领域法律宣传手册5000余份，在大型商场、居民小区和农贸市场等地集中发放。到新入住小区、违建高风险小

2021年10月12日，涪城区综合行政执法局人员巡查制止丰谷镇双拥路未批先建行为 （徐 敏）

区等开展违建防控宣讲、普法活动180余次。在《绵阳日报》、今日头条、涪城手机台等新闻媒体正面宣传拆违行动40余次。

【重点区域管控】2021年，涪城区建立镇（街道）、村（社区）、社（小组）、组（小区）“四级联防机制”，充分利用老干部老党员、执法执纪义务监督员、物业管理人员等力量，开展重点区域联合巡查，遏制抢搭抢建行为。开展临港经济发展区南区25宗国有土地及建筑物现状摸排工作并形成台账，清理平政河河道内无主违法建设，对临港经济发展区南区范围内7200余户农房进行现状锁定。

【省委巡视反馈违法建设专项整治】2021年，涪城区完善《涪城区规划领域违法建设防控治理工作机制》。开展省委巡视反馈违法建设专项整治，倒排工期，挂图作战，拆除花园小区休闲中心楼顶、金家林村老年活动中心、吴家镇广福村邬氏宗祠、圣水明珠陈华、安昌路大隐美宿等一批群众反映强烈、持续时间长、重大典型违法建设，新皂镇、青义镇、吴家镇辖区内9宗，8583平方米违法建设完成整改。

（徐 敏 邓元明）

城乡环境综合治理

【概况】2021年，涪城区围绕铁路沿线环境、公路沿线环境、农村人居环境、社区环境等，开展“治脏、治乱、治尘、治噪、治水”五大工程和城乡环境治理专项行动，全域打响环境治理攻坚战。全年开展专项督查17次，制发督查通报17期。针对垃圾爆仓、垃圾收集转运设施保洁不到位、垃圾压缩中转站未规范运行等问题向各镇街提出整改要求，督促整改环境卫生问题420余处。督促铁路沿线镇街（新皂镇、青义镇、工区街道、城郊街道）整治铁路沿线安全隐患38处，为列车安全稳定运行提供保障。采用责任到组、管护到人的工作模式对绿地进行日常保洁和管理养护，修剪绿篱草坪358万平方米，修剪南河东街、南桥路、涪城区等16条街道共计2300余株行道树，修复城区裸露地皮2万余平方米，对全城绿地植物进行病虫害防治，共施药3000余吨。提升绿化高效管理养护模式，在吴家镇广福村二社新建面积10.86公顷苗圃基地，降低管养护单价，节约运行成本，减轻区财政负担。协调城区各街道办对责任划分存在争议的区域进行处置，清理东方广场后门绿化带、绵州小筑附近等区域大件垃圾、建筑垃圾，并办理回复6起检查建议书。

2021年涪江三桥桥头街头游园全景 （涪城区环境卫生和绿化中心）

【“口袋公园”建设】2021年，涪城区住建局以党史学习教育为契机，将“口袋公园”建设作为“我为群众办实事”重要工作举措，按照“一街一景，一景一特色”的思路，打造兼具便民休闲、历史传承、夜景照明、特色花园等四大要素的口袋公园，推进城市微治理。投入资金40余万元，在跃虹路东段街角，新建绿地面积4040平方米，栽植各类乔木1144株；投入25万元，将体运村路路段47棵行道柳树更换为银杏树，打造绵阳“银杏大道”网红打卡街；投资1000余万元，实施裕都大道、5G产业园等重要节点景观提升项目。通过腾退还绿、疏解建绿、见缝插绿等途径，投资487万元，设计改造宇虹路桥头等11处老旧街角绿地，增设休闲设施，点缀特色景观小品的“口袋公园”，为群众提供更多游憩场所。

【城区公厕提升改造工程】2021年，涪城区为进一步改善民生，加快“美丽涪城”建设，区环境卫生和绿化中心利用省第二批专项资金51万元，对顺河中街公厕、鼓楼公厕、建设街菜市场公厕等6座公厕进行提升改造，增设人脸识别取纸机，LED入厕显示系统，残疾人厕位报警器等各项智能化装置，创造人性化、智慧化的舒适如厕环境。对辖区75座公厕内的设备设施全面排查清理，维修公厕内设施共800余次，提升涪城城市环卫基础设施水平，改善市民群众如厕环境。

（吕玉兰　林彦辉）

消防救援

【概况】2021年，涪城区消防救援大队以“消防安全专项整治三年行动”为重点，严查各类隐患，加大执法力度，确保全区消防安全形势基本稳定。全年共接处警875起，出动车辆1192台次，出动警力7392人，抢救被困人员93人，疏散被困人员22人，抢救财产价值174余万元；其中，抢险救援241起，火灾扑救430起，社会救助203起，其他1起。完成“1·18”西园大学居火灾、“1·21”石马镇火灾、“1·21”西城都市中心火灾、“1·31”天旺隆火灾、“2·10”人民公园火灾、“3·10”沿江一巷自建房火灾、“7·10”下龙溪村火灾、“11·11”御营大桥下火灾等影响较大的灭火抢险任务。

推进消防安全专项整治三年行动、消防产品专项整治、消防技术服务机构专项检查、建党一百周年百日攻坚行动、校外托管机构消防安全专项整治、消防安全重点领域排查整治攻坚行动、电动车消防安全治理等专项工作，集中整治各种消防违法行为和火灾隐患，对辖区三合一场所、老旧小区、商场市场、文物古建筑、仓储物流、高层建筑、学校、校外培训机构、九小场所、危险化学品企业等场所开展消防安全大检查，全年共检查单位1247家次，督促整改火灾隐患389处，办理临时查封7件，行政处罚案件100件，处理群众举报投诉300余起，罚款50余万元。督促科技大楼、迎宾路综合市场2处重大火灾隐患单位进行销案、摘牌。联合区委宣传部、区住建局、区市场监管局、区教体局、区民政局等部门到各镇、街道对电影院、住宅小区、商场、学校、养老机构等重点领域场所开展联合检查行动，消除火灾隐患，提高场所防控火灾的综合能力，筑牢消防安全“防火墙”。

执行消防“六熟悉”和实战攻坚演练170余次，修订完善预案130份。区消防救援大队在绵阳市消防救援支队2021年度“铁军使命–B”全员岗位大练兵比武竞赛中获团体第四名；长虹大道消防救援站和御安街消防救援站在单兵科目取得1项第一名，2项第二名，1项第三名；班组科目取得2项第一名，3项第二名。

开展“防灾减灾月”宣传活动、“消防安全开学第一课”及“119”消防宣传月等系列消防宣传活动。开展

2021年3月10日，涪城区消防员在沿江一巷开展火灾救援　（郑少奇）

2021年3月28日，涪城区消防员在临园商务大厦开展电动扶梯倒塌救援（郑少奇）

各类宣传40余次，发放宣传资料2万余份，消防站定期对外开放，组织社会单位开展消防安全培训及应急逃生演练100余次，累计播放各类宣传提示和公益广告8万余次。

是年，区消防救援大队被市委、市政府、绵阳军分区联合评为“绵阳市双拥工作先进单位”，被绵阳市消防救援支队评为“党风廉政建设先进单位”“宣传文化工作先进单位”“干事创业好组织”，获得全市消防救援队伍2021年新闻宣传岗位大练兵团体第一名，长虹大道消防救援站站长助理白云平获评“全国应急管理系统先进工作者”。

【“3·10”沿江一巷自建房火灾】2021年3月10日09时36分，绵阳市消防救援支队指挥中心接到报警称：涪城区碧水印象后居民点民房起火。支队指挥中心接到报警后，先后调集长虹大道消防救援站、御安街消防救援站、经开区政府专职队共8车48人前往处置，9时49分，救援力量相继到达现场，到场时现场火势较为猛烈，据现场知情者告知，一楼一房间内有两民被困人员，救援力量立即组织开展救援，将重点放在寻找火点和营救被困人员，避免盲目进攻和灭火，10时10分，现场成功救出两名被困人员转交给现场120医护人员，10时22分，现场房屋外围明火被扑灭，12时18分，现场处置完毕。

【“3·28”临园商务大厦电动扶梯倒塌救援】2021年3月28日10时34分，绵阳市消防救援支队指挥中心接到报警称：涪城区临园大厦有人被困。支队指挥中心接到报警后，御安街消防救援站、长虹大道消防救援站共3车19人前往处置，10时42分，救援力量到达现场，现场情况为5楼电动扶梯掉落至4楼，4楼有4名正在施工人员被埋压，经侦察，现场其中3名人员未被埋压，但由于垮塌，无法脱困，且不同程度受伤，11时03分，3名人员成功救出，12时22分，第4名被困人员从埋压的扶梯中救出，转交给现场医护人员，送医院救治。

（白锐敏　王浩宇）

人口管理

【概况】2021年，涪城区总人口759795人，总户数293995户，每户平均人口2.58人，其中男性373297人，占49.13%，女性386498人，占50.87%，男女性别比96/100；城镇人口659212人，占全年总人口的86.76%；乡村人口100583人，占全年总人口的13.24%；0~17岁人口138775人，占全年总人口的18.26%，18~34岁人口135502人，占全年总人口的17.84%，35~59岁人口334220人，占全年总人口的43.99%，60岁及以上人口151298人，占全年总人口的19.91%。

2021年度，人口出生8531人，出生率11.30‰；死亡4985人，死亡率6.60‰；人口自然增长3546人，人口自然增长率4.70‰。户口迁入15936人，迁入率21.11‰，其中省内迁入15543人、省外迁入2393人；户口迁出11370人，迁出率15.06‰，其中迁往省内9522人、迁往省外1848人，人口机械增长4566人，人口机械增长率6.05‰。总人口净增长8112人，2021年度全区年人口增长率1.07%。

【人口变化情况】2021年度涪城区人口持续增长，增长率稳定在1%以上。涪城区地处绵阳市中心城区，2021年度全区总人口净增长8112人，人口增长率为1.07%。较2020年0.59%的增长率增长了0.48个百分点；较2019年1.03%的增长率增长了0.04个百分点，较2018年1.40%的增长率下降了0.33个百分点。数据显示，近四年全区总人口增长稳定，年均增速1.02%。

2021年度涪城区城镇人口增长平稳，城镇化进程持续推进。由于村改居、城郊结合区域规划建设、户籍制度改革等城镇化工作推进多年涪城

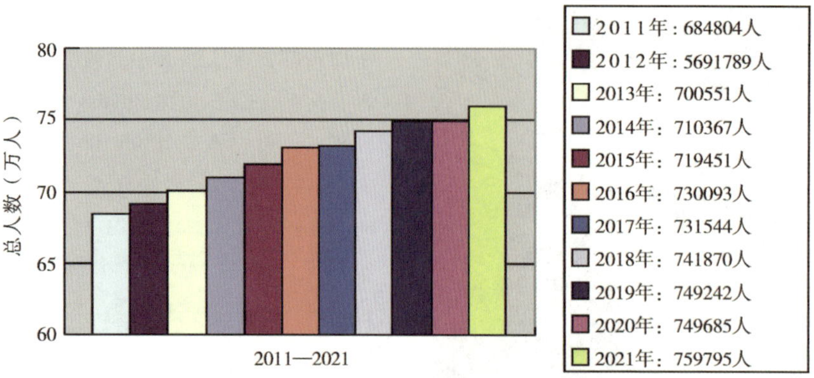

图 1 近 11 年户籍人口总数变化示意图

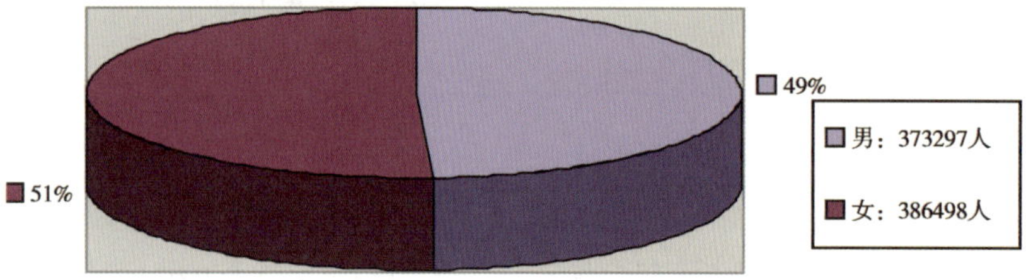

图 2 男/女人数对比图

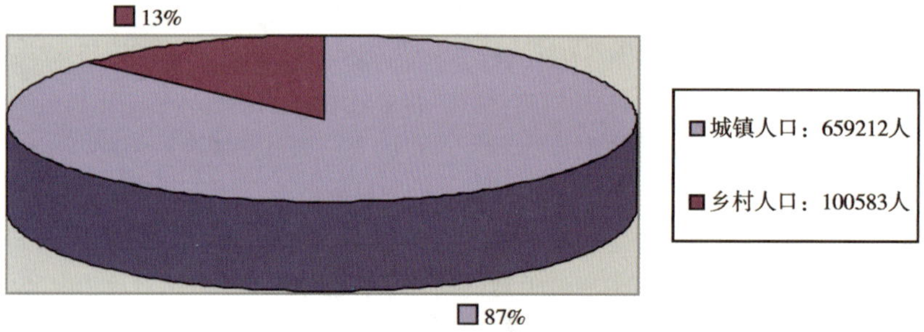

图 3 城镇人口/乡村人口对比图

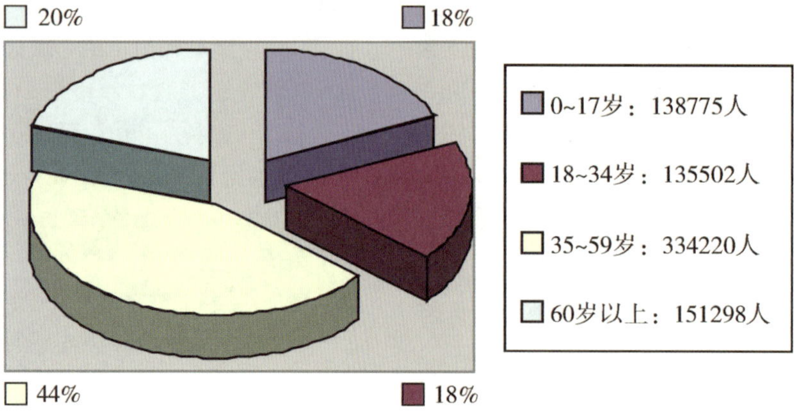

图 4 人口年龄段占比图

区整体城镇化水平远远高于全市，2021 年度全区城镇人口 659212 人，户籍人口城镇化率 86.76%，已超越83%的城镇化率上线，较 2020 年城镇化率提升 0.16 个百分点。2021 年新增城镇人口 28067 人，2021 年减少城镇人口 17968 人，城镇人口净增加 10099 人，城市城镇人口增长率1.34%，高于全区总人口增长率 0.27 个百分点。数据表明户籍制度改革和城镇化建设促使城市城镇人口平稳增长，城镇化进程加速，分析原因在于：绵阳科技城建设步伐加快，城市居住环境改善，绵阳的城市魅力增强，外地来绵购房、居住的人员增加，2021 年城镇人口迁入 12607 人，占新增城镇人口总数的 45.40%，外地城镇人口迁入增速明显；外地和本地的部分农业人口生活水平改善，有些为了子女能在城里读书，享受城镇社保优惠等，通过购房、投靠亲属解决户口，由此乡村转城镇人口 4488 人，占新增城镇人口总数的 16.16%。其中乡村转城镇购房迁入 2539 人，乡村转城镇人口增长趋势平稳。数据表明全面推进户籍制度改革以来，放宽城镇落户限制，鼓励并引导农业人口城镇落户工作取得效果；城镇出生人口保持高位增长。2021 年城镇出生人口 7783 人，占新增城镇人口总数的 28.03%，占全年总出生人口的 91.23%。数据表明，城镇出生人口成为人口增长主力。

2021 年度涪城区人口自然正增长趋势不变，生育政策红利凸显。2021 年出生人口 8531 人，其中男性 4433 人、女性4098 人，出生率11.30‰；比较 2019 年度人口出生率 11.59‰、2020 年度人口出生率 9.59‰，近三年人口出生率稳定在 9.50‰以上。数据反映出国家全面二孩政策实施以来，生育率大幅提高，政策红利集中释放。2021 年死亡人口 4985 人，其中男性 3019 人、女性1966 人，人口死亡率6.60‰。人口自然增长 3546 人，

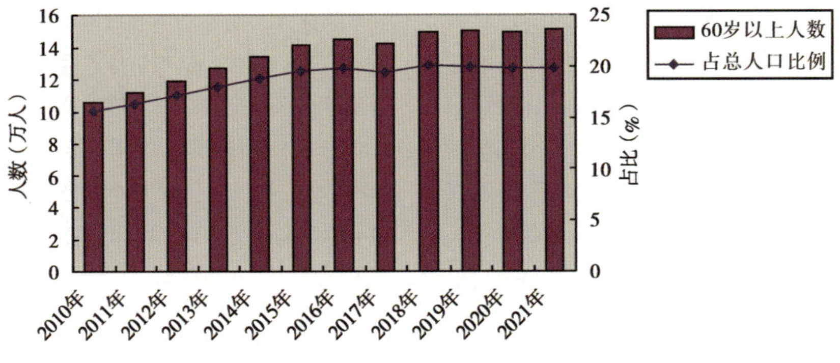

图5　60岁以上人口年度分析图

人口自然增长率4.70‰。2021年出生人口仍大于死亡人口，人口自然增长正增长趋势不变。

2021年度涪城区人口机械增长趋势不变，城市吸引力增强。2021年度户口迁入15936人，迁入率21.11‰，其中省内迁入15543人、省外迁入2393人；户口迁出11370人，迁出率15.06‰，其中迁往省内9522人、迁往省外1848人，人口机械增长4566人，人口机械增长率6.05‰。人口机械增长率略高于2020年5.39‰的人口机械增长率，低于2019年8.80‰的人口机械增长率，低于2018年7.47‰的人口机械增长率。受新冠疫情影响，人口机械增长增速减缓，但随着疫情防控形势好转，企业生产经营活动恢复正常，社会生活步入正轨，人口的迁移流动量也在逐步增大。涪城区户籍人口迁移的总体趋势是：迁入大于迁出，人口依然向内流动，且人口流向主要在省内。

【人口保持老龄化趋势】涪城区2010年60周岁以上人口106273人，占全年总人口的15.66%，2011年60周岁以上人口112042人，占全年总人口的16.36%，2012年60周岁以上人口118931人，占全年总人口的17.17%，2013年60周岁以上人口126709人，占全年总人口的18.09%，2014年60周岁以上人口134431人，占全年总人口的18.93%，2015年60周岁以上人口140639人，占全年总人口的19.55%，2016年60岁及以上人口145239人，占全年总人口的19.89%；2017年60岁及以上人口142350人，占全年总人口的19.46%；2018年60岁及以上人口149446人，占全年总人口的20.14%；2019年60岁及以上人口150168人，占全年总人口的20.04%；2020年60岁及以上人口148935人，占全年总人口的19.87%；2021年60岁及以上人口151298人，占全年总人口的19.91%从2010年至2021年12年间统计数据看，60周岁以上人口逐年增加，年均增长3700余人，且自2016年以来占当年总人口比例维持在20%左右。

（孙　武）

出入境管理

【概况】2021年，涪城区出入境办证窗口按照上级公安机关疫情防控要求，坚持“非必要，不出行”原则，劝导申请人尽量避免出国旅行并做好自身疫情防控。全年共受理各类出入境证件757件次，办理外国人签证120件次，其中居留许可90件次。为涉外企业复工复产保驾护航、精准服务，为惠科、康宁、龙华光电薄膜等涉外重点企业人员办理签证48件，加急办理8件，送证上门16本。办理住宿临住登记2132人次。共查处各类涉外案（事）件23件，其中外国人“三非”案件9件，包括非法居留6件，非法就业3件，处理违法人员9人，其中，行政警告5人、行政罚款3人、遣送出境1人。

【打击治理跨境赌博专项工作】2021年，涪城区开展打击治理跨境赌博专项工作，共侦办跨境赌博案件24起，采取强制措施104人，完成“122”跨境赌博情报调研6篇，完成外协工作、线索核查14件。

【打击妨害国（边）境管理犯罪专项行动】2021年，涪城区开展打击妨害国（边）境管理犯罪专项行动，共立案28起，其中组织偷越案6起，偷越案20起，骗取案1件。共抓获犯罪嫌疑人34人，逮捕1人，取保候审30人，监视居住3人，检察院提起公诉案件8件共17人。

（王　一）

住房公积金管理

【概况】2021年，《绵阳市房地产企业白名单管理暂行办法》《绵阳市住房公积金贷款推行现金保函管理暂行办法》正式施行。出台《绵阳市委托按月提取住房公积金偿还住房公积金贷款实施细则（试行）》，自2021年11月起试行。截至年底，涪城管理部实缴单位1041家，实缴职工33505人，缴存住房公积金5.22亿元，同比增长10%；缴存总额38.54亿元，同比增长15.67%，缴存余额

16.67 亿元。

【住房公积金扩面】2021 年，涪城管理部新开户单位 246 家，新开户职工 1407 人，完成全年目标任务 540 人的 260%。新开户农民工、个体工商户、自由职业者及自主择业军转干部共有 80 人，扩大住房公积金政策受惠面。截至年底，净增缴存职工 13591 人，同比增长 15.36%。

【住房公积金提取】2021 年，涪城管理部为 8002 名缴存职工办理住房公积金提取 3.6 亿元，占当年缴存额的 69%。其中：购房、偿还房贷、租房等住房消费类提取 2.48 亿元，占当年提取总额的 69 %；离职、退休、大病等非住房消费类提取 1.12 亿元。截至年底，累计为 52223 名缴存职工办理住房公积金提取住房公积金 21.86 亿元，同比增长 19.72%

【住房公积金贷款】2021 年，涪城管理部为 686 户缴存职工发放住房公积金个人贷款 2.66 亿元，同比增长 35%；全年回收个贷金额 1.82 亿元，结清贷款 501 户。截至年底，累计结清贷款 4466 户，贷款总额 22.88 亿元，贷款余额 10.83 亿元；个贷率 65%，贷款逾期率 0‰，实现贷款资金零损失。

【住房公积金政策调整】2021 年，住房公积金政策调整为，缴存方面。在住房公积金 5%至 12%的缴存比例范围内，民营企业可执行同一单位职工的个人缴存比例一致，单位缴存比例和职工的个人缴存比例可不同的缴存政策；单位每年应根据职工上一年度月平均工资的实际变动情况，调整一次住房公积金月缴存工资基数，调整后的缴存基数，从当年的 1 月起执行。提取方面。在既有住宅加装电梯可提取住房公积金的基础上，缴存职工可提取本人和配偶的住房公积金用于老旧小区改造中个人实际出资部分；本地购房偿还公积金贷款在首次还款后，可申请提取住房公积金用于偿还贷款本金；绵州英才卡持卡人在绵阳市无住房公积金贷款的，每年可持卡提取一次本人住房公积金账户内的储存余额。贷款方面。符合住房公积金贷款申请条件的绵州英才卡持卡人所购住房面积不受限制（不含别墅），最高贷款额度提高到 100 万元；取消了“缴存人提取过住房公积金和借款人公积金贷款已结清的，间隔 6 个月才能再次申请住房公积金贷款”的规定。

【住房公积金跨省通办】2021 年，在实现个人住房公积金缴存贷款等信息异地可查询、异地出具贷款职工住房公积金缴存使用证明、正常退休异地提取住房公积金等 3 项业务的基础上，新增住房公积金单位异地登记开户、住房公积金单位及个人缴存信息异地变更、异地购房提取住房公积金、异地开具住房公积金个人住房贷款全部还清证明、提前还清住房公积金贷款等 5 项“跨省通办”业务。9 月 7 日，涪城管理部办理绵阳市首例“跨省通办”购房提取业务。

【住房公积金提速增效】2021 年，住房公积金提速。企业开户方面。通过市场监管局的“企业开办协同平台”实现企业在开办时，由系统自动推送其登记注册时的相关信息，提高住房公积金开户效率。贷款发放方面。对市政府认定绿卡企业下属的合作楼盘，在完成贷款审批手续后，只需企业承诺限期办妥不动产预抵押登记手续即可先行放款；试行房地产合作企业的住房公积金白名单制度，给予免收银行现金保函和容缺后补、快速放款等优惠。实现个人公积金贷款从申请到放款缩短至 10 天以内，提速超过 80%。

【住房公积金一体化发展】继渝绵住房公积金一体化发展战略合作事项落地后，绵阳住房公积金中心再次推动住房公积金一体化发展，2021 年 9 月 9 日，与德阳、广元住房公积金中心签订《德绵广住房公积金中心一体化发展合作协议》；12 月 22 日与成都住房公积金中心签订《成都住房公积金管理中心·绵阳市住房公积金服务中心双向协同推动住房公积金一体化发展合作协议》，达成探索改革创新、推进政策协同、深化信息共享、推动队伍共建 4 项 12 条战略合作事项，联合制定 28 项重点工作任务，共同助力成渝地区双城经济圈建设和住房公积金制度改革。

【支持疫情防控举措】2021 年，支持疫情防控。阶段性降比、缓缴业务。符合条件的企业可按规定申请降低住房公积金比例或申请缓缴，在疫情管控内或解除后进行补缴可视同连续足额正常缴存。2021 年审批降比企业 4 家，为企业减负 5.93 万元。放宽租房提取时限。疫情管控内需要租房提取的，可不受原必须间隔 12 个月的时间限制。执行至2021 年 6 月 30 日止。

【廉租住房补充资金】2021 年，涪城管理部向区财政上缴城市廉租住房建设补充资金 2229.17 万元，同比增长 10.35%，为涪城区廉租住房建设提供资金保障。截至年底，累计上缴城市廉租住房建设补充资金9269.06万元。

（贾海燕　黄仕斌）

通　信

【中国电信涪城公司】2021年，中国电信涪城公司对接各类党政企事业26家，落实重保各类党政企事业19家，核酸检测点位保障28处，重保电路21条，隔离酒店/医院保障5家，开通应急电路2条，保障各类会议9场。运用“魔镜慧眼”连夜为涪城区21个核酸采集点开通魔镜慧眼监控及5G+智慧音箱系统，保障政府实时监控各点核酸采集秩序，调度物资和人员，方便市民通过直播链接或IPTV“i绵阳”实时观看点位情况后选择。投入800万元补贴，推进“慧眼工程”，感知源超2万个，助力警方破获案件，解决小型治安、民事和民间纠纷上百起。通过平台、网络、模式、标准等方式赋能，助推爱联科技获电信CMP平台和华为海思NB、5G芯片（全国仅2家）授权，成功开发“智能手环”“物联网共享空调”“物联网共享洗衣机”。通过抢跑、18项开先河应用试验、与湖南卫视合作等，打造“科技城5G，非一线、第一城”名片，让绵阳跻身全国首批5G商用50城，为西部非省会城市唯一。全国率先建成“双千兆”网络，全省首个“双千兆城市”，全国首创“智能宽带”。成为全光网市、国家智慧城市试点城市、“宽带中国”示范城市、首批三网融合试点城市。

【中国移动涪城公司】2021年，中国移动涪城公司服务手机客户51.66万户,宽带电视客户超15万户，市场、收入份额稳居本地运营商首位。加速新建5G基站74个，累计规模达450个，实现城区、乡镇5G连续覆盖，持续保持网络优势行业领先。建成千兆端口1.6万个，累计达32.4万线，千兆小区突破2800个，信息服务供给优势提升。完成建党100周年系列活动、常态化疫情防控、防汛救灾等重大事件通信保障任务40余场。聚焦八大垂直行业，推动5G融合应用，推进数智化转型，助推涪城区数字经济发展。全年签约信息化项目20余个，其中金家林安置点智慧社区、金家林水气土预警平台、涪城区农业农村局智慧渔政、博美学校云桌面等DICT项目金额超百万。为涪城疾控中心建立省内首个电子健康证系统，实现传统健康证实现远程执向电子健康证迁移。与涪城卫生执法大队合作打造智慧卫监工程，通过视频会议系统、移动终端法监督。推进“我为群众办实事”主题实践活动，携手地方街道、社区、派出所共建共促，开展困难群众帮扶、节日慰问关怀、爱心银发服务、反电信诈骗宣传等志愿者服务70余场，解决客户群众网络通信、业务资费等方面急难问题50余项。2021年涪城移动被中共绵阳市涪城区工区街道工作委员会授予“为工区街道建设城市经济新中心事业作出贡献”单位。

【中国联通涪城公司】2021年，中国联通涪城公司建成5G室外基站481个，室内基站16个，实现涪城区5G信号连续覆盖。推进“村级增收、农民致富”，探索实施“植‘数’进村　强村惠民”壮大村级集体经济项目，并在青义镇成功完成试点工作。构建国企业务拓展、集体经济造血功能增强、村民降低通信成本三方共赢的新局面。截至年底，涪城联通已与青义镇龙峰村、前进村进行业务合作。建设“数字乡村”信息化平台，提供集体经济发展路径规划，参与网络设施建设优化及运营指导，为村集体提供高效便捷的信息化保障，为村民服务提供个性精准的通信信息服务。

（邱红宇　廖　伟）

燃　气

【概况】2021年，涪城区住建局坚持“安全第一、预防为主、综合治理”的安全生产方针，履行行业监管责任，督促燃气经营企业落实安全生产主体责任，草拟《绵阳市涪城区瓶装液化石油气两级配送实施方案（征求意见稿）》，完成各乡镇人民政府、各街道、区级各部门意见征求。全年对管道燃气、CNG加气站等企业进行安全检查23次，发现安全隐患32处，落实整改32处。各镇街、区级部门参与开展多次燃气安全检查，强制没收报废液化气罐50余只，责令1家液化石油气罐配送网点停止营业，捣毁1家不具备任何资质及存储条件的液化石油气瓶库。

【建筑压管专项排查】2021年，涪城区住建局会同辖区各燃气企业对全区建筑压管情况进行全面排查，共发现建筑压管66处。先后5次组织各镇、街和区级部门召开燃气安全整治会议，研究部署问题整改措施，要求企业建立安全隐患整治清单，实行安全隐患清单“点位”周报制，整改一处，销号一处。截至年底，完成建筑压管整改点位58处。

【城镇燃气安全专项整治】根据国务院安委会《关于印发〈全国城镇燃气安全专项整治工作方案〉的通知》（安委〔2021〕9号）文件精神，涪城区草拟《涪城区城镇燃气安全专项整治工作方案》，从2021年11月起，分4个阶段进行全区城镇燃气安全专项整治工作。2021年11月进行动员部署，2021年12月起开展全面摸底排查。10月22日，区住建局召开专题会议，对该行动进行全面动员部署，督促各城镇燃气企业按照整治内容，开展安全隐患自查自纠，强化企业重点设施、重点部位和重点环节的巡查、维护和实时监控等措施。

（吕玉兰　林彦辉）

2021年12月，涪城区城镇燃气安全专项检查　（涪城区住建局）

服务业

【概况】涪城区构建“1+6”现代服务业体系，推动人才回流、创新回流、消费回流，建设宜居宜业中心城区取得成效。2021年，全区服务业增加值总量实现412.7亿元，占全区GDP比重为67.45%，增速实现9.5%，总量全市第一，增速全市第三。

【“首位经济”巩固】2021年，涪城区属服务业总量412.7亿元（辖区600.6亿元），在全市率先突破400亿元，全市“一核两翼三区”格局中“核心”地位明显，总量占全市1/4，总量是排名第二位的1.7倍。“十三五”期间，服务业对地区生产总值增长贡献率、税收、投资、就业占比平均保持在60%以上。2021年，服务业占地区生产总值比重67.4%，地区生产总值增长贡献68.1%；发展速度保持领先。“十三五”期间，服务业年均增长9%，2021年服务业同比增长9.5%，实现大基数高增长，增速排位连续位列全市县（市、区）前三名。

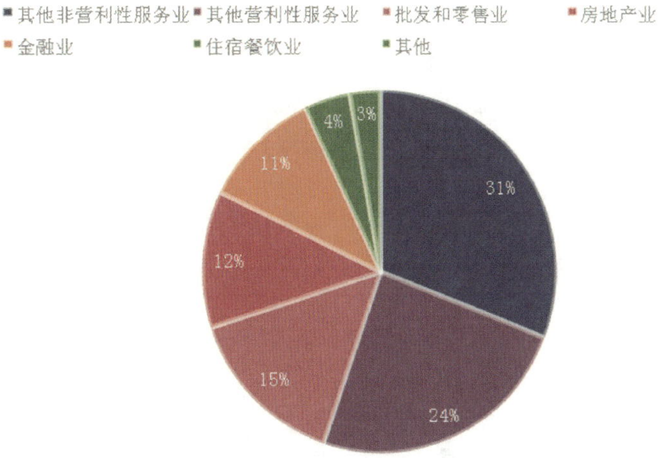

图6 绵阳市涪城区2021年各行业占服务业增加值比重

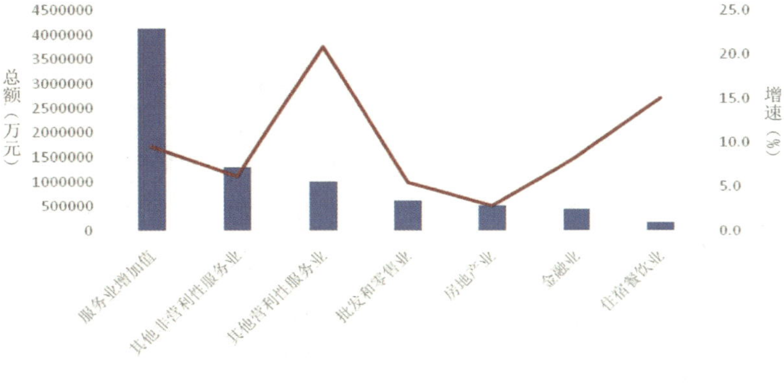

图7 绵阳市涪城区2021年服务业各行业总量增速比较

【中心城区宜居宜业】2021年，涪城区城市综合体品质提升。城市综合体商业面积超过50万平方米，引进华润万象汇、北京王府井，COACH、APM、MK，造车“新势力”蔚来、理想，科技、娱乐类潮品戴森、乐高等高端零售、网红品牌首店成为“吸客”新亮点。特色街区场景营造。认定区级特色街区3条，“绵州记忆”纳入省级步行街改造试点，“花开会仙”、马家巷、126、三江半岛等消费新场景、全市网红打卡地火热“出圈”。2021年全区社消零总额增长18.5%。专业楼宇产业集聚。建成全市首个AAAAA甲级写字楼，中大财富广场、万达南北塔成为全区首批亿元楼宇。依托临园干道两侧金融专业楼宇打造绵阳金融中心，税收收入占全区金融业税收收入比重32%。推动专业市场转型升级。推动万馥果品等城区内老旧市场100多家商户完成整体搬迁，花园市场改造提升加紧推进，裕农新城商贸物流城启动建设，天泰、毅德等五大专业市场年销售额突破250亿元。旧城改造城市更新。以营城理念，推动旧城改造城市更新，实施金桥商场等旧改项目19个，治理老旧小区377个，完成涪城路等背街小巷整治27个，布局街头演艺、城市涂鸦、口袋公园，吸引人气、集聚商气。

【产业结构优化】2021年，涪城区科技服务初具规模。建成各类孵化平台25个，孵化总面积36.8万平方米。建立市级及以上企业技术中心29个，省级工程技术研究中心7个，培育规上科学研究与技术服务业企业35户，2021年科技服务业增加值实现49.7亿元。现代金融成效显现。集聚金融机构132家（银行机构17家、保险机构76家、证券期货24家、基金8家、小贷公司4家、融资担保3家），培育新三板挂牌企业3家，打造银企“鹊桥会”金融服务品牌，融资信息对接成效显著。现代物流能级提升。培育物流企业380余家，其中规上物流企业21家，占全市比重25.6%。培育A级物流企业4家，纳入省级重点物流联系企业3家。皂角铺铁路物流基地建成投用，建成全国城乡交通运输一体化示范区。电子商务发展加速。培育哆啦有货、蜀农网、西蜀网、毅起来、马小果等知名电商平台10余个。获评省级电商产业发展示范县。电商创新改革“36条”入选国务院创新改革典型案例。2021年实现电商交易额748.62亿元。文旅康养持续增长。“十三五”期间，接待游客人次年均增长20.9%，旅游总收入年均增长16.4%。“绵州记忆”成功入选第一批国家级夜间文化和旅游消费集聚区。拥有星级饭店6个，A级景区2个。蓝城康养产业园、九洲田园康养综合体等项目签约入驻。

2021年绵阳市涪城区服务业结构表

表21

行业指标	2021年总额（万元）	2021年增速（%）	占服务业增加值比重（%）	占地区生产总值比重（%）
服务业增加值	4127003	9.5	—	67.45
（一）批发零售业	609196	5.4	14.76	9.96
批发业	356558	2.6	8.64	5.83
零售业	252638	9.7	6.12	4.13
（二）住宿餐饮业	174459	15.0	4.23	2.85
住宿业	43079	7.3	1.04	0.70
餐饮业	131380	17.7	3.18	2.15
（三）金融业	444062	8.3	10.76	7.26
（四）房地产业	504830	2.8	12.23	8.25
（五）其他营利性服务业	1002352	20.8	24.29	16.38
信息传输、软件和信息技术服务业	227521	36.2	5.51	3.72

续表 21

行业指标	2021 年总额（万元）	2021 年增速（%）	占服务业增加值比重（%）	占地区生产总值比重（%）
租赁和商务服务业	262271	20.1	6.35	4.29
科学研究和技术服务业	270190	16.3	6.55	4.42
居民服务、修理和其他服务业	173605	11.8	4.21	2.84
文化、体育和娱乐业	68765	19.3	1.67	1.12
（六）其他非营利性服务业	1277800	6.1	30.96	20.88
水利、环境和公共设施管理业	15130	2.8	0.37	0.25
教育	575413	5.9	13.94	9.40
卫生和社会工作	272310	8.5	6.60	4.45
公共管理、社会保障和社会组织	414947	5.0	10.05	6.78
（七）其他	114304	—	2.77	1.87

2021 年绵阳市涪城区服务业各行业税收收入表

表 22

行　业	2021 年（万元）	2020 年（万元）	增长率（%）	2021 年占税收总额比重（%）
（一）批发零售业	62150	59316	4.78	12.52
（二）住宿餐饮业	1693	1375	23.13	0.34
（三）金融业	99389	83225	19.42	20.02
（四）房地产业	133626	104365	28.04	26.91
（五）其他营利性服务业	50378	42123	19.60	10.15
信息传输、软件和信息技术服务业	4116	3630	13.39	0.83
租赁和商务服务业	25870	19072	35.64	5.21
科学研究和技术服务业	12947	16551	−21.78	2.61
居民服务、修理和其他服务业	7143	2531	182.22	1.44
文化、体育和娱乐业	302	339	−10.91	0.06
（六）其他非营利性服务业	32674	36441	−10.34	6.58
水利、环境和公共设施管理业	415	543	−23.57	0.08
教育	6415	4502	42.49	1.29
卫生和社会工作	6808	5056	34.65	1.37
公共管理、社会保障和社会组织	19036	26340	−27.73	3.83
服务业行业总计	379910	326845	16.24	76.51

2021年绵阳市涪城区纳税超千万服务业重点税源企业情况表

表23

所属行业	企业名称	2021年（万元）	2020年（万元）	增收（万元）	增速（%）
批发和零售业	四川长虹佳华数字技术有限公司	9217	10761	-1544	-14.35
	四川省烟草公司绵阳市公司涪城分公司	6294	6237	57	0.91
	四川绵阳科伦医药贸易有限公司	2249	1839	409	22.27
	绵阳富临百盛广场有限公司	1851	1700	151	8.91
	四川长虹佳华哆啦有货电子商务有限公司	1518	1477	42	2.83
	四川子柒文化传播有限公司	1292	0	1292	—
	成商集团绵阳茂业百货有限公司	1225	1156	69	5.99
金融业	绵阳市商业银行股份有限公司	18491	5621	12869	228.94
	绵阳农村商业银行股份有限公司	4813	—	—	—
	绵阳市涪城区农村信用合作联社	4555	6474	—1918	-29.64
	中国建设银行股份有限公司绵阳分行	3135	2944	190	6.46
	中国银行股份有限公司绵阳分行	2410	1739	671	38.58
	太平财产保险有限公司绵阳中心支公司	1794	—	—	—
	中国太平洋财产保险股份有限公司绵阳中心支公司	1472	—	—	—
	交通银行股份有限公司绵阳分行	1179	1097	82	7.48
	中国农业银行股份有限公司绵阳分行	1040	1146	-107	-9.29
房地产业	绵阳市畅泰实业有限公司	13050	7066	5984	84.68
	绵阳畅美嘉实业有限公司	5975	4598	1377	29.94
	绵阳远大房地产开发有限责任公司	5745	3028	2718	89.76
	绵阳畅茂房地产开发有限公司	3181	2078	1103	53.09
	绵阳涪城万达广场有限公司	2680	2185	495	22.67
	四川福星实业投资集团有限公司	2447	3301	-854	-25.87
	绵阳凯德商用置业有限公司	2352	2145	207	9.63
	四川东辰（集团）股份有限公司	1851	1334	517	38.73
	四川兴绵房地产开发有限公司	1444	423	1020	241.02

续表 23

所属行业	企业名称	2021 年（万元）	2020 年（万元）	增收（万元）	增速（%）
房地产业	绵阳中科海实业有限公司	1372	-39	1410	—
	绵阳瀚威房地产开发有限公司	1322	79	1243	1566.21
	绵阳华青投资有限公司	1275	-113	1388	—
	四川陆建吉泰置业有限公司	1136	1066	69	6.48
	绵阳鸿远领悦房地产开发有限公司	1104	7472	-6368	-85.22
租赁和商务服务业	绵阳润身后勤管理服务有限公司	1765	75	1690	2259.59
	四川东辰教育管理集团有限公司	1635	1030	605	58.74
总额		110868	77921	24868	42.23

（李漫玲　赖美君）

商贸业

【概况】2021 年，涪城区社消零实现 281.21 亿元，同比增速达 18.7%，总量排名全市第一位，增速排名全市第三位。

【体系建设】2021 年，涪城区建设以中央商务区、主题商圈、特色街区和旗舰店为主体的综合商业体系。推进老城区中央商务区建设，优化商业网点布局，推进城市综合体建设，丰富完善大型超市、品牌餐饮等新兴业态。培育老城区核心商圈，提高商业集聚程度，增强辐射能力，推进商业网点布局战略调整，提升商业设施品位，提高新型业态比重。打造集精品购物、连锁快餐、金融网点及娱乐休闲等功能于一体精品商业区；激发主城区发展活力，依托特色街区建设，打造服务经济、创业经济的核心载体；在金家林总部经济试验区形成集商业、金融业、商务于一体的高度繁华的现代都市商业中心；完善金融服务功能，加快金家林基金小镇建设，打造区域性金融总部商务区；完善配套商业及服务设施，形成商业与办公区的氛围。将宾馆、写字楼、商业设施等与城市交通有机结合，打造城市商贸综合体，满足城市居民的居住、消费、休闲、娱乐、社交多种形态的高品质生活需求。挖掘历史文化内涵，以特色化、品牌化、规模化为目标，整合市场资源，引导商家集聚，重点打造一批美食街、滨河景观街、都市夜市区、土特产街区等特色街区。

【特色街区】2021 年，涪城区完成“绵州记忆”特色街区改造提升项目策划方案。策划方案从“听”的维度切入，依托“川剧之音”“街巷之音”“涪水之音”“历史之音”四大主题节点再现绵阳昔日的历史文明，把铁牛广场打造为传播川剧文化、展现历史人文精神的绵州城市会客厅。从“观”的维度切入，打造“繁华之象”“市井之象”“科技之象”“潮玩之象”“文化之象”“休闲之象”六大主题节点，展现绵阳丰富且充满趣味的城市新面貌，把步行街打造为激活绵阳商业活力、展示创意科技魅力的中心城区现代商业核心。从“品”的维度切入，打造“美食之味”“演艺之味”“市井之味”“腔调之味”四大主题节点，品味涪城街巷各种滋味，把马家巷打造为沉浸式体验本地美食、打卡网红小店的创意漫游街区。“铁牛广场—马家巷”夜间经济集聚区项目纳入 2021 年度省商务厅区域消费中心城市项目资金支持范围。

【城市综合体】2021 年，涪城区共有涪城万达、凯德广场等商业综合体 12 个，总营业面积 52.48 万平方米，入驻商家超 500 家，带动就业 2 万余人，年营业额超 60 亿元，年纳税额超 3 亿元。入驻雅诗兰黛、兰蔻、蔻驰等国际国内一线首店品牌30余个，高端零售品牌数量居全市首位。区委、区政府出台《涪城区推动产业高质量发展若干政策（试行）》，支持城市综合体、大型商场、特色街区、文创园区等运营管理单位引进国际知名品牌首店，运营满一年的，按照为品牌商入驻提供的租金减免和装修费用的30%给予运营管理单位补助，单一品牌补助最高不超过100万元。2021年嘉来·南河广场商业综合体完成项目主体施工，京东电器绵阳城市旗舰店成功入驻，九洲华润万象城市综合体项目实现开工。

【消费促进】2021年，市商务局、区政府启动“乐购绵州·美好生活”消费促进月系列活动，直接拉动消费30余亿元。在长虹世纪城、花园星河湾盛大启动2021年品质零售进社区促销活动，参与商家20余家。劲浪体育绵阳首家城市运动中心、京东绵阳城市旗舰店举行开业仪式，MICHAEL KORS首店入驻大都会百盛。在大润发超市、百盛超市设置“绵碚特色馆”，集中展示、展销“绵阳造”、“北碚造”产品。开展“这里很绵阳”“城市夜宴”等主题夜间经济活动，引导“茂乐汇”“凯德星商城”等直播网红经济发展，全年实现网络零售额32亿元。

【疫情防控】建立大型商超、酒店、农贸市场服务专班和疫情防控微信、QQ联络群9个，向20余家大型商超，8家专业市场，460余家酒店、宾馆推送中央、省、市疫情防控精神和防控科普宣传知识达165条次，累计免费发放6类疫情防控公益宣传画册合计2560余份。各商贸企业利用户外LED显示屏全天候循环宣传疫情防控标语达3680余条次。组织商贸企业返工返岗员工到定点医院参加核酸检测人数累计达7560人次，疫苗接种人数达21290人次。商贸企业员工疫苗接种和核酸检测做到“应接尽接、应检尽检”的原则，有效防控“外防输入、内防反弹”的稳定局面，落实“闭环式”管控措施。开展联合执法督查，采取明察暗访、“四直接两不”等督查方式，督查组直奔现场、直面问题、现场督导、现场整改。累计督查万达广场、凯德广场、富临百盛、豪瑞特酒店、天泰食品城、毅德商贸城等大型商超、酒店、农贸市场达286次，发现问题320余条，开具《疫情防控问题整改督查通知书》156张，政企共同构筑联防联控、齐抓共管的互动局面，筑牢常态化群防群策的严密防线。

2021年绵阳市涪城区大中型商业零售企业一览表

表24

序号	企业名称	网点名称	网点地址
1	梅西商业有限公司绵阳分公司	梅西百货	兴达街12号
2	绵阳新世界百货有限公司	新世界百货	临园路东段72号
3	绵阳凯德商用置业有限公司	凯德广场	临园路东段74号
4	绵阳富临百盛广场有限公司	富临百盛	安昌路17号
		大都会百盛	临园路东段68号
5	成商集团绵阳茂业百货有限公司	茂业百货兴达店	公园路1号
6	绵阳万达广场商业管理有限公司	万达广场	花园路9号
7	绵阳兴达好又多商贸有限公司	沃尔玛公园店	公园路1号
8	深圳沃尔玛百货零售有限公司绵阳临园路分店	沃尔玛临园店	临园路东段74号
9	沃尔玛（四川）百货有限公司绵阳跃进路分店	沃尔玛1958店	跃进路48~52号
10	绵阳富安百货有限公司	富安百货	涪城路48号
11	成都国美电器绵阳分公司	国美安昌店	安昌西路7号
		崇尚国际店	长虹大道中段126号
		花园路万达店	花园路9号万达广场B1层

续表 24

序号	企业名称	网点名称	网点地址
12	绵阳苏宁易购销售有限公司	苏宁安昌店	长虹大道中段 128 号
		苏宁金柱园店	剑南路西段 65 号
		苏宁长虹国际广场店	花园路 9 号
13	绵阳大润发商贸有限公司	大润发超市	跃进路 4 号长虹国际广场
14	绵阳美宏实业有限公司	美宏超市	西山东路 43 号东方华尔街
15	四川乔玛特商业投资有限公司	绵阳乔玛特购物广场	长虹大道北段 67 号
16	四川永辉超市有限公司	花园路万达店	花园路 9 号
17	绵阳市旺客隆超市	旺客隆超市	长虹大道南段御林街 50 号
18	京东五星电器（绵阳）集团有限公司	京东电器旗舰店	临园路东段 58 号

（李漫玲　赖美君）

外贸业

【概况】2021 年，涪城区共有外贸进出口实绩企业 45 家，涪城区实现外贸进出口总额 45.7 亿元，同比增长-15%。其中：出口 11 亿元，同比增 192%；进口 34.7 亿元，同比增-30%。全区外贸进出口额上亿的企业 4 家，其中惠科进出口总额 36 亿元，占比全区外贸进出口总额的 79%。

【重点工作】2021 年，涪城区帮助企业开拓国外市场。对开展代理出口业务的企业如天虹丝绸等，争取代理改自营。调查掌握区内外贸进出口企业的优势产品和出口方向，利用 RCEP（区域全面经济伙伴关系协定）签订生效契机，确定重点出口国家。扶持重点企业，对出口总额达 100 万美元以上的骨干企业和增速较快的生产型企业，协调解决在生产经营中出现的问题，鼓励开拓市场，扩大进出口。组织外贸企业参加各类外贸培训班，解决企业在人才培养、市场开拓、政策支持上的困难和问题，增强企业开拓市场意识，提升参与国际市场的竞争能力。指导惠科光电、龙华薄膜等外贸企业申报进口贴息资金 6402 万余元，争取中央、省级外经贸发展专项资金 1039 余万元。

【进博会】2021 年 11 月 5—10 日，涪城区商务局组织科伦医贸等 12 家企业参加在上海国家会展中心举办的第四届中国国际进口博览会。与美国康宁等世界 500 强企业洽谈，达成药品类、医疗器械类、健康及保健食品类、保健器具类、医疗美容产品类、养老与康养产品类、人工智能设备与应用、攻城器械、日化用品等产品采购意向，累计签约金额 5000 余万美元。

表 25　　2021 年绵阳市涪城区进出口贸易基本情况一览表

名称	累计出口金额（元）	累计出口金额增长（%）	累计进口金额（元）	累计进口金额增长（%）	累计进出口金额（元）	累计进出口金额增长（%）
涪城区	1103714069	192.24	3470280411	-30.73	4573994480	-15.1
绵阳惠科光电科技有限公司	625201344	799.26	2978789145	-38.47	3603990489	-26.61
绵阳龙华薄膜有限公司	62547350	13.16	252091045	63.05	314638395	49.91
康宁显示科技（绵阳）有限公司	292598		222060093		222352691	
四川华拓光通信股份有限公司	189261515	18.44	1905278	4.32	191166793	18.28

续表 25

名称	累计出口金额（元）	累计出口金额增长（%）	累计进口金额（元）	累计进口金额增长（%）	累计进出口金额（元）	累计进出口金额增长（%）
四川长虹电源有限责任公司	85022972	130.31	427142	-92.09	85450114	101.94
四川省仁德科技有限公司	53375933		0		53375933	
绵阳市丰谷制丝有限公司	16795003	3546.77	0		16795003	3546.77
绵阳市广鑫进出口贸易有限公司	15326767	30.62	0		15326767	30.62
绵阳济海进出口贸易有限公司	13586194	15417.33	0		13586194	15417.33
绵阳市建诚电子有限公司	11545711	-38.53	0	-100	11545711	-39.09
绵阳利中吉商贸有限公司	0		10357025	238.53	10357025	238.53
四川传丝科技有限公司	6300568	499.52	0		6300568	499.52
四川伊莱特贸易有限公司	4051181	27.41	0		4051181	27.41
四川永贵科技有限公司	3670950	206.26	0		3670950	206.26
梯爱司表面处理技术（绵阳）有限公司	22		3438590	33.24	3438612	33.24
四川沃姆斯科技有限公司	3263865	-29.27	0		3263865	-29.27
绵阳杰福来商贸有限公司	2801732	89.59	0		2801732	89.59
绵阳市雅森五金工具有限公司	2301082	56.31	0		2301082	56.31
四川奈微特科技有限公司	2047803	1307.28	0		2047803	1307.28
绵阳添懋五金制品有限公司	1348883	1.98	0		1348883	1.98
四川欧斯姆电子科技有限公司	1014720	28	0		1014720	28
四川华英宇科技有限公司	754755	-65.87	0		754755	-65.87
绵阳精恒光通信有限公司	730159	-8.48	0		730159	-8.48
绵阳福远商贸有限公司	619377	758.29	0		619377	758.29
四川弯流机电科技有限公司	0		556256	800.56	556256	800.56
绵阳福瑞进出口贸易有限公司	510068	-84.11	0		510068	-84.11
四川固得石油机械有限公司	398224	-63.53	0		398224	-63.53
四川凯华新材料有限公司	333805	-77.38	0		333805	-77.38
四川绵阳三力股份有限公司	0		292787	-35.42	292787	-35.42
绵阳大华微电子有限公司	216232	17.43	0		216232	17.43
四川金三国际贸易有限公司	185324	-51.53	0		185324	-51.53
四川食商优购科技有限公司	0		155067	-38.24	155067	-38.24
四川梓冠光电科技有限公司	0		149165		149165	

续表 25

名称	累计出口金额（元）	累计出口金额增长（%）	累计进口金额（元）	累计进口金额增长（%）	累计进出口金额（元）	累计进出口金额增长（%）
绵阳金川福康科技有限公司	124758		0		124758	
四川亿蔚得贸易有限公司	54517		0		54517	
绵阳睿控电子有限公司	0		39150	-57.63	39150	-57.63
绵阳创砂新材料有限公司	20845	72.79	0		20845	72.79
绵阳艾尔部落精酿啤酒有限公司	0		19668		19668	
四川聚鑫丰机械有限公司	9812		0		9812	
绵阳晨丰纺织有限公司	0	-100	0		0	-100
四川利尔作物科学有限公司	0		0	-100	0	-100
四川艾哩文创商贸有限公司	0		0	-100	0	-100
绵阳金能移动能源有限公司	0		0	-100	0	-100
四川村夫贸易有限公司	0		0	-100	0	-100
绵阳叁迪光学科技有限公司	0		0	-100	0	-100

（李漫玲　赖美君）

供销合作商业

【概况】2021 年，涪城区供销联社加强供销基层组织建设，推进农村产权流转交易，拓展为农服务领域，提升为农服务能力。全区有直属社企业 2 家、参股企业 3 家、参股农民合作社 1 家，主管社团组织 1 家。全区基层供销社、农村综合服务社、农村产权流转交易站点等供销服务网点共计 89 个，100%覆盖全区行政村。

【供销基层组织建设】2021 年，涪城区供销联社改造提升薄弱或相对薄弱乡镇供销社 1 个，组建发展村级供销社 3 个，组建完善农村综合服务社 3 家，新建区域性农业社会化服务中心 1 个。出资 50 万元与 5 个村级集体经济组织按比例共同注资组建村级供销合作社有限公司的新模式建成“基层社示范社”5 个，其中青义镇龙峰村、杨家镇新堰村采取搭建平台方式提供农民生产生活综合服务，丰谷镇和平村、新皂镇八庙子村以“两社融合+产业项目”模式促进产业发展、农民增收，吴家镇三清观村以“市、区、村三级联动+第三方农资经销商”发展新型基层供销社。12 月 9 日，在青义镇、丰谷镇举办了全省供销系统两项改革“后半篇”文章现场会交流供销社基层社建设工作。

【农村产权流转】2021 年，涪城区交易中心办理农村产权流转交易鉴证 63 宗，交易鉴证金额 414.58 万元，其中：土地经营权交易鉴证 2 宗、流转面积 11.906 公顷、金额 151.42 万元；林权交易鉴证 1 宗、流转面积 0.946 公顷，金额 0.994 万元；小型水利交易鉴证 59 宗，金额 250.17 万元，农业生产设施设备 1 宗，共 4 台，金额 12 万元。

【组建区域性农业社会化服务综合平台】2021 年，由市、区供销社和青义镇政府按照“供销+镇+村”模式共同出资在青义镇打造农业社会化服务中心，作为涪城区乡村振兴社会化服务中心的功能性服务子站，规划建设农资农机租售厅、信息服务展厅、文化培训室、活动室和便民服务超市五个服务阵地。通过搭建平台、整合资源开展“农机服务、农资供应、农技推广、金融保险、便民服务”等业务，构建与农民生产生活联系密切的综合服务平台。

【农超对接服务】2021 年，涪城区通过资产置换的方式，盘活位于市中心地段的原城厢街道办公闲置用房 200 余平方米，按照“供销社+社区+企业+农民合作社”的“共建、共治、共享”合作模式共同出资建设全市首家农超对接服务中心，构建城市资源与农村资源的快捷便利流通渠道，助力全区农副产品销售。

【拓展为农服务领域】2021年，涪城区推介“涪城蚕茧”“涪城芦笋”优质农产品加入绵阳农产品公共区域品牌“绵州珍宝”；通过对接企业搭建“产销”平台，帮助吴家镇戴家林村销售爱媛橙8000余千克；配合区农业农村局组建区农机联盟，制定全区秋粮收割农机作业方案，组织农机联盟成员单位开展集中作业。

（马　聪　陈泓宇）

物流业

【概况】截至2021年，涪城区登记注册的物流企业近400家，占全市的比重为50%；纳入规上统计的物流企业15家，占全市的比重为30%；A级物流企业4家（其中AAAAA级1家、AAA级2家、AA级1家），占全市的比重为28.5%；纳入四川省2021年重点物流联系企业3家，占全市总数的12%。推进四川裕农新域商贸物流城等4个重点物流项目落地建设；规划新建中国科技城（绵阳）科技物流产业园。

【重点项目】2021年，涪城区重点推进“四川裕农新域商贸物流城”等4各物流项目建设，四川裕农新域商贸物流城已完成投资1.8亿元，其中一期项目于2021年启动，规划用地面积近64.56亩，总建筑面积近78315.00平方米，计划投资近32222.73万元。初步预计投产后2年内实现营业收入1000万元，新增利税100万元。中国（绵阳）科技城科技物流园启动区“两业”融合产业园配套基础设施项目计划总投资近10亿元，启动并完成项目策划方案编制。智慧物流信息数据中心规划用地面积近4.266万平方米，总建筑面积为10万平方米，分二期建设。其中：一期规划用地面积近5999.999平方米，总建筑面积12784.55平方米，已完成主体工程建设。项目建成后预计可实现年均销售3600万元，新增税收800万元。凝辉仓储物流中心完成一期项目建设，总投资4800万元，竣工并投入使用，引进森飞粮食、成都东骏快递等10余家企业入驻。

【中国科技城（绵阳）科技物流产业园】中国(绵阳)科技城科技物流园依托皂角铺铁路物流基地进行开发建设，总规划面积近11.88平方千米，纳入《绵阳市国土空间总体规划（2020—2035)》方案，将新增工业用地近1.3506平方千米、仓储物流用地近2.1133平方千米、居住用地近1.3006平方千米。园区致力打造产城一体、先进制造业和现代物流业深度融合的现代化示范园区，引进国际国内知名电子信息和智慧物流企业入驻。园区0.2613平方千米先进制造业地块和0.2099平方千米现代物流业地块已于2021年完成土地报征组卷。皂角铺铁路物流基地于2021年3月11日通过成都铁路局初步验收，12月1日开通运行。园区基础设施加快完善，主干道路横九路、纵七路基本完工与二环路、飞云大道形成内连外畅的交通路网，确保皂角铺铁路物流基地运行顺畅。

2021年绵阳市涪城区重点物流企业情况统计表

表26

序号	辖区	公司名称	主营业务	注册地址
1	石塘街道	四川长虹民生物流股份有限公司	货物运输	绵阳市涪城区绵绢路9号
2	石塘街道	绵阳朝阳物流服务有限公司	普通货物运输	绵阳市涪城区绵绢路9号
5	工区街道	绵阳川运物流有限公司	危险品货物运输	绵阳市涪城区长虹大道北段121号
6	城厢街道	绵阳市城市停车管理有限公司	静态交通物联网系统建设管理	绵阳市涪城区临园路东段59号8栋5楼
7	石塘街道	绵阳市黑犬货运代理有限公司	快递服务	绵阳市涪城毅德商贸城电商产业园1区
8	新皂街道	四川双汇物流有限公司	道路货物运输	绵阳市涪城区飞云南路中段9号
10	工区街道	中央储备绵阳直属库	粮油仓储	绵阳市涪城区一环路西段3号
11	石塘街道	绵阳景逸物流服务有限公司	快递服务	绵阳市涪城区东岳社区二居民区
12	城郊街道	绵阳申通快递服务有限公司	国内快递服务	绵阳市涪城区长虹大道北段166号

续表 26

序号	辖区	公司名称	主营业务	注册地址
13	石塘街道	绵阳万商红供应链管理有限公司	供应链管理服务	绵阳市涪城区御中路 66 号
14	工区街道	绵阳天天快运物流科技有限公司	普货运输、快递服务	绵阳市涪城区御中路 66 号
15	工区街道	绵阳顺发物流有限公司	大件及普货运输	绵阳市涪城区长虹大道北段 11 号都市港湾
16	工区街道	绵阳远淋运输有限公司	普货运输	绵阳市涪城区圣水南街 64 号中房·阳光水岸 9 栋 1 层 9 号

（李漫玲　赖美君）

粮油商业

【概况】2021 年，涪城区贯彻执行《国家粮食流通管理条例》《四川省粮食安全保障条例》和《绵阳市涪城区粮食安全党政同责》，推进粮食安全党政同责工作，做好区级储备粮油和粮油应急安全体系建设，向辖区各类涉粮企业提供指导、监督和协调服务，维护辖区粮食秩序，确保辖区粮食安全。

2021 年涪城辖区（含民营企业、转化企业）累计购进粮油 337734 吨，其中小麦 89017 吨、稻谷 25786 吨、玉米 195959 吨、油菜籽 53 吨、其他粮食 26919 吨。粮油购进总量比 2020 年减少 171916 吨。

2021 年涪城辖区（含民营企业、转化企业）累计销售粮油 345380 吨，其中小麦 88782 吨、稻谷 25579 吨、玉米 204333 吨、油菜籽 53 吨、其他粮食 26633 吨。粮油销售总量比 2020 年减少 163267 吨。

【区级储备粮油监督管理】截至 2021 年 12 月，涪城区建立区级储备粮 9778 吨，其中小麦 6000 吨、稻谷 2478 吨、菜籽油 400 吨、成品粮 900 吨。涪城区加强区级储备粮油监督管理，要求承储企业在粮油的收储、保管及轮换等环节，执行《绵阳市涪城区区级储备粮管理办法》相关规定。

【粮食库存检查】2021 年，涪城区按照《国家粮食流通管理条例》《粮食库存检查办法》和《四川省粮食安全保障条例》等相关规定，遵循属地管理，坚持“有仓必到、有粮必查、有账必核、查必彻底”的原则，对辖区 5 个国有粮食储备企业（绵阳市粮油集团西山植物油脂库、绵阳市涪城粮油购销有限公司、绵阳市高新粮油购销有限公司、绵阳市军粮供应有限公司、中央储备粮绵阳直属库）和 1 家民营粮食储备企业（绵阳友乐食品有限公司）开展粮食库存检查。经检查，辖区粮食储备企业库存粮食与保管账、统计账、会计账、银行资金账实相符，账务处理合规，并按规定进行分账管理，分仓储存，库存粮食与银行贷款相对应，其资金占用合理，各级储备粮达到“一符、三专、四落实”（一符即账与实物相符合，三专即专人管理、专账做账、专仓储存，四落实即数量落实、品种落实、地点落实、质量落实）基本要求。

【粮食宣传活动】2021 年，涪城区以“科技助力节粮减损，创新保障优粮供给”为主题，开展“优质粮油、科技和人才兴粮兴储、粮油健康消费、节粮减损”进家庭、进学校、进企业、进社区和进军营“五进”活动。开展绵阳市世界粮食日和粮食安全宣传周活动。活动主要以宣传教育、精品粮油展示展销等内容开展。现场开展“粮食安全宣讲”“精品粮油展销”等活动，发放宣传资料 2000 余份；以区发改局、区农业农村局、区妇联、区融媒体中心、区教体局、区科技局、吴家镇人民政府、四川潮丰粮油有限责任公司、绵阳市涪城粮油购销有限公司、绵阳市高新粮油购销有限公司、绵阳市军粮供应有限公司等单位参会人员组成 4 个调研组，每组 4 人，开展爱粮节粮“进家庭、学校、企业、社区”四进活动，宣讲爱粮、营养健康等科普知识，倡导引领爱粮节粮社会新风尚，固树立粮食安全人人有责的意识。

【粮食巡察】2021 年 9 月 28 日至 11 月 10 日，涪城区委专项联动巡察组对全区粮食购销领域开展专项巡察。主要从落实粮食安全责任制、监管责任、遵守纪律和廉洁从业、巡视巡察和上级督查发现的问题及体制机制五个方面进行巡察，巡察发现 13 个问题，全面整改到位。

（田建民）

财政管理

【概况】2021年，涪城区地方一般公共预算收入完成281131万元，同比增长28.20%。其中：税收收入完成223785万元，同比增长20.24%，非税收入完成57346万元，同比增长72.89%。通过加强财源培植、优化存量企业服务、打造“税宜家”服务品牌等措施，全方位拓展收入来源。全区一般公共预算收入实现空前增长，实现总量和增幅跨越提升，均位居全市第一。

【产业支持】2021年，涪城区认真贯彻落实减税降费政策，全年新增减税降费74400万元，有效激发各类市场主体活力；安排产业发展资金46886万元，支持惠科模组、中南高科等重点项目转型升级，助力企业稳步发展；发挥财政资金引导作用，安排资金3100万元，按照《涪城区支持产业高质量发展若干政策》《涪城区促进民营经济健康发展十九条措施》精神，支持先进制造业、现代服务业、现代农业等产业发展。

【绩效体系】2021年，涪城区出台《涪城区预算绩效管理考核暂行办法》《涪城区区本级财政预算绩效结果应用管理办法》《涪城区预算绩效管理跟踪问效“两书一函”制度》等文件，“1+N”预算绩效管理制度体系基本建成。对58个区级预算单位2021年度部门整体支出和项目支出开展绩效“全覆盖”评价，通过“事前、事中、事后”全过程监管的方式，杜绝管理“盲区”。选取乡村振兴、生态保护、经济发展等领域12个重点项目开展财政重点绩效评价，借助第三方力量，推进评价重点从管理过程向政策制定、整改落实转变。

【国企改革】2021年，涪城区组建区企业培育发展中心，将区属国有企业纳入集中统一监管，理顺出资人职责。出台《涪城区以管资本为主推进职能转变方案》《涪城区区属国有企业负责人经营业绩考核办法（试行）》等文件，开展区属国有企业工资总额专项审计，深化国资国企改革。

【预算管理一体化】2021年，涪城区开展数据整理、联网测试、操作培训等前期工作，配置基础信息管理、项目库管理、预算批复、预算执行等八个模块，促进预算编制规范统一、公开透明、标准科学，预算执行约束有

2021年10月26日，涪城区国企深化改革会议召开　（彭洁莹）

力，确保中央深化预算改革掷地有声。

【两项改革】2021 年，涪城区出台《涪城区镇街国有资产盘活利用工作方案》，分类盘活涉改镇街资产 114 宗、总面积 5.78 万平方米；督促行业主管部门结合实际制定完善本系统的乡镇政府购买服务管理制度；强化镇街财力保障，全年累计安排 26,189 万元，确保镇街改革工作有序开展。

【民生福祉】2021 年，涪城区全年安排防疫资金 2648 万元，建立全区医疗物资储备库，储备口罩、医用防护服、消杀物品等物资，签订隔离场所意向性协议 19 份，储备集中隔离房间 1551 间。全年安排乡村振兴资金 54307 万元，实现总量及占比“两个高于”目标，巩固脱贫攻坚成果与乡村振兴有效衔接。全年安排教育投入 87649 万元，同比增长 3.14%，实现教育“两个只增不减”目标。

2021 年绵阳市涪城区财政收入一览表

表 27　　单位：万元

上划中央	合计	中央	省	市	区
一、公共财政收入	552325	205128	66066	0	281131
增值税	180208	90680	29355		60173
消费税	4221	4221			
营业税	0				
企业所得税	138502	83104	20173		35225
个人所得税	45205	27123	6329		11753
资源税	2174		1149		1025
城市维护建设税	15702				15702
房产税	18440		6454		11986
印花税	7214				7214
城镇土地使用税	7138		2498		4640
土地增值税	22525				22525
车船税	9124				9124
车辆购置税	0				
耕地占用税	2112				2112
契税	42078				42078
烟叶税	0				
环境保护税	267		93		174
其他税收收入	69		15		54
非税收入	57346				57346
二、基金收入	62619				62619
合　计	614944	205128	66066	0	343750
其中：地方公共财政收入	281131				

续表 27

单位：万元

上划中央	合计	中央	省	市	区
上划中央两税收入	94901				
上划中央企业和个人所得税收入	110227				
上划省七个共享税收入	66066				
基金收入	62619				

2021 年绵阳市涪城区公共财政收支一览表

表 28

单位：万元

收入		支出	
项目	金额	项目	金额
一般公共预算收入	281131	一般公共预算支出	430450
(一) 税收收入	223785	(一) 一般公共服务支出	84567
增值税	60173	(二) 外交支出	
消费税		(三) 国防支出	318
营业税		(四) 公共安全支出	17519
企业所得税	35225	(五) 教育支出	87650
个人所得税 (款)	11753	(六) 科学技术支出	1579
资源税	1025	(七) 文化体育与传媒支出	843
城市维护建设税	15702	(八) 社会保障和就业支出	45515
房产税	11986	(九) 医疗卫生与计划生育支出	25374
印花税	7214	(十) 节能环保支出	7141
城镇土地使用税	4640	(十一) 城乡社区支出	70744
土地增值税	22525	(十二) 农林水支出	31255
车船税 (款)	9124	(十三) 交通运输支出	2867
车辆购置税 (款)		(十四) 资源勘探信息等支出	3807
耕地占用税 (款)	2112	(十五) 商业服务业等支出	9620
契税 (款)	42078	(十六) 金融支出	406
烟叶税 (款)		(十七) 援助其他地区支出	
环境保护税 (款)	174	(十八) 自然资源海洋气象等支出	14011
其他税收	54	(十九) 住房保障支出	17674
(二) 非税收入	57346	(二十) 粮油物资储备支出	335
专项收入	13016	(二十一) 灾害防治及应急管理支出	2299

续表 28

单位：万元

收入		支出	
项目	金额	项目	金额
行政事业性收费收入	6454	（二十二）其他支出（类）	363
罚没收入	32742	（二十三）债务付息支出	6505
国有资源（资产）有偿使用收入	1337	（二十四）债务发行费用支出	58
政府住房基金收入	2229		
其他收入（款）	1568		
返还性收入		债务还本支出	18419
一般性转移支付收入		上解上级支出	113046
专项转移支付收入		调出资金	
2020 年结余	14		
其中：结转下年	14	安排预算稳定调节基金	5810
净结余		援助其他地区支出	1800
债券转贷收入	68419	年终结余	
动用预算稳定调节资金	165		
调入资金	60655	其中：结转下年	
总计		总计	

（施　超　王　昕）

税务管理

【概况】2021 年，国家税务总局绵阳市涪城区税务局共组织入库税费收入 91.66 亿元，同比增长 51.95%。其中：税收收入 49.66 亿元，同比增长 18.93%；非税收入 6.99 亿元，同比增长 42.51%；社会保险费 35.01 亿元，同比增长 156.29%。税收收入中，中央级税收收入入库 20.65 亿元，同比增长 22.37%；省级税收收入入库 5.52 亿元，同比增长 13.51%；市、县级税收收入入库 23.48 亿元，同比增长 17.34%。全年共入库财政口径地方公共财政收入 23.69 亿元，同比增长 19.53%。

坚持以组织收入为中心，应对新冠疫情给组织收入工作带来的不利影响，创新征管手段，挖掘税源潜力，为地方经济社会发展提供税收保障。在全区现有 20 个行业门类中，2021 年税收收入实现增长的有 11 个。其中：制造业、房地产业、金融业增量最多，分别增长 3.17 亿元、2.93 亿元、1.62 亿元；居民服务业、制造业、教育业增速最快，分别达到 182.2%、122.1%、42.5%。

落实各项减税降费优惠政策，减轻企业负担、激发市场主体活力，促进地方经济恢复发展。加强政策宣传辅导，共计举办减税降费政策集中宣传 24 场、线上分类辅导 28 期，发放宣传资料 3.8 万余份，推送短信 3 万余条。落实政策，全年共减免各项税费 25.25 亿元，其中改善民生类 7.82 亿元，促进小微企业发展类 6.12 亿元，支持金融资本市场类 5.12 亿元，其他类 6.19 亿元。

加强与人社、医保、银行、乡镇等部门的协作配合，做好社保费转划征收工作，确保全区社会民生事业的稳定发展。全年共征收灵活就业人员保险费 3.76 亿元、企事业单位社会保险费 30.09 亿元、城乡居民社会保险费 1.15 亿元；完成 2021 年度和 2022 年度城乡居民基本医疗保险征收 50.15 万人次共 1.55 亿元；完成

2021 年涪城区税务局“税宜家”品牌后台服务团队　（米川宁）

2021 年度城乡居民基本养老保险征收 4.29 万人次共 0.22 亿元。

2021 年推进“非接触式”办税，共办理业务 149.59 万笔，网办率 98.44%。落实税收征管质量 5C 评价工作，分析固化指标数据 4057 条，综合评价得分为 91 分。推进增值税电子发票改革，共对 1509 户纳税人核定增值税电子专票，开具电子专票4387 张。完成土地增值税清算 8 户，办理出口退（免）税业务 228 户次，完成个人所得税汇算清缴工作 7.33 万人、企业所得税汇算清缴 1.88 万户。

深化“银税互动”，助力 1300 余户存在资金困难的纳税人取得金融机构贷款授信 6 亿余元。在青义、杨家、吴家 3 个乡镇建成“税邮双代”网点，实现税费业务就近办理；免费邮寄发票 6.4 万余户，为纳税人节约办税成本 46 万余元。推动税务、社保、医保集成办公、联网服务，实现参保缴费业务“一厅办结”。建立“税务+司法”协税护税机制，办理多起民间借贷、物权纠纷涉税案件，维护债权人、物权人权益。

【首创“税宜家”品牌服务】 2021 年，涪城区税务局在房产交易业务中创新推出“税宜家”品牌服务，系统集成新房缴税延伸服务、税务“一站式”代查房服务、企业批量件专项办理服务、特殊群体上门服务等 11 项服务功能，通过建立数据“跑路”、税务“跑腿”的全新服务模式，助力群众幸福安家，先后入选《国家税务总局税收工作亮点速览》《四川省营商环境指标提升专项行动经验做法》。

推出“税务‘一站式’代查房”新型服务模式，实现房屋信息查询业务大幅提速。建立税务、住建、不动产数据交互长效机制，依托房产交易“一窗受理”平台汇集、共享房屋登记备案数据，实现税务“一键提取、一网通查”，将群众自行到住建、不动产窗口“两头排队、分别查房”的原业务流程，优化为税务窗口“查房缴税一站办结”，3 个业务流程简并为 1 个，查房文书精简为 1 张，以往耗时 30 分钟以上的查房业务环节压缩至 1 分钟办结。

推出“延伸服务、扫码缴税”服务模式，实现该类业务“家门口办”“码上办”。加强同房地产开发企业联系，实时掌握房产项目的验收进度，在交房前预先完成房源信息批量采集，组建前台、后台 2 个服务团队，并将前台服务团队延伸到交房现场，通过前台、后台紧密协作，让业主在交房现场即可同步办结接房、换开发票、缴税等多个事项，变业主原来“现场跑”为现场“一次办”，大幅压缩办税成本。

针对老弱病残孕、高端人才等特殊群体，推出快速响应、专人经办、专程送达“一快两专”服务，落实专人全程对接跟踪，通过灵活安全方式

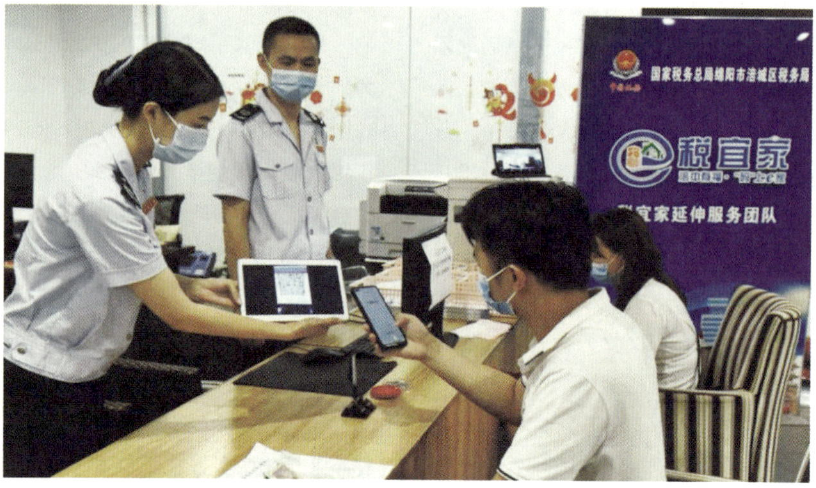

2021 年，涪城区通过“税宜家”品牌服务，业主在交房现场扫码完成缴税　（米川宁）

2021年12月3日，全省首批命名的“枫桥式税务分局”在城厢税务分局正式挂牌 （米川宁）

远端获取纳税人信息，并将文书票证上门送达。加强与住建、自规、不动产、乡镇（街道）等部门联系协调，健全涉房涉税疑难问题联动化解机制，处理老旧小区、拆迁安置、涉稳楼盘等涉房涉税遗留问题。分类开展预约办理服务、延时服务、“绿色通道”服务、容缺办理服务，提升纳税人满意度。

【税费征管方式转型升级】2021年，涪城区税务局以中办、国办《关于进一步深化税收征管改革的意见》为指导，制定《税费征管方式转型升级实施方案》，采用“4+2+3+5”模式，推进派出机构职能岗责体系优化升级。区税务局重新规划设置4个专业化管理分局、2个重点税源管理分局、3个专业化管事分局、5个属地税源管理分局，并于2021年9月30日完成基础管理、纳税服务、风险管理三大业务序列机构职能职责调整，以及机构组建、人员配备和场所搬迁工作。在征管方式转型升级后，全局各部门管理权责更清晰、业务运行更顺畅、人员配置更合理，实现管理和服务的提速增效，其中税费服务响应处置速度提高30%，风险疑点任务办理效率提升42.51%。

【创建“枫桥式”税务分局】2021年，涪城区税务局紧扣纳税人缴费人需求，学习和发扬“枫桥经验”，按照“矛盾不上交、平安不出事、服务不缺位”的创建思路，打造“三个团队”，建设体现法治文化和区域元素的个性化“枫桥式”税务分局。建设争议处理团队，整合公职律师、法律顾问及业务骨干等多方力量，建立专门的税费争议处理团队，设立争议协商窗口，实行法律专业人才按月轮值制度，专题解答纳税人、缴费人争议事项。建设矛盾调解团队，依托政府部门、公益机构、行业行会，健全涉税涉费矛盾沟通化解渠道，并聘请区人大、政协代表和社会知名人士为矛盾兼职调解员，推动矛盾调解基层自治工作。建设社区服务团队，以打造“社区税务”为抓手，建立社区税务服务团队，将税务网格服务人员信息、联络方式在分局所在社区的党群服务中心进行公开公示，畅通服务联络和信息反映渠道。其中，在城厢分局打造以依法调解、真情服务、稳妥化解、和谐平安为主题的“星税驿站”，被四川省税务局、四川省司法厅评为全省“枫桥式”税务分局并挂牌。

【重点企业“三专”服务】2021年，涪城区税务局打破传统管理服务模式，对重点税源和招商引资项目实行“专班服务、专策帮扶、专卷管理”。组建重点企业征管服务专班，为重点企业和招商引资项目提供税收政策支持、税务信息确认、发票领用等“套餐式”服务，对股权转让、关联交易、跨境投资等重大疑难事项进行

2021年，涪城区税务局推行重点企业“三专服务” （赵　惠）

“点对点”全程辅导。区局领导带队定点定期走访，掌握企业生产经营情况，搜集回应企业关注关切问题，建立涉税诉求受理台账，实现企业涉税诉求“直达快处”。根据企业资产、产值、税收贡献等指标，建立重点企业目录，实行“一户一卷”专档管理，确保资料齐备、数据翔实、逻辑严密、可全程溯源。加强大数据应用，综合运用企业数据、第三方数据、上下游关联企业数据开展“链条化、立体化”分析，落实优惠政策、提供个性化服务，提升重点企业税收贡献度。2021年，全区纳入重点税源管理的439户企业共计入库各项税收30.37亿元，同比增收5.47亿元，增长21.99%。

2021年绵阳市涪城区各项税务收入情况一览表

表29

行号	项　　目	累计收入（万元）
1	一、收入总计（=税收+非税+社保）	916649
2	二、税收收入合计	496570
3	其中：中央级收入	206518
4	地方级收入	290052
5	省级收入	55205
6	区级收入	234847
7	1.增值税	181224
8	2.消费税	4221
9	3.营业税	138
10	4.企业所得税	138507
11	5.个人所得税	45707
12	6.房产税	18440
13	7.车船税	9124
14	8.印花税	7214
15	9.资源税	2175
16	其中：水资源税	1105
17	10.城镇土地使用税	7138
18	11.土地增值税	22525
19	12.城市维护建设税	15702
20	13.耕地占用税	2111
21	14.契税	42077
22	15.环境保护税	267
23	三、出口退税	-47421
24	其中：免抵已调增值税	-1000
25	四、非税收入合计	69991
26	1.教育费附加	7216

续表 29

行号	项　　目	累计收入（万元）
27	2.地方教育附加	4810
28	3.税务罚没收入	109
29	4.残保金	3371
30	5.文化事业建设费	1
31	6.道路交通运输行政事业性收费	0
32	7.农网还贷资金收入	21506
33	8.大中型水库移民后期扶持基金	6573
34	9.国家重大水利工程建设基金收入	2166
35	10.可再生能源发展基金	15362
36	11.工会经费	5488
37	12.其他	3389
38	五、社会保险基金	350088

（贾明刚　胡　俊）

金融工作

【概况】2021 年末，涪城区有各类金融机构 132 家，其中银行机构 17 家，保险机构及保险代理机构 75 家，证券及期货经营机构 25 家，基金 8 家，小额贷款公司 4 家，融资性担保公司 3 家。2021 年，金融业实现增加值 44.41 亿元，地区生产总值占比 7.3%。

2021 年，银行累计向区属企业发放贷款 105.54 亿元，同比增长 14.78%，区属企业银行贷款余额 195.24 亿元。各保险机构落实银保监会“保险姓保、回归本源”的监管政策，业务调整转型，保费收入增速 11.1%。区属 3 家担保公司全年累计担保 2985 万元，12 月末融资担保在保余额 3.64 亿元。区属 4 家小贷公司 12 月末贷款余额 3.63 亿元。

【开展金融招商】2021 年，涪城区引进国寿财险、平安银行等 6 家金融机构在涪城设立分支机构。截至 2021 年末，涪城区各类金融机构共 132 家，逐步形成以银行、保险、证券为主体，其他金融机构为补充的金融服务体系。

【打造银企“鹊桥会”】2021 年，涪城区共举办现场银企“鹊桥会”3 季，参会企业 200 余户次。截至 2021 年末，银企“鹊桥会”已连续举办 12 季，创新推出“涪续贷”“涪易融”等金融产品，打出金融服务创新“组合拳”，累计现场授信

2021 年 12 月 2 日，涪城区第 12 季银企“鹊桥会”活动现场

（涪城区融媒体中心）

24.12 亿元，辖区企业获得银行贷款210 亿元，在涪企业发展活力释放，为涪城高质量发展注入强劲动能。

【资本市场发展】2021 年，涪城区通过资本市场讲座、现场经验交流等方式，促进企业管理者转变观念形成示范带动效果，增强资本市场认识和意识。4 月，四川振通检测实现新三板挂牌，并成为新三板改革新政实施以来全国首家首次挂牌即进入创新层企业。2021 年，全区 53 家企业经市级专家组评审完成规范化公司制改制。截至 2021 年年底，涪城区上市（挂牌）企业达到 5 家，上市后备企业资源库入库企业 15 家。

（杨　倩）

2021 年中国农业银行绵阳涪城支行 **（涪城区金融办）**

中国农业银行股份有限公司绵阳涪城支行

【概况】2021 年，农行涪城支行开展合规经营与风险防控工作，推进业务经营与转型发展。全年组织走基层、访企业、进市场、下乡村 100 余次，解决基层员工和客户在金融服务以及社会生活中的实际困难。

【金融服务乡村振兴】2021 年，农行涪城支行实现对涪城区辖内 54 个行政村（社）全部建档，坚持“三真”营销原则，对符合条件真实经营的农户予以适当支持，实现 54 个行政村（社）惠农 e 贷投放全覆盖。全年实现农户建档 2210 户，惠农 e 贷余额达 1.89 亿元，全年净增 1 亿元。营销建档户银行卡和乡村版掌银，宣传三方存管、存款、理财、贷记卡等产品。以贷引存，提高客户对农行卡的使用频率，惠农 e 贷产品日均存贷比达 14%以上，留存个人存款近 3000 万元。加大对“三农”、普惠型小微企业金融支持，开展摸排融资需求、强化银企合作、深化金融服务、扩大普惠领域信贷投放，截至年底，普惠领域贷款余额 6.81 亿元，较年初净增 2.36 亿元，全市占比 23.21%；普惠小微法人贷款余额 4.22 亿元，较年初净增 9016 万元，全市占比 28.5%；首户 e 贷完成 12 户，完成年度计划 120%，完成率系统排名第 1 位。

【风险运营管控】2021 年，农行涪城支行自营贷款 132.3 亿元，其中：正常类 128.69 亿元，关注类 3.09 亿元，不良贷款余额 0.52 亿元，不良率 0.39%。全年依法起诉 101 户客户，涉及金额 1680 万元，通过诉讼清收，实现清收 35 笔个贷不良贷款金额共计 351.9 万元，并且实现营业外收入 5.7 万；推进个人不良贷款的核销工作，核销个人类不良贷款 455 万元；完成对裕都、闽钢公司已核销贷款的资产续查封工作；向信贷客户绵阳三汇集团及其担保人发出贷款提前到期通知书，提前收回质押贷款 8795 万元；全年为优质客户提供上门面签合同服务 50 余次，共审核征信 3540 条，确保贷款实现高效投放。排查网点安全隐患，全年进行 12 次安保设备巡查，维护安防设施 80 余次，推进“安全生产大检查”“断卡行动”等专项工作，开展运营薄弱环节、反洗钱等 10 余个专项排查治理；通过实施信贷关系客户廉洁从业承诺，员工定期个人事项报告制和到权力部门进行外调核查，强化员工行为管理；于 8 月组织全辖开展的防汛减灾实战演练被总行《农银早参》报道；运营财会部组织拍摄的作品被总行评为“最美运营人”风采展示活动二季度“创新之星”，全省仅农行涪城支行作品获奖。划转对公业务，实现业务轻型化；成立飞行授权、机动柜员团队，解决网点人员休假、生病等特殊原因造成的临柜人员紧张问题；支行部门员工为网点提供人力支撑，开展网点加配钞、厅堂值守、协助营销等工作，减轻网点人员压力，助力网点业务发展。坚持落实每日专人审查“防疫16条”执行情况，落实网点防疫物资配备，保障全行经营工作开展。

（杨　倩）

绵阳农村商业银行股份有限公司

【概况】2021年，绵阳农商银行推进“合规银行、智慧银行、主力军银行”建设，各项业务经营健康稳步推进。截至2021年底，各项存贷款余额593.84亿元，较年初增加60.86亿元。

【城区农商银行改制】2021年，绵阳市涪城区农村信用合作联社、绵阳市游仙区农村信用合作联社、安州农商银行把握改革关键环节和重要节点，完成财务重组、清产核资、净资产分配、原股金转换、征集发起人、创立大会召开等工作，6月30日，取得开业批复。完成建章立制、人才队伍重塑、组织架构精简、系统切换等工作，8月13日，绵阳农商银行对外挂牌开业。

【夯实市场基础】2021年，绵阳农商银行开展特色营销活动，对辖内专项债账户和资金进行营销，营销回笼资金1.5亿元；按照客户的行业和性质，分类分层财政性资金、医保、社保、住房公积金、教育系统、医疗系统、政府实体公司及各类基础设施建设项目的预拨款项，采取盯人、盯项目、盯资金进行营销。

【助力乡村振兴】2021年，绵阳农商银行助力乡村振兴，支持“三农”事业发展。启动推进整村评级授信工作，累计开展140个村的整村授信工作，已授信户数4.48万户。支持新型农业经营主体发展，支持龙头企业、专合社、家庭农场主等重点客户。

【信贷投放服务】2021年，绵阳农商银行优化信贷投放，服务实体发展。深化银政企战略合作。与涪城区签订《市域经济发展银政战略合作协议》。强化重点客户及项目名单制管理营销。对接省市重点项目、农业农村重点项目、科技型中小企业、产业化龙头企业等重点客群，加大对公存款、贷款、中间业务等综合营销力度。

【金融服务】2021年，绵阳农商银行打造“智慧银行”。打造“社银一体化”服务网点。在全辖建成14个社银一体化网点、安装25台超柜式社保自助一体机，实现社保业务进银行、社保银行一体化服务模式。

（杨　倩）

中国人民财产保险股份有限公司绵阳市涪城支公司

【概况】2021年，人保财险涪城支公司贯彻落实集团“卓越保险战略”、“六大战略服务”，落实值班服务举措，每天安排专人提供承保服务，畅通业务渠道，每月提前将清分后的续保清单发至相应经办人，针对个非、商团规模较大业务，团队长亲自负责、商非团队提供技术支持并协助办理，推进重点项目。践行“做有温度的人民保险”，完成全年目标任务。

【服务实体经济】2021年，人保财险涪城支公司由专业商非团队为10余家大型企业的重点工程项目以及多家政府单位提供保障，新增应急管理局政府救助险、中建科发工程险、中科绵投企财险、环污险以及民政局老年人意外险。中标中建科发工程险、机场团意险、烟草团意险、市政公众责任险、交发工程险、新华一揽子险、小岛安责险、丰谷酒业企财险、民政局意外险。

【农险覆盖率提升】2021年，人保财险涪城支公司在4月、10月到全区各乡镇对散养殖户进行集中收费，提高承保覆盖。推进三大粮食作物承保工作，多次到乡镇、村联系对接，截至年底，3个镇实现粮食作物应保尽保，另有1个乡镇在同村一级对接收费事宜。执行农险理赔“三大铁律”，合规理赔，应赔尽赔，常态化自查整改，快速理赔养殖业保险小额案件，完成农险理赔工作。

（杨　倩）

科　技

【概况】2021年，涪城区科技局实施创新驱动发展战略，优化创新规划布局，提升创新平台能级，引进培育创新主体，营造良好创新生态，全区科技创新能力增强。全年，全区新增市级科技型中小企业88家，国家科技型中小企业评价入库199家；有效高新技术企业数达到54家，高新技术产业主营业务收入超过85亿元；技术合同交易登记为9700万元，规上企业研发费用投入创新达3.91亿元，其余各项指标均完成。

【科技特派团】2021年，涪城区科技特派团以科技服务助力乡村振兴，送科技服务下乡，强化科学技术支撑。开展线上线下活动共46次，服务企业18个，开展丰谷镇大春生产技术培训、道地中药材栽培技术专题培训、农业职业经理人培训、深化职业农民制度试点人员能力提升培训等各类现场培训8次，培训人员400余人次。

【国家农业科技园（核心）区】2021年5月，按照《园区评估工作的通知》（国科农函〔2021〕21号）要求，涪城区作为核心区，迎接农业科技园区复检并报送《国家农业科技园区自评表报告》；6月份完成国家农业科技园区综合评估视频答辩；12月17日，通过科技部评估，并在科技部官网公示。

【省自然资源科学研究院到涪城区考察调研】2021年6月16日，四川省自然资源科学研创新创业中心赵源主任一行到涪城区考察调研。实地调研创新平台、召开座谈会、走访企业等方式初步了解涪城创新发展情况。6月17日，组织区级相关部门，邀请市科技局副局长陈光明，召开涪城区创建省级高新区座谈会议，对申报省级高新区具备条件、认定流程、关键环节进行详细的分析与介绍。创新创业中心技术专家对申报省级高新区各部门需准备的资料进行了梳理，并开展辅导授课，技术专家对各部门提出

2021年7月21日，由涪城区政府与创业黑马共建的“黑马绵阳产业加速器”正式启动一期加速服务　（创业黑马科技集团股份有限公司）

2021 年 12 月 24 日，中国（绵阳）科技城大型科普展览启动仪式举办

（邝 椿）

的疑惑进行现场答疑。为涪城区下步申报省级高新区明确方向、解答困惑，为申报省级高新区各项工作的推进奠定基础。双方就开展主体培育、创新平台建设、创建省级高新区等科技项目达成合作协议。

【创业黑马西部（绵阳）科创基地启动仪式举行】2021 年 7 月 23 日，创业黑马西部（绵阳）科创基地启动仪式举行。市委常委、组织部部长王华蓉出席启动仪式，区委书记邓辉出席启动仪式并致辞，创业黑马科技集团股份有限公司总裁黄玕出席启动仪式并介绍相关情况。启动仪式上，王华蓉、黄玕为黑马绵阳产业加速器揭牌，邓辉为创业黑马导师授牌，王华蓉、邓辉、黄玕等领导共同启动创业黑马西部（绵阳）科创基地。启动仪式后，召开政企对接会，涪城区与斯坦德机器人、忽米网、易马达等 9 家企业交流，提供精准对接场景，达成多项合作意愿。

【绵阳天仪空间公司晋级第十届中国创新创业大赛全国赛】2021 年 10 月，涪城辖区企业绵阳天仪空间科技有限公司晋级第十届中国创新创业大赛全国赛，是晋级全国赛的唯一一家绵阳市企业，并作为全省 6 家初创组企业之一，代表四川省与来自全国的创新创业优秀企业进行比赛，全国优秀奖。

【中国（绵阳）科技城大型科普展览】2021 年 12 月 24 日，中国（绵阳）科技城大型科普展览启动仪式在科技智谷服务中心举办，市科技局、区人民政府主办，区科技局承办。开展为期 5 天的大型科普展，展示中国共产党领导科技创新百年发展历史及中国科技创新取得的系列成就，提高公众认知水平，受益人员达 2000 人。

2021 年绵阳市涪城区科技计划项目一览表

表 30

序号	类别	项目种类	项目名称	承担单位
1	省级（第一批）	重点研发	无刷油泵电机	绵阳富临精工股份有限公司
2	省级（第一批）	重点研发	低空无人机反制系统	四川九强通信科技有限公司
3	省级（第一批）	重点研发	改性复合高倍元素生物有机肥的开发与应用（企业创新能力培育）	四川国沃生物科技有限公司
4	省级（第一批）	科技成果转移转化项目	绵阳市涪城区产业扶贫效益提升与示范（科技特派员）	涪城区生产力促进中心
5	省级（第一批）	科技成果转移转化项目	汽车发动机高响应高精度电磁阀	绵阳富临精工股份有限公司
6	省级（第一批）	科技成果转移转化项目	高速低能耗 100G 并行光收发模块 APQP2LRA3CDL10	四川华拓光通信股份有限公司
7	省级（第一批）	科技成果转移转化项目	债权融资补助	四川华拓光通信股份有限公司
8	省级（第一批）	科技创新基地（平台）和人才	超高清量子点大尺寸液晶显示器件研发项目	绵阳惠科光电科技有限公司

续表 30

序号	类别	项目种类	项目名称	承担单位
9	省级（第一批）	科技创新基地（平台）和人才	液晶显示背光模组异型微结构超薄聚碳酸酯（PC）导光板研发	四川龙华光电薄膜股份有限公司
10	省级（第一批）	科技创新基地（平台）和人才	军民两用非标精密智能化设备研究及产业化项	绵阳聚贤自动化设备有限公司
11	省级（第二批）	重点研发（重大科技专项）项目	瞪羚企业后补助	四川华拓光通信股份有限公司
12	省级（第二批）	重点研发（重大科技专项）项目	瞪羚企业后补助	四川中久防务科技有限公司
13	省级（第二批）	重点研发（重大科技专项）项目	企业研发投入后补助（企业补助）	绵阳富临精工股份有限公司
14	省级（第二批）	重点研发（重大科技专项）项目	企业研发投入后补助（企业补助）	四川龙华光电薄膜股份有限公司
15	省级（第二批）	重点研发（重大科技专项）项目	企业研发投入后补助（企业补助）	四川永贵科技有限公司
16	省级（第二批）	重点研发（重大科技专项）项目	创新创业大赛获奖企业补助	四川格斯拉科技有限公司
17	省级（第二批）	科技成果转移转化引导计划	“天府科创贷”融资补助	四川鸣亨科技有限责任公司
18	省级	科技服务业发展专项	面向5G通信的高功率固态功率放大器研发设计示范项目	四川中久防务科技有限公司
19	省级	科技服务业发展专项	基于BIM技术的岩土工程设计优化及一体化服务示范项目	四川正基岩土工程有限公司
20	省级	科技服务业发展专项	数字化乡村振兴公共服务平台	四川上略互动网络技术有限公司
21	省级	科技计划项目	5G高通量毫米波大功率卫星通信功率放大器研发	四川中久防务科技有限公司
22	市级	工程技术研究中心	绵阳市特种电连接器工程技术研究中心	四川永贵科技有限公司
23	市级	工程技术研究中心	绵阳市5G光模块工程技术研究中心	四川华拓光通信股份有限公司
24	市级	工程技术研究中心	绵阳市农药制剂工程技术研究中心	四川利尔作物科学有限公司
25	市级	工程技术研究中心	绵阳市公路工程健康管理工程技术研究中心	四川振通公路工程检测咨询有限公司
26	市级	工程技术研究中心	绵阳市无人平台对抗系统工程技术研究中心	四川九强通信科技有限公司
27	市级	科技创新服务示范项目	校地合作服务平台建设	绵阳科技城生态产业研究院
28	市级	孵化机构项目	2020年度评价A等（国家级孵化器）	绵阳西南科技大学国家大学科技园有限公司
29	市级	孵化机构项目	2020年度评价A等（国家级孵化器）	绵阳市金家林总部经济试验区投资服务中心
30	市级	关键核心技术攻关项目	OLED柔性显示用圆偏光片关键膜材项目	四川龙华光电薄膜股份有限公司
31	市级	科技创新券	科技创新券	四川中久防务科技有限公司
32	市级	科技创新券	科技创新券	四川信立包装有限公司
33	市级	科技创新券	科技创新券	四川虹美智能科技有限公司

续表 30

序号	类别	项目种类	项目名称	承担单位
34	市级	科技创新券	科技创新	四川国沃生物科技有限公司
35	市级	科技创新券	科技创新	四川纵横交安科技有限公司
36	市级	科技创新券	科技创新	四川华拓光通信股份有限公司
37	市级	科技创新券	科技创新	绵阳福鑫机械有限公司
38	市级	科技创新券	科技创新	四川格斯拉科技有限公司
39	市级	高新技术企业认定奖励资金	首次认定	绵阳聚贤自动化设备有限公司
40	市级	高新技术企业认定奖励资金	首次认定	绵阳瑞丰中升农业科技有限公司
41	市级	高新技术企业认定奖励资金	首次认定	四川新万通科技开发有限公司
42	市级	高新技术企业认定奖励资金	首次认定	绵阳聚强极风科技有限公司
43	市级	高新技术企业认定奖励资金	首次认定	四川卷孚科技有限公司
44	市级	高新技术企业认定奖励资金	首次认定	四川顺鼎特电子有限公司
45	市级	高新技术企业认定奖励资金	首次认定	绵阳恒弘机械制造有限责任公司
46	市级	高新技术企业认定奖励资金	首次认定	绵阳市博智文化传播有限公司
47	市级	高新技术企业认定奖励资金	首次认定	四川欣美瑞科技有限公司
48	市级	高新技术企业认定奖励资金	首次认定	绵阳市川交建设工程监理咨询有限公司
49	市级	高新技术企业认定奖励资金	首次认定	四川垚磊科技有限公司
50	市级	高新技术企业认定奖励资金	非首次认定	四川龙华光电薄膜股份有限公司
51	市级	高新技术企业认定奖励资金	非首次认定	四川上略互动网络技术有限公司
52	市级	高新技术企业认定奖励资金	非首次认定	梯爱司新材料科技（绵阳）有限公司
53	市级	高新技术企业认定奖励资金	首次认定	四川华拓光通信股份有限公司
54	市级	高新技术企业认定奖励资金	首次认定	四川中久防务科技有限公司

2021 年绵阳市涪城区科技型中小企业一览表

表 31

序号	企业名称	所属技术领域	地址	经营范围	备注
1	四川同前科技有限公司	电子信息	四川省绵阳市涪城区绵安路 35 号（中国（绵阳）科技城软件产业园）	信息系统集成服务；软件开发；技术服务、技术开发、技术咨询、技术交流、技术转让、技术推广；信息技术咨询服务	试验区（12）
2	四川御邦宇科技有限公司	电子信息	四川省绵阳市涪城区绵安路 35 号（中国（绵阳）科技城软件产业园）	电子测量仪器制造；计算机系统服务；数据处理服务；软件开发；技术服务、技术开发、技术咨询、技术交流、技术转让、技术推广	

续表 31

序号	企业名称	所属技术领域	地址	经营范围	备注
3	四川鸿淋电子科技有限公司	电子信息	四川省绵阳市涪城区绵安路35号（中国（绵阳）科技城软件产业园）	技术服务、技术开发、技术咨询、技术交流、技术转让、技术推广；企业管理咨询；企业形象策划；信息咨询服务（不含许可类信息咨询服务）；市场调查（不含涉外调查）；组织文化艺术交流活动；广告设计、代理；广告制作；广告发布（非广播电台、电视台、报刊出版单位）；会议及展览服务；互联网销售（除销售需要许可的商品）；日用家电零售；家用电器销售；纸制品销售；第一类医疗器械销售；化妆品零售；厨具卫具及日用杂品批发	
4	绵阳金玉宝教育科技有限公司	电子信息	四川省绵阳市涪城区绵安路35号（中国（绵阳）科技城软件产业园）	教育领域内的技术开发、技术推广、技术转让、技术咨询、技术服务；科技中介服务；教育咨询服务（不含教育培训）；互联网信息技术咨询服务；企业管理咨询服务（不含投资、金融类咨询及服务）；工商登记代理服务；人力资源服务（不含劳务派遣）；职业中介服务；计算机系统服务；基础软件服务；应用软件服务；文化办公用品、教学用品、教学仪器设备、体育器材、音乐器材的购销；文化艺术交流活动组织与策划；市场营销策划；翻译服务；自费出国留学中介服务；商务信息咨询（不含投资、金融类咨询及服务）；展览展示服务；企业形象策划	
5	四川泓源时代科技有限公司	电子信息	四川省绵阳市涪城区绵安路35号（中国（绵阳）科技城软件产业园）	技术服务、技术开发、技术咨询、技术交流、技术转让、技术推广；企业管理咨询；企业形象策划；信息咨询服务（不含许可类信息咨询服务）；市场调查（不含涉外调查）；组织文化艺术交流活动；广告设计、代理；广告制作；广告发布（非广播电台、电视台、报刊出版单位）；会议及展览服务；互联网销售（除销售需要许可的商品）；日用家电零售；家用电器销售；纸制品销售；第一类医疗器械销售；化妆品零售；厨具卫具及日用杂品批发	试验区（12）
6	绵阳中科卓诚教育管理有限公司	电子信息	四川省绵阳市涪城区绵安路35号（中国（绵阳）科技城软件产业园）	企业管理机构服务；国内和国际体育赛事策划、组织服务；文化艺术交流活动组织策划服务；体育场馆管理；户外运动的组织、策划；拓展活动；销售体育器材；销售体育用品；会议、展览及相关服务；文艺创作与表演；教育咨询服务（不含教育培训）；翻译服务；信息系统集成；网络系统集成；市场推广服务；计算机软硬件及网络技术、通信技术的开发、转让、咨询服务；软件开发；电脑图文设计；广告制作服务；广告代理服务；广告发布服务；个人商务服务；服装批发；服装零售；健康咨询；健康管理	
7	四川甜派科技有限公司	电子信息	四川省绵阳市涪城区绵安路35号（中国（绵阳）科技城软件产业园）	生物技术推广服务；生物农业技术开发、转让、咨询、服务及产品研发、制造；谷物种植、销售；豆类种植、销售；合成复合肥料制造；销售化肥；销售有机肥；销售复混肥料；销售农用薄膜；销售农业机械；销售饲料 ；销售蔬菜；销售花卉作物；销售五金交电、机电产品；销售建材；销售日用杂品；生产经营农作物种子；农业机械服务；农作物病虫害防治服务；农作物栽培服务；油料种植、销售；中药材种植、销售；产品销售代理服务；销售油菜籽；农产品初加工活动；智能农机装备销售	

续表 31

序号	企业名称	所属技术领域	地址	经营范围	备注
8	四川灵越绘成科技有限公司	电子信息	四川省绵阳市涪城区绵安路 35 号（中国（绵阳）科技城软件产业园）	软件开发；专业设计服务；平面设计；影视美术道具置景服务；工业设计服务；从事语言能力、艺术、体育、科技等培训的营利性民办培训服务机构（除面向中小学生开展的学科类、语言类文化教育培训）；会议及展览服务；图文设计制作；规划设计管理；数字内容制作服务（不含出版发行）；轨道交通通信信号系统开发；轨道交通运营管理系统开发；集成电路设计；广告设计、代理；信息系统集成服务；专业保洁、清洗、消毒服务；信息咨询服务（不含许可类信息咨询服务）；集成电路芯片设计及服务；工程管理服务；普通机械设备安装服务；承接总公司工程建设业务；机械设备租赁；农业机械租赁；建筑工程机械与设备租赁；住房租赁；特种设备出租；汽车租赁；医疗设备租赁；食品、酒、饮料及茶生产专用设备制造；柜台、摊位出租；咨询策划服务；市场营销策划；企业形象策划；卫生用品和一次性使用医疗用品销售；幼儿园外托管服务；项目策划与公关服务；餐饮管理；计算机及通信设备租赁	试验区（12）
9	绵阳锦华云瑞科技有限公司	新能源与节能	四川省绵阳市涪城区绵安路 35 号（中国（绵阳）科技城软件产业园）	品牌管理；专业设计服务；互联网销售（除销售需要许可的商品）；服装服饰批发；鞋帽批发；厨具卫具及日用杂品批发；日用百货销售；家用电器销售；文具用品批发；体育用品及器材批发；珠宝首饰批发；工艺美术品及收藏品批发（象牙及其制品除外）；乐器批发；游艺及娱乐用品销售；照相器材及望远镜批发；五金产品批发；摩托车及零配件批发；办公设备销售；仪器仪表销售；国内贸易代理；贸易经纪；销售代理；鞋帽零售；化妆品零售；服装服饰零售；针纺织品销售；箱包销售；眼镜销售（不含隐形眼镜）；钟表销售；母婴用品销售；礼品花卉销售；厨具卫具及日用杂品零售；个人卫生用品销售；文具用品零售；自行车及零配件零售；玩具、动漫及游艺用品销售；照相器材及望远镜零售；乐器零售；工艺美术品及收藏品零售（象牙及其制品除外）；户外用品销售；体育用品及器材零售；汽车零配件零售；日用家电零售；计算机软硬件及辅助设备零售；家具销售；灯具销售；卫生洁具销售	
10	绵阳英陇科技有限公司	电子信息	四川省绵阳市涪城区绵安路 35 号（中国（绵阳）科技城软件产业园）	安防设备制造；移动通信设备销售；电子、机械设备维护（不含特种设备）；光伏设备及元器件销售；服装服饰批发；涂装设备销售；计算机系统服务；终端计量设备销售；照相器材及望远镜零售；物联网技术研发；文具制造；工业设计服务；物联网技术服务；机械设备租赁；物联网应用服务	
11	绵阳西莫罗科技有限公司	电子信息	四川省绵阳市涪城区绵安路 35 号（中国（绵阳）科技城软件产业园）	安防设备制造；移动通信设备销售；电子、机械设备维护（不含特种设备）；光伏设备及元器件销售；服装服饰批发；涂装设备销售；计算机系统服务；终端计量设备销售；照相器材及望远镜零售；物联网技术研发；文具制造；工业设计服务；物联网技术服务；机械设备租赁；物联网应用服务	

续表 31

序号	企业名称	所属技术领域	地址	经营范围	备注
12	四川维飒麒材料科技有限公司	电子信息	四川省绵阳市涪城区绵安路35号（中国（绵阳）科技城软件产业园）	电线、电缆制造（依法须经批准的项目，经相关部门批准后方可开展经营活动，具体经营项目以相关部门批准文件或许可证件为准）一般项目：合成材料制造（不含危险化学品）；专用化学产品制造（不含危险化学品）；涂料制造（不含危险化学品）；涂料销售（不含危险化学品）；合成材料销售；办公设备耗材销售；化工产品销售（不含许可类化工产品）；新材料技术研发；智能输配电及控制设备销售；软件开发；电线、电缆经营；工程塑料及合成树脂销售；橡胶制品制造；橡胶制品销售；高性能纤维及复合材料销售；技术服务、技术开发、技术咨询、技术交流、技术转让、技术推广；高性能纤维及复合材料制造；密封用填料销售；仪器仪表销售	试验区（12）
13	绵阳闰森科技有限公司	先进制造	绵阳市涪城区新皂镇石梯子村十组48号	装配式建筑及新型建筑建材研发、生产及售后服务，通风管道制作生产、安装及售后服务	新皂镇（3）
14	四川信拓检测技术有限公司	高技术服务业	四川省绵阳市涪城区新皂镇钟阳路21-1	现公司可承担除大型水利工程（含一级堤防）主要建筑物以外的其他各等级水利工程检测服务	
15	绵阳新越达衡科技有限公司	新材料	四川省绵阳市涪城区金峰镇穿山洞村七社、金峰镇居委会（原穿山洞村八社）	无碱玻璃纤维布、中碱玻璃纤维布、特种玻璃纤维布的研发和销售	
16	四川爱搏艺教育科技有限公司	电子信息	四川省绵阳市涪城区西山东路95号（五一广场五一大厦）	信息技术咨询服务；专业设计服务；销售专用设备；产品设备安装服务；应用软件开发；基础软件开发；教育咨询服务（不含教育培训）；网络，通信工程；计算机软硬件及网络技术、通信技术的开发、转让、咨询服务	工区街道（12）
17	绵阳宏复瑞网络科技有限公司	电子信息	四川省绵阳市涪城区跃进路北段1号4楼S620	公司智力于智能互联网时代的信息推广，目前员工20余人，公司主营包括网络推广，网站建设、市场营销策划、计算机期账总飞，网络领域内的技术开发，技术咨询、技术服务	
18	绵阳人人居安消防安全技术服务中心	先进制造	四川省绵阳市涪城区跃进路6号长虹国际城一期南区26栋4单元14层7号	消防安全技术咨询；消防安全监测；消防产品检测；技术推广服务；消防设施的维护、保养及检测；消防设施工程；销售消防器材及设备	
19	四川蜀腊记食品科技有限公司	电子信息	四川省绵阳市涪城区跃进路6号长虹国际城一期南区26栋2单元10层1号	生物技术推广服务；互联网销售食品；腌腊制品、预包装食品、散装食品、酒、农副产品的销售；供应链管理服务；物流服务；移动互联网技术、应用开发；网络技术开发及设计	
20	四川尚斯康科技有限公司	电子信息	四川省绵阳市西山东路48号2栋	信息系统集成服务；信息系统运行维护服务；网络安全技术服务；计算机软硬件及网络技术、电子信息及信息技术处理、系统集成、通信技术的开发、转让、咨询服务；电子与智能化工程；建筑装修装饰工程；消防设施工程；水利水电机电安装工程；建筑工程施工；工程技术与设计服务；电子工程安装服务；建筑物采暖系统安装服务；机电设备维修服务；销售教学仪器设备；销售办公用品；销售计算机、软件及辅助设备	

续表 31

序号	企业名称	所属技术领域	地址	经营范围	备注
21	四川毅尚笃诚科技有限公司	电子信息	四川省绵阳市涪城区绵安路 35 号	信息系统集成服务；计算机系统服务；网络技术服务；软件开发；物联网应用服务；信息技术咨询服务；技术服务、技术开发、技术咨询、技术交流、技术转让、技术推广；工程管理服务；工程技术服务（规划管理、勘察、设计、监理除外）；劳务服务（不含劳务派遣）；安全技术防范系统设计施工服务；计算器设备销售；安防设备销售；物联网设备销售；软件销售；信息安全设备销售；计算机及办公设备维修；计算机及通信设备租赁；计算机软硬件及辅助设备批发；通信设备销售；通信设备修理；电子产品销售；网络设备销售；五金产品批发	工区街道（12）
22	绵阳暴克斯文化传媒有限公司	电子信息	四川省绵阳市涪城区跃进路 6 号	业设计服务；电影摄制服务；数字内容制作服务（不含出版发行）；数字文化创意软件开发，目前已在数值可视化、数字平台、系统平台、虚拟现实取得一定成果，并转化产品。开发的产品有：泸州九大数据可视化；岳州窑祟工业虚拟仿真教育实验系统及平台；云峰电厂水轮发电机组 3D 维修系统，广西梧州博物馆炮击海盗船 VR 协同体验游戏	
23	四川省奔博巴科技有限公司	电子信息	四川省绵阳市涪城区临园路西段 5 号花园景都栋 1 层 39 号	应用软件开发；销售工艺品（象牙及其制品除外）；销售家用电器；纸制品销售；销售办公用品；销售电子产品；销售日用杂品；化妆品制造；粮油零售；销售农副产品；广告设计服务；广告代理服务；广告制作服务；广告发布服务	
24	绵阳莱睿昇生物科技有限公司	电子信息	四川省绵阳市涪城区荷花中街 18 号附 118 号	技术服务、技术开发、技术咨询、技术交流、技术转让、技术推广；生物化工产品技术研发；生物基材料技术研发；生物质能技术服务；医学研究和试验发展；企业管理咨询；企业管理；健康咨询服务（不含诊疗服务）；自然科学研究和试验发展；市场营销策划	
25	四川勇爵科技集团有限公司	新材料	四川省绵阳市涪城区花园路 9 号万达广场 6 栋 2 单元 19 层 22 号	销售电子产品；互联网销售电子产品；电机及其控制系统研发；信息技术咨询服务；机械设备、五金产品及电子产品批发；智能工程的开发、运用、咨询服务，智能化管理系统开发应用；汽车旧车零售；汽车零配件零售；新能源汽车电附件销售；企业形象策划服务；计算机软硬件及网络技术、电子信息及信息技术处理、系统集成、通信技术的开发、转让、咨询服务；会议、展览及相关服务	
26	绵阳任洪科技有限公司	电子信息	四川省绵阳市涪城区迎宾路 88 号	食品互联网平台研发，销售；企业形象策划服务；计算机软硬件及网络技术、电子信息及信息技术处理、系统集成、通信技术的开发、转让、咨询服务；会议、展览及相关服务	
27	绵阳矢马特科技有限公司	先进制造	四川省绵阳市涪城区跃进路 6 号 26 栋 1 单元 12 层 11 号	主营计算机软硬件技术服务；机电一体化装备、休闲娱乐电子产品、渔具、户外运动用品中的研发与互联网销售；国内广告的设计、制作、发布；文化工艺品互联网销售。本公司自主研发的智能数控筏钓装置已广泛投入户外运动市场	

续表31

序号	企业名称	所属技术领域	地址	经营范围	备注
28	四川涪汁源净水科技有限公司	资源与环境	四川省绵阳市涪城区跃进路北段168号花园星河湾四期星天园8栋1层2号	水净化与处理	城郊街道(5)
29	绵阳虹霞环保科技有限公司	现代服务业	四川省绵阳市涪城区城郊乡高水中街1号2楼	科技研发	
30	绵阳光务机电设备有限公司	现代服务业	四川省绵阳市涪城区宇虹北街西段29号22—23号门面	水泵及其设备制造、系统服务	
31	绵阳帛鑫电气设备有限公司	先进制造业	四川省绵阳市涪城区城郊乡大包梁村一社	电气设备制造	
32	绵阳市川江内燃机配件厂	先进制造业	四川省绵阳市临园西路236号	机械设备制造	
33	四川绵阳西客电商服务有限责任公司	电子信息	四川省绵阳市涪城区青义镇青羊东街8号科大广场7号楼301室	软件技术研发、技术开发、技术咨询、技术交流、技术转让、技术推广；软件开发；外卖递送服务技术研发；互联网销售	青义镇(13)
34	四川新智慧网络信息科技有限公司	电子信息	四川省绵阳市涪城区青义镇青羊东街8号科大广场7号楼301–1室	网络技术服务；物联网技术研发；人工智能双创服务平台；物联网应用服务；云计算装备技术服务；工业互联网数据服务；数字文化创意内容应用服务；网络与信息安全软件开发；数据处理服务；数据处理技术	
35	四川建腾鸿远环保科技有限公司	电子信息	四川省绵阳市涪城区青义镇青羊东街8号科大广场7号楼301–3室	技术服务、技术开发、技术咨询、技术交流、技术转让、技术推广	
36	绵阳神东网络科技有限公司	电子信息	四川省绵阳市涪城区青义镇青羊东街8号科大广场7号楼301–20室	信息咨询服务数字文化创意技术开发；网络设备制造；软件开发；信息系统集成服务；人工智能应用软件开发；人工智能基础软件开发；计算机系统服务；信息技术咨询服务	
37	绵阳信财税务师事务所有限公司	电子信息	四川省绵阳市涪城区青义镇青义北路151号	代理记账App研发以及应用，以及代理记账行业的集成系统开发	
38	四川金圆福生态农业科技有限公司	现代农业	四川省绵阳市涪城区青义镇宝马街2号	食品进出口创新技术开发	
39	四川蓝田禹森农业有限公司	电子信息	四川省绵阳市涪城区青义镇青羊东街8号科大广场7号楼301–4室	中草药销售及其技术研发	
40	绵阳鼎助建筑安装工程有限责任公司	电子信息	四川省绵阳市涪城区青义镇青义北路151号附8	机电工程；智能化；建筑装饰和装修技术咨询与服务	
41	绵阳华贸包装材料有限公司	先进制造	四川省绵阳市涪城区城郊街道金家林1组	软件技术研发、包装材料新研发	
42	绵阳新蓝图教育科技有限公司	电子信息	四川省绵阳市涪城区青义镇青羊小区5号楼6–1号	软件开发，集成信息技术咨询服务等	

续表 31

序号	企业名称	所属技术领域	地址	经营范围	备注
43	四川洁雷沃环境工程有限公司	资源与环境	四川省绵阳市涪城区青义镇青义北路151号附2号	水污染治理，室内环境治理研究与开发	青义镇（13）
44	四川鑫科创安安全科技有限公司	电子信息	四川省绵阳市涪城区青义镇青羊小区5号楼9栋4楼2号	环境污染防治设备和试验设备研发，调试及技术服务；标准化服务；安全风险评估服务；安全咨询服务	
45	四川鸿诺网络科技有限公司	电子信息	四川省绵阳市涪城区金家林总部城涪金路382号中科（绵阳）创新园集群注册	计算机系统服务；云计算装备技术服务；网络技术服务；技术服务、技术开发、技术咨询、技术交流、技术转让、技术推广；人工智能行业应用系统集成服务；安全系统监控服务	
46	四川勃润特环保节能科技有限公司	环保节能	四川省绵阳市涪城区吴家镇幸福村一组	工程和技术研究和试验发展；润滑油销售；汽车零配件零售；石油制品销售（不含危险化学品）；润滑油加工、制造（不含危险化学品）；专用化学产品制造（不含危险化学品）	吴家镇（2）
47	四川米硒农业科技有限公司	农业科技	四川省绵阳市涪城区吴家镇石洞河村	谷物种植；食用农产品初加工；水产品零售；牲畜销售；生物饲料研发；技术服务、技术开发、技术咨询、技术交流、技术转让、技术推广；食用农产品零售；农林牧渔业废弃物综合利用；生物有机肥料研发；农业面源和重金属污染防治技术服务；水环境污染防治服务；土壤环境污染防治服务	
48	绵阳市宇特商品混凝土有限公司	先进制造业	四川省绵阳市涪城区丰谷镇工农村	主要生产销售商品混凝土，混凝土生产线、运输和泵送设备是目前国内同行业最先进的商品混凝土专用设备	丰谷镇（3）
49	绵阳市吉阳木制品有限公司	先进制造业	四川省绵阳市涪城区丰谷镇工农村	公司主要从事木材高性能化研究、纳米材料、木材复合材料及制品研发制造	
50	四川省绵阳市川丰酒业有限责任公司	先进制造	四川省绵阳市涪城区丰谷镇三社区	公司主要从事白酒、曲酒及配制酒的生产销售	
51	四川智旭环保科技有限公司	新材料	四川省绵阳市涪城区绵绢路9号	环保咨询服务；建筑材料销售；塑料制品销售计算机软硬件及网络技术、电子信息及信息技术处理、系统集成、通信技术的开发、转让、咨询服务；会议、展览及相关服务	石塘街道（7）
52	四川川文共创信息技术有限公司	电子信息	四川省绵阳市涪城区绵绢路9号	软件开发；计算机软硬件及辅助设备零售；数据处理和存储支持服务；信息系统集成服务；人工智能应用软件开发；信息技术咨询服务；技术服务、技术开发、技术咨询、技术交流、技术转让、技术推广；互联网安全服务；机械设备销售；计算机软硬件及辅助设备批发；仪器仪表销售；智能仪器仪表销售	
53	四川三工西贝科技有限公司	电子信息	四川省绵阳市涪城区绵绢路9号	技术服务、技术开发、技术咨询、技术交流、技术转让、技术推广；机械零件、零部件销售；智能输配电及控制设备销售；专用设备修理；工业自动控制系统装置销售；机械设备租赁；机械零件、零部件加工；金属加工机械制造；气体压缩机械销售；机械设备研发；机械电气设备销售；人工智能硬件销售；数控机床销售	

续表31

序号	企业名称	所属技术领域	地址	经营范围	备注
54	四川酷尔智能科技有限公司	电子信息	四川省绵阳市涪城区绵绢路9号	安全系统监控服务；数字视频监控系统销售；工业自动控制系统装置销售；信息安全设备销售；软件销售；信息系统集成服务；软件开发	石塘街道（7）
55	四川创豪科技有限公司	电子信息	四川省绵阳市涪城区绵绢路9号	计算机软硬件及辅助设备零售；计算机及办公设备维修；移动通信设备销售；光通信设备销售；通信设备销售；通信设备修理；信息系统集成服务	
56	四川川盈科技有限公司	电子信息	四川省绵阳市涪城区绵绢路9号	软件开发；技术服务、技术开发、技术咨询、技术交流、技术转让、技术推广；计算机软硬件及辅助设备零售	
57	四川前展科技有限公司	新材料	四川省绵阳市涪城区石塘街道瓦店村村委会	汽车零部件研发及销售，建筑材料、有色金属（不含金银）、建筑机械及配件、五金机电、化工产品（不含危化品）、办公用品、日用百货的批发及零售。（依法须经批准的项目，经相关部门批准后方可开展经营活动）	
58	绵阳市蜀邦家具有限公司	先进制造	四川省绵阳市涪城区杨家镇	板材家具、家居用品设计、制造、销售等	杨家镇（2）
59	绵阳东江环保科技有限公司	资源与环境	四川省绵阳市涪城区杨家镇	废水、废弃、噪声治理等	
60	绵阳市博智文化传播有限公司	电子信息	四川省绵阳市涪城区临园路东段59号	公司主要从事软件的开发、销售及技术服务，计算机硬件的销售、维护、服务，计算机网络工程设计、施工	城厢街道（10）
61	绵阳诺达佳工业控制技术有限公司	先进制造	四川省绵阳市涪城区临园路东段54号1栋15–13号	专业从事机械传动、机电一体化以及光电一体化等非标设备的研发、生产、系统集成以及控制系统软件开发的高新技术企业	
62	绵阳川技捷林科技有限公司	电子信息	四川省绵阳市涪城区临园路东段78号福星商住楼1栋1单元5层2号	经营范围包括信息技术咨询服务；计算机软硬件及辅助设备批发；计算机软硬件及辅助设备零售；网络设备销售；家用视听设备销售；普通机械设备安装服务；安全技术防范系统设计施工服务；数字视频监控系统销售；通信设备销售	
63	绵阳嘉创电子科技有限公司	电子信息	四川省绵阳市涪城区临园路东段78号福星商住楼1幢7楼4号	经营范围包括计算机系统服务信息系统集成服务；信息技术咨询服务；智能控制系统集成；安全技术防范系统设计施工服务；安全系统监控服务；普通机械设备安装服务；工程管理服务；图文设计制作；技术服务、技术开发、技术咨询、技术交流、技术转让、技术推广；网络技术服务	
64	四川诚信佳合信息技术有限公司	现代服务业	四川省绵阳市涪城区长虹大道中段110号（崇尚国际）	经营范围包括互联网信息服务；信息系统集成，综合布线，会议及展示服务；计算机信息咨询、技术服务，网络技术开发，网络工程，计算机软硬件、教学设备、实验设备、智能安防监控设备的销售、技术服务及维护；办公用品、五金、建筑材料及辅材、绝缘材料、电线电缆、塑料制品、照相器材、通信器材、日用百货的批发零售；商务服务；网络、安防施工总承包，工程勘测设计，建筑装饰工程、园林绿化工程、环保工程、管道工程、市政公用工程设计及施工；物业管理服务。四川诚信佳合信息技术有限公司具有1处分支机构	

续表 31

序号	企业名称	所属技术领域	地址	经营范围	备注
65	绵阳福腾科技有限公司	电子信息	四川省绵阳市涪城区会仙路4号2幢	智能化系统、计算机软硬件的技术开发、转让服务，系统集成；电子产品、通信产品（不含大功率发射装置）、网络产品、监控系统、机械设备的销售；机械设备、计算机软硬件及相关设备的销售、技术服务、维修服务、租赁服务	城厢街道（10）
66	四川绮丽梦文化传播有限公司	高技术服务	四川省绵阳市涪城区临园路东段40号22楼	国内广告设计、制作、发布、代理；房地产营销策划；工艺礼品设计、制作；文化艺术品设计、制作；雕塑设计、制作；园林景观设计、制作；展馆设计、制作、布展；室内外装饰装修设计及施工	
67	绵阳艳悦生物科技有限公司	生物医疗	四川省绵阳市涪城区泗王庙巷28号B406	生活美容服务，细胞技术研发和应用；健康咨询服务（不含诊疗服务）；技术服务、技术开发、技术咨询、技术交流、技术转让、技术推广	
68	绵阳星际宇航科技有限公司	高技术服务	四川省绵阳市涪城区泗王庙巷28号B栋311号	卫星遥感数据处理；通信数据传送服务；生物基材料聚合技术研发；航空运营支持、技术转移咨询（除产权交易、产权经纪）、运行效能评估的服务；空中运输设备租赁服务；科技中介服务；大数据服务；数据处理和存储服务；社会经济咨询（不含投、融资信息咨询服务）	
69	四川昆虹厚厨科技有限责任公司	电子信息	四川省绵阳市涪城区警钟街滨江大厦8-A2	经营范围包括科技推广和应用服务业智能工程的开发、运用、咨询服务，智能化管理系统开发应用；电子与智能化工程；机电工程；节能环保设备的研发、技术转让、咨询服务	
70	绵阳易助科技有限责任公司	电子信息	四川省绵阳市绵山路64号神工实业	通用基础软件开发；数据库系统软件开发；云管理系统开发；信息系统设计和运行维护服务；信息系统集成服务；智能工程的开发、运用、咨询服务，智能化管理系统开发应用	区科技局（15）
71	四川吉邦生物科技有限公司	现代农业	四川省绵阳市涪城区跃进路北段62号	生物、植物科技领域内的技术开发、技术咨询、技术服务；生物制品研究；氮肥、磷肥、钾肥、复混肥、有机肥、微生物肥料及其他肥料的研发、生产、销售，农业肥料及原材料的销售；饲料的生产销售及预包装食品、散装食品的生产、销售	
72	四川溯之捷信息技术有限公司	电子信息	四川省绵阳市涪城区绵安路35号（绵阳）科技城软件产业园	信息技术咨询服务；技术服务、技术开发、技术咨询、技术交流、技术转让、技术推广；网络技术服务；数据处理和存储支持服务；互联网数据服务；大数据服务；信息系统集成服务；信息系统运行维护服务；计算机系统服务；智能控制系统集成；软件开发；人工智能应用软件开发；网络与信息安全软件开发	

续表 31

序号	企业名称	所属技术领域	地址	经营范围	备注
73	四川核保科技有限责任公司	先进制造	四川省绵阳市涪城区绵安路35号（中国（绵阳）科技城软件产业园）	智能机器人、工业机器人、特殊作业机器人的设计、研发、生产、销售、安装及维护;自动化装备、自动化生产线、自动化信息系统、自动化控制系统、监控与安防系统及相关产品的设计、研发、制造、销售、安装及相关技术咨询、技术服务	
74	绵阳叁迪光学科技有限公司	先进制造	四川省绵阳市涪城区绵安路35号	新型显示器件的研发、生产、销售；光学技术研发，技术服务，技术转让，技术咨询；国家允许的进出口贸易	
75	绵阳云端科技有限公司	航空航天	四川省绵阳市涪城区绵翠花街107号	电子设备、无人驾驶航空器、自动控制设备、复合材料、机电产品、电子产品、计算机软硬件、运动器材、航空模型产品的技术研发、加工、生产、销售、技术服务、技术培训、技术咨询、技术转让；测绘服务；地理信息数据处理及服务；系统集成服务，网络技术服务，智能安防设备的安装、维护；国家允许的进出口贸易等	
76	绵阳市米小福食品有限公司	生物医药	四川省绵阳市涪城区长虹大道南段228号附89号厂房	罐头食品制造；肉、禽类罐头制造；畜肉类罐头制造；水产品罐头制造；肉制品及副产品加工；酱卤烧烤肉制品加工；速冻食品制造；复合调味品制造；调味品、发酵制品制造；蔬菜罐头制造；方便食品制造；预包装食品销售（含冷冻冷藏食品）产品研发设计软件开发；餐饮服务；食品进出口；餐饮配送服务；蔬菜种植、销售；家禽、家畜养殖、销售；种植技术开发；仓储服务（不含危险化学品）；卤制品制造、销售；面粉制品制造；货物进出口贸易（依法须经批准的项目，经相关部门批准后方可开展经营活动）	区科技局（15）
77	四川冠慕思杨新材料科技有限公司	生物医药	四川省绵阳市涪城区青龙大道中段59号东九栋A座6-21号	新材料技术开发、咨询、交流、转让、推广服务；木质、塑料、皮革日用品零售；销售塑料及塑料制品；销售泡沫塑料制品；工程塑料及合成树脂销售；销售橡胶制品；五金、家具及室内装饰材料专门零售（不含危险化学品）；销售建筑材料；高性能纤维及复合材料销售；销售合成纤维；清扫、清洗日用品零售；节能环保设备的研发、技术转让、咨询服务；环保技术开发、咨询、交流、转让、推广服务；生物化工产品技术研发；技术推广服务；会议、展览及相关服务；市场调查；广告制作服务；电脑图文设计；销售专用仪器仪表；销售办公用品；销售计算机消耗材料；机械设备、五金产品及电子产品销售；销售纸制品；销售文化用品；销售专用设备；净水设备销售及维护；水处理设备销售安装；销售玻璃及玻璃制品；销售化学试剂和助剂（不含危险化学品）；销售化工产品（不含危险化学品）；销售专业化学产品（不含危险化学品）（依法须经批准的项目，经相关部门批准后方可开展经营活动）	
78	四川创客谷企业管理有限公司	现代服务业	四川省绵阳市涪城区安昌路66号时尚天街1栋15楼6号	公司致力于研发企业记账软件系统，本软件能够为客户处理记账统计、编辑记账凭证，下载记账凭证，建立二级系统方便会计及老板查看凭证等	

续表 31

序号	企业名称	所属技术领域	地址	经营范围	备注
79	四川核保锐翔科技有限责任公司	先进制造	四川省绵阳市涪城区安昌路66号时尚天街1栋15楼6号	建设工程设计；辐射监测；放射性固体废物处理、储存、处置；废弃电器电子产品处理；核材料生产。集成电路芯片设计及服务；互联网数据服务；集成电路设计；集成电路芯片及产品制造；集成电路芯片及产品销售；电子元器件制造；信息系统集成服务；电子元器件与机电组件设备制造；工程和技术研究和试验发展；网络技术服务；电子产品销售；电子元器件零售；电子真空器件销售；核电设备成套及工程技术研发；软件开发；计算机软硬件及辅助设备零售；计算机软硬件及辅助设备批发；卫星技术综合应用系统集成；机械电气设备制造；电工机械专用设备制造；机械设备租赁；人工智能应用软件开发；人工智能基础软件开发；光学仪器制造；光学仪器销售；电子测量仪器制造；电子测量仪器销售；电力电子元器件销售；电力电子元器件制造；智能仪器仪表制造；工业机器人制造；工业机器人安装、维修；工业机器人销售；智能机器人的研发；智能机器人销售；安全技术防范系统设计施工服务；安全系统监控服务；物联网应用服务；安防设备销售；安防设备制造；信息技术咨询服务；人工智能行业应用系统集成服务；云计算设备销售；云计算设备制造；物联网设备销售；物联网设备制造；物联网技术研发；物联网技术服务；大数据服务；区块链技术相关软件和服务；虚拟现实设备制造；技术服务、技术开发、技术咨询、技术交流、技术转让、技术推广；家用电器销售；集成电路制造；集成电路销售；输配电及控制设备制造；配电开关控制设备制造；电子专用材料研发；机械设备研发；机械设备销售；互联网销售（除销售需要许可的商品）；显示器件销售；电子元器件与机电组件设备销售；资源再生利用技术研发；核子及核辐射测量仪器制造；计算机软硬件及外围设备制造；信息安全设备销售；网络设备销售；工业自动控制系统装置销售；互联网设备销售；工业控制计算机及系统销售；软件销售；工业控制计算机及系统制造；计算机系统服务；智能控制系统集成	区科技局（15）
80	安兴环境技术有限公司	资源与环境	四川省绵阳市涪城区绵安路35号	环境保护监测；环保工程；环保咨询；环保工程设计；环保工程施工；环保工程管理服务；节能环保技术及产品技术开发、咨询、转让、服务；环境污染防治设备和试验设备制造的安装、调试及技术服务；水环境污染防治服务；大气环境污染防治服务；固体废物治理；固体废物处理处置装备制造；再生资源回收（不含固体废物、危险废物、报废汽车等需经相关部门批准的项目）；资源循环利用项目规划和方案编制；资源循环利用服务技术咨询；资源循环利用技术推广服务；生态环境保护工程建设；市政公用工程；城市园林绿化规划服务；园林绿化工程施工；销售机电设备；技术进出口；货物进出口（依法须经批准的项目，经相关部门批准后方可开展经营活动）	
81	绵阳巧工智能科技有限公司	先进制造	四川省绵阳市涪城区小北街8号	智能设备的研发、智能化设备及配件、智能化工厂自动化生产线的咨询、设计、销售、安装及技术服务。	
82	四川百倍科技有限公司	电子信息	四川省绵阳市长虹大道118号福鑫楼C座11楼	计算机软件开发、应用及销售，信息系统、智能化系统集成及服务，石油化工装备设计、销售，新技术开发、应用及转让，安防工程、智能系统安装及服务，计算机、通信设备、机电设备及配件、耗材销售。电器仪表安装	

续表 31

序号	企业名称	所属技术领域	地址	经营范围	备注
83	四川焜杭科技发展有限公司	电子信息	四川省绵阳市涪城区金家林中街 2 号	技术服务、技术开发、技术咨询、技术交流、技术转让、技术推广；软件开发；软件销售；信息系统集成服务；5G 通信技术服务；区块链技术相关软件和服务；工业互联网数据服务；互联网数据服务；轨道交通通信信号系统开发	区科技局（15）
84	四川鹏桦光学精密机械有限公司	先进制造	四川省绵阳市涪城区龙门镇龙祥路 48 号	光电、机电系统及产品的设计、研发、制造、销售及技术开发、技术咨询、技术服务、技术转让；光学系统及产品的设计、研发、制造、销售	
85	四川茶寿之家科技有限公司	新能源与节能技术	四川省绵阳市涪城区文庙街 13 号 B 栋 1 层	技术服务、开发、咨询、交流、转让、推广；软件开发；新材料技术研发；生物基材料技术研发；生物农药技术研发；生物化工产品技术研发；生态环境才材料销售；日用百货销售；互联网销售；计算机软硬件及辅助设备零售；文具用品零售；电子产品销售；服装服饰零售；鞋帽零售；广告制作和设计、代理；会展及展览服务；普通货物仓储服务；第二类医疗器械销售；气体、液体分离及纯净设备销售；环境保护专用设备销售等	团区委（2）
86	四川影橘文化传播有限公司	现代服务业	四川省绵阳市涪城区涪城路 26 号望园商厦 1 栋 1 单元 15 层 8 号	网络（手机）文化服务；文化艺术业；文化活动服务；组织管理服务；企业形象策划服务；市场管理服务；教育咨询服务（不含教育培训）；体育组织；企业管理、公司礼仪服务；个人商务服务；摄影服务；广告设计、广告制作、广告代理、展台设计、会议及展览服务；销售办公设备、农副产品、工艺品、电子产品；动漫及衍生产品设计服务；服装、鞋帽出租、零售；文化艺术交流活动组织策划服务	
87	绵阳贝莱优品进出口贸易有限公司	电子信息	四川省绵阳市涪城区临园路东段 74 号	互联网销售（除销售需要许可的商品）；信息技术咨询服务；软件开发；技术服务、技术开发、技术咨询、技术交流技术转让、技术推广；计算机软硬件及辅助设备批发	区商务局（1）
88	绵阳天仪空间科技有限公司	航空航天	四川省绵阳市涪城区涪金路 389 号	卫星、计算机检测控制系统的制造；雷达、导航与测控系统工程安装服务；卫星技术综合应用系统集成；卫星遥感应用系统集成；卫星遥感数据处理；工程和技术研究和试验发展；软件开发等	区科协（1）

（杨晓雪　王　颖）

社会科学

【概况】2021 年，涪城区社科研究规划项目立项 72 项，其中重点项目 10 项、一般项目 50 项、自筹项目 12 项；评审结项 69 项，延期 3 项。承办天府人文讲坛、绵州讲坛——“扬雄与四川”高层次专题讲座，同时进行网络展播。扶持社科普及作品创作，形成现代川剧《社区三牛》、快板《强国赞》、《涪城家庭家教家风研究集刊》《跃进路“三线记忆”》读本等一批社科普及作品。开展“书香涪城·社科悦读”社科普及读书活动 4 期，受众 2 万余人。开展各类社科普及主题普活动 150 场次，参与人数 1.7 万人次，发放科普读物 1 万余本（册）。新命名 4 个区级社科普及基地。

【社会科学课题研究】2021 年，涪城区聚焦解决现实发展重点问题，扶持社科研究规划项目 60 个，形成一批社科研究成果。《解放思想再出发 对标先进创一流 全力推动涪城经济社会高质量发展》《成渝地区双城经济圈协同发展的路径与政策研究》《探索社会组织参与扶贫 打赢精准脱贫攻坚战》等 4 篇研究报告在绵阳市社科联《绵阳论坛》刊印，涪城社科

2021 年涪城区“小小讲解员”活动　　（涪城区社科联）

联以《守初心使命 发思想先声 积极投身哲学社会科学繁荣发展新征程》为题在绵阳市社科学术研讨会上交流发言。《“行政执法问题”互动教学探索与实践》获第七届“中国法学教育研究成果奖”三等奖，《论预防未成年人犯罪警务》获四川省法学会法治文化研究会 2021 年学术年会二等奖。

【社科普及主题活动】2021 年，涪城区整合全区各镇街及各部门力量，以重要时间节点主题性活动、编印科普读物、创建科普基地等为载体，开展社科知识普及活动，普及重点放在习近平新时代中国特色社会主义思想、红色文化、优秀传统文化、历史文化等方面，提升普及面和质效。开展“传承历史文化·筑牢红色基因”“红色文化”“三线建设”文化等主题活动贴近群众、广受欢迎。“书香涪城·社科悦读”社科知识普及读书活动通过“涪城播报”微信公众号平台推出《中国共产党简史》《火种：寻找中国复兴之路》等书籍荐读并赠书，普及范围不断扩宽。结合党史学习教育开展“小小讲解员”活动，引导中小学生走进爱国主义教育科普基地（阵地）讲红色故事，掀起全区青少年学习“四史”热潮，活动获“学习强国”学习平台、绵阳电视台等多家媒体报道。选拔优秀选手参加绵阳市“小小讲解员”总决赛，绵阳实验小学何昕桐同学获小学组冠军。

【社科普及基（阵）地建设】2021 年，涪城区探索社科普及基地建设与管理的新路子，提升基地建设水平，铁牛街市民人文社科知识普及基地、西山公园历史文化普及基地、南河体育中心社科知识普及长廊等阵地发挥普及作用。经自行申报、评审合格，新命名植染文化、“三线建设”文化、桥牌文化及公共卫生与健康知识区级社科普及基地。整合资源，拓展社科普及阵地，利用镇街和部门宣传栏、报纸杂志、农家书屋、新闻媒体、宣传长廊等，加大微博、微信、短视频平台等新媒体的应用，普及群众最关心的教育、医疗卫生、社会保障、就业就学等热点问题。

【承办“扬雄与四川”高层次专题讲座】2021 年 6 月 3 日，由涪城区委宣传部、区社科联承办，四川省“天府人文讲坛”、绵阳市绵州讲坛——“扬雄与四川”高层次专题讲座在绵阳市老年大学三楼学术报告举办，特邀北京师范大学历史学院副教授李凯主讲，绵阳市社科联，各县（市、区）社科联、社科学会（协会）、市

2021 年 6 月 3 日，“扬雄与四川”高层次专题讲座举行　（涪城区社科联）

级社科普及基地、子云文化研究创新等相关单位负责人、基层干部群众代表及子云文化爱好者近300人到场聆听讲座。讲座内容忠实于《汉书》等历史典籍记载，分析了蜀地独特的地域环境以及在这种环境中孕育出蜀人“乐天知命”的人生观、世界观，梳理从文翁以来蜀地众多的弘文重教学术巨擘，揭示扬雄这座历史文化高峰形成的背景和卓越贡献，使听众更加系统地掌握扬雄与四川、与绵阳的历史关联。

【市社科联主席梁茂调研涪城社科工作】2021年9月2日，绵阳市社科联主席梁茂一行到涪城区调研社科工作，分别到谭德政烈士纪念园、千鹤桑田蚕桑农业主题公园、“三线建设”文化纪念馆、铁牛街市民人文社科知识普及基地了解情况，并在铁牛街社区召开座谈会，调研组与涪城区社科联负责人、区内各基层社科普及基地负责人进行工作座谈，听取全区社科工作、各基地开展社科普及工作汇报及对社科工作意见建议，梁茂主席对涪城社科工作所取得的成效表示肯定并提出工作要求。

【涪城区第五届优秀社科成果评奖】2021年10月29日，涪城区社会科学评奖委员会办公室印发《关于开展涪城区第五届社会科学优秀成果评奖工作的通知》（绵涪社评委办〔2021〕1号），按照自主申报、专家库抽派评委、组织封闭评审、评审小组复审、面向社会公示、报经区人民政府批准的程序开展涪城区第五届优秀社科成果评奖，年内完成申报，收到申报60项。

（赵　颖　董晓辉　晏　华）

教 育

【概况】2021 年，涪城教育立足区域发展，以“统筹发展促均衡，深化改革创品牌”为总体目标，以“整合推动、名校带动、队伍驱动、质量拉动”为基本策略，推进教育事业从“外延式”向“内涵式”、从“规模化”向“品牌化”发展。本级直管共有各类学校 181 所。其中幼儿园 123 所（公办 4 所、民办 117 所、其他部门 2 所）；小学 29 所（城市 19 所、农村 8 所、其他 2 所）；初中 19 所（城市 14 所、农村 5 所；其中九年一贯制学校 6 所）；特教校 1 所；普通高中 3 所（公办 2 所、民办 1 所；其中高级中学 1 所、完全中学 1 所、十二年一贯制 1 所）；中职学校 6 所（公办 1 所、民办 5 所）。

【在校学生】2021 年，全区共有在校学生 103939 人。其中：普通小学在校生 44997 人；普通初中在校生 24308 人；特教校在校生 195 人；幼儿园在园学生 20150 人；普通高中在校生 4557 人；中等职业学校在校生 9732 人。共有专任教师 6294 人。其中：公办学校在职教职工共计 3907 名；民办学校共有教师 2387 人。

【教育经费收支】2021 年涪城区教育投入 10.55 亿元（其中：财政拨款 10.33 亿元，事业收入 0.14 亿元，其他收入 0.08 亿元），比 2020 年投入增加 0.54 亿元，2020 年比 2020 年增加 5.4%，达到逐年增长。

【义务教育经费保障机制改革】2021 年，涪城区认真贯彻落实国家教育经费政策。全年全区义务教育财政拨款总收入 7.01 亿元，较 2020 年增加 0.47 亿元，较 2020 年增长 7.19%，达到逐年增长；财政预算内教育事业费拨款 5.68 亿元，比 2020 年增长 13.56%，达到逐年增长。

【德育】2021 年，涪城区教体局召开专项会议，开展德育工作专项检查，促进德育体系和德育品牌构建。建立《道德与法治》、心理健康教育、班主任等区级名师工作室，定期召开培训会和交流会，提升教师队伍的育德能力。规范少先队和共青团管理，有 7

2021 年绵阳市涪城区教育经费总投入一览表

表 32

四川省绵阳市涪城区教育和体育局教育经费	2020 年（按决算口径）（万元）	2021 年（按决算口径）（万元）	比 2020 年增长（%）
合计	100101.04	105519.98	5.40
义务教育小计	66661.05	71454.45	7.19
非义务教育小计	33439.99	34065.53	1.87

表 33

2021 年绵阳市涪城区教育附加投入表

（单位：万元）

年度	城市教育费附加					2020—2021 年“两项附加”征收、安排、使用情况 合计			备注
	区级征收及财政安排数			上级安排数	小计				
	征收数	财政安排资金	征收、安排品迭结余			区级税务征收附加合计	区级财政安排附加合计	教育使用附加合计	
2020 年	5800	5800	0	0	5800	5800	5800	5800	
2021 年	7050	7050	0	0	7050	7050	7050	7050	决算 4807 万元，金财网下达 7050 万元

所学校创建为首批红旗大队或红旗团委。创新落实“红领巾争章”活动，100 余名师生获得省、市、区级表彰。强化“四史”学习和理想信念教育，重点开展建党 100 周年系列活动。小学《道德与法治》优质课获省级一等奖，2 项省级课题获专项资助。完善家庭教育指导网络，在全区各学校推进家长学校建设，开展“教育大家谈”活动，实现家长培训全覆盖。

【教育质量】 2021 年，涪城区初中毕业生总人数 6706 人，南山绵中上线 2300 人，在南山绵中招生计划削减的情况下，较 2020 年增长 18 人，稳居全市各县市区第一。全区 800 分以上高分段学生 532 人，较 2020 年增加 254 人（其中：东辰 483 人，实验中学 44 人，二中 5 人）。2021 年全区 1528 人参加高考，重本上线 1059 人，上线率 69.31%，本科上线 1263 人，上线率 82.66%。高考质量保持在各县市区领先。

【高中教育】 2021 年，涪城区 6706 名初中毕业生升入高中阶段学校 6545 人，其中：普通高中 4835 人，职业高中 1710 人；初中毕业学生接受高中阶段教育毛入学率 97.6%。提高职教课堂教学质量，建设各专业实训中心，加强学生的技能训练与实践。探索新的校企合作办学模式，学校和企业相互派教师员工等进行交流学习，增强校企合作。引导学生做好职业规划，升学和就业双向发展，通过高考进入本专科和高职院校继续深造的学生大幅提升。多名教师参加教学竞赛和职业技能竞赛荣获省市级一二等奖。

【健康教育】 2021 年，涪城区教体局组织全区卫生工作培训会，邀请卫健局、区疾控中心专家就如何贯彻落实《学校卫生工作条例》《中华人民共和国传染病防治法》和学校存在的个别问题做专项培训；3 月、9 月各学校开展以呼吸道传染病防控为主的防病、防疫知识宣传教育活动；全年做好全区各个学校新冠疫情中高风险地区返回人员排查和网报工作；师生员工疫苗接种工作，每月组织三所学校全部教师和部分学生做核酸检测，组织教体系统做好新冠疫情常态化防控工作。全区各中小学校做好新生入学结核病问卷和 PPD 筛查工作，做好新生、转校生入学、入托儿童预防接种证查验、查漏补种、预防接种知识宣传等工作。联合区卫健局对全区学生开展视力及健康体检工作，10 所学校继续做好四川省教育厅和卫健委关于幼儿园、小学、中学部分年级学生视力的统计监测工作；组织全区所有公办学校创建“涪城区无烟学校”。子云幼儿园创建为“健康学校”。

【心理健康教育】 2021 年，涪城区各校均建有专用或兼用的心理辅导室，有兼职心理健康辅导教师。定期开展心理筛查，建立特殊学生档案并开展相应的团辅、个辅等活动。2021 年，涪城区教体局被评为绵阳市教育系统社会心理服务体系建设先进单位。涪城区进修校教研员邓剑、绵阳市第二中学副校长刘琴、绵阳东辰国际学校初中部教师蒋绍全被选为绵阳市教育系统社会心理服务体系专家组成员。

【艺术教育】 2021 年，涪城区美育教育按照习近平总书记“立德树人”要求，贯彻中共中央、国务院《关于全面加强和改进新时代学校美育工作的意见》，坚持教会、勤学、常展、常演，让每个学生掌握 1~2 门艺术修养技能，学生艺术活动参与面 100%。

结合中国共产党成立100周年，开展涪城区第十八届校园艺术节、涪城区第十八届校园歌唱比赛、第六届班级器乐比赛、教师合唱比赛、教师书画展等艺术展演活动。教师合唱团、市职中、南街小学等单位参加涪城区和绵阳市建党100周年庆祝文艺演出。推行中小学生艺术素质测评，组织艺术中考，实施全区学校艺术教育自评和年度报告制度；开展戏曲进校园活动和“非遗”传承活动，城郊小学和安昌路小学川剧、警钟街小学草编等特色鲜明。创建市级优秀学生艺术团13个、市级艺术特色学校1所、2所已创市级艺术特色学校通过复核。参加绵阳市第十届中小学生艺术节展演，涪城17个节目、20件艺术作品、3个艺术工作坊获一二等奖，位列全市第一。参加四川省第十届中小学生艺术节展演，涪城区7个节目、13件艺术作品、1个艺术工作坊获得一等奖，位列全市第一。

【现代教育设施】2021年，涪城区多渠道争取经费，保证设备建设。为绵阳市金家林学校、成绵路小学、教工幼儿园御营分园、公园路幼儿园北绵分园等新建、改扩建学校采购配套设备设施共计2887万元，包括办公设备、校园网络设备、信息化教学设备、厨房设备、教玩具设备、寝室设备等32000余件套，保证几所学校按时开学。对全区学校近1000间教室进行智慧灯光升级改造，合同金额1480万元，全区教室灯光照度均达国家要求；投入107万元采购新增学生课桌椅4000套，保证教育教学活动正常进行。

【基础设施建设】2021年，涪城区投资13826.9万元进行各类学校基层设施建设，改善办学条件。其中：高水九年一贯制学校新建教学综合楼（9728平方米）、公园路幼儿园圣水分园（7153平方米）、教工幼儿园御营分园（11844平方米）建成投入使用；金家林学校（二中金家林校区）改扩建工程（24860平方米）、成绵路小学改扩建工程（14643平方米）、青义幼儿园建设工程（8126平方米）完成建设；公园路幼儿园东顺分园二期改造项目（1900平方米）、绵阳职业技术学校和涪城特殊教育学校改扩建项目（18000平方米）建设有序推进；绵阳市第十五中学、绵阳市御营小学、绵阳市第六中学、绵阳市丰谷小学、绵阳市杨家小学等10余所学校维修项目完成建设。

【基础教育资源建设】2021年，涪城区学校实现设备管理、图书管理信息化。通过涪城学教在线实现教育信息化。全区教师开通网络学习空间2958人，占总数的95.85%；学生开通网络学习空间49931人，占学生总数的96.18%，家长开通网络学习空间67064人。涪城区2018、2019连续两年被四川省教育厅评选为“年度网络学习空间应用优秀区域”，成绵路小学被教育部评选为全国“网络学习空间应用优秀学校”、实验中学城北校区被省教厅评选为省级“网络学习空间应用优秀学校”。区电教教仪工作站成为国家数字教育资源公共服务体系联盟成员单位。资源涵盖小学、初中全部学科，幼儿教育、高中教育部分学科。资源数量300余万条，存储量近50TB。学教在线登录频率330968人次/月；教师能熟练运用信息化手段组织教学，设施设备利用率较高。

【教育惠民】2021年，涪城区紧密结合全区脱贫攻坚战，着眼于促进教育公平。做好学前教育“三儿”资助工作，义务教育“三免一补”工作，中职免学费、国家助学金工作，普通高中国家助学金、免学费工作。2021年，为1728名孤儿、残疾、家庭经济困难儿童减免保教费共计165.5万余元；为1753名义务教育阶段家庭经济困难寄宿学生发放生活补助239.8375万余元，为841名义务教育阶段家庭经济困难非寄宿学生发放生活补助36.62625万余元；为394名家庭经济困难普高学生免除学费19.516万元，为416名家庭经济困难普高学生发放助学金75.3万元；为8735名中职学生免除学费1504.26万元，为1984名家庭经济困难学生发放国家助学金357.68万元。

【社会捐资助学】2021年继续利用绵阳市涪城区益生教育基金会募集资金，开展各项公益助学活动。为100名困难学生发放共计10万元资助金；大学新生入学资助共12人，资助金额共计1万元；办理生源地助学贷款454人，贷款金额373万余元。

【教育扶贫】2021年，涪城区据实免除178名建档立卡幼儿保教费共计58.266万元；据实免除21名建档立卡中职学生学费并为10名一、二年级学生发放国家助学金共计1.9万元；为21名建档立卡中职学生发放生活补助共计1.7万元，为19名建档立卡本专科生特别资助共计7.6万元。

【教育支援】2021年，涪城区积极开展与凉山州昭觉县“校校结对”活动，区内23所义务教育阶段学校与昭觉县63所义务教育阶段学校以“一

2021 年绵阳市涪城区教育基本情况一览表

表 34

类别	学校数量				学生数量					专任教师数量		
	合计（人）	公办（人）	民办（人）	班数（人）	合计（人）	公办（人）	民办（人）	毕业（人）	招生（人）	合计（人）	公办（人）	民办（人）
幼儿园	130	6	124	792	19457	8688	10345	6948	5104	1525	520	1005
小学	29	29	0	915	44623	37428	7160	7327	7530	2098	1810	288
初中	20	18	2	445	23129	14575	8554	6445	8205	1349	901	448
普通高中	3	2	1	112	5468	1796	3672	1632	1372	313	161	152
职业学校	6	1	4	—	8470	4046	3044	2508	2896	322	147	175
特教校	1	1	0	23	203	203	—	46	43	41	41	—
合计	189	57	131	2287	101350	66736	34614	24906	25150	5648	3580	2068

说明：公办学校包含其他部门办学的学校，公办幼儿园包含八一幼儿园和西科大幼儿园，公办小学包含八一小学和西科大附小。

帮多”的形式，结成兄弟学校。派遣19名骨干教师支援“三区”教育。

【教师队伍建设】2021 年，涪城区面向社会公开招聘教师 46 名、中央特设岗位教师 45 名、公开选调教师 9 名、直接考核招聘 2022 届公费师范生和硕士研究生 41 名、安置公费师范生 3 名补充到教师队伍，其中，45 名教师补充到农村学校。强化师德师风建设，先后成立涪城区师德师风评议委员会和学校师德师风评议小组，建立健全师德师风监督、督查机制，师德奖惩机制，师德师风诚信机制，师德师风问责机制五大长效机制，全区教师签订师德师风承诺书覆盖率100%；开展师德师风专项治理活动，强化教育，提高认识，辖区公办学校内无严重违反师德师风事件。

【教师培训】2021 年，涪城区以“四级联动研修”为平台，以“构建教师阶梯式专业成长机制”为载体，构建教师专业成长机制，围绕“课程、教材、课堂变革、信息化水平和师德教育”开展中小学教师系列培训，开展校园长、后备干部班主任、新教师等为期一年的专项系统培训，构建相应培训课程。参加国家级培训 500 余人次，省级培训 1000 余人次（送培农村 200 人次）、市级培训 7500 余人次、区级培训 30000 余人次，其中农村学校各级骨干教师培训率 100%。

【校长队伍建设】2021 年，涪城区贯彻实施国家、省、市《关于推进县（区）域内义务教育学校校长教师交流轮岗工作的意见》精神，以教育集团化办学、研修协作体、学校联盟为依托，全年交流校长 15 名；推进中小学校长职级制度改革，首次确定一级三等职级校长 16 名；二级三等职级校长 25 名；三级一等职级校长 5 名；三级二等职级执行校长 7 名。通过集中培训、跟岗实践、导师引领相结合的方式，培训后备干部 120 人次、校园长 80 余人次。

【实施义务教育阶段教师绩效】2021 年，涪城区兑现全区义务教育、非义务学校教师绩效工资，农村学校教师绩效工资每月高出城市学校 200 元。乡镇学校执行每月 200 元至 300 元（乡镇工作 10 年以上的人员 300 元）乡镇工作补贴。

【教育人事制度改革】2021 年，涪城区完成 112 名教师中级职称和 102 名教师高级职称评审。落实乡村教师支持计划，拓展乡村教师补充渠道，2021 年招聘农村学校特岗教师 45 名，落实乡村教师评职优惠政策，增强乡村教师荣誉感。依托研修协作体、集团化办学，建立学校管理干部、教师轮岗交流制度，2021 年实现跨学校轮岗交流教师 474 名（其中交流到农村、薄弱学校 265 名），优化教师资源配置，促进城乡学校、薄弱学校均衡发展。

【义务教育集团办学】2021 年，涪城区整合城乡义务教育资源，采取“名校+新校”“名校+乡校”“名校+弱校”的“1+N”模式实施集团化办学。全区有绵阳二中、绵阳四中、实验中学、实验小学、成绵路小学、花园实验小学、安昌路小学7个教育集团领办20所中小学，在校学生2.86万人，占全区公办义务教育学生总数的55%，通过集团化办学，增加优质学位1.75万个。

【未成年人思想道德建设】2021年，涪城区坚持把社会主义核心价值观融入教育全过程，开展“开学第一课”“党史学习”系列活动、“争做新时代好少年”等主题教育活动。结合建党一百周年，在区域开展“红心向党”征文与演讲活动，各校开展形式多样的主题活动，成绵路小学开展“老红军讲党史”，东辰聚星开展“微党课”等。2名学生荣获市级“红心向党”演讲和朗诵比赛一等奖。开展“新时代好少年”学习宣传活动，承办绵阳市第一季度新时代好少年发布活动，1名学生获得省级“新时代好少年”称号，4名学生荣获市级“新时代好少年”称号，评选表彰10名区级好少年。开展志愿服务活动，并纳入学生综合素质评价考核体系。“一木环保”废旧书报回收40余吨。强化劳动教育与研学实践活动指导，丰富未成年人的校外实践路径。

【校园文化建设】2021年，涪城区先后投资700余万元，实施绵阳市实验中学、绵阳市金家林学校、绵阳市实验小学、绵阳市成绵路小学、绵阳市南街小学、绵阳市涪城区杨家镇中学、绵阳市涪城区杨家镇玉皇小学等校园文化建设项目，改善区域教育办学环境，提升区域教育的办学内涵和文化品质，增强区域教育的综合实力与社会影响力。

【特色建设】2021年，涪城区强化特色建设管理和指导，完善区级学校特色建设项目管理库，在2020年的基础上新增3个项目、整合2个项目，全区75个项目入库统一管理。组织专家深入学校开展特色建设工作调研指导。举行2021年学校特色建设展评会，根据日常检查和集中展示，综合评定东辰二小的《“看天下”课程》、先锋路小学的《中泰文化交流》、教工幼儿园的《Steam园本融合游戏课程》晋升为五星级特色项目。成绵路小学、西山路小学、东辰一小、东辰初中、子云幼儿园的5个特色项目晋升为四星级项目。

【规范开学工作】2021年，涪城区按股室分组并由局领导带队到学校开展春秋两季开学工作综合督导检查。主要检查党建、开学、常态化疫情防控、安全、“双减”、“六项管理”等方面内容。规范学校的管理和推动各项工作落实。

【普法工作】2021年，涪城区开展“七五”普法教育，发挥课堂主渠道作用，将青少年法治教育与德育课程结合，开设《道德与法治》《家庭·社会·法治》等学科教学，将《中华人民共和国未成年保护法》等与青少年密切相关的法律法规融入课堂教学，初步构建大纲、教材、师资、课时、考核五位一体的法治教育课程体系。组织学生在教育部全国青少年普法网上参加以“学宪法·讲宪法”为主题的竞赛活动。

【教学教研】2021年，涪城区申报省级课题立项3个，市级课题立项9个，居全市各县（区）第一。4项研究成果在绵阳市教育科研成果阶段评审中获奖，2项成果在四川省科研成果阶段成果评审中获奖。全年共有253位教师在市级及以上竞技竞教比赛中获奖，其中国家级4人，省级35人，市级214人；全区教师在省级以上报刊发表研究论文138余篇。

【教育风险保障管理体系】2021年，涪城区构建完善以校方责任险为主，中等职业学生实习责任险、城镇居民医疗保险（新型农村合作医疗保险）为辅，其他商业险种为补充的教育风险管理保障体系，校方责任保险应保尽保，参保率100%。

【教育督导】2021年，涪城区通过国务院督导委义务教育基本均衡复查验收。区教体局分批对全区50所幼儿园进行办园行为专项督导评估。对绵阳二中、绵阳市安昌路小学等八所中小学进行素质教育专项督导评估。组织开展“双减”和“六项管理”的专项督导检查。调整涪城区教育督导委员会成员单位。印发涪城区《关于深化新时代教育督导体制机制改革的意见》。责任区督学每月开展日常督导工作。

【学校安全】2021年，涪城区坚持“安全第一，预防为主”的方针，贯彻落实上级各项安全工作要求，完善工作机制、落实监管责任、增添有效措施、强化督查考核，确保各项安全工作落到实处，预防和减少各类安全事故的发生，确保涪城教体系统的平安稳定。

【食品安全】2021年，涪城区春秋季教体局联合区市场监管局和区卫健局对学校食品安全、疫情防控工作进行专项检查，对检查中发现的问题限时整改，并不定时到学校抽查整改情况；全年组织全区学校食品安全培训2次，要求各学校定期组织2次食品安全学习；做好学校食堂管理，严把食品原料采购关，按照食品操作流程进行管理，督促各学校开学彻底清洁消毒桶装水和直饮水；落实学校负责人品尝制、陪餐制，开展“食品安全营养健康”进学校主题宣传活动；督导学校做好新冠疫情常态化防控工作。

（冯　伟　宗　丽）

基础教育

【概况】2021年，涪城区落实立德树人根本任务，推进素质教育。围绕“全市领跑、全省一流、全国知名，建成绵阳教育高质量发展样板区”的总体目标，落实“双减政策”，加强中小学生“五项管理”，开展好课后服务工作，推进幼儿园、中小学衔接教育，加强劳动教育，提高课堂教学水平和教育质量。关注学生身心健康、综合素养，关注教师能力培养、职业成长。参与成渝地区双城经济圈建设，夯实小学教育质量基础，提升初中教育质量，促进普通高中育人方式转变，加强特殊教育，促进涪城基础教育再上台阶。

【义务教育】2021年，涪城区丰富德育工作内涵，推进集团化办学向纵深发展，推进特色建设和校园文化建设；关帝小学合并到丰谷小学，石洞小学合并到吴家小学，整合农村小学教育资源；扩大城乡教师研修协作体和“名师工作室”范围，整合全区优质教育资源，推进义务教育优质均衡发展。全区小学、初中起始年级接受外来务工人员随迁子女16000余人，保障入学公平。

【“四率”情况】2021年，涪城区小学净入学率100%，初中净入学率100%；小学毕业率100%，普通初中毕业率100%；小学巩固率100%，初中巩固率99.3%。

【学前教育】2021年，涪城区推行学前教育联席会议制度。基本建成广覆盖、保基本、有质量的学前教育公共服务体系。优化幼儿园布局，增加普惠性资源供给，探索办园体制改革。按照第三期学前教育三年行动计划推进工作，毛入园率99%以上，普惠性幼儿园覆盖率84.3%，公办幼儿占比50.07%。

【留守儿童教育】2021年，涪城区共有留守儿童559名。加强农村留守儿童等特殊学生群体的教育管理与帮扶。联合区级各部门、企事业单位、社区街道，开展“幻彩生命课外课堂”“童伴阅读”“红色亲子阅读”“涪娃梦想周末营”“加油！夏令营”等关爱帮扶活动。各学校强化对留守儿童的生活、学习的过程管理，强化对留守儿童的心理辅导、亲情教育和法制教育，做到台账清楚、关爱措施到位。

【示范学校建设】2021年，涪城区共有市级示范性中学8所、小学12所。加强示范学校管理，增强其示范作用。发挥示范学校的辐射作用，以集团化办学和研修协作体为载体，整体提升义务教育质量。

202年12月6日，“涪娃梦想周末营”绵阳博物馆新馆活动现场

（涪城区教体局）

2021年绵阳市涪城区市级示范学校一览表

表35

市级示范小学

学 校	校 长	地 址	教学班（个）	教职工（人）	占地面积（平方米）	学生（人）
实验小学	唐 辉	南河路15号	50	135	7727	2800
涪城路小学（实小集团）	唐开雄	涪城路187号	19	55	4354	1033
南街小学	漆 涛	一环路南段228号	31	82	7965	1615
成绵路小学	李 蓉	成绵路23号	36	106	6594	1921
警钟街小学	曾安宁	警钟街43号	30	86	3161	1688
先锋路小学	程勇德	先锋路19号	29	73	5481	1552
安昌路小学	涂久尚	安昌路57号	26	66	4464	1455
花园实验小学	李 华	滨河北路东段16号	36	91	6445	1979

市级示范小学

学 校	校 长	地 址	教学班（个）	教职工（人）	占地面积（平方米）	学生（人）
御营小学	王 凯	御安街48号	30	78	14934	1745
东辰小学	徐来先	花园南街	106	175	79130	5545
丰谷小学	杨 佳	丰谷镇南街44号	19	27	6800	896
青义小学	李孝东	青义镇场镇	40	87	11610	2124

市级示范初中

学 校	校 长	地 址	教学班	教职工	面积	学生
绵阳二中	肖义辉	剑门路东段15号	37	141	13280	2318
绵阳四中	李 强	翠花街47号	15	58	5666	805
绵阳五中	张晓红	剑南路西段15号	17	56	4294	902
实验中学	赵友章	文昌街88号	58	221	72667	3831
绵阳八中	李 强	跃进一巷13号	11	48	26158	654
绵阳九中	张茂辉	绵绢路8号	14	54	11019	735
东辰中学	徐来先	科创园剑南路西侧	138	405	158259	7358
绵阳十二中	邓 勇	青义镇场镇	13	52	19086	638

【课后延时服务】2021年，涪城区42所公办义务教育学校实施课后延时服务，自愿参与学生占学生总数97.28%，自愿参与教师占教师总数96.45%。开展中小学课后服务，加强课后服务监督管理。探索课后服务方法和途径，总结成功做法和先进经验，优化提升服务质量。

【双减工作】2021年，涪城区围绕“减负提质”目标任务，以“五项管理”为抓手，减轻中小学生负担。印发《关于加强中小学生“五项管理”相关工作的通知》，转发《教育部办公厅关于加强义务教育学校作业管理的通知》，规范学校作业管理，督促各校建立作业情况公示和备案制度，建立作业质量保障制度。出台《涪城区课堂教学基本标准》，完善区域质量监控体系，开展“金秋课堂”“四课活动”，提高课堂教学质量。建立作业负担监测督查机制。区教体局成立“双减”班，将双减工作纳入督导范畴，开展常态化督导检查。

（冯　伟　宗　丽）

民办教育

【概况】2021年，涪城区有各类民办学校252所，其中：中小学3所，中等职业学校5所，幼儿园121所，非学历教育机构123所。民办教育学生共38921人，其中：中小学生11897人，中职学校学生5670人，在园幼儿21354人。民办教职工共3657人，其中：中小学882人，中职学校589人，幼儿园2186人。资产情况：中小学校9923万元，中职学校12656.5万元，幼儿园6213.7万元。图书数量：中小学14.9万册，中职学校4.23万册，幼儿园6.08万册。学校占地面积：中小学15.04万平方米，中职学校16.9915万平方米，幼儿园22.97万平方米。校舍建筑面积：中小学123868平方米，中职学校9.65万平方米，幼儿园17万平方米。与2020年相比，全区民办学校减少46所，其中：非学历教育机构46所。

【民办学校管理】2021年，涪城区民办教育与公办教育协调发展，共同促进，基本形成多元化办学格局和从学前教育到中等职业教育的教育体系。对全区民办学校继续年检初审检查。对全区各民办学校进行规范办学行为的指导与检查，并对校舍进行安全隐患排查，要求各民办学校年审提供房屋安全鉴定报告。存在安全隐患的限期整改。

（冯　伟　宗　丽）

职业教育

【概况】2021年，涪城区共有教育部门管理中职学校6所，其中，公办学校1所，民办学校5所。在校学生9607人，其中：新生3493人，毕业2296人。

【职业教育基础能力建设】2021年，绵阳职业技术学校获得上级财政补助资金600万元，用于学校基础建设等；获得区级资金480万元，用于实训基地建设、设施设备购买。学校校园环境、设施设备、实训条件提升。

【职业教育示范专业建设】2021年，涪城区中职学校主要开设加工制造、教育、文化艺术等11个大类、31个专业，其中：绵阳职业技术学校中餐烹饪为省级骨干示范专业。

【藏区“9+3”免费职业教育】2021年，涪城区加强日常管理、规范学生行为和强化学生技能培训、提升学生素质、促进就业。2021年，绵阳职业技术学校毕业藏区学生44人，一次性安置就业44人。

（冯　伟　宗　丽）

成人教育与特殊教育

【农村劳动力转移培训】2021年，涪城区12个乡镇成人教育机构面向农村开展各种培训。全年开展农村劳动力转移培训和实用技术培训24768人次。

【特殊教育】2021年，涪城区共有特殊教育学生200人，其中区特教校就读164人，为36名重度“三残”儿童学生上门送教，累计送教1664课时。2021年4月，承办川浙两省融合教育支持性课程建设专题研讨会，2021年涪城特教校在全国第八届特奥运动会上共斩获4金7银4铜。与市职业技术学校共建“职特融合教育”教学点，为特殊学生提供职业技能实践指导，提升特殊学生就业技能保障。2021年，共组织13名听力障碍学生参加高考，10人被高等院校录取、录取率77%，其中重本上线8人，占总录取人数的80%。2021年12月，区特教校参加四川省第十届中小学生艺术节荣获舞蹈类一等奖。2021年10月，涪城区代表四川省在“中国教育学会特殊教育分会2021年学术年会”上作“融合教育”经验交流。

（冯　伟　宗　丽）

大学中专招生与自学考试

【概况】2021年，涪城区教育考试中心贯彻落实各项招生考试政策和要求，坚持“公正、公平、公开”的招生原则和“平安考试”工作目标，开展考试安全和考风考纪、试卷安全保密工作，强化过程和痕迹管理，维护正常的工作秩序，完成各项招生考试任务。2021年区教考中心获绵阳市国家教育考试安全保密和考风考纪工作目标考核一等奖、绵阳市考试招生工作目标管理评价一等奖、绵阳市考试招生工作“创一流”奖。

【普通高等学校招生】2021年，涪城区报考普通高等学校的考生有25056人，其中：文科6609人、理科17522人，对口职教高职925人，比2020年的24936人增加了120人。

统考本科录取 18980 人，预科 87 人，专科 3576 人。

【高中阶段学校招生】2021 年，涪城区高中阶段学校招生考试参考人数 14606 人，设置 7 个考点，496 个考场。

【高等教育自学考试】2021 年，涪城区组织 2 次自学考试，共有 8485 名考生报名参考，考试总科数 20135 科，办理自学考试转免考、更改考籍、考籍转移、更改专业、完善老考生照片等项目 86 人次。

【学业考试】2021 年，初二生物地理学业水平考试的考生有 16849 人,共设置 7 个考点，572 个考场。

【书法水平考试】2021 年，涪城区硬笔书法报考人数 6297 人次，毛笔书法报考人数 260 人次，报考人数总计 6557 人次。

【英语听说测试】2021 年，涪城区中考英语听说测试参考考生 14612 人，设置考点 24 个，52 个考场。

【艺术学科考查】2021 年，涪城区中考艺术学科考查参考考生 14612 人，设置考点 23 个，51 个考场。

（冯　伟　宗　丽）

体　育

【概况】2021 年，涪城区做好疫情防控和体育卫生艺术国防教育工作。落实国务院办公厅《关于强化学校体育促进学生身心健康全面发展的意见》《关于全面加强和改进学校美育工作的意见》以及教育部等部门《关于加快发展青少年校园足球的实施意见》《综合防控儿童青少年近视实施方案》等相关要求，围绕建设打造绵阳高质量发展样板区的奋斗目标，落实立德树人根本任务，发展素质教育，提高学生体质健康水平、师生疫情防控能力、艺术人文素养、抵御毒品能力和综合国防素质，推进体育卫生艺术毒品预防和国防教育健康持续发展。

【社会体育】2021 年，涪城区体育馆免费向社会开放，接待市、区、镇（街道）等单位和其他企事业单位、社会团体开展体育比赛和活动达 700 余场次,承接各类体育比赛、培训、集训和宣传活动 40 次以上，全区各体育类社会团体全年自行开展、组织参与各类体育比赛，健身展示、辅导活动以及健身知识宣传讲座达 50 次以上，参与群众达 20000 人次以上。

全年指导成立体育类社会团体 1 家；开展科学健身培训 980 余人次，新增一级社会体育指导员 4 人、二级社会体育指导员 42 人，新增三级社会体育指导员 98 人；举办涪城区群众排球比赛、第二届“欧阳修”围棋象棋全民公开赛，承办 2021 年四川省第十一届全民健身篮球公开赛、四川省“百城千乡万村社区”三对三篮球比赛、全国小排球夏令营、四川省“未来杯”青少年足球俱乐部联赛、四川省小篮球总决赛及市第七届体育舞蹈（国际标准舞）锦标赛比赛等各类体育赛事 35 次；实施并完成 2021 年四川省全民健身状况统计调查工作和 2021 年国民体育锻炼标准测试工作；开展体育法规、科学健身宣传活动 15 次，通过各类媒体发布体育健身活动报道 52 篇。

涪城区体育产业园东岳全民健身中心、城西足球中心、城北游泳中心完成建设并投入试运行，2021 年涪城区体育健康产业总产值 9.8 亿元。

2021 年 4 月 16 日，四川省第十一届全民健身篮球公开赛在涪城区体育馆举行

2021年绵阳市涪城区举办、承办体育赛事及培训活动一览表

表36

举办时间	活动名称	级别	地点	主办单位以及承办单位
1月	2021年绵阳市青少年足球超级联赛	市级	千城体育长滩河足球场	四川千城体育发展有限公司
1月	2021年绵阳市八人制足球城市联赛	市级	千城体育长滩河足球场	四川千城体育发展有限公司
2月	2021年上港青训青少年足球精英巡回赛（绵阳站）	国家级	千城体育长滩河足球场	四川千城体育发展有限公司
3月	涪城首届“篮协杯”邀请赛	县级	涪城区体育馆	涪城体育馆、涪城区篮球协会、四川金五环体育文化传播有限公司
3月	绵阳市涪城区“体彩杯”青少年篮球比赛	县级	涪城区体育馆	涪城体育馆、涪城区篮球协会、四川金五环体育文化传播有限公司
3月	2021年涪城区信鸽通讯赛	县级	根据比赛距离而定	涪城体育馆、涪城区篮球协会、四川金五环体育文化传播有限公司
3月	2021年绵阳市“国窖1573杯”首届篮球邀请赛	市级	涪城区体育馆	涪城体育馆、涪城区篮球协会、四川金五环体育文化传播有限公司
4月	四川省业余足球联赛十一人制总决赛第二阶段川东北赛区比赛	省级	涪城体育馆、斯搏特足球公园	四川省足球协会、斯搏特体育发展有限公司
4月	2021年绵阳市青少年足球联赛	市级	斯搏特足球公园	四川省足球协会、斯搏特体育发展有限公司
4月	立达货运杯首届篮球邀请赛	县级	涪城区体育馆	涪城区篮球协会
4月	四川省第十一届全民健身篮球公开赛总决赛	省级	涪城区体育馆	四川省体育总会、绵阳市涪城体育总会、绵阳市涪城区篮球协会、绵阳市涪城区体育馆、四川金五环体育文化传播有限公司
4月	涪城区“备战七运”乒乓球选拔赛	县级	警钟街小学	涪城区乒乓球协会
5月	绵阳市第七届“中国体育彩票杯”体育舞蹈（国际标准舞）公开赛	市级	涪城区体育馆	绵阳市体育总会、绵阳市体育和舞蹈协会、涪城区教体局
5月	2021年中国绵阳首届舞蹈文化艺术节暨中国体育舞蹈俱乐部联赛（绵阳站）暨燃舞者精英系列赛（绵阳站）	市级	涪城区体育馆	绵阳市体育总会、绵阳市体育和舞蹈协会、涪城区教体局
5月	2021年涪城区青少年篮球联赛	县级	涪城区体育馆	涪城体育馆、涪城区篮球协会、四川金五环体育文化传播有限公司
5月	“金五环”首届篮球争霸赛	市级	涪城区体育馆	涪城体育馆、涪城区篮球协会、四川金五环体育文化传播有限公司
5月	涪城区首届少儿棒垒球邀请赛	县级	南河体育中心	涪城区棒垒球运动协会
5月	“美丽绵阳”涪城区门球公开赛	县级	南河体育中心	涪城区教体局、绵阳市门球协会
6月	2021年“远达美乐杯”四川男子篮球联赛小组赛及1/4决赛	省级	涪城区体育馆	四川省篮球协会、涪城区人民政府

续表 36

举办时间	活动名称	级别	地点	主办单位以及承办单位
6月	2021 年绵阳市涪城区“毒龙精酿”杯四川百城千乡万村乒乓球邀请赛	县级	涪城区体育馆	涪城区乒乓球协会、四川莱斯顿精酿啤酒有限公司、四川文化艺术学院
6月	8 式太极拳公益教学活动（培训）	县级	五一广场	涪城区清风太极俱乐部
6月	绵阳市第二届“欧阳修”棋类全民健身公开赛暨绵碚棋类交流赛（象棋）	市级	涪城区体育馆	涪城区政府、涪城区围棋协会、涪城区体育馆
7月	第七届科技城杯全国青少年足球比赛	国家级	斯搏特足球公园	涪城区足球协会、斯搏特体育发展有限公司、花样年华足球俱乐部
7月	2021 年涪城区东辰杯首届社区足球比赛	县级	九州运动场	新涪辰足球俱乐部
7月	全国小排球夏令营	国家级	涪城区体育馆	省排协、绵阳市教育和体育局
8月	2021 年“涪城·田园”自行车公开赛开幕式	县级	杨家镇	中共绵阳市涪城区委、绵阳市涪城区人民政府、涪城区教体局、涪城区文广旅局、涪城区总工会、涪城区委宣传部、涪城区财政局、涪城区卫健局、涪城区公安分局、涪城区农业农村局、涪城区交通运输局、杨家镇人民政府、丰谷镇人民政府、涪城区体育总会、绵阳市自行车协会、涪城区自行车运动协会
9月	《国家体育锻炼标准》达标赛（绵阳分站赛）	省级	丰谷镇、新皂镇、城郊街道、石塘街道	四川省体育局
10月	四川省“未来杯”青少年足球俱乐部联赛	省级	斯搏特足球公园	四川省足球协会、斯搏特体育发展有限公司、花样年华足球俱乐部
10月	太极交流展演活动	县级	五一广场	涪城区清风太极俱乐部
10月	2021 年四川省小篮球总决赛	省级	涪城区体育馆	涪城区人民政府、省篮球协会
10月	四川省“百城千乡万村社区”三对三篮球比赛	省级	涪城区体育馆	四川省篮球协会、涪城区篮球协会
10月	清风太极健身气功易筋经公益教学、展演活动（培训）	县级	滨江广场	涪城区清风太极俱乐部
10月	2021 年涪城区棋类运动培训	县级	青义镇	涪城区围棋协会
11月	涪城区青少年足球邀请赛	县级	斯搏特足球公园	涪城区足球协会、斯搏特体育发展有限公司
12月	2021 年第九届“东辰杯”周末足球邀请赛	县级	涪城区体育馆、五一广场	新涪辰足球俱乐部
12月	2021 简乐室内铁人三项训练赛	其他	涪城区体育馆	涪城区自行车运动协会、简乐单车生活馆

【学校体育】2021 年，涪城区贯彻落实健康第一思想，开展阳光体育活动，开齐开足体育课，按照教育部“教会、勤练、常赛”要求落实体育优质课竞赛、大课间录像比赛，开展田径、篮球、排球、足球、乒乓球、羽毛球、游泳、武术 8 项青少年区级体育竞赛活动，参与学生 8000 余人，校园“三大球”比赛 1200 余场次。南山幼儿园被评为全国校园足球特色幼儿园，截至 2021 年底，已创建 13 所全国校园足球特色学校、4 所全国

校园足球特色幼儿园，超额完成《绵阳市涪城区足球改革发展方案》所下达的任务。

【竞技体育】2021 年，涪城区共有 40 余支运动队代表涪城区、绵阳市参加省、市各类体育比赛。其中获得市级第一名 8 个、第二名 9 个、第三名 10 个；省级第一名 1 个、第三名 1 个、第四名 2 个；全国比赛第四名 1 个、第六名 1 个。竞赛成绩名列全市第一。

2021 年绵阳市涪城区学校体育赛事基本情况一览表

表 37

序号	项目名次	比赛时间	比赛地点	参赛队伍（支）	参赛人数（人）
1	2021 年涪城区中小学生篮球比赛	2021 年 3 月	涪城区体育馆	84	1200
2	涪城区第三十届排球运动会	2021 年 5 月	涪城区体育馆	257	3800
3	2021 年涪城区青少年武术比赛	2021 年 6 月	涪城区体育馆	11	300
4	2021 年涪城区校园足球联赛	2021 年 10 月	八中	76	1500
5	涪城区第二十六届中小学生田径运动会	2021 年 10 月	涪城区体育馆	51	550
6	涪城区第八届青少年羽毛球比赛	2021 年 12 月	实验中学	48	500
7	2021 年涪城区青少年乒乓球比赛	2021 年 12 月	涪城区体育馆	34	470
8	2021 年涪城区青少年游泳比赛	2021 年 12 月	七中城北	71	430

【国防教育】2021 年，涪城区落实《国务院办公厅中央军委办公厅关于深化学生军事训练改革的意见》和《教育部关于加强新形势下国防教育工作的意见》。组织各个学校利用重大节日、纪念日和全民“国防教育日”时机，利用主题班会、国旗下讲话、校园广播、宣传专栏、黑板报、标语、学生手抄报、观看优秀爱国主义影片等形式，对学生进行国防教育。秋季开学配合涪城区武装部整合军训力量，邀请部队教官对初高中新生进行错峰军训，规范学校军训活动。开展征兵宣传，落实兵役登记制度。做好 2021 年涪城区国防动员潜力统计调查工作，完成相关数据的收集和精准填报。协办 2021 年全国高中阶段军事课展示活动。

【禁毒教育】2021 年，涪城区推进学校禁毒预防教育，督促各个学校在校园内开辟禁毒宣传专栏进行普及毒品预防知识。组织在校学生到禁毒教育基地等场所参观，接受警示教育。落实学校禁毒教育与日常教育教学相融合，实现全区各学校毒品预防全覆盖。寒暑假期间开展“小手拉大手”禁毒宣传教育活动。利用“6·27”全国青少年毒品预防教育宣传教育日等重要节点，通过板报、班队会、国旗下讲话、案例教育等形式积极开展毒品预防教育。在禁毒宣传月期间开展五个一活动：观看一部禁毒电影；开展一次禁毒专题讲座；组织一场禁毒征文比赛；组织一次禁毒手抄报比赛；举办一次禁毒主题班会。11 月，组织涪城区各学校小学五年级至高二年级学生参加“青骄第二课堂”网上注册和禁毒学习，组织参加全国青少年禁毒知识竞赛。

（冯　伟　宗　丽）

概 述

【概况】2021年，涪城区有文化馆（区美术馆、群众艺术培训中心）1个、图书馆1个、文物保护管理所（博物馆）1个、乡镇综合文化站（分站）12个、街道文化中心（分中心）6个、文化馆分馆8个、文化普及基地10个、图书馆分馆14个、服务点208个。现有国家级文物保护单位1个、省级文物保护单位6个、市级文物保护单位6个、县级文物保护单位6个、省级“非遗”项目2项、省级“非遗”代表性传承人1人。

【成功创建四川省现代公共文化服务体系示范县】2021年，涪城区完成省文化和旅游厅组织的课题答辩、三方评价、实地验收等各项创建工作，10月26日，省文化和旅游厅和省财政厅《关于命名第二批四川省现代公共文化服务体系示范县名单的通知》（川文旅发〔2021〕66号），确定将绵阳市涪城区命名为四川省现代公共文化服务体系示范县，历时三年，涪城区在终期评估验收中获得“优秀”等次，是绵阳市唯一获此荣誉的区（县）。

【创新建设文图企业共享馆】绵阳惠科光电科技有限公司是涪城区引入的大型科技企业，于2020年4月投产，有员工近3000人，年轻人占98%。探索建立图书馆、文化馆企业分馆，丰富企业员工的精神文化生活。企业政府合作共建共管，企业协助解决场地问题、收集员工意见，政府出资购买设施设备、书籍，共同建设智能、科学高效的场馆。区文广旅局与惠科公司签订《合作运营文图分馆协议》，区文广旅局负责送文化进企业，投入符合年轻员工阅读需求的新图书2500余册，定期开展书法、瑜伽等公益培训课程，企业负责场馆的日常开放、管理，共同推动企业文化建设。

【弘扬川剧文化】2021年，涪城区委办公室、涪城区人民政府办公室印发《涪城区弘扬川剧文化支持天青苑川剧团高质量发展工作方案》（绵涪委办〔2021〕51号），区财政局、区文广旅局印发《涪城区惠民低价票川剧演出项目补贴管理办法》（绵涪财教〔2021〕13号），全年补助15万

2021年7月13日，绵阳市涪城区创建四川省第二批现代公共文化服务体系示范县工作汇报会召开 **（涪城区文广旅局）**

2021 年国庆期间涪城区开展红色川剧进村社展演活动　(涪城区文广旅局)

元，支持天青苑川剧团发展，扶持传统川剧文化发展。天青苑川剧团进入村、社区免费演出川剧 30 场，编演的现代川剧《社区三牛》，展现基层党员干部的“三牛精神”，得到广大群众赞扬和喜欢。

【文化产业】2021 年，涪城区有市级重点文旅项目 3 个，续建项目 2 个（万生 126 文化创意园、绵阳桃李春风雅园）、新建项目 1 个（绵阳文创产业园），总投资 317.3 亿元，规模以上文化企业新增 8 家，达到 32 家。

【城市文化涂鸦】2021 年，涪城区投入 12 万元，在马家巷、卫生巷、涪卫巷等街区实施 5 个街头文化涂鸦墙项目，以历史遗韵、绵州记忆、科技时尚 3 大主题元素，创作欧阳修、李白、科技男孩、绵阳米粉、街边理发店、王皮匠铺子、《醉翁亭记》书法等墙面和熊猫、猫和老鼠、愤怒的小鸟等卡通形象，改造墙面、井盖、墙体及消火栓等 627.96 平方米，增加街区文化氛围，提升城市文化内涵，打造新的城市网红打卡地。

【开放阅读服务】2021 年，涪城区级图书馆、文化馆落实错时延时开放制度，周开放时长 61 小时，到馆人数 11.6 万人次，外借图书 4500 册次，开展展览、展示、演出活动 50 余场。

【农村公共文化服务】2021 年，涪城区启动乡村文化振兴“百千万”工程示范村镇建设，打造 1 个市级样板镇（杨家镇），1 个市级样板村（丰谷镇二社区）。

（刘小蓉　邹岱杉）

文化活动

【概况】2021 年，涪城区积极开展中国共产党建党 100 周年主题庆祝活动，开展群众文化活动 66 场，文化进基层演出 24 场，传统文化进村社演出 30 场。

【首届公共文化服务项目征集活动】2021 年初，涪城区通过线上线下征集群众的公共文化服务需求意愿，收集群众反馈调查问卷 10424 份，内容涉及全民阅读、艺术课程、艺术活动、文艺演出 4 大类别 44 个子项，分析不同群体、不同年龄、不同地区群众的个性化需求，延伸拓展“菜单式”“订单式”服务模式。

【首届社区文化艺术节】2021 年 1 至 2 月，涪城区开展社区艺术节网络展演，收集全区业余文艺团队和文艺爱好者的作品，编排合唱、舞蹈、戏曲等 5 大类文艺节目 30 个，通过网络展播、评选方式，为全区人民奉上一场文化“盛宴”，累计点击量达 42 万人次。

2021 年，涪城区在涪卫巷打造的“科技男孩”街头文化涂鸦墙项目

(涪城区文广旅局)

2021年元旦至春节期间，涪城区开展社区艺术节网络展演 **（涪城区文广旅局）**

【“文化润心”活动】 2021年，涪城区组织开展元旦春节、“五一”、“五四”、端午节、中秋节、国庆节、重阳节等线上线下节庆文化展演活动。开展“亲子阅读”“非遗文化进校园”“职工艺校”“全民艺术普及”等10余个地方特色文体品牌活动。实施文化惠民演出活动，实施涪城区农村困难群体电视收视费减免项目，开展关爱空巢老人文艺演出24场、送文化下乡活动3场、戏曲下乡15场、美术和书法展5场。开展“第四届地方传统文化培训季”活动，开展书法公益研修班和国画公益研修班，开展少儿暑期艺术和书法公益班，与《绵阳晚报》小记者部联合举行“家庭心向党，奋斗新征程”第五届“悦”读成长读书节活动读书分享会、图书馆大搜查、图书互赠、图书馆大寻宝、“我和图书馆的故事”有奖征集活动及百日诵读打卡活动，举办“亲子绘本时光悦读活动”16期，“‘六一’讲堂”书法培训班共12期。

【建党100周年主题文艺活动】 2021年，涪城区文广旅局围绕中国共产党建党100周年，结合涪城区红色资源特色，开展红色拓片展、刀画展、美术书法作品展、红色货币珍藏展、“童心向党”青少年书写革命诗句活动，文艺轻骑兵进基层广场音乐会、“涪城星光秀”、红歌周周唱、歌咏晚会等系列主题活动。董福林中国画《微雨归牧》、唐龙书法作品《文心雕龙选录》2幅作品在省文旅厅主办的建党100周年美术书法展览中荣获最高奖。馆办合唱团，清辰合唱团2支合唱队入选由省文化馆主办的建党100周年合唱节目。唐龙书法作品《庄子——逍遥游》入展中国书协主办的2020中国书法年展（前一百名），书法作品《习近平同志在庆祝中国共产党成立九十五周年大会上的讲话节选》入展中国书协、四川省文联主办的四川省书法名家书党史优秀作品展，董福林国画作品《古寨红旗对春风》入选建党百年八大山人全国中国画展，版画《丹青写盛世》入围全国第二十四届版画作品展，国画《青气满乾坤》发表于天府名家作品集；王在伟油画作品《英模人物王万安》入选四川省文联、省公安厅庆祝建党百年“警民同绘四川公安英模”美术作品展并被收藏。油画作品《蜀道梵音》入选省文联、省美协主办第四届7市美术作品联展。油画作品《黑猫》入选绵碚两地政协“翰墨丹青颂党恩·团结奋进跟党走”建党百年书画作品展。围绕党的百年辉煌历程，创作展播视听作品，《涪城“三亮”学党史 走新更“走心”》经验被市、区《党史学习教育》专报、“学习强国”向全国推广。

（黄 依 王淳冉 邹岱杉）

2021年10月30日，涪城区开展“亲子绘本时光悦读活动” **（肖 羽）**

2021年6月28日，涪城区庆祝中国共产党成立100周年表彰大会暨“永远跟党走”群众歌咏晚会在涪城区体育馆举办　（涪城区文广旅局）

文化遗产

【概况】2021年，涪城区现存普查“非遗”资源项目520余个，其中省级2项，代表性传承人1人；市级项目26项，代表性传承人22人（已故1人，失传（失联）1人）；县（区）级项目32项，代表性传承人35人。

【“非遗”传承保护】2021年9月，涪城区人民政府通过公示“涪城区第九批非物质文化遗产名录和代表性传承人”：绵州传统盘扣工艺（易婧梅）、土门赵鸭子传统制作技艺（赵寿荣）、唐氏傩面具雕刻技艺（唐伟）、文雯扎染技艺（文雯）、朱氏钱编技艺（李妍）、志朴香堂传统制香技艺（袁格）、光友粉丝传统制作技艺（邹光友）、涪江奇石赏石（李玉臣）、彭氏骨伤科流派疗法（曹舸飞）和扩展名录绵州面塑（何云均）等10个区级“非遗”项目和代表性传承人。12月，涪城区“非遗”传承人宋文挺、蔡嘉茹、刘明光等3人被绵阳市文广旅局公布为第六批市级非物质文化遗产代表性传承人。组织10个“非遗”项目和代表性传承人到平武参加成都国际“非遗”节展示展览展销活动。

【“非遗”进校园】2021年，涪城区组织炳林毛笔、月饼模制作技艺、草编、绵州拼布、鑫田粮艺、何氏吹糖人、李氏麦芽糖画、川剧变脸和涪城面塑等近20个项目（传承人）在辖区内四川文化艺术学院、城郊小学、外国语学校、南山双语、科艺小学、实验小学、塘汛小学等十余所大、中、小学校开展“非遗”进校园教学和体验活动，授课近200课时，授课和体验学生达3000余人。6月，组织6个“非遗”项目和传承人参加四川省文化遗产日展示展销活动。11月，组织炳林毛笔、绵州拼布、鑫田粮艺、何氏吹糖人、李氏麦芽糖画等10个“非遗”项目和传承参加成都国际“非遗”节（平武分会场）的展示、展销和展览活动。

（王在伟　邹岱杉）

文物保护

【概况】2021年，涪城辖区内有市县（区）级以上不可移动文物保护单位共19处，其中国家级1处，省级6处，市级6处，县（区）级6处。

【文物安全保护】2021年，涪城区开展文物安全常规巡查30次，会同区文化执法大队开展文物安全检查3次，发现1处安全隐患，要求文物使用单位及时整改。其中对国家级文保单位“九龙山崖墓群”巡查4次，6处省级文保单位巡查2次；6处市县级文保单位巡察1次，其他不可移动文物保护单位巡察5次，发现安全隐患3处，发整改通知，落实隐患整改。对辖区内19处县级以上文物保护单位落实安全责任人清单，并对市级以上文物保护单位进行责任人公告公示。全年辖区内未发生文物违法行为，无文物行政违法案件发生。

（张　勇　邹岱杉）

文艺创作

【概况】2021年，涪城区提供公共文化服务，每天9:00—20:30实行延时开放，每周开放80小时。所服务团队40余个，免费开放人数达3万人次。已建立11个全民艺术普及基地，辐射人群80多万人。

2021年开展传统文化培训48期，美术展览5场，美术、书法、少儿公益研修班56课时。创作文艺作品200余件（美术、书法、摄影），省级以上获奖作品41件。其中，王在伟美术作品《蜀道梵音》入选四川省文联、省美协主办第四届7市美术作品联展。董福林美术作品《雅西高速——通往太阳的路》入选省文联省美协建党一百周年“天府天工”工业题材展，李一民摄影《钢筋铁骨》等5件作品入选省文旅厅“群星向党，翰墨铸魂”建党一百周年摄影展。

区文广旅局、区文化馆组织全区文艺家、文艺爱好者（文艺团队和全民艺术普及基地）以“学党史、悟思想、开新局”为主题，开展线上线下群众文艺活动及文艺作品创作，共创作文艺作品166个，其中原创节目39个，参与文艺团队25个。开展线上主题活动18期。普及基地开展各类主题活动11场，参与人群8000余人。

【音乐干部献唱《延安情》】2021年，由绵阳市三台音协肖东青老师作词作曲，倪朝晖老师任音乐制作，涪城区文化馆音乐干部曾礼文老师首唱的原创曲目《延安情》，5月登上“今日头条”，经中国音乐权威平台的审核批准入库，陆续在酷狗音乐、酷我音乐、QQ音乐、华为音乐等平台上架。

【庆祝建党100周年专题展览】涪城区委宣传部、区文广旅局主办，区文化馆承办“永远跟党走——涪城区庆祝中国共产党建党100周年”美术书法作品展、“童心绘盛世”青少年儿童美术作品展、“祖国大好河山”刀画艺术展、四川残疾人代表励志故事漫画展等主题展览活动，共展出书画作品300余幅，累计观展人数4000余人。

【舞蹈作品《羌鼓声声》获省级大奖】2021年，涪城区文化馆副馆长夏熹参与编导的舞蹈作品《羌鼓声声》获四川省第十届中小学生艺术展演一等奖、绵阳市中小学艺术节特等奖、绵阳市残疾人艺术节金奖。

【四件艺术作品在省级展赛中获奖】2021年，在四川省文旅厅主办的“大美四川”美术书法展览中，涪城区文化馆董福林作品《微雨牧归》、唐龙作品《文心雕龙选录》，分别获得中国画、书法最高奖项（优秀奖），区文化馆国画公益班学员崔代荣作品《故园新貌》，书法创研班学员梅芮也作品《山居秋暝》入选。

【第四届书法公益班】2021年，涪城区第四届书法公益班学员刘嘉鑫、徐大猷、贾练等人在四川省书协主办的文华美术奖、青年展、行草展、新人新作展、妇女展、网络群体展中获奖入展，2人考取书法专业研究生深造，19人、37人次入展四川省书协主办的展览。学员刘嘉鑫入展由中国书法家协会主办的全国第三届大学生作品展、2019“书圣故里—中国临沂”全国临书大会，蒋俊文入展中国书协主办的2020“中国书法·年展”（前100名），2021“中国书法·年展”行草书作品展。

2021年绵阳市涪城区文化馆群文获奖作品一览表

表38

序号	作品名称	作品类别	主创人员	备注
1	《庄子——逍遥游》	书法	唐 龙	2020中国书法年展（前一百名）
2	《习近平同志在庆祝中国共产党成立九十五周年大会上的讲话节选》	书法	唐 龙	四川省书法名家书党史优秀作品展
3	《咏竹诗词选录》	书法	唐 龙	“清风雅韵·中华竹都”全国竹文化书法大展二等奖
4	《平遥诗词数首》	书法	唐 龙	第七届中国书坛中青年“百强榜”榜三等奖
5	《党章选钞》	书法	唐 龙	四川省庆祝中国共产党成立100周年百幅优秀书画作品展
6	《文心雕龙选录》	书法	唐 龙	第二届大美四川书法作品展优秀奖
7	临《祭伯父稿》	书法	唐 龙	四川省第四届临书临印展优秀奖
8	陈子昂诗一首	书法	刘嘉鑫	全国第三届大学生书法篆刻作品展
9	《英模人物王万安》	美术	王在伟	四川省文联、省公安厅庆祝建党百年“警民同绘四川公安英模”美术作品展入选并收藏
10	《蜀道梵音》	美术	王在伟	省文联、省美协主办第四届7市美术作品联展

续表 38

序号	作品名称	作品类别	主创人员	备注
11	《黑猫》	美术	王在伟	绵碚两地政协“翰墨丹青颂党恩·团结奋进跟党走”建党百年书画作品展
12	《微雨归牧》	美术	董福林	省文旅游厅“大美四川”优秀奖
25	《雅西高速——通往太阳的路》	美术	董福林	入选省文联省美协建党一百周年，“天府天工”，工业题材展
26	《雅西高速——通往太阳的路》	美术	董福林	入选全国工业版画展
27	《幸福家园》	美术	董福林	省美协庆祝建党一百周年七市联展优秀奖
28	《青山绿水胜金水》	美术	董福林	绵碚两地政协“翰墨丹青颂党恩·团结奋进跟党走”建党百年书画作品展
29	《丹青写盛世》	美术	董福林	入围中国美协第二十四届全国版画作品展
30	《青气满乾坤》	美术	董福林	入选并出版《天府名家作品集》
31	《喜上梅梢》	美术	董福林	入围中国美协“幸福小康”农民画展
32	《山村记事》	美术	崔代荣	入选省文旅厅大美四川展览
33	青山不改	美术	崔代荣	省美协庆祝建党一百周年七市联展优秀奖
34	西山初雪	美术	罗　飞	省美协庆祝建党一百周年七市联展优秀奖
35	丹霞	美术	罗　飞	四川省文学艺术界联合会 四川省文化和旅游厅 大国脊梁·圣境峰光——高原雪山画派作品展（2021 年全国巡展）
36	江山竞秀	美术	田　涛	入选省美协庆祝建党一百周年七市联展
37	钢筋铁骨	摄影	李一民	入选省文旅厅“群星向党，翰墨铸魂”建党一百周年摄影展
38	喜上眉梢	摄影	李一民	入选省文旅厅“群星向党，翰墨铸魂”建党一百周年摄影展
39	脱贫路上爷孙俩	摄影	李一民	入选省文旅厅“群星向党，翰墨铸魂”建党一百周年摄影展
40	在云端	摄影	李一民	入选省文旅厅“群星向党，翰墨铸魂”建党一百周年摄影展
41	框架上的音符	摄影	李一民	入选省文旅厅“群星向党，翰墨铸魂”建党一百周年摄影展

（王淳冉　邹岱杉）

新闻出版与版权

【概况】2021 年，涪城区有出版物发行单位（网点）126 家，其中实体商店 112 家、网上书店 8 家，外资企业 6 家；电影院 14 家。全区出版物发行单位从业人员 283 人，年销售总量 160.82 万册（盘），销售总额 1320.8 万元。全年全区印刷企业、出版物发行单位共实现利润总额 271.16 万元。加强版权行业监管，推动全国版权示范单位申报，扩大版权作品登记服务覆盖面，作品著作权免费登记 483 件，完成省下达年度目标任务。

【新闻出版行业监管】2021 年，涪城区对出版物发行市场、印刷企业实现全覆盖检查，全年共开展各类专项检查行动 5 次，开展双随机检查 3 次，共出动执法检查全区共出动执法人员

1682人次、检查出版物市场店档摊点413次，印刷复制企业145次，收缴盗版出版物520余件，非法出版物290本，境外出版物28本，销毁涉淫秽光碟、书刊200余份，没收盗版书籍636本（盘）、全年累计罚款2.4万元。

【全民阅读活动】2021年，涪城区组织志愿者依托农家书屋、童伴之家开展"亲子阅读、共享书香"活动，指导家长和孩子互动阅读，分享阅读经验，促进孩子培养良好的家庭阅读习惯和构建良好和谐的亲子关系，全民阅读社会参与度和覆盖面扩大，全区上下读书氛围浓厚，推动"书香涪城"创新发展。

【版权行业监管】2021年，涪城区版权局联合区网信、文化执法、公安等部门联合开展打击网络侵权盗版"剑网2021"专项行动，开展打击侵权假冒专项治理。

【扫黄打非工作】2021年，涪城区组织开展"正道""新风"专项行动，监管源头、管控关键环节、规范管理台账、强化工作督查，净化社会文化环境。指导网站平台1000余次，删除淫秽网络视频连接11条，冻结淫秽网络传播"微信""QQ"等个人媒介6个，网安大队民警对网站、论坛、QQ、微信、微博等网络媒体巡查120余次，拦截有害信息10000余条，处置违法账号25个，注销备案网站16家，关闭网站4家，净化旅游景区、古旧图书市场文化空间，维护意识形态安全和国家文化安全。

【软件正版化检查】2021年，绵阳市对涪城区10个党政机关单位进行软件正版化工作检查，检查结果全部合格。

（陈　康　孟　刚）

电影市场

【概况】2021年，涪城区共有13家影院，全年票房6500万元，观影人次240万人次，中央和省级奖补国产影院放映奖励和影院设备升级改造资金62万余元。

【电影市场管理】2021年，涪城区打造红色影院2家，在春节、"五一"、"七一"、国庆等重大节日前夕，联合消防、疾控对影院疫情防控、安全生产检查6次；完成全区农村公益电影放映任务，共放映《流浪地球》《战狼2》等农村公益电影812场，受惠群众20余万人。

（陈　康　孟　刚）

广播电视

【概况】2021年，涪城区加大有线电视网络建设力度，加快数字化、双向化、智能化进程，扩大光缆进村入户的规模和范围，涪城区所有行政村、社区广播电视信号入户率100%，农村广播基本实现长期响、村村响。

【广电全覆盖】2021年，涪城区乡镇村社有线电视线路和广电数据覆盖率100%。广电宽带业务用户21715户，在网数字电视用户63560户，高清电视业务32150户。

【广电基础设施建设】2021年，涪城区智慧工地项目投入289.54万元，新建广电专网75条，覆盖公安、交警、银行、政法、农村广播、医院、文化信息共享等行业，智慧充电桩、地震预警项目为绵阳第一家落地示范项目。旧城改造项目投入198万元，完成21个小微改项目，提升区域内网络质量，为5G赋能奠定基础。

【困难群体收视费减免】2021年，涪城区级财政投入38.95万元，采取政府购买服务的方式为困难群众减免全年电视收视费。其中，农村低保户1790户、建档立卡户1073户，城镇边缘户88户。

（肖庆国　邹岱杉）

旅 游

概 述

【概况】2021年，涪城区推进《关于大力发展文旅经济加快建设文化强区旅游强区的实施意见》，编制完成《绵阳市涪城区全域旅游发展总体规划（2018—2025）》《绵阳市涪城区“十四五”文化和旅游融合发展规划》，统筹疫情防控和文化旅游业发展，丰富文旅产品供给，促进文旅深度融合，推动文旅公共服务能效提升。现有国家AA级旅游景区2家，分别为绵阳市碧水蓝天旅游景区、涪城区晨曦森林度假村旅游景区。二星级以上酒店6家，旅行社36家，旅行社分社18家，营业网点170余家。已培育阿贵农场等示范家庭农场、专合社56家，荣华园、鑫港湾等星级农家乐（乡村酒店）18家。

【成功入选国家级首批夜间文化和旅游消费集聚区】2021年10月，文化和旅游部发文确定北京市东城区前门大街等120个项目为第一批国家级夜间文化和旅游消费集聚区。其中，四川省共有6地拟入选，涪城区申报的“绵阳市绵州记忆”为绵阳市唯一入选项目。绵州记忆国家级夜间文化和旅游消费集聚区位于誉为“中国科学城 李白出生地”的四川省绵阳市，是绵阳市“联合国改善人居环境示范城市、全国文明城市、中国优秀旅游城市”等诸多荣誉的重要承载体之一。集聚区吃住行游购娱要素齐全，涵盖夜景、夜游、夜宴、夜宿、夜读、夜购、夜娱、夜养8个领域的夜间文旅消费产品和服务业态。

【全域旅游】2021年，涪城区推动旅游与文化、农业、工业、体育等产业渗透融合，发展康养旅游、红色旅游、水上旅游、研学旅游、工业旅游等新业态。成功创建全国乡村旅游重点村1家，国家级夜间文化和旅游消费集聚区1家。综合运用媒体营销、事件营销、体验营销等方式和新技术手段，区文广旅局编纂完成《涪城一本书》，运用涪城云等数字媒体，推进旅游营销，塑造全区旅游新形象。

【文旅融合】2021年，涪城区以“绵州记忆”国家级夜间文化和旅游消费集聚区建设文旅融合发展示范基地，逐步实施绵阳文创产业新城项目、三大农业主题公园项目、涪乐原乡旅游度假区项目。打造主城区“绵州记忆”城市文化旅游、“三线记忆·革命激情”红色文化旅游、南部三大农业主题公园文化旅游等三条文化旅游精品线路。参与发展绵碚合作交流、旅游合作联盟建设、品牌文化交流活动建设、文旅项目招商引资工程等文旅融合开放合作工程。探索建立城市品牌体系塑造计划、大数据营销推广区域文化旅游品牌等文旅融合营销工程；探索创新“旅游+演艺”、“旅游+非遗”、“旅游+文创”等文旅融合模式。

旅游行业管理

【概况】2021年，涪城区形成以原香国际香草园青少年素质教育基地、千鹤桑田蚕桑文化科普教育基地等为代表的研学旅游产品，以一湾荷塘、西部香都、桃花岭等为代表的观光旅游产品，以原香居、晨曦森林、瑞丰竹芦等为代表的休闲度假旅游产品。

表 39

2021 年绵阳市涪城区景区一览表

序号	景　　区	级别	评定时间	负责人	地　　址
1	碧水蓝天旅游景区	AA	2010.12.16	陈　强	绵阳市涪城区杨家镇团阳寺三社
4	绵阳市涪城区晨曦森林度假村旅游景区	AA	2012.12.13	邓钦予	绵阳市涪城区丰谷镇民杨村一组

表 40

2021 年绵阳市涪城区星级酒店一览表

序号	酒店名称	酒店房间	星级	地　址
1	绵州酒店	397 个	四星	绵阳市涪城区临园路东段 62 号
2	王子大酒店	233 个	四星	绵阳市涪城区临园路西段 25 号
3	顺辉·世纪巴登酒店	314 个	四星	绵阳市涪城区临园路西段 28 号
4	子云大酒店	73 个	三星	绵阳市涪城区临园路西段 26 号
5	长虹·君怡酒店	56 个	二星	绵阳市涪城区跃进路 36 号
6	新华饭店	134 个	二星	绵阳市涪城区警钟街 7 号

表 41

2021 年绵阳市涪城区旅行社一览表

序号	名　　称	地　　址
1	绵阳市交发旅游集散中心管理有限责任公司	绵阳市涪城区临园路西段 29 号
2	绵阳青年旅行社有限责任公司	绵阳市涪城区安昌路 18 号爱喜.嘉年华 B 座 5 楼
3	绵阳市东方旅行社有限公司	绵阳市涪城区临园路西段 5 号花园小区 D14 栋 102 室
4	绵阳市康辉国际旅行社有限责任公司	绵阳市涪城区临园路中段 84 号三力大厦五楼
5	绵阳中旅西部旅行社有限公司	绵阳市涪城区安昌路 17 号（富临花园 301
6	绵阳市天马旅行社有限责任公司	绵阳市涪城区御苑街御苑巷 8-2
7	四川天颂国际旅行社有限公司	绵阳市涪城区御苑路 9 号 5 栋 1 楼
8	绵阳市仙海旅行社有限公司	绵阳市涪城区泗水巷 28 号
9	绵阳市中旅假日旅行社有限公司	绵阳市涪城区临园路东段 72 号新益大厦公寓 12 层 4 号
10	绵阳愉逸游国际旅行社	绵阳市涪城区泗水巷 58 号海赋外滩
11	绵阳市友谊旅行社有限公司	绵阳市涪城区临园路中段 84 号佳辉花园 B 幢
12	绵阳温馨国际旅行社有限公司	绵阳市涪城路盛鑫苑 2 栋 8 楼 C 号
13	四川同业国际旅行社有限公司	绵阳市涪城区一环路北段无号平政汽车客运站
14	绵阳高新国际旅行社有限公司	绵阳市涪城区一环路西段 21 号 2-1
15	绵阳绿地假日旅行社有限公司	绵阳市涪城区花园路 9 号万达广场写字楼一单元 1304 室
16	绵阳市启明星国际旅行社有限责任公司	绵阳市涪城区剑南路西段 73 号
17	四川亚晖国际旅行社有限责任公司	绵阳市涪城区剑南路西段 26 号

续表 41

序号	名　　称	地　　址
18	绵阳市联合国际旅行社有限责任公司	绵阳市涪城区安昌路 56 号 3 楼
19	绵阳骏辉旅行社有限公司	绵阳市涪城区万达 SOHO 一单元 19 楼 16 号
20	四川绵阳国际旅行社有限公司	绵阳市涪城区警钟街 28 号
21	绵阳众信国际旅行社有限公司	绵阳市涪城区安昌路 18 号
22	绵阳神州国际旅行社有限公司	绵阳市涪城区御安街 10 号凯越诗蓝.御营广场 1 幢 1 单元 603
23	四川省天启旅游有限公司	绵阳市涪城区西山东路 95 号（五一广场五一大厦）2 楼
24	绵阳环球国际旅行社有限公司	绵阳市涪城区平政一巷 7
25	四川金赐国际旅游有限责任公司	绵阳涪城区成绵路一巷 5 号
26	绵阳市百事通国际旅行社有限公司	绵阳市涪城区临园路中段 68 号富临大都会 7
27	四川绵阳假日国际旅行社有限公司	绵阳市涪城区临园路东段 58 号
28	四川中盛国际旅行社有限公司	绵阳市涪城区安昌路 17 号富临花园
29	绵阳市绵州国际旅行社有限公司	绵阳市涪城区富乐路 24 号
30	四川绵阳机场国际旅行社有限责任公司	绵阳市涪城区机场东路 6 号南郊机场负一楼停车场旅游集散中心
31	绵阳沪春秋旅行社有限公司	绵阳市涪城区公园路 2 号瀚威城市中心 3310
32	四川美亚假日旅行社有限公司	绵阳市涪城区临园路东段 54 号
33	四川长虹国际旅行社有限责任公司	绵阳市高新区长虹国际酒店内 1 楼
34	绵阳优游之旅旅行社有限公司	绵阳市经开区文武西路 498 号
35	四川捷伴国际旅行社有限责任公司	绵阳市涪城区剑南路西段 8 号
36	四川乐行天下国际旅行社有限公司	绵阳市涪城区临园路西段 25 号王子大酒店

【品牌创建】2021 年，涪城区形成以三江半岛、滨江休闲区、天青苑、126 文创园为代表的夜间文化和旅游消费集聚区，文创新体验的柒里咖啡、文化艺展的天虹博览园、农科文旅商融合的千鹤桑田蚕桑文化农业主题公园，及以科普教育、花卉观赏等针对中小学生素质教育为主的研学旅游基地——天虹、福康自然源、原香国际香草园等新业态。形成以工业文化创意为主题的跃进路文化街区；以历史文化创意为主题的马家巷风情小巷、126 等文化创意街区；以万达金街、大都会商业街区为代表的时尚商业街区；以健安烧烤街、新老茶树等为代表的餐饮休闲街区。

【人才培训】2021 年，涪城区开展乡村旅游人才培训工作，组织吴家镇、杨家镇乡村旅游发展带头人参加省第二批乡村旅游带头人培训班。建立涪城区文化和旅游能人库，向省市推荐文化和旅游能人 6 人。开展了第二届乡村研学导师线上培训会。

【项目建设】2021 年，涪城区在千鹤桑田蚕桑文化农业主题公园新建微景观、标识标牌、休闲设施生态环保旅游示范厕所 1 座。投资 115 亿元的中国（绵阳）国际康养产业园、投资 200 亿元的绵阳·云客天下开工建设。

【研学旅行】2021 年，涪城区全域设计六条研学旅行精品线路。区文广旅局组织研学机构参加市第二届研学导师大赛，开展第二批乡村研学导师线上培训会。涪城区文广旅局颁发首个乡村研学导师证。

旅游资源管理

【概况】2021年，涪城区有花卉地、建设工程与生产地、文化教育科技体育活动场所、医疗康养游乐休闲场所、纪念宗教祭祀活动场所或雕塑、农家乐、乡村酒店7个方面特色旅游资源共1601个，其中自然类旅游资源181个，占11.3%；人文类旅游资源1420个，占88.7%。优良级旅游资源196个，占12.2%；新发现旅游资源点143个，占8.9%。五级旅游资源3个，约占0.2%；四级旅游资源18个，约占1.1%。涪城区旅游资源分布于8个大类、24个亚类、89个基本类型，分别占标准分类中大类的100%、亚类的92.30%、基本类型的67.94%。

有三江湖生态湿地、圣水寺2个五级旅游资源；原香国际香草园、人民公园休闲旅游区、泗王庙、罗汉寺、国际蚕桑小镇、川西坝子彭家大院、山西面馆、窝窝店包子8个四级旅游资源。

【三江湖生态湿地】三江湖生态湿地由北至南，有机嵌入中心区、游仙区、经开区、小枧组团等板块之中，具有区位特殊性和水域属性。总面积921.00公顷，三江湖湿地以沼生和湿生植物为主，共有高等植物357种。脊椎动物320种，其中鱼类31种、两栖类14种、爬行类15种、水鸟106种、兽类25种。湿地公园内鸟类品种繁多，共有重点保护鸟类42种，其中国家二级保护18种、省级保护21种、中国特有种3种。

【圣水寺】圣水寺位于涪城区长虹大道北段罗汉寺旁边，占地0.0866余平方千米，是涪江河对面佛教圣地，供游客观赏、敬香、休憩的地方。圣水寺以庙宇与佛像为主坐落在绵阳城西塔子山风景区。圣水寺以“圣水”而著名，最早可追溯到1643年建寺。在党的十一届三中全会之后开始大力修建，环境优美。

【原香国际香草园】原香国际香草园位于涪城区杨家镇杨家社区核心地带，属于花卉地基本类型，景区由香草度假园区、紫海原香度假村、民俗特色商业街和新型农村社区四大板块组成，景区内运营有13万平方米的大规模亲子游乐场，数十项成人、儿童游乐设施以及四川省级全地形车运动基地、婚纱摄影外景基地落户景区，集亲子活动、娱乐、观光、休闲、住宿等于一体。景区田园自然风光和都市人文景观交相辉映，“吃、住、行、游、购、娱”配套完善，“商、养、学、闲、情、奇”要素丰富。项目占地1.5773平方千米，总投资12.5亿元。

【人民公园休闲旅游区】人民公园休闲旅游区位于绵阳市涪城区临园路东段57号，占地0.1519平方千米，是一座开放式公园，原名绵阳公园，川西北第一公园，始建于民国19年(1930)，是由当时的四川驻军国民革命军第二十九军副军长兼川西北屯殖司令孙德操屯部及所属十四县绅民合建，位于旧城外西北隅，占地约0.1413平方千米。1950年，绵阳人民政府接管，更名为“绵阳人民公园”。开放式的人民公园由文化广场和后公园两部分组成。文化广场占地面积0.0346平方千米，内园0.1173平方千米，合计0.1519平方千米。市内1路、6路、10路等多条公交线路可达，步行进入，亦可自驾直达，周边停车场容量大，交通便利，周边景点有富临大都会酒店、绵州酒店、富临大都会百盛。

【泗王庙】泗王庙位于城厢街道铁牛街社区新华巷10号，属于宗教、祭祀、礼仪活动场。泗王庙内四合院布局和陈列实际上是一座绵阳水文化博物馆，占地1000平方米。咸丰丁巳年洪水暴涨，州牧毛震寿除率民建修河堤外，还建杨泗将军庙。“杨泗将军”是绵州人的镇江王爷，也称靖江王爷；因绵州人崇敬，将“将军”升级为“王”，即泗王，又称泗王庙。泗王庙毗邻主要交通线，通达性极好，基础设施配套齐全，紧邻古玩一条街和铁牛广场。

【罗汉寺】罗汉寺属于建筑与设施内人文景观综合体的纪念、宗教、祭祀活动场所，是人们敬香祈福的地方。罗汉寺以庙宇、佛像为主坐落在山丘之上。罗汉寺是罗汉寺住持果清法师通过化缘以及佛教信众捐功德筹资于1991年开始修建至今，庙会是中国民间传统民俗活动，每逢固定节日都会有许多人参观、祈福。罗汉寺环境优美、气势磅礴，占地0.1333余平方千米，每年接待游客130万余人次。位于长虹大道北段圣水寺旁边，罗汉寺内。圣水寺现状良好。由绵阳市民宗局保护，并由罗汉寺安排专人定期进行维护和保。

【川西坝子彭家大院】川西坝子彭家大院餐饮店属于建筑与设施主类人文景观综合体亚类医疗康养游乐休闲场所基本类型。该店菜品以新鲜、生态、健康、美味为宗旨，主营各类鲜活河鲜、放养家禽、九寨沟生态放养牦牛肉等特色菜品。承接各种婚、寿宴，以及各类商务宴席。该大院打造以中式仿古建筑为特色、川西民居风格作为主体。川西坝子彭家大院坐落于美丽的安昌江畔，为离城市中心最近的绿洲，清新雅致、古香古色、小桥流水、环境优美。自然环境与地理位置优越，适宜各类康养休闲娱乐活动。常年平均温度低于城市 2℃~3℃。

【山西面馆】山西面馆位于绵阳市老城区中心地带，与川西北最大的三甲医院绵阳市中医医院相邻。东接剑南路，西接富乐路，南接涪城路。属于传统与特色菜品饮食中外域菜品与饮食基本类型。始于 1940 年春，创始人韩功臣，20 世纪 20 年代末学艺，辗转河南、山西、陕西、四川，师从诸省面点名师，经十余年执勺研技，抗战时南下到达绵阳，在成绵路以“山西面馆”字号开张营业；主营鲁、豫、晋、川面食菜点，享誉川西北民众。

【国际蚕桑小镇】国际蚕桑小镇位于涪城区杨家镇回龙寺村 9 组，杨家镇回龙寺村千鹤桑田文化园，是绵阳市天虹丝绸有限公司打造，集养蚕、桑树种植、蚕桑文化宣传和技术交流实践基地。

【窝窝店包子】该店属于传统与特色菜品饮食中川菜菜品与饮食基本类型，以包子最为著名，其皮洁白光滑、富有弹性、馅饱且油而不腻，天然调味品为时鲜蔬菜，味美而富营养。始创于清朝末年，距今已有一百多年历史。荣获“中华名小吃”“四川名小吃”“四川餐饮名店”等荣誉，制作工艺被列入非物质文化遗产。

(朱剑民　王　醒)

旅游文化活动与推广

【文化旅游宣传活动】2021 年 6 月，涪城区组织参加第七届中国西部旅游产业博览会；9 月，参加第八届四川国际旅游交易博览会；9 月 25 日，在成都宽窄巷子开展“多彩山水，富乐绵阳”绵阳文旅成都宽窄巷子推介会“涪城区”专场展演《听我说涪城》《炫彩涪城》《蚕乡故事》《“非遗”剪纸》《涪城天地远》等节目，表现“涪聚三江、城纳四海”的独特气质和开放胸怀，为成都本地及外来游客送去涪城特色的文艺演出。

【千鹤桑田蚕桑文化农业主题公园暨田园自行车公开赛开园仪式】2021 年 4 月 30 日，位于杨家镇的千鹤桑田蚕桑文化农业主题公园开园接待游客，涪城区举办千鹤桑田蚕桑文化农业主题公园开园仪式暨涪城田园自行车公开赛开赛仪式、原香大妙会、“非遗”烟花节、丰谷“非遗”节、亲子阅读、摄影采风、书画展览、露营音乐会等乡村文化旅游节系列活动。区文广旅局对接千鹤桑田蚕桑农业主题公园，推动公共文化服务进景区，为企业提供 IP、VI 文旅形象设计，为村民编制蚕桑健身坝坝舞，面向村里年轻妇女开展刺绣培训，指导企业发展中高端民宿。

【开展寻找绵阳最美小镇活动】2021 年，涪城区文广旅局组织涪城区杨家镇、吴家镇、丰谷镇参加由绵阳市委宣传部、市文广旅局等部门开展的“寻找绵阳最美小镇活动”，杨家镇、丰谷镇获得绵阳市“最美小镇”称号。

(朱剑民　邹岱杉)

2021 年 4 月 30 日，千鹤桑田蚕桑文化农业主题公园开园仪式在杨家镇举办

(涪城区融媒体中心)

概　述

【概况】2021年，涪城区有医疗卫生机构409家，其中区级公立医院4家（市人民医院、骨科医院、肿瘤医院、肛肠病医院），专业公共卫生机构4个（区疾控中心、妇幼保健院、卫生执法监督大队、血吸虫病防治站），基层医疗机构401家（镇卫生院10家，社区卫生服务中心7家，村卫生室89家，社区卫生服务站26家，门诊部29家，诊所220家，医务室10家，医疗按摩所3家，卫生所2家，民营医院3家，企事业职工医院2家）。全区共有卫生人员4865人，其中卫生技术人员4041人，含执业（助理）医生1641人、护士1786人，全科医师176人。

持续推进医共体建设，实施“5+5”，即：5家区级公立医院与5家镇卫生院的“一带一”结对帮扶、组团发展，利用区级医疗机构综合实力优势，通过技术、人员、管理、信息等方面的业务整合，逐步提升镇卫生院医疗业务和管理水平。完成共建科室4个，在建3个，培育专业团队7个，派出医疗技术人员659人次，带教70余名基层医务人员，查房272次，开展学术讲座73次，手术操作示教33次，组织疑难病例讨论20余次，门诊诊疗及住院患者分别达1200余人次，协助各新冠疫苗接种点排查疫苗接种禁忌证1300余人次。全区加强公立医院临床重点学科（专科）动态管理和绩效评估，2021年全区新申报市级重点专科3个，截至2021年底，全区共建成省级重点专科4个，在建省级重点专科1个；建成市级重点专科（重点实验室）16个，在建市级重点专科9个。强化医疗机构疫情防控能力，加强预检分诊，严把就诊入口关、预检关、诊室关、检查关；加强发热门诊（哨点）闭环管理，落实发热门诊（哨点）首诊负责制，全区现有发热门诊2个（绵阳市人民医院、吴家中心卫生院）、发热诊室5个（绵阳市骨科医院、绵阳市肛肠病医院、绵阳肿瘤医院、丰谷中心卫生院、青义卫生院），发热哨点诊室15个（除发热门诊和发热诊室外的其他公立医疗机构；推进核酸检测，加强对4个核酸检测实验室日常监督管理，全区4家核酸检测机构具备资质的检测人员39人，累计参加室间质评28次，合格率100%。

涪城区按照“外防输入、内防反弹”的总体策略，落实预检分诊制度，加强院感防控；加强入境来（返）涪人员摸排管理，做好重点人群、公共场所防控指导；指导企业、学校安全有序复工复学复课，持续为境外和国内重点地区抵涪人员核酸检测，为出省务工人员提供健康服务；落实对境外到（返）涪城人员、无症状感染者及其密切接触者实施集中隔离医学观察措施；开展系列防疫知识宣传教育。

【“7·23”新冠肺炎疫情防控】2021年7月23日，涪城全区在对南京市中高风险地区来（返）绵人员排查核酸检测中，发现1例绵阳惠科光电科技有限公司女性财务人员新冠肺炎核酸初筛阳性，经绵阳市疾控中心复核为阳性，临床诊断为新冠肺炎确诊病例（轻型）发现1例新冠肺炎确诊病例，全区立即按照新冠肺炎疫情应急处置流程，启动应急处置预案，第一时间对该病患采取就地隔离、闭环转

2021年绵阳市涪城区城区医疗卫生机构一览表

表42

机构名称	地址	建设规模（平方米）	病床位（张）	医护人员		主要特色
				总数（人）	中高级人员（人）	
绵阳市人民医院	绵阳市涪城区剑南路西段10-12号	37789	620	679	413	综合医疗
绵阳市肿瘤医院	绵阳市涪城区长虹大道中段107号	12688	312	217	90	肿瘤疾病
绵阳市骨科医院	绵阳市涪城区长虹大道南段158号	44027	490	357	134	骨科疾病
绵阳市肛肠病医院	绵阳市涪城区临园路中段193号	8000	200	139	54	肛肠疾病
涪城区血吸虫病防治站	绵阳市涪城区长虹大道南段158号	5000	0	4	2	血吸虫病防治
涪城区妇幼保健院	绵阳市涪城区五郎庙	4120	20	93	46	妇幼保健
涪城区疾病预防控制中心	绵阳市涪城区长虹大道北段116号	5000	0	38	30	疾病预防控制
涪城区卫生执法监督大队	绵阳市涪城区警钟街77号	1268	0	0	0	卫生监督执法
城厢社区卫生服务中心	绵阳市涪城区警钟街93号	1700	30	28	11	社区卫生
城北社区卫生服务中心	绵阳市涪城区剑南路东段3号	0	0	33	12	社区卫生
工区社区卫生服务中心	绵阳市涪城区长虹大道中段10号	800	0	33	11	社区卫生
石塘社区卫生服务中心	绵阳市涪城区长虹大道南段90号	2682	37	70	29	社区卫生
朝阳社区卫生服务中心	绵阳市涪城区临园路中段193号	425	0	22	12	社区卫生
西山社区卫生服务中心	绵阳市涪城区西山南路13号	2981	45	37	13	社区卫生
金家林社区卫生服务中心	绵阳市涪城区玉泉路9~7号	3998	20	29	12	社区卫生

2021年绵阳市涪城区镇医疗卫生机构一览表

表43

机构名称	地址	建设规模（平方米）	病床位（张）	医护人员		主要特色
				总数（人）	中高级人员（人）	
青义中心卫生院	青义镇场镇宝灯街93号	4995	60	46	15	预防保健、基本医疗
吴家中心卫生院	吴家镇场镇源龙街116号	8367	36	37	17	预防保健、基本医疗
丰谷中心卫生院	丰谷镇场镇南街66号	7319	48	30	11	预防保健、基本医疗
龙门镇卫生院	龙门镇场镇新街56号	5704	30	22	5	预防保健、基本医疗
杨家镇卫生院	杨家镇场镇新街	6220	42	19	5	预防保健、基本医疗
金峰镇卫生院	金峰镇场镇新街63号	3874	30	21	5	预防保健、基本医疗
石洞乡卫生院	石洞乡场镇南街12号	2195	24	12	6	预防保健、基本医疗
新皂镇卫生院	新皂镇场镇	3732	52	32	9	预防保健、基本医疗
关帝镇卫生院	关帝镇场镇	3881	30	15	4	预防保健、基本医疗
玉皇镇卫生院	玉皇镇场镇	3390	30	17	3	预防保健、基本医疗

运、隔离诊疗等措施，迅速开展流调溯源，在市区党委政府坚强领导、省市专家精心指导下，全区统筹调度、科学应对、精准防治，通过严密的流调溯源追踪，确定8个疫点，追踪调查可疑病例1例，筛查出密切接触人员74人（含区外）、370名次密者，隔离14人。在风险区确定后，以惠科厂区为中心实行圈层管理、闭环防控，严防疫情向外扩散。迅速开展两轮大规模核酸检测，3天内完成2轮共计67.9万人次检测采样，科学有效排除病毒进一步感染扩散。在省市区三级联动、兄弟县区支援、各行各业参与下，各项疫情防控工作高效有序运转，疫情在短时间内得到稳定有效控制。全区无一例“二代感染”，有效避免发生聚集性疫情，在该轮疫情中率先调整为低风险地区。快速推动复工复产有关工作，惠科公司生产及时转入正轨。

卫生管理

【概况】2021年，涪城区推进医药卫生体制改革，按照区委《全面深化改革工作委员会2021年度改革落实台账》，区卫健局共承担全面深化改革任务6项，其中，专项改革方案上会审议计划2项，专项改革方案推进实施清单3项，重大改革试点1项，区领导直抓专项改革方案1项，6项任务均按计划推进。全区通过均衡优质医疗卫生资源，提高基层医疗卫生机构管理服务水平，提升群众就医体验和获得感。建立延伸病房，让基层群众在当地享受上级医院医疗服务的同时，减轻患者费用负担。2021年群众基层首诊率93.4%，基本实现“小病不出镇、大病不出区”。

【区域医疗中心建设】2021年，涪城区对照《县医院医疗服务能力基本标准和推荐标准》，加强绵阳市人民医院综合能力建设，打造区级医疗中心，巩固推进涪城区危重孕产妇救治中心、危重新生儿救治中心建设，截至2021年12月，收治危重孕产妇904例，无死亡病例，收治危重新生儿1224例，无死亡病例；胸痛中心、卒中中心筹建工作稳步推进，胸痛中心开展介入治疗共计448例。

临床路径管理落实《医疗机构临床路径管理指导原则》和《关于进一步规范按病种收费101个病种临床路径及退出管理流程的通知》要求，以区直医疗机构为重点，逐步扩大临床路径覆盖面，提高实施临床路径管理的病例数占出院病例数的比例。2021年1—12月，全区二级以上医疗机构临床路径管理率占比48.82%，超过考核目标的30%。

【质控中心建设】2021年，涪城区有质控分中心31个，开展医疗质量安全、院感防控、血液透析等专项监督检查工作，重点对医疗质量安全核心制度落实、单病种质量管理及临床路径管理等方面进行督查指导和评价反馈。

【医疗质量安全】2021年，涪城区依托“三医监管”平台，组织执法人员现场核实异常数据，对发现的违法违规医疗行为，依法追究相关医务人员责任。执行医疗机构不良行为记分，共对6家医疗机构记分，共记分14分，督促医疗卫生机构落实依法执业自查和承诺制度。印发《绵阳市涪城区卫生健康行业领域突出问题专项整治工作方案》，组织专家开展集中督查，对督导检查发现的问题进行通报并立即整改。全区共接受调查8719人次，核实线索398条，涉及金额12.4万元，退回金额0.157万元，扣罚绩效2.2万元，院内约谈109人次，诫勉谈话5人次，限制处方权2人次。

【全科医生队伍建设】2021年，涪城区指导绵阳市人民医院全科医生培训基地开展涪城全科转岗临床实践培训。全年完成全科医生转岗培训17人，骨干全科医生培训1人，培养农村定单定向医学生（中医全科）1人，全科医生规范化培训2人。

【专家人才培养】2021年，涪城区收集申报2021年度省专家智力服务基层活动智力需求共6项。推荐专业人才参加第四届四川省卫生健康首席专家等申报工作。

【基本公共卫生服务】2021年，涪城区卫健局与区财政局联合印发《关于印发2021年国家基本公共卫生服务项目绩效评估方案的通知》，明确12项基本公共卫生服务目标任务及绩效考核标准。共开展4次督导、3次项目培训、2次绩效评估。2021年全区居民电子健康档案建档率94%；共发放宣传资料136367份，播放音像资料85种，设置健康教育宣传栏1952个，开展公众咨询231次，0到6岁儿童建立预防接种证率100%；儿童健康管理率96%；孕产妇早孕建册率97%；65岁及以上老年人城乡社区规范健康管理服务率56%；高血压规范管规范化管理率69%；2型糖尿病规范化管理率66%；重精患者报告患病率5.92‰；传染病及突发公共卫生事件报告率100%；肺结核患者管理率100%。

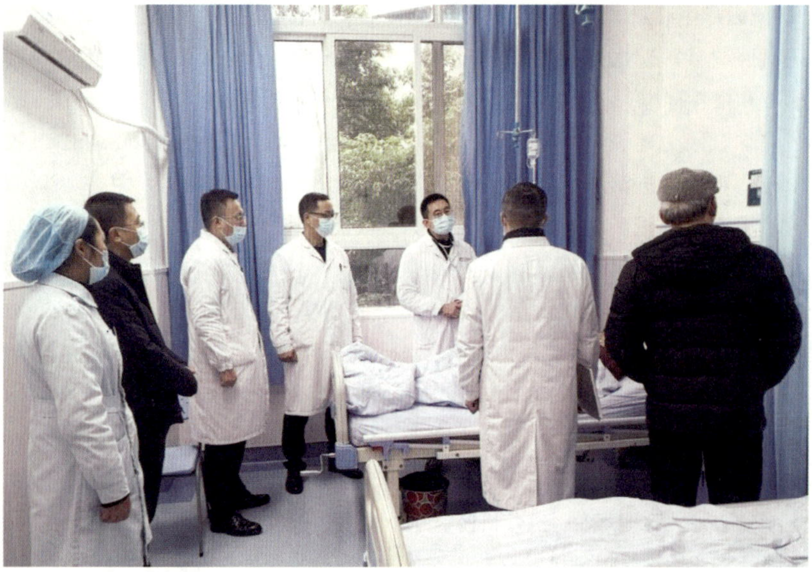

2021 年 12 月 16 日，绵阳市人民医院巡回义诊医疗服务队在青义中心卫生院开展义诊服务 （涪城区卫健局）

【基层机构能力建设】2021 年，涪城区卫健局动员、引导全区所有镇卫生院和社区卫生服务中心参与“优质服务基层行”活动。城北社区卫生服务中心通过自评、区级初审、省市级复审，达到基本标准；青义中心卫生院自评、区级初审达到推荐标准。

【乡村医生管理】2021 年，涪城区启用“一卡通”阳光审批平台，对辖区内 301 名退出乡村医生信息通过平台进行审批、公示，按程序完成 2021 年度退出乡村医生生活补助发放。将绵阳市人民医院作为线下培训基地，遴选 3 名乡村医生参加本年度乡村医生培训，于 12 月底完成培训。

【家庭医生签约服务】2021 年，涪城区各基层医疗机构利用门诊、义诊、体检、入户等机会开展辖区签约服务，向居民进行项目宣传，增强签约服务吸引力。截至 12 月底，完成常住人口签约续近 350935 人，常住人口签约续约率 84.5%，其中：重点人群签约续约 112618 人，签约续约率 84.2%，脱贫人口签约续约率 89%、计生特殊家庭人群签约续约率 95.5%。

【中医药事业】2021 年，涪城区加强公立中医医院建设，全区有三级乙等中医专科医院 1 家，二级甲等中医专科医院 1 家。全区 10 个乡镇卫生院、7 个社区卫生服务中心均设置中医科，配备中医药人员和药品设备，设置“中医馆”或中医药集中服务区，平均可以开展 15 项以上中医药适宜技术；中医类别医师人数 94 人，占全区基层医疗机构医师人数的 39%。提高基公服务的中医药参与度，鼓励和支持中医专业人员参评“名中医”，全区现有省级青年名中医 1 名、市级名中医 2 名、区级名中医 3 名。

【健康扶贫】2021 年，涪城区共投入 73.56 万元为全区2627 名建档立卡贫困户购买城乡居民医保。受理建档立卡贫困户申请卫生扶贫基金 512 人次，卫生扶贫救助基金救助 50.05 万元，贫困户个人实际支付费用占总费用 9.86%，达到健康扶贫考核目标要求。

【对口帮扶】2021 年，根据涪城区对口帮扶昭觉县前线指挥部的安排，结合昭觉卫健系统的现状和需求，涪城区卫健局安排区内 24 家医疗卫生机构对口帮扶昭觉县所有县级和基层医疗机构，实现了医疗机构帮扶全覆盖。区二级以上医疗机构派出 35 名医务人员对口帮扶区内基层医疗卫生机构；派往贫困地区参加“传帮带”14 人，援彝干部人才挂职服务 1 人。

妇幼保健

【概况】2021 年，涪城区坚持妇幼健康工作方针，提高妇幼健康服务能力，保障母婴安全。完成婚前孕前检查、新生儿筛查、“两癌”检查等各项妇幼健康项目。

【母婴安全】2021 年，涪城区分级管理高危孕产妇，统一产科门诊病历，规范建卡，专案管理，对依从性不强的高危孕产妇通过三级网络，由镇、村干部和医务人员共同上门督访，确保高危孕产妇发现 1 例、登记 1 例、报告 1 例、管理 1 例、救治 1 例。全区无户籍孕产妇死亡。共有新生儿死亡 2 例，死亡率 0.74‰，婴儿死亡 2 例，死亡率 0.74‰，5 岁以下儿童死亡 5 例，死亡率 1.82%，发生户籍外死亡产妇 2 例，组织召开孕产妇死亡评审会。

【新生儿疾病筛查】2021 年，涪城区开展婚前检查、孕前优生健康检查、育龄妇女增补叶酸、新生儿疾病筛查等一、二、三级预防，降低出生缺陷率。辖区医疗机构分娩活产数 7360 人，接受新生儿疾病筛查 7369 人，新筛率 100.1%。

【适龄妇女“两癌”检查项目】2021 年，涪城区完善项目实施方案和资金管理方案，加强业务培训，突出重点督导质控。通过新媒体广泛宣传，提高群众对惠民政策和保健防治知识知晓率。完成宫颈癌检查 5088 人、完成乳腺癌检查 3707 人，发现宫颈鳞状细胞癌 3 例，癌前病变 14 例。

【预防艾滋病母婴传播】2021 年，涪城区实行“一把手”负责制，分片包干负责，定期召开“三线”工作例会，开展专项督导 3 次，“三线”联合督导 1 次。全区育龄妇女 130362 人，接受孕情监测 106667 人，孕情监测覆盖率 81.82%。在管 HIV 感染孕妇 3 人，已分娩 HIV 感染产妇 1 人，无艾滋病母婴传播病例发生。

【婴幼儿照护服务】2021 年，涪城区规范托育机构管理，对 3 家托育机构开展疫情防控指导督查和安全督查，对检查中存在的问题给予现场指导，专业指导疫情防控工作。开展托育托幼机构卫生保健培训，由涪城区妇幼保健院对培训合格人员颁发卫生保健合格证。涪城区有 12 家托育机构注册托育备案管理系统，5 家完成备案。

疾病预防控制

【概况】2021 年，涪城区加强重大疾病、慢性病的跟踪监测和传染病的监测预警，提升疾病预防控制能力，巩固慢病防治示范区成果。全年无甲类传染病报告，报告乙、丙类法定传染病 17 种 6419 例，发病率 1438.66/10 万，与 2020 年同期（770.54/10 万）相比上升 86.71%。开展卫生应急理论培训 6 次，应急能力拓展训练 1 次，组织应急演练 1 次。

【重大传染病防控】2021 年，涪城区巩固完善“三线一网底”防治工作机制，组织召开艾滋病等重传防治工作协调、联合督导、指导及技术培训等工作。涪城区新报告艾滋病病毒感染者和病人 80 例，抗病毒治疗成功率 97.10%；报告疑似肺结核患者 549 例，追踪率 100%。

【卫生应急】2021 年，涪城区巩固和规范全区传染病疫情网络直报工作，利用传染病网络直报和各专病报告系统，加强新冠肺炎、手足口病、麻疹、流腮等常见传染病的监测，全年无霍乱、人感染 H7N9 禽流感疫情报告，共现场调查处置除新冠肺炎外的传染病疫情、食源性聚集性疫情及其他事件共 125 起，共出动流调人员 325 人次。

【免疫规划】2021 年，涪城区免疫接种率保持高水平，疫苗常规报告接种率 97.26%。完成疫苗相关疾病的监测与处置，AFP、麻疹医院旬报告率、主动监测率均为 100%。全年全区无接种安全事故和重大异常反应纠纷事件发生。

【慢性病防控】2021 年，涪城区坚持“政府主导、多部门合作、全社会参与”的慢病防控机制，加强慢病监测、全民健康生活方式行动、儿童口腔疾病干预、脑卒中筛查与干预等工作，每月与区残联、区公安分局开展一次信息交换工作，打破既往慢性病患者管理率低的局面。

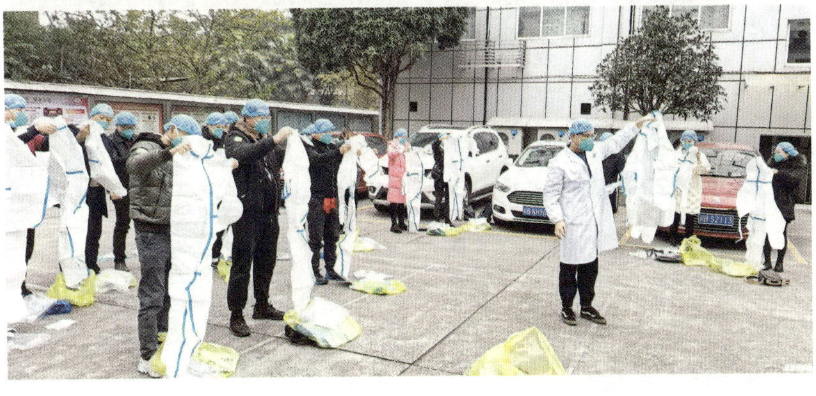

11 月，2021 年涪城区新冠肺炎社会卫生员暨全员核酸检测信息技术骨干培训班举行

（区卫健局）

【地方病防治】2021年，涪城区开展碘缺乏病监测、防治宣传及人员培训等相关工作，检测碘盐304份，合格碘盐覆盖率95.67%。组织辖区基层医疗卫生机构开展“5·15”碘缺乏病防治日宣传活动。

【健康危害因素监测】2021年，涪城区完成全年生活饮用水监测、消毒卫生监测以及重点食品安全监督抽检任务，按要求开展预防性健康体检、重点职业病防治、学生近视及学生常见病监测工作、儿童伤害监测工作。对辖区内供水单位、医疗机构、学校及托幼机构进行相关技术指导。

【健康教育】2021年，涪城区组织开展“3·24世界防治结核病日”“全国肿瘤防治周”“世界帕金森病日”“全民营养周”“全国无烟日”“全民健康生活方式月”“全国爱牙日”“全国高血压日”“世界卒中日”等主题日宣传活动及健康教育专题讲座。制作12期新冠防控、烟草控制及其他常见传染病的健康教育展板，在全区投放4期慢病健康教育展板、3个动画短片；制作各类学校卫生健康宣传品，在辖区15所学校发放并对目标人群进行健康教育，动员学校及家长组织学生参与窝沟封闭、近视防控等工作。

人口与家庭发展

【概况】2021年，涪城区贯彻落实国家人口发展战略及家庭发展各项政策，推进落实《中共中央 国务院关于优化生育政策促进人口长期均衡发展的决定》，明确辖区各镇街人口和家庭发展工作目标，开展计划生育民生工作。

【婴幼儿照护服务】2021年，涪城区开展促进3岁以下婴幼儿照护服务发展工作，规范托育机构管理，对5家托育机构开展疫情防控指导督查和安全督查，对检查中存在的问题给予现场指导，并对疫情防控做专业指导。开展托育托幼机构卫生保健培训，由涪城区妇幼保健院对培训合格人员颁发卫生保健合格证。涪城区现有托位2718个，每1000人口拥有3岁以下婴幼儿托位数3.7个，其中普惠托位80个，可提供3岁以下婴幼儿托育服务的机构74家，其中：托育机构8家、早教托班3家、幼儿园托班63家，完成备案托育机构5家。

【人口信息统计】2021年，涪城区完善育龄妇女信息登记制度，提高计生统计数据质量，做到登记及时、信息准确、录入及时，确保账、表、卡、册一致，统计准确率99%。2021年人口统计年度内，出生1842人，政策生育率99.9%，出生婴儿性别比100:101.53。完成国家人口统筹平台和健康云平台区划变更。

【计划生育奖励扶助】2021年，涪城区计生奖励、奖扶、特扶工作流程规范，无错报、错批、漏报，无重大责任事故发生。2021年，国家农村部分计划生育家庭符合奖励扶助对象11309人；四川省农村部分计划生育家庭符合奖励扶助对象2048人，总计资金1282.272万元；0~18岁独生子女父母奖励对象：奖励60元4297人，奖励120元5167人，总计奖励11378户18193人，总计资金87.786万元；全区计划生育家庭特别扶助对象1394人，其中伤残407人，死亡982人，其他扶助5人，2021年上半年发放特扶金1346.736万元，农村部分奖励扶助金力争11月底拨付到位。

【计划生育特殊家庭关怀】2021年，涪城区建立“一对一”“一对多”等多种结对帮扶计生特殊家庭形式。各镇街、村居落实属地责任，为特殊家庭解决具体问题，为其提供家政服务、法律质询、调解等服务。区内公立医疗机构建立绿色通道，为特殊家庭开展免费体检活动。乡镇卫生院、社区卫生服务中心为辖区特殊家庭开展签约服务。区卫健局公开招标购买社会服务帮扶，由社会公益组织“常青藤安老服务中心”开展“苔花关爱计划”，从应急救助、生活照料、兴趣培养、互动帮扶、养老健康等方面提供计生特殊家庭关爱服务。以苔花关爱中心为平台开设24小时应急热线、可视对讲、建立微信群，提供“一对多”的应急救助、互动问候、信息传播、情绪疏导等服务。建立苔花健康驿站，与医疗机构签订家庭医生协议，针对特殊家庭人员提供500元挂号抵扣、300元住院补贴的家人通用不限时间的爱心助医卡一套。为生病住院的特殊家庭提供住院慰问和送餐服务，看望生病住院30余名，提供送餐服务200余次，共计593余名特殊家庭已享受助医卡。开展集体活动22余场次，服务2000余人次。成立苔花俱乐部，有40余名特殊人士加入舞蹈班，60余名特殊人士参加唱歌班。建立互帮互助机制，已招募20名特殊家庭人员加入志愿者服务队伍，协调解决计生特殊家庭人群困难。

（樊颖雪　朱仕萍）

国土资源管理

【概况】2021 年，涪城区坚持集约节约用地和高效要素保障相统筹，推进“挂钩”项目；全年启动报征土地 1.8419 平方千米；供应土地 30 宗 1.8199 平方千米，实现土地出让价款 35.68 亿元。加强耕地保护，落实耕地保护制度，确保全区可以长期稳定利用的耕地总量不减少，涪城区耕地保有量 18 万多亩，恢复地类有 10 万多亩，合计分类面积 28 万多亩。

【土地要素保障】2021 年，涪城区共启动报征项目 22 个（含 G5 高速扩容等 2 个单选项目），启动报征面积约 3.6016 平方千米（含单选项目 1.5793 平方千米）。其中：九华府、蓝城二期、新皂工业园、循环经济产业园、普洛斯物流园，飞八路、纵七路、青义消防站等 11 个批次完成组卷上报并通过绵阳市自然资源和规划局局务会，组卷面积近 1.0374 平方千米。供应土地 30 宗 1.8199 平方千米，实现土地出让价款 35.68 亿元，保障惠科模组、中医医院、青义旧改项目安置点等市区重点产业和公益项目落地。

【服务民生】涪城区应处置涉地历史遗留问题 55 件，已化解处置销号久远项目土地成本追加问题、四川省电力公司绵阳电力公司涪城区吴家镇中心村划拨土地问题等问题 41 件；台账转内账涉地类 14 件。2021 年全年共计受理不动产登记业务 29022 件，其中抵押登记 14047 件，收取登记费用 165.48 万元。完成农村不动产确权登记数据汇交和林权登记数据汇交，为开展农村宅基地确权登记和林权登记打下基础。

【执法监管】2021 年，涪城区自然资源局严格执法，从严追责问责，保护辖区内的自然资源。开展卫片执法检查，2021 年自然资源部分月下发涪城区图斑 509 个，面积 5919.1 亩，耕地 159.8746 公顷。经分割合并，地块 642 个，其中新增建设用地占用耕地总面积 94.9546 公顷。违法地块 153 个，面积 2020.53 亩，耕地 65.1199 公顷，基本农田 48.1626 公顷。2015—2019 年供地率任务 60% 超额完成，涪城区 2015—2019 年农转征批准用地面积 8.9041 平方千米，平均供地率 64.79%，超过 60%。涪城区 2009—2018 年“批而未供”土地共计 5030.85 亩，18%处置任务基数为 905.54 亩。截至 12 月，涪城区处置消化 1056.4785 亩，处置率 21%，超过 18%。涪城区在全市监测监管系统中涉嫌闲置土地共 33 宗，面积 3179.96 亩，要求处置率须达到 22%。截至年底，省自然资源厅现场连线举证和审核通过 2 宗，面积 897.96 亩，处置率 28.05%。

（龚　欢　朱绪顺）

国有资产管理

【概况】2021 年，涪城区深化国有企业改革，新组建区企业培育发展中心，依法履行出资人职责，加强国有企业监管。动态监管公司财务情况，以月报为基础报送财务快报、以季报为阶段报送季度经济运行分析、以年报为总结按年编制企业决算。

【国资国企监管】2021 年，涪城区新组建涪城区企业培育发展中心，依法履行出资人职责，加强国有企业监

2021 年 12 月 13 日，涪城区国企三年行动检查会议召开　（彭洁莹）

管，出台《涪城区以管资本为主推进职能转变方案》，提升国资监管机构监管能力，出台《绵阳市涪城区国有企业深化改革三年行动实施方案（2020—2022 年）》《关于进一步深化区属国有企业改革的方案》，推动区属国有企业在重要领域和关键环节深化改革。2021 年，依法审批区属国有企业重大事项 70 余项。

【国企市场化转型】2021 年，涪城区出台《关于规范区委管理的区属（含试验区）国有企业负责人劳动关系和薪酬体系的实施方案（试行）》，深化区属国有企业负责人薪酬制度改革工作，建立区属国有企业负责人考核约束机制，出台《绵阳市涪城区区属国有企业负责人经营业绩考核办法（试行）》，激励企业和企业负责人创业发展活力。

【国有企业退休人员移交】2021 年，涪城区配合做好绵阳市国有企业退休人员移交涪城区实行社会化管理工作，截至 2021 年底，移交人员数量共计 17163 人，涉及 59 家企业，签署移交协议 57 份，完成国有企业退休人员管理服务关系、党员组织关系和人事档案移交，国有企业退休人员社会化管理工作稳步推进。

（彭洁莹　王　维）

审　计

【概况】2021 年，涪城区完成计划审计项目 26 个，查出违规金额 14.74 万元，管理不规范金额 4.78 亿元，移送案件线索 1 件，提出审计建议 90 条。其中：完成 1~4 季度重大政策措施落实情况跟踪审计；完成 2020 年度区财政预算及其他财政收支情况审计和 7 个全省上下联动专项项目审计；以大数据为引领，实现全区 90 个二级预算单位部门预算执行审计全覆盖，审计查出问题 112 个、涉及金额 43588.88 万元；完成临港经济发展区高端装备制造产业园基础设施改造提升工程等 5 个项目竣工决算审计，送审金额 8730.31 万元，审减金额 1146.42 万元，审减率 13.13%；组织实施中国科技城文创产业园核心区配套基础设施项目等 3 个重大项目跟踪审计，涉及计划总投资 28.38 亿元，发出审计建议书 6 份，发现问题 29 个，提出审计建议意见均被审计单位采纳，已整改 21 个，正在整改 8 个；完成区应急管理局原党组书记、局长和杨家镇原党政主要领导干部经济责任审计，杨家镇原党政主要领导干部自然资源资产审计，发现问题 33 个，涉及金额 620.15 万元，主要领导承担直接责任 1 个问题，承担领导责任 32 个问题，出具 1 份移送处理书和 1 份审计决定；完成游仙区 2020 年保障性安居工程资金投入和使用绩效、三台县高标准农田建设管理和利用情况、江油市 2016—2020 年水土保持情况 3 个交叉审计项目；完成区级政务信息系统建设管理专项审计调查，全区历史

2021 年 11 月 24 日，涪城区审计局到涪城区中医院新建项目现场，了解项目建设规模，查看项目进展情况　（胥　宏）

遗留问题化解处置工作专项审计调查。《审计工作报告》所列问题112个，涉及部门、单位49个，整改到位108个，整改率96.43%。涪城区政府连续5年被市政府表彰为“审计工作先进单位”，获得全市审计质量第一名，涪城审计工作走在全市前列。

【开展“有事来问我”活动】2021年4月22日，涪城区制定《关于开展党史学习教育“有事来问我”活动的通知》，重点围绕各单位和党员干部群众对投资项目管理，财政资金使用和管理，项目审批、核准、备案稽查等方面提供咨询服务，帮助解难题。收到区级部门、各企业咨询电话500余人次，接待单位及群众来访200余人次。

【二级预算单位审计】2021年，涪城区审计局利用四川省数据采集分析平台，在对58个一级预算单位数据采集全覆盖的基础上，全覆盖采集全区90个“二级预算单位”核算数据，以及区财政局国库集中支付、总预算会计、非税收入、预决算报表等相关财政业务数据共计40G，形成预算库、决算库、凭证库等7个数据库，围绕预算编制、预算执行、决算编制、公务卡使用、往来款清理、“三公经费”执行、固定资产管理、财务基础管理等8个事项，建立31个数据分析模型，形成疑点600余条；对疑点涉及的62个部门、单位，通过审计组现场核查和各单位自查、审计组复核的方式，发现预算执行进度慢、非税收入未及时上缴等14类64个问题、涉及金额7780余万元，发出审计建议函42个。

【工程造价结算监督】2020年12月30日，涪城区政府印发《关于进一步规范政府投资建设项目审计实施办法》，对由业主单位按照法定程序确定第三方中介机构开展造价审核的政府投资建设项目进行审核和监管作出明确规定。2021年2月23日，区审计局制定《政府投资建设项目竣工结算核查操作管理办法（试行）》，明确开展造价复核的具体操作实施办法，探索对社会中介机构参与政府投资项目审核结果监督新模式，解决业主结算办理后，开展造价审计监督结果审计整改和执行难的问题，取消“单一造价”和”凡投必审”的政府投资审计模式。2021年，区审计局对建设单位委托中介机构审核的37个项目开展核查，发现问题240个，发出审计建议书20份，核减工程造价并减少财政支出131.69万元。

（胥　宏　王　敏）

工商行政管理

【概况】2021年，涪城区开展“春雷行动2021”、“长江禁渔”行动、“铁拳”行动、校外培训机构整治等专项行动，通过打击违法经营行为，查获一批大案要案，整顿规范市场经营秩序。全年共立案查处各类经济违法案件414件，处罚没款553.74万元，移送公安6件。

【知识产权保护】2021年，涪城区新增专利授权量2428件，同比增长42.5%，每万人口高价值发明专利拥有量达6.18件；商标有效注册量累计11292件；获得中国专利奖、省级专利奖2项。通过国家知识产权强县工程示范县复核验收。参与制定并落实《涪城区推进产业高质量发展若干政策（试行）》，支持知识产权试点示范企业、授权发明专利及高价值专利组合，鼓励企业创造高价值自主知识产权。指导龙华光电薄膜运用10件重大专利质押融资4500万元。重点科技型企业专利转化实施率达25%以上，专利实施新增产值超22亿元，其中新增产值在千万元以上的重大专利或专利组合37件。指导富临精工等3家企业成功申报省级知识产权专项资金，获得项目资金90万元。探索涪城区知识产权保护和服务体系建设，推动出台《涪城区强化知识产权保护实施方案》，设立毅德城、凯德广场等知识产权保护工作站4个。

【消费环境营造】2021年，涪城区转变监管理念，创新监管模式，深化建设放心舒心消费环境。依托网格员协

2021年9月15日，绵阳市首批知识产权保护工作站在涪城区毅德商贸城挂牌

（涪城区市场监管局）

2021年3月15日，涪城区市场监管局公开集中销毁假冒伪劣商品现场

（涪城区市场监管局）

同监管“微管云”系统，做到网格化监管横到底、纵到边、层层管理全覆盖，打通基层监管的“毛细血管”。建立健全1958商业街、凯德广场等10个消费维权站（点），推广“ODR”在线消费纠纷解决平台建设，督促和引导企业自觉落实消费维权主体责任。开展“3·15”消费维权活动，公开集中销毁包括假冒名酒、过期变质食品、不合格建材等11个大类221个品种、价值150余万元的假冒伪劣商品。2021年共受理消费者投诉举报3525件，按时办结率100%，累计为消费者挽回经济损失105万元。

【春雷行动】2021年，涪城区组织开展“春雷行动2021”暨冷链物流疫情防控执法行动，包含“冷链物流疫情防控”“知识产权‘护航’”“长江禁捕　打非断链”“特种设备安全排除隐患”“打击农村假冒伪劣食品”“疫情防控用药械质量安全”“价格减负惠民”7个执法子行动，共出动执法人员3128人次，检查各类市场主体10576个次，检查学校食堂193家，检查特种设备使用单位162家（户），整治重点区域276处，查处无照经营17户，捣毁制假售假窝点11个，开展协作执法51次，开展行政指导、行政约谈27次。被评为“四川省2021年春雷行动先进集体”。

【助力“文明城市”“国卫复审”双创通过】2021年，涪城区采取模拟测评、常态巡查、每周通报，限时整改等方式规范市场秩序，推行“领导包片、干部包街”模式，组织机关干部职工全体到一线，改善市场管理不规范、经营不守法、环境脏乱差等突出问题，分类指导市场功能分区、食品经营者“三防”设施建设等问题58个，累计发放张贴文明餐桌提示牌2万余份、禁烟标志1万余张，督促食品从业人员办理健康证1万余份。

（黄　鹃　井　波）

统　计

【概况】2021年，涪城区统计局利用统计数据科学做好经济形势分析，客观反映区属经济发展态势。完成多项常规统计报表工作，聚焦经济发展中出现的新亮点、新情况、新问题等内容，加强预警预测预判，分析解读统计数据。健全项目投资报送体系，研究形成摸排求“全”、申报入库把关“严”、报送数据突出“质”、回复查询立足“快”的四字工作法，做到项目应统尽统；“四字工作法”在全市统计系统作交流发言。2021年，完成统计分析14篇、信息28篇及专报4篇。全区实现地区生产总值611.90亿元，同比增长9.6%，总量、增速均排名全市第1。

【镇（街）地区生产总值统一核算】2021年，涪城区建立园区统计监测体系，新增数字经济总量等19项指标，对行业发展、经济运行情况开展分析研究。探索开展镇（街）地区生产总值统一核算，研究制定《镇（街）地区生产总值统一核算方案》《镇（街）地区生产总值统一核算工作联席会议制度》，确定2020年各镇（街）四季度的基数，2021年，开展4个季度地区生产总值统一核算到镇（街）工作。

【统计业务专题培训】2021年3月2日，涪城区统计局围绕镇（街）地区生产总值核算、固定资产投资统计工作进行专题培训，区级领导、区级部门、各镇（街）及涪城区统计局专业骨干共计100余人参加会议。提高统计人员政治素养、守法意识、业务能力和分析水平。

【“四上”企业申规入库】2021年，涪城区强化统计与行政审批、市场监管、税务等部门资源共享，建立信息交换机制，掌握全区未入库企业纳税申报、企业年报等信息，并按照企业经营规模和发展增速精准甄别，建立“四上”企业“种子培育库”“跟踪监测库”“达规预备库”，组织企业申

2021年3月2日，涪城区统计业务专题培训会召开　　　　（涪城区统计局）

规入库，增强全区经济持续发展动力。2021年，增值税口径销售额达到入库标准60%筛选建立“种子培育库”企业240户，达到入库标准80%的“跟踪监测库”企业158户，达到入库标准100%的“达规预备库”企业392户。

【统计执法专项检查】2021年8—9月，涪城区统计局抽调3名执法人员，坚持问题导向，严格执法检查工作流程和时间，对辖区20个企业进行统计执法检查。11月，联合区住建局开展“双随机一公开”执法检查，对2家建筑业企业进行执法检查，未发现故意统计造假、弄虚作假行为，未发现干预统计数据报送行为。

（张娅妮　顾学林）

城乡居民调查

【概况】2021年，涪城调查队共涉及11个调查专业，在全区范围有住户调查居民收支、农民工监测、市民化进程共310个样本，农业农村调查粮食产量、畜禽监测、农价、中间消耗共1190个样本，企业监测采购经理、小微企业、工业生产者调查共72个样本，月度劳动力调查共320个样本，分布在5个乡镇，4个街道，全年调查回访率100%。

【住户调查星级网点建设】2021年，涪城区人民政府办公室印发《关于做好涪城区居民收支调查网点星级管理工作的通知》（绵涪府办函〔2021〕42号）安排部署住户调查星级网点建设工作。涪城调查队加强与区人社、区农业农村局沟通协调，开展星级网点建设工作推进研讨会6次，制定《涪城区居民收支调查星级评定标准》。听取各网点意见建议，完善辅调员考评制度，实行“分片包点”挂牌责任制，点对点进行指导、培训、检查，走访入户记账薄弱的网点和记账户，重点纳入单项培训计划；采用“党建+融合”机制，邀请党员记账户“现身说法”，发挥先锋模范作用，提高记账户记账质量；“五星网点”带动“低星网点”，加强交流学习。联动区人社局、农业农村局开展全区各网点自查，推动全区各点星级建设，制定星级提升计划，创建“五星”网点2个，验收通过升星网点3个。

【月度劳动力调查扩样】2021年，涪城区开展月度劳动力调查样本扩充工作，扩样后共有样本点20个。协调多部门联动开展扩点工作。完成小区示意图、建筑物清单、住房单元底册等基础资料的绘制、登记、上报、归档等工作，选优配强负责入户访问和定期监测的社区调查员。对新点业务人员进行集中业务培训，强化方案和规程口径及标准，确保调查不走样。加强对新点工作的督导回访，做好审核验收，以数据质量为主线，强化数据质量控制。

【调查信息服务】2021年，涪城区调查队针对居民关注的热点、难点问题，居民增收和农民工外出务工等新情况，撰写各类信息分析80余篇次，其中四川调查总队采用工作信息13篇，“约稿信息”13篇；绵阳调查队采用经济信息10篇次，进度分析9篇次，新媒体3篇次；涪城区委政府采用涪城队信息6条、签批报告2篇，手机台信息10余篇。2021年，涪城区荣获全省粮食统计调查归口管理工作先进区和全省畜牧业统计调查归口管理工作先进区。

城乡居民生活

【概况】2021年，涪城区城镇居民人均可支配收入45979元，同比增加3711元，增幅8.8%；城镇居民人均生活消费支出28452元，同比增加2108元，增幅8.0%。涪城区农村居民人均可支配收入26065元，同比增加2460元，增幅10.4%；农村居民人均生活消费支出20144元,同比增加1901元，增幅10.4%。

【城镇居民人均可支配收入】2021年，涪城区城镇居民人均可支配收入45979元，比2020年增加3711元，增幅8.8%。收入四大项中，工资性收入27106元，同比增长7.4%；经营净收入3541元，同比增长20.5%；财产净收入5387元，同比增长10.1%；转移净收入9945元，同比增长8.3%。

2021年绵阳市涪城区城镇居民人均可支配收入统计表

表44 单位：元

指标名称	城镇居民			
	2021年	2020年	比2020年增加额	增幅（%）
人均可支配收入	45979	42268	3711	8.8
一、工资性收入	27106	25249	1857	7.4
二、经营净收入	3541	2940	601	20.5
三、财产净收入	5387	4894	493	10.1
四、转移净收入	9945	9185	760	8.3

【城镇居民生活消费支出】2021年，涪城区城镇居民人均生活消费支出28452元，比2020年增加2108元，增幅8.0%。生活消费支出八大类中，食品烟酒支出9882元，同比增长3.4%；衣着支出2310元，同比增长8.6%；居住支出4730元，同比增长11.3%；生活用品及服务支出1749元，同比增长8.2%；交通通信支出4187元，同比增长12.5%；教育文化娱乐支出2386元，同比增长8.9%；医疗保健支出2338元，同比增长13.4%；其他用品和服务支出870元，同比增长6.2%。恩格尔系数为34.7%。

2021年绵阳市涪城区城镇居民人均生活消费支出统计表

表45 单位：元

指标名称	城镇居民			
	2021年	2020年	比2020年增加额	增幅（%）
生活消费支出	28452	26344	2108	8.0
1.食品烟酒	9882	9556	326	3.4
2.衣着	2310	2127	182	8.6
3.居住	4730	4250	480	11.3
4.生活用品及服务	1749	1616	133	8.2
5.交通通信	4187	3723	464	12.5
6.教育文化娱乐	2386	2191	194	8.9
7.医疗保健	2338	2061	277	13.4
8.其他用品和服务	870	819	51	6.2

【农村居民人均可支配收入】2021年，涪城区农村居民人均可支配收入26065元，比2020年增加2460元，增幅10.4%。收入四大项中，工资性收入11063元，同比增长9.8%；经营净收入9806元，同比增长11.0%；财产净收入949元，同比增长8.7%；转移净收入4248元，同比增长11.1%。

2021 年绵阳市涪城区农村居民人均可支配收入统计表

表 46　　单位：元

指标名称	农村居民			
	2021 年	2020 年	比 2020 年增加额	增幅（%）
人均可支配收入	26065	23606	2460	10.4
一、工资性收入	11063	10075	988	9.8
二、经营净收入	9806	8834	972	11.0
三、财产净收入	949	873	76	8.7
四、转移净收入	4248	3823	424	11.1

【农村居民生活消费支出】2021 年，涪城区农村居民人均生活消费支出 20144 元，比 2020 年增加 1901 元，增幅 10.4%。生活消费支出八大类中，食品烟酒支出 7042 元，同比增长 7.6%；衣着支出 1426 元，同比增长 9.6%；居住支出 3689 元，同比增长 8.1%；生活用品及服务支出 1083 元，同比增长 14.3%；交通通信支出 2627 元，同比增长 19.1%；教育文化娱乐支出 1838 元，同比增长 9.5%；医疗保健支出 2058 元，同比增长 14.2%；其他用品和服务支出 383 元，同比增长 9.6%。恩格尔系数为 35%。

2021 年绵阳市涪城区农村居民人均生活消费支出统计表

表 47　　单位：元

指标名称	农村居民			
	2021 年	2020 年	比 2020 年增加额	增幅（%）
生活消费支出	20144	18243	1901	10.4
1.食品烟酒	7042	6546	496	7.6
2.衣着	1426	1301	125	9.6
3.居住	3689	3412	277	8.1
4.生活用品及服务	1083	947	136	14.3
5.交通通信	2627	2206	421	19.1
6.教育文化娱乐	1838	1679	159	9.5
7.医疗保健	2058	1803	255	14.2
8.其他用品和服务	383	349	33	9.6

（刘清平　张春平）

价格认证工作

【概况】2021 年，涪城区按规定编制和公布《行政事业性收费目录清单》《涉企行政事业性收费目录清单》，完成绵阳市晟弘科技职业技术学校等 4 所学校收费标准和青义镇城市规划区范围内“垃圾处理费”的成本调查工作；落实“双减”政策，对公办中小学生课后延时服务收费标准和普惠性民办幼儿园保教费收费标准试行期满（试行期一年）以来运行情况进行核查，通过对运行情况的把握和分析研判，形成实施意见；完成绵阳市涪城区优学教育培训学校等 3 所学科类校外培训成本调查工作，通过对成本变化情况及存在的问题进行分析研判，形成成本调查报告；完成涪城区农村生活垃圾处理收费、砂石市场供需及价格、养老价格、殡葬业价格秩序和公益性安葬设施建设经营、城镇供水供电供气供暖行业收费、幼儿园收费、钢铁水泥企业价格、农村安全饮水工

2021年3月25日，四川省价格争议纠纷调解工作研讨会及现场会在涪城区召开　　（刘华福）

程供水价格调研。提高价格监测工作质量，健全监测点28个，规范采报价人员采报价时间，对约400个品种8大类商品和服务进行监测，上报340余份各类价格监测报表及价格分析。

【四川省价格争议纠纷调解工作研讨会及现场会】2021年，认真贯彻落实习近平总书记关于健全多元化调解，化解社会矛盾的指示精神，贯彻最高人民法院、国家发改委、司法部《关于深入开展价格争议纠纷调解工作的意见》，2021年3月25—26日，四川省价格认证中心在绵阳市涪城区召开四川省价格争议纠纷调解工作研讨会及现场会。四川省价格认证中心、成都市价格认证中心、绵阳市价格认证中心、泸州市价格认证中心、眉山市价格监测与认证中心、遂宁市价格认证中心、乐山市价格认证中心、雅安市价格认证中心、南充市价格认证中心、金堂县发改局、双流区发改局、涪城区发改局、荥经县发改局、东坡区发改局、西充县发改局、射洪市发改局、沙湾区发改局、江阳区发改局等单位参加会议。省发改委二级巡视员、省价格认证中心主任刘波、省价格认证中心副主任周宁主持会议。研讨会总结四川省2020年各地区价格争议纠纷调解工作；部署2021年工作；对国家课题进行研讨和任务分解。与会人员参加涪城区价格争议纠调解工作现场会。省发改委二级巡视员刘波要求各地区要总结试点经验，做好价格争议纠纷调解工作课题研究，在实践中提高价格争议纠纷调解工作水平。

【国家价格纠纷调解平台试点运行单位】2021年1月6日，川价认证［2021］1号《关于确定成都市金堂县、绵阳市涪城区、眉山市东坡区为国家价格纠纷调解配套试点运行单位的通知》，涪城区被四川省列为国家价格纠纷调解平台试点运行单位。建立区发改局、区法院、区司法局价格争议纠纷联席会议制度，实现法院诉前、诉中价格争议纠纷由区法院线上推送区价格认证中心，区价格认证中心按国家调解平台程序指定调解员进行线上调解结案。针对重大价格争议纠纷，由区价格争议纠纷人民调解委员会组织区法院、区司法局参加线上、线下联合调解。2021年办理各类价格鉴证案件286件，鉴证金额1.89亿元，全年受理线上价格纠纷调解12件，调解金额50余万元。实现价格争议纠纷调解线上、线下全覆盖。

（杨　帆　刘华福　李志忠）

食品药品监督管理

【概况】2021年，涪城区以创建食品安全示范区为抓手，落实食品药品安全“四个最严”要求，突出重点区域、重点品种和重点业态，加强食品药品安全工作。截至2021年底，全区有食品生产企业121户、食品经营单位3951户、餐饮服务单位4132家、食品“三小”（小餐饮店、食品小经营店、食品小作坊）3629户及学校食堂203家、单位食堂113家；药品生产企业2户，药品经营单位576户；医疗器械生产企业2户，医疗器械经营单位1022户。

【食品安全专项抽检】2021年，涪城区聚焦消费量大、关注度高、风险程度高的28大类食品，在校园周边、大型批发市场等重点区域开展重点食品安全抽检工作，全年开展食用农产品、粮油、餐饮食品、保健食品等专项监督抽检1367批次、总体合格率97.6%，对各级抽检发现的不合格食品163批次，均依法核查处置，处置率100%。

【冷链食品安全监管】2021年，涪城区规范建设进口冷链食品集中监管仓，建立冷链食品疫情防控联动机制，成立冷链物流疫情防控工作专班，对流入区内的问题冷链食品精准追溯、科学妥善处置，全年累计入仓货物1132批次、14855吨，处理阳

2021 年春节期间，涪城区市场监管局开展辖区重点场所食品安全专项检查

（涪城区市场监管局）

性食品紧急事件 6 次。将全区238 个冷链食品批发企业、冻库、交易市场以及 433 个其他冷链食品经营者纳入常态巡查监管，明确全区 153 个冷库的“一库三长”，对 49 家重点冷链食品经营单位负责人行政约谈，完成 6278 个冷链物流行业重点人员疫苗接种，发放冷链食品疫情防控暨食品安全告知书 5000 份，向辖区 6630 户冷链食品销售单位推送疫情防控提醒短信 33190 条。

【食品安全隐患排查治理】2021 年，涪城区强化食品生产环节监管，实施重点企业清单管理制度，完成全区 130 家食品生产企业风险等级评定，开展小作坊专项整治，清理小作坊 197 家，取缔小作坊 5 家，打造示范小作坊 7 家。狠抓学校及校园周边食品安全重点整治，检查学校及托幼机构食堂 793 家次，校园及周边食品经营单位 378 家次，发出监督意见书 590 份，责令整改 89 家，排除食品安全隐患 219 个。

【药械化安全监管】2021 年，涪城区开展含兴奋剂药品、药品网络销售、医疗器械质量安全风险隐患排查、儿童化妆品等专项整治行动，共检查药店、医疗器械经营企业等 626 家次，整改问题 270 个。强化药械化监督管理，对辖区 635 家药品经营企业、423 家医疗器械经营企业、383 家医疗机构和 1027 余家化妆品经营使用单位开展日常检查，检查覆盖率 100%。加强对新冠疫苗质量监管，开展新冠疫苗专项检查，出动 68 人次检查辖区 16 个新冠疫苗接种点位，检查覆盖率 100%。

（黄　鹃　井　波）

质量技术监督

【概况】2021 年，绵阳市涪城区严守特种设备安全底线，推进质量强区战略，开展“质量月”活动，抓好重点产品质量安全监管工作，配合省、市两级对电动玩具、家用电器、成品油等产品监督抽检，提升产品质量。全区注册特种设备 6168 台（套），另有气瓶 1 万余只，总量位居全市第一位。

【质量强区战略】2021 年，涪城区全力推进质量提升行动，制发《绵阳市涪城区 2021 年质量提升行动计划》，以四川龙华光电薄膜股份有限

2021 年 7 月 27 日，涪城区市场监管局对辖区零售药店疫情防控情况进行督查

（涪城区市场监管局）

2021 年 10 月 11 日，涪城区市场监管局开展 2021 年“质量月”宣传活动

（涪城区市场监管局）

公司和四川华拓光通信股份有限公司两家龙头企业为重点，对光模块、光电薄膜等产品以质量管理体系为基础，建立行业标杆，推进军民融合产业发展。推进质量品牌建设，制订品牌培育清单，对绵阳惠科光电科技有限公司、四川龙华光电薄膜股份有限公司等 6 家企业进行质量品牌培育，争创中国质量奖、天府质量奖和天府名品。

【特种设备监管】2021 年，涪城区实现精准管控治理，以电梯、大型游乐设施等风险隐患较高的特种设备为重点，检查特种设备使用单位 968 家，下达《特种设备安全监察指令书》19 份，整改事项已全部督促整改完成。推动应急救援体系建设，组织召开电梯（维保）安全工作会议 2 次，督促企业有效落实安全生产主体责任，提升应急处置能力，联合绵阳长虹物业有限公司、四川凯达电梯工程有限公司开展电梯应急救援演练，组织绵阳市新汇源石油液化气有限责任公司开展液化石油气充装特种设备安全应急救援演练。

【祭祀用品专项整治】2021 年，涪城区围绕燃香等祭祀用品生产、销售双环节，强化燃香等祭祀用品生产企业和销售者主体责任意识，督促其生产、销售符合国家标准的合格产品，每月到香烛市场开展 1 次祭祀用品综合巡查，依法严肃查处无照生产销售、虚假宣传等违法违规行为。

【成品油非法经营整治】2021 年，涪城区开展打击整治成品油非法经营专项行动，建立健全联合执法监管工作机制，成立全区打击整治成品油非法经营专项行动工作专班，明确成员单位职能职责，形成工作联动机制。全年累计出动执法人员 70 余人次，清查油品经营单位 40 余家，核查相关线索 4 条，采取联合行动 4 次。

（黄鹍　井　波）

安全生产管理

【概况】2021 年，涪城区应急管理局制定完善安全生产责任清单，开展“四不两直”“三查三带”严督实查，开展安全生产三年专项整治、岁末年初百日安全生产大会战，长期管控重大安全生产风险点位，完成道路交通、燃气、城乡消防等重点领域隐患排查整治。全年全区未发生较大及以上生产安全事故和自然灾害类突发事件，保障全区安全发展大局稳定。全年发生生产安全事故 1 起，死亡 1 人，未发生较大及以上安全生产事故，全区安全生产形势总体趋好。

2021 年 7 月 15 日，涪城区市场监管局组织开展电梯应急救援演练

（涪城区市场监管局）

【安全生产监管】2021年，涪城区完善《区委、区政府领导安全生产职责清单》《部门安全生产监管责任清单》《企业安全生产管理责任清单》，区委常委会、政府常务会、区安委会全体会等会议专题安排部署和听取安全生产工作汇报8次，针对春节、“五一”、端午节以及汛期等重要时间节点细化制定专项工作方案。组织开展安全风险会商分析研判，印发《涪城区2021年度自然灾害暨安全生产风险分析报告》，梳理全区重大安全生产风险点位26处，推进危险化学品、建筑施工、城镇燃气、防汛防火等重点安全领域精准管控，实现安全风险可防可控。采取“全面查+重点查”“企业自查+行业检查”“下沉式”督导等方式,大力开展“创安2021”监管执法专项行动、安全生产三年专项整治、安全生产隐患集中大排查大整治和食品加工行业专项整治，健全双重预防机制，建立风险和隐患“两本台账”，动态更新“两个清单”，从根本上消除事故隐患336处。

2021年12月1日，涪城区应急管理局开展危险化学品经营企业安全检查

（涪城区应急管理局）

【重点行业监管】2021年，涪城区应急管理局督促指导行业部门根据行业特点开展日常重点监管，发出“两书一函”40份。开展烟花爆竹安全检查和加油站、危险品生产、储存企业及重大危险源企业安全生产监管，开展压缩气体和涉氨制冷企业液氨使用专项治理，检查企业 52家次；督促实施公路安全生命防护工程，开展线路专项整治和打非治违，执法检查客货车辆27059台，查扣“黑车”314台；督促以预防高空坠落为重点，消除施工安全隐患592处，整治建筑压管隐患62处；特种设备安全方面，督促重点整治违反特种设备安全法规定和安全技术规范要求行为，出动执法人员429人次，抽查各类特种设备383台。

【安全生产宣传教育】2021年，涪城区设立安全生产及应急管理专家库，65位专家入库，邀请专家参与评估、检查270次。推进安全文化创建，支持得月楼社区创建全国综合减灾示范社区。在涪城政务网发布应急管理工作动态、转载安全生产、防灾减灾知识100余期。开展“安全生产月”“安全生产万里行”和防灾减灾宣传周等宣传教育活动，将新《安全生产法》纳入宣传范围，累计发放宣传手册30000余本、悬挂安全事故警示教育展板100张、标语800余条、接受现场观看和咨询的群众达40000人。开展防火宣教“五进”活动，在媒体设专栏专版发布消防提示、公益广告7500余条，督促影院、KTV、网吧等将消防提示融入映前广告、间隙画面、开机提示，在街道社区、人员密集场所张贴《十类消防安全提示》《十五类场所消防海报》等宣传资料20000套张，营造全民关注安全氛围。

2021年度绵阳市涪城区安全生产事故一览表

表48

序　号	时　间	事故名称	伤亡情况
1	3月28日	绵阳市仪屿废旧物资回收有限责任公司在临园商务大厦拆卸旧自动扶梯时发生一起物体打击事故	1人死亡

（彭　滔　周　正）

卫生监督

【概况】2021年，涪城区有卫生监督管理对象单位3000余家，其中各级各类医疗机构458家，医疗美容机构25家，疾病预防控制机构1家，母婴保健、计划生育服务机构15家，消毒产品生产企业5家，餐具饮具集中消毒服务单位2家，公共场所2158家，生活饮用水44家，学校66所（配置医务室的学校有14所），托幼机构156所，放射诊疗机构41家，职业卫生用人单位（已建档）90余家。2021年共出动卫生监督员及协管人员19000余人次，共检查各级各类被监督户7000余户次，共发出《卫生监督意见书》7000余份，监督覆盖率100%。

全年受理投诉举报50起，办结和处理50起；办理各类卫生行政处罚案卷共78件，其中一般程序25件，简易程序53件，罚没金额总计33.335万元，没收非法药品器械3件（箱），对36家医疗机构进行医疗机构不良执业行为记分，共记分80分。截至年底无经行政复议撤销案件和无经听证或复议后，司法确认违法的案件。2021年9月，涪城区卫生执法监督大队创建为四川省首批卫生健康监督机构。

【“四小场所”监管】2021年，涪城区对辖区195家四小公共场所进行卫生监督检测，安排专人集中收集办证资料，统一在行政审批局集中办理卫生许可证并送证到家。开展专项巡查督导整改，对辖区“四小场所”进行2次全覆盖巡查，共督导260余家公共场所办理卫生许可证，累计推进866家公共场所新办或变更或延续卫生许可证，为213家公共场所发放卫生辅导意见书，并指导张贴公示栏进行公示，全区公共场所持证率提高近27%。

【“双随机、一公开”监管】根据国家卫生健康委办公厅《关于印发2021年国家随机监督抽查计划的通知》，2021年，涪城区双随机共抽检213家（公共场所170家，集中式供水5家，学校卫生4家、放射卫生8家，医疗机构传染病防治专业8家、医疗卫生专业16家，消毒产品企业2家），完结率100%，停业关停6家。对双随机监督抽查不合格的8家分别给予行政处罚，并在信息系统规范录入数据并公示抽检结果。对辖区28家用人单位完成职业卫生国家随机监督检查，对3家存在违法行为用人单位，给予警告的行政处罚。根据国家、省、市《关于开展2021年托幼机构、校外培训机构、学校采光照明“双随机”抽检工作的通知》，联合区教体局，对在区级部门注册的140家托幼机构、145家校外培训机构，分别随机抽取7家托幼机构、8家校外培训机构开展采光照明现场检测，出具监督意见书15份。

【卫生执法宣传】2021年，涪城区建立“执法+媒体”工作机制，落实“谁执法、谁普法”普法责任制，坚持普法工作和法治实践相结合。开展多元化监管“媒体宣传周”，利用涪城手机台、微信公众号、网站等新媒体推送《涪城卫生监督》信息60余期；利用专题会议培训、发放宣传资料、现场现身说法、车辆巡回宣传、接受电话咨询等形式，开展“职业健康”和“艾滋病防治”、“打击两非”等专项宣传活动，开展各类宣传活动10余次，发放宣传资料6000余份，受众近3万余人；开展各类被监督单位负责人及从业人员培训11次，共培训1500余人次；制作“执法为民、护卫健康”宣传片、“饮用水卫生应急处置”示教片等微视频在各医疗机构、公共场所滚动播放，多形式多渠道宣传卫生监督相关法规政策，曝光问题，引导社会公众参与监督举报和投诉不法行为。

【医疗“三监管”】2021年，涪城区建立“执法+信息化”工作机制，100%完成医疗三监管调查核实工作，全年共核查由区医疗“三监管”工作领导小组办公室移交的疑似问题线索231条，并形成报告，对涉嫌违法的案件依法进行立案查处。督导处理医废在线监管平台推送的一级预警信息1255条，处理率100%。开展水质在线监管，已有4家生活饮用水、5家游泳池水单位等重点指标实现实时监测预警。100%使用现场手持执法终端应用系统和执法记录仪进行监督工作，全年通过终端录入监督数227条，当场处罚录入12条，移动当场处罚录入率54.55%，执法全过程记录上传81条。

【医疗美容专项整治】2021年，涪城区打击非法医疗美容，以医疗美容机构和生活美容场所为重点，加强监督执法力度，查处医疗美容机构及医务人员违法违规执业行为、生活美容机构及其他未取得相应资质开展医疗美容服务的行为。全年共计检查各类美容场所178家，出动监督人员500余人次，查处医疗美容机构违法违规执业行为3起。

【职业放射卫生监督执法】2021年，涪城区重点围绕《建设项目职业病危

2021 年 7 月涪城区生态环境全景图 （涪城区融媒体中心）

害风险分类管理目录》对辖区涉及有职业危害因素的大中小企业进行摸底排查，结合国家职业病危害因素申报系统数据，采集 31 家监管单位信息录入四川智慧卫健系统。对辖区 2 家用人单位进行职业病危害专项执法检查。组织辖区40 余家用人单位，针对职业病危害因素申报等问题开展专题培训，下达卫生监督意见书 40 余份，提高辖区职业病危害因素申报率。

（樊颖雪 朱仕萍）

环境保护

【概况】2021 年，涪城区空气质量优良天数率 87.1%，PM2.5 年均浓度为 35.4 微克/立方米，首次实现年度目标任务双达标，且未出现重度污染天气情况。辖区丰谷国控考核断面、安昌江饮马桥省控断面水质达到或优于Ⅲ类达标率 100%；涪江铁桥城市饮用水水源地水质达标率 100%，乡镇集中式饮用水水源地水质达标率为 100%。

调整成立由区委、区政府主要负责人为“双主任”的区生态环境保护委员会，严格落实环保工作“党政同责”“一岗双责”。印发《绵阳市涪城区生态环境保护责任清单》，理清责任边界，推动形成工作合力。制定《绵阳市涪城区 2021 年保环境空气质量达标攻坚方案》《绵阳市涪城区 2021 年臭氧污染防控方案》《2021 年夏季臭氧污染防控管控清单》，科学编制“十四五”涪城区重点流域水环境规划，明确工作目标，压实工作责任，细化工作举措。

执行双随机监察制度，移动执法系统共完成 318 项任务，省级指派 2 个，市级指派 7 个，系统派发 97 个，自发任务 212 个。下达处罚决定书 15 件（含 2020 年案件），涉及处罚金额 34.47 万元，收缴 34.47 万元。

受理各类环境信访事项 189 件，办结率 100%。按污染类型分，大气污染 69 件，占信访总数的 36.5%；噪声污染 51 件，占信访总数的 27%；水污染 54 件，占信访总数的 28.5%；其他 15 件，占信访总数的 8%。受理企业提交环境应急预案 27 家，核准备案 27 件。

按每季度一次开展 5 个乡镇集中式饮用水水源地水质监测共计 20 次、3 个黑臭水体及轻度污染水体水质监测共计 12 次、8 个污水处理厂出水水质监测共计 40 次；按每年一次开展 5 个农村生活污水处理设施出水水质监测、7 个入河排污口水质监测；开展测管协同监督性监测 12 次。全年出具监测报告 70 份。

严格建设项目审查，做好重点项目和规划环评服务工作。服务省、市、区重点项目 30 余个；完成建设环境影响评价报告表专家技术审查评审及审批 23 个；建设项目环境影响登记表备案系统登记备案建设项目 363 个（总投资 124.4359 亿元，其中环保投资 1.8139 亿元），审核建设项目 363 个，其中因业主信息填报有误，删除环境影响建设项目登记表 21 个。

【大气环境质量双达标】2021 年，涪城区压实大气污染防治工作责任体系，定期召开大气污染防治例会，动态调整管控措施。落实臭氧污染防控任务清单，成立臭氧污染防控巡查专班，开展臭氧污染防控专项整治行动。联合区综合行政执法局、各镇街对河道、广场、地下通道等重点区域开展“中元节”文明祭祀宣传及禁烧巡查。依托走航扫描车、环境监测车、空气网格化微站、人工智能识别系统等手段科学分析、精准施策。根据天气变化及站点大气指数变化情况，加大重点区域周边洒水频次，利用洒水车、雾炮车等进行道路清洗和洒水降尘。开展移动源整治，会同交警部门在绵江路、绵吴路、绵三路开展柴油货车尾气监督抽查，抽测柴油货车 630 辆、非道路移动机械 105 台，加油站检测 10 家。全年处理快反调度任务 200 余件。实现空气质量优良天数率、PM2.5 年均浓度年度目标任务双达标。

【水环境质量监管】2021 年，科学编制“十四五”涪城区重点流域水环境

2021 年 11 月绵阳工业固废处置中心项目 （梁 刚）

规划，建立健全并落实水污染防治“源头严防、过程严管、后果严惩”的监管体系、运行体系，实现污染物总量源头控制。委托第三方监测机构完成黑臭水体及轻度污染水体水质监测、农村生活污水处理设施出水水质监测、乡镇集中式饮用水水质监测等一系列水质监测任务。推动青义镇中壕沟提升泵站优化改造，推进新皂镇泉洲水厂、青义镇青义水厂和香社水厂三处乡镇集中式饮用水水源地并管供水工作，完成杨家镇小岛水库、吴家镇燕儿河水库的规范化建设。辖区丰谷国控考核断面、安昌江饮马桥省控断面、涪江铁桥城市饮用水水源地、乡镇集中式饮用水水源地水质持续稳定达标。

【涉危企业安全隐患大排查专项行动】2021 年 3—5 月，涪城生态环境局组织开展涉危行业危险废物环境风险及安全隐患大排查大整治。对辖区危险废物经营单位和年产生或贮存危险废物 10 吨以上的 16 家重点监管单位责任落实情况、监管制度执行情况、技术标准规范执行情况、风险防范措施、信息化管理手段五方面落实情况进行全面检查，并结合实际情况扩大排查范围，抽查年产生或贮存危险废物 1~10 吨的单位 9 家。共发现问题 13 个，均完成整改。

【绵阳工业固废处置中心项目按期建成】2021 年 3 月至 6 月，涪城区委整合各方资源，开展绵阳工业固废处置中心项目建设“百日攻坚行动”。成立绵阳工业固废处置中心项目指挥部，区委副书记、区长任指挥长，区委副书记和区委常委、区政府副区长任副指挥长，区政府分管副区长和区政协副主席任执行指挥长，构建科学指挥体系。区委主要领导主持常委会、专题会研究部署整改工作 9 次，“周周听汇报”听取项目专题汇报 6 次，强化工作推动。组建综合协调、工程监管、环保监管、要素保障、金融协调和考核督查六个专项工作组，设立项目推进现场指挥部，建立临时党支部，统筹推进工作。派驻区级危废专家组和建设专家组，驻场进行技术指导、工程监督，帮助开展施工组织协调，点对点指导企业准备危废经营许可申报材料；按照项目建设和设备调试要求，由区农业农村局、区工信局、区住建局、富诚集团牵头负责项目供水、供电、供气、道路等要素保障工作；建立“日督查、周汇报”机制，制定《绵阳工业固废处置中心项目施工考核办法》，明确土建工程、设备安装等具体项目目标任务，细化考核指标，每月逗硬考核。通过加强自上而下的工作指导和执行严格逗硬的考核督查，项目建设进度加快，实现从“全面滞后”到“赶超进度”的转变，于 2021 年 6 月 28 日建成，年处置危废规模 2.5 万吨，填补全市含铬、铜、锌、镍废物处置的空白。

【绿色发展服务培训】2021 年 4 月 16—18 日，由绵阳市涪城生态环境局主办、绵阳市生态环境保护协会承办、重庆市民生生态环境研究院协办的“美丽绵阳，我是行动者”——绿色发展服务走进涪城培训班举办，涪城区 70 余家重点企业法人、环保工作负责人、管理人员等参加培训。培训班以“美丽绵阳，我是行动者”为主题，将绿色发展服务贯穿始终，通过“课程讲授、案例分析、学员分享、结业考试”的培训方式，让学员认知绿色发展对行业企业的战略影响，分析探讨新发展理念带来的机遇和挑战，提升践行绿色发展的思想认识和业务能力。为期 3 天的专题培训班，省市生态环境部门有关领导，行业专家教授对习近平生态文明思想和生态环境保护政策法律法规，以及环境信用评价等做了翔实细致的解读和讲解，为企业树牢生态环保意识，践行绿色发展指明方向、增添信心、鼓足干劲。

【网格化环境监管业务培训】2021年4月22日，涪城生态环境局组织召开全区2021年第一次网格化环境监管业务技能培训会，对试验区住建环保局（县属工业园区网格）、各镇（街道）分管环保领导、环保机构负责人及工作人员、重点村（社）网格员等从政策理论、法律知识、监管实务、廉政纪律方面进行系统培训，合计培训人员50余人。

【生态环境保护法律法规宣讲】2021年5月23日至6月26日，涪城生态环境局周末到城郊街道、青义镇、吴家镇、石塘街道等镇街，给环保工作人员、村（社区）网格员、相关企业负责人开展生态环境保护法律法规宣讲，系统分析辖区企业在生态环境保护方面面临的问题和不足，对重点需要注意的问题提出要求。对《中华人民共和国环境影响评价法》《中华人民共和国大气污染防治法》《畜禽规模养殖污染防治条例》等生态环境保护法律法规进行讲解，增强环境保护法律法规和环保政策知识，提高企业履行环境保护社会主体责任的意识和风险防范能力。

【“六五”世界环境日主题活动】2021年6月3日，涪城区政协联合涪城生态环境局在铁牛广场开展“六五”世界环境日主题宣传活动，现场发放《公民生态环境行为规范》和环境知识题单150余份，接待群众咨询10余人次，同时开展环境知识有奖竞答，赠送小礼品果盘近20个。动员和鼓励全区群众积极参与生态文明建设，守护好涪城的蓝天、碧水、净土。

【“小手拉大手”行动】2021年6月10日，涪城生态环境局组织吴家镇中心小学四年级学生参观吴家污水处理厂。工作人员现场介绍污水处理厂的基本情况、生活废水的主要污染物及污水处理工艺流程，带领学生参观污水处理设施设备，了解和学习后，现场举行相关环保知识问答，为答对问题的学生们发放学习用具相关奖品。增强孩子节约用水的意识，养成良好的环保行为习惯，用“小手拉大手”行动带动身边的亲人朋友加入环境保护。

2021年10月18日，绵阳工业固废处置中心项目点火仪式在绵阳东江环保科技有限公司焚烧区举行 （梁　刚）

【第二轮中央生态环保督察通过】2021年7月至10月，涪城区成立由区委、区政府主要负责人为“双组长”的迎接第二轮中央生态环境保护督察工作领导小组，做好第二轮中央环保督察迎检工作。督促各部门、镇街做好前期已发现问题整改和突出环境问题自查自纠工作；按要求完成涪城区迎检调阅档案资料的收集归档。按时办结第二轮中央生态环境保护督察反馈涉及涪城区主办信访件48件，其中安昌河水质污染的信访回复，作为典型模板全省推广。

【绵阳工业固废处置中心项目点火仪式】2021年10月18日，绵阳工业固废处置中心项目点火仪式在绵阳东江环保科技有限公司焚烧区举行。绵阳东江董事长余湘立、绵阳市生态环境局副局长柴立民出席仪式并致辞，区领导卢勇出席仪式并宣布点火，区政协副主席肖兴亮参加仪式。绵阳工业固废处置中心项目于6月底建成，焚烧车间已具备点火条件。10时18分，卢勇在中控室宣布绵阳工业固废处置中心项目点火。项目总投资近3.7亿元，建成后预计年处理工业固废2.5万吨、产值1亿元、税收近1000万元，解决、带动就业1000人。

（梁小梅　何莹莹）

城市管理行政执法

【概况】2021年，涪城区推动城市精细化管理、共享单车管理、城市运行“一屏统筹”等城市市容秩序管控重点工作，完成全国文明典范城市创建、国家卫生城市复审迎检工作。全年，开展长虹干道、一环路、跃进

2021 年 2 月 3 日，涪城区综合行政执法人员巡查平政桥河堤　（徐　敏）

路、建设街市场、虹高市场、临江市场等重点难点区域周边专项集中整治 1262 次，规范商家跨门经营、规劝游商占道经营、清理无证占道装修及宣传等各类违规行为 28 万次，规范清理乱停放共享单车 6000 辆。按照“应安尽安”原则，全覆盖安装油烟净化设施，下发限期改正通知 226 份，立案查处 2 起，罚款 1.5 万元。开展扬尘污染日常巡查 2450 次，专项设卡整治 150 次，检查运渣车辆 1362 辆，立案查处抛洒滴漏等违法行为 44 起，罚款 18.7 万元。在中元节、庙会祭祀等重点时段，严查焚烧垃圾、露天烤火、焚烧纸钱等违规行为，督促整改问题 243 起，立案查处 13 起，罚款 0.36 万元。受理 12319 案件 41337 件，处置率 99.92%，群众满意率 99.02%。网络理政 147 件、市长热线 1573 件，处置率均达 100%。

【河长制工作行动】2021 年，涪城区强化全员护河责任意识，重点整治在平政河牌坊沟段河滩违规搭建、种植蔬菜、临河焚烧等问题，配合相关部门对河道违规采砂、污水直排等行为进行摸排、查处。全年已开展河长制联络员专项巡河 24 次，发现督导整改问题 5 处。汛期来临前，协同城郊街道及时拆除河道内违规搭建，安排挖掘机等重型机械进行清淤施工，清挖垃圾、渣土、泥沙近 1170 立方米，提升平政河段排洪泄洪能力，确保汛期周边群众生命财产安全。

【校园周边市容秩序专项整治行动】2021 年 2 月，涪城区综合行政执法局启动校园周边市容秩序专项整治行动。采取车巡与数字化城管视频巡查相结合，监控校园周边市容秩序，落实疫情防控要求，清理校园周边游商，严防人员聚集。数字化城管视频巡查覆盖全区 20 余所中小学区域，出动执法人员 100 余人次，开展集中整治 14 次，快速处置校园周边各类违法违规行为的举报投诉 30 余起。

【静音护考行动】2021 年 6 月，涪城区综合行政执法局针对中高考考点学校周边噪声污染问题开展静音护考行动。重点围绕春季复学、中高考、成人自考、专业水平考试等护考时间节点，开展校园周边秩序保障专项执法行动 17 次，累计出动执法人员 860 人次，规范跨门占道经营商户 450 家、游商 570 人，清理广告横幅 130 处，走访在建工地 47 次，劝导噪声扰民 90 起。

【共享单车乱象治理行动】2021 年 9 月，涪城区综合行政执法局针对非机动车乱停放问题开展共享单车乱象治

2021 年 6 月 7 日，涪城区综合行政执法人员值守南山中学　（徐　敏）

2021 年 12 月 25 日，涪城区综合行政执法人员规范停放一环路南段共享单车

（徐　敏）

理行动。约谈哈啰、青桔、美团等共享单车运营企业 11 次，督促单车企业履行自身责任，主动回收闲置单车 1.6 万辆；强化执法检查，对共享单车乱停放的重点区域开展不定期巡查，清理违规乱停放的共享单车；科学调研，在重点区域合理增划停车框 700 处，破解非机动车乱停放难题。

【优化营商环境行动】2021 年，涪城区对接交警、住建等部门，协调解决“四维餐饮门口早餐时间临时停车难”等“早餐汇”反馈问题 17 个。贯彻落实全区重点企业全覆盖走访工作专题会议精神，推进“一访二帮三规范”“综合执法 1+N”模式，深化执法服务，牵头办结梅西百货周边游商占道、韩式公寓酒店周边车辆乱停、国信证券设置指引牌等问题 55 个。

【户外广告资源管理行动】2021 年 4 月，涪城区挖掘可运营公共资源，完善辖区户外广告规划方案。制止各类新增违规大型户外广告，全年发现和处理相关问题 635 起，责令整改 240 起，立案查处 78 起，罚款 7.95 万元，拆除 153 处，拆除面积 1612 平方米。

（徐　敏　邓元明）

民生实事

【概况】2021年，涪城区将省、市民生实事分解下达区级部门，参照市级民生实事设置方式，组织实施区级民生实事。推进区级民生项目确定由人大代表投票表决，落实民生实事项目人大代表票决制。全年完成省、市、区三级民生实事共87件，投入59 148.5万元。

【民生工作机制健全】2021年，涪城区健全区级领导牵头负责，区人大、政协监督指导，区委目标绩效办跟踪督查，责任单位具体落实，属地乡镇协调配合的“五级责任管理机制”。区委常委会、区政府常务会多次专题研究、安排部署民生实事推进工作。区委目标绩效办坚持完善“三跟进”项目推进法，年初根据省市目标任务，坚持目标导向，进行过程管理，印发民生实事目标任务、资金分解和进度安排表，明确每一个项目时间节点表，区级责任部门固定项目联络员，每月定期向区委目标绩效办报送工作推进情况，区委目标绩效办及时整理汇总，每月跟进项目时序进度、资金拨付进度和实施过程中突发问题解决进度，对滞后的单位，适时向区级牵头领导提示提醒，并向牵头责任单位下达督办通知。

2021年绵阳市涪城区省级民生实事目标完成情况一览表

表49

<table>
<tr><th colspan="2">项目名称</th><th>目标任务</th><th>完成情况</th><th>完成比例（%）</th><th>责任单位</th></tr>
<tr><td colspan="2">减免非民族自治地区1.59万名幼儿保教费</td><td>1900人</td><td>1906人</td><td>100.31</td><td rowspan="3">区教体局</td></tr>
<tr><td colspan="2">为义务教育阶段家庭经济困难学生提供生活费补助</td><td>2800人</td><td>3095人</td><td>110.53</td></tr>
<tr><td colspan="2">向1.89万名家庭经济困难的普通高中学生发放助学金</td><td>300人</td><td>416人</td><td>138.66</td></tr>
<tr><td colspan="2">持续为全市483万余名常住城乡居民免费提供12项国家基本公共卫生服务</td><td>63.6万人</td><td>63.6万人</td><td>100</td><td rowspan="3">区卫健局</td></tr>
<tr><td rowspan="2">为符合条件的计划生育对象提供计划生育扶助保障</td><td rowspan="2">13148人</td><td>奖励扶助
11888人</td><td>13357人</td><td>112</td></tr>
<tr><td>特别扶助
1260人</td><td>1394人</td><td>110</td></tr>
</table>

续表 49

项目名称		目标任务	完成情况	完成比例（%）	责任单位
提高 410 万城乡居民基本医疗保障水平		27.36 万人	27.6 万人	100	区医保局
实现全市符合条件的人员养老金发放全覆盖	70664 人	城居保 23218 人	23625 人	101.75	区卫健局
		企保 43312 人	47500 人	109.66	
		机关保 4134人	4400 人	106.43	
代缴低保对象、特困人员等困难群体城乡居民基本养老保险个人缴费		2137 人	2813 人	131.63	区人社局
组织开展各类补贴性职业技能培训 4 万人次以上		3600 人	4100 人	113.88	
促进城镇新增就业 4.7 万人		促进城镇新增就业 8800 人	9657 人	109.73	
		城镇登记失业率 4%	2.78%		
为 3.3 万余名困难残疾人发放生活补贴		1590 人	1436 人	困难残疾人生活补贴实行动态管理，据实据效	区民政局、区残联
实现 302 个“五馆”免费开放	图书馆	1 个	1 个	100	区文广旅局
	文化馆	1 个	1 个	100	
	文化站（中心）	15 个	15 个	100	
	美术馆	1 个	1 个	100	
新（改）建 400 千米农村公路		3 千米	目前已完成 3 千米道路建设。	100	区交通运输局
实施乡村客运线路提质升级工程		试点县（市、区）全面完成乡村客运标识、招呼站（牌）、车辆外观、驾驶人员管理“四统一”	目前已完成乡村客运标识、招呼站（牌）、车辆外观、驾驶人员管理“四统一”工作	100	
实施 98 个行政村、5.1 万余户农村无害化卫生厕所建设	行政村	1 个	1 个	100	区农业农村局
	农村户	524 户	527 户	100	
新开工改造城镇老旧小区 326 个		69 个	69 个	100	区住建局
为困难群众和特殊群体免费提供法律援助咨询服务和法律援助案件服务	法律援助咨询服务	3200 人	4096 人	128	区司法局
	法律援助案件服务	370 件	444 件	120	

表 50

2021 年绵阳市涪城区市级民生实事目标完成情况一览表

项目名称	目标任务	完成情况	完成比例（%）	责任单位
开展金秋助学；打造市级特色（示范）学校少年宫、名校网络课堂送教下乡	开展金秋助学 40 人	72 人	180	区总工会
	开展金秋助学 7 人	7 人	100	团区委
	开展金秋助学 5 人	5 人	100	区妇联
	开展金秋助学 10 人	18 人	180	区残联
	打造市级特色（示范）学校少年宫 1 所；开展网络直播、点播惠及 4.5 万名中小学生	2 所/4.5 万人	200/100	区教体局
开展文体惠民活动	开展全民健身赛事活动（18 次/0.9 万人次）	20 次/1.3 万人	111.1/144.44	区教体局
新生儿疾病筛查项目	四病筛查率不低于 99%，听力筛查率不低于 98%。	新生儿免费四病筛查 2233 人，免费听力筛查 2211 人	辖区机构四病筛查数99.56%，听力筛查数 99.24%	区卫健局 区妇幼保健院
推进电子健康卡“一卡（码）”通用项目	8 家乡镇卫生院、6 家社区卫生服务中心及辖区内民营医疗机构	已完成基层平台用卡环境改造；项目资金已到位；各基层医疗机构开始全面实施环境改造，部分基层医疗机构已完成建设任务	100	区卫健局 区财政局 区医保局 区行政审批局
涪城区危旧房棚户区改造项目	1000（套）	全面开工，目前项目正在进行主体施工	100	区住建局
涪城区安置房改造项目	600（套）	全面开工，目前项目正在进行主体施工	100	
科技城涪江大桥建设工程	建设位于科技城大道二期涪城区（原龙门镇）和游仙区（石马镇）交界位置跨涪江特大桥 1 座、互通立交 1 座等	建设位于科技城大道二期涪城区（原龙门镇）和游仙区（石马镇）交界位置跨涪江特大桥 1 座、互通立交 1 座等	100	试验区 区住建局 区交通运输局
科技城大道二期（涪城段）	建设起于绵安路（原裕都大道），止于原龙门镇，长约 10 千米的道路及桥梁等	示范段和龙门段完工（除路灯工程），青义段累计路基完成 90%，总工程量完成 90%	100	
集体和个人公益林补偿	553.7333 公顷	553.7333 公顷	100	区自然资源局
残疾人就业促进和康复服务	397 人	397 人	100	区残联
	适配基本辅具 260 件	338 件	130	
居家康复（健身）体育项目	276 人	310 人	112.31	区残联
困难群众帮扶就业创业援助	290 人	444 人	153.10	区总工会
留守学生之家项目化运行，开展未成年人保护、预防青少年违法犯罪活动	留守学生之家项目化运行 18 个	18 个	100	团区委
工会会员服务	3800 人	10751 人	282.92	区总工会

（薛敬源　王　艳）

社会保险

【概况】2021年，涪城区养老保险参保23.48万人，同比增加2万人；服务退休人员9.3万人，同比增加0.32万人。工伤保险参保9.62万人，同比增加1.19万人。失业保险参保8.4万人，同比增加1.13万。省级民生目标任务“发放城乡居民养老保险待遇”2.38万人，“发放企业职工养老保险”4.82万人，“发放机关事业单位退休人员”0.44万人，“城乡居民养老保险政府代缴”低保、特困、重残等特殊群体缴2859人，到位代缴资金23.03万元；为已脱贫人员、低保边缘户等群体代缴859人。2021年，全区归集养老基金14.1亿元，其中，企业职工养老保险基金11.87亿元，机关事业单位养老保险基金1.62亿元，城乡居民养老保险基金0.62亿元，基金运行总体平稳。

【社保制度改革】2021年，涪城区落实企业职工基本养老保险省级统筹制度。9月，执行全国统一企业职工基本养老保险遗属待遇政策。落实《四川省工伤保险条例》，工伤保险参保9.62万人，支付工伤保险待遇852人次，支付基金1025万元。

【社会保险待遇】2021年，涪城区同步调整机关事业单位和企业退休人员基本养老金，全区退休人数达7.53万人，其中：企保退休4.82万人，全年累计发放待遇10.2亿元；机保退休0.44万人，新增退休174人，全年累计发放待遇3.6亿元；城乡居保退休2.38万人，全年累计发放待遇0.36亿元；发放丧抚费、病残津贴、老农保等其他各类待遇2301人次0.58亿元。重算退休中人待遇1314人。接收服务央属、省属、市属国企退休人员4.67万人。

【社保助推经济发展】2021年，涪城区落实国家“降费减负”政策，执行社会保险惠企政策，为全区参保单位免减社保费用7270万元，帮助企业渡过经营难关。推进被征地农民养老保障工作，完成项目预存款测算68个，核算预存款8.7亿元；核算项目养老保险补偿费77个，核算补偿费5.1亿元；完成30个项目2633人被征地农民安置。

【社保经办水平提升】2021年，涪城区实施全民参保计划。养老保险关系转移接续实现全程网办，落实养老保险关系无障碍转移接续3540人。4500家企业通过CA、电子社保卡登录全省人社公共服务平台“不见面”办理10.3万笔企业社保业务，工作效能提升。电子社保卡和社会保障卡实现参保人员全覆盖，全部实现“一窗受理、一网通办”，全区21个业务部门的72个惠民惠农财政资金项目1.59亿元通过社会保障卡“一卡通”发放。开展企业退休人员认证4.8万人，认证率达98.64%。机关事业单位退休人员应认证完成率达99.55%。

【经办风险防控】2021年，涪城区开展违规领取待遇追缴，全年追回违规领取养老金147万元。开展社保基金管理风险排查专项工作，全面排查养老保险待遇发放、资格认证管理、信息系统和社保卡管理、基金财务管理、稽核内控、基金监督等10大类53项内容，对排查出的10项问题建立台账，并销号整改到位。加强数据稽核，核实清理各类疑点数据13万条，提升数据质量。全年处理社会保险应参未参投诉55例，维护职工合法权益。

（谢洪英　向　鹏）

2021年4月14日，涪城区“打击欺诈骗保　维护基金安全”宣传活动月现场

（涪城区医疗保障局）

社会福利

【概况】2021年，按照国务院、省、市关于推进社会福利事业的决策部

署，涪城区民政局在社区养老服务综合体建设、灾后恢复重建、民办养老机构运营补贴、政府购买居家养老服务、残疾人补贴和80岁以上高龄老人津补贴等方面累计投入资金1786万余元。

【民办养老机构扶持】2021年10月8日，涪城区民政局印发《关于拨付2020年民办养老机构运营补贴的通知》，拨付运营补贴28.98万元。

【居家养老服务购买】2021年6月16日，涪城区民政局与服务商签订《绵阳市涪城区2020年失能老人和高龄老人居家养老服务采购合同》，按照每人300元的标准，投入资金401.24万元为辖区内符合条件的13 375名老人提供居家养老支持服务。

【养老机构灾后重建】2021年5月24日，涪城区民政局对上争取专项资金106万元，对石洞敬老院、新皂敬老院、杨家敬老院在2020年绵阳市“8·11”特大暴雨洪涝地质灾害中受灾区域进行恢复重建。

（王爱民　郭　维）

医疗保障

【概况】2021年，涪城区参加基本医疗保险人数达39.26万人，其中城镇职工基本医疗保险参保11.57万人，城乡居民基本医疗保险参保27.69万人。按协议管理定点医药机构534家，其中定点零售药店404家、门诊110家、医院20家，“两定”机构数量占全市的22%，体量位居全市第一。

【国家医保信息一体化平台上线】2021年，涪城区建立专班，按照国家医保业务信息编码标准规范，对全区所有定点医疗机构、零售药店，分批次进行现场培训及技术指导，指导完成药品、医用耗材、医疗服务价格等15项医保信息贯标工作。推进“互联网+医保”，完善支付方式、跨省异地就医、公共服务、药品和医用耗材招采等14个新平台子系统基本数据库，组织测试人员对中心端和医院端测试验证结果进行统计分析，完成数据治理10余次11.27万条，11月17日，全区534家定点医药机构医疗保障信息系统全部接入国家医保信息一体化平台并运行。

【定点管理】2021年，涪城区将全年“两定”机构审核由过去一年一次改为每季度一次，增加年内新增定点申报次数。全年新增定点医药机构39家，其中零售药店29家，门诊10家，共受理定点医药机构信息变更84家。组织引导“两定”机构开通异地就医联网直接结算业务，共开通349家。

【基金监管】2021年，涪城区率先在全市范围内引进第三方机构强化基金监管，聘请涪城区5名人大代表、4名政协委员、1名新闻媒体代表共10人组建社会监督员队伍。围绕打击“假病人、假病情、假票据”“清零行动”“打击欺诈骗保专项活动月”，开展卫生健康行业专项治理，打击医保基金使用违规违法行为。完成全区定点医药机构全覆盖检查，12家定点医药机构主动上缴违规费用0.25万元。共计查处违反协议的定点医疗机构173家；累计追回违规违约金79.34万元，解除医药机构服务协议20家、暂停37家，限期整改110家，约谈6家。

【医疗救助】2021年，救助特困人员、低保人员、因病致贫家庭、建档立卡贫困人员共计4048人次，发放救助资金335.64万元。

2021年9月3日，涪城区医保局指导定点零售药店上线国家医保信息一体化平台

（涪城区医疗保障局）

【门诊慢性病报销工作】2021 年,涪城区职工门诊慢性病单个病种补助限额提升到 1000 元，两个病种及以上补助限额提升到 1500 元。1 月至 12 月，全区门诊慢性病报销 71097 人次，医保支出共计 559.32 万元。

【“两病”报销工作】2021 年，涪城区将高血压、糖尿病认定权限下放至乡镇卫生院和社区卫生服务中心，做到即认定即录入即享受待遇保障。批量导入公共卫生服务规范化管理“两病”人员共计 14789 人，全区高血压、糖尿病“两病”门诊报销比例达 50%以上。

【药品集采】2021 年，涪城区医保局牵头建立药品、医用耗材集中采购联席会议制度，协同推动医保、医疗、医药药品集中采购工作，合力降低虚高药价。25 家公立医疗机构共完成国家组织药品集中采购 8 批次，采购药品品种规格 394 种，签订合同共 994 个，合同备案共 3976 个，采购药品价格平均降幅达 59%，最高降幅达 98.36%。

【医保支付方式改革】2021 年，涪城区推进按床日付费和按人头付费工作，建立多元复合医保支付体系，激发医疗机构控成本、提质量的内生动力。全区 6 家二级以上医院模拟费用预结算正式运行。

【经办服务】2021 年，涪城区推行医保窗口“综合柜员制”，通过梳理业务事项清单、优化业务办理流程等措施，综合提高窗口经办人员综合业务水平，实现“前台综合受理、后台分类审批、统一窗口出件”，构建起“一门引导、一窗受理、一站服务、一次办结”的医保经办集成式服务新格局。实施政务服务“亲老化”改造，窗口配备放大镜、老花镜等物品。利用四川医保 App、国家医保 App、国家医保微信小程序办理异地就医备案等多项业务，实现数据多跑路、群众零跑腿。基本医保异地就医结算等业务实现“跨省通办”。

（宋晓帆　陈建伟）

住房保障

【概况】2021 年，涪城区住建局加大住房保障力度，解决群众居住问题。按要求保障符合条件的城镇中等偏下收入住房困难家庭，2021 年涪城区公租房申报审批合格共计 398 户，完成分配公共租赁住房实物配租家庭 64 户。按要求向符合保障条件的中低收入住房困难群体且人均住房面积不满 18 平方米，按每月每平方米 10 元标准进行差额补贴，从而支持其通过市场租赁住房解决居住困难，全年审核并发放公共租赁住房租赁补贴 357 户，发放金额 93.38 万元。推进花园南街 52 号地块、四川中医药高等专科学校（南山校区）家属宿舍地块、沿江二组城中村改造项目、青义老场镇危旧棚户区改造项目等 4 个棚改项目。5 月，完成花园南街 52 号地块改造项目土地收储和出让工作，进入开工建设阶段；四川中医药高等专科学校（南山校区）家属宿舍地块改造项目完成 144 户协议签订工作，10 月，完成房屋拆除工作，11 月，进行权证注销；沿江二组城中村改造项目完成居民协议签订，11 月，进行土地成本核算；青义老场镇危旧棚户区改造项目 145 套安置房开工建设。围绕完善城市功能、改善人居环境、提升城市品质，推进警钟街 97 号、迎宾路 20 号、双汇家属区等其他旧城改造项目。其中，御营东街 9 号烟厂家属区改造项目完成土地出让；卫生巷 9 号旧城改造项目完成土地收储；11 月，启动御营坝危旧房棚户区改造项目第一批 377 户安置补偿协议签订工作；警钟街 97 号、迎宾路 20 号、双汇家属区改造项目正在推进。推进杨家镇土地增减“小挂钩”试点工作，编制完成 2 个村的实施规划，剩余 1 个村正在编制。农村住房安全隐患排查工作全面结束，共计排查农村房屋 42367 户，初判存在安全隐患房屋 934 户，鉴定为 C、D 级危房的 674 户，完成 C、D 级危房应急处置，推进消除隐患整治。

【宜居农房建设】自 2020 年 11 月起，涪城区住建局秉承国家倡导“加大推广采用先进的绿色建筑材料、装配式建筑以及钢结构建筑”要求，以杨家镇玉皇社区集中安置点建设为突破口，采取三重引导搭平台、三重服务保质量、三重配套提品质的“三三”模式推广轻钢宜居农房建设。到 2021 年底，共计建成轻钢农房 27 户 6000 余平方米，被列为四川省 2020 年度第一批装配式建筑示范项目，成为 2021 年 5 月 21 日全省宜居农房现场参观点，并于 2021 年 6 月被《川观新闻》《四川农村日报》先后报道。

【“红色物业”示范建设】2021 年，涪城区坚持以党建引领为统揽，推动小区、红色物业党的建设，加大党建引领小区治理力度，构建以居民小区为单元的城市治理体系，解

2021年5月21日，全省宜居型农房示范建设现场推进会在绵阳市召开，涪城区杨家镇玉皇社区轻钢宜居农房建设现场参观点位 （涪城区住建局）

决居民群众的操心事、烦心事和揪心事。创新建立党建引领制度化、沟通议事规范化、管理服务场景化、纠纷调解分级化、阵地建设亲民化、监督评议常态化“六化”工作机制，推动物业管理融入基层社会治理体系。2021年涪城区被命名为市级“旗飘绵州·和谐物管”的示范企业及项目共11个，其中示范企业3个、示范项目8个。

【D级危房住户搬离】2021年6月，涪城区启动全区D级危房住户搬离工作。创新建立“分级管理、条块结合、属地为主”体制，编制《涪城区城市危险房屋安全管理专项整治工作方案》，统筹D级危房住户搬离前、中、后各阶段工作，及时化解突出矛盾和问题，落实171.36万元D级危房困难住户应急安置资金保障，先后召开专题推进会7次，推进D级危房住户搬离。本次搬离工作整合住建、司法、财政、工信、应急等10个部门和城厢、工区、石塘3个街道资源力量，开展进社入户500余次，召开“坝坝会”52次，收集危房住户社会关系、搬离意愿等332条，发放《危险房屋停止使用告知书》《危险房屋停止使用紧急通知》等300余份，落实应急社会房源280套，公租房26套，用70天时间，基本完成D级危房住户搬离工作，为从根本上清除D级危房安全隐患奠定基础。

【老旧小区改造】2021年，涪城区在征求居民意愿情况下，编制《涪城区城镇老旧小区专项改造规划（2020—2025）》，动员街道和社区共发放15000余份居民满意度调研表，研制涪城区老旧小区宜居性评价体系，制订年度改造计划，建立项目库，实行数据化、台账化管理。启动改造老旧小区69个，总建筑面积103.74万平方米，涉及10999户，惠及群众3万余人，11月，全面开工，改造小区内屋面防水、下水等基础设施，改善居民生活环境。

（吕玉兰　林彦辉）

就业创业

【概况】2021年，涪城区城镇新增就业10796人、失业人员再就业2158人、就业困难人员再就业667人，分别完成目标任务122.68%、110.67%、111.67%；城镇登记失业率2.79%，低于年度控制目标1.21个百分点；组织开展各类补贴性职业技能培训5047个，完成目标任务140.19%；开展创业培训402人，完成目标任务的134%；离校未就业毕业生实现就业或处于就业准备活动中的比例达98%以上；新增离校未就业高校生和失业青年见习人员104人，完成目标任务的104%；组织发放创业担保贷款2111万元，完成目标任务的109.95%；扶持创业181人，完成目标任务的100.56%；失业保险参保人数8.4万人，完成年度目标任务112%；协助企业招工1315人，完成目标任务的131.5%。12月，涪城区就业服务中心被省人社厅评为“全省人力资源社会保障系统优质服务窗口”。

举办“直播带岗”“智汇绵州·才聚涪城”、就业援助月、服务农民工、春风行动、民营企业招聘月、校园双选招聘以及区域劳务协作等招聘活动32场，发布涪城企业用工信息12期，参与企业952家次，提供岗位3.4万余个，线上线下入场求职1.3万余人，协助企业招工1315人。

开展以工代训40期，参训企业职工4294人，落实补贴资金467余万元；引导企业职工参加技能人才竞赛，落实企业职工竞赛补贴33人1.65万元；开发基层劳动保障协理、综合治理、开发乡村道路维护、环境巡查、河道巡查、乡村保洁等公益性岗位555个，安置“大龄”人员、复退军人、残疾人、长期失业人员、脱贫户、边缘户等人员626人次，落实岗位补贴和社保补贴875.7余万元；审核发放涪城辖区2022届中高职院校和普通高校困难毕业生求职创业补贴3261人，落实补贴489.15万元；引导离校未就业高校生和失业青年见习人员183人（新增104人），落实见习补贴64.6万元；鼓励城镇就业困难人员、高校毕业生和脱贫人员实现灵活就业2173人，兑现补贴资金650.6万元；争创市级创业孵化基地（园区）2个，落实奖补资金10万元；争创省级创业孵化基地（园区）1个，落实奖补资金90万元；发放大学生和返乡农民工）创业补贴25人25万元、创业担保贷款2111万元，落实贴息资金48.39万元，带动就业800余人；发放企业吸纳高校毕业生社保补贴6人2.2万元。

发放失业保险待遇6385人次855.22万元、代缴医保6721人次336.57万元；鼓励企业参保职工参加技能提升培训，发放技能提升补贴622人次85.5万元；落实稳岗补贴政策，审核2020年普惠性稳岗补贴企业729家，发放困难企业稳岗补贴94户2960.99万元，惠及企业员工3942人。

【脱贫攻坚】2021年，涪城区开展“送岗位下乡”活动18次，引导脱贫人员向区内外转移就业1223人，落实脱贫人员跨省转移就业求职创业及交通补助3900元。线下举办涪城—昭觉劳务协作专场招聘会1场，提供就业岗位1800余个，达成就业意向335人。举办种养殖技术、水稻疫病防治等农村实用技术培训，培训脱贫劳动者166人。开发乡村道路维护、环境巡查、河道巡查、护林绿化、乡村保洁等公益性岗位，过渡安置符合条件的脱贫人员就业299人，落实公益性岗位补贴资金92.16万元。

【创业孵化基地（园区）建设】2021年1月8日，绵阳市人力资源和社会保障局党组成员、市就业创业促进中心主任王岚带队，到涪城区考察原有和新申报的创业孵化基地（园区），共商共谋创业孵化基地（园区）建设。

【人力资源服务机构与重点用工企业对接洽谈会】2021年2月8日，涪城区就业服务中心组织惠科、双汇、富临精工、三力、黑犬货运5家重点用工企业和聚点、锐都、大树、风帆、西安孝隆等5家优质人力资源服务机构召开对接洽谈会，共商人力资源供给事宜。

【公共就业服务专项活动】2021年2月28日，涪城区新年首场春季招聘会在万达广场举办；3月3日，全区年度首次送岗位暨返岗复工招聘活动在吴家镇举办；3月10日，组织企业参加江油市宝龙广场举办的区域协作招聘；3月30日，携惠科、三力等企业到西南科技大学，举办“智慧绵州，才聚涪城”校园招聘会；4月29日，全区民营企业招聘月活动在石塘街道举办，80余家企业参加，提供岗位4000余个；5月31日，组织10余家企业到四川文化艺术学院（梓潼）开展校园双选招聘；7月8日，“智汇绵州·才聚涪城”直播带岗招聘会在金家林5G科技园举办；9月28日，携企业到西南科技大学，举办“暖心助航 就创青春”高校毕业生直播带岗招聘会；10月22日，到盐亭参加南门广场举办金秋区域协作招聘会；11月16日，举办“金秋送真情 就业暖民心”金秋直播带岗招聘会，线上直播观看人数达18万人次。

【就业创业政策分享活动】2021年3月3日，涪城区就业服务中心协同团区委、涪城青创联在126文化创意园举办以“创业第一课”为主题

2021年3月3日，涪城区举办“创业第一课”创业沙龙活动（涪城区就业服务中心）

的创业沙龙活动，参加人数 86 人；8 月 27 日，协同区经合局、科技局、团区委和区大学生创业孵化基地在海上海铂金酒店举办“创业政策解读”活动，参加人数 83 人；9 月 28 日，协同团区委、涪城青创联、科技局在 51C+创客中心举办“青年直播‘第一课’”创业讲堂，参加人数 57 人；12 月 1 日，在四川致远方略数据科技集团有限公司借助中小企业服务平台举办就业创业政策分享会，参加企业 36 户。

【稳岗补贴资金使用情况检查】2021 年 3 月 11 日—6 月 30 日，涪城区就业服务中心对申领 2020 年度稳岗补贴的 867 户企业资金使用情况进行检查，无违规使用资金情况发生。

【定点培训机构招标】2021 年 3 月16 日—6 月 10 日，涪城区就业服务中心发布定点培训机构招标公告，以面向社会公开招标的方式，采购 2021—2023 年定点职业培训机构 11 家。

【创业担保贷款工作推进会】2021 年 5 月 20 日，涪城区创业担保贷款工作推进会召开，区人社局、财政局、就业服务中心、绵阳富诚融资担保公司的分管领导、工作人员以及创业担保贷款经办银行行长和经办人员等 13 人参加会议。

【“涪城·昭觉劳务协作”专场招聘会】2021 年 10 月 10 日，涪城区就业服务中心联合涪城区对口帮扶昭觉县前线指挥部、昭觉县人社局，在昭觉县易地扶贫搬迁县城集中安置点举办“2021 年涪城·昭觉劳务协作”专场招聘会，参与企业 20 家，达成就业意向 300 余人。

【灵活就业社保补贴】2021 年 11 月 1—25 日，按照全市统一部署，涪城区审核发放 2021 年度灵活就业人员社会保险补贴 2173 人，兑现补贴资金 650.6 万元。

（康小建　邓菀云）

劳动监察

【概况】2021 年，涪城区开展劳动保障法律法规宣传普及工作，依托“春风招聘会”“全国宪法日”等，开展《中华人民共和国劳动法》《中华人民共和国劳动合同法》《中华人民共和国社会保险法》《劳动保障监察条例》《保障农民工工资支付条例》等宣传工作 4 次。加大劳动保障执法力度，依法依规处理各类欠薪案件，打击各类恶意欠薪案件，妥善处理恒大翡翠龙庭、恒大御龙天峰、茂源建材、领地·天屿、圣水幼儿园等项目欠薪群体事件，维护社会稳定。全年共接待举报、投诉、咨询共计 960 余人次，其中咨询 920 余人次，书面举报投诉 39 人次。接件后，立案查处劳动保障违法案件 39 件，其中拖欠工资案件 39 件，为农民工追发工资 11.18 余万元。回复处理各类信访件 364 件，涉及劳动者 500 余人。

【和谐劳动关系“春风行动”】2021 年 5 月、6 月涪城区 6 部门联合开展“春风行动”，到各劳务派遣公司，中介机构和其他企业单位，重点检查劳动用工、劳动保障相关情况，宣传法律法规，督促企业遵守劳动法律法规，依法与员工签订劳动合同，依法依规为员工购买社会保险并按月足额向员工支付劳动报酬等。

【超时加班专项执法检查】近年，“996”成为社会热议话题，超时加班导致员工猝死案例时有发生，引起舆论强烈反响。为避免类似事件在涪城区出现，按照省、市人力资源和社会保障部门安排部署，2021 年 11 月，涪城区集中开展超时加班专项检查。对制造加工、餐饮娱乐、科技、物流等反映加班现象严重的行业企业进行重点检查。劳动监察对 54 家企业进行检查、审查，涉及

2021 年 11 月 24 日，恒大涪城区项目欠薪问题处置工作调度会举行

（涪城区人社局）

劳动者911名，向企业宣传劳动法律法规的同时，充分保障劳动者工作时间的权益，维护了劳动者身心健康和切身利益。

【根治欠薪“清零”百日行动、“利剑”行动】2021年9月26日起，涪城区开展根治欠薪“清零”百日行动、“利剑”行动。活动范围为各类在建工程项目及已竣工但仍存在欠薪的工程项目，重点为政府投资工程项目，国有企业作为建设单位或施工总承包企业的工程项目，总共巡察在建项目60次。宣传国家、省、市各级政府保障农民工工资支付政策制度，敦促企业落实。查处用人单位拖欠农民工工资违法案件，涉嫌犯罪的依法移送公安机关处理。加大农民工依法维权宣传，增强维权意识。处理恒大翡翠龙庭，恒大御龙天峰，领地·天屿，领地·东原阅城等项目欠薪，保障农民工权益。

（谢　娟　赖　雄）

退役军人事务

【概况】2021年，涪城区退役军人事务局推进优待褒扬、接收安置、权益维护和就业创业等重点工作，32个社区退役军人服务站通过全国示范型退役军人服务站创建省级交叉验收。

【抚恤优待】2021年，涪城区严格落实“一卡通”发放机制，为重点优抚对象发放抚恤和生活补助金3705万元，发放自然增长金161.56万元，发放一至四级护理费62.63万元。开展“一站式”医疗结算，发放医疗补助95.47万元。集中开展“残疾军人证”换证工作，资料建档666人，完成“两参”人员清理认证1167人，完成率100%。加大随军家属就业、官兵子女入学等方面保障力度，对接区教体局协商10名部队子女入学入托问题，为现役军人子女办理高考优待报名29人。开展“把党的关爱送到老兵心中”暖心行动，春节、“八一”期间累计开展走访慰问6万人次，发放慰问信6万份；重点节日走访慰问烈属19户70次，赠送慰问金（品）5万元。

【褒扬纪念】2021年，涪城区开展光荣牌悬挂工作，完成悬挂光荣牌3.3万张。协助区人社局为297名参加抗美援朝出国作战人员及帮助朝鲜恢复生产等人员发放纪念章。推荐烈属代表、荣立一等功以上的退役军人代表5人参加全省短期疗养活动。开展烈士寻亲活动，完善《中华英烈纪念堂系统》222名烈士基本信息。建立健全烈士遗属定期联络制度，对“三类人员”进行建档立卡，已完成33户45人。为3户烈士家属开具异地祭扫介绍信，为异地祭扫亲属们提供服务。

【移交安置】2021年，涪城区新接收自主择业军转干部26人、军休干部4人，完成随调随迁家属安置2人。完成153名自主就业退役士兵档案清理和一次性安置地方经济补助293.8万元发放工作。完成由政府安排工作退役士兵51人及军转干部15人的岗位安置工作。根据退役军人事务部、公安部《关于印发跨军地改革集体转制退役军人及随调随迁配偶子女落户计划和人员名单的通知》等，分批为277名跨军地改革集体转制部队退役军人办理落户手续。

【权益维护】2021年，涪城区探索创新公共法律服务“3214”工作法，创建一批老兵调解室、一支老兵律师队、一支老兵调解队、一支老兵法律服务志愿队“四个一”服务品牌，开展法律服务600人次，帮助退役军人化解合同纠纷、矛盾纠纷等80余件，维护退役军人合法权益。印发《绵阳市涪城区困难退役军人关爱帮扶专项基金管理使用办法（试行）》，匹配困难帮扶基金288万元，从生活、医疗、教育、就业、创业、住房等方面进行帮扶。累计

2021年9月8日，涪城区2021年秋季退役军人光荣返乡集中欢迎仪式举行

（涪城区退役军人事务局）

2021 年 6 月 18 日，涪城区为荣立“一等功”现役军人廖强家庭送喜报

（涪城区融媒体中心）

帮扶困难退役军人 10 名，使用帮扶基金 3.7 万元。

【就业创业】2021 年，涪城区收集发布就业信息，宣传发动组织退役士兵参加“春风送岗、民营企业招聘月”等线上线下招聘活动，帮助 200 余名退役军人达成就业意愿。开展自主就业退役士兵适应性培训和职业技能培训，适应性培训参训率 100%，参加职业教育培训 91 人。组织 9 家退役军人企业参加全省创业创新大赛，5 家企业进入省级复赛，3 家企业分别获省级二等奖、三等奖和优胜奖。

【体系建设】2021 年，涪城区完善区级服务中心政治文化建设，开展退役军人立功奖章、荣誉证书、老物件、代表性照片的征集活动，增设荣誉展示区，对征集物品进行展陈列。完善配套设施，增设自助查询设施设备，引入“好差评”评价系统，提升政务服务效能。依托区中心和镇（街道）、村（社区）服务站，整合司法部门资源力量，搭建退役军人公共法律服务平台；落实周三律师坐班制度，为退役军人提供集信访接待、矛盾调解、心理疏导、法律援助、思想政治教育为一体的“多元化”服务。在区中心开展“服务超市”试点，为退役军人提供金融、保险、通信等增值服务。

【承办四川省退役军人公共法律服务工作现场会】2021 年 12 月 8 日上午，四川省退役军人公共法律服务工作现场会召开。省退役军人事务厅党组成员、副厅长余远友带领 21 个市州退役军人事务部门相关领导及科室负责人共计 120 余人，到涪城区调研指导退役军人公共法律服务工作，对涪城区探索创新的退役军人公共法律服务“3214”工作法给予肯定。

（罗圣钞　毛蓓蓓）

乡村振兴

【概况】涪城区乡村振兴服务中心于 2021 年 7 月更名成立。区乡村振兴服务中心落实巩固脱贫成果衔接政策，抓实巩固脱贫成果工作，落实“四个不摘”要求，实施“1+1+N”诊疗式监测帮扶，安排实施乡村振兴衔接资金项目，完善防止返贫致贫监测帮扶机制、乡村发展动力增强、农村居民收入提升、乡村基础设施和公共服务改善、巩固脱贫攻坚成果同乡村振兴有效衔接推动。在省级巩固脱贫成果“后评估”“乡村振兴战略实绩考核”等大考中，以突出实绩，交出了涪城答卷。

【机构改革与职能配置】绵阳市涪城区扶贫开发服务中心于 2021 年 7 月更名为绵阳市涪城区乡村振兴服务中心，为区政府直属正科级参公公益一类事业单位，核定人员编制 13 个，设综合、项目推进、扶贫指导 3 个股室。区乡村振兴服务中心在区农业农村局（区乡村振兴局）的统一领导和管理下，按照区委农办、区农业农村局（区乡村振兴局）安排，做好巩固拓展脱贫攻坚成果、统筹推进实施乡村振兴战略有关日常性工作。具体负责防止返贫监测和帮扶事务性工作。承接乡村振兴督导、检查的具体事务性工作。配合做好脱贫地区产业发展任务及其项目资金分配工作。

【防止返贫致贫动态监测和帮扶工作】2021 年，涪城区乡村振兴服务中心开展两次防止返贫致贫集中排查，共组织镇（街道）干部、帮扶干部、相关行业部门工作人员 270 余人对脱贫户、边缘易致贫户和脱贫不稳定户的风险点、帮扶措施落实、生活保障等情况进行“回头看”，共排查 5.4 万户 15.7 万人，收集返贫致贫风险农户信息 1300 余条。根据风险信息情况，新增监测对象 8 户 14 人，纳入帮扶范围，有针对性地采取帮扶措施。

2021 年 6 月 8 日，涪城区乡村振兴局和涪城区乡村振兴服务中心正式挂牌成立

（徐　旭）

【衔接推进乡村振兴项目】 2021 年，涪城区乡村振兴服务中心争取到位各级财政衔接推进乡村振兴补助资金 1806 万元。其中：中央 148 万元、省级 1082 万元、市级 111 万元、区级 465 万元。按照巩固拓展脱贫成果同乡村振兴有效衔接要求，紧扣农业“三大主题公园”，共实施丰谷镇水塘村改良型芦笋种植大棚建设项目、吴家镇戴家林村精品水果产业道路建设项目、吴家镇三清观村猕猴桃优质种植实验区项目等 14 个项目，其中：产业项目 5 个、基础设施项目 1 个、民生保障类项目 8 个。

【巩固脱贫攻坚成果“回头看”工作】 2021 年 11—12 月，涪城区开展巩固脱贫攻坚成果“回头看”工作，印发《关于开展巩固脱贫攻坚成果“回头看”工作的通知》，共组织 7 个镇（涉农街道）、相关行业部门 415 人次参与排查，对脱贫户、监测户收入变化和“六有”有无弱项、“四个不摘”有无落实、防止返贫动态监测有无“漏测失帮”、信息资料有无更新完善开展“回头看”。建立行业部门推送农户返贫致贫风险线索机制，收集返贫致贫风险农户信息 200 余条，组织镇（街道）、村“两委”逐户逐条研判。按程序新增监测对象 3 户 3 人，纳入帮扶范围，采取针对性的帮扶措施，化解返贫致贫风险，巩固提升脱贫成果。

【省级巩固脱贫成果后评估】 2021 年 12 月 13—18 日，龙马潭交叉考核组一行 21 人到涪城区开展 2021 年省级巩固脱贫成果后评估，涪城区吴家镇石洞河村、凤凰山村、长福村，杨家镇新堰村、鲜家坝村、玉皇社区，丰谷镇致富村、清水村。作为样本村进行 2021 年省级巩固脱贫成果评估。抽样 304 户样本，其中脱贫户 222 户、监测户 19 户、一般农户 63 户。共查看项目资料 10 个，实地走访项目 10 个（其中产业类 6 个、基础设施类 3 个、民生保障类 1 个），反馈疑似问题三类 4 个（其中佐证类 1 个、整改类 3 个），均已佐证、整改，销号，巩固脱贫成果后评估工作得到龙马潭交叉考核组高度评价。

（徐　旭　王昊飞）

移民行政管理

【概况】 截至 2021 年底，涪城区有大中型水库移民 1105 人，有大中型

2021 年 12 月 13 日，涪城区迎接省级 2021 年度巩固脱贫成果后评估情况交流会召开

（涂代玉）

水库农转非移民493人，分布在全区5个镇、4个街道办事处。2021年，落实水库移民后期扶持政策，做好移民后扶人口的动态管理和核实上报等工作，按季兑现农村移民每人每月50元的后期扶持直发直补资金，全年共发放资金66.495万元；按季兑现非农安置和农转非移民每人每月50元的困难补助金，全年共发放资金30.045万元。开展移民信访矛盾排查、调处、化解工作，帮助移民群众解决信访问题，实现进京、到省、到市“零上访”的目标。

【项目实施】2021年，涪城区共争取大中型水库移民后期扶持项目（以下简称“后扶项目”）资金132万元，安排15个后扶项目，包括塘堰整治项目6个，产业道路硬化项目3个，移民安置点道路硬化项目2个，移民聚居点排洪沟渠整治项目2个，农产品加工房项目1个、移民培训项目1个。通过项目的实施，改善移民群众的生产生活条件，受益群众达8000余人，其中移民600余人。

（罗盼盼　刘武林）

社区建设

【概况】2021年，涪城区民政局推动城乡社区治理试点、社区办公用房移交、社区服务设施建设等工作，提升社区综合服务能力。全区共辖61个城乡社区，设置社区服务站61个，城乡社区综合服务站覆盖率100%。

【省级城乡社区治理试点】2021年3月，四川省民政厅、四川省财政厅发文，明确涪城区为全省第二批城乡社区治理试点单位，其中城厢街道办事处承担“三社联动”机制创新试点；城厢街道临园路东段社区承担智慧科技型社区试点；城厢街道解放街社区承担社区组织参与型社区试点；石塘街道西河路社区承担社会企业带动型社区试点；工区街道灵通社区承担社区服务项目化社区试点；城厢街道铁牛街社区承担其他特色社区试点。

【社区服务能力提升】2021年，涪城区民政局争取到2021年社区发展市级补助资金45万元，在工区街道花园南街社区、临园路西段社区及丰谷镇关帝场镇社区、石塘街道古井社区等4个社区实施社区综合服务设施补短板达标工程项目。

【社区办公用房移交】2021年，涪城区民政局落实社区办公用房无偿移交政策。与15家房地产开发商签订《社区办公用房协议》，无偿移交社区办公用房近3308平方米。

（王爱民　郭　维）

社团管理

【概况】2021年，涪城区社会组织健康发展，登记的社会组织共510个，其中社会团体91个，民办非企业单位419个，分布在教育、卫生、科技、文化、体育等多个行业领域。截至2021年底，注册志愿服务团体984支，注册志愿者207110人，占居民人口比例达50%以上。

【志愿服务】2021年，涪城区依托城乡社区志愿服务站（点），搭建志愿者、服务对象和服务对接平台，引导群众就近就便参与志愿服务，促进公共服务、便民利民服务、志愿服务有机衔接。动员辖区各类志愿团体依托全国志愿服务信息系统发布志愿服务项目6050个，项目总时长为1764691.3小时。

【社会组织管理】2021年，涪城区应接受2020年度年检的社会组织共430家，实际参加年检的共417家，年检率97%。涪城区民政局按照不低于3%的比例，对辖区16家社会组织的遵守法律法规、业务活动开展、财务管理等情况依法开展实地抽查。

（王爱民　郭　维）

民族宗教

【概况】涪城区作为绵阳市主城区、科技城核心区，历来是阿坝、北川、平武等周边地区少数民族与外界交流的重要窗口和人口流动中转站。2021年，涪城区共有回族、羌族、藏族、土家族、满族等少数民族15个，少数民族常住人口超过1.8万人，少数民族流动人口1万人。其中80%以上散杂居住在城区4个街道办事处辖区内，20%散杂居住各镇，暂住、流动性大，人员结构复杂。2021年12月，工区街道飞来石社区和绵阳市四川科伦医药贸易有限公司被表彰为“第六批四川省民族团结进步示范单位”。

2021年，涪城区有佛教、道教、伊斯兰教、天主教、基督教五大宗教，开放宗教场所14处，其中，佛教9处，道教2处，伊斯兰教、天主教、基督教各1处。宗教代表人士担任市人大代表1人，市政协委员2人，区人大代表1人，区政协委员

4 人，在省市宗教团体任职 4 人。

【民族工作格局构建】 2021 年，涪城区委常委会、政府常务会两次听取民族工作汇报，研究解决城市民族工作中的重难点问题；建立少数民族部门联席会议制度，每季度召开 1 次联席会议，研究城市民族工作；各镇（街道）将民族工作同其他中心工作同安排、同部署、同落实，形成全区上下齐参与、共支持的城市民族工作格局。

【铸牢中华民族共同体意识】 2021 年，涪城区培育南山社区、飞来石社区等少数民族相对集中的城市社区，探索形成“三交三促三体”模式，构建各民族共治、共建、共享的社区环境。建立城市社区民族工作站（窗口），为少数民族流动人口提供劳动就业、法律援助、权益保障等“一站式”服务。累计发放便民服务卡和服务登记表 4000 余份，帮助少数民族群众就业 60 余人，申请法律援助 8 起，化解各类纠纷 11 起。

【民族服务体系建设】 2021 年，涪城区建立民族服务工作站，特设民族服务专岗，同步搭建同心议事厅、社区维权站、民族演艺中心等平台，为各民族群众提供法律咨询、医疗卫生、居家养老、文化娱乐等各方面服务，形成团结互助和谐共治的社区氛围。利用春节、中秋节、羌历年、开斋节等民族传统节日，开展“民族团结一家亲”“民族文化连连看”等各民族共同参与的文化体验活动，以及“少数民族故事会”“民族服饰展示”“民族美食才艺展示”“民族团结示范家庭”等各民族喜闻乐见的主题活动，促进民族文化互动式嵌入。

【刘向鸿调研涪城区城市民族工作】 2021 年 3 月 15 日，四川省城市民族工作调研活动在绵阳开展。省民宗委副主任刘向鸿率城市散居处、监督检查处有关负责人以及成都、德阳、自贡、广元、雅安、攀枝花 6 个市的民宗部门负责人参加调研。市委常委、副市长吕剑，市委统战部副部长、市民宗局局长安兴陪同调研。在涪城区南山社区，刘向鸿一行详细调研绵阳市城市社区“三制度一办法”运行情况及民族群众工作生活情况，对城市社区抓好民族工作，助推民族团结进步方面取得的成绩表示肯定，希望社区以铸牢中华民族共同体意识为主线，回答好城市社区民族工作谁来做、做什么、怎么做、做得怎么样等问题，建好城市社区民族工作标准体系。

【宗教工作主体责任落实】 2021 年，涪城区成立以区委书记为组长的区委统战工作领导小组，区委副书记为组长的区委宗教工作领导小组，明确各成员单位的各项宗教工作共同职责及主要职责；区委常委会先后 6 次召开专题会议研究安排全区宗教工作，传达学习中央、省、市宗教工作会议和文件精神，贯彻落实宗教领域各项工作部署；将党的宗教理论和方针政策纳入区委中心组学习计划和党校教学重要内容。区委、区政府把宗教界代表人士纳入年终慰问范畴，重视宗教代表人士推荐使用工作。

【宗教活动制度化建设】 2021 年，涪城区引导宗教与社会主义社会相适应，在圣水寺、白衣庵等场所开设“心灵工坊”，对 320 余人次进行心理疏导，化解家庭及邻里等矛盾纠纷 25 件，开展“生活智慧大讲堂”15 场次。协助各爱国宗教团体和寺庙教堂完善现有的各项管理办法和规章制度，制定并完善《涪城区宗教活动场所财务管理制度》《涪城区宗教活动场所安全管理制度》《涪城区宗教活动场所民主管理制度》等管理制度8 个；加强宗教政策法规宣传学习，全年共开展专题学习会共 4 次近200 人次，印发学习资料 1000 余册。

【宗教场所殡葬设施专项治理】 围绕“三停一封、守住底线、动态监管、统筹化解”思路，2021 年，涪城区通过实施全面就地封存、落实主体责任、实施动态监管、综合协调处置，圣水寺极乐堂、大佛寺地藏殿灵海塔基本完成治理，启动问题整改销号工作。推进佛城寺地藏殿极乐宫灵骨设施整改工作，按照“向农村公益性墓地转化”的整改思路，基本完成整改销号。

【清真寺维修改造】 2021 年，涪城区成立以区委、区政府主要领导为指挥长的专项工作指挥部，研究制定《涪城区清真寺维修改造工作实施方案》《涪城区清真寺维修改造工作任务分解方案》，从维修改造、手续报批、安全稳定、环境整治、专项督查等 5 个方面逐项压实相关部门工作职责，推进清真寺维修改造工作，完成加固维修改造工作。

【文甦调研清真寺】 2021 年 9 月 28 日上午，四川省委统战部副部长、省侨办主任文甦带领调研检查组到清真寺施工现场调研检查。绵阳市委统战部副部长、市民宗局局长安兴，市民宗局副局长唐位中，区委常委、统战部部长、区总工会主席董静陪同调研检查。文甦一行现场查看施工进度情况，听取涪城区关于工程实施方案、安全风险管控和项目资金筹措等情况汇报。

【王华蓉调研涪城区宗教工作】2021年11月16日，绵阳市委副书记、市委宗教工作领导小组组长王华蓉带队调研涪城宗教工作，强调要全面提升宗教事务依法管理水平，推进宗教中国化示范场所建设。市委常委、统战部部长姚永红陪同调研，市委统战部常务副部长潘大钦，市委统战部副部长、市民宗局局长安兴，市民宗局副局长唐位中，区委书记邓辉，区委常委、统战部部长董静陪同调研检查。王华蓉一行先后到圣水寺、罗汉寺、清真寺等宗教活动场所，调研检查宗教场所疫情防控工作，看望慰问宗教界代表人士和宗教工作者，听取相关负责人关于宗教工作的情况汇报。王华蓉指出，做好宗教工作，事关民族团结和社会和谐稳定。要进一步落实中央、省委、市委决策部署，以依法管理宗教事务为重点，以依法治理宗教领域突出问题为抓手，加强宗教领域法治化建设、宗教场所规范化管理，发挥宗教界主体作用，引导宗教与社会主义社会相适应，促进宗教和睦和社会和谐稳定，服务地方经济社会发展。王华蓉强调，要推进宗教中国化示范场所建设，引导宗教界人士和广大信教群众遵纪守法、爱国爱教爱家乡，牢记“两重身份”，坚定“四个自信”，为建设中国科技城和社会主义现代化绵阳作贡献。要加强宗教场所规范管理，发挥寺庙管委会积极作用，完善场所人员管理、活动管理、财务管理等各项制度，提升宗教场所自我管理、民主管理、依法管理水平。要强化宗教领域风险防控，落实安全生产主体责任，抓好宗教场所消防安全、食品卫生安全、建筑安全，确保宗教界人士和信教群众生命财产安全。要做好常态化疫情防控，落实省、市疫情防控部署要求，压实防控责任，强化防控措施，确保宗教场所及有关人员安全稳定。

（李　鹏　陈溪溪）

婚姻与家庭

【概况】2021年，涪城区宣传贯彻《民法典——婚姻家庭编》《婚姻登记条例》《婚姻登记工作规范》，落实婚姻登记“全市通办”“跨市通办”“跨省通办”等试点工作,开展“特殊时期延时服务”，依法开展婚姻登记，维护婚姻当事人合法权益。举办关爱女性健康和“两癌”培训会，开展“传承好家风”“寻找最美家庭”活动，家庭教育工作与儿童之家建设稳步推进。截至年末，涪城区婚姻登记机关办理婚姻登记11673件，其中结婚登记4533对、离婚登记1854对、补领结婚登记1635对、补领离婚登记301对、离婚登记申请3350对，婚姻登记合格率和群众满意率100%。

【婚姻登记“跨省通办”试点】自2021年6月1日起，涪城区民政局婚姻登记处开始实施结婚登记与离婚登记跨省及全市通办试点，期限为2年，试点时间自2021年6月1日起至2023年5月31日止。试点期间，办理婚姻登记的男女一方常住户口所在地或者经常居住地在四川的内地居民，可以在常住户口所在地或者经常居住地的婚姻登记机关申请办理结婚、离婚登记。补领婚姻登记证和涉外、港澳台居民和华侨婚姻登记等业务仍按原方式办理，不列入“跨省通办”。

【特殊时期延时服务】2021年“2·14”“5·20”期间，涪城区民政局婚姻登记处开展“特殊时期延时服务”活动，采取提前办公、延时下班、取消午休、提前预约等举措，满足群众登记需求，为新人提供热情、周到、优质的服务。

【《中华人民共和国民法典》法治宣传】2021年，涪城区加大婚姻政策宣传力度，印制并免费向群众发放《中华人民共和国民法典》法律法规宣传资料1000余份，接待咨询者300余人，引导广大群众树立正确的婚恋观，营造新时代风尚。

【家庭学党史活动】2021年，涪城区妇联开展家庭学党史活动，开展亲子阅读，建设书香家庭，引导妇女和家庭学习“四史”，诵读红色经典，讲述红色故事，厚植家国情怀，传承红色基因。5月28日，承办绵阳市“少年儿童心向党 两弹精神放光芒”的“六一”主题活动，安昌路小学的“邓稼先爷爷，我们想要对您说”主题诗朗诵在小学生中引发共鸣。活动现场设置的“机器人及科学小实验体验、消防知识互动式学习、垃圾分类宣传展示、未成年人急救知识讲解及演示、环保旧物改造、交通安全知识互动体验”六大互动体验区，吸引300余名儿童驻足体验。市委常委、副市长吕剑出席活动并讲话。区委书记邓辉参加活动并致辞。6月2日，组织基层妇干和优秀女性20人到江油市青林口古镇、王右木纪念馆开展主题党日暨党史学习教育活动，区妇联党支部书记、主席路春玲给大家上了一堂微党课。6月24日，开展“巾帼心向党 奋进新征程”拼布主题活动，50余名优秀妇女参加。10名各行业优秀女性讲述10件重大党史事件，录制成“拼颗红心献给党”妇女学党史小视频，被“学习强国”刊登。6月25日，组织机关干部及基层代表12人共同观看影片《1921》，教育大家珍惜来之不易的幸福生活，自足岗位，为祖国的繁荣昌盛贡献巾帼力量!

【“两癌”筛查救助】2021年1月22日，涪城区“关爱女性保障计划”工作推进会在126文化创意园流岩召开，区妇联挂（兼）职副主席，各镇、街道妇联主席和中国人寿绵阳分公司团险部相关人员共计20人参会，区妇联副主席王婧卓主持会议。3月，区妇幼保健院落实农村妇女“两癌”免费筛查救助工作，共筛查妇女8795人。区妇联争取全国、省妇联专项救助金2万元，救助2名农村贫困妇女；争取省级贫困母亲“一对一”救助金0.5万元救助1名贫困母亲。宣传“关爱女性保障计划”，涪城投保妇女10591人（其中，通过妇联争取，根据绵涪委办发〔2020〕9号文件纳入民政统一购买“两癌”保险的城乡困难群众649人），为患“两癌”妇女兑现理赔19人，获赔理赔款190万元。

【提升家庭文明程度】2021年，涪城区妇联依托“涪城区家风家训讲堂”“妈妈加油站”“幸福妈妈学院”等阵地，宣传婚姻家庭知识，传播幸福理念。在母亲节、端午节、“六一”儿童节等节点，开展“红歌传唱，经典诗词诵读，红色家风故事”等群众喜闻乐见的活动宣传中华传统文化和家庭美德，涵养好家教、培育好家风。全年，征集基层亲子阅读视频23个，向市妇联推送7个；举办“最美家庭”故事分享会6场，参与妇女330人；与区纪委、区总工会共同开展“清廉涪城 幸福家园”家风家规主题宣讲活动，参与群众近百人；推评最美家庭省级2户，市级8户，区级22户。临东社区、飞来石社区和西园村的“幸福建家项目”针对群众需求开展针对性服务36期，服务1053个家庭。古井红色家风积分制经验材料被市文明办推荐到省文明办，被省妇联推荐到全国妇联。

【家政服务进社区】2021年，涪城区妇联争取省级资金15万元，在临东社区、南山社区、飞来石社区和滨江社区实施“家政服务进社区”示范项目，开展月嫂、育儿嫂、老年人急救与护理、婴幼儿科学喂养等免费技能培训13次，培训528人次，实现困难家庭妇女就业49人。推报涪城知名家政公司参加四川省家政服务品牌建设，涪城两名家政服务从业人员参加全国比赛获得第三名。在两家家政企业中建立妇女之家和女性创新创业基地，为企业提供服务。

【家庭教育】2021年，涪城区整合社会资源，举办家庭教育讲座进农村、进社区、进学校，推进家庭教育常态化。举办家教讲座10期，培训家长超3500人；依托87个示范儿童之家和家长学校开展五点半课堂、儿童自我保护、观红色影片、手工绘画、感恩教育、留守儿童关爱保护、家庭教育、亲子阅读、亲子拼布、未成年人防溺水、防性侵、防校园欺凌、交通安全、防网络诈骗、勤俭节约、儿童职业体验等活动203期，受益群众超过6.17万人次。在寒暑假期间开展“把爱带回家”——寒假儿童关爱“四送”活动和暑期夏令营活动，向家长讲述动人家风故事、假期暖心托管班、儿童职业体验和红色观影等特色活动253期，服务儿童17950人次。

【困难家庭帮扶】2021年，涪城区实施“巾帼脱贫行动”“贫困母亲救助”行动，关爱女性农民工、困境妇女儿童、空巢老人、单亲孤残儿童等。争取各级资金2.41万元，慰问贫困妇女儿童54人；为54名高中女生发放6.48万99公益日“春蕾计划”救助金；9月，号召全区爱心企业、爱心人士参与99公益日“春蕾计划”募捐活动，为涪城困境女童募集善款28511元，争取全国儿基会和市妇联的配捐，共争取救助金6.2万元。

（敬利萍　王爱民　王婧卓　郭　维）

老龄工作

【概况】2021年，涪城区加大老年法制宣传，全年发放并张贴养老类非法集资类宣传资料8000余份。开展“敬老月”活动，发放百岁老人慰问金1.55万元。

【敬老月活动】2021 年 10 月 14 日，涪城区民政局参与绵阳市民政局组织的 2021 年“敬老月”主题活动暨“三项评选”颁奖活动，选送大型舞蹈类文艺节目《东方红》，涪城区均衡健康居家养老服务中心董晓丽、中共绵阳市涪城区委组织部关景宝、绵阳市社会福利院杨桔萍分别获得绵阳市“孝亲敬老楷模”、绵阳市“最美老人”、绵阳市“优秀养老护理员”。

【养老领域非法集资宣传】2021 年 1 月、12 月涪城区民政局两次印制养老类非法集资类宣传资料 8000 余份，针对养老机构领域涉嫌非法集资的主要特点和注意事项，向辖区广大老人和亲属发出温情提示，维护老年人合法权益。

【百岁老人慰问】2021 年 10 月，涪城区民政局对全区百岁以上老人，按照每人 500 元标准进行全覆盖慰问，慰问辖区内百岁以上老人 31 名，发放慰问资金 1.55 万元。

2021 年绵阳市涪城区百岁老人情况一览表

表 51

姓名	性别	出生年月	住址
胥丕林	男	1921 年 11 月	钟鼓楼社区居民委员会
安述珍	女	1921 年 11 月	安昌社区居民委员会
胡玉华	女	1921 年 11 月	钟鼓楼社区居民委员会
霍书荣	男	1921 年 10 月	金菊社区居民委员会
陈元珍	女	1921 年 9 月	文昌社区居民委员会
王素青	女	1921 年 8 月	大新村村民委员会
尹敬芳	女	1921 年 7 月	八庙子村村民委员会
刘秋贵	女	1921 年 6 月	会仙社区居民委员会
何玉珍	女	1921 年 6 月	石梯子村村民委员会
田玉华	女	1921 年 6 月	铁牛街社区居民委员会
曹务琼	女	1921 年 4 月	小浮桥社区居民委员会
雷旭成	男	1921 年 2 月	高水社区居民委员会
李奇祥	男	1921 年 1 月	八庙子村村民委员会
马玉珍	女	1920 年 12 月	成绵路社区居民委员会
熊德华	男	1920 年 10 月	花园南街社区居民委员会
王平安	女	1920 年 10 月	柏林湾村村民委员会
马吉华	女	1920 年 10 月	小浮桥社区居民委员会
罗锦萱	女	1920 年 8 月	小浮桥社区居民委员会
黄维明	男	1920 年 6 月	三里社区居民委员会
陈汉珍	女	1920 年 4 月	范家村村民委员会
王兴志	女	1920 年 2 月	铁路家委会

续表 51

姓名	性别	出生年月	住址
王兴志	女	1920 年 2 月	铁路家委会
黄惠先	女	1920 年 1 月	迎宾社区居民委员会
朱美泉	男	1919 年 10 月	朝阳社区居民委员会
陈友清	男	1919 年 9 月	警钟街社区居民委员会
王文祥	男	1919 年 9 月	灯塔社区居民委员会
刘玉兰	女	1919 年 7 月	字库村村民委员会
赵桂珍	女	1919 年 5 月	梅家沟村村民委员会
黄顺喜	男	1919 年 4 月	凤凰山村村民委员会
梅枝金	男	1918 年 7 月	梅家沟村村民委员会
卿桂芳	女	1917 年 11 月	戈家庙村村民委员会
顾怀蓉	女	1912 年 4 月	钟鼓楼社区居民委员会

（王爱民　郭　维）

慈善事业

【概况】2021 年，涪城区慈善总会接收捐赠资金 22 万余元，支出捐赠资金 217 万余元。

【扶贫日系列活动】2020 年 8 月至 2021 年 1 月，涪城区脱贫攻坚领导小组、涪城区对口帮扶凉山州昭觉县工作领导小组、涪城区慈善总会开展“扶贫日系列活动”，募集资金 142 万余元。

【困难群众慰问】2021 年 1 月，涪城区慈善总会开展“四川慈善情暖万家·新年关爱慰问活动”。走访慰问全区 4 名困难群众，发放慰问金共 4000 元和慰问品共 4 套。

【困难儿童慰问】2021 年 2 月，涪城区慈善总会开展“困难儿童春节慰问”活动。到全区各镇（街道），入户走访慰问 7 名困难儿童，为每名儿童发放 1000 元慰问金，共计 7000 元。

【河南洪灾捐赠】2021 年 8 月，河南洪灾期间，涪城区慈善总会接收社会爱心企业为河南灾区爱心捐款 4000 元。

【福彩助学】2021 年 9 月，涪城区慈善总会为全区 4 名即将踏入大学新校园的困难家庭学生争取助学资金 1.6 万元。

【慈善日活动】2021 年 9 月 5 日，以“汇聚慈善力量 助力乡村振兴”为主题，涪城区慈善总会开展第六个“中华慈善日”主题宣传活动暨“慈善一日捐”活动，普及《中华人民共和国慈善法》《中华人民共和国公益事业捐赠法》，弘扬“一方有难、八方支援”的社会主义传统美德，发放资料 3000 余份，发动辖区爱心企业、社会组织、爱心人士爱心捐款 2 万余元。

【昭觉县结对帮扶】2021 年 10 月，涪城区慈善总会为昭觉县民政局捐赠 1.9 万元，用于支持昭觉县民政局在群众自治、社区治理、社会组织、养老服务、社会救助、儿童关爱等方面工作开展。

【困难残疾群众帮扶】2021 年 11 月，涪城区慈善总会开展社区困难残疾群众慈善帮扶活动，为 20 名困难残疾群众发放帮扶资金共计 3.2 万元。

（王爱民　郭　维）

青义镇

【概况】青义镇由行政区划调整前原青义镇、龙门镇和金家林街道合并成立。下辖金家林、灯塔、龙门3个社区和大新、戈家庙、西园、玉龙、大龙、绵兴、青羊、小桥、龙峰、前进、香脊、鼓楼12个建制村，有172个村居民小组，户籍人口5.1万人，常住人口约11.9万人。有基层党组织85个，中共党员1997名。

2021年，全镇地区生产总值70.89亿元，全年完成全社会固定资产投资119.75亿元；一般公共预算支出4867.78万元；一般公共服务支出2196万元；农林水支出945.3万元；住房保障支出161.1万元。

2021年，全镇重点抓大、小春粮食生产及大春粮食播种工作，提升播种质量，稳定播种面积，鼓励发展优质蔬菜和特色水果，规范发展养殖业。完成大、小春粮食作物播种面积365.4666公顷；经济作物面积2156.7333公顷；出栏生猪9566头；出栏小家禽707530只。完成小桥村、大龙村塘堰整治；在龙峰村建设集农资服务、农机推广、农技普及、便民服务等功能于一体的青义镇社会化服务中心1处；完成小桥村（省级）、前进村（市级）、绵兴村（区级）乡村振兴示范村资料申报和具体工作方案的制定；以“市区供销社+镇+村”模式打造青义镇社会化服务中心，承办全省供销社系统两项改革“后半篇”文章现场观摩交流会；争取乡村振兴人居环境示范点创建资金20万元。实施“三环三线”环境整治，整治场镇秩序，提升人居环境。推动道路提升，创建市级“四好农村路”。

2021年，全镇四上企业总户数108户，规上服务业企业13户，限上商贸单位23户，服务业营业收入1.6亿元。规模以上工业企业35户，其中亿元以上企业11户，规模以上工业总产值51.67亿元。永贵科技、三力股份、华拓光通信等领军工业企业持续做强，5G制造、电子信息、汽车零配件等先进制造产业集群初步形成；国沃生物、宝龙建材等传统工业企业加快升级，累计完成技改项目12个、总投资1.2亿元。企业创新能力提升，高新技术企业34户，科技型企业490户，省级以上企业技术中心3个，两新产业产值超过13亿元，占规模以上工业总产值比重超过21.7%。华拓光通信、中久防务入选省级“瞪羚企业”。

辖区有各类学校37所，其中大中专院校8所、中小学5所、幼儿园21所、驾校培训机构3所，在校师生5.2万人。有社区卫生服务中心3个，医护人员106人，住院床位150张，医疗设施、设备、仪器等配备齐全。建成养老敬老机构3所，建筑面积近34000平方米，有床位1140张，入住老人近500人，管理人员30余人。有镇文化中心3个，面积850平方米，藏书10万余册。有农家书屋15个，藏书10万余册。有镇广播电视站1个，广播电视覆盖率100%，有线电视通村15个，实现通村通户全覆盖。

【创业黑马西部（绵阳）科创基地】创业黑马西部（绵阳）科创基地（下称：基地）由创业黑马科技集团股份有限公司（下称：创业黑马）和绵阳市涪城区人民政府于2021年4月合作建设，通过建设西科大创新产业带，打造成为绵阳科技城的创新示范

创业黑马西部（绵阳）科创基地　（何　娟）

区。基地项目共分为二期，一期依托科大广场产业园区运营，总体面积8230.75平方米，计划投资1亿元；二期建设黑马科创产业园，计划投资10亿元。建设内容包括：黑马科创服务展示区、黑马绵阳·科创实验室、创新产业总部集群、环西科大创客中心，成立产业基金和黑马科创产业园。累计培育企业90家，市内60家，市外联动30家。创新产业总部集群累计引进企业71家，独角兽区域总部2家，产业独角兽区域总部5家，高成长型企业24家，科技初创型企业40家。

【裕农新域】四川裕农新域商贸物流城项目（以下简称项目）位于绵阳市涪城区青义镇农产品物流园，紧邻G5京昆高速绵阳北出入口，与绵江快速通道、科技城大道互交，项目总规划用地面积近500亩，总建筑面积近40万平方米，计划投资22亿元，是绵阳高水农副产品批发有限公司打造的集大宗农产品交易、地标农产品展示、冷链仓储、加工配送、电商中心、中央大厨房、综合服务配套、智慧运营等产业链功能的第四代智慧型农批交易大平台，项目以农批产业链为依托，与城市发展相融合，形成以产促城，以城兴产，产城融合的发展模式。

【领地城】领地城位于绵北科技城新区、未来城北副中心新青义，坐拥绵江一体化发展红利，五横五纵立体交通路网，畅达八方，项目占地近764亩。近邻龙门学校，周边规划多个幼儿园、中小学，绵阳实验小学、涪城中学更有望落户本区域。

【振通智慧产业园】振通检测智慧交通产业园位于涪城区青义镇玉龙村，项目占地20亩，总建筑面积3.6万平方米（其中：地上建筑面积2.8万平方米，地下建筑面积0.8万平方米），项目估算总投资2.0亿元，建设周期18个月。项目建设主要为公路、铁路、轨道交通、水利水电、市政工程提供质量检测、健康监测全过程解决方案和数据服务，建成后将成为智慧交通产业标杆企业。

【机构编制管理】2021年，为构建科学、高效、灵活的管理模式，激发干部干事创业活力，助推青义镇建成“四个强镇”的目标，紧抓两项改革“后半篇”文章契机，聚焦优化乡镇机构编制资源配置，涪城区青义镇探索“活用机构聚合力、活用编制挖潜力、活用考核添动力”的“三活三力”岗编分离模式，构建简约高效的机构编制“扁平化”管理新路径，提升基层治理效能和服务能力。2021年，承办全市机构编制系统“扁平化”管理现场会，经验做法在全省推广。

2021年10月12日，青义镇机构编制扁平化岗位竞聘面试会召开　（何娟）

表 52

2021 年绵阳市涪城区青义镇基本情况一览表

指标	单位	数值	比 2020 年增减率
地区生产总值	万元	708900	19.6%
税收收入	万元	30926	41.1%
公共财政预算收入	万元	33578	34.5%
农业总产值	万元	—	—
粮食总产量	吨	11595	-1.7%
工业销售收入	万元	—	—
第三产业增加值	万元	—	—
限上工业企业数	家	35	-16.6%
工业销售收入	万元	516700	-15.4%
限上商贸企业数	家	23	4%
固定资产投资	万元	1311816	88.8%
招商引资	万元	—	—
招商引资到位资金	万元	—	—
小微企业数	家	1347	-6%
科技型中小企业数	家	12	0
农民人均可支配收入	元	26065	10%

表 53

2021 年绵阳市涪城区青义镇各行政村（社区）基本情况一览表

村名	面积（平方千米）	居民小组（个）	户数（户）	户籍人口（人）	常住人口（人）	中共支部总支、党委书记	村委社区主任	经济总收入（万元）
合计	79	172	18102	51767	97220			3719.49
灯塔社区	4.2	17	954	10006	14217	邓家福	邓家福	303.74
金家林社区	4.7	5	525	1707	5846	梅　军	梅　军	181.04
龙门社区	3	6	963	1881	6912	王　凯	王　凯	244.73
绵兴村	6.6	16	902	2837	6063	蒋春梅	蒋春梅	453.21
大龙村	8.2	25	1196	3929	4819	赵绍强	赵绍强	381.59
青羊村	2	11	1610	3023	11500	刘荣志	刘荣志	650.62
龙峰村	6.4	11	940	3310	3871	王安林	王安林	24.58
香脊村	3.6	13	1089	3606	4809	曾明伟	曾明伟	268.98
前进村	3.9	5	446	1418	2454	邹仕俊	邹仕俊	24.05
大新村	10.1	10	1641	4289	5507	吴发辉	吴发辉	495.75
戈家庙村	3.9	8	1010	3244	3718	李泰宏	李泰宏	197.79

续表 53

村名	面积（平方千米）	居民小组（个）	户数（户）	户籍人口（人）	常住人口（人）	中共支部总支、党委书记	村委社区主任	经济总收入（万元）
鼓楼村	7.1	12	931	3 334	3 730	李　利	李　利	—
小桥村	4.9	15	1 221	3 874	8 491	魏道双	魏道双	196.12
西园村	5	6	638	1 998	9 000	胡正刚	胡正刚	183.09
玉龙村	5.4	12	1 036	3 311	6 283	武阳辉	武阳辉	114.2

（何　娟　徐　畅）

吴家镇

【概况】吴家镇总面积 76.2 平方千米，位于绵阳科技城西南面，距市区 7.5 千米，是绵阳市西南面的主要交通枢纽，二环路、绕城高速穿境而过，距绵阳机场 6 千米。行政区划调整及村级建制调整改革后，全镇下辖 9 个行政村，107 个村民小组，2 个场镇社区，6 个居民小组。全镇总户数 13132 户，总人口 32124 人，其中，常住人口 30584 人，场镇人口 3396 人、农业人口 27180 人。获评市级乡村振兴示范镇，戴家林村获得省级乡村治理示范村、乡村振兴示范村。

2021 年，全年实现规模工业产值 126.63 亿元（目标任务 80.45 亿元），完成全年任务的 157.4%；完成全社会固定资产投资 21.4514 亿元（全年目标任务 12 亿元），完成全年任务的 178.76%，完成工业投资 20.2018 亿元、技改投资 17.4848 亿元；全年实现地区生产总值 14.78 亿元，增速 10.7%；社会消费品零售总额同比增长 36.5%，完成全年任务的 173.8%。全年预算总收入 4083.54 万元，其中，一般公共预算收入 2576.99 万元，政府性基金补助收入 1506.55 万元，财政总支出 4083.54 万元，较 2020 年增加 33%。

2021 年，全镇农业总产值 3.76 亿元，村集体年度收入均超过 10 万元，全镇人均可支配收入 25703 元，较 2020 年末增加 2003 元，增长率 8%。引进农业企业 3 个，新增规模土地流转面积近 10.2 亩。粮食播种面积 60 公顷，粮食总产量 16300 吨；种植葡萄 120 公顷，年产值 800 余万元；生猪出栏 1.8 万头，家禽出栏 100 万只；无公害水产品养殖 2800 吨。

辖区有小学 2 所、中学 1 所、公立幼儿园 2 所和 3 所私立幼儿园。1 至 6 年级共 24 个班，有在职教职员工 65 人、学生 965 人。中学设初一至初三 3 个年级共 10 个班，有在职教职员工 48 人、学生 515 人。辖区有卫生院 2 所、卫生室 12 个。镇卫生院有执业医师 23 名、护士 23 名、床位 130 张，日接诊量 220 余人。辖区村居设卫生室，为村民提供疾病预防、妇幼保健、健康教育等公共卫生服务和多发病、一般常见病初级诊治。镇文化广播电视站 1 个，广播电视覆盖率 100%，有线电视通村 11 个、户通 13053 户，村通率 100%、户通率 100%。镇综合文化站 2 个，面积 600 平方米，藏书 1.5 万余册，村（居）文化活动室 19 个，建设文化分站一个。

2021 年农村劳动力转移就业 11000 人。农村劳动力就业创业培训 500 人，实现就业用工信息推送 20 余次，失业登记 12 人，解决城镇就业困难人员入职公益性岗位 5 人，接待农民工来访登记 100 人次。居民人均可支配收入年均增长率保持在 7% 以上。全年共计发放各项救助帮扶资金 358.2 万元，城乡居民医疗保险参保率达 99%以上；为优抚对象、孤寡老人、老干部、贫困党员、困难群众发放慰问物品共计 8.9 万元；发放残疾人帮扶资金 6.5 万元，对 130 名农村残疾人进行实用技术培训。发放耕地地力保持补贴、退耕还林补贴资金 208.2 万元，惠及农户 6500 余户。全镇共购置农机 5 台，享受国家财政补贴 6.4 万元。

2021 年吴家镇被评为市级乡村振兴示范镇，戴家林村被评为省级乡村治理示范村，兴涌泉村、东吴社区被评为市级法治示范村、社区。

【临港经济发展区企业社区化党群服务中心】临港经济发展区企业社区化党群服务中心位于临港东区惠科美食街，该中心旨在探索企业社区化党建，推进园区企业社区管理有机融合，实现党建工作与企业发展相融互促、同频共振。中心创新推行“1+4+N”企业社区化党群服务模式，即组建临港经济发展区企业社区化党群服务中心，开展党务服务、政务服务、警务服务和第三方服务4大类服务事项，打造临港党建红引擎、惠企绿通道、警务蓝先锋、多彩轻生活等N项特色服务品牌，构建起组织联建、资源联合、服务联享的“三联一体”工作格局。

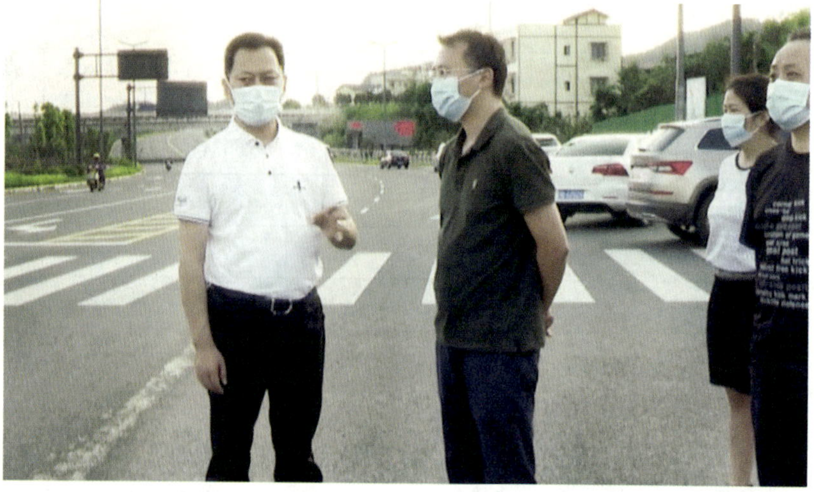

2021年7月30日，涪城区委书记邓辉在惠科现场指挥疫情　（吴家镇）

【“7·23”疫情突发处置】2021年7月23日，绵阳惠科光电科技有限公司发现1例省外输入新冠肺炎确诊病例（轻型），在绵阳市、涪城区联合前线指挥中心统一指挥、统筹调度下启动应急响应，完成常态和应急机制转换。市委、市政府主要领导第一时间作出重要批示指示，市委书记刘超到涪城应急指挥部指挥调度，分管副市长坐镇研究部署，涪城区委邓辉书记第一时间赶到现场指挥，涪城区政府区长张虚怀赓即召开会议应对，13个工作组支持配合吴家镇展开工作，构筑起“上下联动、前后呼应、内外结合”的应急指挥体系，部署实施应急处置工作，未出现第二例感染病例。其间，镇党委副书记、纪委书记袁福林带领5名机关工作人员成立“封闭区疫情防控工作专班”，与医务人员一起参与疫情防控工作，参与物资调配、人员稳控、心理疏导，完成各项任务。

【十一届村（居）换届】2021年1月31日，全镇9个村2个居委会选出村（居）民委员会主任和委员。共选出第十一届村（居）委会成员67人。其中社区主任2个，村主任9人，副主任11个（其中女性3人），8个村和2个社区实现村（居）党组织书记、主任一肩挑。村（居）委会委员45人，女性25人。均具有初中以上文化程度，其中具有高中以上文化程度36人，大学文化程度3人，村（居）民委员会委员年龄结构年轻化，文化程度提升，参政议政能力增强，得到人民群众认可。

2021年12月31日，临港经济发展区企业社区化党群服务中心挂牌　（吴家镇）

【戴家林村获省级乡村治理示范村】戴家林村围绕“对党忠诚有信仰、村务管理有规矩、服务群众有感情、环境整治有实效、产业发展有办法”五有标准，大力建设“两先、五有”目标，通过调动村社干部和基层党员的示范带头作用，探索出基层社会治理“四民工作法”。按照“产业兴旺、生态发展、乡风文明、治理有效、生活富裕”，本着总体规划科学，推进计划明确，实施步骤清晰，目标任务具体的原则，结合本村发展现状，因地制宜扎实推进全村的整体发展。2021年，吴家镇戴家林村被四川省评为“乡村治理示范村”。

2021 年绵阳市涪城区吴家镇基本情况一览表

表 54

指标	单位	数值	比 2020 年增减额
地区生产总值	万元	—	—
税收收入	万元	11500	2 683
公共财政预算收入	万元	4083	511
农业总产值	万元	37600	875
粮食总产量	吨	16300	100
限上工业企业数	家	3	0
工业销售收入	万元	1266300	1154379
限上商贸企业数	家	3	0
固定资产投资	万元	214514	–1135486
招商引资	万元	500000	197000
招商引资到位资金	万元	500000	197000
小微企业数	家	422	27
科技型中小企业数	家	37	2
农民人均可支配收入	元	25703	2003

2021 年绵阳市涪城区吴家镇各行政村（社区）基本情况一览表

表 55

村名	面积（平方千米）	居民小组（个）	户数（户）	户籍人口（人）	常住人口（人）	中共支部总支、党委书记	村委社区主任	经济总收入（万元）
合计	76.2	113	13132	32124	30584			389.8
兴涌泉村	7.7	18	1708	4130	4260	谢崇清	谢崇清	37.1
凤凰山村	9.35	18	2045	4833	5288	钟开文	钟开文	33.4
五龙村	9.6	10	1241	3089	2580	杨国荣	杨国荣	39.8
长福村	4.45	9	1311	3094	2035	唐兴益	唐兴益	31.1
广福村	4.4	7	804	2035	3098	田　超	方　亮	11.5
燕儿河村	8.6	10	1150	2683	2600	常雪莲	常雪莲	35.9
戴家林村	6.2	6	710	2050	1640	谢　莉	谢　莉	31.1
石洞河村	11.2	17	1453	4287	3000	刘明武	刘明武	53.8
三清观村	10.6	12	1103	3184	2228	余华荣	余华荣	93.6
文景社区	1.3	2	376	481	1202	罗　俊	罗　俊	8
东吴社区	2.8	4	1231	2258	2653	谢世勇	谢世勇	14.6

（周玉飞　吴利萍）

新皂镇

【概况】2021年，新皂镇总面积70.13平方千米，辖8个村100个村民小组、2个社区23个居民小组。全镇户籍人口11051户31098人，常住人口10882户30288人。耕地面积2640.51公顷，高标准农田面积2132.9公顷。

全年实现地区生产总值25.99亿元，比2020年增加3.57亿元。全社会固定资产投资任务10亿元，完成11.6亿。工业技改投资任务3亿元，完成3.01亿元。规上服务业企业净增任务1家，完成1家；商贸企业净增任务4家，完成5家；工业企业净增任务3家，完成2家；科技型中小企业认定任务2家，完成3家；新认定高新技术企业培育任务1家，完成1家。实现批发业销售额增速18%、营利性服务业营业收入增速30%、非营利性服务业工资总额增速17%。实现税收收入13835万元，一般公共预算收入5493万元，财政总支出2488万元。实现农村集体经济收入259.39万元，农村居民人均可支配收入26065元，比2020年增长10.4%。城镇居民人均可支配收入45945元，比2020年增长8.7%。

全年实现农业总产值39127万元。农作物播种面积5996.5公顷，其中粮食播种面积2378.5公顷、粮食产量14507.33吨。水产养殖产量3060吨、小家禽养殖存栏量231.9万羽、出栏生猪2.37万头。建设以“精品蚕桑、优质蔬菜和青花椒、菌类、水产”为主导的“2+3”特色农业产业体系；学习借鉴“三大农业主题公园”先进经验，形成精品蚕桑469公顷、优质蔬菜1005公顷、青花椒268公顷、羊肚菌100.5公顷、水产67公顷等优势产业；实现农业村全覆盖注册“驿路甄选”为全镇农产品统一品牌，培育“涪新麻王”花椒、“鲤鱼石”三色米等特色农产品；新培育区级家庭农场7户、新注册3户，成立农村集体经济组织8个。建立全镇乡村振兴项目库，入库农业产业化、农业基础设施等项目32个，中环线新皂段、“十里蔬菜长廊”环线道路黑化工程纳入全区路网建设规划。

全镇四上企业30家，其中工业企业17家，实现总产值69.95亿元，规上工业产值66.68亿元（绵阳双汇食品有限责任公司37.4亿元），四川龙华光电薄膜股份有限公司销售产值13.59亿元。推进中国（绵阳）科技城科技物流园开发建设，在指挥部统筹推动下，片区规划布局、运营模式、项目建设等方面取得阶段性成果，科技物流园片区11.88平方千米空间规划范围基本确定，新出让办证

2021年新皂镇全景 （郑力元）

出土超 67 公顷，新组卷报征土地近 67 公顷，横九路、纵七路骨干路网即将贯通，26.26 公顷首批工业用地、21.1 公顷物流用地完成报征组卷。

投入资金 1000 万元黑化道路 5 千米；完成金峰场镇等 3 地红绿灯安装工作；启用垃圾压缩站 2 个、配置户分类收集设施近 8000 套、设置垃圾分类收集点位 150 个、配置垃圾收集车辆 24 辆；完成 5 处居民聚居点大型三格式化粪池及配套管网建设，推进金峰场镇等 4 地污水处理设施维修改造。全年开展环保相关巡查 600 余次，整治“散乱污”企业 58 家，已拆迁 1 家，剩余 57 家备案 27 家、两断三清 23 家、关停搬迁 6 家、停业停产 1 家。“五禁烧”处理 20 余起，其中劝导制止 18 起、责令整改 1 起、立案处理 1 起。开展违法建设巡查 300 余次，发放整改通知书 30 余份，制止新增 28 起，拆除违法建设 11 处，面积达 1332 平方米。开展各类食品安全检查 200 余次，重点围绕企事业单位及学校食堂开展食品安全专项督查。落实农村坝坝宴备案管理制度，备案受理农村坝坝宴 25 场次。组织开展食品安全、知识产权、保健食品等宣传 24 次；加强特种设备巡查监管，开展知识产权相关宣传工作，发放宣传资料 3000 余份。

全镇有幼儿园 5 所、小学 2 所，中学 1 所。有卫生院 2 个、村卫生室 11 个，编制核定床位 70 张，实际开放 71 张。有医疗从业人员 74 人，其中行政人员 3 人、医生 24 人、护士 23 人、医技 6 人、其他医疗工作人员 8 人及后勤保障人员 10 人。有文化中心 2 个、农村书屋 19 个，藏书 7100 册。有群众文化团体 30 个。新皂镇被四川省委宣传部评为“四川省首届乡村文化振兴魅力乡镇”；刘家坪村先后被四川省委城乡基层治理委员会和省委政法委员会分别评为“四川省乡村治理示范村”和“2020 年度省级‘六无’平安村（社区）”。

全镇参加城乡居民基本养老保险 16005 人次，参保率 97.9%；参加城乡居民基本医疗保险 26183 人次，参保率 96.6%。新增居民养老保险参保 50 人、医保参保 60 人。开展技能培训 300 余人次，推荐线上线下招聘会 18 场，实现新增就业 380 人、失业人员再就业 1 人、大学生创业 3 人、农民工创业 5 人、公益性岗位安排 10 人。持续关注全镇 169 户稳定脱贫户、5 户监测对象生活状况，及时落实帮扶措施，确保人均收入超 6000 元；投入 10.632 万元为全镇 443 名脱贫户购买城乡居民医保。全年为 80 岁以上高龄群体 773 人发放高龄补助金 35.34 万元、发放城乡最低生活保障低保金 345 户 524 人 246.54 万元、发放困难残疾生活补贴费 204 人 24.48 万元、发放重度残疾人护理补贴费 361 人 26.35 万元、医疗救助 88 人发放医疗救助金 12.68 万元、临时救助 95 人发放帮扶金 20.56 万元、完成农村妇女宫颈筛查 660 人。发放新冠肺炎疫情监控与管理工作经费 5 万余元。全镇优抚对象 301 人，发放优抚金 219.29 万元、优抚医疗补助资金 5.75 万元。2021 年 1 月，新皂镇退役军人服务站通过全国退役军人事务部验收，批准成为全国退役军人示范服务站。

2021 年新皂镇刘家坪村蚕茧丰收 （尹红梅）

【新皂镇第七次党代会召开】2021 年 6 月 25 日，新皂镇第七次党代会召开，全镇 134 名党代表出席大会。会议以无记名投票的方式差额选举产生中共绵阳市涪城区新皂镇第七届委员会委员 9 名、中共绵阳市涪城区新皂镇第七届纪律检查委员会委员 5 名，选举产生新皂镇出席区第七次党代会代表 12 名。

【新皂镇第八届人民代表大会召开】2021 年 8 月 17—18 日，新皂镇第八届人民代表大会召开，全体镇人大代

2021年3月11日，皂角铺铁路物流基地经成都铁路局初步验收，于12月1日开通运行 （郑力元）

表出席会议。大会听取镇人民政府工作报告，听取镇人大主席团工作报告；书面听取镇人民政府关于2020年预算执行情况和2021年预算（草案）情况的报告、2020年度民生实事票决项目实施情况及2021年度民生实事票决候选项目情况的报告和镇七届人大二次会议代表所提建议、批评和意见办理情况的报告。票决产生新皂镇2021年度民生实事项目5个；依法选举产生新皂镇镇人大主席1名、镇人民政府镇长1名、副镇长5名。

【中国（绵阳）科技城科技物流园建设】2021年5月17日，涪城区委“周周听汇报”专题听取《关于中国（绵阳）科技城科技物流产业园建设运营有关情况的报告》后，成立片区开发建设指挥部，形成工作专班，全年召开指挥部会议3次，专题研究解决园区建设推进过程中存在的各类问题。争取园区建设“封闭运行”政策，园区建设11.88平方千米规划范围纳入城市开发边界。2021年3月11日，皂角铺铁路物流基地经成都铁路局初步验收，于12月1日开通运行。主干道路横九路和纵七路西段项目基本实现通车，与二环路、飞云大道形成内连外畅的交通路网；“新油库”兴蜀石化项目、中石化项目等重点产业项目稳步推进；26.26公顷工业地块、21.1公顷物流地块、7.64公顷两业融合示范园地块成片开发方案获省政府批复，正加快土地报征出让工作，实现园区建设突破发展。

【历史遗留问题化解】2021年，新皂镇1300余名失地农民社保安置基本完成；重新公示新城1号土地出让批复并签订土地出让协议，多方筹措资金缴清5555万元土地出让金和166万元土地出让契税，协调完成土地大证办理工作；新城2号统建房、环阳科技片区土地征收成片开发方案通过省厅专家评审，取得省厅批复，涉地历史遗留问题专题会议资料已完善，并报上级会议研究；鸿盛新材料纳入市涉地历史遗留问题处置台账。

2021年绵阳市涪城区新皂镇基本情况一览表

表56

指标	单位	数值	比2020年增减额
地区生产总值	万元	259900	+35700
税收收入	万元	13835	-4957
公共财政预算收入	万元	5493	-1420
农业总产值	万元	—	—
粮食总产量	吨	14507.33	+175.33
工业增加值	万元	699750	-60150
限上工业企业数	家	17	+3
工业销售收入	万元	—	—

续表 56

指标	单位	数值	比 2020 年增减
第三产业增加值	万元	404300	—
限上商贸企业数	家	9	+1
固定资产投资	万元	106700	−29913
招商引资	万元	—	—
招商引资到位资金	万元	—	—
小微企业数	家	78	+2
科技型中小企业数	家	66	+3
农民人均可支配收入	元	26065	+2459

2021 年绵阳市涪城区新皂镇各行政村（社区）基本情况一览表

表 57

村名	面积（平方千米）	居民小组（个）	户数（户）	户籍人口（人）	常住人口（人）	中共支部总支、党委书记	村委社区主任	经济总收入（万元）
合　计	70.13	123	11051	31098	30288	10 人	10 人	259.39
皂角铺社区	5.59	13	1911	5075	8434	杨开武	杨开武	47.19
金峰社区	3.72	10	950	2580	2064	向地斌	向地斌	11.08
石梯子村	5.82	14	1062	3017	5221	刘　洋	刘　洋	103.7
邱家庙村	6.69	12	892	2439	2083	唐云全	唐云全	10.86
梅家沟村	9.54	12	1338	3866	2606	王昌岗	王昌岗	10.32
刘家坪村	8.84	16	1095	3117	2008	温兴宇	温兴宇	10.43
赵家花园村	6.72	15	866	2251	1968	黄厚忠	黄厚忠	10.93
八庙子村	7.14	6	805	2364	1926	周　玉	周　玉	13.22
五福寺村	9.7	15	1276	3708	2154	李　宏	李　宏	24.62
莲花池村	6.37	10	855	2681	1824	李小平	李小平	27.47

（刘　虎　周文成）

杨家镇

【概况】2021 年，杨家镇总面积 65.96 平方千米，辖 8 个行政村、2 个社区。全镇户籍总人口 2.9 万余人、常住人口 2.8 万余人。总耕地面积 2933.33 公顷，其中园地 875.27 公顷、林地 1075.47 公顷、设施农业用地 142.87 公顷，全域共有农业用地 2579.89 公顷、高标准农田 1349.21 公顷。

全年实现社会固定资产投资 80000 万元、招商引资民间投资 6.5 亿元，农民人均可支配收入42268 元。

实现农业总产值 7.89 亿元，比 2020 年增长 51.9%。其中畜牧业总产值 2.53 亿元、林业总产值 15150 万元、渔业总产值 4945 万元。农作物播种面积 6870 公顷，其中粮食播种面积 3158 公顷，粮食总产量 2012.8 万千克。出栏生猪 1.6 万头、牛405头、羊1281只、兔200843只、家禽106万羽。新增高标准桑园46.66公顷、标准化蚕棚16个，培育养蚕大户16户，蚕桑产值6.07亿元，带动增收6312万余元。培育新型农业经营主体，全镇现有登记注册合作社32家，其中省级以上示范社2个。建立完善示范家庭农场名录库，家庭农场和规模户共计206家。突出产业特色，共流转土地近600公顷，建成高标准农田1349.1999公顷，先后引进香草园、瑞丰中升和天虹丝绸等多个现代农业项目，推出七彩之虹、大湾果业、瑞丰祥米、“奥巴黑”生猪等优质农业品牌，形成以葡萄、花卉、生猪、蚕桑、无公害水稻为主的现代农业产业格局，夯实全镇跨越发展基础。

完善农业基础设施建设，整合高标准农田、小型水库整治、水利扶贫项目等各类资金600余万元，整治水库11座、塘堰7口，新建石河堰2座，维修提灌站1个，新建拦水设施2处、疏通灌溉沟渠26千米。

全镇现有工业企业20家，年产值23000万元，年工业销售产值22946万元，比2020年增长17.19%。

实现服务业总收入6.4亿元，比2020年增长31.5%。全镇有现代服务企业25家，从业人员2100余人。增加限额以上商贸单位1家、规模以上服务企业1家。年接待游客260万人次，旅游收入2.65亿元。

辖区现有小学2所和中学1所。杨家小学设幼儿园和1至6年级共17个班，有在职教职员工32人、学生705人。玉皇小学设幼儿园、1至6年级共17个班，有在职教职员工31人、学生722人。杨家中学设初一至初三3个年级共11个班，有在职教职员工36人、学生526人。有卫生院2所、卫生室20个。镇卫生院有执业医生18名、护士15名、床位44张，可容纳70余人同时就医。辖区村居设卫生室，为村民提供疾病预防、妇幼保健、健康教育等公共卫生服务和多发病、一般常见病初级诊治。

全年新增就业180人，实现创业3人，完成农村劳动力实名制动态更新1864人。城乡居民医疗保险参保24411人，城乡居民社会养老保险参保19206人。发放扶贫公益性岗位补贴24.9万元、医疗救助163人次，发放资金29.053819万元、高龄补贴30.8582万元、“三属”和伤残金以及补贴66.8697万元、优抚对象生活抚恤和生活补助200.7405万元、60周岁以上退役士兵补助71.4785万元、困难残疾人补贴23.12万元、重度残疾人护理补贴29.2万元。

2021年，涪城区保持帮扶政策总体稳定。落实“四个不摘”要求，对享受脱贫攻坚政策人口继续实施精准帮扶，坚持每季度对边缘易致贫户和脱贫户开展1次走访排查，建立完善档案、消除致贫风险，稳固脱贫基础。健全防止返贫动态监测机制，成立镇防止返贫动态监测工作领导小组，采取农户主动申请、干部日常了解、部门信息比对相结合的易返贫致贫监测对象发现和核查机制，坚持每季度对脱贫户、“四类”重点人员以及因病因灾因意外事故等导致基本生活出现严重困难的农户进行全覆盖走访1次，重点监测其收入支出状况、“两不愁三保障”及饮水安全状况，及时精准掌握低收入群体的风险监测点，出台完善《杨家镇产业扶持基金管理办法》《杨家镇扶贫资产管理操作细则（试行）》，加大对农村低收入家庭就业和产业扶持力度，防止致贫返贫。

2021年度，全镇共计摸排返乡人员1680人，其中中高风险区涉区市来（返）杨58人，境外返杨13人，均落实核酸检测和健康监测等防控要求。建立外来返杨人员工作台账，签订疫情防控个人承诺书，实行“每日二报”制度（即返镇、来镇人员，进行每日2次体温检测、上报、登记备案），了解掌握返镇人员情况。做好常态化防控，走访药店9家，共检查30余次；餐饮45家，共检查

2021年12月15日，绵阳市委农村工作领导小组到杨家镇开展巩固脱贫攻坚“回头看”工作督导检查 （彭海林）

140 次；冷链 7 家，共检查 15 次；茶楼 21 家，共 100 次；超市 10 家，35 次，生活服务区 1 家，5 次。制定《杨家镇应对新型冠状病毒肺炎疫情全员核酸检测工作方案》，在 10 个村（社）设立 21 个采样点位，落实点长、志愿者等人员力量，健全完善工作机制。

2021 年，杨家镇获国家卫生镇；杨家镇万和村获四川省第二批乡村治理示范村；杨家镇杨家社区、鲜家坝村被四川省委城乡基层治理委员会评为“全省首批乡村治理示范村（社区）”；杨家镇被四川省委、四川省政府评为四川省乡村振兴先进乡镇；杨家镇鲜家坝村、回龙寺村、罗汉寺村被四川省委、四川省政府评为四川省乡村振兴示范村；杨家镇鲜家坝村，2020 年度被评为市级“六无”平安村；杨家镇鲜家坝村被中共绵阳市委、绵阳市人民政府评为“2020 年度市级文明村”称号；杨家镇被中共绵阳市委宣传部评为绵阳市首批乡村文化振兴样板村镇；杨家镇获全市文化和旅游资源普查先进单位；杨家镇人大工作被涪城区人大常委会评为“2020 年度人大工作考评一等奖”；杨家镇团委被共青团绵阳市涪城区委员会评为“2020 年度绵阳市涪城区五四红旗团委”杨家镇党委被中共绵阳市涪城区委表彰为涪城区先进基层党组织；杨家镇玉皇社区党委被中共绵阳市涪城区委表彰为涪城区先进基层党组织。

【省级循环经济产业园】2021 年绵阳市第一个工业固废处置中心项目建成，吸纳入临港发展区南区。投资 3.9 亿元的绵阳工业固废处置中心已点火启动，餐厨废弃物资源化利用和无害化处理项目扩建正在建设，预计年底前完成项目生产线扩建工作。

【乡村旅游文化发展】2021 年，杨家镇整合资源，建立快手视频号，邀请镇年轻干部做代言，宣传杨家镇文化旅游资源，发布视频 50 条，点击浏览量超过 5 万，在 2021 年 7 月举办的绵阳市首届乡村文化魅力乡镇活动中获评文化振兴魅力乡镇，8 月，在中共绵阳市宣传部、市文广局等联合举办“寻找最美小镇”活动中获评 2021 年最美小镇，辖区瑞丰竹庐获评最美民宿荣誉；配合区、市级对本辖区内公共文化效能调研，7 月，协助区级主管部门完成四川省公共文化示范县点位验收工作；申报乡村文化振兴样板镇，通过市级首届乡村文化振兴样板镇公示。

【两项改革新篇】2021 年，杨家镇抓住两项改革及换届契机，将党政领导班子职数确定为 11 名，将办公机构设定为 8 办 4 中心，双向竞聘确定 21 名中层干部、做到人岗相适，10 个村（社区）全部推行书记主任“一肩挑”。指导并推动各村（社区）以特色党建引领全面发展，杨家社区“四链四民”、回龙寺村“龙头引领”、鲜家坝“三色鲜家”“千鹤桑田”蚕桑农业主题公园联合党委成为党建特色亮点。实行“进 1 道门、到 1 扇窗、填 1 张表、盖 1 枚章、1 站办好”“一站式”服务模式，落实逢场天早到半小时、延迟半小时的“8+1”长时服务，构建“镇 1 部主机+村 10 部分机”的热线服务网络对有特殊要求的群众进行预约服务，创建“1 个便民服务中心+12 个代办点+129 名送达员”的镇、村、社代办机制对年老体弱、行动不便的人群实行上门服务，落实专员对企业和投资方开展跟踪服务，为急事要事开辟“绿色通道”、压缩时间简化程序实行特事特办服务，在全区率先设置神秘人评价机制对便民服务质量进行特别评价。构建以乡贤聚德、以乡士聚智、以乡绅聚财的德治体系，培育和发掘乡贤 10 人、乡士 13 人、乡绅 16 人。遵循“办事依法、遇事找法、解决问题用法、化解矛盾靠法”20 字方针，建立以法律服务和法律援助为核心，配套天网、综合治理网格的法治体系，依法为老百姓年化解矛盾 260 余件、提供法律援助 20 余次。构建党组织书记、村委会主任、村集体经济组织负责人三位一体的自治体系，采取周周听汇报、旬旬抓教育、月月搞调度、半年一拉练，在杨家社区试点“1233”微权 e 监督方法，提升村（社区）自治能力。发挥人大代表、政协委员、工会、工商联合会等作用，凝聚辖区各方智慧和力量，形成共商共治共享发展格局。

【省农业农村厅到杨家镇调研村集体经济融合发展】2021 年 5 月 25 日，省农业农村厅调研组一行到杨家镇回龙寺村调研村集体经济融合发展试点工作。调研组通过听取介绍、交谈和询问等方式，详细了解试点村集体产权制度改革、合并前原村集体经济发展情况、路径模式、收入及分配、合并后集体资产和债权债务融合方式、存在问题、下一步工作打算等情况。对尊重群众意愿、确保工作程序规范、台账资料完整等方面提出相关工作要求。强调，要以试点村为重点，探索新型农村集体经济发展模式，推进合并村集体经济融合发展，确保合并村集体经济融合发展取得新成效，构建集体经济收入稳定增长机制，做好两项改革“后半篇”文章。

2021年6月3日，杨家镇完成机关支部出席第八次党代表大会代表选举工作 （彭海林）

【承办全省宜居型农房示范建设现场推进会】2021年5月21日，全省宜居型农房示范建设现场会在杨家镇玉皇社区召开，省农业农村厅、自然资源厅、文旅厅有关负责人和21个市（州）、县（区）住房城乡建设行政主管部门主要负责人共100余人参加。活动中，与会人员听取杨家镇政府主要负责人关于杨家镇利用“双挂钩”项目盘活周转建设用地，集中建设新型“装配式建筑”安置点的经验介绍，参观集中安置点的农房建设，了解轻钢装配式农房建设安装流程，对新技术、新工艺、新材料等现代宜居型农房建设和经验做法进行现场交流。对该镇所取得成果予以肯定。杨家镇在玉皇社区第三批“双挂钩”项目中加强农户建设管理和宅基地管理，被确定为全省第一批“装配式建筑”试点项目。该项目按照“统一规划、风貌统一、农户自愿”原则，创新采取新型装配式建材，规划轻钢结构别墅建设群，由具备相应资质的专业公司进行统一设计施工。参与建房的59户农户中，有建轻钢结构别墅意愿的27户，占比46%，建成24户，在建3户。杨家镇被列为全省农村住房建设新材料、新工艺（装配式建筑）推广运用试点镇。

【杨家镇第八次党代会代表选举】2021年6月3日，杨家镇完成本镇出席第八次党代表大会代表选举工作，通过组织辖区17个选举单位1000余名党员，指导各选举单位成立党代表选举工作机构17个，落实镇村组织领导，选举117名镇党代表。

【丰收节主题活动】2021年9月25日，杨家镇在鲜家坝村举办“庆丰收、乐实践、促振兴”的丰收节主题活动。涪城区纪委监委、区委宣传部、区文联、杨家镇相关负责同志、相关企业、种植大户、群众，共计300余人参加活动。上午9时，舞蹈《踏歌起舞丰收年》拉开活动的序幕，歌舞、舞狮等多个文艺表演节目相继亮相。表演结束，开展体验水稻收割、“鱼菜共生”等体验活动。自2018年起，由国家倡导的“中国农民丰收节”已举办4届，举办该活动激发全镇人民“知党、爱党、信党、颂党、跟党走”的爱国情感，共庆五谷丰登、分享丰收的喜悦，活动促进研学旅行和乡村振兴融合，为实现乡村振兴战略提供动力。

9月25日，涪城区“庆丰收、感党恩、促振兴——2021年涪城丰收节”在杨家镇有机水稻种植基地举行 （涪城区融媒体中心）

表 58

2021 年绵阳市涪城区杨家镇基本情况一览表

指标	单位	数值	比 2020 年增减额
地区生产总值	万元	115400	+9.2%
税收收入	万元	—	—
公共财政预算收入	万元	—	—
农业总产值	万元	78900	+51.9%
粮食总产值	吨	20128	+50.9%
工业增加值	万元	3366	+21.6%
限上工业企业数	家	1	0
工业销售收入	万元	22946	+17.19%
第三产业增加值	万元	14465	+31.5%
限上商贸企业数	家	4	+10.72%
固定资产投资	万元	76269	4162
招商引资	万元	65013	0
招商引资到位资金	万元	65013	0
小微企业数	家	8	+2
科技型中小企业数	家	30	+2
农民人均可支配收入	元	26 037	+10.3%

表 59

2021 年绵阳市涪城区杨家镇各行政村（社区）基本情况一览表

村名	面积（平方千米）	居民小组（个）	户数（户）	户籍人口（人）	常住人口（人）	中共支部总支、党委书记	村委社区主任	经济总收入（万元）
合计	66.4131	129	10887	29127	22866	10	10	
罗汉寺村	6	12	1137	3163	2816	肖小丽	肖小丽	6984
柏林湾村	7.6	19	1358	3668	2280	王大辉	王大辉	3791
回龙寺村	5.87	11	871	2251	1667	王昌义	王昌义	4802
万和村	8.1	10	1006	2654	1783	谢　斌	谢　斌	6121
朵朵树村	5.13	9	674	1799	1079	王汝阔	王汝阔	4642
新堰村	6.41	14	871	2426	1554	罗　通	罗　通	5786
草堂村	7.6	10	941	2725	1659	王太强	王太强	6499
鲜家坝村	6.7	10	1002	2740	1912	谢从元	谢从元	6037
杨家社区	4.48	14	1423	3252	4578	黄　耀	黄　耀	8902
玉皇社区	8.5231	20	1604	4449	3538	刘永贵	刘永贵	8947

（彭海林　谭　华）

丰谷镇

【概况】丰谷镇，古称丰谷井，地处绵阳之南、涪江之畔，距绵阳城区17千米，距南郊机场8千米，东临涪江，与松垭隔江相望，北临绵阳市经济技术开发区，南临三台县芦溪工业园，西临杨家镇，素有“绵阳南大门”之称，是一个具有千年悠久历史、丰富文化底蕴的老城镇。全镇总面积51.38平方千米，其中，场镇规划面积4.99平方千米，农村面积46.39平方千米，辖区13个村（社区），105个村（居）民小组，户籍总人口24646人，常住人口27806人。

完成全社会固定资产投资任务金额9亿元；社会消费品零售总额任务增速21%；零售业任务增速18%。全镇“三千工程”规模以上服务业企业任务数完成100%；粮食总产量14981吨，蔬菜及食用菌总产量77672吨，油菜籽总产量2943吨；农村居民可支配收入增速达到8.8以上。被评为绵阳市最美小镇，创建绵阳市食品安全示范乡镇，清水村被列为绵阳市村集体经济融合发展试点村，经济社会保持平稳较快发展。

依托丰谷镇深厚历史底蕴的影响在二社区、三社区、团结村、工农村探索文旅融合新路径，打造古镇发展片区；依托主题公园的影响和带动在和平村、水塘村、清水村、齐心村、字库村、致富村、关帝场镇社区探索农旅融合发展新路子，推进建设农旅融合东片区；调整农业产业结构，建设芦笋加工项目，延伸芦笋产业链。挖掘丰谷镇古文化传承，推进“非遗集市节”筹办工作，构建农旅文旅深入融合的发展格局。为推动“蔬香绿野”芦笋大健康主题公园建设，按照涪城区“三园三年三步走”部署，出台《推动芦笋产业发展24条激励保障措施》等相关激励措施，对种植基地和龙头企业进行扶持，激励农户和企业加大投入生产，2021年年底完成芦笋种植116.6666公顷。引进四川御方堂科技有限公司，计划总投资投资4100万元，在丰谷镇研发拓展芦笋相关产品。坚持和完善农村基本经营制度，推进职业农民制度试点，深化农村集体产权、土地制度改革，发展壮大农村集体经济。依托丰谷自身优势，挖掘内在潜力，做好芦笋“专家大院”和人才、技术建设，2021年共培育市级家庭农场3个；新成立家庭农场4个；培育新型职业农民8个；培育高素质农民25个。完成全镇8个行政村集体经济合并工作，153个集体经济组织完成产权制度改革工作（包括组级143个）。完成辖区内农村集体经济赋码登记。

省级重点G5高速扩容项目推进，丰谷镇沿线拆迁工作基本完成，杆管线迁改完成近70%，5处宅基地安置正在动工。市级重点绵阳南500千伏变电站220千伏配套工程，完成改建塔基基础11基，更换导线22基，拆迁农户8户。涪江右岸绵阳丰谷段防汛治理工程一期启动，放线定界完成，青苗赔付推进。麻柳河场镇西段河堤及配套景观建设工程开工。

落实社会保障，实施低保、特困人员供养、临时救助、医疗救助、异地养老认证等工作。全镇养老保险参保率92%，城乡居民基本医疗保险参保率98%以上。

争取到产业扶贫项目、基础设施建设项目2类5个，共计761万元，完成芦笋种植1000余亩，巩固提升脱贫户182户463人及边缘易致贫户8户18人稳定脱贫。排查整改电视信号问题2个。抓好所有脱贫户家庭成员参加基本医疗保险和大病保险，落实“一站式结算”“先诊疗后付费”等医疗保障政策。为贫困劳动力提供岗位推荐、综合素质提升培训和技能培训、政策咨询等就业创业综合服务，动员脱贫户、监测户外出务工212人。统筹区、镇两级单位包村，干部帮户，实现10个非贫困村帮扶单位全覆盖，182户脱贫户及8户监测户结对帮扶干部全覆盖。全镇边缘易致贫监测户8户18人，通过帮扶消除风险6户14人。

完成便民服务体系改造提升项目、城乡供水一体化、水毁项目修缮、农业产业化项目等项目。满足群众需要，真正把好事办好、实事办实、办到群众心坎上，提升人民群众的获得感和满意度。

实施水、气、土壤“三大战役”攻坚行动，探索场镇“微治理”，坚持突击治理与完善设施相结合，落实“党委政府组织领导、环保部门监督协调、村（居）属地管理、镇属各部门分工负责、全社会共同参与”的五方联动机制。基本形成分工明确、履职到位、协同联动、齐抓共管的环境保护工作格局。强化安全监督管理职责和“党政同责，一岗双责”机制，加大安全隐患排查、整治，加强交通、建筑、烟花爆竹行业的安全专项整治，全年未发生较大以上安全事故的发生。成功应对极端天气与洪涝灾害，启动人员转移3次，共计657人。连续五年保证全市防汛重点区域——赵家脊片区安全度汛。实施农村撤并建制村间道路路面提档升级，控制露天焚烧，加强秸秆科学利用和无害化处理。集中整治全镇行政村生活污水，新建三格式化粪池、安装污水管、污水一体化处理设施和大型囤粪池。做好城乡环境综合治理“三支队伍”建设，科学机动调整场镇垃圾清运频次，采取垃圾源头分类减量、创新垃圾收集模式、实施村庄保洁、建立村规民约、推广运用“随手拍”等措施，初步形成农村垃圾收运体系。

落实河长制工作，禁养区养殖场全部关闭，限养区养殖场按期实现粪污无害化处理及消纳管理。强化公共水域综合整治，建立巡察制度，清理汛期辖区主要河道白色垃圾15余吨。梳理排查镇区污水管网，补齐接通镇污水处理站管道，确保镇区污水经处理后再排入河道。排查安全隐患，加大宣传力度，修补破损路面、修缮路灯设施、完善交通标识26处，更换河道管理警示公示牌30块。挖掘闲置地块规划建设公共停车场2处，整改提升政府机关、社区公厕、农村公厕共23处并对外开放，维修污水管网5处。通过构建镇、村、院落三级网格管理体系，形成干部做表率、群众齐参与的环境治理体系。2021年9月，和平村罗家大院获评涪城区最美院落（院子）。

强化全面领导村级治理，增强各村（社区）村民议事会、道德讲堂、红白理事会等各类村民自治组织民主议事和跟踪督事的能力。建立健全村规民约的“红黑榜”，提升全镇群众自治能力，确保规范可行。

推进依法治理工作，成立依法治理工作领导小组，出台《丰谷镇2021年法治政府工作要点》《丰谷镇2021年普法工作要点》《丰谷镇2021年司法行政工作要点》《丰谷镇会前集中学法学纪学规制度》，做到年初有目标、平时有监督、年终有总结。“治重化积”取得历史性突破，禁毒铲毒工作继续巩固，扫黑除恶、扫黄打非保持高压态势，开展“四反”活动，全年无政治事件发生，无重特大刑事案件发生，无重大群体性事件发生，无一起重大、特大事故发生，无突发事件发生。2021年，全镇信访案件135件，受理案件135件，受理率100%，矛盾纠纷排查20件，化解20件，化解率100%。

【“蔬香绿野”芦笋大健康主题公园建设】按照涪城区“三园三年三步走”部署，2021年丰谷镇完成新发展芦笋116.6666公顷，搭建观景平台，创新形成“合作社+农户+社会资本”的方式运营管理，出台《推动芦笋产业发展24条激励保障措施》，创新构建党员先锋示范一片、致富带头人引领一片、龙头企业发展一片、集体合作社经营一片的经营模式。引进四川御方堂科技有限公司，投资4100万元，在园区内发展芦笋加工项目。

【谭德政烈士纪念园一期室内展馆建设】2021年，丰谷镇配合区委党研室完成谭德政烈士纪念园一期室内展馆建设，建好周边配套设施和氛围营造，形成丰谷特有党史教育阵地。在全镇范围内组建“德政”精神宣讲员队伍，开展德政精神专题宣讲，举办镇“党史学习教育‘德政精神’专题演讲比赛”。按照“建设好、运营好、可持续”目标，完善“八个一”教学内容，按照“合作社+农户+资本”方式运营管理，重点针对企事业单位、学校等开展红色文化研学活动。接待参观学习600余人次，实现集体经济增收2万余元。

【市委书记罗增斌调研G5成绵高速扩容项目丰谷段建设情况】2021年2月25日，市委书记罗增斌到丰谷镇团结村涪江特大桥建设现场，听取全市项目投资、高速路网规划建设等情况。他指出，G5成绵高速扩容项目是绵阳市参与成渝地区双城经济圈建设的大通道、大动脉，对于提升交通区位优势、带动经济高质量发展具有重要意义。梳理项目推进过程中的困难和问题，逐条分析、逐个解决，为项目实施创造条件；在确保施工安全和工程质量的前提下，科学组织、安全施工，努力建设精品工程、民心工程。

【便民服务中心改造提升项目】2021年，丰谷镇提升政务服务规范化、标准化、便利化水平，投入近40万元建设丰谷镇便民服务中心、关帝便民服务分中心和清水村便民服务室，均投入使用。设计理念围绕丰谷镇“五谷丰登”的“丰”字，大厅俯视图为“丰”字造型，科学设置咨询引导区、综合受理区、办事等候区、自助服务区等，布局优美实用，群众有休息场所，还可以自助服务、办公，为群众提供优质、高效、便捷的服务，展示丰谷镇政务服务工作风采。

【抗洪抢险】2021年8月18日，接区防汛指挥部通知，涪江洪水流量接近2500立方米/秒并呈上涨趋势，镇党委政府按照赵家脊片区防汛应急方案响应条件，果断启动赵家脊片区全员转移。预案启动后，立即带领值班组赶往赵家脊实地查看情况，指挥群众转移。撤离疏散组、医疗救治组、安置保障组等迅速就位，按照责任分工，各司其职，紧急劝离、转移、安置受灾群众，做到不漏一户、不漏一人，确保群众不被围困江心岛，并做好人员过渡安置相关工作，共启动人员转移3次，共计657人。

2021 年 G5 高速复线建设　　(丰谷镇)

【四川省安全社区建设复评迎检】2021 年 11 月 3 日，四川省安全社区建设现场评定组对丰谷镇建设四川省安全社区情况进行现场评定，经现场打分丰谷镇通过复评。丰谷镇对镇域内村道、社道和入户道路进行硬化、加宽、改造 60 余千米，完成 4 路公交车站迁建工作。在 4 所学校周边设置隔离墩、安全警示标志。在二社区建立 2 个微型消防站和 5 处消防器材集中储备点。投入资金 200 万元，建成镇综治中心、“雪亮工程”、小天网，安装摄像头近 160 处，覆盖 13 个村、社区。对上争取资金 300 余万元，新建 5 个村级法治阵地。实施省级民生实事项目丰谷镇渡口改公路桥项目，主桥跨越涪江，总长近 1 千米，投入资金近 1.2 亿元。配合 G5 成绵高速扩容项目施工方修建被洪水冲毁的赵家脊漫水便道，解决丰谷镇团结村和三台县长江村村民安全出行。涪江右岸绵阳丰谷段防洪治理工项目于 2021 年 10 月动工，初设批复总投资 1.11 亿元，主要建设内容为新建与整治堤防（护岸）总长度 5.083 千米，建成后保护耕地面积近 93.3333 公顷，保护人口约 1.2 万人。

【丰谷镇创建市级食品安全示范镇】2021 年，丰谷镇将市级食品安全示范镇创建工作列为党委、政府重点工作之一，研究制定下发《丰谷镇食品安全示范街道创建工作方案》。结合文明城市迎检和国家卫生乡镇创建工作，动员广大居民群众参与，营造良好的创建氛围。坚持标本兼治和打防结合，抓好辖区食品市场专项整治，

2021 年丰谷镇便民服务中心　　(丰谷镇)

查处各类食品生产经营违法行为，提升食品安全质量水平。将食品监管工作与科技创新和打造“蔬香绿野”芦笋大健康主题公园结合，探索信息化、三品一标和便民利民。

【丰谷镇第四届“非遗”集市举行】 2021年12月8日，以“弘扬工匠精神，传承‘非遗’文化”为主题的2021年涪城区“非遗”大会暨丰谷镇第四届“非遗”集市在西部历史文化名镇——丰谷镇举行。活动采取“动态展演”与“静态展览”相结合的方式，集中展示有炳林毛笔、鑫田粮艺、涪城扎染、抓油饼子、牛角雕艺等20个“非遗”项目。游客现场观摩“非遗”表演、“非遗”展览，品尝古镇美食，游览陶家院子。在“非遗”传承人的指导下亲身体验制作过程，感受流传千百年的传统文化。推动“非遗”文化融入社会、融入民众、融入生活，促进其可持续发展。

12月8日，2021年涪城区“非遗”大会暨丰谷镇第四届“非遗”集市在丰谷镇举行
（丰谷镇）

2021年绵阳市涪城区丰谷镇基本情况一览表

表60

指标	单位	数值	比2020年增幅
地区生产总值	万元	120900	10.17%
税收收入	万元	6707	11.5%
公共财政预算收入	万元	4360	11.5%
农业总产值	万元	—	8.1%
粮食总产量	吨	14981	5.98%
工业增加值	万元	—	—
限上工业企业数	家	7	14.2%
工业销售收入	万元	110268	—
第三产业增加值	万元	—	—
限上商贸企业数	家	2	0
固定资产投资	万元	94276	10.28%
招商引资	万元	—	—
招商引资到位资金	万元	14000	—
小微企业数	家	10	—
科技型中小企业数	家	3	—
农民人均可支配收入	元	24649	8.8%

2021年绵阳市涪城区丰谷镇各行政村（社区）基本情况一览表

表61

村名	面积（平方千米）	居民小组（个）	户数（户）	户籍人口（人）	常住人口（人）	中共支部总支、党委书记	村委社区主任	经济总收入（万元）
合计	51.38	117	11081	24646	27806			1 875.64
团结村	3.94	9	559	1597	1290	陈　军	陈　军	185.64
致富村	5.073	13	708	2011	1892	梁　刚	梁　刚	151.24
宇库村	3.28	6	547	1587	1170	茂　甫	茂　甫	208.83
齐心村	5.48	12	939	2533	2366	鲜　国	鲜　国	66.58
和平村	5.76	6	783	2090	2240	罗　军	罗　军	110.1
水塘村	5.4	12	795	2103	1648	何金俊	何金俊	93.2
清水村	5.69	11	647	1835	1468	杨乾英	杨乾英	276.99
廻龙沟村	5.35	16	901	2465	2083	唐丕花	唐丕花	360.97
兴隆沟村	6.1	9	848	2478	1635	程明林	刘华常	88.78
工农村	2.78	8	579	1637	1650	张明林	张明林	163.94
关帝社区	0.38	4	441	461	1196	赵建勋	赵建勋	24.04
二社区	0.65	7	2975	2985	6672	彭　聪	彭　聪	76.57
三社区	1.5	4	359	864	2496	罗世勇	罗世勇	68.7

（夏启　罗震）

石塘街道

【概况】2021 年，石塘街道总面积 40.09 平方千米，下辖 10 个社区，4 个行政村，全街道户籍人口 9.5 万人，常住人口 12.4 万人。全年贡献千亿园区总产值 267.12 亿元，总量位居全区第一，产值占比 36%；限上社会消费品零食总额完成率116.36%；千亿总量 GDP 实现 88.33 亿元，增速为 9.6%，总量位居全区第三；千户企业完成 147 户，总量位居全区第三。新入库固定资产投资项目 19 个，总投资 81.14 亿元，总量位居全区第二，占全区 30%;社消零任务完成率 116.36%，全区排位第三；规模工业产值任务完成率 104.2%，全区排位第三；建筑业总产值 25.82 亿元，超额完成任务；新增限上商业企业 3 家、科技型中小企业 7 家，完成科技型企业评价 26 家，毅德商贸城和天泰剑南食品城实现电商产业园入驻企业 5 家。

全年发放低保金 253 万余元，办理就业失业证 1281 个，失业率控制在 0.2%。开展医疗救助，解决 108 名重大疾病住院治疗低保人员救助金 17.5 万余元，解决困难群众临时救助 32 人次 5.4 万余元。全年累计核实重点地区来（返）涪人员摸排管控大数据、e 治采及黄码人员 6000 余人，全年共接返境外人员 99 人，管控重点地区返涪人员 634 人，集中组织完成辖区两轮核酸检测采样 9.3 万余人次，完成第一剂接种 9.90 万人、第二剂接种 8.80 万人、加强针接种 17050 人，推动 93%常住人口完成疫苗接种。

完成范家村与楼房村的试点村集体经济融合工作，建立合并村集体经济组织并赋码登记。农村户用卫生厕所普及率达 95%以上；完成农村公厕目标任务，农村厕所运行机制健全。有保洁人员 119 名，行政村保洁员配备率 100%。发放产业扶持基金贷款 9 户，共 8.8 万元；发放 2021 年稻谷补贴 14 户，补贴面积 1.4499 公顷；发放 2021 年耕地地力保护补贴 2376 户，补贴面积 311.3766 公顷；发放 2021 年种粮农民一次性补贴 14 户，补贴面积 1.4499 公顷；发放一二季度水利工程移民后期扶持 56 人次，合计金额 8400 元；发放农机购置补贴 4 户，合计金额 4600 元。

【街道机构编制调整】2021 年，石塘街道统筹设置党政综合工作办公室（挂人大工作办公室牌子）、社会事务办公室（挂行政审批办公室牌子）、城市管理办公室（挂物业管理办公室牌子）、社区治理办公室（挂依法治理办公室牌子）、综合行政执法办公室（挂应急管理办公室、安全生产监督管理办公室、食品安全办公室、生态环境保护办公室、河长制办公室牌子）、财政工作办公室、营商环境办公室、乡村振兴办公室 8 个党政综合办事机构。健全完善街道直属事业单位，设置便民服务中心（挂党群服务中心、退役军人服务站牌子）、网格治理中心（挂综治中心牌子）、营商服务中心，其中网格治理中心（综治中心）与矛盾纠纷多元化解中心实行一体化运行。

【重点项目推进工作】2021 年，石塘街道总结提炼“一访、两单、三会”服务机制，运用“三度服务”20 条措施，建立企业诉求反馈“绿色通道”，组建项目专班、项目攻坚、项目保障三支专班队伍，提供重点项目专企专员、24 小时对接协调等服务，帮助企业和项目梳理问题情况，指导提供建设性意见并协调解决。康宁玻璃基板项目完成外墙封闭和设备调试预验收，实现当年开工当年投产；中南高科项目实现摘牌即开工，土地款提前4个月缴清，完成施工设计方案编制，截至2021年底，5栋实现主体封顶，签订认购协议企业3家，认购面积达8300平方米；惠科模组项目开始基桩施工，正在办理不动产证。完成成渝共建具有全国影响力的科技创新中心2021年重大项目集中开工仪式保障任务。文创产业园用时35天，完成四川中医药高等专科学校家属区144套房屋模拟搬迁，红星社区形象规划馆及周边道路拆迁全部完成，现一期道路基本完工，形象规划馆主体完成50%，二期道路拆迁工作完成70%，四川中医药高等专科学校拆除完成80%，完成医专家属区拆迁。

【党建引领圈层互促】2021年，石塘街道聚焦街道内城市、城郊接合部、农村“三圈”并存现状，发挥街道党工委“龙头”带动作用，坚持系统思维，打破圈层壁垒，推动城市社区、村改居社区和农村党组织互联互通，构建全域党建新格局。以打造城市建设新标杆为目标方向，通过建强一个党建中枢，分类城市社区治理、城乡结合发展、乡村振兴致富三圈同步发展，实施党建责任落实增效、组织规范扩面强基、党员先锋示范引领、干事创业效能提升、党建品牌提优创新和党员关爱暖心凝心六大行动。优化提升清华园小区“1+4+N”等特色党建品牌，推进西河路“11N3”省级社会企业带动型项目试点，创立新时代文明实践“三三”工作法，探索“老易红色工作室”带动社区治理创新试点，优化范家村集体经济分配，提高基层社会治理效能和服务群众水平。

【人民防线建设工作】2021年，石塘街道社会治理办每季度组织召开工作例会，安排部署国家安全人民防线建设工作，把国家安全人民防线建设组织延伸到社区（村）、居（村）民小组，落实反奸防谍制度措施。组织开展反奸防谍宣传教育活动，在古井等社区（村）开展敌情教育、法制教育和安全防范常识教育，辖区全年未发生一起涉及国家安全事件。在场地、内容、人员等方面配合、参与、支持人民防线工作站打造工作，打造全省首个市级社区国家安全人民防线工作站。

2021年绵阳市涪城区石塘街道基本情况一览表

表62

指标	单位	数值	比2020年增减额
地区生产总值	万元	883300	98700
税收收入	万元	54442	-9349.9
公共财政预算收入	万元	28358	3030.04
限上社会消费品零售总额	万元	161020	44335
限上商贸企业	家	61	3
固定资产投资	万元	460575	240001
招商引资	万元	1000000	-1000000
招商引资到位资金	万元	132768	12483
小微企业数	家	2020	19
科技型中小企业数	家	49	7
居民人均可支配收入	元	45979	3711

2021 年绵阳市涪城区石塘街道各社区基本情况一览表

表 63

村名	面积（平方千米）	居民小组（个）	户数（户）	户籍人口（人）	常住人口（人）	中共支部（总支、党委）书记	社区居委会主任
合计	40.09	81	50745	95408	123631		
御安社区	1.25	0	4307	9949	12283	何　玥	何　玥
御新社区	1.08	1	3257	6839	6797	赵文斌	赵文斌
西河路社区	0.6	0	4785	7408	11662	马　香	马　香
石塘路社区	0.72	1	2982	6623	8799	李　蓉	李　蓉
小浮桥社区	0.8	0	3944	6363	9593	郭　华	郭　华
南山社区	1.5	0	7641	16886	21885	胡丹丹	胡丹丹
御营社区	1.5	6	6038	8909	11749	苟菊英	苟菊英
红星社区	2.5	9	4755	7321	9770	蒲春山	蒲春山
东岳社区	1.5	4	3202	5396	6773	詹金兵	詹金兵
古井社区	4.14	12	1389	2608	3779	肖隆君	肖隆君
瓦店村	4	10	3473	7022	8099	马清祥	马清祥
浸水村	4	9	2695	4825	6002	罗太贵	罗太贵
范家村	10.5	16	1509	3485	4230	马清龙	马清龙
蟠龙村	6	13	768	1774	2210	阳建东	阳建东

（冯　竹　吴　勇）

城厢街道

【概况】2021 年，城厢街道总面积 11.4 平方千米，下辖 13 个社区。现有居民小区 558 个、户籍人口 13.19 万人。常住人口 15.76 万人、社区平均户籍人口为 1.2 万人、常住人口为 1.01 万人、社区平均幅员面积为 0.877 平方千米。

2021 年，城厢街道完成 15 项经济指标任务，其中 8 项指标超额完成，6 项指标位列全区第一，5 项指标总量全区占比第一。截至 12 月 31 日地区生产总值达 224.9 亿元，占比全区 36%；建筑业产值 138.44 亿元，占比全区 49 %；限额以上社会消费品零售总额 392287.2 万元，占比全区 46.66%；四上企业 246 家，占比全区 27%。

截至 2021 年 12 月 31 日，辖区“四上”企业 246 家，资质等级建筑业企业和房地产开发企业 112 家，限额以上商贸单位 86 家，规模以上服务业企业 47 家，规模以上工业企业 1 家，本年新增入库 40 家。资质等级建筑业企业和房地产开发企业总产值138.44 亿元，总量居全区第一，限额以上社会消费品零售额 39.22 亿元，同比增长 19.4%。规模以上服务业营业收入 30.62 亿元，同比增长 6.3%。

全年实现财政总收入 2563.11 万元，实现一般公共预算收入 2563.11 万元，一般公共预算支出 2563.11 万元。公共安全支出 3 万元，社会保障和就业支出 164.81 万元，卫生健康支出 45.18 万元，城市社区支出 1190.59 万元，住房保障支出 72.71 万元，节能环保支出 2 万元。

2021 年 1 月，城厢街道成立专门组织队伍开展企业大走访，对辖区内规上工业、规上商贸业、限上服务业、资质以上等级建筑企业、纳税 50 万以上重点企业四类共计 363 家

2021年7月24日，城厢街道中大财富广场核酸检测点　（曹　琪）

企业开展全覆盖走访，共收到363家企业情况反馈，其中129家企业反馈需要解决问题共140个，截至2021年12月31日，解决102家企业问题127个，还有33个问题反馈至相关职能部门。

2021年，城厢街道构建全覆盖公共服务体系，为方便群众办事，建设党群暖心驿站7个，探索片区公共服务机构建设，提升社区专业化服务水平，采取公益创投方式实施公益项目18个，满足群众的多元化需求。

全年为符合条件的下岗失业人员办理并发放社会基本养老、医疗保险补贴632人，共计199.04万元；城镇新增就业目标任务1900人，完成2282人，完成率120%；城镇失业人员再就业目标任务500人，完成543人，完成率108%；就业困难对象就业目标任务180人，完成221人，完成率123%；向辖区下岗失业人员和高校毕业生办理“就业、失业登记证”2751个，辖区单位就业登记入库率98%，为符合就业困难援助群体的下岗失业人员办理困难认定186人。

筑牢疫情防控防线，全年累计核实重点地区来（返）涪人员摸排管控大数据、e治采及黄码人员6485人，全年共接返境外人员595人，管控重点地区返涪人员1323人，集中组织完成辖区两轮核酸检测采样9.3万人次，完成第一剂接种8.04万人、第二剂接种8.3万人、加强针接种14465人，推动96.45%常住人口完成疫苗接种。

【街道机构编制调整】2021年，城厢街道设置党政综合办公室（挂人大工作办公室），综合行政执法办公室(挂安全生产监督管理办公室、食品安全办公室、河长制办公室、生态环境保护办公室、应急管理办公室)，社会事务办公室（挂行政审批办公室），城市管理办公室（挂物业管理办公室），社区治理办公室（挂依法治理办公室），营商环境办公室，财政办公室，便民服务中心，基层创新改革办公室，营商服务中心，网格治理中心。

【区域化营商服务中心建设】2021年，城厢街道建设区域化营商服务中心（城厢片区），建立街道+企业+行业主管部门的“1+1+X”运作模式，围绕企业成立、运营、发展、壮大的全生命周期，推出“一窗口一平台六中心”服务功能，开展营商特色服务

2021年城厢街道创新建设区域化营商服务中心（城厢片区）　（赵丹阳）

活动 35 项，实现跨区域、全时段、零距离服务片区企业。

【重点项目推进】2021 年，城厢街道实施和服务项目 155 个，含市、区重点项目 11 个。嘉来南河广场城市综合体项目竣工验收、茂业百货人行天桥开工建设、京东电器城市专业市场营业。完成 18 栋 D 级危房 214 户住户紧急搬离和 36 户临时安置户后续安置工作，完成上级限时搬离任务。涪城路 1-11 号项目 1 号楼完成竣工初验，完成中心医院第三综合大楼地块 3 户协议搬迁任务。

【“两项改革”】2021 年，城厢街道创新建设党群暖心驿站 8 个、片区公共服务机构 12 个，完成“10 分钟社区综合服务圈”构建，融入公交卡办理、儿童托管、招工求职需求发布等特色服务项目，群众满意度提升，“党群暖心驿站”建设被四川省两项改革“后半篇”文章专项领导小组办公室推广。梳理便民服务中心（室）办理（代办）事项 248 项，推行“一网通办”。在富临大都会小区成立“全屋管家”，提供 5 大类 30 余项服务，实现服务不出小区。实施“儿童关爱保护”项目和“特色家庭教育示范”项目，全年共开展活动 26 场，覆盖 2100 余人。

2021 年绵阳市涪城区城厢街道基本情况一览表

表 64

单位	指标	数值	比 2020 年增减额
地区生产总值	万元	2249000	24.03
税收收入	万元	50633	
公共财政预算收入	万元	2563.11	76.05
限上社会消费品零售总额	万元	392287.2	66022.7
限上商贸企业	家	86	15
固定资产投资	万元	199125	38270
招商引资	万元		
招商引资到位资金	万元		
小微企业数	家	6962	21
科技型中小企业数	家	146	10
居民人均可支配收入	元	45979	3711

2021 年绵阳市涪城区城厢街道各社区基本情况一览表

表 65

村名	面积（平方千米）	居民小组（个）	户数（户）	户籍人口（人）	常住人口（人）	中共支部（总支、党委）书记	社区居委会主任
合计	11.4	290	58498	131917	157647		
铁牛街社区	0.6	14	2047	4287	5284	刘 程	刘 程
建国门社区	0.73	24	3007	7297	12150	胡 斌	胡 斌
临园路东段社区	1.05	5	5683	7832	15255	王 红	王 红
会仙社区	0.68	21	3349	6868	9112	周 金	周 金
成绵路社区	1.25	10	5301	10980	16921	田 珊	田 珊

续表 65

村名	面积（平方千米）	居民小组（个）	户数（户）	户籍人口（人）	常住人口（人）	中共支部（总支、党委）书记	社区居委会主任
钟鼓楼社区	0.8	62	5589	8994	13894	陈柏华	陈柏华
警钟街社区	0.95	36	6546	20800	18180	蒲陶军	蒲陶军
安昌社区	0.83	12	4865	5108	4115	崔定洪	崔定洪
绵兴路社区	0.95	12	3781	10465	8929	林雪雯	林雪雯
滨江社区	1.1	32	4715	15248	14088	张　艳	张　艳
解放街社区	0.84	15	4426	10132	11799	姜　蓉 2021 年 1—8 月	姜　蓉 2021 年 1—8 月
文昌社区	0.84	19	5863	10660	17580	冯　庆	冯　庆
得月楼社区	0.78	28	3326	13246	10340	敖　茜 2021 年 1—10 月	敖　茜 2021 年 1—10 月

（赵丹阳　唐晓棠）

工区街道

【概况】工区街道位于绵阳城区北部，总面积 29.33 平方千米，东起东原大桥，西至双碑铁路立交桥，南起南河大桥，北与青义镇接壤。20 世纪 50 年代，中央“三线建设”运动，绵阳成为“三线建设专区”，长虹机器厂（305 厂）、涪江机器厂（203 厂即九洲集团），华丰器材厂（204 厂）、涪江有线电厂（407 厂）的迁入，107 设计院、四〇四医院的落地，跃进路一线成为绵阳涪城的工业集中发展区，工区街道也因“四厂两院”坐落于此而得名。现在工区街道是绵阳三线建设的重要承载地，是宜居宜商宜业的城市中心。工区街道下辖迎宾、绵州、临西、金菊等 15 个社区，代管九洲 1958 等商住小区和 107 设计院、铁路等家属区，现有居民小组 321 个，户籍人口 20 万人，常住人口 37 万人。工区街道党工委下设 218 个基层党组织，在册党员 6257 名。

完成工业投资 3000 万元，固定资产投资 15000 万元、建筑业总产值 70 亿元、社消零增速 20%，规模以上服务业企业新增 8 户。对上争取完成任务数 496 万元，1—9 月完成一般公共预算收入 3.7 亿元。2021 年前三季度城镇居民人均可支配收入 37380 元，增幅 9.7%。

发放低保、残疾人、高龄老人等各项补助救助资金 480 万元，发放计生特扶金和独生子女父母奖励金 335 万元。建立 15 个社区心理服务室。举办专场招聘会 2 场，为 20 余家企业、150 余名失业人员牵线搭桥，830 人成功再就业，对全区城市困难群体 60 余人进行就业实用技能培训。建立城市困难群众精准帮扶三级联系帮扶机制，辖区 104 户/169 人精准施策。新增申报区级 4 个慢病示范社区，申报省级示范便民服务室 4 个。

对涪江、安昌河、平政河、龙西堰干渠环境卫生、排放口等开展治理工作 132 次。构建“横向到边，纵向到底”的环保监管体系，处置涉及环保信访投诉 30 件，接受中央环保督察，处置央督环保信访投诉 4 件。

【城市综合建设】发挥万达南北塔和五一大厦楼宇经济品牌楼宇的资源优势，强化政策引导，注重业态布局定期更新楼宇入驻企业信息，实现资源共享。2021 年长虹 THE-ONE 综合体引入税务事务所、工程造价公司、律师事务所、建筑公司等 18 家中小微企业，入住率 70%。2021 年东辰宜家美实业联手九龙集团、三汇集团升级改造花园批发市场，投资 2000 万元打造宜家美蜗居艺术馆，重构绵阳家居建材商业格局。

【城市基础设施建设】完成迎宾路 20 号、一环路西段 27 号等 4 处房地产项目建设。双汇家属区整体改造新编控规通过市规委会。完成富乐北路九洲段市政道路建设。完成竣工验收电梯 12 部。治理城市旱厕 20 处。硬化兴盛街废弃地块 600 平方米。拆除丝厂家属区、剑南路批发市场等违建 38

2021 年 11 月，涪城区城厢街道天籁一品小区党支部升旗仪式 (金 鹭)

处。按时完成 D 级危房住户搬离工作，投入 30 余万完成 C 级危房百货站家属区加固。2021 年度 34 个小区纳入改造，完成前期准备工作。2021 年度公租房租金补贴向 82 户 121 人次困难家庭发放补贴 273576.00 元。完成两批次 19 户家庭的实物配租工作。

【社会治理】培养“和事佬”调解队、“爱家园”舞蹈队、“绿橄榄”志愿服务队等社区社会组织 261 支。2021 年天籁一品小区、万达公馆获得省级示范小区荣誉称号。依法指导九洲跃进路 1958 小区、湖山音响家属区等 3 个小区召开首届业主大会及选举产生首届业主委员会；花园小区等 16 个小区业委会的换届工作；蓝澳岛小区、花园小区等 4 个小区选聘物业服务企业，引导居民参与小区自治。协调化解花园小区、新康花园、桂圆雅居、丽景花城等小区业主、业主委员会、物业公司三者多年来的矛盾；接待凯厦花园、御景名城、华尔街、都市港湾等小区业主投诉 200 余次；协助业主查询业委会备案、物业合同备案约 70 次；协助处理市长公开电话交办件 220 件。

组织开展重要时间节点、节假日期间安全生产隐患集中大排查、大整治活动 2000 余次。开展电动车消防安全治理专项整治工作，发放各类宣传资料 18000 余份，举办有针对性的应急演练和安全知识培训 65 场。

【党建品牌】2021 年，工区街道全面推广迎宾社区调度资源“五步法”，整合辖区资源为群众服务。先后与绵阳市第三人民医院、绵阳四〇四医院、中国电信签订党建共建协议，链接辖区商家企业资源，精准对接群众需求，开展“有涪同享 见证幸福”系列服务活动，为 1197 名 50 年以上党龄中共党员提供免费体检，为 113 名高龄党员提供家庭保洁服务。“关爱明天 携手护瞳”为辖区 15 家幼儿园约 1500 名学龄前儿童提供综合性护眼爱眼公益服务。组织动员 40 家理发店建成 40 个“红心为民服务站”，为辖区 60 岁及以上老人全年提供 12 次到店、上门免费理发服务。组织 43 名优秀老干部、老党员、退役军人、社区干部组建“红色宣讲团”，进社区、进小区、进企业开展“红色讲堂开讲啦”党史宣讲 50 余次。

2021 年街道新成立小区党支部 148 个，迎宾社区天籁一品小区“五个引领”治理模式受省级推广。天籁一品小区和 1958 小区获评省级基层治理示范小区，迎宾社区获评省级先进基层党组织。街道荣获绵阳市抗击新冠肺炎疫情先进集体和创建全市两项改革“后半篇”文章先进街道等荣誉称号。

2021 年绵阳市涪城区工区街道基本情况一览表

表 66

指标	单位	数值	比 2020 年增减额
地区生产总值	万元	1093400	106300
税收收入	万元	43821	—
公共财政预算收入	万元	2267.5672	—
限上社会消费品零售总额	万元	151730	2836
限上商贸企业	家	95	11

续表 66

指标	单位	数值	比 2020 年增减额
固定资产投资	万元	151304	37410
招商引资	万元	20000	2300
招商引资到位资金	万元	20000	3600
小微企业数	家	2888	243
科技型中小企业数	家	112	12
居民人均可支配收入	元	45979	3711

2021 年绵阳市涪城区工区街道各社区基本情况一览表

表 67

名称	面积（平方千米）	居民小组（个）	户数（户）	户籍人口（人）	常住人口（人）	社区党委（支部）书记	社区居委会主任
合计	29.333	321	109786	200247	379977		
朝阳社区	2.5	21	8129	14630	27011	王雅恒	王雅恒
迎宾社区	1.52	56	5499	11025	19552	张　忱	张　忱
跃北社区	2.46	34	7047	18385	25481	安小刚	安小刚
西山社区	3.5	14	8638	14474	21448	刘海玲	刘海玲
华丰社区	0.752	2	2934	7912	8252	赵　凤	赵　凤
灵通社区	1.581	19	13273	16428	39269	陈　霞	陈　霞
九洲社区	0.62	4	10860	14000	31633	王铁蓉	王铁蓉
绵江社区	1.22	22	10396	21834	30289	麦森鹏	麦森鹏
子云亭社区	2.67	18	4029	12164	16349	李丽萍	李丽萍
滨涪社区	5.93	13	10106	20979	64607	窦柏容	窦柏容
绵州社区	2.48	15	10335	11507	30311	周于靖	周于靖
金菊社区	1	36	4706	9100	15600	李　继	李　继
飞来石社区	0.7	20	3889	9667	15368	张丁月	张丁月
临西社区	1.4	22	3482	7550	12187	何　静	何　静
花南社区	1	25	6463	10592	22620	段　娇	段　娇

（唐　鑫　李懿瑾）

城郊街道

【概况】城郊街道位于城市核心地带，总面积 14.3 平方千米，主要集中在涪江以西、安昌江以北的绵阳主城区，与城厢街道、工区街道点面交错分布。辖区常住人口 10 万余人、流动人口 7 万余人，辖 13 个村（社区），其中行政村 2 个，社区 11 个，均为村改居社区。2 个农业村辖 8 个村民小组，11 个社区辖 67 个居民小组。全街道共有党员 2105 名，街道各级党组织 87 个，其中：党委 9 个，党总支 10 个，党支部 68 个。

全年实现财政总收入6.47亿元。实现一般公共预算收入3895.31万元，一般预算公共支出5829.54万元。公共服务支出3204.54万元，公共安全支出75.49万元，教育支出3.99万元，社会保障和就业支出224.62万元，卫生健康支出146.31万元，农林水支出763.54万元，住房保障支出95.32万元。文体与传媒支出9.88万元，节能环保支出58.39万元，城乡社区支出1232.21万元，灾害防治及应急管理支出15.20万元。

完成全社会固定资产投资14.9亿元，完成全年目标任务12.5亿元的119.6%；规模工业总产值29.2亿元；完成工业技改投资2.54亿元；建筑业总产值30.7亿元，完成全年目标任务的100.8%；社会消费品零售总额增幅19%；科技型中小企业评价个数19户；引进境内省外到位资金完成8.1亿元；地区生产总值增速9.7%。

全年排查出困难群众8户15人，为3户申请困难资金2.4万元。排查困难退役军人11人，解决资金1.9万。参加养老保险4501人、医保23715人，居全市全列。对7887名退休人员和异地225名退休人员进行系统认真和节日慰问。

完成三里绵江综合楼联合改造，沿江“城中村”旧城改造、集体老旧危房提升，“平安平顺、和谐平政”建设，城郊社区芙蓉居民小组智慧化小区建设，东西第二干道拆迁工程，高水“口袋公园”建设等6项工程拆迁升级工作。打造福星、三多新时代、缤购天地商业组团规划和业态布局，三多新时代、缤购天地等项目累计签约入驻太平洋影城、智慧农超等商户128户，新增商业面积2.45万平方米。现场制止违法建设20余起，拆除违法建设5处，拆除面积1000余平方米。

【高水印象口袋公园建成】2021年10月20日，城郊街道高水社区高水印象口袋公园建成投入使用。项目总投资近560万元，口袋公园面积2400余平方米，以“重逢旧时光·拥抱慢生活”为主题打造“城郊记忆·印象高水”主题公园，通过健康步道、立体雕塑、墙体浮雕、园林绿化、健身娱乐设施等，连接“古井佳泉”“沿溪溯源”“高水往事”“溪桥片段”等八大主题景观及休憩空间，展现高水社区的历史人文，提供安全、生态、富有历史人文情怀的休憩娱乐空间，提升高水社区的城市形象及生态环境。

【三里社区“状·园”口袋公园建成】2021年7月31日，城郊街道三里社区“状·园”口袋公园建成投入使用。项目总投入30余万元，口袋公园面积800余平方米，依托紧邻国家示范中学——绵阳中学优势，以“文宗状元欧阳修生涪城”故事为引线，通过景观刻字、黄岗石道路、防腐木栈道、文化雕塑、故事展示架、立体浮雕、园林绿化、娱乐设施等，连接“状元好邻居”“大宋状元人物钢雕”“状元文化打卡墙”“职工之家”“儿童之家”等主题景观及活动场所。为绵中学生家长及居民群众提供了休闲娱乐场地，加强了校社共建，改善了社区整体风貌，提升了辖区居民生活品质。

【沿江社区“城中村”旧城改造】2021年8月2日，城郊街道沿江社区二组启动“城中村”旧城改造。沿江社区二组“城中村”改造项目位于富乐路5~7号，该项目地块总面积9281.16平方米，由一块国有土地和沿江社区二组的集体土地组成。该项目按期完成模拟搬迁协议签约100%，正在进行项目土地成本核算工作等土地出让前期工作。

2021年绵阳市涪城区城郊街道基本情况一览表

表68

单位	指标	数值	比2020年增减额
税收收入	万元	64651	3618
公共财政预算收入	万元	3895.31	126.95
限上社会消费品零售总额	万元	67313	161
限上商贸企业	家	22	4
固定资产投资	万元	149516	-64984
招商引资到位资金	万元	81457	-6543
小微企业数	家	491	5

续表 68

单位	指标	数值	比 2020 年增减额
科技型中小企业数	家	104	8
居民人均可支配收入	元	23615	1930

2021 年绵阳市涪城区城郊街道各行政村（社区）基本情况一览表

表 69

名称	面积（平方千米）	居民小组（个）	户籍人口（人）	常住人口（人）	中共支部（总支、党委）书记	村委（社区）主任
合　计	26.9	75	33021	79746		
城郊社区	1.2	2	892	2067	张　伟	张　伟
花一社区	0.075	3	1569	3200	刘　艳	刘　艳
花二社区	1.3	6	3545	7650	林兴财	林兴财
三里社区	3	5	2217	6800	王太贵	王太贵
沿江社区	1.1	6	2339	8002	夏成禄	夏成禄
平政社区	3.2	10	4275	10785	谢长华	谢长华
高水社区	1.3	8	3336	7000	陈昌陆	赖成功
圣水社区	1.5	11	3275	10275	张　强	张　强
南河社区	1.4	7	3609	10658	兰国盛	兰国盛
牌坊社区	1.7	3	1656	4852	邓小虎	郭继富
新庙社区	0.6	6	3078	4500	蒋发军	赵　飞
白 土 村	3.5	3	2001	2831	蒋德银	蒋德银
下龙溪村	2.5	5	1229	1126	张明林	张明林

（申玲艳　江　超）

奋进新时代 启航新征程 为全面建设西部现代化强区努力奋斗

——在中国共产党绵阳市涪城区第七次代表大会上的报告

中共绵阳市涪城区委书记 邓 辉

（2021 年 9 月 23 日）

中国共产党绵阳市涪城区第七次代表大会，是在“两个一百年”奋斗目标的世纪之交，全面建成小康社会、开启建设社会主义现代化涪城新征程的关键时刻，召开的一次承前启后、继往开来的重要会议。**大会的主题是：**坚持以习近平新时代中国特色社会主义思想为指导，立足新发展阶段、贯彻新发展理念、融入新发展格局，团结带领全区广大党员和干部群众，深入实施“三千工程”，加快建设“四个强区”，奋力推动涪城经济社会高质量发展，为全面建设西部现代化强区而努力奋斗！

过去五年工作回顾

区第六次党代会以来，面对错综复杂的经济形势、突如其来的疫情冲击和艰巨繁重的发展任务，在党中央和省委、市委的坚强领导下，我们深入践行新发展理念，牢牢把握高质量发展要求，以非常之举应对非常之时，用非常之力推进非常之事，在建党一百周年之际向党和全区人民交上了一份高质量答卷。

这五年，最令人自豪的是，我们谋发展、抓发展、促发展，于低谷中坚强奋起，在困境中克难奋进，实现“三个历史上首次”：2019 年，区属经济总量首次跃升至全市第一，实现从第一方阵到方阵第一的发展跨越；2020 年，涪城区首次入围全国百强区，今年又跨越升级 6 位、居第 68 位，实现从问鼎一域到竞逐全国的格局转变；2021 年，涪城区首次跻身全国幸福百强区、居第 53 位，实现幸福指数和发展指数的同步跃升。

这五年，最令人振奋的是，我们破瓶颈、补短板、优环境，勇担历史使命，力破发展困局，取得“三个根本性突破”：坚持规划引领、要素保障，以百亿元基础设施建设投入，支撑四片联动发展，新增规划建设用地 37.8 平方千米，未来发展空间拓展取得根本性突破；坚持龙头带动、集群发展，建区以来投资最大的工业项目——惠科光电建成投产，引领千亿级先进制造业产业集群全面起势，工业“二次创业”取得根本性突破；创新“三度服务”，优化营商环境，用心用情用力服务企业全生命周期，高质量发展核心竞争力塑造取得根本性突破。

这五年，最令人欣慰的是，我们防大汛、抗大疫、迎大考，心往一处想，劲往一处使，夺取“三个决定性胜利”：成功应对60年来最强降雨和涪江最大洪峰过境，抗击重大自然灾害取得决定性胜利；有效阻击百年难遇的传播速度最快、感染范围最广、防控难度最大的新冠肺炎疫情，应对重大突发公共卫生事件取得决定性胜利；全面建成小康社会，全区人民对美好生活的向往不断满足，高质量脱贫攻坚取得全面决定性胜利。这充分展现出一个有定力、有担当、有作为、有情怀的韧性涪城，必将激励我们接续开创西部现代化强区建设更加美好的未来！

在此基础上，区委统筹抓好稳增长、促改革、调结构、惠民生、防风险、保稳定和党的建设等工作，推动涪城各项事业取得新的重大进展，顺利完成区第六次党代会确定的目标任务。

我们坚持系统谋划、统筹推进，综合实力进一步增强。深入践行习近平新时代中国特色社会主义思想，坚决贯彻落实习近平总书记对四川、绵阳工作系列重要指示精神，准确把握阶段发展特征，深入实施“一二三四五六”总体战略；立足深度参与成渝地区双城经济圈建设国家战略，聚焦“十四五”时期发展，从宏观层面确立实施“三千工程”、建设“四个强区”的战略谋划，从中观层面明确建设“四个强区”的发展路径，从微观层面落实指标分解、项目推进、机制保障等具体工作，以涪城改革发展的生动实践和显著成效，充分彰显了习近平新时代中国特色社会主义思想的强大真理力量、思想力量、实践力量。2020年，实现区属地区生产总值541.15亿元，五年迈过三个百亿台阶，年均增长8.17%；实现一般公共预算收入21.93亿元，税收占比达到84.87%；固定资产投资总量连续五年保持全市第一，在高基数2020年均增长13.67%；连续两年被省委、省政府评为全省县域经济发展强区。

我们坚持创新驱动、转型升级，发展质效进一步提升。加快新旧动能转换，创新驱动发展作用显现，现代产业体系加快构建。工业经济量质齐升。总量规模持续扩张，规模工业增加值年均增长10.33%，2020年实现规模产值206.7亿元，是2015年的1.92倍，基本实现再造一个“工业涪城”，连续3年入选全国工业百强区。质量效益不断提高，三大先进制造业规模工业产值占比达到39.7%，惠科光电2021年将成长为涪城首家百亿级企业，联东U谷、中南高科、惠科模组等项目全面开工，专业平台沿链招引、配套项目沿链聚合、千亿产业沿链构建的产业生态基本形成。现代服务业提档升级。全市服务业领头羊地位持续巩固，获评全省服务业强区。以五大主题商圈引领传统服务业转型升级、现代服务业创新发展，社会消费品零售总额年均增长9.41%。科技服务、现代物流、现代金融等六大现代服务业增加值年均增长13.6%，占比超过38%。现代农业加快发展。精品蚕桑、优质果蔬集中连片发展，国家农业科技园区通过验收，蚕桑现代农业园获评全省星级现代农业园区。新增市级以上龙头企业5家，新增“三品一标”认证52个，“涪城蚕茧”成为全市首个全国名特优新农产品。成功创建全国“平安农机”示范区，获评全省首批实施乡村振兴战略工作先进区。

我们坚持深化改革、扩大开放，发展活力进一步激发。始终用改革破解难题，用开放汇集要素，以大改革大开放促进大发展。重点改革扎实推进。“两项改革”有序实施，镇（街道）、村（社区）数量减幅分别达到50%和37%，创新建设“党群暖心驿站”、乡镇综合行政执法改革“三项机制”等经验被省两改办推广。党政机构改革顺利完成，优化市区权责关系改革下放事权运行顺畅，综合行政执法改革有序推进。“放管服”改革持续深化，政务服务事项“一次办结”比例达100%。农村综合改革、国企改革等重点领域改革蹄疾步稳，获评全省重大农村改革任务推进示范区。开放水平显著提升。精准专业化平台招商成效显著，签约投资10亿元以上项目24个，实际到位国内省外资金549.85亿元、外资1.36亿美元，连续5年入选全国投资潜力百强区。“朋友圈”持续扩大，与北京中关村街道、重庆蔡家智慧新城、宜宾翠屏区结为友好城区，与各类金融机构和省、市国有企业合作全面深化。创新构建“五个一”城市宣传体系，对外开放形象不断提升。对上争取成果丰硕，争取资金总额97.44亿元，年均增幅21.09%。营商环境不断优化。“三度服务”20条措施持续深化，联系服务企业四大常态机制全面落实，企业家“早餐汇”创新案例全省推广；《支持产业高质量发展86条措施》《关心关爱企业家10条措施》《支持企业发展26条措施》系统出台，全国一流、全省领先的营商环境基本形成。

我们坚持四片联动、组团成势，发展空间进一步拓展。统筹推进四大主体功能区建设，新的发展增长极和动力源加快构筑。科技城新区突破发展。完成固定资产投资351.63亿元，新增建成区面积10平方千米；科创产业加速聚集，中关村信息谷、中科钛领等11个平台高效运营，科大讯飞、天仪星谷、创业黑马等175个科技创新项目集聚发展；城市新区迅速拓展，“四纵四横”路网基本建成，学校、医院等配套设施跟进建设，14个、460万平方米城市开发项目加快推进，“一区两组团”成势突破。临港经济发展区跨越发展。规划建设面积从22平方千米拓展至54平方千米，绵阳工业园申建调位工作加快推进；产业能级大幅跃升，22个先进制造业项目建成投产，新增规模工业产值120.44亿元，千亿级产业园区蓄势崛起；承载能力不断增强，骨干路网全面贯通，电力专线、污水处理厂、仓储物流等配套设施建成投用，“一园三组团”发展格局基本形成。中心城区优化发展。“花开会仙”“绵州记忆”等特色街区改造提升，华润万象城、北京王府井等城市综合体加快建设，培育亿元楼宇2栋；城市“双修”稳步推进，投入63亿元，实施旧改棚改116.44万平方米、治理老旧小区270个，城市能级持续提升、城市经济持续向好。农旅融合区协调发展。投入23亿元推动乡村振兴，建成幸福美丽新村97个。基础设施不断改善，新改扩建道路583.6千米，绵中路完成改造提升，入选全国首批城乡交通运输一体化示范区；“三改两建”“三片共治”成效明显，城乡供水、供电、信息同质化加快推进。三大农业主题公园建设梯次推进，“千鹤桑田”蚕桑文化农业主题公园正式开园，首届“涪城·田园自行车公开赛”成功举行，绵阳城市“后花园”建设加快推进。

我们坚持以人为本、改善民生，生活品质进一步提高。坚定践行以人民为中心的发展思想，人民群众幸福指数不断提升。民生福祉持续增进。公共财政支出71.4%投入民生领域，省、市、区年度民生项目圆满完成。城乡居民收入稳定增长，分别比2015年增长45.67%和55.38%。就业形势持续向好，获评全省首批大众创业万众创新示范基地。教育投入再创新高，多渠道投入6.8亿元，新改扩建学校37所，大班额和随迁子女入学问题有效解决。文化事业繁荣发展，成功创建四川省现代公共服务体系示范区。医疗、社保、养老、妇女、儿童、残疾人等各项事业全面发展。三大攻坚战成效明显。脱贫攻坚战圆满收官，2939名建档立卡贫困群众实现高质量脱贫，2307名城镇困难群众得到精准帮扶；协助昭觉县顺利脱贫“摘帽”，连续四年获评“省内对口帮扶藏区彝区先进集体”。污染防治攻坚战成效明显，投入9.8亿元实施木龙河黑臭水体综合治理等项目，大气、水、土壤环境根本性、整体性改善。防范化解重大风险攻坚战取得实效，85个历史遗留问题实现销号。社会治理不断深化。党组织引领作用充分发挥，全民共建共治共享的治理格局基本形成，获评全省城市基层治理示范区。法治涪城、平安涪城、文明涪城建设协调推进，扫黑除恶专项斗争成效显著，宗教领域突出问题专项治理取得重大成果，获评全国创建无邪教示范区、全省平安建设先进区、省级双拥模范区和全省“七五”普法中期先进区。

我们坚持全力以赴、众志成城，防疫成果进一步巩固。坚定扛起重大政治责任，沉着应对百万人口主城区严峻复杂的防控形势，坚决打赢新冠疫情防控的人民战争、总体战、阻击战。坚强领导科学决策。区委临危不乱、处变不惊，精准统筹“战略、战术、战役”，指挥区、镇（街道）、村（社区）三级联动，组织党员、干部、群众并肩战斗，共同打好全覆盖排查、小区厂区封闭管理、核酸检测、疫苗接种等多场大仗硬仗。创新机制科学防控。区委系统部署、精准施策，全面落实“152”防控措施，因时因势抓好不同阶段的防控工作。在全国疫情局部暴发阶段，坚持群防群控、精密智控，创新“四色管理”，探索“以房找人”，迅速有效阻断疫情传播。在常态化防控阶段，压紧压实“四方责任”，分级分类“差异管理”，持续抓好“外防输入、内防反弹”工作。把握主动科学调度。区委审时度势、果断应对，打好“主动仗”、下好“先手棋”，在全市率先实现复工复产复业复学，率先出台支持企业共渡难关21条措施，保障惠科光电如期点亮投产，巩固经济总量、增速全市领跑的良好态势，有力支撑绵阳经济总量在全省地级市中率先突破3000亿。科学、精准、高效处置今年7月的突发疫情，创新构建“六个一”机制，3天完成两轮67.9万人次核酸检测，14天全域转为低风险地区，成功实现疫情不扩散、发展不断档、夺取双胜利。

我们坚持总揽全局、管党治党，发展合力进一步汇聚。坚定贯彻新时代党的建设总要求，把党的政治建设摆在首位，全面从严治党取得显著成效。思想引领入脑入心。庆祝中华人民共和国成立70周年、建党100周年系列活动扎实开展，“不忘初心、牢记使命”主题教育、党史学习教育、政法队伍教育整顿取得实效，党员干部理想信念更加坚定。意识形态责任制全面落实，思想解放大讨论深入开展，团结奋斗的共同思想基础更加牢固。基层组织全面建强。基层党建“3+2”书记项目深入实施，各领域党建质量全面提升，区委在全市县（市、区）党委中唯一获评 AA 级示范党组织。“城市学迎宾、农村学刘家坪”示范创建活动深入开展，软弱涣散党组织整顿成效明显，城市商圈、农业主题公园党的组织和工作覆盖不断扩大。干部队伍更加过硬。坚持好干部标准，公平公正提拔重用干部 425 人次，选人用人公信度不断提高。“青年干部先锋队”“退岗干部百人攻坚队”组建运行，顶岗锻炼、轮岗交流、教育培训、干部关爱等工作有序推进，高素质专业化干部队伍建设持续加强。工作机制运行顺畅。工作推进“十大保障机制”创新构建，“周周听汇报、月月晒进度、季季搞拉练、年年评成效”制度全面推行，目标考核、容错纠错、基层减负等机制有效落实，“龙腾虎跃”的干事创业氛围加速形成。正风反腐持续深入。持之以恒贯彻落实中央八项规定精神，查处“四风”案件 140 人次。始终保持“严”的主基调，党纪政务立案 784 件、处分 719 人。纪检监察“三项改革”扎实推进，六届区委任期内巡察实现全覆盖。党的领导坚强有力。区委全面加强对涪城各项事业的领导，充分调动全区上下、党内党外方方面面的力量，全力支持人大、政府、政协依法依章履行职能，充分发挥人武、工会、共青团、妇联等各方面作用，紧密团结各级党组织和广大党员干部群众，凝聚起了携手干事、和谐共事、团结成事的强大合力！

同志们，回首五年的不凡历程，我们所展现的精神面貌昂扬奋进，所付出的艰苦努力不负时代，所取得的发展成绩令人振奋！这是习近平新时代中国特色社会主义思想正确指引的结果，是省委、市委坚强领导、社会各界关心支持的结果，是历届区委团结带领区四大班子勠力同心、接续奋斗的结果，是全区广大党员干部群众和衷共济、拼搏实干的结果。在此，我代表涪城区委，向所有关心、支持、参与涪城建设发展的同志们、朋友们，表示衷心的感谢并致以崇高的敬意！

回顾五年的生动实践，成绩来之不易，经验弥足珍贵。我们深深体会到：必须始终坚定科学正确的政治方向。只有坚定沿着习近平总书记指引的方向奋勇前行，坚决贯彻党中央和省委、市委决策部署，才能确保涪城各项事业把准航向、破浪前行。必须始终保持专注发展的战略定力。只有紧紧扭住发展第一要务，以新发展理念引领高质量发展，用发展的办法解决发展中的问题，才能确保涪城各项事业基础坚实、行稳致远。必须始终弘扬改革创新的时代精神。只有坚持以解放思想为引领，用改革的办法破解难题，以创新的思路推动发展，才能确保涪城各项事业与时俱进、争创一流。必须始终拥有开放合作的博大胸怀。只有坚持世界眼光、国际视野、全球胸襟，以“涪聚三江、城纳四海”的气魄，主动融入经济全球化和国际国内分工合作，才能确保涪城各项事业挺立潮头、开创未来。必须始终践行为民服务的宗旨情怀。只有坚持以人民为中心的发展思想，持续用力抓好民生事业高质量发展，才能确保涪城各项事业深得民心、根牢基固。必须始终坚持系统观念的科学方法。只有加强前瞻性思考、全局性谋划、战略性布局、整体性推进，实现宏观战略、中观路径、微观措施有机统一，才能确保涪城各项事业统筹兼顾、协调并进。

在看到成绩的同时，我们也清醒认识到，涪城的发展还面临一些问题：区域综合实力有待提升，在与全国同类地区竞争中面临较大挑战；制造业优而不大，服务业大而不强，农业小而不精，创新引领发展的动能不够强劲，新旧动能转换还需加力提速；社会稳定新旧矛盾交织，基层治理体系和治理能力现代化有待进一步提升；教育、医疗、文化等优质公共服务供给不足，与人民对美好生活的向往还有差距；少数干部不抓落实、抓不落实的问题比较突出；等等。对此，我们必须高度重视、切实解决。

科学把握形势任务

今后五年，是涪城奋进新时代、启航新征程，深入实施“三千工程”，加快建设“四个强区”，全面建设西部现代化强区，以创新驱动引领高质量发展的关键时期。

奋进新时代、启航新征程，必须准确认识大局大势。把握大局，方能找准方向；洞察大势，才能乘势而为。放眼世界，百年未有之大变局加速演变，“东升西降”大势不可逆转，新一轮科技革命和产业变革深入发展，蕴含着重大历史性机遇，涪城理应大有可为。纵观全国，我国已进入高质量发展阶段，继续发展具有多方面优势和条件，仍处于重要的战略机遇期；特别是我国在危机转化中发展的新优势正在重塑、“双循环”活力日益增强，涪城理应奋发有为。立足省市，新时代西部大开发、成渝地区双城经济圈建设等国家战略纵深推进，省委大力支持绵阳高水平建设中国科技城，市委寄予涪城“当好排头兵、展现新作为”的更高期望，涪城理应主动作为。审视涪城，通过多年打基础、补短板、蓄势能，我们的战略动能更加强劲、战略位势更加凸显、战略支撑更加有力，完全有条件、有信心、有能力实现新时代历史使命，涪城理应知无不为。

奋进新时代、启航新征程，必须坚定贯彻新思想新要求。对于“十四五”乃至更长时期的发展，习近平总书记高瞻远瞩、运筹帷幄、与时俱进，指明了关系我国发展的一系列方向性、根本性问题，创造性地提出了许多新思想新要求，为做好涪城各项工作提供了根本遵循。我们必须坚持以“三个新”为战略指引，标定新发展阶段的坐标参照，锚定融入新发展格局的功能定位，完整准确全面贯彻新发展理念，始终把“创新、协调、绿色、开放、共享”贯穿经济社会发展全过程和各领域，不断开创涪城发展新未来。我们必须坚持以推动高质量发展为主题，加快转变发展方式，把质量变革、效率变革、动力变革引向深入，以经济发展高质量引领带动人民生活高品质、社会治理高效能，以更加平衡更加充分的发展，促进社会公平正义，促进人的全面发展，逐步实现共同富裕。我们必须坚持以系统观念为重要方法，把握时、度、效，统筹点、线、面，正确处理时与势、危与机、稳与进、当前与长远、发展与安全的关系，在动态平衡中达到集成优化，在统筹兼顾中实现协同发展。

奋进新时代、启航新征程，必须坚持科学思路牵引前进。今后五年，全区工作的指导思想是：高举中国特色社会主义伟大旗帜，坚定以习近平新时代中国特色社会主义思想为指导，全面贯彻党中央大政方针和省委、市委决策部署，立足新发展阶段、贯彻新发展理念、融入新发展格局，坚持稳中求进工作总基调，坚持高质量发展主题，坚持系统观念，坚持以人民为中心的发展思想，深入实施“三千工程”，加快建设“四个强区”，全面建设西部现代化强区，奋力当好全面建设中国科技城和社会主义现代化绵阳的主力军和排头兵。

奋进新时代、启航新征程，必须聚焦美好愿景凝聚合力。建设西部现代化强区，是全区人民对美好生活向往的集中体现，是当前和今后一个时期涪城的发展愿景。我们要全方位提升发展能级、全方位变革发展方式、全方位完善治理体系、全方位提高生活品质，推动西部现代化强区建设取得重大进展。到 2025 年：

——*“三千工程”顺利实现。*区属经济总量突破 1000 亿元、建成 1000 亿元级产业园区、“四上”企业达到 1000 户，县域经济综合实力稳居全市首位。

——*全国百强晋级升位。*全国百强区排位进入前 60 位，在西部地区的排位进入前 10 位；全国幸福百强区排位进入前 50 位，高质量发展走在西部地区前列。

——*创新能力大幅跃升。*科技创新能级全面提升，对经济增长的贡献显著增强，形成更多依靠创新驱动的引领型发展，初步建成国家科技创新先行示范区重要增长极。

——*改革开放持续深化。*制约高质量发展的体制机制障碍进一步破除，全国一流、全省领先的营商环境持续巩固，更高水平开放型经济新体系基本形成，建成西部内陆改革开放桥头堡。

——*治理效能明显提升。*基层治理制度创新和能力建设取得新成效，社会化、法治化、智能化和专业化水平显著提高，发展安全保障更加有力，建成西部地区基层治理样板区。

——*民生福祉全面增进。*居民收入增长和经济增长基本同步，公共服务体系更加健全，社会保障体系更加完善，社会文明更加进步，生态环境更加优美，人民群众对美好生活新期待得到更好满足，共同富裕取得明显进展。

奋进新时代、启航新征程，必须突出主攻方向精准发力。以全面建成“四个强区”为主攻方向，顺应时代发展，切合涪城实际，成为全区上下的广泛共识和自觉行动。我们必须一张蓝图干到底，不动摇、不折腾，聚焦主攻方向加力加劲，为全面建设西部现代化强区提供战略支撑。全面建成科教强区。抓创新就是抓发展，谋创新就是谋未来。建成“科教强区”，就是要争取发展主动、赢得发展先机，自觉服务国家科技自立自强，主动融入成渝绵“创新金三角”，为绵阳建设国家科技创新先行示范区提供重要支撑。全面建成全域强区。共同富裕是中国式现代化的重要特征。建成“全域强区”，就是要锻长板、补短板，促进要素自由流动、城乡融合发展，既建设繁华的城市，也建设繁荣的农村，为西部地区实现共同富裕探索涪城路径。全面建成产业强区。产业是经济的命脉、发展的根基。建成“产业强区”，就是要夯实实体经济基础，构建现代产业体系，以产业大发展实现涪城经济支撑力、竞争力、影响力质变飞跃。全面建成开放强区。大发展必须依靠大开放，大开放必将带动大发展。建成“开放强区”，就是要积极融入新发展格局，汇聚发展资源、增添发展动能、积蓄发展红利，以更高水平对外开放同世界更加良性互动。

始终保持发展定力

发展是解决涪城一切问题的基础和关键。我们必须坚持发展第一要务，完整准确全面贯彻新发展理念，奋力推动新时代涪城高质量发展，阔步迈向全面建设西部现代化强区新征程。

坚持创新发展，培育经济增长新动能，全面建成“科教强区”。始终以创新为第一动力，深入实施创新驱动发展战略，促进科技创新和经济社会发展深度融合，让“创新无处不在、科技触手可及”。

建强创新载体。坚持把科技城新区涪城片区作为科技创新主战场，紧扣“创新新引擎、产业新高地、城市新空间”目标定位，打好科技创新、产业发展、改革开放、城市建设攻坚战，推动科技智谷、环西科大两大组团整体成势，成为引领高质量发展的动力源和增长极。科技智谷组团聚焦5G、人工智能、北斗卫星等前沿领域，加速科技创新产业集群集聚发展；环西科大组团重点依托高等院校、专业服务平台等各类资源，推动创新创业蓬勃发展。统筹推进新区基础设施建设，升级扩容公共服务配套，加快推动城市开发项目建设，全面提升新区承载能力。

做优创新平台。服务战略科技平台，主动融入成渝绵“创新金三角”，积极参与西部科学城建设，全力服务保障气动中心、省军民融合研究院等建设发展。壮大产业创新平台，加快打造一批科技研发平台、创新孵化平台，支持企业创建国省市级企业技术中心、制造业创新中心、技术创新中心、产业创新中心，构建完善“众创空间+创业苗圃+孵化器+加速器+产业园”“五位一体”创新体系。优化功能服务平台，做大做强特色科技园区，用好用活专业运营平台，促进创新资源要素高效流动、集聚转化。

培育创新主体。突出企业主体地位，组建龙头企业牵头、院所高校支撑、各类创新主体相互协同的创新联合体；实施制造业单项冠军企业、专精特新“小巨人”企业培育计划，培育科技型领军企业和创新型头部企业。大力推进“招院引所”，积极吸引国内外科研院所、知名高校等迁入或在涪设立研发平台和创新载体，提升科技创新水平。持续深化与知名工科类高校合作，打通“科技研发—工程化—产业化”的创新链条，促进更多科技成果从“书架”走向“货架”。

营造创新生态。加强区域间、产业间协同创新，鼓励开展跨区域创新创业活动。深化“1+X”科技服务体系建设，创新科技园区建设运营模式，为各类创新主体提供全生命周期服务。加速实施5G基站、大数据中心、人工智能、工业互联网等新基建项目，夯实科技创新基础支撑。加大财政支持创新力度，鼓励金融机构、投资基金和民间资本支持创新创业。深化科技领域“放管服”改革，推动职务科技成果权属改革，健全创新尽职免责容错机制，营造鼓励创新、宽容失败的良好环境。

汇聚创新人才。发挥教育在人才发展中的基础性作用，推动科教融合、产教融合，促进教育链、人才链与产业链、创新链有机衔接。建立完善系统的人才政策体系，用好人才发展专项资金和柔性引才平台，吸引更多创新创业领军人才和团队来涪发展，鼓励在绵大学生留涪工作。优化人才服务保障，落实安居、就医、子女就学、家属就业等服务保障措施，努力把涪城建设成为各类创新人才汇聚的高地。

坚持协调发展，形成城乡融合新格局，全面建成“全域强区”。始终以协调为内生特点，推动全域空间布局整体优化、全域功能体系整体完善、全域发展能级整体提升，全面推进乡村振兴，促进城乡深度融合发展。

优化主体功能区布局。实施区域协调发展战略，推动科技城新区涪城片区、临港经济发展区、中心城区、农旅融合区四大主体功能区协同发展，加快形成优势互补、各具特色的区域经济板块。科技城新区涪城片区按照“一区两组团”布局，推动科技智谷组团、环西科大组团突破发展，打造创新新引擎、产业新高地、城市新空间，加快建设科技创新主体功能区；青义镇着力建设西部科技创新强镇。临港经济发展区按照“一园三组团”布局，东区以吴家镇以及石塘街道部分区域为载体，西区以新皂镇为载体，南区以杨家镇和丰谷镇部分区域为载体，依托航空港、铁路港、高速公路港，推进产业南进、城市南进，加快建设先进制造业主体功能区；吴家镇着力建设西部先进制造业强镇，新皂镇着力建设西部先进制造业和现代物流业深度融合示范镇。中心城区以五大商圈为引领，兼顾产、城、人、文，加快建设现代服务业主体功能区；城厢街道着力打造社会治理新样板，工区街道着力打造城市经济新中心，石塘街道着力打造城市建设新标杆，城郊街道着力打造转型发展新典范。农旅融合区以三大农业主题公园为引领，促进农科文旅商“五态融合”，加快建设现代农业主体功能区；杨家镇着力建设西部乡村振兴示范镇，丰谷镇着力建设西部历史文化名镇。

提升城市能级品质。围绕绵阳建设I型大城市和成渝地区副中心城市目标，以现代公园城市理念为指导，统筹生产、生活、生态，提升“产”、建好“城”、服务“人”、涵养“文”，不断增强城市承载能力和辐射带动能力。树立经营城市理念，依托城市综合体、特色街区、专业楼宇、专业市场四类空间载体，集聚重组、开发运营各类城市资源，大力发展城市经济。实施更新行动，以青义老场镇、御营坝等棚户区改造为抓手，推动城市片区整体开发；以老旧小区改造、历史遗留问题化解为契机，推动城市点状开发；以城市“微治理”为主导，补齐基础设施和公共服务设施短板，小切口提升城市大风貌。大力推进新型城镇化，统筹推进全国千强镇、全省百强中心镇建设，科学规划建设一批科技创新、文化创意、先进制造等特色小镇。

推进乡村全面振兴。坚决守住脱贫攻坚成果，做好巩固拓展脱贫攻坚成果同乡村振兴有效衔接。坚持以产业振兴为引领，加快建设现代农业产业园区，构建优势主导产业全产业链，发展新型农村集体经济，健全多元投入保障机制，促进农民收入稳定增长。推动乡村人才振兴，吸引外出务工人员返乡创业，培育新型职业农民，优化农村人才队伍建设。推动乡村文化振兴，加强农村公共文化建设，深入挖掘传统民俗文化、农耕文化，完善公共文化服务体系。推动乡村生态振兴，严守生态保护红线，整治农村人居环境，建设美丽乡村。推动乡村组织振兴，加强农村基层组织建设，大力培养优秀农村基层党组织书记，深化农业农村改革和村民自治实践，提高乡村治理能力。

促进城乡融合发展。建立和完善城乡融合发展体制机制，促进城乡要素高效流动、公共资源均衡配置、现代产业协同发展。强化城乡规划引领，用好乡村规划师、城市“微治理”规划师两支队伍，提升城乡规划水平。加快构建外联内畅、舒适便捷的交通网络，推动皂角铺铁路物流基地融入中欧班列国际物流通道，规划建设绵遂内高铁南站连接道路，建成G5成绵高速扩容玉皇、丰谷连接线，打造铁路、公路、航空“三位一体”区域交通枢纽；北部区域提升市政道路配套水平，推进两大组团及其内部道路互联互通，完善“四纵四横”路网体系；南部区域以绵中路为中轴，建设S8延长线、杨关大道西延线等产业道路，贯通三大农业主题公园内部道路，形成“一纵两横一环”交通格局。加强农田水利、能源等基础设施建设，助推城乡供水、供电、供气、信息一体化。推进教育、医疗、文化、社会保障等公共服务向农村地区、城市新区覆盖，加快全域基本公服标准统一、制度并轨。

坚持绿色发展，构建现代产业新体系，全面建成“产业强区”。始终以绿色为普遍形态，以平台经济为新型模式，培育绿色现代产业集群，构建绿色现代产业生态，守住绿色本底、提升发展内涵，推进产业基础高级化、产业链现代化。

做大先进制造业。以新型显示、汽车电子、5G制造为主导产业，发挥数字经济引领作用，构建“3+1”现代工业体系。壮大新型显示产业集群，沿链构建玻璃基板、背光模组等上游材料产业和下游显示终端，到2025年产业规模达到450亿元；壮大汽车电子产业集群，引进构建车用电子控制系统、信息娱乐及导航系统等产业链，到2025年产业规模达到120亿元；壮大5G制造产业集群，围绕5G芯片、光模块等核心器件制造集聚发展，到2025年产业规模达到140亿元；大力发展数字经济，推进数字产业化和产业数字化，到2025年数字经济占地区生产总值比重达到40%。加大企业梯次培育力度，做强龙头引领、做大骨干支撑、做优创新苗圃。到2025年百亿级、50亿级企业分别达到2户和3户，工业产值翻两番以上，力争突破1000亿元，“开放创新智慧低碳”的千亿级现代产业园区全面建成。

做强现代服务业。以商业贸易为支撑，以科技服务、现代金融、现代物流、电子商务、文化创意、旅游康养为重点，构建“1+6”现代服务业体系。巩固提升商业贸易业，提档升级五大主题商圈，建设西部区域消费中心。大力发展科技服务业，以科技城新区涪城片区为载体，构建科技服务生态，建设西部区域科技服务中心。大力发展现代金融业，推动临园路金融集聚区建设，引进和培育总部型金融机构，建设西部区域金融服务中心。大力发展现代物流业，依托皂角铺铁路物流基地构建开放的物流网络，参与中欧班列（成都）组货基地建设，建设西部地区重要铁路物流节点城市。大力发展电子商务、文化创意、旅游康养产业。到2025年服务业增加值突破550亿元，现代服务业占比达到45%，全省服务业强区地位持续巩固。

做精现代农业。坚持以现代都市农业为发展方向，以精品蚕桑、优质果蔬为主导产业，以“千鹤桑田”蚕桑文化、“湖光山色”稻虾亲水湿地、“蔬香绿野”芦笋大健康三大农业主题公园为平台，构建“1+2+3”现代农业体系。推动农业产业化，依托龙头企业带动，培育新型农业经营主体，推进主导产业连片成势，促进农业规模化发展。推动产业园区化，统筹推进农业基础设施标准化建设、农技农机标准化服务、农业园区标准化管理，争创国、省级现代农业园区，促进农业标准化发展。推动园区公园化，以农科文旅商“五态融合”发展为引领，按照“三年三园三步走”目标，梯次建设三大农业主题公园，促进农业景区化发展，打造绵阳城市后花园和乡村旅游目的地。

坚持开放发展，激发经济社会新活力，全面建成“开放强区”。始终以开放为必由之路，加快构建高能级开放平台、高效率开放通道、高水平营商环境，让“涪聚三江、城纳四海”成为联通世界的最亮标识。

*持续推进思想解放。*要打开眼界，以全球视野观察发展大势、科技革命和产业变革，聚焦新技术、新产业、新业态、新模式，深度融入全球产业链价值链创新链，抢占未来发展制高点。要开拓思路，克服本领恐慌、摆脱僵化思维，提升因势而谋、因时而进的能力水平，以创新思维、超常举措应对前进路上的风险挑战。要提振精神，坚持“三精”标准、开展比学赶超、鼓励争先进位，大力营造拼搏奋进、只争一流的干事创业氛围。

*提升对外开放水平。*深化精准专业化平台招商，聚焦主体功能区定位和产业细分领域，促进龙头企业与专业平台相互协作，持续延链补链强链，加快打造特色优势产业集群。坚持招大引强、招新引优、招才引智、招院引所，积极争取央属、省属企业来涪设立区域总部和子公司、建设产业基地，大力引进更多龙头企业和重大项目，力争签约引进百亿级项目 3 个、10 亿级以上项目 50 个。深化交流合作和发展联动，推动与友好城区实现大范围多领域共建共享，推进产业协同、科技协同和开放协同。积极参加西博会、科博会等重大活动，组织招商会、政策推广会等专题招商活动，开展对外经济贸易交流。深度宣传涪城“五个一”城市品牌，持续提升涪城知名度、美誉度和影响力。

*加大对上争取力度。*聚焦国家、省、市重点支持领域和方向，做好重大项目策划包装，建立完善区级项目储备库，力争更多项目纳入国家和省、市“盘子”。选准突破口，找准对接点，持续加大项目、资金、政策争取力度，积极争取各类资源投入涪城经济社会发展。不断深化对上争取工作机制，坚持“周到市局、月跑省厅、季进部委”，持续抓好对上争取专班“前端、中端、后端”工作机制科学、高效运行。

*聚力对内改革攻坚。*持续深化营商环境创新，擦亮“三度服务”品牌，深化企业家“早餐汇”、银企“鹊桥会”、企业家座谈会和“四上”企业全覆盖走访等联系服务企业四大常态机制，用好“一网一微一函一热线”沟通渠道和“涪企掌上议事厅”交流平台；不断推进“放管服”改革，缩减市场准入负面清单，深化“最多跑一次”改革，探索“不见面审批”。持续深化重点领域体制机制改革，深化工作推进“十大保障机制”，创新开发区管理体制机制，推进区属国有企业由功能型向功能型与竞争型兼容转变，创新村（社区）集体经济收益分配改革。做深做细两项改革“后半篇”文章，切实将改革成果转化为发展红利。

坚持共享发展，持续保障和改善民生，推进民生事业高质量发展。始终以共享为根本目的，坚持在高质量发展中增进民生福祉、促进共同富裕，让发展成果更多更公平惠及广大人民群众，把涪城建设成为“有福之城、温暖之家、和谐之地”。

*共享幸福安康的美好生活。*深入实施“十心行动”，扎实推进省、市、区年度民生实事项目，确保民生支出占一般公共预算支出的 70% 以上。办好人民满意教育。深化教育领域综合改革，完善教育评价机制，加强师德师风建设，落实“双减”要求，推动教师跨校、跨学区流动；加快发展普惠性学前教育，优质均衡发展义务教育，促进普高教育和职业教育融合发展，支持民办教育依法规范办学，推动教育高质量发展；优化调整校点布局，深化集团化办学，增加优质学位供给，提升优质教育资源城乡共享水平，打造西部智慧教育示范区。全面推进健康涪城建设。提升公共卫生综合应急能力，全面预防控制重大传染疾病；深化医疗、医保、医药联动改革，加快优质医疗资源扩容和区域均衡布局，构建城乡分级诊疗服务体系，打造西部智慧医疗示范区。千方百计稳定和扩大就业。坚持经济发展就业导向，扩大就业容量，提升就业质量；完善重点群体就业支持体系，健全创业带动就业、多渠道灵活就业机制,支持和规范发展新就业形态。繁荣发展文体事业。积极践行社会主义核心价值观，充分发挥新时代文明实践中心作用，推进全国文明典范城市建设；提升公共文化服务水平，完善四级公共文化服务网络，创新实施文化惠民工程，建强用好区融媒体中心。健全覆盖全民、统筹城乡、公平

统一、可持续的多层次社会保障体系。加快发展养老事业和“银发经济”。完善城乡社会救助体系，保障妇女、儿童、残疾人等群体合法权益，持续做好城镇困难群众精准帮扶工作。

*共享生态绿色的人居环境。*强化国土空间规划和用途管控，落实生态保护、永久基本农田、城镇开发等空间管控边界。支持绿色技术创新，培育发展绿色工厂、绿色园区和绿色供应链。鼓励绿色消费和绿色出行，推行垃圾分类和减量化、资源化，倡导简约适度、绿色低碳的生活方式。落实最严格的生态环境保护制度，持续推进大气污染防治，深化流域环境综合整治，严格土壤环境风险管控，依托现代科技手段织密环境监测网，持续巩固污染防治攻坚战成果。严格落实河（湖）长制，深入实施山水林田湖一体化生态保护，持续推进天然林保护、道路绿化工程建设，全面提升生态安全屏障质量。

*共享和谐友善的治理良序。*坚持依法治区、依法执政、依法行政共同推进，法治涪城、法治政府、法治社会一体建设，推动全社会尊法学法守法用法。加强和创新基层社会治理，推动政府治理同社会调节、居民自治良性互动，实现资源整合、力量融合、功能聚合、手段综合，着力提高基层治理社会化、法治化、智能化和专业化水平。强化党建引领，发挥群团组织、社会组织作用，畅通和规范市场主体、新社会阶层、社会工作者和志愿者等参与社会治理的途径。提升精准治理水平，建好用好城市运行综合管理中心，谋深做实“全科网格化”服务管理，实现社会治理“一屏统筹、一网统管”。加强基层智慧治理能力建设，实施“互联网+基层治理”行动，实现基层治理向“智理”转变。推动社会治理和服务重心下移、资源下沉，更好提供精准化、精细化服务。统筹发展与安全，守住重大风险底线，守稳安全生产红线，守牢社会稳定防线，有效防范化解各类风险挑战。

全面加强党的建设

奋进新时代、启航新征程，必须落实新时代党的建设总要求，系统实施“五大行动”，创新打造“五力领航”涪城党建品牌，以高质量党建引领西部现代化强区建设。

实施党建“铸魂行动”，凝聚理想信念的精神力。坚持以习近平新时代中国特色社会主义思想为指引，筑牢信仰之基，补足精神之钙，把稳思想之舵。切实加强政治建设。坚定理想信念，铸就对党绝对忠诚的政治品格，不断提高政治判断力、政治领悟力、政治执行力，增强“四个意识”、坚定“四个自信”、做到“两个维护”。坚定不移贯彻落实党中央大政方针和省委、市委决策部署，确保涪城各项事业始终沿着正确方向前进。着力强化理论武装。大力弘扬伟大建党精神，巩固深化“不忘初心、牢记使命”主题教育和党史学习教育成果，抓好党委（党组）理论学习中心组学习，办好“涪城视界”，筑牢高质量发展思想根基。守好意识形态阵地。严格落实意识形态工作责任制，牢牢掌握意识形态工作领导权，确保意识形态领域绝对安全。强化新闻舆论宣传，深度推进媒体融合发展，讲好涪城故事、传播涪城声音、凝聚涪城力量。

实施党建“筑基行动”，夯实强基固本的组织力。以提升组织力为重点，突出政治功能，建设推动高质量发展的坚强战斗堡垒。建强组织体系。创新党组织设置，探索组建科技创新聚合型、企业社区融合型、商圈楼宇集合型和农业公园联合型“四大功能型”党组织；实施基层党的组织全覆盖计划，将党组织建在小区院落、楼栋、企业车间和网格上，让党的形象看得到、党的声音听得到、党的服务感得到。抓实基础规范。实施基层党建质量提升计划，加强基层组织、基础工作、基本能力建设，更好实现在联系服务群众中教育引导群众。扎实推进党员全面提质计划，优化党员队伍建设。健全责任落实考评、党建品牌培树、激励保障投入等工作机制，推动基层党组织全面进步。突出党建特色。紧扣各镇街发展定位，构建“一镇街一特色”党建工作格局。青义镇聚焦组团发展抓党建，吴家镇聚焦企业社区化抓党建，新皂镇聚焦“两业”融合抓党建，杨家镇聚焦联合党委抓党建，丰谷镇聚焦“微权”监督抓党建，石塘街道聚焦圈层互促抓党建，城厢街道聚焦商圈集合抓党建，工区街道聚焦小区治理抓党建，城郊街道聚焦全科网格抓党建。

实施党建“提能行动”，强化狠抓落实的执行力。抓住干部这一关键，强化政治担当，提升落实本领，锤炼过硬作风，锻造高素质专业化干部队伍。鲜明用人导向。落实新时代好干部标准，突出实干实绩，注重从实施“三千工程”、建设“四个强区”主战场考察识别干部，加大年轻干部、女干部、党外干部培养选拔力度。提升能力素质。加强政治历练、思想淬炼、实践锻炼、专业训练，统筹实施“一把手”提能、专业化领导干部培养和年轻干部铸魂三大工程，有序推进村（社区）、村（居）民小组、小区党组织和非公经济党组织负责人教育培训全覆盖，不断提高各级干部“七种能力”。激励担当作为。深化“周周听汇报、月月晒进度、季季搞拉练、年年评成效”机制，营造比学赶超浓厚氛围。强化容错纠错、能上能下等机制运用，为担当者担当、为负责者负责。加强干部关心关爱，注重干部心理健康，增强干部荣誉感、获得感、归属感。抓好人才培育。加强校地企人才培养合作，与高校院所开展人才订单式培养，建好涪城职教园区，培养造就一批创新型、应用型、技能型人才。

实施党建“清风行动”，增强自我革命的免疫力。把严的主基调长期坚持下去，以系统施治、标本兼治理念正风肃纪反腐，巩固风清气正良好政治生态。强化政治监督。持续深化纪检监察体制改革，健全完善监督体系，务实开展“听音问廉”，推动各类监督上下联动、贯通协同，打通全面从严治党向基层延伸的“最后一米”。强化对“一把手”和领导班子监督，以抓住“关键少数”来管住绝大多数。强化作风建设。深入贯彻落实中央八项规定精神，深挖细查隐形变异“四风”问题，坚决防止反弹回潮。常态化开展专项整治，完善党内问责机制，坚决纠正“不落实”“慢落实”等六类典型问题。持续为基层松绑减负，坚决整治文山会海、过度留痕、层层加码等问题。强化惩贪治腐。坚持无禁区、全覆盖、零容忍，严肃查处在行政审批、工程建设、执法司法等领域的腐败问题；持续把全面从严治党延伸到“神经末梢”，充分发挥村（社区）纪检组织作用，精准纠治发生在群众身边的“微腐败”问题。坚持标本兼治，深化以案促改、以案促治，一体推进不敢腐、不能腐、不想腐。

实施党建“聚力行动”，提升改革发展的领导力。充分发挥区委总揽全局、协调各方的领导核心作用，全面加强对涪城各项事业的领导。科学决策聚共识。持续强化依法执政，充分发挥区委全委会决策和监督作用，不断完善区委常委会议事规则和决策程序，落实好重大决策法制审查和广泛征求意见制度，运用好决咨委智库资源，广泛凝聚发展共识。统筹协调促合力。区委支持“一府一委两院”依法依规履行职责，保障区人大、区政协依法依章行使职权，充分发挥工会、共青团、妇联等人民团体桥梁纽带作用，严格落实党管武装，扎实做好新形势下统战和民族宗教工作，巩固人心思干、人心思进的干事创业局面。示范带动强引领。各级党组织要充分发挥战斗堡垒作用，不断提升组织群众、宣传群众、凝聚群众、服务群众的能力和水平；各级党员领导干部要充分发挥“头雁效应”，以身作则、身先士卒、率先垂范，带头干、带领干、带动干，全面履行抓班子、带队伍、促发展、惠民生、保稳定职责使命。狠抓执行求实效。坚持问题导向、目标导向、结果导向，持续深化运用项目工作法，全面推行清单制，严格实行挂图作战，确保各项工作掷地有声、落实见效。

同志们，伟大时代赋予崇高使命，美好蓝图激励昂扬斗志。站在新的历史起点，让我们更加紧密地团结在以习近平同志为核心的党中央周围，在省委、市委的坚强领导下，不忘初心、牢记使命，接续奋斗、砥砺前行，深入实施“三千工程”，加快建设“四个强区”，为全面建设西部现代化强区努力奋斗！

绵阳市涪城区人大常委会工作报告

——在绵阳市涪城区第七届人民代表大会第一次会议上

绵阳市涪城区人大常委会主任 顾 建

（2021 年 9 月 27 日）

各位代表：

现在，我受绵阳市涪城区第六届人民代表大会常务委员会委托，向大会报告工作，请予审议。

过去五年的主要工作

区六届人大常委会任期的五年，是我区经济社会高质量发展的五年，也是我区民主法治建设全面推进的五年。五年来，区六届人大常委会在区委的坚强领导下，坚持以习近平新时代中国特色社会主义思想为指导，认真落实党的十九大和十九届二中、三中、四中、五中全会精神，全面贯彻习近平总书记关于坚持和完善人民代表大会制度的重要思想，始终坚持党的领导、人民当家做主、依法治国有机统一，深入实施区委“一二三四五六”总体战略，紧紧围绕实施“三千工程”、建设“四个强区”，认真履行宪法法律赋予的职权。五年来，召集区人民代表大会会议 6 次，召开常委会会议 50 次、主任会议 116 次，听取和审议“一府两院”专项工作报告 102 个，开展视察 67 次、调研 123 次，圆满完成了区六届人大各次会议确定的目标任务。

一、始终围绕中心大局，推动区域经济高质量发展

五年来，常委会坚持找准人大工作与中心工作的结合点，严格依法履行职责，有力促进了全区经济的转型升级和发展质效的持续提升。

*推动四片联动发展。*听取区人民政府推进四大片区联动发展工作情况报告，紧扣四片联动发展开展重点课题调研，撰写《关于尽快高效地推进四大片区联动发展的建议》等 12 个调研报告，为区委提供智力支撑，受到区委充分肯定。围绕科技城新区建设，组织开展八大科技园、基础设施建设等专题调研，协调市人大常委会将科技城新区建设纳入监督计划，促进产业和基础设施建设加快推进，推动科技城新区突破发展。围绕临港经济发展区建设，调研新型显示、汽车电子、5G 制造等三大先进制造业发展情况，专题视察科技物流园、皂角铺铁路物流基地建设，针对建设中的困难和问题，督促有关部门积极解决，助力临港经济发展区跨越发展。围绕中心城区建设，组织开展旧城改造、特色街区、专业楼宇等专题调研，同时动员社会各界融入城市更新改造，合力推动中心城区优化发展。围绕农旅融合区建设，听取区人民政府推进三大农业主题公园、建设现代农业园区情况报告，专题调研蚕桑等产业发展情况，以及龙头企业、家庭农场等新型农业经营主体参与园区建设和产业发展情况，视察“三改两建”、城乡交通运输一体化建设情况，有力促进了农旅融合区协调发展。

*服务重大项目建设。*聚焦项目落地落实，开展重大招商引资项目落地情况专题调研，听取和审议区人民政府项目投资工作情况报告，推进签约项目尽快落地。聚焦重大项目建设，通过看现场、听汇报、问情况等方式，深入调研绵中路改造提升、田园综合体、惠科光电、富临精工二期、中大财富广场等重点项目建设情况，全面了解项目建设进度，提出解决问题、改进工作的意见建议，推动项目加快建设、尽早见效。聚焦项目要素保障，听取和审议区人民政府城乡规划编制工作情况报告，视察调研全区投融资、盘活土地资源要素、土地“双挂钩”等工作情况，集中开展土地出让专项工作评议，督促区人民政府有关职能部门切实履行职责，做好项目服务工作，确保项目建设扎实有序推进。

*促进营商环境优化。*连续三年将优化营商环境作为人大监督工作的重

点，听取和审议区人民政府优化营商环境工作情况报告，聚焦营商环境优化的难点和重点，推动区人民政府有关职能部门查找问题、分析原因，持续提升政务服务能力。组织常委会组成人员和辖区各级人大代表深入企业，广泛宣传“三度服务”20条措施、支持企业发展26条措施等营商服务政策，现场调研政策落实情况，收集企业意见建议，及时反馈相关职能部门予以解决。组织辖区各类企业代表、有关职能部门和人大代表，分类召开优化营商环境专题座谈会6场次，围绕深化行政审批改革、提高政务服务效率、化解企业历史遗留问题、优化企业融资服务等提出意见建议，努力为区域经济发展营造良好环境。

凝聚疫情防控力量。专题听取区人民政府疫情防控和复工复产复学工作情况报告，督促区人民政府及相关职能部门严格执行省、市人大常委会关于疫情防控有关决定，以及传染病防治法、突发公共卫生事件应急条例等法律法规，推动疫情防控措施到位。组织辖区600余名各级人大代表立足本职岗位，投身新冠肺炎疫情抗击一线，捐款捐物180余万元。组织常委会组成人员、人大代表广泛走访辖区企业、学校，协助解决复工复产复学面临的困难和问题，帮助企业、学校尽快回归正常轨道，凝聚夺取疫情防控和经济社会发展“双胜利”的强大力量。

推进生态文明建设。配合省、市人大常委会开展大气污染防治法、四川省城乡环境综合治理条例、绵阳市城市市容和环境卫生管理条例等法律法规执法检查，听取区人民政府环保工作情况报告，切实督促区人民政府落实环境保护政策，加大环境监管力度。开展绵阳工业固废处置中心建设、农村人居环境综合整治情况调研，推动有关部门进一步健全环境整治长效机制，持续改善农村人居环境。听取和审议区人民政府河长制湖长制实施情况报告，视察木龙河黑臭水体治理、生活污水治理情况，聚焦污水处理设备和配套管网建设提出意见建议，助推水污染问题综合治理，努力使涪城天更蓝、地更绿、水更清。

二、始终维护法治权威，推动民主法治建设全面加强

五年来，常委会坚持把维护法治权威放在突出位置，切实履行法定职权，有效监督法律执行，全力推动“一府一委两院”依法行政、公正司法。

依法决定重大事项。坚持把审议决定重大问题与全区经济社会发展紧密结合，认真审议、慎重决定，分别对区人民政府国民经济和社会发展计划执行情况、行政区划调整改革、地方政府债务限额等重要事项作出决议决定。专题听取国民经济和社会发展规划纲要编制情况报告，组织人大代表开展多领域、多行业调研，深入研究国家产业政策导向，推动区人民政府不断优化“十四五”发展规划和各项指标，推动规划更加符合涪城实际。五年来依法作出决议决定66项。

加强财政预算监督。研究制定《涪城区预算审查监督办法》，进一步规范预算编制、批准、执行、调整等工作程序。率先在全市建立预算审查初审人才库，提升预算审查专业水平。依法审查和批准区人民政府年度决算报告、预算调整方案报告，定期听取和审议区人民政府年度预算执行情况报告，督促政府精准编制预算、严格执行预算。围绕重大项目建设和资金支出，组织开展预算资金使用绩效和政策实施调研，专项听取区人民政府预算绩效管理工作报告，持续强化“花钱必问效、无效必问责”的意识。开展预算执行及其审计查出问题整改专项检查，督促区人民政府及有关部门切实抓好整改落实。听取和审议区人民政府国有资产管理情况报告，推动国有资产管理和运营规范有序，保障国有资产安全。

深入实施法律监督。听取和审议区人民政府贯彻实施中华人民共和国就业促进法、中华人民共和国药品管理法、中华人民共和国禁毒法、中华人民共和国传染病防治法、中华人民共和国反家庭暴力法、中华人民共和国老年人权益保障法、中华人民共和国教师法、中华人民共和国档案法、绵阳市物业管理条例等法律法规贯彻实施情况，切实增强法律法规在涪城的执行力度。修订完善规范性文件备案审查办法，深入开展规范性文件备案审查。五年来，共审查登记区人民政府及镇人民代表大会规范性文件87份，提出意见建议33条，有效维护了法制统一。

全力保障司法公正。听取和审议区人民法院行政审判、执行等工作情况报告，听取和审议区人民检察院未成年人犯罪检察、民事行政检察、公诉等工作情况报告，重点对审判周期长、执行难、保护公共利益和未成年人合法权益等群众反映强烈的问题进行监督，提高司法公信力，确保习近平总书记关于努力让人民群众在每一个司法案件中都能感受到公平正义的要求落到实处。通过座谈交流、查阅卷宗、旁听庭审、述职测评等多种方式，开展法官、检察官履职评议监督，推动“两院”强化“两官”队伍建设。听取区人民政府社区矫正工作情况报告，并开展专题调研，推进社区矫正工作法治化、规范化，助力平安涪城建设。

规范选举任免工作。坚持党管干部和人大依法行使选举权任免权有机统一，依法任免国家机关工作人员。研究制定人事任免工作细则，严格党委提名、任前法律考试、常委会会议审议、组成人员表决、宪法宣誓等程序，增强人大常委会任命国家机关工作人员的政治意识、法律意识、人大意识和公仆意识。五年来，依法任免国家机关工作人员及人民陪审员482人522职，接受国家机关工作人员辞职4人4职，接受区人大代表辞职9人、市人大代表辞职2人，暂停执行区人大代表职务1人；补选区人大代表7人、市人大代表3人。

创新开展任后监督。探索人大选举及任命干部任后监督工作新模式，制定《区人大及其常委会选举及任命“一府一委两院”国家机关工作人员述职测评办法（试行）》，促进任后监督工作制度化、规范化。40名国家机关工作人员先后向常委会报告履职情况，常委会组成人员和人大代表围绕社会关注、群众关心的问题现场提问，并提出意见建议，推动选举及任命人员进一步依法行政、为民服务。及时将述职测评结果专题报告区委，供区委决策参考。书面向测评对象反馈意见建议，要求其限期报告整改情况，督促测评对象加强问题整改、切实履行承诺。

配合做好立法调研。制定《区人大常委会立法联系点工作制度（试行）》，充分发挥基层单位、人大代表、职能部门在立法调研中的作用，推动立法联系点成为集立法意见征询、协助开展立法调研、法规实施情况反馈等功能于一体的综合性基地。通过组织召开立法座谈会、视察调研等方式，对上级交办的乡村振兴法、四川省质量促进条例、绵阳市水污染防治条例等40余部国家、省、市法律法规草案和市人大常委会2021—2025年立法规划广泛征求意见，提出建议230余条，切实为上级人大立法贡献了涪城智慧。

三、始终坚持以人为本，推动人民群众幸福指数稳步攀升

五年来，常委会始终牢记权力来源，着眼人民群众对美好生活的需要，听民声、察民情、会民意，努力使人大工作体现民愿、维护民利。

聚力脱贫攻坚行动。听取区人民政府决战决胜脱贫攻坚情况报告，听取和审议区人民政府持续用力巩固拓展脱贫攻坚成果、接续推进乡村振兴情况报告，开展扶贫开发工作专题调研，围绕困难群众动态监测、产业发展等提出意见建议，助推涪城全面建成小康社会。扎实开展“脱贫攻坚——人大代表再行动”，863名各级人大代表积极投身脱贫攻坚主战场，结对帮扶困难群众2238户，捐资捐物430余万元，助力涪城决战决胜脱贫攻坚。采取“项目化+清单制”帮扶模式，倾力做好凉山彝族自治州昭觉县火普村对口帮扶，推动火普村产业发展、基础设施、公共服务、村社治理取得重大转变，帮扶工作得到当地一致好评，接受了党和国家领导人检阅。

力促社会事业发展。紧盯群众关注的教育、医疗、住房、养老等热点难点问题，精心研究确定监督事项。听取和审议区人民政府农村义务教育学生免费午餐运行、公办幼儿园三年规划落实、民政救助、职业教育等工作情况报告，组织开展民办学校教育、教育振兴基础设施建设、农民工服务保障、保障性住房供应、康养产业、公共卫生应急体系、公共文化设施建设保障等视察调研，收集群众所思所想所盼，提出工作建议，督促政府及有关部门持续化解热点难点问题，推动全民共享发展成果。

抓好民生实事票决。率先于2019年在全市各县市区中推行民生实事项目人大代表票决工作，让政府民生实事项目决策由“为民做主”向“由民做主”转变，人民群众参与感、获得感不断增强。按照“三个阶段、六个环节”的工作程序，组织人大代表进基层社区、听百姓心声，在精心遴选、多方论证的基础上，形成人大代表票决民生实事候选项目清单。三年来，共票决出区级民生实事项目30个。按照“常委会分管领导牵头、相关委室负责、人大代表参与、每月跟踪监督”的工作机制，加强民生实事项目实施情况监督，推动项目顺利实施、如期完成。

提高信访办理实效。坚持把信访督办作为回应群众关切、维护群众利益的重要举措，加强与案件承办单位的沟通联系，与上下级人大有关部门的协调对接，形成了信息互通、上下联动的有效工作机制。五年来，共受理群众来信317件，接待群众来访400余人次，通过转办交办、跟踪督办，促使一批关系群众切身利益的信访问题得到有效解决，产生了良好的社会反响。

四、始终突出服务保障，推动代表主体作用充分发挥

五年来，常委会始终充分尊重人大代表的主体地位，把发挥好代表作用作为密切联系群众、提高常委会工作质效的重要抓手，完善保障机制，创新服务载体，不断提升代表工作水平。

保障代表依法履职。坚持邀请代表列席区委全会、区人大常委会会议，定期向人大代表通报“一府一委两院”工作情况，组织代表参加视察调研、执法检查、社会评价等重大活动，拓宽代表知情知政渠道。五年来，共邀请人大代表280余人次列席各类会议，930余人次参加各类活动。组织640余名各级人大代表和人大工作者，分批次参加省人大培训、市人大调训等各类培训，实现届内代表履职学习全覆盖。制定《区人大代表述职测评办法（试行）》，组织代表每年向原选区选民报告履职情况，引导代表主动接受选民监督、严格依法履职。制定《区人大代表活动经费使用管理办法（试行）》，加强和规范代表活动经费管理，保障代表活动有序开展。

搭建代表活动平台。指导各镇、街道建立“人大代表之家”125个，开展代表课堂、代表接待日、代表述职会等活动，搭建起代表在基层一线学习、培训、活动的平台。积极探索代表履职新模式，通过建立“区人大代表+街道民情代表+村居民代表”的三级联络体系和“固定联络站+流动联络站”的双站服务方式，有效畅通社情民意反映渠道，促使人大代表与人民群众“无缝衔接”。精心开展“三联”“双走访”活动，各级人大代表联系选民3.6万人、走访群众5.5万人，收集选民意见1000余条，为群众办实事800余件，真正履行了“人民选我当代表、我当代表为人民”的庄严承诺。

加强代表建议督办。把代表满意、群众认可作为办好代表建议的重要标准，坚持每年听取和审议区人民政府代表建议办理工作情况报告，督促政府提高建议办理质量。选取部分社会关注度高、事关经济社会发展的代表建议，作为常委会重点督办件，采取组织代表现场视察、跟踪督办、公开办理结果等方式，抓好交办、答复、检查和落实等关键环节，基本解决了建议办理中重答复、轻落实的问题。五年来，区人民政府办理代表建议295件，实现办复率100%、满意率100%，一批社会各界关注、人民群众关切的建议得到有效办理。

圆满完成代表换届选举。按照“坚持党的领导、充分发扬民主、严格依法办事”的基本原则，以宪法、地方组织法和选举法为基本遵循，扎实做好人大代表换届选举工作。严格落实“十个一律”纪律要求，坚决把换届风气监督贯穿换届选举各环节。建立常委会领导分片联系区、镇、系统人大换届选举工作机制，精心做好谋划准备、宣传发动、选民登记、初提代表候选人、确定正式代表候选人、组织投票选举等六个阶段工作，严把代表候选人政治关、素质关、结构关，依法选举产生新一届区人大代表290人、镇人大代表422人，圆满完成了换届选举工作任务。

五、始终注重自身建设，推动履职能力水平持续提升

五年来，常委会坚持以建设讲忠诚有信念的政治机关、讲法治有权威的权力机关、讲责任有担当的工作机关、讲宗旨有情怀的代表机关为目标，不断加强思想、组织、作风、纪律和制度建设，着力提高常委会机关履职能力和服务水平。

强化理论武装。围绕“不忘初心、牢记使命”、党史学习等主题教育，以党组中心组学习会、主任会、主题党日等为载体，深入学习习近平总书记系列重要讲话精神，认真落实中央和省、市、区委决策部署，切实增强“四个意识”，坚定“四个自信”，做到“两个维护”。认真学习代表法、组织法、监督法、预算法等法律法规，做到“审议检查先学法、讨论问题不离法、行使职权依据法、作出决议符合法”。通过主任会前轮流“讲微课”、党组中心组专题研讨等方式，扎实开展财政预决算监督、规范性文件备案审查、民生实事票决等专业知识学习，持续提升理论业务素养。

完善规章制度。制定了《关于进一步提高常委会会议质量的意见》《区人大常委会执法检查办法》，完善了《区人大常委会讨论决定重大事项的规定》，推动常委会会议、执法检查、决定重大事项等工作程序更加规范。修订了《区人大常委会机关工作制度汇编》，进一步形成了职责明确、规范有序、务实高效的运行机制。坚持每年初研究制定镇、街道当年人大工作考评办法，全面评价镇人大主席团、街道人大工委工作情况，指导镇街人大工作紧紧围绕中心、主动服务大局。

加强作风建设。组织召开常委会领导班子对照党章党规找差距专题会议、主题教育民主生活会、严肃换届纪律专题民主生活会，深入开展批评和自我批评。组织观看党风廉政警示教育片，通报违纪违法反面典型案例，开展干部谈认识、谈体会活动，筑牢拒腐防变思想防线。严格规范视察调研内容、参加人员、方案制定和结果运用，推动视察调研更加聚焦、更加务实。全力做好联系村、联系社区工作，组织开展“全国扶贫日”爱心捐款、“以购代捐”等活动，多渠道筹集各类资金60余万元，助力联系村和对口帮扶村高质量打赢脱贫攻坚战。积极投身新时代文明实践志愿服务，主动参与疫情防控、国卫复审、文明城市建设、中央环保督察等全区重点工作。用好机关目标绩效考核机制，大力培树“人大是监督一线”的理念，引导干部时刻保持“一

线”作风，发挥“一线”作用。

各位代表，常委会过去五年成绩的取得，是区委正确领导的结果，是“一府一委两院”积极支持和大力配合的结果，是全体人大代表、常委会组成人员、人大机关工作人员，各镇人大主席团和街道人大工委共同努力、辛勤工作的结果，也是全区广大人民群众和社会各界有力支持的结果。在此，我谨代表区人大常委会，向大家表示衷心的感谢并致以崇高的敬意！

各位代表，五年的工作实践，使我们深切地认识到，做好新时代的人大工作：必须始终坚持党的领导。坚持党的领导是人大工作必须遵循的首要政治原则，也是做好人大工作的根本保证和关键所在。五年来，我们始终自觉服从和服务于全区经济社会发展大局，全力推进区委决策部署贯彻落实，努力使区委的主张通过法定程序转化为全区人民的共同意志和自觉行动。必须坚持以人民为中心。坚持以人民为中心是人大工作的出发点和落脚点。五年来，我们紧紧围绕人民群众普遍关注的热点难点开展各项工作，把人民赋予的权力真正用来为人民谋福祉，使每一个重大决定、每一项重要决议都能最大限度地反映民意、贴近民心，体现人民意志、保障人民权益。必须坚持发挥代表主体作用。坚持发挥代表主体作用是保持人大工作蓬勃生机的活力之源。五年来，我们坚持尊重人大代表的权力就是尊重人民的权利，保证人大代表依法履职就是保证人民当家作主的理念，努力为代表履职搭建平台、提供保障，最大限度调动代表履职积极性、主动性，使人民当家作主的权力得到有效实现。必须正确处理监督和支持的关系。正确处理监督和支持的关系是实现人大监督效能最大化的内在要求。五年来，我们既坚持按照法定职权和法定程序进行监督，又对“一府一委两院”工作予以有力支持，促进“一府一委两院”依法行政、公正司法，切实做到了监督与支持的有机统一。必须始终坚持创新履职实践。坚持创新履职实践是促进人大工作发展的不竭动力。五年来，我们既坚持依法行权，严格保证人大工作的法律性、程序性，又突出创新发展，积极探索提高监督质效、强化自身建设的新方法、新途径，使人大工作在守正创新中不断前行。

回顾过去五年，我们也清醒地认识到，常委会工作中还存在一些不足和薄弱环节，主要是：个别常委会组成人员的履职能力还需进一步提升；个别代表的法定职务意识还需进一步增强；个别常委会机关工作人员的专业化水平还需进一步提高；整体监督工作的机制还需进一步完善。这些问题我们一定要在今后的工作中认真对待，加以改进。

今后五年工作的建议

各位代表，未来五年，是涪城奋进新时代，启航新征程，深入实施“三千工程”，加快建设“四个强区”，全面建设西部现代化强区，以创新驱动引领高质量发展的关键时期。刚刚闭幕的区第七次党代会，准确把握涪城历史方位，描绘了未来五年的发展蓝图。新的形势和新的任务对人大工作提出了新的更高要求，建议新一届人大常委会今后五年工作的总体要求是：高举中国特色社会主义伟大旗帜，坚定以习近平新时代中国特色社会主义思想为指导，深入贯彻落实习近平总书记关于坚持和完善人民代表大会制度的重要思想，全面贯彻落实区第七次党代会精神，紧扣实施“三千工程”、建设“四个强区”，依法行权、为民代言，努力为涪城全面建设西部现代化强区做出人大贡献。

一、坚持党的领导，始终确保正确政治方向。始终把党的领导贯穿于人大依法行权、履职尽责的全过程，确保党中央大政方针和省委、市委、区委决策部署在人大工作中得到全面贯彻。严守政治纪律和政治规矩，坚决执行重大事项请示报告制度，召开重要会议、决定重大事项，及时按程序向区委请示报告，使人大工作始终与区委工作同频共振、协调一致。

二、坚持服务大局，着力增强监督工作实效。紧扣实施“三千工程”、建设“四个强区”，加强对产业园区、重点项目、乡村振兴、创新创业、依法治区、生态环保、基层治理等重点领域和重点工作的监督，推动全区中心工作加快落实。坚持“依照法定职责、限于法定范围、遵守法定程序”开展工作，综合运用听取专项报告、执法检查、视察调研、专题询问等多种监督形式，加大监督力度，增强监督实效。

三、坚持依法履职，奋力推进民主法治进程。依法决定重大事项，及时把党委的重大决策部署转化为地方国家权力机关的决议决定。依法开展对“一府一委两院”的监督，促进“一府一委两院”工作更加规范高效。坚持党管干部与人大依法选举任免有机统一，不断完善任免程序，加强任后监督。加强预算审查监督，促进预算法和审计法严格贯彻实施。加强备案审查制度建设、能力建设，坚决维护宪法权威和法制统一。

四、坚持改善民生，强力保障发展惠及人民。认真践行以人民为中心的发展思想，紧扣人民群众日益增长的美好生活需要，依法行使职权，切实保障和改善民生。加强调查研究，广泛听取群众意见建议，将群众普遍关心的热点、难点、痛点问题纳入年度监督计划，推动问题加快解决，促进社会公平正义。加强教育、劳动就业、医疗卫生、社会保障、养老等重点领域的监督，积极回应群众关切，让改革发展成果更多惠及民生，促进共同富裕。

五、坚持开拓创新，不断激发代表履职热情。采取多种培训方式，着力提升代表培训实效。加强常委会同代表的联系,拓展代表参与常委会、专门委员会工作的广度和深度。进一步探索代表建议办理机制，集中精力督办好重点建议和“反复提”建议，努力使办理代表建议的过程成为国家机关转变作风、联系群众、改进工作的过程。健全代表履职监督和考评激励机制，完善代表届中调整和退出机制，激发代表履职热情。

六、坚持与时俱进，全面加强人大自身建设。认真落实省委、市委关于加强新时代人大工作和建设的意见。完善办文、办会、办事等规章制度，加强镇、街人大工作指导，促进各级人大工作协同联动，提升全区人大工作整体水平。加强人大信息化建设，逐步建设完善代表履职服务、备案审查、国有资产监督、预算联网监督等信息系统。加强人大宣传工作，广泛宣传先进典型、先进事迹、先进经验，讲好人大故事，传播人大声音。

各位代表，人大职责庄严神圣，人大代表使命光荣，让我们更加紧密地团结在以习近平同志为核心的党中央周围，在区委的坚强领导下，坚定信心、团结奋进，砥砺前行、善作善成，不断推动人大工作接力向前，为全面建设西部现代化强区做出新的更大的贡献！

政府工作报告

——在绵阳市涪城区第七届人民代表大会第一次会议上

绵阳市涪城区人民政府区长 张虚怀

（2021年9月27日）

各位代表：

现在，我代表区人民政府，向大会报告工作，请予审议，并请区政协委员提出意见。

过去五年工作回顾

过去五年，是涪城区发展进程中极为重要、极不平凡的五年。在区委的正确领导下，在区人大及其常委会、区政协和社会各界的监督支持下，我们坚持以习近平新时代中国特色社会主义思想为指导，深入贯彻党的十九大和十九届二中、三中、四中、五中全会精神，认真落实省委省政府、市委市政府决策部署，按照区委“一二三四五六”总体战略和实施“三千工程”、建设“四个强区”战略谋划，不负使命、勇担重任，圆满实现“十三五”目标，系统抓好“十四五”开局，为全面建设西部现代化强区打下坚实基础。这五年，我们砥砺奋进、逐梦小康，高质量打赢脱贫攻坚战，全区经济更加发展、民主更加健全、科教更加进步、文化更加繁荣、社会更加和谐、人民生活更加殷实，全面小康成色十足；这五年，我们广拓空间、突破瓶颈，新增规划建设用地37.8平方千米，科技城新区涪城片区整体成势，临港经济发展区态势良好；这五年，我们大抓项目、抓大项目，百亿级重大项目落地投产，产业体系更加完善，发展水平逐年提高，连续两年被评为四川省县域经济发展强区，2020年首次入围全国百强区，今年晋级升位到第68位；这五年，我们以人为本、发展为民，发展成果更多惠及全区人民，宜居宜业环境全面提升。辖区常住人口达到129.85万人，规模在全省地级市的县（市、区）中排名第一，2021年首次跻身全国幸福百强区、排名第53位。

五年来，我们提质加速、争先进位，经济实力显著增强。

锚定“全市第一、全省领先”目标加压奋进，高质量发展迈上新台阶。2019年辖区地区生产总值达到1025.06亿元，成为全省地级市中首个千亿区。区属经济总量2019年首次跃升全市第一，2020年达到541.15亿元，年均增速8.17%。累计实现固定资产投资1239.46亿元，始终保持全市第一。三次产业结构从5.82:38.60:55.58调整为3.96:27.47:68.57，第一产业增加值、规上工业增加值、服务业增加值、社会消费品零售总额年均增长3.9%、10.3%、9.0%、9.4%。地方一般公共预算收入累计达104.15亿元。城乡居民人均可支配收入分别从29017元、15192元增加到42268元、23606元，年均增长7.81%、9.25%。今年上半年，全市27项主要经济指标中，涪城区属19项指标排名县（市、区）前两位，其中13项指标排名第一。

五年来，我们转型升级、创新发展，产业结构不断优化。

先进制造业亮点纷呈。规上工业企业数量从62户增长到88户，其中亿元以上企业达到44户；产值从107.81亿元增长到206.73亿元、年均增长13.9%。新型显示、汽车电子、5G制造三大产业集群初步形成，产值占比39.7%。惠科液晶面板项目即将实现满产，成为全区首家百亿级工业企业。投资50亿元的惠科显示模组项目、世界500强康宁玻璃基板项目相继落地，龙华薄膜全球首条2.5米偏光片基膜生产线、富临精工二期等重大产业项目建成投产。高新技术企业达到52户，省级以上企业技术中心达到8个，富临精工获评国家级企业技术中心，华拓光通信、中久防务入选省级瞪羚企业（指创业后跨过“死亡谷”以科技创新或商业模式创新为支撑进入高成长期的中小企业。认定范围主要是产业领域符合国家和省战略新兴产业发展方向，涵盖新兴工业、新一代信息技术、生物健康、人工智能、金融科技、节能环保、消费升级等领域。）

现代服务业加速壮大。规上服务业企业、限上商贸单位分别达到128家、275家，服务业增加值从152.22亿元增长到371.05亿元，在全市占比超过25%，其中生产性服务业占比达到36%。成功引进华润万象城、王府井商业综合体、文创产业园等项目。大力发展首店经济（一个区域利用特有的资源优势，吸引国内外品牌在区域首次开设门店，使品牌价值与区域资源实现最优耦合，以及由此对该区域经济发展产生积极影响的一种经济形态。）、新零售（个人、企业以互联网为依托，通过运用大数据、人工智能等先进技术手段，对商品的生产、流通与销售过程进行升级改造，进而重塑业态结构与生态圈，并对线上服务、线下体验以及现代物流进行深度融合的零售新模式。）等新业态，加快打造消费新场景，培育花开会仙、马家巷、三江半岛等网红打卡点。临园路金融中心加快建设，中大财富广场建成绵阳首个AAAAA甲级金融楼宇，全区金融机构总数达到128家。新增振通检测、长虹民生物流、捷智科技新三板挂牌企业3家。累计实现外贸进出口总额84.6亿元，成功创建省级外贸转型升级基地。获评四川省首批服务业强区、四川省促进服务业发展工作先进单位。

特色农业快速发展。以现代都市农业为主攻方向，培育精品蚕桑3.5万亩、优质蔬菜10万亩。全市首个农业主题公园“千鹤桑田”开园，成功创建省三星级现代农业园区。新培育各类农业市场主体451家，“涪城蚕茧”“涪城芦笋”荣获国家农产品地理标志产品认证。国家农业科技园区核心区加快推进，实施农科计划项目138项，实现成果技术交易2.3亿元。建成川西北地区最大的农副产品批发、农资集散、冷链物流基地，实现总交易额120亿元。成功创建全国平安农机示范区、省级农产品质量安全监管示范区。

五年来，我们四片联动、协调发展，城乡面貌焕然一新。

科技城新区全力提速。致力打造“生态至美、科技至伟”的科技新区、产业新区、城市新区。以专业科技园为载体高标准规划建设科技智谷，5G和卫星应用科技园、中关村科技园建成投用，引进中科（绵阳）创新园、四川省军民融合研究院等创新平台11个，硅基智能、天仪商用卫星等项目头部效应显现，5G、卫星应用、人工智能产业初步集聚成势。以创新创业为主导，加快建设环西科大组团，国家大学科技园、创业黑马西部（绵阳）科创基地等建成投用。累计签约科大讯飞等科技创新项目175个，总投资204.1亿元，长虹集团总部时隔20余年重回涪城，将为涪城科技创新注入全新动能。全力保障空气动力中心、西南科技大学重大项目建设。完成科慧大道、绵盛路等25条道路建设，“四纵四横”路网（四纵为科创大道（原名淘金大道）、科技城大道、科慧大道（原名高铁大道西段）、科教大道（原名永青路）。四横为绵安路（原名裕都大道）、绵泰路（原名创业大道西延线）、绵宏路（原名绵安二快）、绵盛路（原名滨河北路西段。））体系基本建成。金家林幼儿园等学校项目建成投用，涪城区妇幼保健院等医院项目开工建设，九洲·云栖湖等14个城市开发项目加快推进。成功获评省级现代服务业示范区、四川省大众创业万众创新示范基地。

临港经济发展区全面铺开。园区规划面积从22平方千米拓展至54平方千米。按照“一园三组团”(临港经济发展区布局，“一园”指调位后的绵阳工业园；“三组团”分别指以吴家镇、石塘街道部分区域为载体的东区组团，以新皂镇为载体的西区组团，以杨家镇和丰谷镇部分区域为载体的南区组团。)推进产城一体发展，绵阳工业园调位加快推进。临港东区占地2515亩、投资453.9亿元的工业项目建设集中推开，新型显示产业链初步形成；S8道路、污水处理厂、木龙河沿岸景观提升等基础设施逐步完善。临港西区中国（绵阳）科技城科技物流园建设提速，皂角铺铁路物流基地建成投运。临港南区循环经济产业园加快建设，中科绵投、绵阳工业固废处置中心项目建成投用。

中心城区提档升级。坚持城市有机更新，启动旧城改造“腾笼换鸟”工程，实施旧改棚改116.44万平方米。30栋694户D级危房住户全面搬离。全力推进老旧小区治理，完善配套服务设施，完成林业小区、立交小区等老旧小区改造项目328个，丝厂家属区改造列入省试点示范。扎实推进城市基础设施建设，跃虹路东段、剑南路西段等17个市政重点项目和涪城路、南塔路等8个背街小巷项目全面完工。

农旅融合区加快发展。加大基础设施投入，整合资金23亿元，实施乡村振兴补短板项目33个。建成绵中公路南向发展主通道，内联外畅、城乡一体的交通骨干路网基本形成，为农业农村发展提供强力支撑，获评全国城乡交通运输一体化示范区、省级“四好农村路”(把农村公路建好、管好、护好、运营好。)示范县。实施农村人居环境整治“三改两建”(改造危房、改厨、改厕，建院坝、建通组入户道路。)三年行动，完成农村危房改造2447户、改厨改厕7862户，建设院坝2214户，修建通组入户道路409千米。生活垃圾有效治理行政村达100%，美丽四川·宜居乡村全面达标。加快推进农旅融合，全面完成省级田园综合体建设试点。着力打造瑞丰竹庐等精品乡村旅游品牌，常年举办新皂驿路梨花节、龙门牛王会、杨家香草园新春大庙会、丰谷“非遗”集市等活动。获评四川省首批实施乡村振兴战略工作先进区。

五年来，我们内破藩篱、外向拓展，改革开放深入推进。

综合改革稳步实施。政府机构改革全面完成，27个工作部门组建运行。高质量推进“两项改革”(乡镇行政区划和村级建制调整改革。)，乡镇、街道由18个优化调整为9个，行政村由106个优化调整为53个、社区由77个优化调整为61个。优化市区权责关系，高质高效承接国土资源、城乡规划、市政建设等22个方面市级下放事权。明确乡镇行政权力157项、街道行政权力60项。组建欣诚集团、汇鑫集团、吉景公司，“一片区一公司”发展体系基本构建。推进区属国企市场化改革，建立经营业绩考核等激励性薪酬体系，为国企发展带来新一轮改革红利。获评国家知识产权强县工程示范区、全省重大农村改革任务推进示范区。

开放合作取得实效。实施精准专业化招商，引进投资240亿元的惠科液晶面板等5亿元以上重大项目45个，累计到位国内省外资金549.85亿元、实际到位外资1.36亿美元，连续五年入选全国投资潜力百强区。与北京中关村街道、重庆蔡家智慧新城、宜宾翠屏区3个地区结为友好城区。与四川发展集团形成全面战略合作关系，项目签约金额达321.7亿元。组建对上争取工作专班，累计到位各类资金97.44亿元。开展城市宣传“五个一”活动，推出一桌涪城菜、一批涪城造、一部涪城片、一首涪城歌、一套涪城LOGO，不断展现涪城对外开放新形象。

营商环境持续改善。创新实施“三度服务”(涪城区系统谋划、创新推出招商引资有“热度”、项目落地有“力度”、服务企业有“温度”的“三度服务”20条措施，为企业提供全生命周期服务，打造全国一流、全省领先的营商环境。)，出台推进产业高质量发展86条措施、关心关爱企业家10条措施、支持企业发展26条措施等系列惠企政策，形成企业家“早餐汇”、银企“鹊桥会”、重点企业全覆盖走访、企业家座谈会四大常态机制，《聚焦转变职能优化营商环境》入选全省创新实践案例，企业家“早餐汇”入选全省优化营商环境典型案例。持续深化“放管服”改革(简政放权、放管结合、优化服务改革。)，实现企业开办“小时办、零成本”、工程项目“一站式”审批，水电气通讯等要素报装全部入驻政务服务大厅，政务服务事项“一次办结”比例达到100%，全程网办率达到99.43%。市场主体加快培育，企业从28960家增长到48884家，个体工商户从37333个增长到67207个。全力推进企业降本减负，累计减税降费90.27亿元。创新推出“涪续贷”“福村贷”（“涪续贷”是针对小微企业在贷款续贷过程中的过桥、倒贷等难点和痛点问题，推出统一的无还本续贷金融产品；“福村贷”是围绕农业产业融资，以“一个出入口畅享融资对接服务”为核心理念，搭建的“一站式”融资对接服务平台。）等金融产品，帮助中小微企业解决融资难、融资贵问题。

五年来，我们综合施策、精准发力，“三大攻坚战”成效显著。

脱贫攻坚战全面胜利。围绕“两不愁、三保障”（稳定实现农村贫困人口不愁吃、不愁穿，义务教育、基本医疗、住房安全有保障。），1210户2939名建档立卡贫困人口实现高质量脱贫，家庭人均纯收入达到11688元，远超国定脱贫线。构建三级帮扶体系，整合资金1.32亿元，实施产业扶贫、资产收益扶贫、基础设施等项目314个。健全防止返贫动态监测和帮扶机制，建立致贫返贫预警对象救助基金，惠及贫困对象3253人次。倾情倾力开展对口帮扶昭觉县工作，投入资金2.13亿元，实施帮扶项目155个，建成“涪昭现代农业示范园”，连续4年被省委、省政府表彰为“省内对口帮扶藏区彝区先进集体”。

污染防治攻坚成效明显。坚持生态优先、绿色发展，“蓝天、碧水、净土”保卫战取得明显成效。大气质量持续改善，全区PM2.5（大气中空气动力学当量直径小于或等于2.5微米的颗粒物，也称为可入肺颗粒物。）年均浓度控制在35.5微克/立方米以内，优良天数率达87.2%以上。水环境质量稳中向好，投入9.8亿元实施木龙河黑臭水体综合整治等项目，黑臭水体现象基本消除。建成乡镇污水处理厂（站）8座、管网164.8千米，农村生活污水有效治理的行政村比例达93%。土壤环境安全可控，强化污染地块联动监管。创新生态环境保护“十大长效机制”（包括生态环境保护治理、环保投入、基础设施建设和管理、信访办理、执法和应急管理、组织人事保障、公众参与、新闻宣传教育、追责问责、督察考评等机制。），圆满完成第二次全国污染源普查，完成中央、省环保督察反馈的183个问题整改，淘汰落后产能企业15家，整治“散乱污”企业1012家，关闭禁养区内畜禽养殖场（户）332家。

风险防范化解有力有效。累计化解隐性债务5.38亿元，政府性债务、金融、房地产等领域风险总体可控。全力打好历史遗留问题化解处置攻坚战，有序化解涪城路1~11号、滨江世纪花园等涉房涉地历史遗留问题26件。妥善应对非洲猪瘟、“7·11”六十年一遇特大洪灾等严峻挑战。应急管理体系不断完善，处理急难险重能力不断提升，未发生森林火灾、较大及以上安全生产和食品安全事故，社会大局保持和谐稳定。

五年来，我们为民惠民、共享发展，人民群众获得感不断提升。

民生保障扎实推进。累计投入资金110.24亿元，全面完成省、市、区民生工程和民生实事项目596个。落实就业优先战略，新增城镇就业5.43万人，城镇登记失业率保持在4%以内。社会保障体系更加健全，城乡居民养老保险、基本医疗保险参保率分别达到94%、98%。累计发放城乡低保、临时救助、残疾人等各类补助资金2.7亿元。按照14类58项精准帮扶政策清单，创新实施城镇困难群众精准帮扶。为失能和高龄老人提供居家养老服务6.5万人次。

社会事业全面进步。整合教育资源，科学调整三中、四中、关帝学校等校点布局，扩大优质教育资源供给。多渠道投入资金6.8亿元，新改扩建公办学校37所、新增学位8905个，公办幼儿园在园幼儿比例达到50.07%，普惠性幼儿园覆盖率达到84.3%，学前教育“50·80”（2018年11月7日，《中共中央、国务院关于学前教育深化改革规范发展的若干意见》提出，2020年公办园在园幼儿占比达到50%，普惠性幼儿园覆盖率（公办园和普惠性民办园在园幼儿占比）达到80%。）攻坚任务圆满完成，大班额问题得到有效化解，顺利通过全国义务教育基本均衡县复审。在全省创先建立教师阶梯专业成长机制。实现“义务教育教师平均工资收入水平不低于当地公务员”目标。公共卫生服务体系建设不断加强，建成省级重点专科4个、市级重点专科16个，投用核酸检测实验室3家，获评省级卫生应急示范区、慢病防控示范区。成功承办中小学排球联赛、“绿茵小将”青少年足球比赛等全国赛事活动。开展欧阳修文化研究创作，创新一元文化、童伴阅读等模式，成功创建四川省现代公共文化服务体系示范县。涪城土地确权档案获评国家级表彰。荣获全国关心下一代工作先进集体，被团中央确定为大学生“返家乡”社会实践活动重点开展地区。维护妇女权益工作连续五年获得省级表彰。新建基层工会组织443家，城镇困难职工脱困解困工作获省级表彰。涪城特殊教育案例入选2020年中国残疾人事业发展报告蓝皮书。外事、侨务等工作取得长足进步。

社会治理不断深化。改善提升城市社区综合服务设施，完善社区工作准入事项审批机制，推进社区减负增效。社区“五化”治理（探索社区精准分类、精细治理、精品引领治理机制，提升社区治理法治化、科学化、精细化、智能化、亲民化“五化”水平。）等5项城市基层治理经验被民政部全国推广，获评全省首批城市基层治理示范区。大力推进现代乡村治理，村民自治实践持续深化，村级议事协商制度日益健全。法治涪城、平安涪城加快建设，“七五”普法圆满完成，“雪亮工程”(主要由基层群众负责监看使用的视频监控系统，是以三级综治中心为平台、以综治信息化为支撑、以网格化管理为基础、以公共安全视频监控联网应用为重点的群众性综治工程。)全面覆盖，扫黑除恶专项斗争取得全面胜利，获评全省平安建设先进区。违法建设整治成效明显，累计拆除违法建筑31.7万平方米。宗教领域突出问题专项治理取得阶段性成果。获评全省征兵工作先进单位，连续六届蝉联省级“双拥模范区”荣誉称号。

五年来，我们勤政务实、转变作风，自身建设不断加强。

扎实开展“两学一做”学习教育、“不忘初心、牢记使命”主题教育和党史学习教育，不断增强“四个意识”、坚定“四个自信”、做到“两个维护”。法治政府加快建设，依法行政全面推进，召开101次区政府常务会研究部署重大工作、重大事项。建立区政府与区人大常委会、区政协工作对接机制，累计办理区人大代表建议295件、区政协提案440件。依法推进政务公开，快速回应社情民意，办理市长热线、网络理政、群众来信来访2.65万件。作风建设常抓不懈，全面完成公车改革，政府系统全区性会议、规范性文件、“三公”经费支出逐年下降，连续五年被市政府表彰为“审计工作先进单位”。

各位代表，需要特别报告的是，2020年突如其来的新冠肺炎疫情给全区经济社会发展带来前所未有的冲击，在区委的坚强领导下，我们始终坚持人民至上、生命至上，全面落实“152”防控措施（新冠肺炎疫情防控过程中，涪城区创造性提出的织好防控责任体系“一张网”，念好查、控、宣、治、保“五字经”，做到疫情防控和经济社会发展“两手抓两手硬”。），全区无一例“二代感染”，未发生聚集性疫情。我们坚持一手抓疫情防控，一手抓经济社会发展，千方百计推动投资唱主角、工业挑大梁、农业多贡献，奋力夺取了疫情防控和经济社会发展“双胜利”。2021年7月下旬，我区发现一例省外输入病例，区委、区政府迅速响应、靠前指挥，全区干部群众众志成城、并肩作战，精准流调溯源、科学隔离管控、严格圈层管理，特别是创新构建“六个一”机制（大规模核酸检测时，每个检测点一名驻点区级领导全面统筹、一名镇街领导属地保障、一名社区干部精准动员、一名卫健干部专业调度、一支执法队伍维护秩序、一支志愿队伍温情服务。），设置21个核酸检测点，高效有序完成两轮大规模核酸检测67.9万人次，14天全域转为低风险地区，成功实现疫情不扩散、发展不断档。实践再次证明，只要有党的坚强领导，只要科学迅速组织应对，只要干部群众勠力同心，我们就能够应对任何风险、战胜各种挑战。

各位代表，过去五年所取得的成绩来之不易，是以习近平同志为核心的党中央领航掌舵的结果，是习近平新时代中国特色社会主义思想科学指引的结果，是省委省政府、市委市政府和区委坚强领导的结果，是区人大及其常委会、区政协和人大代表、政协委员监督支持的结果，是全区广大干部群众奋勇拼搏的结果。在此，我代表区人民政府，向全区人民，向人大代表、政协委员和离退休老同志，向各民主党派、工商联、无党派人士和各人民团体，向所有关心支持涪城发展的社会各界人士，向驻军部队、公安干警、消防指战员，表示衷心感谢并致以崇高敬意！

过去五年的改革实践，我们创造了辉煌业绩，也积累了宝贵经验。一是必须坚持党的全面领导，始终保持经济社会发展正确方向。二是必须坚持发展才是硬道理，始终用发展思维推动工作、解决问题。三是必须坚持深化改革，以思想破冰引领改革突围。四是必须坚持创新是第一动力，在新一轮科技革命和产业变革中赢得主动。五是必须坚持以人民为中心的发展思想，让发展成果更多更公平惠及人民群众。六是必须坚持依法治区、依法行政，使法治成为经济社会发展的重要保障。

回顾五年来的工作，我们也清醒地认识到，我区经济社会发展仍然面临不少问题和困难，具体表现在：发展不充分仍然是涪城的主要矛盾，融入成渝地区双城经济圈乃至全国新发展格局任重道远；科教特色尚不彰显，支撑引领发展的动能不足；三次产业结构不优，市场主体规模不大；中心城区改造提升任务艰巨，优质均衡教育、卫生、文化等民生供给与群众期盼还有差距；化解涉房涉地涉资等历史遗留问题压力较大，统筹安全与发展的能力有待提升；部分干部思想不够解放，眼界不宽、专业不精，抓落实还有差距。我们要坚持用系统、辩证、长远的眼光看待这些，坚定信心补齐短板、锻造长板，推动涪城发展乘风破浪、行稳致远。

未来五年工作安排

站在“两个一百年”奋斗目标的历史交汇点上，涪城面临着新时代西部大开发、成渝地区双城经济圈建设、成渝绵“创新金三角”等重大战略机遇，肩负着建设中国科技城和国家科技创新先行示范区的重要历史使命。我们只要准确把握新发展阶段，全面贯彻新发展理念，主动融入新发展格局，在危机中育先机、于变局中开新局，就能实现涪城新一轮高质量发展。

未来五年政府工作的总体思路：高举中国特色社会主义伟大旗帜，坚定以习近平新时代中国特色社会主义思想为指导，全面贯彻落实党中央国务院、省委省政府、市委市政府和区委各项决策部署，立足新发展阶段、贯彻新发展理念、融入新发展格局，坚持稳中求进工作总基调，坚持高质量发展主题，坚持以人民为中心发展思想，深入实施“三千工程”，加快建设“四个强区”，全面建设西部现代化强区，奋力当好全面建设中国科技城和社会主义现代化绵阳的主力军和排头兵。

未来五年全区发展的总体目标：以实施“三千工程”为引领，推动经济发展质量变革、效率变革、动力变革，在做大经济总量中不断提高发展质量。到2025年，区属经济总量突破1000亿元、建成1000亿元级产业园区、“四上”企业（规模以上工业企业、资质等级建筑业企业、限额以上批零住餐企业、限额以上服务业企业。）达到1000户。在经济高质量发展的基础上，引领带动改革开放高质量、城乡融合高质量、生态环境高质量、人民生活高质量再上新台阶。

未来五年全区发展的主攻方向：全面建成科教强区。坚持把创新作为引领发展的第一动力，自觉服务国家科技自立自强，主动融入成渝绵“创新金三角”，为绵阳建设国家科技创新先行示范区提供重要支撑。全面建成全域强区。促进要素自由流动、城乡融合发展，既建设繁华的城市，也建设繁荣的农村，推动形成城乡一体、全域发展的崭新格局，为西部地区实现共同富裕探索涪城路径。全面建成产业强区。夯实实体经济基础，构建现代产业体系，以产业大发展实现涪城经济支撑力、竞争力、影响力质变飞跃。全面建成开放强区。积极融入新发展格局，汇聚发展资源、增添发展动能、积蓄发展红利，打造“全国一流、全省领先”的营商环境，建成西部内陆改革开放桥头堡。

2021年是中国共产党成立100周年，也是全面开启建设社会主义现代化涪城新征程的关键之年。我们将扎实抓好稳增长、促改革、调结构、惠民生、防风险等各项工作，完成区第六届人民代表大会第六次会议确定的各项目标——区属地区生产总值增长8.5%，全社会固定资产投资达到200亿元，一般公共预算收入同口径增长5%，规上工业增加值增长12.2%，服务业增加值增长8.8%，城乡居民人均可支配收入分别增长6.9%、8.4%，确保开好局、起好步。

按照区第七次党代会确定的总体目标和主攻方向，新一届政府将重点抓好以下工作：

一、全面提升科技创新水平，培育高质量发展新动能

积极推动科技城新区建设。充分发挥政策红利，推动科技智谷组团、环西科大组团整体成势，加快建设“创新新引擎、产业新高地、城市新空间”。坚持创新驱动发展，中科院、中关村等创新平台引入企业超过550家，科技智谷孵化中心、华拓信息港建成投用。建成长虹科研总部基地，大力服务长虹系列创新项目持续落地。加快完善城市功能配套，科技城大道二期、东西第二干道、环西科大片区市政道路实现互联互通，青义湿地公园、龙门市政公园等一批公共服务设施建成投用。金西湖、天生桥、九华府、环西科大等商业片区逐步呈现，实现宜居宜业宜商的加速融合。

加快构建创新平台。深度融入成渝绵“创新金三角”和国家科技创新先行示范区建设，发挥科技智谷园区的引领作用，加强关键创新资源导入，带动新业态、新技术持续涌现。推动落地一批重大科技基础设施项目，争取更多省级以上实验室和研发机构在涪城布局。全力服务保障空气动力中心建设，有效发挥中国（绵阳）科技城超算中心溢出效应，支持西南科技大学联合“双一流”高校、国防科研院所共建中国科技城工程技术联合研究生院，大力推进“招院引所”，吸引知名科研院所、高校和龙头企业等在涪设立区域总部和研发平台。

重点培育创新主体。聚焦5G、

人工智能、卫星应用等领域，培育一批科技领军企业和创新型头部企业。实施高新技术企业倍增和科技型中小企业双升计划，新增科技型中小企业450家、高新技术企业80家、瞪羚企业8家。构建开放式产学研协同创新体系，支持行业龙头企业与科研院所、高校等开展联合技术攻关，共建高水平创新联合体。用好“智汇涪城”柔性引智平台，引进一批科技领军人才、基础研究人才和工匠型人才，激发人才创新活力。

着力营造创新生态。大力兴办一批科技创新载体，新增孵化器30万平方米、加速器50万平方米，全区累计达到120万平方米。依托各类平台提供专业化服务，形成“众创空间—创业苗圃—孵化器—加速器—产业园”全周期科技服务体系。优化科技投入结构，引导更多金融和社会资本投向科技研发、成果转化。支持龙华薄膜等企业上市，培育一批上市后备企业。

二、加快构建现代产业体系，构筑集群发展新高地

实施制造业倍增行动。向先进制造业求增量，推动补链强链延链，加快构建“3+1”现代工业体系（新型显示、汽车电子、5G制造三大重点产业和数字经济。）。依托惠科、富临精工等龙头企业引进产业链上下游项目，力争新型显示、汽车电子、5G制造规模分别达到450亿元、120亿元、140亿元。实施企业梯次培育计划，提升骨干企业核心竞争力，推动100亿级、50亿级、10亿级企业分别达到2户、3户、7户。鼓励企业加大新技术、新产品开发力度，培育一批国家单项冠军、专精特新“小巨人”企业（拥有核心技术和拳头产品，产品质量、服务水平达到国内先进水平，在行业具有较强影响力的企业。）。确保2025年工业产值突破800亿元，在全市排位由第五名上升到前三名，推动工业占经济总量比重逐年提升。

实施服务业升级行动。向高端服务业求质量，继续增强服务业龙头地位和聚集效应，促进生活性服务业高品质发展、生产性服务业向价值链高端延伸，推动智力化、资本化、专业化、效率化发展，加快构建“1+6”现代服务业体系（商业贸易和科技服务、现代金融、现代物流、电子商务、文化创意、旅游康养六大重点产业。）。力争服务业增加值、社会消费品零售总额分别突破550亿元、400亿元。推动五大主题商圈改造升级，建成华润万象商业综合体、绵州记忆等特色街区。新建金融专业楼宇2栋，打造临园路金融集聚区，全区金融机构达到140户。加快建设集仓储配送、增值加工、集装箱物流、公路港等于一体的现代综合型科技物流园，依托皂角铺铁路物流基地发展国际物流。加快绵阳文创产业园、蓝城国际康养产业园项目建设，推动现代服务业与现代农业融合发展。

增强农业发展质效。向精品农业求突破，坚持农业产业化、产业园区化、园区公园化，加快构建“1+2+3”现代农业产业体系（以现代都市农业为发展方向，以精品蚕桑、优质果蔬为主导产业，以“千鹤桑田”蚕桑文化、“湖光山色”稻虾亲水湿地、“蔬香绿野”芦笋大健康三大农业主题公园为平台。）。突出抓好粮食生猪生产，重要农产品供给保障能力稳步提升。做强精品蚕桑、优质果蔬主导产业，加快建设5G农场和数字农业。新培育农业龙头企业、产业化联合体、家庭农场等经营主体55个。建成“湖光山色”稻虾亲水湿地、“蔬香绿野”芦笋大健康主题公园，“千鹤桑田”蚕桑现代农业园区晋级省五星级园区，三大农业主题公园辐射面积达8.3万亩，打造高品质的“城市后花园”。

加快发展数字经济。向科技应用求效益，聚焦“ABCD5”(分别指人工智能（AI）、区块链（Blockchain）、云计算（Cloud Computing）、大数据(Big Data)、5G。)方向，大力发展数字产品制造、数字产品服务、数字技术应用和数字要素驱动业，实现数字经济规模占地区生产总值比重达到40%。建成科技智谷数字经济产业园，打造成渝地区数字经济创新示范区。加快新型基础设施布局建设，促进数字经济与实体经济深度融合，鼓励云计算、人工智能等新一代信息技术在产业发展、城市治理中的应用。推进“上云用数赋智”行动（2021年7月，国家发展改革委、中央网信办印发了《关于推进“上云用数赋智”行动 培育新经济发展实施方案》。“上云”指探索推行普惠型的云服务支持政策；“用数”指更深层次推进大数据的融合运用；“赋智”指加大对企业智能化改造的支持力度，重点是推进人工智能和实体经济的深度融合。），打造数字化企业，构建数字化产业链，培育数字化生态。

三、深入推进城乡融合发展，打造全域发展新样板

优化拓展发展空间。加快构筑国土空间开发与保护总体格局。科技城新区涪城片区以科技创新为牵引，打造城市新空间。临港西区以皂角铺铁路物流基地为带动，启动新皂片区高端制造业聚集区和产城融合新区建设；南区依托G5高速扩容枢纽优势，推动循环经济产业园片区建设；

东区抓住中心城区南拓契机，打造新的现代制造业和商务片区。新增工业用地3000亩以上，为城市和产业发展开拓新的空间。推进“多规合一”，完善中心城区、镇、村和总体规划、详细规划、专项规划“三级三类”全域规划体系。支持创建一批全国千强镇、全省百强中心镇。

精细锻造城市品质。倡导公园城市理念，深入挖掘、集聚重组、开发运营各类城市资源，增强城区综合承载能力。实施城市更新行动，积极推进大都会二期、烟厂老厂区、花园南街52号等14个旧城改造项目，有序推进618个老旧小区改造。补齐市政基础设施建设短板，加快推进跃进东街、南山路等15条市政道路建设，打通富乐北路、圣水北街等8条断头路，启动实施董家沟、机场5号排洪沟等15条渠堰整治，消除城市内涝点4个。系统实施城市“微治理”，加快推动成绵路等63条背街小巷、高水印象等21处“口袋公园”建设。

全面推进乡村振兴。健全防止返贫监测和帮扶机制，推进巩固拓展脱贫攻坚成果同乡村振兴有效衔接。坚持产业振兴，不断调整优化产业布局，推动“农科文旅商”融合发展。实施100千米农村骨干道路、连接道路和产业道路建设，建成“一纵两横一环”路网体系（一纵即绵中路，两横即S8道路、杨关大道，一环即连接绵三路、二环路、横九路和涪环路环线通道。）。开展村集体经济“消薄行动”(消除村级集体经济年收入10万元以下的薄弱村。)，有序推进丰谷镇清水村、吴家镇三清观村等省级试点村集体经济融合发展。坚持人才振兴，壮大新型职业农民队伍，加快建设返乡农民工创业基地。坚持文化振兴，弘扬谭德政红色文化，推动“金峰雄狮”等“非遗”文化传承发展，市级以上文明镇达到100%。坚持生态振兴，实施农村人居环境整治提升五年行动，实现自来水管网、生活污水处理、户用卫生厕所普及率100%。坚持组织振兴，强化村党组织全面领导村级治理，不断深化农业农村改革，建设充满活力、和谐有序的善治乡村。

四、纵深推进改革开放合作，激发市场主体新活力

深化重点领域改革。做好两项改革“后半篇”文章，深入推进优化资源配置、提升发展质量、增强服务能力、提高治理效能四大方面27个领域改革。持续优化综合行政执法体制机制，提升基层行政执法效能。推进土地、科技创新、资金等要素市场化配置，加快工业用地“标准地”改革（土地出让时把每块建设用地的投资、建设、产出等标准给予明确。企业拿地前，就已知道该地块的使用要求和标准，建成投产后，相关部门按照既定标准与法定条件验收。)，提速科技成果使用权、处置权和收益权改革，建立区级产业发展引导基金和股权投资基金。做强做优做大国资国企，健全以管资本为主的国资监管体制。深化财税体制改革，加强财政资源统筹，建成全过程预算绩效管理体系。

提升开放合作水平。继续大力开展招商引资，持之以恒招龙头、招平台、招配套，力争引进百亿级项目3个、10亿级以上项目50个，完成国内省外到位资金650亿元、到位外资2.5亿美元。鼓励企业开展跨国交易，做大液晶面板、丝绸等优势产品出口规模。推动与京津冀、长三角、粤港澳大湾区、成渝相关区域建立新型友城合作关系，促进产业协同、科技协同和开放协同。用好用活对上争取专班，大力争取中央、省级政策支持，推动更多项目纳入国家和省、市计划“盘子”，加强一般债、专项债申报，积极争取险资入涪。持续开展城市宣传“五个一”活动，提升“涪聚三江、城纳四海”的归属认同，锻造涪城精神、涵养涪城气质。

不断优化营商环境。深入实施“三度服务”，争取入围全国营商环境百强区并持续进位。深化四大常态机制，用好“涪企掌上议事厅”(分制造业、服务业、建筑业等7大领域建立微信交流群，区委区政府主要领导、分管领导，部门负责人、企业家等共同加入，实现政企常态化、零距离交流，确保企业诉求第一时间回复，企业困难第一时间解决。)，加强企业沟通和问题化解，严格落实各类惠企利企政策，高效助推企业发展。支持本土企业、存量企业做大做强，大力推广“涪城造”，推动在科技、制造、商贸、建筑等领域形成良性合作互动局面。持续优化三级便民服务体系建设，积极构建“10分钟便民服务圈”。加快“一网通办”前提下的“最多跑一次”改革，深化“四减一优”(减材料、减流程、减时限、减费用、优服务。)行政审批，推进更多“一件事一次办”，实现投资项目全程网办。健全以“双随机、一公开”监管和“互联网+监管”为基本手段、信用监管为基础的线上线下一体化监管机制。

五、更加注重绿色低碳发展，建设生态宜居新家园

构筑绿色生态格局。充分尊重自然地理格局，优化城镇、农业、生态空间布局，构筑绿色空间系统。高标准规划建设一批城乡绿道，形成连接全区、覆盖全域的生态绿网。全面落实河湖长制，抓好木龙河、麻柳河等区域生态环境系统整治，打造品质集聚、城水相融的精品蓝网。实施山水林田湖一体化生态保护，推进“三线一单”(生态保护红线、环境质量底线、资源利用上线和生态环境准入清单，是推进生态环境保护精细化管理、强化国土空间环境管控、推进绿色发展高质量发展的一项重要工作。)落地应用。深化林长制改革，开展天然林保护建设，森林覆盖率达到22.25%以上。

系统推进污染防治。落实最严格的生态环境保护制度，高标准建设生态宜居美丽涪城。全面推进大气环境质量提升，加强PM2.5和臭氧协同防控，空气质量持续改善。深化水污染、小流域水环境综合治理，完成饮用水水源地规范化建设。严格土壤环境风险管控，加强生活垃圾填埋场、工业固体废物堆场等监管。加大科技治污建设力度，实施河流水质、大气成分、环境容量本底全覆盖调查。全力做好第二轮中央生态环境保护督察发现反馈问题整改工作。

推动绿色低碳发展。紧扣碳达峰、碳中和目标，推行绿色低碳生产，推动电子、建筑等行业领域绿色化改造，因地制宜推广绿色建材、装配式建筑，实现单位GDP能耗达标，探索近零碳排放项目建设、碳中和试点示范建设。推动绿色循环发展，规划建设循环经济产业园，拓展城区中小企业发展空间。倡导绿色生活方式，大力推广绿色消费、低碳出行，推行垃圾分类和减量化、资源化。

六、始终坚持以人民为中心，谱写社会事业新篇章

加大民生事业保障力度。深入实施“十心行动”(教育提质放心行动、卫生健康安心行动、精神文化润心行动、就业支持贴心行动、扶弱救助暖心行动、多样便民省心行动、人居环境称心行动、生态惠民舒心行动、安全保障稳心行动、社会治理顺心行动。)，务实推进省市区民生实事项目，大力解决群众急难愁盼问题，确保民生支出占一般公共预算支出的70%以上。抓好重点群体就业，实现更加充分更高质量就业，城镇调查失业率保持在5%左右，实现居民收入增长和经济增长基本同步。加快发展多层次、多支柱养老保险体系，推动工伤、失业、基本医疗等社会保险征缴扩面。健全退役军人服务保障体系。完善帮扶残疾人、孤儿等社会福利制度，落实城镇困难群众帮扶机制。全面建立居家社区机构相协调、医养康养相结合的养老服务体系。协同推进“三医联动”(医疗、医保、医药改革联动。)，提高医保基金使用效能。健全覆盖全民、统筹城乡、公平统一、可持续的多层次社会保障体系。

优先发展教育事业。坚定不移实施教育振兴，加快御景名城小学、滨江路小学等6个项目建设，进一步疏解主城区办学压力；加快推动涪城中学、青义二小等9个新校点布局，拓展城市新区教育空间。新增学位1.9万个，持续巩固学前教育“50·80”成果，从根本上化解大班额、大校额问题。切实减轻义务教育阶段学生作业负担和校外培训负担。加快推进教育新基建，推动“5G+智慧教育示范区”建设。规范民办义务教育发展，促进义务教育向优质均衡迈进。高水平建设职教园区，持续深化产教融合，推动教育与产业联动发展。持续强化师德师风建设，深入推进教师阶梯成长机制、校（园）长职级改革，推动教师跨校、跨学区流动，促进教师队伍发展。

全面推进卫健事业。健全公共卫生服务体系，加强疾控专业机构能力建设，建立重大疫情防控和公共卫生应急预案动态更新机制，提升监测预警和应急处置能力。优化医疗资源区域布局，涪城区中医医院、妇女儿童医院等项目建成投用，积极推进核医学中心、市人民医院和第八人民医院新院区建设。支持市人民医院创建三甲医院、市肿瘤医院创建三乙医院，以临港医疗基础设施项目为试点，探索医院建设、运营、发展新模式。推进区域医共体建设，推动乡镇卫生院提档升级，强化社区卫生服务中心标准化建设。实施“5G+智慧医疗”项目，建设信息共享、互联互通的智慧网络体系。加强全科医生和乡村医生队伍建设，提升基层医疗机构服务能力。实施中医治未病（运用中医防止疾病的发生发展，做到未病先防和既病防变。）健康工程，推进中医药传承创新发展。

加快繁荣文体事业。巩固现代公共文化服务体系，完善四级公共文化服务网络，努力形成均衡协调、多元参与的高质量公共文化发展新格局。按照数字化、智能化方式，推动区图书馆、区文化馆、区美术馆改造升级。持续挖掘和沉淀欧阳修文化，开发“炳林毛笔”“天青苑川剧”等本土优质资源，培育更多文化品牌。新改建50条全民健身路径，打造田园自行车公开赛等体育赛事。

七、更好统筹安全和发展，构建基层治理新模式

完善公共安全体制。加速推进公共安全体系建设，坚决遏制各类重特大安全事故发生。全面推行安全生产清单制管理，扎实推进安全生产专项整治三年行动集中攻坚。加强食品药品全链条质量安全监管，构建信息可查询、过程可控制、责任可追究的追溯体系。完成涪江丰谷段防洪治理工程，彻底化解赵家脊江心岛水患问题。加强城市房屋安全管控，探索实施根本性化解措施。推进应急管理组织体系、指挥体系、预案体系等体制机制建设，常态化开展实战演练，全面提升防灾减灾救灾能力。

防范各类重大风险。严控政府隐性债务风险，坚决遏制隐性债务增量，稳妥化解债务存量，坚决守住不发生区域性系统性金融风险底线。健全扫黑除恶长效常治机制，纵深推进新时代禁毒人民战争，严厉打击各类违法犯罪。常态化抓好疫情防控，高质量完成第一次全国自然灾害综合风险普查，积极化解涉房涉地涉资历史遗留问题，强力推进违法建设整治，营造安全稳定发展环境。

加强城乡基层治理。谋深做实“八大示范”行动（全科网格化治理示范行动、政务服务跨区域通办示范行动、便民服务暖心示范行动、社区分类精准治理示范行动、商圈经济提质增效示范行动、培育壮大社区经济示范行动、城市“微治理”群众有感示范行动、城乡接合部治理攻坚示范行动。），巩固提升全省城市基层治理示范区建设成果。实施“互联网+社区”行动，建设一批智慧小区，提升基层智慧治理能力。健全自治、法治、德治相结合的乡村治理体系，争创一批省级乡村治理示范镇村。完善社会治安防控体系，健全社会稳定风险评估、矛盾纠纷多元化解机制，建设更高水平的平安涪城。扎实推进“八五”普法，探索构建普法成效评估机制，打造法治文化品牌。

八、不断加强政府自身建设，彰显为民服务新担当

突出政治建设。全面加强政府系统党的建设，严明政治纪律和政治规矩，始终在思想上政治上行动上同以习近平同志为核心的党中央保持高度一致，不断增强“四个意识”、坚定“四个自信”、做到“两个维护”，为持续推动全区经济社会高质量发展营造风清气正、干事创业的良好政治生态。

深化法治建设。严格落实重大经济事项决策规定及实施细则，推动法律顾问全面参与“三重一大”(重大事项决策、重要干部任免、重大项目安排、大额资金使用。)事项决策，做到科学民主依法决策。稳妥推进行政复议体制改革。加强政府诚信体系建设，严格履行政府承诺，不断提高政府公信力。

强化廉政建设。纵深推进政府系统全面从严治党，严格落实党风廉政建设责任制，加强廉洁政府建设。依法接受区人大及其常委会监督，自觉接受区政协民主监督，主动接受监察监督和社会舆论监督，强化审计监督，全面落实政府信息公开。严控一般性支出、压减“三公”经费，将更多的公共财政资源用于为人民群众提供优质高效的公共服务。

注重作风建设。建设务实、高效、服务型政府，发扬钉钉子精神，坚持求真务实、真抓实干，出实招、使实劲、求实效。加强能力建设，打造高素质专业化干部队伍。健全督查问责机制、激励机制和容错纠错机制，坚决整肃不作为、慢作为和乱作为行为，让履职者尽责、为干事者撑腰、为担当者担当。不断改进文风会风，切实减轻基层负担。

志之所趋，无远弗届。各位代表，让我们更加紧密地团结在以习近平同志为核心的党中央周围，在省委省政府、市委市政府和区委的坚强领导下，在区人大及其常委会和区政协的监督支持下，紧紧依靠全区人民，牢牢抓住历史机遇，勇敢面对各种挑战，齐心协力、真抓实干，开拓创新、锐意进取，深入实施“三千工程”，加快建设“四个强区”，为全面建设西部现代化强区而努力奋斗！

中国人民政治协商会议
绵阳市涪城区第六届委员会常务委员会工作报告

——在政协绵阳市涪城区第七届委员会第一次会议上

绵阳市涪城区政协主席　杜正茂

(2021年9月26日)

各位委员、同志们：

我受政协绵阳市涪城区第六届委员会常务委员会的委托，向大会报告工作，请各位委员审议，请同志们提出意见。

过去五年工作回顾

政协涪城区第六届委员会任期的五年，是涪城突破发展困局，促进能级跃升，推动经济社会高质量发展取得重大成效，具有里程碑意义的五年。这五年，以习近平同志为核心的中共中央对加强和改进人民政协工作提出了一系列新论断、新观点、新要求。省委、市委、区委先后以召开政协工作会议或印发实施意见等方式，为我们进一步做好政协工作指明了前进方向、注入了强大动力。

五年来，区政协及其常委会在中共绵阳市涪城区委的坚强领导和市政协的有力指导下，高举习近平新时代中国特色社会主义思想伟大旗帜，认真学习贯彻党的十九大、十九届二中、三中、四中、五中全会精神和省委、市委、区委全会精神，围绕团结、民主两大主题，充分发挥政治协商、民主监督、参政议政职能，团结引导区政协委员、各参加单位围绕中心、服务大局、凝聚共识，落实区委“一二三四五六”总体战略，助力深入实施“三千工程”、加快建设“四个强区”，五年来为全区经济社会高质量发展作出了积极贡献，政协工作也发生了新的变化，政协事业开创了新的局面。过去五年：

——我们高举伟大旗帜，坚定政治方向，共同思想政治基础更加牢固

*始终把旗帜鲜明讲政治作为首位要求。*牢牢把握人民政协是政治组织的根本属性，增强“四个意识”、坚定“四个自信”、做到“两个维护”，严守政治纪律和政治规矩，始终在思想上政治上行动上同以习近平同志为核心的中共中央保持高度一致。全面贯彻落实中央、省委、市委、区委各项决策部署，把中央、省委、市委政协工作会议精神和区委对政协工作的要求贯通起来，一起学习，统筹落实，进一步明确新时代人民政协工作的努力方向和着力重点。通过旗帜鲜明的政治引领，引导全区各党派团体和社会各界人士不断增强对中国共产党和中国特色社会主义的政治认同、思想认同、理论认同、情感认同。

*始终把党对政协工作的全面领导作为根本遵循。*深入贯彻中共中央办公厅《关于加强新时代人民政协党的建设工作的若干意见》和省委、市委、区委实施意见精神，自觉在区委的统一领导下开展工作，重大事项及时向区委请示、重要工作及时向区委汇报、重大活动及时向区委报告，严格按照区委每年制订的协商计划开展协商议政，努力把区委重大部署转化为政协履职实践。切实发挥政协党组把方向、管大局、抓落实作用，坚决扛起党对政协工作全面领导的重大政治责任，严格落实全面从严治党和意识形态工作主体责任，抓牢抓实党风廉政建设和反腐败工作。累计召开党组会议182次，议定各类事项400余件，充分发挥党在政协工作中的核心领导作用。持续加强党员委员队伍建设，成立政协委员综合党委，下设7个专委会党支部，落实党员委员联系党外委员制度，实现党的组织对党员委员全覆盖、党的工作对政协委员全覆盖。

*始终把强化思想理论武装作为首要任务。*坚持把强化政治学习作为充实理论武装的重要途径，扎实开展“两学一做”“不忘初心、牢记使命”主题教育和党史学习教育，推动政协党员委员和党员干部政治上讲忠诚、组织上讲服从、行动上讲纪律、制度上讲严明。深度参与习近平总书记关

于加强和改进人民政协工作的重要思想四川省政协研究基地绵阳市政协分基地建设，积极开展理论研究。通过召开党组暨主席会议、党组中心组学习、常委会专题学习和专家辅导讲座等方式，深入学习习近平总书记系列讲话精神，学习省委、市委、区委重要会议精神和重大决策部署。切实加强对党外委员的教育引导，组织开展形式多样的思想政治专题学习，进一步增强党外委员的向心力，画出团结进步最大同心圆。五年来，共举办常委会集体学习、政协委员培训、政协干部专题学习、党外干部集中学习等102次，4030余人次参加，促进全区各党派团体和社会各界人士实现思想上的共同进步。

——我们聚焦中心任务，广泛凝聚共识，助推经济社会发展成效更加显著

主动参与经济高质量发展。坚持把推动全区高质量发展作为政协作用发挥的第一要务，紧扣经济发展中心工作履职尽责。围绕军民融合、“智慧涪城”、科技创新和高端装备制造等开展调研视察，推动科技创新和制造业水平提升。围绕夜间经济发展、楼宇经济提升和特色街区打造等方面开展调研视察，助力现代服务业提档升级。围绕构建“1+2+3”现代农业产业体系（以都市休闲农业为发展方向，以精品蚕桑、优质果蔬为主导产业，梯次建设“千鹤桑田”蚕桑文化、“湖光山色”稻虾亲水湿地、“蔬香绿野”芦笋大健康三大主题公园。）、加快农业生产性服务业发展和打造“涪城蚕茧”特色品牌等内容进行调研视察，助力现代农业发展。围绕科技物流园片区、5G产业园、卫星应用科技园、循环经济产业园等园区建设运营开展调研视察，助力特色园区能级提升。围绕优化营商环境“三度服务”20条措施、创新投融资机制、政府与社会资本合作模式和金融支持实体经济等内容建言献策，推动经济发展要素保障更加完善。五年来，累计开展经济转型发展专题视察调研26次，形成了《关于专题协商惠科重大项目推进情况的报告》等高质量视察调研报告24篇。主席会议成员深入联系镇、街道和重大项目指导督促工作400余次，有力推动科技物流园片区、国际康养小镇和绵阳工业固废处置中心等一大批重点项目落地建设。

主动参与全面改革创新。抢抓成渝地区双城经济圈和科技城新区建设等重大发展机遇，积极助推全面改革创新。助力做好两项改革“后半篇”文章，开展农村集体产权制度改革、集体“三资”管理、闲置阵地资产管理等专题调研视察，有效激发农村活力。助力优化市区权责关系和综合行政执法改革，组织政协委员深入区级相关部门调研，对承接市级下放事权形式、综合行政执法层级设置、职责边界等方面提出可行性建议。围绕优化国土空间布局，积极开展绵阳中心城区（涪城范围）国土空间规划编制调研，对全区土地利用现状进行深入分析，针对发展空间、土地指标、建设用地和基本农田布局等提出合理化建议。五年来，围绕全面改革创新开展专题协商调研43次，《打通乡镇综合行政执法最后“一公里”》等17篇调研报告得到省、市领导肯定性批示或作为工作经验批转职能部门，区政协荣获全市政协系统助推全面创新改革工作先进单位。

主动参与城乡融合发展。立足“四片联动”融合赋能，推动城乡面貌加快改善。围绕科技城新区涪城片区建设开展视察调研，在要素保障、项目招引、园区平台载体建设等方面提出针对性建议，助力新区加快发展。围绕临港经济发展区建设开展视察调研，就惠科液晶面板、龙华薄膜、皂角铺铁路物流基地等重大项目建设提出建议，助力拓展产业发展新空间。围绕中心城区旧城改造进行深度调研，全覆盖走访旧改工作区域，到先进地区考察学习，提出7个方面21条具体建议，助力城市有机更新。围绕深入实施乡村振兴战略，开展现代农业园区、农业主题公园、乡村旅游等专题调研视察，有力促成“千鹤桑田”蚕桑文化农业主题公园开园、涪城田园自行车公开赛开赛，助力打造“离尘不离城”的绵阳城市后花园。围绕生态环境保护，发动委员围绕农村人居环境整治、饮用水源地保护、小流域综合治理和黑臭水体整治等方面提提案、建良策，为建设生态宜居的美丽涪城献计出力。

——我们践行以人民为中心的发展理念，坚持履职为民，推动人民生活更加美好

助力打赢脱贫攻坚战。深入落实区委脱贫攻坚决策部署，助力全面打赢脱贫攻坚战和决胜全面小康。组织委员到北川、平武等地学习考察，开展全区脱贫攻坚工作视察，积极建言献策，推动出台《农村人居环境整治“三改两建”三年行动专项实施方案》。开展“插花式”扶贫民主监督，组织委员深入各镇全覆盖走访，实地了解脱贫攻坚责任、政策、工作“三落实”情况，提出针对性建议23条，有效推动全区贫困人口高质量脱贫。全力帮扶昭觉县，发动委员捐款捐物461.6万元，统筹各类帮扶资金463.4万元，支持涪昭农业现代产业园项目，助推日哈乡觉呷村基础设施建设、人居环境改善和畜牧养殖业发展。资助4名昭觉学生在绵就读初高中，“扶贫扶智、输血造血”帮扶措施得到人民日报、人民网、人民政协报等重要媒体报道，有关经验做法先后3次得到省政协领导肯定性批示。在全省政协“我为扶贫攻坚做件事”现场会上，涪城作为唯一外地县级政协受邀参会并作交流发言。

助力社会事业发展。充分发挥联系面广、渠道畅通的独特优势，深入参与民生事业发展。围绕学前教育监管、义务教育优质均衡发展、普职融通、产教融合、教师队伍建设和体育产业园建设等视察协商，提出意见建议53条，城北片区义务教育阶段校点规划布局专题调研报告受到市委主要领导亲自批示。开展提升公共文化服务效能专题协商，聚焦基层阵地、人才队伍等提出建议23条，助力创建四川省现代公共文化服务体系示范县。深入开展卫生事业视察调研，紧扣康养结合、社区卫生服务中心建设和重大传染病基层防控体系建设等提出建议，助推医疗体制改革。围绕卫生服务中心和教育事业用房短缺问题，开展市级部门办公场所搬迁空置房屋利用情况调研，积极反映涪城公共事业用房实际困难，争取市级机关大力支持。开展《中华人民共和国食品安全法》、“七五”普法等专题视察，推动博爱颐养中心信访问题依法处置，助力法治涪城建设。

助力新冠肺炎疫情防控。奋力夺取疫情防控和经济社会发展双胜利，组织社会各界全力做好新冠肺炎疫情防控和复工复产。疫情发生后，第一时间向全体政协委员发出《倡议书》，动员各界力量积极为疫情防控献计出力，累计捐献医用口罩、护目镜等各类物资价值约100万元，区新阶会联合科伦医贸、西蜀网开通全省首家口罩购买线上预约平台，线上预约口罩70余万个。广大政协委员围绕疫情防控建言献策，《关于允许并规范海外留学生转学至中国大陆高校的建议》《关于出台民办教育机构疫情防控经费补助保障政策的建议》等社情民意信息被省政协采用，区政协提出《关于进一步加强公共卫生应急队伍建设的建议》和《关于重大传染病基层防控工作的调研报告》，转化为疫情防控政策制定的重要依据。邀请绵阳市专家现场指导惠科光电、富临精工、龙华薄膜等重点企业疫情防控和复工复产，发动绵阳百盛、高农司等委员企业积极承担稳就业、保供应的社会责任。扎实开展走访受疫情影响的困难企业和困难群众专项活动，走访困难企业、困难群众、基层单位等200余个，推动解决实际困难问题84个，协调争取财政和社会捐助资金771万元，在抗击疫情中彰显了政协担当。

——我们把握职能定位，坚持双向发力，专门协商机构作用更加彰显

不断完善协商议政机制。切实提高协商民主意识，促进协商民主制度化、规范化、程序化。推动出台《中共绵阳市涪城区委关于加强社会主义协商民主建设的实施意见》，印发《政协绵阳市涪城区委员会关于进一步加强政协委员履职平台建设的实施意见》等文件，结合区委每年确定的协商工作计划，形成了较为完备、规范、有效的协商议政制度体系，实现了以制度规范履职、以机制保障落实的目标。构建完善“1+2+4+N”的协商体系，实现政协协商和基层协商有效衔接。五年来，共计开展各类协商活动76次，形成协商报告47篇，助推基层治理、社会民生、经济发展等各领域事业取得长足进步。

不断优化协商议政举措。坚持以区委、区政府重大决策部署和人民群众普遍关心的热点难点问题入手，不断提升协商质量。出台《关于提高提案质量的实施意见》，从质量要求、立案审查、优化服务等方面明确了提升提案质量的方向。修订完善《提案办理工作考核办法》，坚持主席会议成员领衔督办提案制度，促进提案工作高质量开展。进一步建强“委员工作室”，发挥王铁蓉委员工作室、李剑生委员工作室和人民医院市区政协委员联合工作室的优势，在基层治理、财会审计咨询援助、医卫知识宣教等方面打造基层协商品牌。积极引导“新乡贤”协商新形式在基层治理中发挥作用，助推《涪城区选树新乡贤助力乡村治理工作方案》出台，为乡村治理注入新活力。

不断提升协商议政成效。完善协商成果督办机制，加大民主监督力度，持续做好协商成效跟踪。区委、区政府领导对提案办理亲自研究推动，落实区委目标绩效办常态化督办，及时向委员和社会公布办理结果。区政协通过视察、调研、座谈等形式，对有关单位采纳落实协商意见建议情况进行跟踪监督问效。创新开展提案办理第三方评价，实施提案办理每月调度。五年来，政协委员共提交提案529件，立案443件，办结率100%，满意率99.77%。“欧阳修出生地”文化品牌打造等一大批协商成果转化为区委、区政府的施政方针和决策部署。用好社情民意协商渠道，积极反映社会热点和群众关切，五年累计编报社情民意信息196条，《关于出台民办教育机构疫情防控经费补助保障政策的建议》等信息被全国政协采用，《合村并居应秉持法治原则科学实施》等信息受到上级党委政府高度关注，转化为政策出台的重要参考。

——我们秉承守正创新，着力提质增效，新时代人民政协新形象更加鲜明

持续加强委员服务管理。围绕政协委员素质提升，进一步完善服务管理机制，推进委员“懂政协、会协商、善议政”。每年举办1~2期委员专题培训班，开展委员集中培训、高校轮训和提案办理培训等，全方位加强对委员履职的教育培训。修订完善《委员管理办法》，坚持委员“5+1”考核模式，建立委员履职档案，促进广大委员履职更加积极主动。系统推进委员履职平台建设，不定期邀请相关区级单位向委员通报阶段性重点工作，双月编发《政协通讯》，帮助委员知情明政。常态化邀请政协委员及相关部门负责人开展座谈，向委员宣传优化营商环境、助力企业发展等支持政策，听取委员意见建议，担当好“信息沟通者、矛盾化解者、合作促成者”的重要角色。

持续发挥团结统战功能。支持各民主党派、工商联、各人民团体、无党派人士、新的社会阶层人士等通过政协平台参政议政，营造畅所欲言、平等协商、合作共事的政治氛围。助力做好民族宗教工作，走访民族宗教界人士，视察宗教领域规范化管理工作，促进宗教和顺、社会和谐。充分发挥文史资料“存史、资政、团结、育人”作用，举办文化文史交流活动10余场，组织编撰《涪城文史》《绵阳县民间故事史料汇编》等重要文史资料9册。创新开展“互联网+文史”，实现文史资料数字化存储、线上共享。建立涪城在外人士信息库，到上海、江苏等地拜访在外杰出人士，介绍涪城经济社会发展情况，推介“智汇涪城”人才柔性引进平台，推广涪城“五个一”城市宣传体系（一桌涪城菜、一批涪城造、一部涪城片、一首涪城歌、一套涪城Logo。），宣传关心关爱企业家和支持企业发展等政策措施，调动发挥在外人才建设家乡的积极性。

持续完善政协机关建设。突出政协干部队伍建设，以能力素质培养为重点，修订完善调研视察、绩效考核等制度，推动机关运行规范化、程序标准化、任务项目化。深化机关作风建设，深入开展“抓落实做表率”“不为不办找理由、只为办好想办法”等专项行动，不断锤炼政协干部责任担当。改进调查研究、办文办会办事工作，提升服务大局的质效。加强专委会建设，发挥好专委会界别召集人的作用，实现“专委会+界别+委员”形式，组织各界别委员全面参与专委会的工作，为界别活动搭平台，不断增强专委会联系服务委员能力。强化政协新闻宣传工作，连续五年获评全省政协新闻宣传工作先进单位。

千淘万漉虽辛苦，吹尽狂沙始到金。各位委员、同志们，过去的五年，在习近平新时代中国特色社会主义思想伟大旗帜引领下，我们不忘初心、砥砺奋进，各项工作取得了长足进步，政协工作先后3次受到省领导重要批示，129次受到市领导肯定性批示，同时还涌现出了马晓晖、何显兵、李剑生等一大批心系群众、心系涪城、奉献社会的优秀政协委员，为政协事业的发展作出了不可磨灭的贡献。特别是区政协六届六次会议以来，各参加单位和全体政协委员凝心聚力、真抓实干，努力用最优异的成绩献礼中国共产党成立100周年，我们扎实开展党史学习教育，创新方式方法举办“党史学习教育讲堂”等系列活动22期，专题学习习近平总书记在庆祝中国共产党成立100周年大会上的重要讲话精神和伟大建党精神，推动政协各界从百年党史中汲取干事创业的宏大力量。我们积极推进基层协商平台建设，建成“数字政协”线上平台，在线实现协商选题征集、反馈调研视察成果、开展议事会议、形成协商建议等功能。打造“城市+农村”多协商基地，着力增强协商的开放性和透明度，不断扩大协商参与面。我们深入推进“书香政协”建设，广泛开展委员读书活动，建成“涪畔书屋”，推动委员增知益智、与时俱进，履职能力得到有效提升。我们大力塑造“有事来协商”品牌，累计开展各类协商活动28次，“城乡供水一体化”协商推动全区1.06万户、2.87万人分散供水农村人口用上自来水，“儿童青少年近视防控”小微协商达成新增学位、改善教学条件等重要共识，多项协商活动受到《人民政协报》、《四川政协报》等媒体宣传点赞。

这些成绩的取得，是市政协指导和区委领导的结果，是区人大常委会、区政府和区级各部门各单位鼎力支持的结果，是老领导老同志热情关心和社会各界热忱参与的结果，更是全体政协委员共同奋斗的结果。在此，我谨代表六届区政协常委会向大家表示衷心的感谢并致以崇高的敬意！

各位委员、同志们，人民政协事业的发展是一届又一届政协委员、一代又一代政协工作者薪火相传的过程，是一个在继承中发展、在发展中创新的过程。回顾五年来的工作，六届政协在研究新情况、解决新问题、做好新时代人民政协工作的实践中，形成了一些好经验好做法，值得我们认真总结、长期坚持、不断完善。这些经验和体会包括：

必须毫不动摇坚持中国共产党的领导。把坚持党的领导贯穿到政协全部工作之中，切实落实党对政协工作的各项要求，自觉把政协工作的着力点放在保证区委重大决策部署的贯彻落实上，注重在发扬民主中夯实团结奋斗的共同思想政治基础，努力寻求全社会最大公约数。

必须紧紧围绕党政中心工作献计出力。自觉围绕中心议大事、服务大局谋良策，协助区委、区政府增强决策的科学性和施策的有效性。坚持区委想什么、政协议什么，政府干什么、政协帮什么，群众盼什么、政协呼什么，努力在涪城高质量发展大局中谋事干事，使我们的意见建议取之能用、用之能成。

必须坚持以人民为中心履职建言。把实现好、维护好、发展好人民群众的根本利益作为政协履职的出发点和落脚点。充分发挥界别作用，把界别当作联系服务群众的桥梁和纽带，政协委员深入界别群众、倾听界别诉求，汇集成一张服务全区民生的大网络，让社会各界感受到政协委员的为民担当。

必须充分依靠并发挥政协委员力量。把政协委员履职作为政协作用发挥的最重要渠道，要切实为委员提供丰富有效的履职载体，创造知情明政的履职条件，营造宽松民主的履职氛围，帮助政协委员树立履职的大局意识、责任意识，调动委员履职积极性、主动性。

必须始终发挥团结民主的制度优势。充分发挥政协联系广泛的优势，开展多层次、宽领域的联谊交友，协调各方面利益关系，做到以道相交同甘苦，以诚相交见肝胆，以志相交共奋斗，从政协角度促进与涪城各界人士的合作交流，密切同涪城在外人士的联谊工作，为涪城经济社会高质量发展拓展更广阔的平台。

在总结工作的同时，我们也清醒地认识到，政协工作还存在一定差距和不足，主要是破解“两个薄弱”（市县政协基础工作薄弱、人员力量薄弱。）还不到位，基础工作和人员力量还存在短板，履职平台还不够完善，履职成果转化效率不高，专家型委员相对较少，机关力量配备存在结构性不足。对此，我们将高度重视，在今后工作中切实改进。

未来五年工作建议

未来五年，是涪城在高质量全面建成小康社会的基础上，乘势而上开启全面建设社会主义现代化新征程的关键时期，区委第七次党代会准确判断历史方位、科学审视发展大势，确立了“全面建设西部现代化强区”的战略目标。涪城面临的发展机遇千载难逢，强劲的发展势头前所未有，未来的发展前景无比光明，政协各参加单位和全体委员务必要因势而谋、应势而动、顺势而为，凝聚起把历史机遇转化为发展红利的“非常之心”，发挥好把政协所能转化为发展动能的“非常之力”，展现出把制度优势转化为发展胜势的“非常之为”，在涪城高质量发展的新征程中书写最华美的政协篇章。

对新一届政协，我们的总体思路是：高举习近平新时代中国特色社会主义思想伟大旗帜，增强“四个意识”、坚定“四个自信”、做到“两个维护”，深入学习贯彻习近平总书记关于加强和改进人民政协工作的重要指示精神，全面落实中央、省委、市委政协会议精神和区委对政协工作的安排部署，围绕深入实施“三千工程”、加快建设“四个强区”，认真履行政治协商、民主监督、参政议政职能，充分激发政协之“能”，服务涪城之“为”，坚持区委中心工作推进到哪里、政协履职就跟进到哪里，以高水平履职融入高质量发展，坚持建言资政、凝聚共识双向发力，团结带动全区广大政协委员和各界人士，把党中央和省委、市委、区委的重大决策部署转化为共同意志和自觉行动，为涪城全面建设西部现代化强区汇聚磅礴力量。

围绕这一思路，我们将主要做好以下工作：

未来五年，我们要进一步凝心聚力，把党对政协工作的全面领导坚持好

人民政协是党领导的政治组织和民主形式，人民政协工作是党的工作的重要组成部分。我们要持之以恒抓好党史学习教育，准确把握政治方向，把坚持和发展中国特色社会主义作为巩固共同思想政治基础的主轴，主动参与市政协分基地建设，始终在思想上、政治上、行动上同以习近平同志为核心的中共中央保持高度一致，确保政协各项工作始终沿着正确的政治方向不断前进。持续加强党的建设，更好坚持党对人民政协工作的全面领导，始终以政治建设为统领，持续抓好党风廉政建设，认真履行全面从严治党、落实意识形态等主体责任。发挥政协党组在政协工作中的领导作用、基层党组织的战斗堡垒作用、政协组织中党员委员的先锋模范作用，确保区政协的各项事业都在区委的领导下进行。广泛凝聚思想共识，进一步推动专委会、委员联系界别工作，成立覆盖涪城全域的委员联络小组，引导委员利用自身影响力主动正面发声，为落实党政决策部署厚植社会民意基础，加强同各民主党派、党外知识分子、非公有制经济人士、新的社会阶层人士等的沟通联络，用党的创新理论团结教育各界人士，不断扩大政协“朋友圈”。

未来五年，我们要进一步融入中心，把党委各项决策部署贯彻好

质量决定成效、责任展现担当，围绕党政中心任务协商议政是人民政协的履职方向，也是职责所在。我们要更好服务大局，抢抓成渝地区双城经济圈、成渝绵“创新金三角”和国家科技创新先行示范区建设等重大机遇，瞄准抓重点、补短板、强弱项的重要问题，精选课题、深入调研、高效协商、转化成果，提出更多更优更好的“政协建议”。围绕培育优势产业，就构建“3+1”现代工业体系（新型显示、汽车电子、5G三大重点产业和数字经济。）、“1+6”现代服务业体系（商务贸易和科技服务、现代金融、现代物流、电子商务、文化创意、旅游康养六大重点产业。）、“1+2+3”现代农业产业体系，建设特色产业园区等建言献策，围绕优化营商环境相关政策措施落实情况加强民主监督，推动建设西部现代产业集聚地。聚焦实施创新驱动，就科技城新区涪城片区建设、数字经济、科教深度融合等方面开展调查研究，提出对策建议，助力建设区域科技创新高地。充分发挥政协优势，在更大范围内深化联系、拓展人脉，积极推介“涪聚三江、城纳四海”的涪城对外开放新形象，为强化项目招引、扩大开放渠道等贡献力量，协力建成西部内陆改革开放桥头堡。紧扣城乡融合互动，大力实施“双助”活动，在推动乡村振兴、主体功能区建设、创造高品质生活等方面献计出力，推动形成城乡一体、全域发展新格局。

未来五年，我们要进一步尽责为民，把人民政协的初心使命践行好

中国共产党的初心使命就是人民政协的初心使命，必须坚持以人民为中心的根本立场，把不断满足人民对美好生活的需要、促进民生改善作为重要着力点。要围绕群众最关心、最直接、最现实的利益问题，就推动教育优质均衡发展、提升医疗服务水平、完善社会保障体系、强化就业支持、关心城镇困难群众等弱势群体开展调查研究、协商议政，促进全区人民更大程度共享高质量发展成果。要紧扣《关于加快推动民生事业高质量发展的实施意见》，就“十心行动”32条措施实施情况开展民主监督，推动民生政策落到实处、实际问题得到解决。要把推进治理体系和治理能力现代化作为履职重要内容，广泛组织开展基层协商议事活动，协助做好理顺情绪、阐释政策、凝聚人心、矛盾化解的工作，推动民主法治建设，使政协制度优势转化为社会治理效能。要真实反映群众关切，通过调研报告、提案、社情民意信息等形式，及时反映不同阶层、不同群体的意见诉求，更好维护群众利益。

未来五年，我们要进一步开拓创新，把专门协商机构优势发挥好

人民政协是社会主义协商民主的重要渠道和专门协商机构，在协商中促进广泛团结、推进多党合作、实践人民民主，是新时代赋予人民政协职能定位的新内涵。要创新协商议政机制，做优“1+2+4+N”有事来协商体系，发挥“小微协商”短平快优势，推动协商从“议了什么”向“办成什么”转变，形成一批叫得响、过得硬、在全省乃至全国有影响力的协商案例。加快构建全方位、立体化的协商平台，建强“数字政协”线上协商平台，建成“1+4+N”协商基地，设立试验区政协委员联络站，推选一批省级优秀委员工作室，形成线上线下同频共振，城市农村互融互通的协商新格局。要围绕党政决策部署、重大项目建设和社会民生热点等方面匠心打造精品提案，深化提案办理协商，组织委员全程参与提案办理，优化第三方评价机制，创新提案质量和办理质量评价工作方式，进一步激发提案工作活力，不断提高提案工作的社会参与度，增强提案办理实效和提案成果转化。创新《涪城文史》编撰，实施“数字文史”工程，加强文史资料线上交流分享，系统展现涪城深厚的多元化文化底蕴。创新开展涪城在外人士联谊，分期分批在长三角、粤港澳大湾区、京津冀等地建立区域性涪城在外人士联谊工作站，团结引导在外人士为涪城发展献计出力。

未来五年，我们要进一步夯实基础，把政协队伍履职能力建设好

加强自身建设是新时代加强和改进人民政协工作的内在要求，也是政协事业蓬勃发展的重要基础。我们要加强专委会建设，不断完善专委会工作职责和考核机制，推动“专委会+界别”联动履职，巩固和提升专委会团结联系委员、协商民主平台等基础性作用，塑造更多特色鲜明的调研、协商品牌。提升委员履职能力，按照“懂政协、会协商、善议政，守纪律、讲规矩、重品行”要求，创新联系服务委员机制，开展形式多样的学习交流活动。用好“涪畔书屋”“数字政协”学习平台，持续推动“书香政协”建设，推进委员读书交流，形成读书履职的良好格局。引导委员主动联系服务界别群众，帮助委员知情明政，强化委员责任担当，切实当好政策宣传者、群众利益维护者、社会和谐促进者。提高机关服务水平，增强机关干部学习意识、服务意识、团结意识、创新意识，大力弘扬“马上就办，真抓实干”工作作风，持之以恒纠正“四风”，坚决反对和克服形式主义、官僚主义，不断提升机关效能，全面提高服务质量，为委员履职尽责提供坚实保障。

欣逢盛世，当不负盛世。各位委员、同志们，让我们更加紧密地团结在以习近平同志为核心的中共中央周围，在区委的坚强领导下，汇聚推动涪城新一轮大建设大发展的磅礴力量，以坚定不移的信心、时不待我的决心、锐意进取的雄心，为涪城全面建设西部现代化强区而努力奋斗！

绵阳市涪城区人民法院工作报告

——在绵阳市涪城区第七届人民代表大会第一次会议上

绵阳市涪城区人民法院副院长　杨小平

（2021 年 9 月 27 日）

各位代表：

我代表区人民法院向大会报告工作，请予审议，并请区政协委员提出意见。

过去五年工作回顾

自涪城区第六届人民代表大会第一次会议以来，在区委的坚强领导下，在区人大及其常委会、区政府、区政协的关心、支持、监督下，区法院坚持以习近平新时代中国特色社会主义思想为指导，深入贯彻党的十九大和十九届二中、三中、四中、五中全会精神，认真学习贯彻习近平法治思想和习近平总书记重要讲话精神，坚持服务大局、司法为民、公正司法，忠实履行宪法法律赋予的职责，为统筹推进疫情防控和经济社会发展提供了有力司法服务和保障，各项工作取得新成效。五年来，共受理案件 88986 件，审（执）结 84640 件，分别比前五年增长 48.93%、67.56%。收结案数连续五年位居全市第一，全省前十。

五年来，我们聚焦办案主业，履行职责使命，着力维护社会安全稳定

依法惩处刑事犯罪。推进平安涪城建设，审结刑事案件 3197 件 5023 人，对 4227 名被告人判处刑罚（判处五年以上有期徒刑 487 人）。严惩暴力犯罪，审结故意伤害、强奸、抢劫、抢夺等暴力犯罪案件 247 件 397 人。保障群众“钱袋子”安全，审结盗窃、诈骗、敲诈勒索等侵犯财产犯罪案件 1343 件 1791 人。维护公共安全和食品安全，审结危险驾驶、制假售假等犯罪案件 424 件 474 人。打好禁毒人民战争，审结毒品犯罪案件 764 件 932 人。深入推进反腐败斗争，审结贪污、贿赂、渎职等职务犯罪案件 53 件 68 人。严格非法证据排除规则,宣告无罪 5 人，检察机关撤回起诉 5 件、提出抗诉 24 件、撤回抗诉 8 件，二审维持原判 5 件、改判或发回重审 10 件。加强未成年人权益保护，审结未成年人犯罪和侵害未成人犯罪案件 180 件 288 人，依法从轻、减轻判处 43 名未成年被告人非监禁刑，开展未成年人案件回访 16 次，对被判处 5 年有期徒刑以下刑罚的未成年罪犯实行犯罪记录封存。

妥善调判民事纠纷。加强司法民生保护，审结民商事案件 42617 件。保障人民健康权益，审结人身损害、医疗赔偿、交通事故等案件 2037 件。保护劳动者合法权益，审结劳动争议、农民工工资、工伤赔偿等案件 1842 件。维护群众切身利益，审结相邻纠纷、物业合同、商品房买卖等案件4831件。维护社会诚信，审结金融借款、民间借贷、买卖合同和建设工程施工合同等案件13140件。关怀妇女、儿童、老人等特殊群体，成立家事审判专业法庭，在诉讼服务中心设立妇女儿童维权岗，审结婚姻、抚养、继承等案件3029件，对虐待家庭成员的白某发出建院以来首份人身保护令。

支持监督依法行政。助力法治政府建设，审结行政案件1121件。维护行政机关合法行为，判决驳回原告诉讼请求226件、裁定驳回起诉164件。依法审查非诉讼行政执行案件，裁定准予执行207件。监督行政机关依法行使职权,判决撤销行政行为78件。协调解决行政争议，原告主动撤诉204件。助力“放管服”改革纵深推进，开展送法进机关13次，邀请机关干部旁听庭审900余人次，向相关单位发出司法建议41件，行政机关出庭应诉率由45%提升至71.8%。

切实破解执行难题。持续攻坚克难，执结执行案件36175件，执行到位金额14.2亿元。加强失信行为惩戒，罚款拘留378人次、限制高消费29332人次、发布失信人员名单3579人次，向公安机关移送拒执犯罪线索11件、判处拒执罪2人。实现网络司法拍卖全覆盖，在淘宝、京东等平台成交金额7.3亿元，平均溢价率299.13%。加大应缴未缴诉讼费、执行费、罚没款项执行活动力度，上缴国库诉讼费、执行费、罚没款共计2.46亿元。健全执行联动机制，法院网络查控系统已涵盖银行、证券、保险、车辆、不动产、公积金等多领域，失信联合惩戒力量进一步凝聚，“基本解决执行难”目标任务如期完成，向“切实解决执行难”目标稳步迈进。

五年来，我们聚焦中心工作，强化担当作为，全力融入高质量发展大局

纵深推进扫黑除恶。依法惩处黑恶犯罪分子，审结恶势力犯罪案件17件175人，“保护伞”案件1件1人，寻衅滋事、聚众斗殴等九类案件（指强迫交易、非法拘禁、敲诈勒索、聚众斗殴、寻衅滋事、故意毁坏财物、开设赌场、组织卖淫、强迫卖淫犯罪案件。）105件446人，肖大兵、董荣霞、马慧等一批恶势力犯罪团伙依法受到严惩，三年扫黑除恶专项斗争向常态化开展推进。坚持“打财断血”“打伞破网”，对涉恶案件依法判处罚金1146.5万元、没收或追缴659.65万元、退赔被害人损失368.95万元,执行到位金额474.8万元，有力摧毁恶势力经济基础。2021年，刑事审判庭荣获市委、市政府“扫黑除恶专项斗争先进集体”表彰。

护航保障三大攻坚。防范化解重大风险，成立保障涉房涉地涉资历史遗留问题处置专班，审结社信泰和、青岛海能海洋等非法集资案件22件50人，追回集资案款7700万余元，“原绢纺厂”“五一广场水上乐园”等涉房涉地涉稳问题依法化解。服务保障脱贫攻坚，依法支持农民增收致富，审结涉农村土地流转案件60件、涉脱贫领域职务犯罪1件1人，通过“涪昭一家亲”“以购代捐”等活动，组织全院干警捐助帮扶资金3.7万元，购买农副产品17.4万元。深入践行绿色发展理念，审结非法捕杀、买卖国家保护动物和滥伐林木等破坏环境资源犯罪案件20件38人，在判决被告承担刑事责任的同时附带承担民事赔偿责任，并在省级新闻媒体上公开赔礼道歉。

持续优化营商环境。深入贯彻“三度服务”20条措施和关心关爱企业家10条措施等，常态化开展企业走访和民营企业家座谈会，主动听取企业心声，完善送法活动、网上立案等便企举措20余项。坚持各类市场主体平等保护，审结涉企合同案件23927件，对胜诉企业实现债权10.67亿元，最大程度保障企业资金回流。落实信用修复激励机制，对履行完毕的被执行企业，及时解除企业账号冻结和企业法人限制高消费等措施，鼓励被执行企业纠正失信行为。完善破产审判工作机制，加强府院联动，审结破产案件28件，审结的绵阳日报社发行物流有限责任公司破产案件被纳入绵阳市十大“标准化”典型案例。2020年，因营造法治化营商环境取得较好成绩，区法院荣获市委、市政府“绵阳市优化营商环境先进集体”表彰。

完善提升服务水平。围绕“打通服务群众最后一米”目标，全面升级诉讼服务中心“一站式”功能，对案件送达、材料流转和诉讼保全等辅助事务集约管理，当事人领取或递交材料即到即办、无需预约，诉前、诉中保全同一窗口集中办理全面提速。对网上立案、跨域立案开通绿色通道，线下立案简化材料要求。自实施以来，驿站式流转材料3万余份，高效化实施保全案件8230件，便民化受理网上立案、跨域立案18948件，网上立案占比21.29%。坚持司法资源下沉，在4个人民法庭基础上，新增新皂镇和杨家镇诉讼服务站2个，进一步延伸司法服务触角，更好回应群众诉讼需求。强化司法人文关怀，依法为212名符合条件的困难当事人发放司法救助金199.26万元。

五年来，我们聚焦改革发展，坚持创新驱动，聚力提升审执案件质效

深化司法体制改革。实现员额法

官、审判辅助人员、行政人员分类管理，完成员额法官遴选工作。全面落实司法责任制，院庭长带头承办重大疑难复杂案件14906件，占全院总数的17.61%。强化院、庭长审判监督职责，开展案件质量评查1348件，纳入“四类案件”（涉及群体性纠纷，可能影响社会稳定的案件；疑难、复杂且在社会上有重大影响的案件；与本院或者上级法院的类案判决可能发生冲突的案件；有关单位或者个人反映法官有违法审判行为的案件。）监管2481件。健全绩效考核制度，制定高级法官选升、办案先进评选和绩效考核等方案，对员额法官办案考核由年底集中考核完善为季度考核，促进每月结案均衡。有力借助外部资源，与绵州公证处、绵阳市律协、西南科技大学等协作，引入公证机构参与民事案件送达、实习律师和高校学生担任实习法官助理，让法官从繁杂事务中脱离出来，集中精力多办案、办好案。

健全繁简分流机制。全力推行民事、刑事和执行案件领域繁简分流改革，采取“门诊式+令状式”（组建民事简案团队，对案件事实清楚、法律关系明确的简易民事案件进行“门诊式”把脉，留办简案快速审理，分流繁案精细审理。对留办的简易民事案件，简化裁判文书样式，采取“表格”“令状”“要素”等样式，提高裁判文书制作效率，增强裁判文书可读性。）“速裁程序+认罪认罚”（组建刑事简案团队，对盗窃罪、危险驾驶罪等案件事实清楚、法律关系明确的简易刑事案件，被告人认罪认罚的刑事案件，通过速裁程序、简易程序快速审理，提高案件审结效率。）“梯次分流+事务集约”（在执行局设立执行指挥中心、综合组、简案组、繁案组。案件立案后，由综合组负责执行通知书、财产报告令、限制高消费令的制作、送达，集中开展总对总查控和车辆、住房、公积金、保险查询、查封、冻结、扣划以及案款发放等类型事务；执行指挥中心根据财产查控线索及案件类型，进行繁简甄别和二次分案，监督和预警案件执行。对有财产可供执行案件且符合简案标准、无财产可供执行应依职权调查终本的案件，分流至简案组快速结案和规范终本；对有财产可供执行且无法快速结案的案件，分流至繁案组全力推进财产变现和对被执行人惩戒。）模式，对小额案件、简易案件简化办理程序和文书样式，“轻重分离、快慢分道、提速增效”目标进一步显现，未结案件数量从2016年的4918件锐减到2020年的249件，案件平均审理天数从2016年的201.4天提升到2021年的45.99天，三年以上长期未结案“清零”。改革以来，共审结民事简案26364件，占民事案件总数的70.26%，民事简案团队法官每年人均结案481件；审结刑事简案1634件，占刑事案件总数的70.6%，刑事简案团队法官每年人均结案248件。办结速执案件11018件，占执行案件66.72%，速执团队人员每年人均结案800件。

推进纠纷源头治理。坚持和发展新时代“枫桥经验”，推动“万人起诉变化率”“矛盾纠纷增长率”等指标同步纳入全区目标绩效考核体系和综合治理考核体系，进一步完善和巩固党委领导的社会治理体制。发挥主城区人才聚集优势，借助在绵省（市）人大代表、政协委员、律师精英、社区骨干及行业领头人在各行业各领域的名声威望，聘请54人作为特邀调解员，积极参与信访化解、纠纷调解等活动300余次，在促进矛盾纠纷多元化解的同时，进一步规范行业自律。与市区两级妇联、市物业协会、市交调委、区发改局分别建立家事、物业、交通事故、价格争议等纠纷联调机制，依托社区“和事佬”“邻里帮”等调解队伍，联合打造“1958”无讼街区，推动社会治理从定纷止争的事后应对向少诉无讼的前端防范转型。经过努力，在2019年受理案件突破2.4万件关口后，2020年新收案件首次实现负增长，矛盾纠纷源头治理、多元化解成效显著。

加快智慧法院建设。加大法院信息化资金投入，所有审判庭实现同步录音录像和网络直播。新冠肺炎疫情发生后，搭建“云上法庭”（是新一代智能庭审支撑系统，以应用场景入手，综合运用大数据、人工智能等前沿科技为支撑，以专有云、语音识别、人脸识别、电子签名等应用为基础，法官在法庭、原被告双方在各自家中，通过手机或电脑终端接入，实现开庭在网络、记录在网络、证据交换在网络、同步录音录像在网络的“无接触式”庭审。）3个、“远程提讯”法庭1个，通过“非接触式”庭审案件823件，为奋力夺取疫情防控和审执任务“双胜利”提供了强力的技术支撑。依法从快审结的全市首例涉新冠肺炎疫情防控物资（口罩）诈骗案，被省法院编入2020年全省首批涉新冠肺炎疫情典型案例。深化“四大公开”平台智慧化应用，一键推送裁判文书上网77038份，网上直播庭审5130件，随案生成电子卷宗104102件。大力推广智慧执行App运用，开展现场取证留痕、远程传输信息、实时更新数据等事项，当事人可实时查看执行动态，有效畅通当事人与法院的联系渠道，智慧法院建设迈上新高度。

五年来，我们聚焦忠诚廉洁，全面从严治党，奋力打造过硬法院队伍

全面加强党的建设。始终坚持把政治建院摆在首位，坚持党对司法工作的绝对领导，深入贯彻习近平法治思想，全面贯彻党的十九大和历次全会精神，严格按照坚持和完善中国特色社会主义政法工作体系总要求，扎实开展“两学一做”学习教育、“不忘初心、牢记使命”主题教育、“两个坚持”专题教育和党史学习教育，不断增强“四个意识”、坚定“四个自信”、做到“两个维护”。紧紧围绕“抓党建带队建促审判”总体思路，坚持把支部建在庭上，严格落实双重组织生活制度，院领导积极参加分管部门支部组织活动，指导党建工作，确保“关键少数”重心下移、引领示范。五年来，共吸收5人加入中国共产党，党的组织基础进一步夯实。2018年、2019年连续两年被区委党建工作领导小组评定为“五星级党组织”。

不断提升履职能力。实施干警能力提升工程，选派干警参加上级各类培训2410人次，提拔重用为中层以上干部16人，通过公招、遴选、接收转业干部等途径新增法院力量20人。注重以比促学、以赛促训、以评促练，15名干警、2件案件分别荣获省法院“办案标兵”“岗位标兵”“十佳庭审”等称号。不断凝聚审判智慧，积极开展司法实务研讨，2篇学术论文在国家级评比中获奖，23篇学术论文在省级评比中获奖。注重法院文化土壤培育，干警自编自导自制的《刑庭姑娘》《乐说民法典》法治视频在“学习强国”平台宣传推广，组织拍摄的法治微电影《失落的亲情》荣获全省法院“法治·法院·法官”微电影创作大赛优秀奖。

奋力夯实廉政基石。坚持定期研判党风廉政建设形势，认真落实党风廉政建设“两个责任”，严格执行防止干预司法“三个规定”（《领导干部干预司法活动、插手具体案件处理的记录、通报和责任追究规定》；《司法机关内部人员过问案件的记录和责任追究规定》；《关于进一步规范司法人员与当事人、律师、特殊关系人、中介组织接触交往行为的若干规定》。）和省法院“三非”工作机制（非因正常办案需要会见案件关系人；非正常时间地点会见案件关系人；非因履行职责过问案件。），扎紧扎牢拒腐防变的“制度笼子”。坚持经常性开展党风廉政教育，结合法院系统张坚、赵才明、张剑等典型违纪违法案例和各级纪委监委通报的典型案例，认真组织开展反思讨论，扎实抓好“以案促改”工作。接受省委巡视涪城区联动巡察，对巡视巡察反馈的问题，全部整改到位，并建立长效机制严防问题反弹。扎实开展第一批全国政法队伍教育整顿，抓严抓实“四项任务”，落实“我为群众办实事”项目3个、便民利民惠民举措11条，建章立制31项。今年4月，在全市率先推行的“执行立案无需再提交生效文书证明”举措得到社会广泛好评，受到政法队伍教育整顿中央第十四督导组和省第六指导组高度肯定。对核查属实的问题，兑现“自查从宽、被查从严”政策，处理干警48人次、处分干警3人，1人正接受审查调查。通过教育整顿，法院队伍政治忠诚不断筑牢，拒腐防变思想防线更加牢固，攻坚克难、干事创业的热情有效激发，人民群众获得感、幸福感、安全感进一步增强。

五年来，我们聚焦公开透明，自觉接受监督，努力改进法院工作方法

始终将法院工作置于区委领导和人大、政协监督之下，坚持重大事件及时向区委、人大报告制度和全面工作定期报告制度，定期向区政协通报法院工作。五年来，共接受市区两级人大、政协调研和视察18次，接受区人大常委会审议专项工作4次，主动走访人大代表、政协委员40人次，邀请人大代表、政协委员观摩评议庭审100余人次，在《今日说法》《经济与法》《案与法》等中央、省、市级电视栏目报道案件14件，在法院微信公众号等新媒体平台公开典型案例89件。

各位代表，五年来，区法院全体干警团结拼搏，攻坚克难，65项工作、270人次荣获各级党委政府和省市法院表彰，繁简分流改革机制被最高人民法院确定为全国示范法院。这些成绩的取得，是区委坚强领导、区人大依法监督、区政府大力支持、区政协民主监督以及社会各界关心、帮助的结果，是人大代表、政协委员理解、关心和帮助的结果。在此，我代表区法院全体干警表示衷心的感谢并致以崇高的敬意！

回顾过去的五年，虽取得一些成绩，但也存在一些问题，突出表现为：一是人案矛盾仍然突出，长期高强度、高负荷工作，员额法官、在编辅助人员流失严重，劳务派遣制辅助人员入职率低、辞职率高。五年来，员额法官每年人均结案数保持在330~400件区间高位运行，远超全省法院员额法官130件/年的办案任务。期间共有5名员额法官申请退出员额、2名员额法官申请调离法院、1名员额法官申请提前退休、2名在编辅助人员辞去公职，有280名劳务派遣制辅助人员辞职，辞职人员占比每年保持在38%左右，人员流动非常大，目前，因劳务派遣人员待遇在绵阳5个城区法院中最低，正面临劳务派遣人员需求大与入职率低的两难境地。二是个别审判质效指标不够理想，还存有少量一年以上案件未结，服判息诉率指标距离人民群众对司法工作的期待还有一定差距。三是队伍建设需进一步加强，严实工作作风还有待提升。五年来，先后有85人次受到监督执纪“四种形态”中第一种形态处理、有9人次受到第二种形态处理、有2人次受到第三种形态处理、有1人次受到第四种形态处理。针对这些问题，我们认真分析原因，采取有力措施积极整改，恳请人大代表、政协委员继续给予监督、关心、支持和理解。

未来五年工作安排

未来五年，是涪城奋进新时代、启航新征程，深入实施“三千工程”，加快建设“四个强区”，全面建设西部现代化强区，以创新驱动引领高质量发展的关键时期。区法院工作的总体思路是：坚持以习近平新时代中国特色社会主义思想为指导，大力弘扬伟大建党精神，全面贯彻落实党中央和省委、市委、区委各项决策部署，立足新发展阶段，贯彻新发展理念，融入新发展格局，紧扣“全面建设西部现代化强区”战略目标，围绕深入实施“三千工程”，加快建设“四个强区”，突出服务大局，深化改革创新，提高审判质效，践行为民宗旨，锻造过硬队伍，奋力推动新时代人民法院工作高质量发展，为涪城当好全面建设中国科技城和社会主义现代化绵阳的主力军和排头兵提供更加有力的司法保障。为此，将重点抓好以下工作：

一是突出党建引领，打造绝对忠诚干净担当的法院队伍。始终以政治建设为统领，坚持以习近平新时代中国特色社会主义思想为指导，深入贯彻习近平法治思想和习近平总书记“七一”重要讲话精神，赓续红色基因，增强“四个意识”、坚定“四个自信”、做到“两个维护”。突出政治功能，充分发挥基层党组织战斗堡垒作用和党员先锋模范作用，坚持把讲政治与抓业务有机统一，善于运用政治思维、政治智慧观察和处理业务问题，让法院工作更深更实体现政治要求，在法院工作中落实和维护党的领导。坚持全面从严治党、从严治院、从严管理，结合各级典型案例通报，扎实开展“以案促改”，切实用好身边事教育身边人，不断巩固政法队伍教育整顿成果。深化运用监督执纪“四种形态”，坚持把严管与厚爱结合起来，定期通报督察发现的问题，对少数干警存在的苗头性、倾向性问题，及时采取约谈方式提醒教育，严防小问题演变成大问题。健全与审判权相适应的廉政风险防控体系，坚持无禁区、全覆盖、零容忍，一体推进不敢腐、不能腐、不想腐，确保公正司法廉洁。

二是着眼服务大局，提升护航经济高质量发展的能力。围绕坚决打好防范化解重大风险攻坚战，依法惩处各类刑事犯罪，推动扫黑除恶常态化制度化，切实贯彻实施民法典，依法运用司法手段促进涉房涉地涉资历史遗留问题化解，全力维护政治安全、社会安定、人民安宁。围绕脱贫攻坚成果巩固拓展，乡村振兴战略全面推进，依法保护农村土地合理流转，依法惩处破坏农村耕地红线等违法犯罪行为。围绕生态安全屏障更加牢固，城乡人居环境明显改善，不断完善生态环境损害赔偿与环境公益诉讼之间的衔接机制，持续推进惩罚性赔偿与修复植补制度在环境污染和生态破坏纠纷案件中的适用。积极创新司法协调机制，发挥审判职能发现苗头问题、解决历史遗留问题的作用，加强工作形势研判，积极为区委区政府依法决策提供法律咨询建议。依法平等保护民营企业和企业家权益，进一步优化执行合同和办理破产相关的诉讼服务和程序保障，积极打造更加公正、高效、透明的法治化营商环境。

三是树牢为民情怀，增强人民群众对司法工作的满意度。不断健全“一网通办”、线下“一站式”服务的集约诉讼服务机制，加快推进诉讼服务中心现代化建设和24小时诉讼服务站运行引导，为当事人提供诉讼风险评估、诉前调解建议、自助查询咨询、业务网上办理等服务。创新发展新时代“枫桥经验”，坚持把非诉讼纠纷解决机制挺在前面，推动建立统一的在线矛盾纠纷多元化解平台，实现纠纷在线咨询、在线评估、在线分流、在线调解、在线确认，促进调解成果当场固定、矛盾纠纷就地化解。

四是聚焦公平正义，完善以司法责任制为核心的审判体系。全面贯彻“让审理者裁判，由裁判者负责”要求，进一步健全院庭长履职引导和案件监管的全程留痕制度，严格执行防止干预司法“三个规定”和“三非”工作机制，严肃非正常履职过问和干预案件办理问责。强化审判委员会总结审判经验、统一法律适用、研讨审判工作重大事项的宏观指导职能，不断加强专业化审判队伍建设。进一步健全审判执行人员履行法定职责保护机制、受到侵害救济保障机制和不实举报澄清机制，切实增强法院工作人员的职业保障感和获得感。

五是推进诚信建设，健全切实解决执行难长效制度体系。持续完善综合治理执行难工作大格局，不断扩大网络查控范围，推动实现法院网络查控系统对各类财产的全覆盖。健全失信被执行人信用监督、警示和惩戒体系，推动形成各部门、多行业、多领域、多手段联合信用惩戒工作新常态。依法充分运用罚款、拘留、限制出境等强制措施，加大对抗拒执行、阻碍执行、暴力抗法行为的惩治力度。加大反规避执行惩处，依法联合严厉打击拒不执行判决、裁定罪的犯罪行为，稳步推动“切实解决执行难”目标实现。

各位代表，新故相推舒画卷，丹青妙手向翠峰。一切美好蓝图都是一招一式画出来的。接下来，我们将更加紧密地团结在以习近平同志为核心的党中央周围，在区委的领导和上级法院的指导下，认真贯彻落实本次大会决议，继续奋斗、勇往直前，以更加拼搏的精神、更加饱满的热情，乘风破浪、扬帆远航，为涪城全面建设西部现代化强区提供更加有力的司法保障。

绵阳市涪城区人民检察院工作报告

——在绵阳市涪城区第七届人民代表大会第一次会议上

绵阳市涪城区人民检察院副检察长　肖　伟

（2021 年 9 月 27 日）

各位代表：

我代表区人民检察院向大会报告工作，请予审议，并请区政协委员提出意见。

过去五年工作回顾

涪城区第六届人民代表大会第一次会议以来，区检察院在区委和上级检察机关的坚强领导下，在区人大及其常委会的有力监督、区政府的大力支持、区政协的民主监督和人民群众的社会监督下，坚持以习近平新时代中国特色社会主义思想为指导，深入贯彻党的十九大及十九届二中、三中、四中、五中全会精神，认真学习习近平法治思想和习近平总书记对四川及绵阳工作系列重要指示精神，围绕“三千工程”“四个强区”目标，落实“讲政治、顾大局、谋发展、重自强”总体要求，形成“四大检察”“十大业务”法律监督格局，各项检察工作取得新进展，为全面建设西部现代化强区提供有力司法保障。

五年来，区检察院先后荣获了“全国检察机关文明接待室”“全省检察委员会规范化建设示范单位”“全省法学研究工作先进集体”等荣誉称号；入选全国、全省检察机关优秀、精品、典型案例 7 个；连续五年获得全市检察机关绩效考评一等奖，院集体受到市级以上表彰 37 次、检察干警受到市级以上表彰 65 人次。

五年来，我们紧紧围绕中心工作，服务保障经济社会高质量发展

扎实开展扫黑除恶专项斗争。全国扫黑除恶专项斗争开展以来，我们始终把扫黑除恶专项斗争作为重大政治任务，期间共批捕涉恶犯罪 15 件 67 人，起诉 19 件 188 人。严格落实“一案三查”，坚持“扫黑”与“打伞”同步，移交涉恶犯罪线索 3 条，公职人员违纪违法线索 23 条，起诉“保护伞”1 人。前移案件审查关口，对涉黑涉恶案件 100%提前介入，先后办理了肖某某等 44 人破坏社会管理秩序、殷某某等 25 人“套路贷”、邱某某恶势力团伙暴力阻挠工程建设等一批危害群众安全的涉恶案件。助推“行业清源”，坚持一案一建议，在 4 个方面向 10 余家单位发出行业治理类检察建议。今年 6 月，我院被评为“绵阳市扫黑除恶专项斗争先进集体”。

主动服务打好三大攻坚战。积极落实最高检“三号检察建议”，坚决打击非法吸收公众存款、组织领导传销等涉众型经济犯罪，批捕140人，起诉333人，成功办理涉及全国32个省市自治区及港澳台地区，93万余人参与，涉案金额30亿余元的“福天下”网络传销案，配合相关部门同步开展释法说理和追赃挽损工作。以司法救助为抓手，积极服务脱贫攻坚战略，向46名因案致困的被害人发放司法救助金35余万元。帮助未成年被害人重返校园并为他们协调落实生活保障补助。严厉打击非法捕捞、滥伐林木等破坏环境资源犯罪，起诉19件34人。督促卫计、环保部门开展专项检查，加强日常监管，消除医疗废物流出隐患。市卫计委抽取式督导检查80余家医疗卫生机构，发出卫生监督意见书30份；市环保局全面清查可回收医用物品处置单位，约谈相关负责人，对违规处置单位处以罚款并责令整改。

积极服务疫情防控。坚决把疫情防控作为重要的政治任务，服从疫情防控大局，全力配合街道社区做好联防联控工作。充分运用视频通信系统，开展远程提讯、会见、出庭等623件次，确保检察办案不受影响。加大对生鲜售卖、冷链食品、防疫物资监管等领域的公益诉讼法律监督。与区公安分局建立涉疫案件快速反应机制，从快从严办理涉疫刑事犯罪案件，批捕利用医疗器械诈骗等犯罪6件6人，起诉6件6人。2020年办理的涪城区首例利用及时通信工具实施医疗物资诈骗案，从受理审查逮捕到起诉用时仅五天。

服务保障重大决策部署。围绕服务保障“四个强区”建设，把优化营商环境、维护市场经济秩序、参与社会治理作为工作重点。与区工商联联合成立“民营企业护航中心”，建立服务保障民营经济健康发展工作机制，通过座谈会、上门走访等方式了解企业法治需求。打击涉企犯罪和保护民营企业合法权益同步开展，受理涉民营企业犯罪案件35件64人，依法不起诉民营企业负责人27人。维护市场经济秩序，起诉合同诈骗、非法经营等破坏社会主义市场经济秩序犯罪案件195件416人 。对办案中发现的辖区流动人员管理薄弱、教育培训机构从业人员监管不力、信用卡申办监督不严等问题，发出社会治理类检察建议18件，督促相关单位堵塞管理漏洞。

扎实开展反腐败斗争。2016年至2017年，立案查处职务犯罪案件29件29人，移送审查起诉31件34人，挽回经济损失1400余万元。积极配合监察体制改革，建立健全监察执法与刑事司法衔接机制，与区监委、区法院会签《办理职务犯罪案件工作衔接配合机制》。2018年以来，受理监委移送审查起诉职务犯罪案件27件30人，起诉19件22人，决定逮捕14件14人，成功办理省科技厅原副厅长谭某某特定关系人冯某某受贿2800余万元、城郊乡卫生院原院长张某某等人贪污公共卫生补助资金等一批有影响力的案件。开展对司法工作人员14种罪名案件线索排查，移送具有可查性的司法工作人员职务犯罪线索7件。

五年来，我们坚持以人民为中心，努力办好民生检察实事

回应人民群众平安关切。坚持把保障人民群众安居乐业作为检察机关的重要职责，持续保持对影响社会稳定和人民群众安全犯罪的打击力度，起诉交通肇事、涉枪涉爆等危害公共安全案件615件621人，起诉“两抢一盗”等侵犯财产案件1416件1896人，起诉非法走私、制造、买卖、持有毒品等妨害社会管理秩序案件625件1215人，起诉故意杀人、故意伤害等侵犯公民人身权利案件203件338人。积极参与网络治理，扎实开展“断卡行动”和反洗钱工作，提前介入反洗钱犯罪侦查工作1件，办理涉及出租、出售电话卡、银行卡的审查逮捕案件18件56人，审查起诉案件10件40人。

守护人民群众“舌尖上”“脚底下”的安全。开展落实食品药品安全“四个最严”专项行动，办理制售假药劣药、有毒有害食品审查起诉案件17件42人，其中涉“地沟油”案件4件11人。与食药监部门会签《食品药品安全领域公益诉讼及行政执法检察监督协作机制的实施意见》，办理食品药品领域公益诉讼案件58件，建议食药监部门对违法经营的3家网络餐饮服务平台和12家入网餐饮商户予以行政处罚，责令整改商户82家，清查下线商户478家。贯彻落实最高检“四号检察建议”，聚焦群众“脚底下的安全”，向主管部门发出检察建议2件，督促解决雨水篦和窨井盖缺失、损坏、松动、错位等安全隐患问题，整改问题井圈井盖3568套，雨水篦2128套，保障了人民群众的出行安全。

护航未成年人健康成长。推进落实最高检“一号检察建议”，实现法治副校长全覆盖，深入开展“法治进校园”活动。严厉打击侵害未成年人犯罪，批捕91人、起诉107人；坚持“宽容不纵容、关爱不溺爱”，对涉罪未成年人依法批捕110人、起诉167人；深化教育、感化、挽救工作，对涉罪未成年人依法不批捕97

人、不起诉43人、附条件不起诉12人。注重“双向保护”，对涉案未成年人开展心理测评和疏导21人次，开展法律援助150余人。督促落实从业禁止、入职查询、强制报告等制度，与区妇联联合设立全市首家妇联派驻检察院未成年人保护站。稳步推进未成年人检察业务统一集中办理，形成全面综合保护格局。

优化便民利民措施。推进12309检察服务中心平台运用，为群众提供高效便捷的“一站式”检察服务，优化案件管理，持续推进律师阅卷最多跑一次。做实“群众来信件件有回复”工作，接待群众来信来访625件1600余人次，所有来信均落实7日内程序性回复、3个月内办理过程或者结果答复，所有来访均妥善处理。以“应听证尽听证”为原则全面推开检察听证，组织听证11件，让当事人把事说清，听证员把理辨明，检察官把法讲透，听证后化解率90.9%，息诉罢访效果明显。

五年来，我们聚焦法律监督工作，推动“四大检察”全面协调充分发展

刑事检察稳中有进。五年来，共受理审查逮捕案件2590件3766人，批准、决定逮捕1702件2242人；受理审查起诉案件3794件5881人，起诉3102件4540人。在工作中我们坚持少捕慎诉慎押，无社会危险性依法不批捕443人，微罪不起诉578人，开展羁押必要性审查后依法变更强制措施106人。坚持在办案中监督、在监督中办案，监督侦查机关依法立案79件、撤案38件，纠正漏捕56人，追诉漏犯88人，书面纠正侦查活动违法情形103件次。针对审判活动违法情形，发出《纠正违法通知书》28份。对认为确有错误的刑事判决和裁定，依法提出抗诉24件。对社区矫正、剥夺政治权利、财产刑执行等刑罚执行进行监督，发出《纠正违法通知书》105份。对经济犯罪、重大敏感等案件提前介入、引导侦查，与公安机关会签《关于经济犯罪案件提前介入侦查工作的实施办法》，案件退查率和延期率大幅下降，实现办案质效双提升。

民事检察持续做强。聚焦劳动争议、房屋买卖、民间借贷等民生领域，办理各类民事监督案件337件，对其中确有错误的民事判决、裁定提出再审检察建议92件，发出审判程序监督检察建议30件、执行监督检察建议52件，法院采纳并及时整改纠正92件；办理支持起诉案件99件，帮助农民工、下岗职工追讨薪资、社保金等共计150余万元；提出社会治理类检察建议2件，督促人社、住建部门开展农民工工资支付、安全生产专项检查，完善监管措施，保障建筑工程安全生产，维护农民工合法权益。办理的肖某某申请执行监督案、彭某某金融借款合同纠纷类案监督案分别入选全国检察机关执行监督典型案例、全省检察机关民事检察优秀案例。

行政检察持续做实。坚持三个效果相统一，办理各类行政检察案件47件，其中办理督促行政机关履行职责案件18件，行政审判程序监督案件5件，行政非诉执行监督案件17件，行政争议实质性化解案件3件。发出各类检察建议47份，均获采纳。与区司法局联合制定《关于在行政复议工作中实质性化解行政争议的意见（试行）》，共同探索建立在行政复议阶段化解行政争议新机制，深化诉源治理。化解尚未进入行政诉讼阶段的“潜在之诉”争议案件2件，化解行政非诉执行“遗落之诉”争议案件1件，既支持依法行政，又维护行政相对人合法权益。今年8月我院被评为“全省检察机关行政争议实质性化解优秀组织单位”。

公益诉讼检察深入开展。坚持双赢多赢共赢，主动争取区委、区政府支持，促成印发《绵阳市涪城区关于深入推进公益诉讼工作的实施意见》。聚焦解决破坏生态环境和资源保护、危害食品药品安全、国有财产和国有土地出让金流失等问题，立案审查公益诉讼案件361件，其中行政公益诉讼323件，刑事附带民事公益诉讼38件。坚持把诉前实现维护公益目的作为最佳司法状态，发出行政公益诉讼诉前检察建议111件。督促人社、国土等部门追缴被骗医保金、欠缴国有土地出让金15.88亿元，催收行政罚款及滞纳金2.178亿元。办理的督促追缴被骗医保金3115万元公益诉讼案，入选检察公益诉讼全面实施两周年典型案例，并写入最高检向全国人大常委会所作的公益诉讼专项报告。督促邮政部门规范快递收寄验视行政公益诉讼案，被评为全国检察机关野生动物保护公益诉讼典型案例，该案例被中央电视台社会与法频道报道，并入选国家检察官学院培训教学案例。

五年来，我们稳步推进检察改革，服务社会新需求

纵深推进司法责任制改革。全面落实中央司法体制改革部署，深化司法责任制落实，实施检察人员分类管理和检察官办案终身负责制，首批遴选员额检察官30人，占比34.48%。深入推进员额检察官单独职务序列套转和晋升管理，实际套转30人、遴选入额1人、直接入额1人，开展按期晋升15人次，择优选升5人次。

完善员额退出机制，办理因离职、离岗等退额8人。深化入额院领导带头办理疑难、复杂案件制度落实，员额制实施以来，入额院领导人均办案127件。全面推进内设机构改革，落实“捕诉一体化”办案机制，将原有的14个内设部门整合为8个，机构数量精简43%，一线办案力量增加16%，实现内设机构重塑性变革，形成刑事、民事、行政、公益诉讼“四大检察”工作格局。

深入推进诉讼制度改革。扎实推进“以审判为中心”的刑事诉讼改革，落实庭审实质化，注重发挥诉前主导和审前过滤功能，组建专业化、职业化、科学化的办案团队，提高刑事案件办理质量。前移监督端口，设立驻公安机关执法办案中心派驻检察室，开展办案指导、提前介入、侦查监督等工作，巡查刑事案件420余件、发现立案监督线索10件、监督立案5件。充分发挥检察机关在推进“认罪认罚从宽”制度落实中的主导作用，主动转变执法办案理念和思路，扎实做好律师见证、当事人权益保障等工作，适用认罪认罚从宽制度办理刑事案件1318件1812人，认罪认罚从宽适用率86%，提出确定刑量刑建议采纳率92%，有效节约司法资源，减少社会对抗。

全面强化管理监督。健全案件管理监督制约机制，实行案件集中统一受理，对刑事案件进行“繁简分流”，推进“简案快办、繁案精办”。完善案件质量监管，落实办案流程全过程监督，重点监控办案流程419件，开展案件质量评查450件。健全检察委员会运行机制，召开82次会议对重大案件和重大事项进行集体讨论决策。健全检察官业绩考评体系，突出以“案-件比”为核心的办案效果评价体系，严格控制办案中的退查、延期等给当事人带来“诉累”的程序空转，“案-件比”优化至1:1.05，司法效率明显提升。

五年来，我们全面加强自身建设，提升检察公信力

突出政治建检。坚持党对检察工作的绝对领导，始终把政治能力建设放在首位，不断增强“四个意识”、坚定“四个自信”、做到“两个维护”。严格落实《中国共产党政法工作条例》等党内法规，全面落实意识形态工作责任制和重大事项请示报告制度，向区委、区委政法委、市检察院请示报告工作55项。深入开展“不忘初心、牢记使命”主题教育，推进“两学一做”学习教育常态化制度化，进一步筑牢政治忠诚，干事创业、担当作为的精气神全面提振。

持续纯洁队伍。深入学习贯彻习近平总书记在庆祝中国共产党成立100周年大会上的重要讲话精神，从伟大建党精神中汲取前行力量。扎实开展党史学习教育和政法队伍教育整顿，认真做好学习教育、查纠整改、总结提升“三个环节”及“回头看”工作，融合推进政治、党史、警示、英模“四项教育”，组织中心组、党支部等集中学习54次，开展主题党日、专题党课18场次，举办政法微课堂6期。通过开门纳谏、谈心谈话等方式，督促干警主动说明整改问题116项。加强教育成果转化，开展“我为群众办实事”活动23次，建立健全16项工作制度，构建良好政治生态和工作环境。

抓实专业化培育。严格落实干部监督制约管理制度规定，院领导班子持续保持“五好”班子荣誉。建立健全“三类人员”绩效考评、内部监督制约等各项规章制度，不断提升检察权运行的规范化程度。围绕“四大检察”平衡发展要求，组织干警参加各级各类培训200余项6000余人次。积极开展岗位练兵、技能竞赛等活动，全面加强检察人员专业技能培育，培育全省检察业务专家1人、业务标兵1人、业务能手3人。

狠抓从严治检。压紧压实全面从严治党、全面从严治检主体责任，建立认罪认罚从宽制度下检察人员监督管理办法，创新设立“廉政观察员”制度，全面规范内部监督和制约，确保检察办案的公平公正。严格落实防止干预司法“三个规定”，记录并上报反映过问或干预、插手检察办案等重大事项38条次。全面深化检务督察，对执行规章制度、落实安排部署情况等督察130余次、发出督察通报40余期。

主动接受监督。积极主动向区人大及其常委会报告工作36次，配合市、区人大开展工作调研11次，邀请200余名省、市、区人大代表及政协委员视察评议检察工作、走进检察机关参加检察开放日等活动。深入落实区人大常委会对民事、行政、未成年人、公益诉讼等工作的审议意见，加强人大代表走访联络，认真落实代表、委员对检察工作提出的意见建议。主动公开案件程序性信息7061条，公开法律文书2996份，发布重要案件信息394条。依法保障律师执业权利，支持人民监督员、特约检察员、专家咨询委员履职。

回顾五年来的工作，我们也清醒地认识到，涪城检察工作还存在一些短板和弱项：一是检察工作新理念还没有树牢，服务大局的精准度、实效性有待提升。二是“四大检察”发展不均衡，检察监督主责主业仍然存在短板。三是法律监督工作与经济社会快速发展的司法需求存在一定差距，人才强检步伐亟须推进。四是捕诉一体、认罪认罚从宽制度全面实施后，检察官廉政风险加大，对检察权运行的监督制约仍需加强。这些问题，我们将紧盯不放，全力以赴，逐步解决。

未来五年工作安排

未来五年，是我们全面实施“十四五”规划，开启全面建设社会主义现代化国家新征程的五年。区检察院将始终坚持以习近平新时代中国特色社会主义思想为指导，深入学习贯彻习近平法治思想和习近平总书记“七一”重要讲话精神，认真落实中央、省委、市委、区委和上级检察机关重大决策部署，围绕“三千工程”“四个强区”目标任务，坚持以人民为中心的发展思想，忠诚履行法律监督职责，扎实推进各项检察工作，努力在涪城全面建设西部现代化强区征程中做出新的检察贡献。重点做好以下几方面工作。一是聚焦中心工作，主动服务保障经济社会高质量发展。二是聚焦平安建设，努力提升人民群众幸福感、安全感。三是聚焦“四大检察”，持续提升法律监督质量和效果。四是聚焦基层基础，夯实检察事业发展根基。

各位代表，新的发展阶段、新的征程，我们将更加紧密地团结在以习近平同志为核心的党中央周围，在区委和上级检察机关的坚强领导下，在各位代表和全区人民的监督支持下，认真贯彻落实本次会议精神，忠实履行法律监督职能，为保障人民幸福、国家安全、社会稳定做出更大贡献，努力为涪城全面建设西部现代化强区提供更加有力的司法保障！

在涪城区庆祝中国共产党成立100周年表彰大会暨“永远跟党走”群众歌咏晚会上的讲话

中共绵阳市涪城区委书记　邓　辉

（2021年6月28日）

尊敬的仁富主任、光强副书记，各位领导、各位朋友，同志们：

美丽绵州流光溢彩，幸福涪城万众欢腾。今晚，我们满怀激情、欢聚一堂，在涪城体育馆隆重庆祝党的百年华诞。在这美好时刻，我谨代表中共涪城区委，向长期以来关心支持涪城改革发展的各级领导、各界朋友表示衷心感谢！向为涪城各项事业做出卓越贡献的各位老领导、老干部、老党员和一代代涪城建设者们致以崇高敬意！向受到表彰的先进集体和先进个人表示热烈祝贺！向全区奋战在各条战线的共产党员致以亲切慰问！

一个世纪前，中国共产党承载着人民的重托、民族的希望，在上海石库门的旭日里、在嘉兴南湖的碧波中毅然起航。从此，中国人民有了主心骨，中国革命有了前进方向，中国命运有了光明前景。百年来，我们党团结带领人民完成新民主主义革命，建立新中国，彻底扭转中华民族悲惨命运，实现了中国从封建专制政治向人民民主的伟大飞跃。我们党团结带领人民完成社会主义革命，推进社会主义建设，实现了中华民族由近代不断衰落到根本扭转命运、持续走向繁荣富强的伟大飞跃。我们党团结带领人民进行改革开放新的伟大革命，开辟了中国特色社会主义道路，中国大踏步赶进时代，实现了中华民族从站起来到富起来的伟大飞跃。我们党团结带领人民进行伟大斗争、建设伟大工程、推进伟大事业、实现伟大梦想，推动党和国家事业取得全方位、开创性历史成就，发生深层次、根本性历史变革，中华民族迎来从富起来到强起来的伟大飞跃。我们的国家，从未像今天这样充满力量、繁荣昌盛；我们的民族，从未像今天这样享有尊严、巍然东方；我们的人民，从未像今天这样和谐幸福、喜乐安康！

百年传承，薪火相继。从王右木在四川最早传播马克思主义，到绵阳第一个党组织建立，全省、全市各级党组织和各族人民始终听党话、跟党走，朝着党指引的正确方向攻坚克难、砥砺奋进，在波澜壮阔的百年党史上留下了闪光的印记。涪城是一片孕育红色基因、富有革命传统的热土。从1927年谭德政点燃革命星星之火，到绵阳人民喜迎解放；从三线建设的激情岁月，到乡镇企业的异军突起；从实现“小康”的接续奋斗，到统筹城乡的不懈探索；从连年跻身全省“十强县”，到首次入围全国百强区，一代代涪城人前赴后继、奋勇前行，涪城大地沧桑巨变、换了人间。

特别是20世纪90年代以来，蒋仁富、杨发森带领市中区四大班子和全区人民，充分发挥城市核心区优势，坚持走好城郊型经济发展的路子，大抓乡镇企业改革发展，深入推进科技兴农、科技兴企，构建了区域经济发展新格局。王书斌带领涪城区四大班子和全区人民，在全省率先举起“小康工程”大旗，推动人民生活逐步由温饱向小康跨越；加快建设永兴工业开发区，涪城获评“全国乡镇企业东西部合作示范区”，首次跻身全省“十强县”。张世弟带领区四大班子和全区人民，接续巩固小康成果、提高小康水平，全面实施“富裕文明工程”，启动建设南郊、园艺工业园，大力推动“文明在农家”主题活动，涪城获评全国乡镇企业两百强县，成为全省首批“小康县”。陈兴春带领区四大班子和全区人民，大力实施“科教兴区、工业强区、三产富区”三大战略，推动南郊、园艺、新皂、石塘、青义五大园区齐头并进，涪城摘得全国科技进步先进区殊荣，农村专合组织建设走在全省前列。段扬带领区四大班子和全区人民，深入实施“建设服务科技城、推进城乡一体化”战略，发挥优势做强城市核心区，拓展空间南进、北上、西固，戈家桃林、小桥流水成为乡村旅游靓丽风景，城乡一体化取得突破性进展。席世洪带领区四大班子和全区人民，坚持以“推进城乡一体化、建设服务科技城”统揽全局，奋力夺取抗震救灾重大胜利，抢抓灾后重建机遇规划建设金家林总部经济试验区，“一港四园”发展交相辉映。廖凯带领区四大班子和全区人民，全力实施“统筹城乡、全域发展”战略，着力推进“八个突破”，涪城连续四年跻身全省“十强县”前三甲，连续两年获评全省县域经济发展先进县。郑志恒带领区四大班子和全区人民，深入实施“一二三四五六”总体战略，四片联动推动空间全面拓展，百亿级重大项目实现零的突破，区属经济总量历史性跃升至全市第一，夺取疫情防控和经济社会发展双胜利，获评全省县域经济发展强区、全省实施乡村振兴战略工作先进区。

涪城的过去成就辉煌,涪城的现在朝气蓬勃,涪城的未来美好可期。这是党中央和省委、市委正确领导的结果，是历届区四大班子带领全区人民励精图治、锐意进取的结果，饱含着全区人民的智慧和力量，凝聚了各界人士的信任和支持。在这个庄严而光荣的时刻，我们感恩党中央和省委、市委的坚强领导、亲切关怀；我们感怀革命先烈的舍生取义、矢志不渝；我们感念一代代涪城建设者，特别是在座各位老领导、老干部、老党员的艰苦创业、接续奋斗；我们感动全区党员干部群众的团结拼搏、开拓奋进；我们感激社会各界的同心同德、鼎力支持。在此，我代表中共涪城区委，向所有关心、支持、参与涪城建设发展的各位领导、各界朋友，以及全区党员干部群众，表示衷心的感谢并致以崇高的敬意！

同志们，站在“两个一百年”奋斗目标的历史交汇点，新时代的蓝图已经绘就，第二个百年的征程全面开启。征途漫漫，唯有奋斗。让我们更加紧密地团结在以习近平同志为核心的党中央周围，奋进新时代，逐梦新征程，深入实施“三千工程”，加快建设“四个强区”，全面建设西部现代化强区，努力创造不负时代的光辉业绩，奋力书写新时代全面建设中国科技城和社会主义现代化绵阳的涪城篇章！

统筹下好“先手棋”奋力夺取“双胜利”

2021年，涪城区深入贯彻落实党中央国务院、省委省政府、市委市政府和区委疫情防控决策部署，坚持人民至上、生命至上，坚持“外防输入、内防反弹”总策略，系统实施“152”防控机制（织好一张“责任网”，念好“查、控、宣、治、保”五字经，疫情防控和经济社会发展“两手抓、两手硬”），实时根据最新防控形势，精准有效、依法文明开展防控，成功处置了“7·23”突发疫情，向党和人民交上了一份满意“答卷”，疫情防控和经济社会发展取得“双胜利”。

一、坚决扛起政治责任，推动指挥体系高效运转

坚持系统谋划、多方联动，动态调整指挥体系架构，以科学的组织体系推动防疫工作高效运转。

（一）建强体系。上半年，坚持“1+1+11”（1领导小组、1个应急指挥部、11个工作组）组织体系不变，保持高效运转。7月，印发《绵阳市涪城区应对聚集性新冠肺炎疫情应急处置工作方案》，完善应急状态下领导机构及组成人员，优化形成应急状态下12个工作组和4个工作专班，确保有效应对疫情突发情况。

（二）高位推动。把疫情防控工作纳入区政府重点工作，区政府主要负责人统筹部署、带头督导，区政府分管负责人具体推动、跟进落实。全年召开领导小组会议9次，指挥部会议22次，在常态化开展疫情防控各项工作基础上，及时结合当前疫情防控最新形势、最新特点，安排部署阶段性重点疫情防控工作，确保上级各项安排部署在涪城区落地落实。

（三）及时调度。指挥部办公室严格落实区级领导带班和值班人员24小时值班值守及“日报告、零报告”制度，加强交接班管理，各类应急队伍处于待命状态。各工作组就疫苗接种、核酸检测、交通运输等疫情防控重点工作，采取多种方式开展每日调度，确保及时掌握最新情况、快速处理最新问题、有序推动各项工作。

二、坚决落实工作要求，推动防疫网络织牢绷紧

始终坚定信心、保持齐心协力，坚持科学防治、精准施策，以扎实有效的防疫举措筑牢健康屏障。

（一）重点人员管控到位。安排专人对国内中高风险地区动态实时掌握、及时转发，各镇街加强风险人员排查、落实重点人员管控。印发《红黄码人员排查管控工作方案》，优化风险人员管控工作机制，抽调10人充实区级红黄码人员排查专班，于区卫健局集中办公。以镇街为主体，落实镇街书记一把手负责制，强化属地排查工作专班，形成“上下联动、条块结合”的摸排工作机制，重点人员管控高效有序。全年累计摸排留观风险人员1512人，其中密接59人，次密接645人，红码140人，境外人员485人，中高风险地区（岗位）人员183人。

（二）重点场所防控到位。医疗机构方面，各级各类431家医疗机构严格落实院感防控要求,实行预检分诊和首诊负责制，加强住院病区和探视陪护管理，确保医疗机构防控到位。加强绵阳市人民医院发热门诊管理，规范执行发热病人接诊流程，2021年全区累计诊疗发热病人22920人，规范诊疗和管理率达100%。交通运输方面，开展运输场站的疫情阻截、交通客货运输企业的疫情阻断、违法违规运输行为的疫情阻击、交通从业人员的疫苗接种“四大行动”，督促客运场站、运输企业等常态化落实疫情防控各项措施。全年共出动1500人次，检查并与230家客货运输企业签订责任书。组织运输企业和从业人员开展防疫专题培训16场900余人次。出动执法人员1976人次，查处违法违规运输车辆127台。市场监管方面，督促商场、超市、宾馆酒店、餐馆等人员密集场所落实查验“两码”、测体温等措施。加大海鲜市场、农贸市场风险排查和环境卫生整治，实行分区经营，严禁贩卖野生动物，加强消杀和病媒生物防治措施。全年共出动执法人员5278人次，检查各类市场主体23814户次。指导600余家零售药店落实疫情防控要求。累计排查冷链食品生产经营单位442家，冷库153个。大型活动方面，严格举办体育赛事、文艺演出、展览展销等大型活动。对确需举办活动的，由主办单位制定疫情防控方案和应急预案，按属地管理原则落实防控措施。其他重点场所方面，督促教育部门继续强化相对封闭式学校管理，加强师生员工的健康状况监测管理，落实“日报告”和“零报告”制度。养老机构、儿童福利院等特殊场所坚持控制探访人员数量、活动区域和探访频次，严格落实实名登记制和各项防疫措施。

（三）疫苗接种推进到位。区委区政府高度重视新冠肺炎疫苗接种工作，切实把该项工作摆在重要位置强力推进，成立了区政府主要负责人任组长，区政府分管负责人任副组长，卫健、财政、医保、工信、公安等部门为成员的新冠病毒疫苗接种工作组，9名区级领导包片镇街，定期督导指导，确保疫苗接种工作高效有序开展。2021年，涪城区推进疫苗接种工作的经验做法受到市政府肯定，由市疫苗接种工作组发文向全市推广。

（四）健康教育宣传到位。持续强化疫情防控政策和个人防护知识宣传，提倡在人群聚集的室内或封闭的场所佩戴口罩,推广公筷分餐制,保持公共场所“一米线”社交距离。大型节假日，在全区发布温馨提示，提示公众非必要不前往国内中高风险地区，结合卫生城市复审，大力开展爱国卫生运动,深入推进健康绵阳行动，积极引导群众养成良好卫生习惯。组织网评员积极转发疫情防控重要信息和新闻报道，及时辟谣不实信息、查删有害信息。全年“四川天府健康通”、疫情防控和健康卫生知识等宣传覆盖60万移动手机用户，点对点推送疫情防控提醒短信217886条，印制张贴宣传海报50万余份等。日常监测和处置涉涪疫情相关网络舆情39条。

（五）突发疫情处置到位。2021年7月23日下午，涪城区在对南京市中高风险地区来（返）绵人员排查核酸检测中，发现绵阳惠科光电科技有限公司女性财务人员新冠肺炎核酸初筛阳性，经绵阳市疾控中心复核为阳性，临床诊断为新冠肺炎确诊病例（轻型）。涪城区立即按照新冠肺炎疫情应急处置流程，启动应急处置预案，第一时间对该病患采取就地隔离、闭环转运、隔离诊疗等措施，迅速开展流调溯源，追踪调查可疑病例1例，密切接触人员74人（含区外），隔离14人。精准开展核酸检测，共采样检测2轮67.9万人次。同时，全面实施科学管控、强化物资保障、加强舆情监控、排查重点人员等。在省、市、区三级联动、兄弟县（区）支援、各行各业参与下，各项疫情防控工作高效有序运转，疫情在短时间内得到稳定有效控制。同时，快速推动复工复产有关工作，惠科公司生产及时转入正轨。

三、坚决筑牢基础保障，推动疫情防控提质增效

坚持打基础、利长远，加强人员配备、夯实后勤保障，以坚实的基础支撑为疫情防控工作保驾护航。

（一）加强专业队伍建设。疾控中心、定点医疗机构严格落实24小时应急值班制度，持续开展疫情监测。强化流调溯源、核酸检测、消毒队伍培训和演练，共培训专业技术人员2469人，确保一旦发现本土病例，能够快速响应、投入实战。完善核酸检测指挥体系，建立每个检测点一名驻点区级领导全面统筹、一名镇街领导属地保障、一名社区干部精准动员、一名卫健干部专业调度、一支执法队伍维护秩序、一支志愿队伍温情服务的“六个一”核酸检测现场保障机制，确保各方面工作有人抓、有人管。组建采样队伍800人、设置采样点共487个，每个采样点可采集1500余人，达到24小时内能够完成78万人检测任务的标准。

（二）加强物力财力保障。与四川绵阳科伦医药贸易有限公司签订了“绵阳市涪城区应急医药物资储备协议书”，按30万人储备核酸检测物资，并对储备目录进行了调整优化。同时，对接区内16家酒店，常备集中隔离房间1518间，预备集中隔离房间1148间。积极做好防疫资金保障，年初将防疫资金安排列入部门预算，并根据疫情防控工作需要，及时追加相关经费。全年安排防疫资金2648万元。

（三）加强疫情防控督查。着重从重点场所防控、风险人员排查管控、疫苗接种和应急状态下各工作组工作开展情况等方面，严格对照相关工作标准和要求，通过“四不两直”方式，开展常态化疫情防控督查9次，督促问题整改258条，有效推动疫情防控工作高效开展。

一年来，我们毫不放松、抓紧抓实各项疫情防控工作，统筹做好经济社会发展各项工作，取得了疫情防控和经济社会发展“双胜利”。2021年，区属地区生产总值突破600亿元大关，达到611.9亿元，增长9.6%；全社会固定资产投资247.5亿元；社会消费品零售总额达到270亿元；服务业增加值400亿元；规模以上工业增加值突破300亿元，增长8.0%；实现一般公共预算收入28.11亿元，首次跃升全市第一，增长28.2%。城乡居民人均可支配收入分别增长8.7%、10.3%。23项主要经济指标中，14项排名全市第一，17项排名全市前三。全国百强区跨越升级6位、居第68位，获得省政府表扬奖励。获评全市县域经济发展先进县。

（涪城区应对“新冠”疫情应急指挥部办公室　尹　阳　彭三高）

2021年绵阳市涪城区重要文件选录

2021年区委、区委办重要文件一览表

表70

序号	发文文号	发文机关	文件名称	发文时间
1	工作通报〔2021〕第2期	区委办	邓辉同志在全区产业高质量发展大会上的讲话	2021年3月19日
2	工作通报〔2021〕第3期	区委办	邓辉同志在建设“全域强区”暨乡村振兴发展大会上的讲话	2021年3月25日
3	工作通报〔2021〕第5期	区委办	邓辉同志在全区民生事业高质量发展大会上的讲话	2021年5月6日
4	工作通报〔2021〕第6期	区委办	邓辉同志在中国共产党绵阳市涪城区第七次代表大会上的报告	2021年9月30日
5	绵涪委〔2021〕18号	区委	中国共产党绵阳市涪城区第六届委员会第十一次全体会议决议	2021年1月20日
6	绵涪委〔2021〕105号	区委	关于印发《涪城区大抓县域经济高质量发展18条措施》的通知	2021年5月28日
7	绵涪委〔2021〕241号	区委	关于深入学习贯彻党的十九届六中全会精神巩固党史学习教育成果的决定	2021年12月30日
8	绵涪委〔2021〕242号	区委	关于奋力当好“五个排头兵”全面建设西部现代化强区的决定	2021年12月30日
9	绵涪委〔2021〕246号	区委	中国共产党绵阳市涪城区第七届委员会第二次全体会议决议	2021年12月30日
10	绵涪委发〔2021〕2号	区委	关于建设全域强区的实施意见	2021年3月22日
11	绵涪委办〔2021〕12号	区委办	关于印发《涪城区贯彻落实〈关于巩固深化“不忘初心、牢记使命”主题教育成果的意见〉实施方案》的通知	2021年2月8日
12	绵涪委办〔2021〕40号	区委办	关于印发《涪城区乡镇行政区划和村级建制调整改革“后半篇”文章2021年重点工作任务》的通知	2021年5月12日
13	绵涪委办〔2021〕48号	区委办	关于印发《绵阳市涪城区2021年大抓工业经济工作方案》的通知	2021年5月21日
14	绵涪委办〔2021〕49号	区委办	关于印发《涪城区2021年大抓城市经济工作方案》的通知	2021年5月21日
15	绵涪委办〔2021〕50号	区委办	关于印发《涪城区2021年大抓科技创新工作方案》的通知	2021年5月21日
16	绵涪委办〔2021〕122号	区委办	关于印发《当好“科技创新排头兵”2022年度行动计划》等5个行动计划的通知	2021年12月29日
17	绵涪委办〔2021〕123号	区委办	关于印发《涪城区目标绩效管理办法（试行）》的通知	2021年12月29日

2021年绵阳市涪城区人民政府重要文件一览表

表71

序号	发文文号	发文机关	文件名称	发文时间
1	绵涪府发〔2021〕1号	涪城区人民政府	绵阳市涪城区人民政府2021年森林防火命令	2021年1月20日
2	绵涪府发〔2021〕6号	涪城区人民政府	关于印发《绵阳市涪城区国民经济和社会发展第十四个五年规划和二〇三五年远景目标纲要》的通知	2021年4月26日
3	绵涪府发〔2021〕7号	涪城区人民政府	关于印发《涪城区乡村（社区）规划师管理办法（试行）》的通知	2021年5月12日
4	绵涪府发〔2021〕9号	涪城区人民政府	关于确定2021年区级消防安全重点单位的通知	2021年5月18日
5	绵涪府发〔2021〕10号	涪城区人民政府	关于成立绵阳市涪城区国家卫生城市复审指挥部的通知	2021年6月23日
6	绵涪府发〔2021〕12号	涪城区人民政府	关于印发《关于构建自然资源管理共同责任机制的意见》的通知	2021年7月15日
7	绵涪府发〔2021〕16号	涪城区人民政府	关于印发《绵阳市涪城区森林火灾应急预案》的通知	2021年10月25日
8	绵涪府发〔2021〕18号	涪城区人民政府	关于印发《涪城区义务教育优质均衡督导评估工作规划》的通知	2021年11月11日
9	绵涪府发〔2021〕19号	涪城区人民政府	关于印发《绵阳市涪城区重污染天气应急预案（2021年修订版）》的通知	2021年11月11日
10	绵涪府发〔2021〕20号	涪城区人民政府	关于成立“三无”船舶联合认定小组的通知	2021年11月15日
11	绵涪府发〔2021〕21号	涪城区人民政府	关于印发《绵阳市涪城区土地管理委员会议事规则（修订稿）》的通知	2021年11月26日
12	绵涪府发〔2021〕22号	涪城区人民政府	关于印发《绵阳市涪城区突发事件总体应急预案（试行）》的通知	2021年12月8日
13	绵涪府发〔2021〕23号	涪城区人民政府	关于印发《涪城区政府投资项目管理办法》的通知	2021年12月28日
14	绵涪府办发〔2021〕1号	涪城区人民政府办公室	转发《涪城区审计局关于进一步规范政府投资建设项目审计实施办法》的通知	2021年1月7日
15	绵涪府办发〔2021〕2号	涪城区人民政府办公室	关于印发《绵阳市涪城区“春雷行动2021”暨冷链物流疫情防控执法行动工作方案》的通知	2020年1月8日
16	绵涪府办发〔2021〕4号	涪城区人民政府办公室	关于更名成立绵阳市涪城区新型城镇化工作暨城乡融合发展领导小组的通知	2021年2月8日
17	绵涪府办发〔2021〕5号	涪城区人民政府办公室	关于印发《绵阳市涪城区全面推行农村公路路长制工作实施方案》的通知	2021年2月8日
18	绵涪府办发〔2021〕6号	涪城区人民政府办公室	涪城区关于2020年全区行政复议案件情况的通报	2021年2月9日
19	绵涪府办发〔2021〕7号	涪城区人民政府办公室	关于印发《绵阳市涪城区森林火灾应急预案》的通知	2021年2月18日
20	绵涪府办发〔2021〕9号	涪城区人民政府办公室	关于印发《绵阳市涪城区镇（街）地区生产总值统一核算方案》和《绵阳市涪城区镇（街）地区生产总值统一核算工作联席会议制度》的通知	2021年3月22日

续表 71

序号	发文文号	发文机关	文件名称	发文时间
21	绵涪府办发〔2021〕11号	涪城区人民政府办公室	关于印发《涪城区行政审批中介服务事项清单（2021年版）》的通知	2021年4月12日
22	绵涪府办发〔2021〕12号	涪城区人民政府办公室	关于印发《绵阳市涪城区防汛抗旱总体应急预案》的通知	2021年5月11日
23	绵涪府办发〔2021〕14号	涪城区人民政府办公室	关于印发《绵阳市涪城区2021年农产品质量安全监管与品牌培育工作要点》的通知	2021年5月12日
24	绵涪府办发〔2021〕15号	涪城区人民政府办公室	关于转发《绵阳市人民政府办公室 关于印发绵阳市放心舒心消费环境建设实施方案（2020—2022年）的通知》的通知	2021年5月19日
25	绵涪府办发〔2021〕16号	涪城区人民政府办公室	关于印发《绵阳市涪城区人民政府常务会议2021年学法实施方案》的通知	2021年6月1日
26	绵涪府办发〔2021〕18号	涪城区人民政府办公室	关于印发《绵阳市涪城区乡镇（街道）行政权力事项清单（2021年版）》《绵阳市涪城区乡镇（街道）行政权力事项下放任务清单》的通知	2021年6月9日
27	绵涪府办发〔2021〕19号	涪城区人民政府办公室	关于印发《绵阳市涪城区乡镇（街道）行政权力事项清单管理办法（试行）》的通知	2021年6月9日
28	绵涪府办发〔2021〕20号	涪城区人民政府办公室	关于调整防汛抗旱工作体制机制的通知	2021年6月10日
29	绵涪府办发〔2021〕21号	涪城区人民政府办公室	关于坚决制止耕地“非农化”行为任务分工的通知	2021年6月11日
30	绵涪府办发〔2021〕22号	涪城区人民政府办公室	绵阳市涪城区人民政府办公室关于转发《涪城区以管资本为主推进职能转变方案》的通知	2021年6月23日
31	绵涪府办发〔2021〕23号	涪城区人民政府办公室	关于进一步加强党政机关办公用房管理的通知	2021年6月24日
32	绵涪府办发〔2021〕24号	涪城区人民政府办公室	关于印发《涪城区城镇燃气安全管理专项整治工作方案》的通知	2021年6月25日
33	绵涪府办发〔2021〕25号	涪城区人民政府办公室	关于印发《涪城区城市危险房屋安全管理专项整治工作方案》的通知	2021年6月25日
34	绵涪府办发〔2021〕26号	涪城区人民政府办公室	关于印发《绵阳市涪城区2021年打击整治成品油非法经营专项行动方案》的通知	2021年7月2日
35	绵涪府办发〔2021〕27号	涪城区人民政府办公室	关于印发《绵阳市涪城区病死动物及病害动物产品集中无害化处理机制》的通知	2021年7月8日
36	绵涪府办发〔2021〕32号	涪城区人民政府办公室	绵阳市涪城区人民政府办公室关于下达2021年对上争取项目责任清单的通知	2021年8月10日
37	绵涪府办发〔2021〕33号	涪城区人民政府办公室	绵阳市涪城区人民政府办公室成立教育督导委员会的通知	2021年8月11日

续表 71

序号	发文文号	发文机关	文件名称	发文时间
38	绵涪府办发〔2021〕34 号	涪城区人民政府办公室	关于成立绵阳市涪城区重大传染病防治工作委员会的通知	2021 年 8 月 26 日
39	绵涪府办发〔2021〕35 号	涪城区人民政府办公室	关于印发《绵阳市涪城区人民政府 2021 年度法治政府建设重点工作安排》的通知	2021 年 9 月 22 日
40	绵涪府办发〔2021〕37 号	涪城区人民政府办公室	关于印发《绵阳市涪城区对口帮扶凉山州昭觉县五年规划（2021—2025）》的通知	2021 年 9 月 23 日
41	绵涪府办发〔2021〕39 号	涪城区人民政府办公室	关于印发《开展全区制造业招商引资“百日攻坚”行动实施方案》的通知	2021 年 10 月 15 日
42	绵涪府办发〔2021〕40 号	涪城区人民政府办公室	关于印发《涪城区工业标准化厂房产权分割转让办理暂行办法》的通知	2021 年 10 月 27 日
43	绵涪府办发〔2021〕42 号	涪城区人民政府办公室	关于下达 2021 年对上争取攻坚责任清单的通知	2021 年 11 月 25 日
44	绵涪府办发〔2021〕45 号	涪城区人民政府办公室	印发《防汛抗旱总体应急预案》的通知	2022 年 1 月 21 日

2021年绵阳市涪城区党政群团机关及其工作部门领导名录

一、领导机关

中国共产党绵阳市涪城区委员会

书　记　邓　辉

副书记　魏有良（8月止）

　　　　胡友谊（8月起）

常　委　陈　伟（2月止）

　　　　张　伟（9月起）

　　　　关　键

　　　　杜立端（8月止）

　　　　李　东（9月起）

　　　　董　静（女）

　　　　秦亚辉（9月起）

　　　　黄　维（3月止，9月起）

　　　　赵　越（女，9月止）

　　　　曾胜得（9月起）

　　　　卢　勇（9月止）

　　　　马啸啸

　　　　李大年（9月起）

绵阳市涪城区人民代表大会常务委员会

主　任　顾　建

副主任　张琼林（女，9月止）

　　　　庞　飞（1月止）

　　　　林　勇（1月起）

　　　　李　里（女）

　　　　罗泽斌

　　　　李永钢（9月起）

绵阳市涪城区人民政府

区　长　张虚怀

常务副区长　卢　勇（9月止）

　　　　　　秦亚辉（9月起）

副区长　秦亚辉（9月止）

　　　　黄　维（3月止，9月起12月止）

　　　　刘世成

　　　　陈洪芳（女）

　　　　喻焰斌（9月起）

　　　　林　勇（1月止）

　　　　徐永平（8月起）

　　　　胡峪涛

　　　　刘　琳（9月起）

　　　　王　宇（9月起）

　　　　黄梦瑶（女，11月起）

　　　　徐永平（7月止）

中国人民政治协商会议绵阳市涪城区委员会

主　席　杜正茂

副主席　秦　纯

　　　　肖兴亮

　　　　于晓燕（女，9月起）

　　　　刘正西（9月起）

　　　　沈勇明（9月止）

二、纪检机关

中国共产党绵阳市涪城区纪律检查委员会

书　记　陈　伟（2月止）

　　　　张　伟（9月起）

副书记　孟　霞（女，9月止）

　　　　路春玲（女，9月起）

　　　　梁志勋

区委巡察办

主　任　何　江（2月止）

　　　　刘　果（3月起）

第一巡察组

组　长　赵广才（5月止）

　　　　潘玥池（女，5月起）

第二巡察组

组　长　林国平

第三巡察组

组　长　张　超（5月止）

　　　　罗　鹏（5月起）

第四巡察组

组　长　陈昌盛（5月止）

　　　　李小林（5月起）

绵阳市涪城区监察委员会

主　任　陈　伟（2月止）

　　　　张　伟（9月起）

副主任　孟　霞（女，9月止）

　　　　路春玲（女，12月起）

　　　　梁志勋

三、法院、检察院

绵阳市涪城区人民法院

院　长　唐光荣（9月止）

　　　　杨小平（9月起）

绵阳市涪城区人民检察院

检察长　王智君（9月止）

　　　　肖　伟（10月起）

四、党群工作部门

中共绵阳市涪城区委办公室
主　任　胡峪涛（2月止）
　　　　刘　琳（2月起11月止）
　　　　谢　欣（11月起）
副主任　谢煜淮（7月止）
　　　　吴宥析（5月起）
　　　　刘必胜

中共绵阳市涪城区委组织部
部　长　赵　越（女，9月止）
　　　　曾胜利（9月起）
常务副部长　潘　智
副部长　梁　竞（女）
　　　　陈　弘（5月止）
　　　　杨世伟（5月起）
　　　　王　东

中共绵阳市涪城区委宣传部
部　长　关　键
常务副部长　陈　竹（女，7月止）
　　　　　　向旭平（7月起）

中共绵阳市涪城区委统一战线工作部
部　长　董　静（女）
常务副部长　谢武全（5月止）
　　　　　　熊　敏（女，5月起）

中共绵阳市涪城区委政法委员会
书　记　杜立端（8月止）
　　　　李　东（9月起）
常务副书记　管点点（女）

中共绵阳市涪城区委机构编制委员会办公室
主　任　梁　竞（女）

中共绵阳市涪城区委党校
常务副校长　黄桂林

中共绵阳市涪城区委区政府目标绩效管理办公室
主　任　李　坤（3月止）
　　　　任　堃（3月起）

共青团绵阳市涪城区委员会
书　记　范　俊（5月止）
　　　　付　霞（女，8月起）

绵阳市涪城区妇女联合会
主　席　路春玲（女，7月止）
　　　　唐　娟（女，7月起）
副主席　王婧卓（女）

绵阳市涪城区总工会
常务副主席　吕文兵（5月止）
　　　　　　宋政杰（5月起）

绵阳市涪城区工商业联合会
副主席　邓　勇

绵阳市涪城区科学技术协会
主　席　王　蕾（女，3月止）
　　　　郭美蓉（女，3月起）

五、绵阳市涪城区人民代表大会常务委员会专委会及办事工作机构

绵阳市涪城区人大常委会工作部门

办公室
主　任　唐　智（5月止）
　　　　丁　凯（5月起）

研究室
主　任　魏晓岚（女，5月止）
　　　　向　婧（女，6月起）

财政经济委员会
主任委员　滕　华（女，5月止）
　　　　　李　荐（5月起）

监察和法制委员会
主任委员　冯清春

社会建设委员会
主任委员　范少国（5月止）
　　　　　张　英（女，5月起）

执法监督室
主　任　刘顺龙（5月止）
　　　　林　辉（5月起）

人事代表工作委员会
主　任　冯丽玲（女）

预算工作委员会
主　任　冯兴刚（5月止）
　　　　苟兴权（5月起）

农业工作委员会
主　任　孟合江

城乡建设环境资源保护工作委员会
主　任　林　辉（5月止）
　　　　肖兴斌（5月起）

教科文卫工作委员会
主　任　王震波（女）

六、绵阳市涪城区人民政府工作部门

绵阳市涪城区人民政府办公室
主　任　王　超（9月止）
　　　　彭三高（9月起）

绵阳市涪城区发展和改革局
局　长　彭三高（11月止）
　　　　甘开红（11月起）

绵阳市涪城区工业和信息化局
局　长　张琦伟

绵阳市涪城区教育和体育局

局　长　王定强

绵阳市涪城区科学技术局

局　长　谢潜龙

绵阳市公安局涪城分局

局　长　刘世成（8月止）

　　　　喻焰斌（12月起）

绵阳市涪城区民政局

局　长　顾雪邦（5月止）

　　　　谢煜淮（7月止）

绵阳市涪城区司法局

局　长　李　荐（5月止）

　　　　冯凯波（5月起）

绵阳市涪城区财政局

局　长　陈永康（5月止）

　　　　郑　茜（女，5月起）

绵阳市涪城区人力资源和社会保障局

局　长　陈　弘（5月止）

　　　　杨世伟（5月起）

涪城生态环境局

局　长　李　雄

绵阳市涪城区住房和城乡建设局

局　长　陈　力（5月止）

　　　　余　华（5月起）

绵阳市涪城区交通运输局

局　长　许明光（6月止）

　　　　沈　亮（6月起）

绵阳市涪城区农业农村局

局　长　牟满涛（5月止）

　　　　顾雪邦（5月起）

绵阳市涪城区商务局

局　长　崔　平

绵阳市涪城区文化广播电视和旅游局

局　长　邓　吉（女）

绵阳市涪城区卫生健康局

党委书记　朱向东（5月止）

　　　　　李　帆（5月起）

局　长　于晓燕（女，9月止）

　　　　李　帆（12月起）

绵阳市涪城区退役军人事务局

局　长　王　胜（5月止）

　　　　何海成（6月起）

绵阳市涪城区应急管理局

局　长　蒋　爽（3月止）

　　　　张　明（4月起）

绵阳市涪城区审计局

局　长　邓小孟（女）

绵阳市涪城区市场监督管理局

局　长　周　涛（6月止）

　　　　童小刚（6月起）

绵阳市涪城区统计局

局　长　甘开红（11月止）

　　　　王　芳（女，11月起）

绵阳市涪城区信访局

局　长　刘晓强

绵阳市涪城区经济合作局

局　长　谢东恒（11月止）

　　　　文　雪（女，12月起）

绵阳市涪城区医疗保障局

局　长　李　帆（5月止）

　　　　陈　竹（7月起）

绵阳市涪城区行政审批局

局　长　余　华（6月止）

　　　　吴松云（6月起）

绵阳市涪城区综合行政执法局

局　长　童小刚（6月止）

　　　　王洪球（6月起）

绵阳市涪城区融媒体中心

主　任　曹　坤

中共绵阳市涪城区档案馆

馆　长　王泷天（5月止）

　　　　沈　飞（5月起）

中共绵阳市涪城区委创新改革研究中心

主　任　谢煜淮（1月起）

　　　　尹　莉（1月起）

中共绵阳市涪城区委党史研究室（区地方志办公室）

主　任　王　东

中共绵阳市涪城区文明实践服务中心

主　任　牛　欢（5月止）

中共绵阳市涪城区残疾人联合会

理事长　叶德礼（4月止）

　　　　蒋　爽（4月起）

中共绵阳市涪城区社会科学界联合会

主　席　晏　华（女）

中共绵阳市涪城区文学艺术界联合会

主　席　邹阳东

绵阳市涪城区机关事务服务中心
主　任　向旭平（11月止）
　　　　张蕾蕾（女，11月起）

绵阳市涪城区乡村振兴服务中心
主　任　唐　娟（女，9月止）
　　　　王国勇（8月起）

绵阳市涪城区大数据中心
主　任　张晨亭（4月止）

绵阳市涪城区农民工服务中心
主　任　罗姝怡（女，4月止）
　　　　谢　波（4月起）

绵阳市涪城区供销合作社联合社
主　任　高广泰

绵阳市涪城区教育考试中心
主　任　杨　婷（女，5月止）

绵阳市涪城区社保服务中心
主　任　胡　斌（4月止）
　　　　雍芙蓉（女，4月起）

绵阳市涪城区就业服务中心
主　任　王国勇（7月止）

绵阳市涪城区企业培育发展中心
主　任　肖　勃（12月起）

绵阳市涪城区农村人居环境和能源发展中心
主　任　文圣春（7月起）

绵阳市涪城区燕儿河水库管理站
站　长　向圣建（7月止）
　　　　凌章杰（7月起）

绵阳市涪城区民族宗教事务局
局　长　谢武全（5月止）
　　　　熊　敏（女，5月起）

绵阳市涪城区粮食和物资储备局
局　长　冯　猛（7月止）

七、中国人民政治协商会议绵阳市涪城区委员会工作部门

秘书长　杨清勇（5月止）
　　　　蒋纯泉（5月起）

办公室
主　任　蒋纯泉（5月止）
　　　　牛　欢（5月起）

提案委员会
主　任　袁永忠（5月止）
　　　　王泷天（5月起）

经济委员会
主　任　舒树东（5月止）
　　　　杨　婷（女，5月起）

教科卫体委员会
主　任　唐　洪（5月止）
　　　　高广泰（5月起）

文化文史和学习和委员会
主　任　万学文（3月止）

法制联谊委员会
主　任　张　茜（女）

委员工作委员会
主　任　冯　涛

农业农村委员会
主　任　向冬梅（女）

八、绵阳市金家林总部经济试验区

党工委
副书记　黄　维
　　　　李永钢

管委会
主　任　黄　维
副主任　胡高勇
　　　　詹源泓

纪工委
书　记　郑　毅
副书记　田　明

综合办公室
主　任　冯　尹

财政局
副局长　黄　荣（1月止）
　　　　符斌秋

投资促进服务中心
主　任　汪晓红（女）
副主任　金　胜

规划建设和环境保护局
局　长　肖贵文

经济发展局
局　长　周　舟

九、镇（街道）

青义镇
党委书记　刘　琳（2月止）
　　　　　彭　辉（3月起）
人大主席　张　林
镇　长　彭　辉（3月止）
　　　　李　坤（4月起）

吴家镇

党委书记 沈 亮（5月止）

熊 燚（5月起）

人大主席 屈 辉（5月起）

镇 长 王保明（5月起）

新皂镇

党委书记 尹胜辉（5月止）

谢 欣(5月起，11月止)

谢东恒（11月起）

人大主席 敬兴权（5月止）

王文杰（8月起）

镇 长 谢 欣（5月止）

董显荣（8月起）

杨家镇

党委书记 李 华（2月起）

人大主席 文 雪（8月止）

王文杰（8月起）

镇 长 文 雪（8月起）

丰谷镇

党委书记 宋政杰（5月止）

傅 鹏（5月起）

人大主席 熊 敏（5月止）

陶 伟（5月起）

镇 长 傅 鹏（5月止）

范 俊（5月起）

石塘街道

党工委书记 陶 波

办事处主任 李 华（2月止）

景兆钧（3月起）

人大工委主任 万 波

城厢街道

党工委书记 杨世伟（5月止）

张晓军（5月起）

办事处主任 张晓军（5月止）

唐 智（7月起）

人大工委主任 于 静

工区街道

党工委书记 杜 军

办事处主任 陈 湘

人大工委主任 赵永生

城郊街道

党工委书记 李济东

办事处主任 曹 阳

人大工委主任 董显荣（5月止）

张 杨（6月起）

2021年绵阳市涪城区劳动模范与先进集体个人

2021年绵阳市涪城区省、市“劳模”一览表

表72

姓名	性别	出生年月	学历	政治面貌	工作单位	职务	获奖名称	颁奖单位	获奖时间	获奖级别（省、市）
陈彦君	男	1985年4月	本科	中共党员	绵阳市涪城区总工会	职工教育培训中心主任	绵阳市五一劳动奖章	绵阳市总工会	2021年4月	绵阳市
胡丹丹	女	1979年3月	大专	中共党员	绵阳市涪城区石塘街道南山社区	党委书记、工会主席	绵阳市五一劳动奖章	绵阳市总工会	2021年4月	绵阳市
刘小霞	女	1980年3月	大专	预备党员	绵阳万达广场商业管理有限公司	总经理	绵阳市五一劳动奖章	绵阳市总工会	2021年4月	绵阳市
张先德	男	1982年7月	本科	中共党员	绵阳市涪城区疾病预防控制中心	工作人员	绵阳市五一劳动奖章	绵阳市总工会	2021年4月	绵阳市
张 才	男	1986年3月	大专	群众	绵阳惠科光电科技有限公司	工会副主席	绵阳市五一劳动奖章	绵阳市总工会	2021年4月	绵阳市

2021年绵阳市涪城区先进集体一览表

表73

获奖单位	获奖称号	授奖单位	授奖时间
城厢街道	2016—2020年全国依法治理创建活动先进单位	中央宣传部、司法部、全国普法办	2021年12月
涪城区商务局	第一批国家级夜间文化和旅游消费集聚区	文化和旅游部	2021年11月
涪城区	第一批国家级夜间文化和旅游消费集聚区	文化和旅游部	2021年11月
涪城区文化馆	全国一级文化馆	文化和旅游部	2021年12月
团涪城区委	2021年度全国“返家乡”社会实践重点开展县（市、区、旗）	团中央	2021年12月
涪城区	城乡交通运输一体化示范县	交通运输部	2021年7月
杨家镇	国家卫生镇	全国爱国卫生委员会	2021年9月
涪城区司法局	组织宣传人民调解工作先进集体	中华全国人民调解员协会	2021年12月
涪城区工商联	全国“五好”县级工商联	中华全国工商业联合会	2021年12月
涪城生态环境局	中国环境报宣传工作先进单位	中国环境报社	2021年10月
涪城区检察院	2021年度全国检察宣传先进单位	检察日报社	2021年9月
工区街道迎宾社区党委	四川省先进基层党组织	中共四川省委	2021年6月
涪城区	2020年脱贫攻坚先进集体	中共四川省委、四川省人民政府	2021年5月
涪城区信访局	四川省信访工作先进单位（公示阶段）	中共四川省委、四川省人民政府	2021年11月
涪城区	第四批“四好农村路”省级示范县	四川省人民政府	2021年3月
杨家镇	四川省乡村振兴先进乡镇	四川省人民政府	2021年3月
杨家镇回龙寺村	四川省乡村振兴示范村	四川省人民政府	2021年3月
杨家镇鲜家坝村	四川省乡村振兴示范村	四川省人民政府	2021年3月
杨家镇罗汉寺村	四川省乡村振兴示范村	四川省人民政府	2021年3月
涪城区蚕桑现代农业园区	四川省三星级现代农业园区	四川省人民政府	2021年2月
涪城区	2020年度全省农民增收工作先进县（市、区）	中共四川省委办公厅、四川省人民政府办公厅	2021年2月
涪城区	2020年省内对口帮扶涉藏地区和彝区贫困县先进集体	中共四川省委办公厅	2021年5月
涪城区	2020年度全省农民增收工作先进区	中共四川省委办公厅、四川省人民政府办公厅	2021年2月
涪城区人大常委会	“宣传民主法制建设”工作先进单位	四川省人大常委会办公厅	2021年10月
涪城区政协	2021年度全省政协报刊发行工作先进单位	四川省政协办公厅	2021年10月
团涪城区委	四川省第二批“青马工程”试点单位	团省委	2021年10月

续表 73

获奖单位	获奖称号	授奖单位	授奖时间
新皂镇刘家坪村	2020 年度省级“六无”平安村（社区）	中共四川省委政法委员会	2021 年 1 月
新皂镇	四川省首届乡村文化振兴魅力乡镇	中共四川省委宣传部	2021 年 10 月
新皂镇刘家坪村	四川省乡村治理示范村	中共四川省委城乡基层治理委员会	2021 年 3 月
涪城区总工会	城镇困难职工脱困解困工作中作出重要贡献集体	四川省总工会	2021 年 7 月
涪城区总工会经费审查委员会	2021 年度工会经审工作规范化建设先进单位	四川省总工会	2021 年 12 月
城厢街道成绵路社区	四川省绿色社区	四川省住房和城乡建设厅	2021 年 12 月
城厢街道临东社区	省级绿色社区	四川省住房和城乡建设厅	2021 年 10 月
涪城区医疗保障局	四川省医疗保障系统先进集体	四川省医疗保障局、四川省人力资源和社会保障厅	2021 年 10 月
涪城区	2021 年度川烟培育和现代烟草农业发展成效突出县（市、区）	四川省烟草发展领导小组	2021 年 12 月
涪城区	第二批四川省现代公共文化服务体系示范县	四川省文化和旅游厅、四川省财政厅	2021 年 10 月
涪城区委网信办	四川省网信工作先进集体	中共四川省委网信办	2021 年 10 月
杨家镇杨家社区	全省首批乡村治理示范村（社区）	中共四川省委城乡基层治理委员会	2021 年 4 月
杨家镇万和村	四川省第二批乡村治理示范村	中共四川省委城乡基层治理委员会	2021 年 11 月
2020 年度省级平安铁道线涪城区区段	2020 年度省级平安铁道线	四川省铁路护路联防工作领导小组	2021 年 1 月
绵阳市涪城区铁路护路联防工作领导小组办公室	2020 年度铁路护路防汛抗灾先进集体	四川省铁路护路联防工作领导小组	2021 年 1 月
绵阳市涪城区法学会	2020 年度全省法学研究工作先进集体	四川省法学会	2021 年 1 月
丰谷镇退役军人服务站	四川省退役军人事务厅关于报送开展 2020 年度全国示范型退役军人服务中心（站）复审工作情况的函	四川省退役军人事务厅	2021 年 11 月
涪城区统计局	通报表扬	四川省统计局	2021 年 12 月
邓启贵人民调解工作室	四川省金牌调解工作室	四川省司法厅、四川省人民调解协会	2021 年 12 月
城厢税务分局	全省枫桥式税务分局	四川省税务局、四川省司法厅	2021 年 11 月
涪城区检察院	四川省检察机关行政争议实质性化解优秀组织单位	四川省人民检察院	2021 年 8 月
涪城区就业创业服务中心	2021 年度全省人力资源社会保障系统优质服务窗口	四川省人力资源和社会保障厅	2021 年 12 月

续表 73

获奖单位	获奖称号	授奖单位	授奖时间
老年大学铁牛街社区分校	四川省2021年优秀成人继续教育院校	四川省全民终身学习教育活动周工作小组、四川省社区服务教育指导中心	2021年7月
涪城区委组织部	全省首批人才工作先行区（建设对象）	四川省人才工作领导小组办公室	2021年5月
涪城区农业农村局	2021年全省农业交流合作工作突出单位	四川省农业援外办公室	2021年12月
丰谷镇字库村	四川第二批乡村治理示范村镇——丰谷镇字库村（示范村）	四川省农业农村厅	2021年12月
吴家镇戴家林村	2021年四川省乡村治理示范村	四川省农业农村厅	2021年12月
石塘街道西河路社区	社会企业带动型	四川省民政厅、四川省财政厅	2021年3月
涪城区科学技术协会	2021年度精准服务科技工作者（团队）优秀组织单位	四川省科学技术协会	2021年12月
涪城区科学技术协会	2021年度精准服务全民·科学素质提升工作优秀组织单位	四川省科学技术协会	2021年12月
涪城区科学技术协会	服务创新驱动发展优秀单位	四川省科学技术协会	2021年12月
涪城区科学技术协会	科创会优秀组织单位	四川省科学技术协会	2021年12月
涪城区人武部	践行强军目标先进人武部	四川省军区	2021年1月
涪城区人武部	先进团级党委	四川省军区	2021年6月
城厢街道成绵路社区	2021年度“四川省十佳志愿服务社区”	四川省精神文明建设办公室	2021年12月
绵阳市涪城区人民法院	全省法院系统第二十三届学术讨论会组织工作先进单位	四川省高级人民法院	2021年5月
涪城区市场监管局	“春雷行动2021”暨冷链物流疫情防控执法行动先进集体	四川省市场监督管理局	2021年5月
涪城区税务局	四川省营商环境指标提升行动经验做法（“税宜家”品牌服务）	四川省发改局	2021年7月
石塘街道西河路社区	残协建设试点社区	四川省残疾人联合会、四川省民政厅	2021年5月
城厢街道文昌社区	四川省绿色社区	四川省住建厅	2021年12月
涪城区	2020年农作物种子质量监测（市场监管）先进县（市、区）	四川省种子站	2021年1月
涪城区	2020年农作物种业信息工作先进县（市、区）	四川省种子站	2021年1月
涪城区文化馆	2020年四川省全民艺术普及示范基地	四川省文化馆	2021年3月
涪城区委宣传部	四川省首届乡村文化振兴魅力乡镇竞演大赛优秀单位	中共四川省委宣传部等	2021年10月

续表 73

获奖单位	获奖称号	授奖单位	授奖时间
涪城区	《四川省农民共同富裕指标体系课题》研究县（市、区）组三等奖	中共四川省委农办	2021 年 10 月
涪城区水利局	2020 年度全省农村水利工作先进集体	四川省水利厅	2021 年 2 月
涪城区商务局	2020 年度市场运行监测统计工作先进单位	四川省商务厅	2021 年 3 月
涪城区商务局	2021 年四川省现代服务业集聚区	四川省商务厅	2021 年 9 月
涪城区	2021 年度四川省农机化工作突出单位	四川省农业农村厅	2021 年 12 月
涪城区农业农村局	全省农业农村系统扫黑除恶专项斗争先进集体	四川省农业农村厅	2021 年 3 月
涪城区	2021 年度农机安全监理工作突出单位	四川省农机监理总站	2021 年 12 月
涪城区科技局	四川省科技系统先进集体	四川省科技厅、四川省人社厅	2021 年 1 月
涪城区工信局	2021 年度工业强县（市、区）培育先进单位	四川省经信厅	2021 年 12 月
中国（绵阳）科技城金家林总部经济试验区	“亩均轮英雄”产业园区规上工业企业评价先进单位	四川省经信厅	2021 年 12 月
涪城区	四川省关心下一代宣传工作先进集体	四川省关工委	2021 年 9 月
涪城区水利局	灌区 2020 年度用水管理工作先进单位	四川省都江堰人民渠第二管理处	2021 年 3 月
涪城区委编办	绵阳市双拥工作先进集体	中共绵阳市委、绵阳市人民政府、绵阳军分区	2021 年 4 月
涪城区工区街道	绵阳市双拥工作先进集体	中共绵阳市委、绵阳市人民政府、绵阳军分区	2021 年 4 月
涪城区委组织部	绵阳市扫黑除恶专项斗争先进集体	中共绵阳市委、绵阳市人民政府	2021 年 6 月
工区街道绵州社区、飞来石社区	绵阳市 2020 年度建设全国文明城市先进集体	中共绵阳市委、绵阳市人民政府	2021 年 6 月
涪城区工区街道灵通社区党委	绵阳市抗击新冠肺炎疫情先进集体	中共绵阳市委、绵阳市人民政府	2021 年 1 月
涪城区金家林派出所	市级抗击新冠肺炎疫情先进集体	中共绵阳市委、绵阳市人民政府	2021 年 1 月
涪城区文化馆	2020 年度建设全国文明城市先进集体	中共绵阳市委、绵阳市人民政府	2021 年 6 月
涪城区	2020 年县域经济发展先进县（市、区）	中共绵阳市委、绵阳市人民政府	2021 年 11 月
吴家镇	2021 年绵阳市乡村振兴示范镇	中共绵阳市委、绵阳市人民政府	2021 年 12 月
杨家镇鲜家坝村	2020 年度市级文明村	中共绵阳市委、绵阳市人民政府	2021 年 6 月
涪城区市场监管局	绵阳市抗击新冠肺炎疫情先进集体	中共绵阳市委、绵阳市人民政府	2021 年 1 月
涪城区市场监管局	建设全国文明城市先进集体	中共绵阳市委、绵阳市人民政府	2021 年 6 月

续表 73

获奖单位	获奖称号	授奖单位	授奖时间
涪城区人民法院刑事审判庭	绵阳市扫黑除恶专项斗争先进集体	中共绵阳市委、绵阳市人民政府	2021 年 6 月
涪城区委宣传部	绵阳市 2020 年度建设全国文明城市先进集体	中共绵阳市委、绵阳市人民政府	2021 年 6 月
城厢街道	2020 年度建设全国文明城市先进集体	中共绵阳市委、绵阳市人民政府	2021 年 6 月
涪城区	农业农村改革先进单位	中共绵阳市委、绵阳市人民政府	2021 年 3 月
涪城区综合行政执法局	2020 年度建设全国文明城市先进集体	中共绵阳市委、绵阳市人民政府	2021 年 6 月
涪城区检察院	阳市扫黑除恶斗争先进集体	中共绵阳市委、绵阳市人民政府	2021 年 6 月
涪城区检察院	绵阳市最佳文明单位	中共绵阳市委、绵阳市人民政府	2021 年 6 月
涪城区	绵阳市交通建设大会战优良单位	中共绵阳市委、绵阳市人民政府	2021 年 5 月
涪城区交通运输局	绵阳市交通建设大会战先进单位	中共绵阳市委、绵阳市人民政府	2021 年 5 月
涪城区总工会	绵阳市最佳文明单位	中共绵阳市委、绵阳市人民政府	2021 年 6 月
中共四川金利通信网络服务有限公司总支部委员会	绵阳市先进基层党组织	中共绵阳市委	2021 年 6 月
涪城区工区街道跃北社区 51C+党支部	绵阳市先进基层党组织	中共绵阳市委	2021 年 6 月
杨家镇回龙寺村党总支	绵阳市先进基层党组织	中共绵阳市委	2021 年 6 月
涪城区纪委监委机关	全市扫黑除恶先进集体	中共绵阳市委	2021 年 6 月
涪城区纪委监委机关党委	全市先进基层党组织	中共绵阳市委	2021 年 6 月
涪城区	2020 年度工业和信息化发展先进集体一等奖	绵阳市人民政府	2021 年 1 月
涪城区	2020 年度审计工作先进单位	绵阳市人民政府	2021 年 3 月
涪城区	2020 年全市项目投资工作先进单位	绵阳市人民政府	2021 年 2 月
涪城区	2020 年度统计工作先进单位	绵阳市人民政府	2021 年 3 月
涪城区	2020 年度审计工作先进单位	绵阳市人民政府	2021 年 3 月
涪城区	2020 年度保障性安居工程、城市基础设施建设和建筑业发展工作先进单位	绵阳市人民政府	2021 年 6 月
涪城区	表扬绵阳市“一网通办”能力提升工作优良单位	绵阳市人民政府	2021 年 10 月
涪城区	2020 年度绵阳市优化营商环境工作先进集体	绵阳市人民政府	2021 年 11 月
涪城区	2020 年全市招商引资工作先进集体	绵阳市人民政府	2021 年 11 月

续表 73

获奖单位	获奖称号	授奖单位	授奖时间
涪城区税务局	绵阳市优化营商环境工作先进集体	绵阳市人民政府	2021 年 11 月
涪城区	“一网通办”能力提升工作先进单位	绵阳市人民政府	2021 年 10 月
涪城区经济合作局	2020 年度绵阳市优化营商环境工作先进集体	绵阳市人民政府	2021 年 11 月
涪城区经济合作局	2020 年全市招商引资工作先进集体	绵阳市人民政府	2021 年 11 月
涪城区政协	2021 年度全市政协新闻宣传工作先进单位	绵阳市政协	2021 年 12 月
涪城区	2020 年度水土保持目标责任制考核优秀	绵阳市水土保持委员会	2021 年 6 月
丰谷镇	第二批绵阳市食品安全示范乡镇（街道）	绵阳市食品安全委员会	2021 年 5 月
涪城区残疾人联合会	2020 年度残疾人工作先进单位	绵阳市人民政府残疾人工作委员会	2021 年 3 月
工区街道	创建全市两项改革“后半篇”文章先进街道	绵阳市做好乡镇行政区划和村级建制调整改革“后半篇”文章工作领导小组	2021 年 9 月
工区街道灵通社区	创建全市两项改革“后半篇”文章先进社区	绵阳市做好乡镇行政区划和村级建制调整改革“后半篇”文章工作领导小组	2021 年 9 月
涪城区	2020 年度全市维护社会稳定工作目标先进县（涪城区）	中共绵阳市委办公室、中共绵阳市人民政府办公室	2021 年 3 月
涪城区	2020 年度全市平安建设工作目标先进县（涪城区）	中共绵阳市委办公室、中共绵阳市人民政府办公室	2021 年 3 月
涪城区	全省乡镇行政区划和村级建制调整 改革“后半篇”文章绵阳现场推进会先进集体	中共绵阳市委办公室、绵阳市人民政府办公室	2021 年 6 月
涪城区委宣传部	庆祝中国共产党成立 100 周年活动作出突出贡献的部门（单位）（群众性主题宣传教育活动）	中共绵阳市委办公室	2021 年 9 月
涪城区	2020 年度全市政府系统办公室公文处理工作、电子政务工作、政务督办工作先进集体	绵阳市人民政府办公室	2021 年 3 月

2021 年绵阳市涪城区先进个人一览表

表 74

姓名	性别	籍贯	政治面貌	职务、职称	获奖称号	授奖单位	授奖时间
邓启贵	男	四川北川	中共党员	涪城区司法局城厢司法所所长、二级主任科员	2017–2020 年度平安中国建设先进个人	平安中国建设协调小组、人力资源和社会保障部	2021 年 12 月
王 鹏	男	四川南充	中共党员	民警	嘉奖	公安部	2021 年 11 月
刘虹霞	女	重庆永川	中共党员	涪城区人民检察院第四检察部副主任	入选全国检察机关行政检察人才库成员	最高人民检察院	2021 年 12 月

续表 74

姓名	性别	籍贯	政治面貌	职务、职称	获奖称号	授奖单位	授奖时间
廖　强	男	四川绵阳	中共党员	武警第二机动总队直升机支队二级警士长	一等功	中国人民武装警察部队	2021 年 2 月
邵文洪	男	四川资中	中共党员	涪城区人民检察院办公室主任	2021 年度全国检察机关宣传先进个人	检察日报社	2021 年 11 月
甘开红	男	四川绵阳	中共党员	涪城区统计局党组书记、局长	第七次全国人口普查先进个人	国务院第七次全国人口普查领导小组	2021 年 9 月
王　志	男	广东电白	民盟盟员	涪城区人民法院一级法官	民盟脱贫攻坚先进个人	中国民主同盟中央委员会	2021 年 6 月
钱鹏臣	男	四川绵阳	中共党员	涪城区市场监管局工区所所长	全国市场监管卫士	国家市场监管局	2021 年 12 月
邵文洪	男	四川资中	中共党员	涪城区人民检察院办公室主任	撰写的《浅析四川省纠纷多元化解条例视角下完善家事纠纷多元化解机制的探索路径——以射洪市家事审判改革为例》在“四川省矛盾纠纷多元化解创新实践论坛”优秀论文评选中荣获三等奖	中国行为法学会、四川省法学会	2021 年 6 月
徐贤君	男	四川安州	中共党员	涪城区法学会秘书长	全国教育转化专家	中央政法委办公厅	2021 年 5 月
张尚君	男	四川绵阳	中共党员	涪城区城乡居民社会养老保险服务中心综合股股长	2020 年脱贫攻坚先进个人	中共四川省委、四川省人民政府	2021 年 5 月
彭　滔	男	四川乐山	中共党员	涪城区应急调度中心八级职员	对口帮扶涉藏地区和彝区贫困县先进个人	中共四川省委、四川省人民政府	2021 年 5 月
唐　亮	男	四川江油	中共党员	涪城区应急管理局四级主任科员	脱贫攻坚先进个人	中共四川省委、四川省人民政府	2021 年 5 月
唐　娟	女	四川三台	中共党员	涪城区扶贫开发服务中心主任	四川省脱贫攻坚先进个人	中共四川省委、四川省人民政府	2021 年 4 月
曾远旭	男	绵阳涪城	中共党员	涪城区吴家镇副镇长	四川省脱贫攻坚先进个人	中共四川省委、四川省人民政府	2021 年 4 月
胡　琴	女	四川旺苍	中共党员	涪城区人民检察院第四检察部检察官助理	第 11 期全省检察机关新录用人员岗前培训班中被评为优秀学员	国家检察官学院四川分院	2021 年 1 月
罗　蕊	女	四川绵阳	中共党员	涪城区人民法院一级法官	四川省扫黑除恶专项斗争先进个人	中共四川省委政法委员会、四川省扫黑除恶专项斗争领导小组、四川省人力资源和社会保障厅	2021 年 3 月
熊妮娜	女	重庆万州	中共党员	涪城区人民检察院第一检察部主任	“四川政法先锋”个人	中共四川省委政法委员会、四川省人力资源和社会保障厅	2021 年 6 月
周　刚	男	四川蓬溪	中共党员	涪城区人民检察院检察委员会专职委员	四川省委政法委执法监督专家库成员	中共四川省委政法委员会	2021 年 5 月

续表 74

姓名	性别	籍贯	政治面貌	职务、职称	获奖称号	授奖单位	授奖时间
梁　竞	女	四川射洪	中共党员	涪城区委组织部副部长、区委编办主任	四川省机构编制系统先进个人	中共四川省委机构编制委员会办公室	2021 年 4 月
蒋威权	男	重庆丰都	中共党员	涪城区公共资源交易服务中心副主任	政务服务明星	四川省政府政务服务和公共资源交易服务中心	2021 年 6 月
黄　萍	女	四川遂宁	中共党员	涪城区税务局工区税务分局副局长	四川省巾帼建功标兵	四川省税务局、四川省妇联	2021 年 11 月
夏前好	男	江苏宿迁	九三学社	涪城区税务局第一税务分局副局长	嘉奖	四川省税务局	2021 年 1 月
任小涛	男	四川江油	中共党员	涪城区税务局城厢税务分局局长	全省税务系统优秀基层税务分局（所）长	四川省税务局	2021 年 6 月
蒯晓燕	女	四川绵阳	中共党员	涪城区司法局城厢司法所一级科员	通报表扬	四川省扫黑除恶专项斗争领导小组办公室	2021 年 5 月
刘虹霞	女	重庆永川	中共党员	涪城区人民检察院第四检察部副主任	第一届全省行政检察业务竞赛标兵	四川省人民检察院	2021 年 9 月
刘虹霞	女	重庆永川	中共党员	涪城区人民检察院第四检察部副主任	入选全省检察机关行政检察人才库名单	四川省人民检察院	2021 年 9 月
胡青松	男	湖南永顺	中共党员	涪城区人民检察院司法警察	创作的《检察法警之歌》获全省检察机关司法警察诗歌征集活动歌颂司法警察优秀诗歌	四川省人民检察院	2021 年 5 月
张丽平	女	四川南充	中共党员	涪城区交通运输局公管所所长	四川省交通运输系统先进个人	四川省交通运输厅	2021 年 5 月
张春平	男	四川剑阁	中共党员	涪城调查队党组成员、副队长	贫困地区重大专项普查省级先进个人	四川省国家脱贫攻坚普查领导小组	2021 年 10 月
管点点	女	四川绵阳	中共党员	涪城区委政法委常委副书记、区法学会党组书记、常务副会长	2021 年度优秀铁路安全宣传辅导员	平安四川建设领导小组铁路护路联防组	2021 年 1 月
胡　娇	女	四川三台	中共党员	涪城区委政法委综治维稳办副主任	2021 年度优秀铁路安全宣传辅导员	平安四川建设领导小组铁路护路联防组	2021 年 1 月
彭万中	男	重庆彭水	中共党员	涪城区人民法院四级主任科员	全省法院系统第二十三届学术讨论会获奖论文——特别奖	四川省高级人民法院	2021 年 5 月
葛顺华	男	四川会理	中共党员	涪城区人民法院一级法官	建设工程领域民事司法与行政执法衔接联动机制工作先进个人	四川省高级人民法院	2021 年 12 月
何香锐	女	四川北川	中共党员	涪城区人民法院一级科员	2021 年度全省法院思想政治建设工作先进个人	四川省高级人民法院	2021 年 12 月
周兰兰	女	四川安州	中共党员	涪城区人民法院四级主任科员	全省法院援藏援彝工作先进个人	四川省高级人民法院	2021 年 12 月

续表 74

姓名	性别	籍贯	政治面貌	职务、职称	获奖称号	授奖单位	授奖时间
牟玉峰	男	四川绵阳	中共党员	涪城区人民法院一级法官	全省法院“发挥执行职能、做好‘六稳’工作落实‘六保’任务”专项执行行动先进个人	四川省高级人民法院	2021 年 11 月
吴　琳	女	四川江油	中共党员	涪城区司法局党组成员、副局长	四川省法治政府建设工作先进先进个人	四川省法治政府建设工作领导小组办公室、四川省人力资源和社会保障厅、四川省司法厅	2021 年 9 月
喻　琼	女	四川遂宁	中共党员	副大队长	全省打击虚开骗税违法犯罪两年专项行动成绩突出个人	国家税务总局四川省税务局、四川省公安厅、中国人民银行成都分行、国家外汇管理局四川分局等部门联合发文	2021 年 12 月
代义勇	男	四川什邡	中共党员	副所长	全省公安机关“标兵个人”	四川省公安厅	2021 年 3 月
陈　乐	男	四川绵阳	中共党员	民警	全省公安机关成绩突出青年民警	四川省公安厅	2021 年 4 月
谢　平	男	四川三台	中共党员	民警	省厅 2021 年调研工作“一等奖”，先进个人	四川省公安厅	2021 年 12 月
邵文洪	男	四川资中	中共党员	涪城区人民检察院办公室主任	撰写的《市域社会治理现代化视角下微商消费行为的规范与制约问题研究》获得“2020 年会主题征文”优秀奖	四川省法治文化研究会、四川省社会科学院法学研究所	2021 年 1 月
彭　平	女	湖南宁乡	中共党员	涪城区人民检察院第五检察院主任	写的《司法体制改革背景下川西民族边远地区基层检察队伍建设问题思考》获得“2020 年会主题征文”优秀奖	四川省法治文化研究会、四川省社会科学院法学研究所	2021 年 1 月
邓　玺	男	四川绵阳	民进会员	涪城区税务局风险管理股工作人员	第二届数字中国四川创新大赛算法对抗赛国产数据库赛道优秀奖	四川省发改委、经信厅、大数据中心、网信办	2021 年 12 月
李国阳	男	四川旺苍	中共党员	涪城区政协办四级主任科员	2021 年度全省政协报刊发行工作先进个人	四川省政协办公厅	2021 年 11 月
黄瑞成	男	四川绵阳	中共党员	涪城区人大常委会办公室秘书股股长	“宣传民主法制建设”工作先进个人	四川省人大常委会办公厅	2021 年 10 月
张琦伟	男	四川绵阳	中共党员	涪城区工信局党组书记、局长	四川省工业领域脱贫攻坚先进个人	四川省经信厅	2021 年 5 月
宋政杰	男	四川岳池	中共党员	涪城区总工会党组书记、常务副主席	四川省 2021 年度退役军人服务中心（站）“百名优秀主任（站长）”	四川省退役军人事务厅办公室	2021 年 7 月

续表 74

姓名	性别	籍贯	政治面貌	职务、职称	获奖称号	授奖单位	授奖时间
徐贤君	男	四川安州	中共党员	涪城区法学会秘书长	四川省反邪教优秀原创作品征集评选活动一等奖	四川省委政法委办公室	2021 年 12 月
董福林	男	四川绵阳	民进会员	涪城区文化馆美术干部	2021 年川渝两地文化馆（站）美术从业人员业务技能大赛二等奖	重庆市文化和旅游发展委员会、四川省文化和旅游厅	2021 年 11 月
王在伟	男	四川广元	民进会员	涪城区文化馆办公室主任	2021 年川渝两地文化馆（站）美术从业人员业务技能大赛二等奖	重庆市文化和旅游发展委员会、四川省文化和旅游厅	2021 年 11 月
邓启贵	男	四川北川	中共党员	涪城区司法局城厢司法所所长、二级主任科员	绵阳市优秀共产党员	中共绵阳市委	2021 年 6 月
杜　婉	女	四川平武	中共党员	涪城区机关事务服务中心副主任	第八届中国（绵阳）科技城国际科技博览会先进个人	中共绵阳市委	2021 年 1 月
罗　艳	女	四川中江	中共党员	涪城区纪委监委审理室主任	全市扫黑除恶先进个人	中共绵阳市委	2021 年 6 月
邱　涛	男	四川三台	中共党员	涪城区纪委监委第五纪检监察室副主任	全市扫黑除恶先进个人	中共绵阳市委	2021 年 6 月
张　浩	男	四川北川	中共党员	涪城区投资服务中心副主任	绵阳市优秀共产党员	中共绵阳市委	2021 年 6 月
李大年	男	四川苍溪	中共党员	涪城区委常委、区人武部部长	拥政爱民先进个人	中共绵阳市委、绵阳市人民政府、绵阳军分区	2021 年 4 月
王　超	男	四川梓潼	中共党员	涪城区政府办党组书记、主任	绵阳市抗击新冠肺炎疫情先进个人	中共绵阳市委、绵阳市人民政府	2021 年 1 月
魏良浩	男	四川泸州	中共党员	绵阳富诚投资集团有限公司党支部书记、董事长	绵阳市交通建设攻坚大会战先进个人	中共绵阳市委、绵阳市人民政府	2021 年 6 月
石　波	男	四川南江	中共党员	涪城区交通运输局综合执法二中队队长	绵阳市抗击新冠肺炎疫情先进个人	中共绵阳市委、绵阳市人民政府	2021 年 1 月
许明光	男	四川通江	中共党员	涪城区交通运输局四级调研员	交通建设攻坚大会战先进单位	中共绵阳市委、绵阳市人民政府	2021 年 6 月
方利平	男	四川涪城	中共党员	涪城区投资服务中心主任	2020 年度服务业发展工作先进个人名单	中共绵阳市委、绵阳市人民政府	2021 年 10 月
张晓军	男	四川绵阳	中共党员	涪城区城厢街道党工委书记、矛盾纠纷多元化解中心主任	拥军优属先进个人	中共绵阳市委、绵阳市人民政府	2021 年 4 月
黄　玮	女	四川北川	群众	涪城区石塘街道南山社区专职工作人员	绵阳市民族团结进步模范个人	绵阳市人民政府	2021 年 1 月
张晓军	男	四川绵阳	中共党员	涪城区城厢街道党工委书记、矛盾纠纷多元化解中心主任	全市项目投资工作先进个人	绵阳市人民政府	2021 年 2 月
陈永康	男	四川绵阳	中共党员	涪城区财政局党组书记	拥军优属先进个人	绵阳市人民政府	2021 年 4 月
谢东恒	男	四川涪城	中共党员	涪城区经济合作局党组书记、局长	2020 年全市招商引资工作先进个人	绵阳市人民政府	2021 年 11 月

续表 74

姓名	性别	籍贯	政治面貌	职务、职称	获奖称号	授奖单位	授奖时间
夏巧玉	女	四川成都	中共党员	涪城区投资服务中心副主任、三级主任科员	2020 年全市招商引资工作先进个人	绵阳市人民政府	2021 年 11 月
叶爱亮	男	江西南城	中共党员	涪城区行政审批局政策法规股股长	“一网通办”能力提升工作先进个人	绵阳市人民政府	2021 年 10 月
严　欢	女	四川江油	中共党员	涪城区行政审批局政策法规股工作人员	2020 年度绵阳市优化营商环境工作先进个人	绵阳市人民政府	2021 年 11 月
王保明	男	广安邻水	中共党员	涪城区吴家镇党委副书记、镇长	绵阳市优化营商环境工作先进个人	绵阳市人民政府	2021 年 11 月
张钰涵	女	四川阆中	中共党员	涪城区税务局纳服股工作人员	“一网通办”能力提升工作先进个人	绵阳市人民政府	2021 年 10 月
贵仁军	男	四川绵阳	群众	涪城区税务局食堂工作人员	绵阳市见义勇为个人	绵阳市人民政府	2021 年 9 月
张顺祥	男	重庆北碚	中共党员	涪城区司法局城郊司法所所长、三级主任科员	绵阳市“十大最美调解员”	绵阳市平安绵阳建设领导小组	2021 年 8 月
苏　鲜	女	四川绵阳	群众	涪城区市场监管局市场股股长	绵阳市未成年人思想道德建设工作先进工作者	绵阳市精神文明建设委员会	2021 年 3 月
夏　熹	女	四川绵阳	中共党员	涪城区文化馆副馆长	绵阳市第三届残疾人文化艺术节金奖	绵阳市人民政府残疾人工作委员会	2021 年 9 月
田　勇	男	四川梓潼	中共党员	涪城区交通运输局规建股股长	全州优秀帮扶工作队员	中共凉山市委、凉山市人民政府	2021 年 4 月

2021年涪城区国民经济和社会发展统计公报

2021年，面对复杂严峻的宏观环境和多重困难叠加的风险挑战，在以习近平同志为核心的党中央坚强领导下，涪城区上下坚决贯彻落实上级系列决策部署，坚持稳字当头、稳中求进，科学统筹疫情防控和经济社会发展，实施“三千工程”，建设“四个强区”，区域经济持续恢复发展，实现“十四五”良好开局。

一、综合

根据地区生产总值统一核算初步结果，2021年涪城区全年地区生产总值1199.14亿元，按可比价格计算，比2020年增长9.2%。其中，第一产业增加值30.87亿元，增长7.1%；第二产业增加值567.68亿元，增长9.4%；第三产业增加值600.59亿元，增长9.1%；三次产业结构为2.6:47.3:50.1。三次产业对经济增长的贡献率分别为2.15%、47.37%和50.48%。

全年民营经济增加值714.16亿元，比2020年增长7.2%。其中：民营工业增加值309.11亿元。

年末辖区行政区域面积达554.47公顷，城镇化率82.45%。

二、农业

全年农林牧渔业增加值32.13亿元，比2020年增长7.0%。农林牧渔业总产值57.00亿元，增长7.9%。其中：农业产值35.21亿元，增长6.4%；林业产值1.55亿元，增长17.6%；牧业产值15.10亿元，增长10.9%；渔业产值3.02亿元，增长8.9%；农林牧渔服务业产值2.13亿元，增长5.0%。

全年粮食播种面积达13820公顷，粮食总产量8.77万吨。经济作物种植面积19855.8公顷，比2020年增加274.8公顷，其中：蔬菜及食用菌播面17.34万亩，增长1.9%。

全年造林面积达280公顷。有效灌溉面积达10.91千公顷。农业机械总动力238068千瓦，机收面积16300公顷。全年化肥施用量（折纯）12453吨。

三、工业和建筑业

全年规模以上工业增加值比2020年增长15.9%。年末规模以上工业企业299户，实现营业收入1944.55亿元，产销率达98.6%，盈亏相抵后实现利润65.70亿元。

全年建筑业总产值比2020年增长13.8%。年末资质以上总承包和专业承包建筑企业364个，其中：有工作量的356个。房屋建筑施工面积1331.45万平方米。

四、固定资产投资

全年全社会固定资产比上年增长2.2%。其中：工业投资下降32.7%；企业技术改造投资增长43.8%；房地产开发投资增长44.4%。

五、国内贸易和对外经济

全年社会消费品零售总额678.95亿元，比2020年增长18.4%。批发业销售额增长9.0%，零售业销售额增长15.0%，住宿业营业额增长21.5%，餐饮业营业额增长28.9%。

全年进出口总额353793.40万美元。其中：进口总额200101.55万美元，出口总额153691.86万美元。

六、交通运输、邮电通信

年末全区境内公路总里程1354.43千米，其中：等级公路1318.69千米（高速公路54.81千米），等级外公路35.74千米。境内铁路营业里程104.51千米，铁路旅客运量（发送量）696.58万人，铁路货物运量（发送量）6.59万吨，境内火车站3个。

全年电信业务总量20 0613万元，电信业务收入146725万元。年末本地固定电话用户（不包括分机，包括小灵通）44.74万户、移动电话用户242.21万户、互联网宽带接入用户80.83万户、三网合一用户62.9万户。

七、财政、科技

全年地方一般公共预算收入80.90亿元，比上年增长14.4%。

年末全区高新技术企业329个；科技型中小企业1 033个，其中：本年新增148个；科技企业孵化器20个。全年专利授权5 519件，其中：

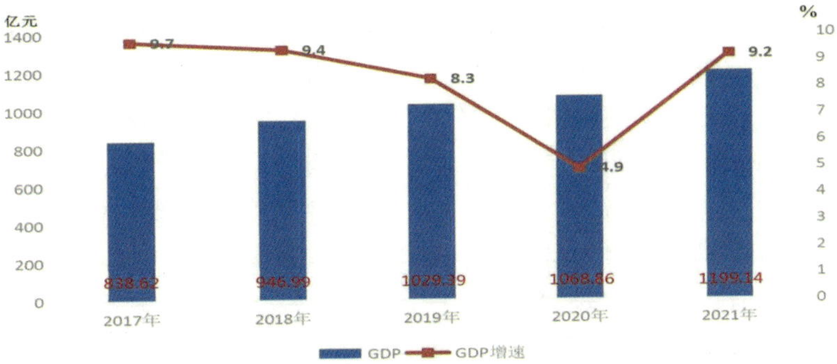

2017—2021年涪城区地区生产总值和速度图

发明 1 288 件。

八、教育、文化、卫生和体育

年末全区拥有小学学校 44 所，在校学生 8.4 万人；普通中学 43 所，在校学生 9.8 万人；中等职业教育学校 8 所，在校学生 1.4 万人；小学、普通中学、中等职业教育学校专任教师分别为 3 956 人、6 523 人、586 人。

年末全区公共图书馆 2 个、图书总藏量 76.1 万册，艺术馆、文化馆（站）26 个，剧场、影剧院 1 个，博物馆、展览馆 1 个。全区广播覆盖率为 100%、电视覆盖率为 100%。

年末共有各类医疗卫生机构 664 个，其中：医院 33 个，卫生院 15 个，疾病预防控制中心 3 个，妇幼保健站 2 个。卫生机构人员 15 827 人。卫生技术人员 12 909，其中：执业（助理）医师 4 672 人，注册护士 6 446 人。卫生防疫人员 225 人。医疗卫生机构床位数 9 825 张。

年末全区拥有设施比较完备的大型体育场馆 5 个。

九、环境保护

全年市区年降水量 1251.8 毫米，年平均气温 17.4℃，年日照时数 1299 小时。

十、人口、人民生活和社会保障

年末常住人口 131.03 万人，其中：农业人口 22.99 万人，城镇人口 108.04 万人。

年末户籍总人口 75.98 万人，其中：农业人口 10.06 万人，城镇人口 65.92 万人；男性 37.33 万人，女性 38.65 万人。年末 60 岁及以上老年人口为 15.13 万人,占全辖区人口的比重为 19.9%。

全年城镇居民人均可支配收入 45979 元，较 2020 年增长 8.8%。全年城镇居民消费支出 28452 元，其中：食品烟酒消费支出 9882 元，城镇居民恩格尔系数为 34.7%。

全年农村居民人均可支配收入 26065 元，较 2020 年增长 10.4%。全年农村居民人均生活消费支出 20144 元，其中：食品烟酒消费支出 7042 元，农村居民恩格尔系数为 35.0%。

年末城镇登记失业人数 7807 人，城镇登记失业率 2.48%，失业保险参保人数 288941 人。

全年企业职工养老保险参保人数 410 921 人；城乡居民社会养老保险参保人数 94 219 人；基本医疗保险参保 962 269 人，其中：城镇职工基本医疗保险人数 443 568 人，城乡居民基本医疗保险人数 518 701 人；工伤保险参保人数 187 727 人。

全年城镇居民最低生活保障人数 2070 人；农村居民最低生活保障人数 2465 人。农村“五保”供养人数 869 人。年末有各种社会福利收养性单位 22 个，床位数 3942 张。

2017—2021 年涪城区全社会固定资产投资增速图

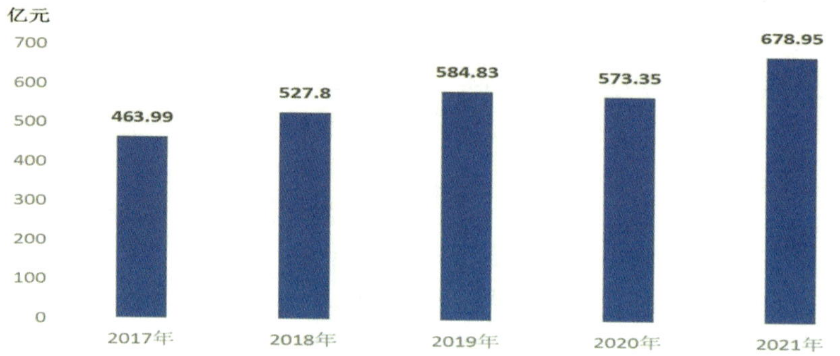

2017—2021 年涪城区社会消费品零售总额图

说明：

1.公报中的数据为涪城行政区域口径（辖区数据）。

2.公报中使用数据为统计快年报数据，正式数据以《涪城统计年鉴（2022）》为准。

3.公报中部分数据因四舍五入的原因，存在总计与分项合计不等的情况。

4.公报中地区生产总值、各产业及相关行业增加值绝对数按当年价格计算，增长速度按可比价格计算。

5.公报中地区生产总值 2020 年为年报修订数，2021 年为快年报数据；第四次经济普查后，对社会消费品零售总额 2017—2019 年数据进行了修订。

6.公报中林业、渔业、农业机械化、交通运输、邮政、电信、旅游、对外贸易、财政、教育、科技、文化、卫生、体育、环境保护、人民生活和社会保障等数据来源于相关部门。

索 引

说明：（1）本索以人名、地名、机构名称、活动名称、事件（事物）名称为主题词。（2）本索引按主题词汉语拼音字母顺序排列，主题词后面的数字和字母分别表示所在页码和分栏位置（a、b、c表示本页码左、中、右三栏）。（3）本索引主题词主要选自本年鉴正文部分，特载、大事记、附录以及图表、照片不在索引范围内。

D

E

F

G

K

L

M

N

P

Q

R

S

T

W

X

正文表格